Michael Kerres

Mediendidaktik

De Gruyter Studium

Weitere empfehlenswerte Titel

Medientechnisches Wissen, Band 1
S. Höltgen (Hrsg.), 2017
ISBN 978-3-11-047748-1, e-ISBN (PDF) 978-3-11-047750-4,
e-ISBN (EPUB) 978-3-11-047762-7

Digitale Kommunikation, 2. Auflage
R. Grimm, P. Delfmann, 2017
ISBN 978-3-11-049535-5, e-ISBN (PDF) 978-3-11-049545-4, e-ISBN (EPUB) 978-3-11-049276-7

E-Learning 4.0
U. Dittler (Hrsg.), 2017
ISBN 978-3-11-046756-7, e-ISBN (PDF) 978-3-11-046894-6,
e-ISBN (EPUB) 978-3-11-046762-8

Software-Ergonomie, 2. Auflage
M. Herczeg, 2018
ISBN 978-3-11-044685-2, e-ISBN (PDF) 978-3-11-044686-9,
e-ISBN (EPUB) 978-3-11-044717-0

Michael Kerres

Mediendidaktik

Konzeption und Entwicklung digitaler Lernangebote

5. Auflage

DE GRUYTER
OLDENBOURG

Autor
Prof. Dr. Michael Kerres
Universität Duisburg-Essen
Fakultät für Bildungswissenschaften
Institut für Berufs- und Weiterbildung
Lehrstuhl für Mediendidaktik und Wissensmanagement
Universitätsstr. 2, 45117 Essen
michael.kerres@uni-duisburg-essen.de

ISBN 978-3-11-045682-0
e-ISBN (PDF) 978-3-11-045683-7
e-ISBN (EPUB) 978-3-11-045691-2

Library of Congress Cataloging-in-Publication Data
A CIP catalog record for this book has been applied for at the Library of Congress.

Bibliografische Information der Deutschen Nationalbibliothek
Die Deutsche Nationalbibliothek verzeichnet diese Publikation in der Deutschen Nationalbibliografie; detaillierte bibliografische Daten sind im Internet über http://dnb.dnb.de abrufbar.

Einbandabbildung: v_alex / iStock / Getty Images Plus
Druck und Bindung: CPI books GmbH, Leck
♾ Gedruckt auf säurefreiem Papier
Printed in Germany

MIX
Papier aus verantwortungsvollen Quellen
FSC www.fsc.org FSC® C083411

www.degruyter.com

Übersicht

Inhalt

Einleitung

Mediendidaktik ist ein Motor für Innovationen in der Bildung: Viele Erkenntnisse über das Lernen sind in den letzten Jahren aus Forschungs- und Entwicklungsprojekten zum Lernen mit digitalen Medien entstanden. Sie haben Impulse zur Erneuerung von Bildung in den verschiedenen institutionellen Kontexten gegeben.

Die Mediendidaktik möchte *Bildung in einer digitalen Welt* ermöglichen. Sie will aufzeigen, wie digitale Technik zur Lösung von Bildungsproblemen bzw. -anliegen in den Kontexten des formellen und informellen Lernens beitragen kann. Sie möchte die Möglichkeiten der digitalen Technik erproben und hat dabei die Chancen wie Risiken im Auge. Dabei will sie vermitteln zwischen einer naiven Begeisterung über die neuen Medien und einer pauschalen Ablehnung des Digitalen im pädagogischen Raum.

Der in diesem Buch vorgestellten *gestaltungsorientierten Mediendidaktik* geht es nicht um die Medien *an sich*, sondern um den Prozess der Entwicklung von Lernangeboten, die zur Lösung von Bildungsproblemen und pädagogischen Anliegen beitragen. Sie greift die vielen Optionen der digitalen Technik auf, um Bildung zu ermöglichen und Digitalisierung in Bildungskontexten zu gestalten.

Was ist das Ziel des Buches?

Das Buch führt in die Grundlagen der Mediendidaktik ein. Es stellt den aktuellen Stand der Forschung zum *Lernen mit Medien* dar und zeigt auf, wie bei der Konzeption und Entwicklung von digitalen Lernangeboten vorgegangen werden kann, um Bildung zu ermöglichen.

Als Lehrbuch angelegt, skizziert es unterschiedliche Sichtweisen auf das Thema und zeigt die Implikationen, die sich aus den verschiedenen Theorien und Befunden ergeben. Es fokussiert die didaktischen Fragen mediengestützten Lernens und verortet Mediendidaktik als interdisziplinär angelegtes Gebiet in der Erziehungswissenschaft.

An wen richtet sich das Buch?

Das Buch wendet sich an Personen, die Lernangebote in verschiedenen Kontexten planen, entwickeln und einführen. Es richtet sich sowohl an Lehrende, die Medien einsetzen, als auch an Personen, die als didaktische Designer und Designerinnen in

https://doi.org/10.1515/9783110456837-013

Bildungseinrichtungen und -abteilungen, in der Personalentwicklung in Unternehmen, in Verlagen oder Softwareunternehmen Lernangebote planen und umsetzen.

Wie wird das Buch eingesetzt?

Es eignet sich für das Selbststudium ebenso wie für den Einsatz an Hochschulen und in der Weiterbildung. Als Lehrbuch findet es Einsatz in erziehungswissenschaftlichen Studienprogrammen und Informatik(nahen) Studiengängen. Der Teil A (Kapitel 1–6) führt in die Grundlagen der Mediendidaktik ein; der Teil B (Kapitel 7–15) erläutert das Vorgehen bei der Konzeption und Entwicklung mediengestützter Lernangebote. Ein eigenes mediendidaktisches Konzept kann entlang der Kapitel des Buches interaktiv erarbeitet werden unter: http://*didaktikcheck.de*.

Vor welchem Hintergrund ist das Buch entstanden?

Das Buch ist am *Learning Lab* der *Universität Duisburg-Essen* entstanden. Mit externen Partnern werden hier Lerninnovationen mit digitalen Medien entwickelt und die Zukunft des Lernens erforscht. Das *Learning Lab* organisiert verschiedene Weiterbildungsangebote wie die Online-Programme *Educational Media* und *Educational Leadership.* Informationen zu den aktuellen Angeboten finden sich unter http://*online-campus.net.*

Was ist neu in der 5. Auflage?

Erstmals 1998 erschienen, sind in die weiteren Auflagen immer wieder neue Erkenntnisse der Forschung eingeflossen, die sich auf neue Entwicklungen der Medien beziehen. Die nunmehr vollständig überarbeitete 5. Auflage nimmt insbesondere die Digitalisierung der gesamten Bildungsarbeit in den Blick – über das E-Learning hinaus.

Weitere Informationen finden sich unter http://**lehrbuch.mediendidaktik.de**

A | Grundlagen

Teil **A** führt in die Grundlagen des Lernens mit Medien und der Mediendidaktik ein.

1 Varianten mediengestützten Lernens

Mit Medien wird in unterschiedlichen Szenarien gelernt. Die Lernenden steuern dabei den Lernprozess maßgeblich selbst.

2 Positionierung der Mediendidaktik

Mediendidaktik ist eine erziehungswissenschaftliche Disziplin mit einem *gestaltungsorientierten* Zugang. Sie möchte Bildung in einer digitalen Welt ermöglichen.

3 Gründe für das Lernen mit Medien

Die Lehr-Lern-Forschung prüft die Vorteile des Lernens mit Medien.

4 Medien- und Lerntheorien

Es existieren unterschiedliche Vorstellungen darüber, wie Lernen mit Medien funktioniert.

5 Lernen mit Text, Bild, Ton

Lernen mit Texten, Bildern und audiovisuellen Medien folgt eigenen Gestaltungsprinzipen.

6 Lernen mit Anderen

Lernen im Internet kann in sozialen Gruppen und Gemeinschaften organisiert werden.

https://doi.org/10.1515/9783110456837-015

1 Varianten mediengestützten Lernens

Ein großer Teil des Wissens erschließt sich uns über Medien. Über Medien partizipieren wir am Wissen einer Kultur und nehmen an gesellschaftlicher Kommunikation teil. Im Folgenden geht es um die unterschiedlichen Szenarien, in denen mit digitalen Medien gelernt wird, und die Anforderungen, diesen Lernprozess zu steuern.

Übersicht

Das folgende Kapitel gibt einen Einblick in typische Szenarien, in denen mit digitalen Medien gelernt wird. Sie können den Varianten des autodidaktischen, sozialen und betreuten Lernens zugeordnet werden, die mit unterschiedlichen Graden der Selbststeuerung verknüpft sind. Wir werden in den folgenden Kapiteln immer wieder auf diese Szenarien eingehen, um zu fragen, wie Lernangebote zu konzipieren und zu entwickeln sind, mit denen Lernen gefördert und Bildung ermöglicht werden kann.

Lernziele

- Sie kennen verschiedene Szenarien des selbstgesteuerten Lernens mit digitalen Medien und können konkrete Beispiele den digitalen Lernszenarien zuordnen.
- Sie können ein digitales Lernszenario für eine konkrete Problemstellung auswählen und begründen.
- Sie können die Anforderungen erklären, die mit selbstgesteuertem Lernen verbunden sind.
- Sie können die Relation des selbstgesteuerten Lernens, des Lernens mit Anderen und dem tutoriell betreuten Lernen erläutern.
- Sie können die Bedeutung von Medien und einer vorbereiteten Umgebung in der Pädagogik von Maria Montessori erklären.
- Sie kennen kontroverse Positionen zur Selbststeuerung beim Lernen mit Medien in der pädagogischen Diskussion und können hierzu Stellung beziehen.

https://doi.org/10.1515/9783110456837-017

1.1 Digitale Lernszenarien

Im Folgenden werden zehn Szenarien des Lernens mit digitalen Medien beschrieben. Der Begriff *E-Learning* bezieht sich dabei auf alle Varianten der Nutzung digitaler Technik für Lehr- und Lernzwecke. Dies schließt verschiedene Geräteklassen (Desktop-Computer, Laptop, Tablet oder Smartphone) mit entsprechender Peripherie (wie *Beamer* oder interaktive Wandtafeln) ebenso ein wie die Technik zur Aufnahme, Wiedergabe und Verbreitung von Medien. Sie dienen dazu, Informationen digital zu speichern, zu verarbeiten und bereitzustellen. Sie werden genutzt, um mit digitalen Artefakten (Dokumente aller Art wie Texte, Bilder, Audio- und Videodateien) und Werkzeugen zu arbeiten und um Informationen zwischen Menschen auszutauschen.

E-Learning

... ist ein Oberbegriff für alle Varianten der Nutzung digitaler Medien zu Lehr- und Lernzwecken, die über einen Datenträger oder über das Internet bereitgestellt werden, etwa um Wissen zu vermitteln, für den zwischenmenschlichen Austausch oder das gemeinsame Arbeiten an Artefakten.

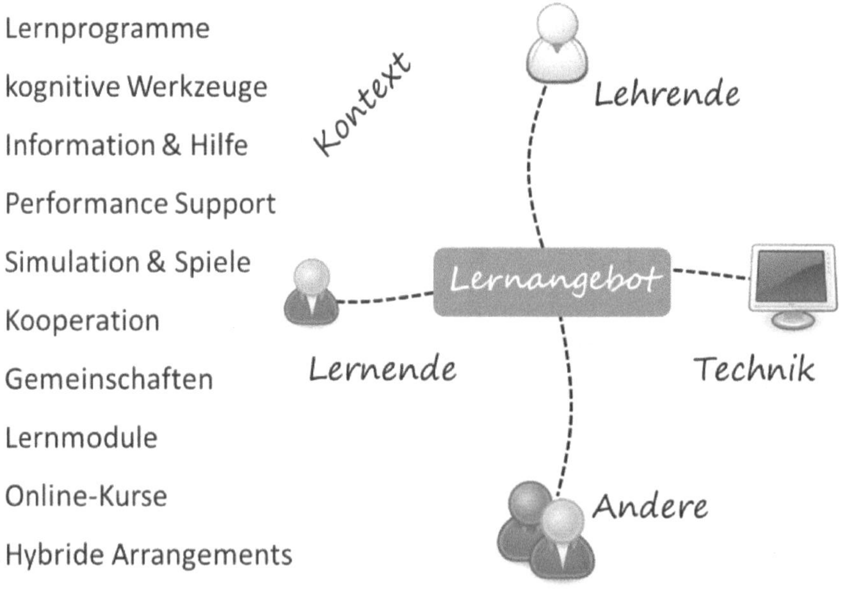

Die folgenden Beispiele beschreiben Szenarien, mit deren Planung didaktische Designer und Designerinnen in der Praxis häufig beschäftigt sind. Die Lernenden werden dabei in unterschiedlichem Ausmaß durch eine lehrende Instanz betreut und interagieren mit anderen. In allen Fällen spielt die *Selbststeuerung* eine wichtige Rolle: sowohl als Voraussetzung wie auch als Ziel des Lernens.

1.1.1 Lernprogramme

In Lernprogrammen werden Lehrinhalte durch den Computer vermittelt. *Computer Based Training* (CBT) bezieht sich auf interaktive Anwendungen, die über einen Datenträger ausgeliefert werden und auf einem Computer lokal ablaufen. *Web Based Training* (WBT) meint entsprechende Angebote, die über das Internet ausgeliefert werden.

Solche Lernprogramme gibt es zu vielen Lerninhalten, zu Themen des Alltags (Vorbereitung auf die theoretische Fahrprüfung, für den Erwerb des Segelscheins oder zu juristischen Fragen) wie auch zu wissenschaftlichen Themen der Wirtschafts-, Natur- oder Technikwissenschaften, aber auch zu geistes- und sozialwissenschaftlichen Themen in allen Alters- und Schwierigkeitsstufen. Typische Merkmale des Lernens mit Lernprogrammen sind:

- Die Lernenden legen selbst fest, wann, wo und wie lange sie lernen möchten. Sie wählen die Inhalte aus und bestimmen ihr Lerntempo selbst.
- Lernmaterialien und Übungsaufgaben können beliebig oft wiederholt werden.
- Mit Testprogrammen können die Lernenden ihren Lernfortschritt prüfen.

Lernprogramme sind vermutlich die bekannteste und älteste und auch jene Variante, die bis heute am ehesten mit dem digitalen Lernen verbunden wird. Sie ist gleichwohl nur *eine* Variante unter vielen und wird zunehmend vor allem in Kombination mit anderen Elementen in einem Lernarrangement angeboten.

Beispiel für ein Lernprogramm

Über den Buchhandel erhältlich ist die DVD „Spanisch für Anfänger". Die DVD führt Erwachsene in die Grundelemente der Sprache ein und kann als Vorbereitung für einen Urlaub in Spanien genutzt werden. Vorgestellt werden einfache Alltagssituationen und Phrasen, die in diesen Situationen eingesetzt werden können. Ziel ist insbesondere das Hörverständnis.

Die Lernenden können aus dem Startmenü unterschiedliche Alltagssituationen auswählen. Jede Situation beinhaltet ein Video, das an Originalschauplätzen in spanischer Sprache gedreht ist und eine Alltagssituation nachstellt. Nach einer Darstellung von ca. 3 Minuten erfolgen eine Zusammenfassung und Erläuterungen zu der Szene. Anschließend wird in einem Test mit Multiple-Choice-Aufgaben geprüft, ob die Situation richtig erfasst wurde.

Ein Sprachlernprogramm vermittelt beispielsweise die Grundlagen der Grammatik und bietet Übungsaufgaben zum selbstständigen Durcharbeiten – wie bei einem Buch. Das Lernprogramm kann auf einem Datenträger (z. B. DVD) vertrieben werden. Zunehmend werden Lernprogramme jedoch als Anwendungen über das Internet bereitgestellt. Das Lernprogramm lässt sich damit leichter aktualisieren, verbessern und erweitern. Der Zugang und der Zugriff auf das Lernmedium lassen sich auf diese Weise gut kontrollieren; es lässt sich zugleich auch gut analysieren, wie die Lernenden mit dem Programm umgehen, welche Pfade sie wählen und wie lange sie in bestimmten Teilen verweilen.

Bei dieser Art von Lernprogrammen ist eine Betreuung durch Lehrpersonen oder Tutorinnen nicht zwingend vorgesehen. Deswegen eignen sie sich besonders für große Teilnehmerzahlen: Kosten für die Betreuung, die an die Anzahl der Lernenden gekoppelt sind, fallen weg. Neben den – einmaligen – Aufwänden für die Entwicklung und Herstellung des Lernprogramms, die von der Teilnehmerzahl unabhängig sind, bleiben lediglich die Kosten für die Distribution des Mediums. Gerade wenn das Internet für die Bereitstellung des Lernprogramms genutzt wird, sind diese vergleichsweise gering.

Diese und andere Vorteile sprechen für Lernprogramme. Doch zeigen sich in der Praxis verschiedene Probleme. Den Lernenden fällt es teilweise schwer, sich mit dem Material alleine auseinanderzusetzen, ohne in eine soziale Gruppe eingebunden zu sein und ohne eine Person, die den Lernprozess begleitet. Aus diesem Grund ist die Abbruchquote bei Lernprogrammen auch oft höher als bei traditionellen Angeboten.

1.1.1 Kognitive Werkzeuge

Lernen wird ganz grundsätzlich durch eine Umgebung gefördert, die dazu anregt, sich mit Gegenständen auseinanderzusetzen und neue Erkenntnisse zu gewinnen. Digitale Werkzeuge unterstützen uns bei der Verarbeitung und Aneignung dieser Informationen.

Wenn Lernende zum Beispiel gefordert sind, eine Zusammenfassung eines Textes zu erstellen, müssen sie den Text erschließen und Informationen generieren: Sie markieren dazu Stellen im Text, notieren zentrale Begriffe und übernehmen prägnante Aussagen. Diese Form der aktiven Auseinandersetzung mit Inhalten führt zu einem *tiefen Lernen* und zu einer Verankerung von Wissen in kognitiven Schemata.

Die genannten Bearbeitungsschritte eines Lernenden lassen sich gut in Papierform realisieren. Hierfür kommen jedoch zunehmend digitale Werkzeuge zum Einsatz; sie haben weitere Vorteile, etwa wenn es darum geht, Materialien gemeinsam mit Anderen zu bearbeiten oder weiterzuleiten.

Kognitives Werkzeug: Mindmap

Anspruchsvolle Texte erfordern eine intensive Auseinandersetzung. Das braucht Ruhe, Zeit und Techniken, sich einen solchen Text zu erarbeiten. Das Erstellen von Mindmaps kann eine Hilfe sein, um die Struktur von Argumenten und Konzepten zu durchdringen. Ein digitales Werkzeug unterstützt die Arbeit mit Mindmaps, die auch gemeinsam editiert und im Internet bereitgestellt werden können.

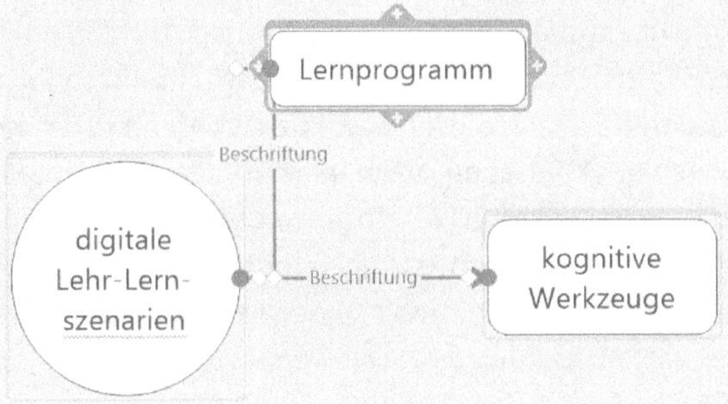

Computer werden zu „kognitiven Werkzeugen“ (D. H. Jonassen, 1992). Damit geht auch eine bestimmte Sicht auf den Wissenserwerb einher: Denn der Computer präsentiert den Lernenden, wie in einem Lernprogramm, nicht einfach das Wissen, das in den Kopf der Lernenden übertragen werden soll. Der Computer unterstützt als kognitives Werkzeug die aktive Erzeugung und Verarbeitung von Informationen und fördert damit die eigenständige Auseinandersetzung mit Inhalten.

Ziel der kognitiven Werkzeuge ist es also nicht, Lehrinhalte didaktisch aufzubereiten und als digitale Lerncontents bereitzustellen. Es wird vielmehr die eigenständige Auseinandersetzung und Durchdringung durch die Lernenden unterstützt. Dies kann durch Software-Anwendungen geschehen, wie zum Beispiel ein Werkzeug für die Erstellung von Mindmaps, Gliederungs- oder Annotationsfunktionen in Textverarbeitungsprogrammen oder Anwendungen für das Arbeiten mit mathematischen Funktionen, Gleichungssysteme und die Visualisierung von Zusammenhängen.

Kognitive Werkzeuge eignen sich weniger für das Erlernen einfacher Fakten und Prozeduren, sondern insbesondere für die Erarbeitung abstrakter Konzepte. Sie können für das individuelle Lernen ebenso wie für das gemeinsame Arbeiten von Lernenden eingesetzt werden.

1.1.2 Informations- und Hilfesysteme

Menschliches Wissen ist im Langzeitgedächtnis gespeichert. Gleichzeitig nutzen wir Medien, um uns Informationen zu merken und das Langzeitgedächtnis zu entlasten.

Das Internet stellt eine reichhaltige Informationsressource dar, die wir als externen Wissensspeicher verwenden: Auf welcher Route fährt die Bahn nach München? Wie weit ist die Strecke? Im Internet rufen wir Informationen ab, um solche Fragen zu beantworten.

Dabei hat sich durch das Internet unser Umgang mit Informationen verändert: Die Menge an Informationen im Internet ist riesig und über mobile Geräte jederzeit abrufbar. Es wird damit zunehmend wichtiger, nicht nur Informationen aus dem Langzeitgedächtnis abzurufen, sondern auch Informationen in externen Wissensspeichern zu finden, die einzuordnen und zu bewerten sind. Durch Funktionen der *Künstlichen Intelligenz,* die Datenbestände analysieren und Zusammenhänge erkennen können, wird die Leistungsfähigkeit dieser Systeme zunehmend erweitert. Sie geben dann nicht mehr nur von Menschen zuvor eingegebene Informationen wieder, sondern können auch eigenständige Schlussfolgerungen ziehen: Der Arzt kann schon heute Nebenwirkungen von Arzneimitteln in Informationssystemen abrufen. Künftig wird ihm ein Hilfesystem aber auf Grundlage der Patientendaten noch viel weiter reichende Vorschläge zur Behandlung des Kranken machen können.

Tabelle 1 Merkmale von Informations- und Lernangeboten

	Informationsangebot	**Lernangebot**
Ziel	Informationsbedarfe befriedigen	Lernziel erreichen, Kompetenzen aufbauen
Maßnahmen	Informationssuche unterstützen und steuern	Lernaktivitäten anregen und sicherstellen
Prinzipien	Usability, User Experience	didaktisch-methodische Aufbereitung der Lerninhalte
(typische) Reichweite	wenige Minuten	mehrere Stunden

Doch handelt es sich bei den genannten Beispielen überhaupt um Lernangebote, die für die Mediendidaktik relevant wären? Zunächst ist es wichtig, Informations- und Lernangebote zu unterscheiden, und ein reines Informationssystem, wie beispielweise die Bahnauskunft, wird man vermutlich nicht als Lernangebot einordnen. Manche Lernangebote reduzieren sich auf die Darstellung von Informationen und DAVID MERRILL (2017) kritisiert zu Recht: *„But information alone is not instruction. Too much so-called instruction consists of mostly content information."*

Lernangebote haben immer ein Lernziel im Auge, sie sind auf bestimmte Lernaktivitäten angelegt und bereiten deswegen Lernangebote bzw. Lernumwelten didaktisch-methodisch auf. Informationsangebote sind eher auf kürzere Nutzungsintervalle angelegt und wollen Informationsbedarfe befriedigen. Dabei geht es nicht nur um Oberflächenmerkmale, wie die Bedienbarkeit der Anwendung, sondern um die Gestaltung der gesamten *User Experience*.

Industrielles Informationssystem

In dem Informationssystem eines industriellen Produktionsunternehmens sind alle Teile hinterlegt, die in der Fertigung zum Einsatz kommen. Zu allen Teilen finden sich die genauen Spezifikationen und Hinweise für ihren Einsatz. Das Informationssystem ist zentraler Bestandteil aller Arbeitsabläufe. Für einzelne, besonders kritische Elemente wurden Lerneinheiten implementiert mit dem Ziel, Fehler in der Nutzung zu vermeiden und Ausschussquoten zu reduzieren. Die Lerneinheiten richten sich insbesondere an Berufseinsteiger und geben genaue Hinweise für den Umgang mit den Bauteilen.

Es erscheint einerseits wichtig, die Unterschiede zwischen Informations- und Lernangeboten zu sehen. In der Praxis bestehen andererseits fließende Übergänge zwischen diesen. Informationsangebote sind in der gleichen Weise wie Lernangebote zu planen und werden oft von Bildungsabteilungen und didaktischem Design implementiert, um Menschen z. B. in ihrer Arbeit zu unterstützen. Manche Informationssysteme werden um zusätzliche Funktionen erweitert, indem Lerneinheiten, Erklärvideos, Screencasts oder kleine Tests hinzugefügt werden.

Hinzu kommt, dass Informationssysteme mit der Digitalisierung der Lebenswelt eine neue Bedeutung gewinnen: Als *externe Wissensspeicher* werden sie Teil der menschlichen Kompetenz bei der Bewältigung von alltäglichen und beruflichen Herausforderungen. Es geht nicht mehr alleine darum, Wissen aus Informationssystemen in das Langzeitgedächtnis der Person zu übertragen. Die externen Speicher erweitern vielmehr dauerhaft die menschliche Informationsverarbeitung und tragen zur Leistungsfähigkeit von Menschen essenziell bei.

1.1.3 Computersimulationen und -spiele

Bereits in den 1990er-Jahren wurden Computersimulationen für Schulungs- und Trainingszwecke entwickelt und eingesetzt. Der Flugsimulator ist das bekannteste Beispiel für die Simulation eines technischen Systems, mit dem die Bedienung einer komplexen Steuerung geübt werden kann – ohne dass Menschen dabei Schaden nehmen.

Computersimulationen

In der Ausbildung von Piloten für den Luftverkehr werden Simulatoren eingesetzt, mit denen die Kandidaten viele Stunden trainieren: Starts und Landungen mit den verschiedenen Flugzeugtypen, technische Notfälle und Wetterbedingungen können systematisch geübt werden. Flugsimulatoren gibt es als Software für den PC, mit dem der Hobbypilot am privaten Computer das Gefühl, Pilot einer großen Verkehrsmaschine zu sein, nachempfinden kann. Für die Ausbildung von Piloten gibt es jedoch große Simulatoren, die das Fluggeschehen wesentlich weitreichender nachempfinden lassen: Der Pilot sitzt dabei in einem vollbeweglichen Cockpit, das auf Eingaben reagiert. Durch die Neigung des Cockpits und akustisches Feedback lässt sich das Verhalten des Flugzeuges weitgehend nachbilden. Das Training kommt der Anwendungssituation damit sehr nahe und ist geeignet, die angestrebte Kompetenz zuverlässig zu entwickeln.

Computersimulationen werden eingesetzt, um komplexe technische Systeme (z. B. Flugzeuge oder Roboter) oder den Umgang mit ökonomischen (z. B. Unternehmensplanspiel), ökologischen (z. B. Klimaentwicklung) oder sozialen Systemen (z. B. Stadtplanung) zu erlernen. Computersimulationen können nur dann sinnvoll als Lernmedium genutzt werden, wenn die Funktionen des zu simulierenden Systems weitgehend bekannt sind bzw. nachgebildet werden können. Bei technischen Systemen ist dies beispielsweise möglich, wenn die Konstruktionspläne des Gerätes vorliegen. Bei anderen Systemen ist man auf Modelle über die zugrunde liegenden Funktionsabläufe und Beobachtungen des Systems angewiesen.

Digitale *Spiele* sind Simulationen zunächst ähnlich. Auch hier sind Aufgaben oder „Missionen" zu erfüllen, allerdings in der Regel in einer frei erdachten, fremden, teilweise geheimnisvollen Welt voller Abenteuer. Die Spieler müssen sich in der Welt zurechtfinden und Aufgaben, etwa aus der Mathematik oder einer Fremdsprache, lösen. Das Explorieren der Welt soll die Neugier anregen, Spaß machen und zu einer Auseinandersetzung mit dem Lerngegenstand motivieren. Es soll dabei beiläufig Wissen aufgebaut werden, ohne dass dies als besonders mühsamer Lernprozess erlebt würde.

Dabei sind Lernspiele, mit denen ein bestimmtes Lernziel verbunden wird, und Spielanwendungen, die *ohne* didaktische Intention entwickelt wurden, grundlegend zu unterscheiden. Viele (analoge wie digitale) Spiele erfordern lange Übung und die Aneignung komplexer Fertigkeiten. Für das Schachspiel sind Konzentration, Disziplin und strategisches Denken nötig. Das Autorennspiel braucht ein schnelles Auffassungs- und Reaktionsvermögen, auch um Hindernisse und das Verhalten von Gegnern abzuschätzen. Für Aufbauspiele sind Kreativität und Durchhaltevermögen notwendig.

Bei solchen Unterhaltungsspielen bleibt unsicher, inwiefern *im Spiel* gelerntes Wissen auch auf Anwendungssituationen jenseits des Spiels übertragbar ist. Die didaktischen

Potenziale entsprechender Spiele sind bislang noch als eher unsicher einzuschätzen (s. Kapitel 11.2).

1.1.4 Performance Support und Trainingssysteme

Im Umgang mit technischen Systemen, wie sie uns im Alltag und im Beruf begegnen, erlernen oder verbessern wir deren Handhabung und können Verhaltensweisen und Bewegungsabläufe trainieren. Zunehmend werden ganz alltägliche Geräte durch digitale Komponenten erweitert, die das Verhalten der Nutzenden registrieren und Rückmeldungen geben können. Der Mensch wird dadurch zu einem Teil eines Regelkreises, in dem Lernen durch Feedbackmechanismen stattfindet. Solche Anwendungen können zur Verbesserung von Performanz beitragen. Sie basieren auf einem unmittelbaren Feedback, das auf ein Verhalten folgt. In mehreren, zeitlich zumeist eher kurzen Feedbackschleifen können einfache Verhaltensweisen, Handgriffe und Bewegungsabläufe trainiert werden, die durch menschliche Anleitung durch einen Ausbilder oder eine Trainerin oftmals nur mühsam aufgebaut werden könnten.

Das Prinzip von *Performance Support* finden wir, in unterschiedlicher Weise implementiert, in vielen technischen Systemen. Wenn wir Texte mit dem Computer schreiben, eignen wir uns immer mehr Funktionen an. Wenn wir nicht weiter wissen, können wir eine Hilfefunktion aufrufen und das System beschreibt einen bestimmten Ablauf. Die Hilfefunktion wird in diesem Fall aktiv von der Person aufgesucht, wenn sie Wissen benötigt. Die Person muss die Hilfe aktiv anfordern und sie muss die Information auswerten und in das eigene Verhalten umsetzen.

In anderen Fällen kann das System aktiv werden und Informationen einblenden, wenn es ein Informationsdefizit beim Nutzenden vermutet. Denn, anders als ein einfaches Werkzeug wie ein Hammer, kann das digitale System das Verhalten der Person während der Nutzung registrieren und sofort Rückmeldungen geben: Über unterschiedliche Rückmeldekanäle werden Hinweise eingeblendet, wie bestimmte Funktionen einfacher oder besser umgesetzt werden sollten.

Performance Support in der Arbeit

In einer industriellen Fertigungshalle sind eine Reihe von Anlagen und Materialien untergebracht. Die Auszubildenden sollen lernen, sich in der Halle zu orientieren. Dazu sind an allen Anlagen Codes angebracht, mit denen Informationen mit Erläuterungen zu der einzelnen Anlage über mobile Geräte abgerufen werden können. Zusätzlich werden über eine Brille Informationen eingeblendet mit Hinweisen, wo im Raum welche Materialien zu finden sind.

Durch Sensoren, die die Umwelt auswerten und noch enger mit dem menschlichen Körper verbunden sind, entstehen anspruchsvolle Performance-Support- und Trainingssysteme. So kann etwa die Umwelt mit einer Kamera abgetastet werden und Sensoren können Blick- und Körperbewegungen oder andere Funktionen erfassen, wie Herzschlag, Atemfrequenz oder Hautleitfähigkeit. Über Feedbackkanäle können Informationen körpernah zurückgemeldet werden, nicht nur über Computer-Bildschirme, sondern z. B. auch über Brillen, Uhren, Kleidung und subkutane Aktoren, die unter der Haut implantiert werden. Informationen können etwa auf eine Brille eingeblendet werden, um Verhaltenshinweise zu geben: Die Person bewegt sich in einer gemischten oder angereicherten Realität (augumented reality, vgl. Dunleavy & Dede, 2014).

Entsprechende Trainingssysteme, die auf das Verhalten der Person einwirken, finden bereits im Sport und im medizinischen Bereich, etwa der Rehabilitation, Einsatz, wenn es darum geht, bestimmte Bewegungsabläufe, z. B. nach einem Unfall, wieder zu erlernen. Dabei handelt sich vielfach um Systeme, die bislang ohne komplexe Feedbackfunktionen ausgestattet waren. Das traditionelle Fahrrad gibt mir keine Tipps zu meinem Fahrstil. Es kann meinen Puls nicht auswerten und hat keine Möglichkeit Informationen anzubieten. Für ein „erfahrbares Lernen" werden Sensoren benötigt, die Informationen aus der Umwelt oder von Körperfunktionen der Person beziehen und diese an eine Verarbeitungseinheit übertragen. Für die Auswertung kann möglicherweise auf große Datenmengen zugegriffen werden, die andere Menschen (über das Internet) geliefert haben. Schließlich sind Rückmeldekanäle erforderlich, die Informationen liefern, um Verhaltensänderungen umsetzen zu können.

„Erfahrbares Lernen" wirkt letztlich über Informationen, die die Person auswerten muss, um sie in Verhalten umzusetzen. Inkludiert das System auch körpernahe „Aktoren" kann die Regelung vollautomatisiert stattfinden, ohne dass eine kognitive Umsetzung erforderlich wird. Es entsteht ein vollständig geregeltes Lernsystem.

Lernen in Regelkreisen

... funktioniert in Interaktion mit einer digitalisierten Umwelt, und beinhaltet folgende Elemente:

- Sensoren erfassen Umwelt- oder Körperinformationen.
- Auswertungsalgorithmen ziehen Vergleichsdaten heran, z. B. auf Grundlage von Daten, die an anderen Personen erfasst wurden (*big data*).
- Aktoren können, in Abhängigkeit von dem Ergebnis der Auswertung, einen bestimmten Effekt auslösen und greifen so unmittelbar in den Regelkreislauf ein.
- Rückmeldekanäle liefern, alternativ zu Aktoren, der Person Informationen, die sie in Verhalten umsetzen muss.

Bei den Beispielen funktioniert das Lernen in Regelkreisen, die unterschiedlich automatisiert angelegt sind und unterschiedliche Übersetzungsschritte der Person erforderlich machen. Folgende Fälle lassen sich unterscheiden:

1. Einfaches Performance-Support-System

Die Person befragt das System. Sie erhält eine Information und muss die Information in Verhalten umsetzen.

> Die Hilfefunktion am Automaten erklärt, wie ein Bahnticket zu lösen ist.
>
> Das Texterarbeitungsprogramm auf dem Computer erläutert, wie ein Serienbrief erstellt wird.
>
> Das Navigationssystem zeigt die angefragte Route.

2. Digitalisiertes Trainingssystem („Erfahrbares Lernen")

Die Person interagiert mit einem System, das das Verhalten der Person auswertet und Rückmeldungen liefert, wie die Person ihr Verhalten optimieren kann.

> Das Auto wertet das Fahrverhalten aus und gibt Hinweise, wie der Spritverbrauch beim Fahren gesenkt werden kann.
>
> Eine Fräsmaschine gibt über eine digitale Uhr Impulse, wie ein Werkstück besser gehalten oder eingeführt werden sollte.
>
> Im Krankenhaus piepst die Trinkflasche, wenn über einen bestimmten Zeitraum nicht genug getrunken wurde.

3. Vollständig geregeltes Lernsystem

Die Person interagiert mit einem System, das das Verhalten der Person auswertet und ihr Verhalten regelt.

> Das Fahrrad registriert den Pulsschlag des Sportlers und passt den eingelegten Gang so an, dass das Herz im optimalen Bereich schlägt.
>
> Der Computer erkennt, wohin die Person schaut und ruft die entsprechende Anwendung auf.
>
> Die Stimmung eines Patienten wird durch verschiedene Sensoren erfasst. Ein Avatar passt Aussehen und Kommunikationsstrategie an, um zu einer Stimmungsveränderung beizutragen.

Bei *Performance-Support-* und *Trainingssystemen* wird nicht im Schulungsraum gelernt, sondern in Interaktion mit einem technischen System. Das Problem, wie das Erlernte von einem Schulungsraum in den Anwendungskontext überführt werden kann, erübrigt sich. Insgesamt können mit den hier skizzierten Anwendungen ganz unterschiedliche Lernprozesse verbunden sein. Performance-Support-Systeme wirken wesentlich über Informationen, die der Person zurückgemeldet werden, und die dazu beitragen, dass kognitive Schemata aufgebaut werden. Bei Trainingssystemen bezieht sich (und beschränkt sich) das Lernen auf solche Verhaltensweisen, die auf Konditionierungsmechanismen beruhen, wie sie in behavioristischen Lerntheorien beschrieben werden (vgl. Kapitel 4.3.1).

1.1.5 Kommunikation und Kooperation

Das Internet unterstützt Szenarien der Zusammenarbeit von Lernenden, die für viele Lehrziele wichtig sind. Hierzu werden Werkzeuge genutzt, die das gemeinsame Arbeiten an digitalen Dokumenten und Artefakten aller Art unterstützen. Interessant sind insbesondere Werkzeuge für die Kommunikation, bei denen Lernende etwas erstellen, präsentieren oder diskutieren.

Mit digitalen Konferenzwerkzeugen lassen sich Lehr-Lern-Szenarien realisieren, die auf *synchroner Kommunikation* basieren. Damit ist gemeint, dass die Lehrenden und Lernenden an verschiedenen Orten, aber zeitgleich an einem Termin teilnehmen. So beteiligen sich Studierende von zu Hause aus an einer Lehrveranstaltung. Mitarbeiter/innen eines Unternehmens nehmen weltweit, z. B. in Schulungszentren, an der Vorstellung eines neuen Produktes teil. Schüler/innen verabreden sich nachmittags, um mit Anderen eine Gruppenaufgabe in einem Onlinetreffen zu bearbeiten.

Synchrone und asynchrone Kommunikation

Wir unterscheiden zwischen synchroner und asynchroner Kommunikation:

- Bei *synchroner* Kommunikation sind die Beteiligten zeitgleich anwesend und nehmen aufeinander Bezug. Beispiel: Der Vortrag eines Dozenten wird aus einem Hörsaal an den PC zu Hause oder am Arbeitsplatz übertragen. Die Teilnehmenden können unmittelbar aufeinander Bezug nehmen, es wird eine bidirektionale Kommunikation möglich.
- Bei *asynchroner* Kommunikation sind die Personen an verschiedenen Orten und zu verschiedenen Zeiten aktiv. Das Erstellen von Beiträgen und die Bezugnahme in der wechselseitigen Kommunikation sind zeitlich entkoppelt. Beispiel: Die Dozentin stellt eine Lernaufgabe ins Netz und die Lernenden beantworten diese per E-Mail, per Eintrag in ein Forum oder per Blogeintrag. Die Kommunikation erfolgt im wechselseitigen, aber zeitverzögerten Austausch von Nachrichten.

Virtuelle Klassenzimmer sind Anwendungen, mit denen das Lernen in größeren Gruppen organisiert werden kann. Sie stellen spezielle Funktionen zur Verfügung, um Lehr-Lern-Prozesse zu unterstützen. Den Teilnehmenden werden Rollen und Rechte zugewiesen, z. B. als Dozierende, Moderierende oder Teilnehmende. Damit soll verhindert werden, dass beispielsweise alle Teilnehmenden gleichzeitig sprechen. Die Personen können sich wiederum in kleinere Gruppen aufteilen und in ihren Gruppenräumen an Materialien arbeiten, die dann in einem Plenum vorgestellt werden. Damit lassen sich Konferenzen auch mit mehreren hundert Teilnehmenden durchführen. Die Moderation solcher Treffen erfordert große Konzentration und Erfahrung im Umgang mit dem Konferenzwerkzeug.

Die Übertragung von Video ist technisch anspruchsvoller als die Übertragung von auditiver Information. Sie benötigt gegenüber dem Ton eine höhere Bandbreite für die Übertragung der digitalen Daten. Es muss vor allem ein verlässlicher Durchsatz über das Netz sichergestellt sein, d.h. es dürfen keine zu großen Schwankungen in der zur Verfügung stehenden Bandbreite existieren, sonst reißt der Datenstrom ab, aus dem die Bilder zusammengesetzt werden.

Beispiel für eine Videokonferenz

Die Universität Duisburg-Essen überträgt regelmäßig Vorlesungen, die an einem Standort stattfinden, in einen Hörsaal des anderen Campus. Veranstaltungen an einem der beiden Standorte werden so für Studierende an dem anderen Standort zugänglich. Die Studierenden in den Hörsälen an beiden Standorten können sich gleichermaßen in der Liveübertragung mit Fragen und Beiträgen aktiv an der Veranstaltung beteiligen.

Die Prüfungen finden auf nur einem Campus statt, auch für Sprechstunden und Seminare reisen die Studierenden zu diesem Campus. Kosteneinsparungen sind mit diesem Szenario nicht angestrebt und auch kaum zu realisieren. Dies liegt unter anderem daran, dass der Aufwand für die Aufzeichnung und die Liveübertragung nicht unerheblich ist.

Gerade mit dem Szenario der Videokonferenz wird regelmäßig die Vorstellung verbunden, man werde damit traditionelle Unterrichtsveranstaltungen, Vorlesungen und letztlich Lehrpersonen in großem Umfang ersetzen können. Videokonferenzen sind jedoch vor allem ein interessantes Zusatzelement in einem Lernarrangement. Es ist vor allem dann erfolgreich, wenn es an bestimmten Stellen eingesetzt wird, die Lernende zum aktiven Mittun motiviert, und durch weitere Elemente, wie Seminare, Selbststudium und Beratungs- oder Mentoring-Angebote, ergänzt wird.

Es ist zu bedenken, dass Konferenzschaltungen von den Teilnehmenden erfordern, dass sie, zwar entfernt, aber doch *zeitgleich* an der Veranstaltung teilnehmen. In der betrieblichen Weiterbildung oder bei einem internationalen Publikum ist gerade das manchmal schwer einzurichten. Die Forderung nach zeitgleicher Anwesenheit grenzt die Vorteile des mediengestützten Lernens – möglicherweise unnötig – ein. Alternativ kann erwogen werden, eine Veranstaltung oder einen Vortrag (zusätzlich) aufzuzeichnen und im Internet einzustellen. Das Angebot wird so für Lernende räumlich und zeitlich flexibel nutzbar; die Teilnehmenden müssen nicht mehr zeitgleich anwesend sein.

Videokonferenzen sind damit unter bestimmten Bedingungen didaktisch sinnvoll einsetzbar, nämlich immer dann, wenn *synchrone Kommunikation* zwischen Lehrenden und Lernenden, die voneinander entfernt an der Konferenz teilnehmen, tatsächlich eingelöst wird und für das Lehrziel erforderlich ist. Wenn keine Kommunikation zwischen den Teilnehmenden zustande kommt, macht das Setting wenig Sinn. Es wäre dann vorzuziehen, die Veranstaltung aufzuzeichnen und im Internet bereitzustellen. Tatsächlich ist es nicht immer einfach, lebendige Online-Konferenzen über Distanzen zu gestalten, bei denen sich die Teilnehmenden aktiv einbringen.

1.1.6 Lernen in Gemeinschaften

Ein erheblicher Anteil des Lernens findet im Austausch zwischen Personen statt – auch jenseits von institutionellen Lernangeboten: in der Freizeit, in persönlichen Gesprächen am Arbeitsplatz oder im Internet. Immer mehr wird das Internet zu einem sozialen Raum, in dem Menschen nicht nur Wissen abrufen, sondern sich auch über private und berufliche Dinge austauschen . Es bilden sich *Communities* von Menschen mit gleichen Anliegen, Interessen oder Fragen. In *Internetforen* suchen Menschen Antworten zu teilweise hoch spezialisierten Fachthemen und diskutieren alle Fragen des Lebens. Sie finden nicht immer Antworten und manches, was dort steht, ist falsch. Dennoch können solche Netzwerke Menschen zum gegenseitigen Teilen von Wissen und Erfahrungen motivieren.

Gerne wird auf Beispiele erfolgreicher Communities im Internet verwiesen, wie die gemeinschaftliche Entwicklung des LINUX-Betriebssystems oder die Arbeit an der Internet-Enzyklopädie Wikipedia: Die Aktiven bringen sich ohne Zwang und ohne externe Anreize in die Arbeit der Community ein und wirken an der laufenden Weiterentwicklung mit. Communities sind insofern ein faszinierendes Phänomen, das gängigen Erwartungen zu widersprechen scheint. Die Menschen geben ihr Wissen preis ohne unmittelbar ersichtliche Gratifikation und unterstützen sich gegenseitig bei der Bewältigung der anliegenden Herausforderungen. Wieso beteiligen sich wildfremde Menschen an solchen Communities? Wieso investieren sie zum Teil viele Stunden ihrer Freizeit?

Lernen in Gemeinschaften

In einer Community im Internet treffen sich die „Liebhaber des Pudels", um über die Aufzucht und Pflege des Pudels zu diskutieren. Viele tausend Mitglieder hat die Plattform, in der Menschen ihr Wissen bereitwillig preisgeben und anderen Hundebesitzern Tipps und Hilfestellung bei ihren Fragen und Problemen geben. Über die Suchfunktion lassen sich umfangreiche Informationen aus den Forenbeiträgen hervorholen, in denen teilweise ein sehr tiefgehendes Wissen sichtbar wird, teilweise sind die Beiträge aber auch unsinnig und falsch.

Mitglieder, die bereits lange dabei sind und viele – von Anderen positiv bewertete – Antworten gegeben haben, genießen einen guten Ruf und sind optisch erkennbar. Es entsteht der Anreiz: Man möchte Anderen helfen und von Anderen Wertschätzung erfahren.

Communities können eine erstaunlich hohe soziale Bindungskraft entwickeln, ohne dass sich die Personen je von Angesicht zu Angesicht getroffen hätten. Oft kennen sie untereinander nur den selbst gewählten *Nickname*. Dabei basiert eine lebendige Community in der Regel sehr wohl auf sozialen Gratifikationsmechanismen, die erwünschtes Verhalten belohnen und unerwünschtes bestrafen bzw. ignorieren. Beispiel hierfür ist etwa ein bestimmter Rang, den eine Person erhält, wenn eine bestimmte Anzahl von Einträgen von Anderen als hilfreich bewertet wurde. Auf diese Weise erhält die Person Anerkennung von Anderen und gewinnt soziales Prestige in der Community.

Dabei ist der Aufbau von Communities nur schwer planbar. Es reicht nicht, einen Server im Internet bereitzustellen, auf dem eine Software installiert wird. Nichts ist langweiliger als ein leeres Forum. Initial-Content kann deswegen bereits zu Beginn im Forum zur Verfügung gestellt werden, um einen Reiz zu setzen, zu dem sich die Menschen verhalten können. Auch kann es hilfreich sein, gezielt Menschen anzusprechen und zur Mitarbeit in der Community zu bewegen. Es werden auch bestimmte Events oder Verlosungen von Sachprämien eingesetzt, um die Nutzung der Plattform einladend und attraktiv zu machen.

In öffentlich zugänglichen Communities können Menschen Informationen finden und durch aktive Beteiligung auch neues Wissen entwickeln. Die Mitglieder der Community würden ihre Plattform aber kaum als Lernplattform beschreiben und vermutlich auch nicht als Plattform für Wissenskommunikation. Dennoch bieten Communities einen Ort für den Wissensaustausch und das Lernen unter Gleichen (*peer-to-peer)*. Es ist kein organisiertes Bildungsangebot, sondern ein Ort für *informelles Lernen*, in dem Lernprozesse auf unterschiedliche Art stattfinden.

Inspiriert von dem Erfolg mancher Communities stellt sich die Frage, ob sich diese Ansätze auch auf institutionelle Kontexte, etwa die Kommunikation in Unternehmen, oder auf die Bildungsarbeit übertragen lassen. Jahrelang hatte man in Organisationen versucht, Softwareplattformen für das Wissensmanagement einzuführen, um den Wissensaustausch innerhalb von Organisationen zu fördern: Die Mitarbeitenden wurden angehalten, ihr Wissen und ihre Erfahrungen in Datenbank-Masken einzugeben, mit Schlagworten zu versehen und damit anderen Organisationsmitgliedern zur Verfügung zu stellen.

Diese Instrumente erwiesen sich in vielen Fällen als schwerfällig und fanden wenig Akzeptanz in der Nutzung. Wäre es da nicht naheliegend, für die interne Kommunikation Werkzeuge wie Blogs, Wikis oder Communities einzusetzen, die viele in ihrer Freizeit bereits nutzen? Tatsächlich gibt es Beispiele von Unternehmen, wo es gelungen ist, solche Communities aufzubauen, in denen sich die Mitarbeitenden treffen, ihre Fragen einbringen und sich untereinander bei der Problemlösung unterstützen. Allerdings gelingt dies nicht in allen Fällen und viele Internet-Plattformen werden wenig genutzt. Es bleibt eine Frage der Konzeption solcher Angebote, diese müssen zu den Bedürfnisse der Zielgruppe und den Rahmenbedingungen passen. Ebenso zeigt sich, dass eine persönliche Betreuung auch bei diesen Angeboten erforderlich ist. Eine *Community-Managerin* muss die Plattform pflegen, etwa Diskussionsfäden bearbeiten oder schließen, Beiträge verschieben, löschen, bei beleidigenden Aussagen eingreifen, Teilnehmende ermutigen oder technische Probleme lösen. (Weitere Überlegungen zum Lernen mit Anderen in Kapitel 6.2)

1.1.7 Online-Kurse

Online-Kurse sind organisierte Lernangebote, die wesentlich über das Internet abgewickelt werden. Anders als bei reinen Lernprogrammen ist die Person nicht alleine, sondern es existiert eine Instanz, die das Lernen zeitlich und inhaltlich betreut. Die Betreuungsleistung kann ganz unterschiedlich sein. Sie kann Beratung bei der Auswahl der Inhalte, bei technischen Problemen, bei der Bearbeitung von Lernaufgaben, bei der Organisation von Lernaktivitäten und bei der Prüfung von Lernleistungen umfassen.

Beispiel für einen Online-Lehrgang

In dem Online-Studienprogramm **Educational Media** der Universität Duisburg-Essen lernen die Studierenden die Grundlagen der Mediendidaktik und ihre Anwendung in der Bildungsarbeit. Sie belegen dazu einzelne Module mit einem Bearbeitungsumfang von fünf Stunden über die Dauer eines halben Jahres. Das Semester ist in sechs Lerntakte zu je drei Wochen organisiert. In jedem Takt werden Lernmaterialien angeboten und sind Lernaufgaben – alleine oder in einer Lerngruppe – zu bearbeiten. Die Lösungen sind einzureichen oder z. B. in einer Videokonferenz vorzustellen. Zu Beginn und zum Ende eines Semesters findet eine Präsenzphase statt, in der sich die Teilnehmenden persönlich näher kennenlernen.

Solche Online-Kurse können wenige Wochen bis zu mehreren Monaten oder Jahren, etwa bei Lehr- oder Studiengängen, umfassen. Eine zentrale Dienstleistung der betreuenden Institution besteht darin, das Lernangebot *zu takten*: Technisch wäre es kein Problem, alle Materialien gleichzeitig im Netz zur Verfügung zu stellen, doch die Lernenden sind mit der Fülle an Materialien vielfach überfordert und es fällt ihnen schwer, ihren Lernprozess – vor allem über längere Zeit – zu organisieren. Deswegen ist es vorteilhaft, das Lernangebot in *Paketen* zu organisieren, die den Lernstoff in überschaubare Einheiten fassen, mit denen die Lernenden gut umgehen können. Es hilft zu wissen: Eine Lerneinheit umfasst ca. fünf Stunden Lernzeit, und dafür habe ich zwei Wochen Zeit. Die Art der Taktung ist in Abhängigkeit von den privaten und beruflichen Voraussetzungen der Teilnehmenden vorzunehmen. Darüber hinaus lassen sich die Lernangebote in eine Reihe (Sequenz) bringen, in der die Inhalte bearbeitet werden sollen. Eine solche Empfehlung hilft den Lernenden, ihren Lernprozess zu organisieren.

Es bleibt aber ein Problem: Die Anlage solcher Online-Lehrgänge wird durch die Taktung und die verschiedenen Betreuungsleistungen vergleichsweise schwerfällig. Der Lernende muss sich beispielsweise auf Starttermine, Taktgrößen und andere organisatorische Festlegungen einstellen. Doch zunehmend wollen Lernende *jetzt* diese eine Lerneinheit und nicht einen ganzen Lehrgang, der irgendwann später startet.

1.1.8 Lernmodule

Der Online-Kurs bildet ein im Grunde traditionelles Format im Internet ab und nutzt dabei die vielfältigen Optionen der Medien, um die Lernmöglichkeiten zu erweitern. Eine höhere Flexibilität ergibt sich, wenn das Lernangebot in kleinere Module unterteilt wird, die in sich abgeschlossen sind und von den Lernenden *just in time* abgerufen werden können. Die Lernenden können sich entscheiden, wann sie ein bestimmtes Modul abrufen wollen und müssen nicht an einem kompletten Lehrgang teilnehmen, nur weil ein bestimmtes Thema sie interessiert. Auch müssen sie nicht warten, bis der Lehrgang startet bzw. das Thema endlich eingeführt ist.

Beispiel für Lernmodule

Die Softwaretrainings eines großen Softwareherstellers sind strikt modular aufgebaut: Zu den verschiedenen Funktionen der Software liegen kleine Lernmodule vor, die eigenständig abgerufen und bearbeitet werden können. Jede Einheit beinhaltet eine typische Lerndauer von nur ein bis zwei Stunden. Sie können jederzeit abgerufen werden und ermöglichen so ein *just-in-time*-Lernen: Ein Lernen, das genau zu dem Zeitpunkt stattfinden kann, zu dem der Bedarf entsteht. Nach Bearbeitung eines Lernmoduls werden dabei weitere Module vorgeschlagen, die inhaltlich an das vorige Modul anschließen.

Die Granularität solcher Lernmodule kann unterschiedlich groß sein: Ein Lernmodul kann 2 oder 200 Stunden Lernzeit umfassen. Wenn eine Einrichtung eine Bibliothek solcher Lernmodule entwickelt, sollten die Module alle eine möglichst einheitliche Größe und Binnenstruktur aufweisen, damit die Lernenden sich schnell in den Lernmodulen zurechtfinden. Hinzu kommt, dass die Lernmodule möglichst für sich stehen sollten und von den Lernenden in sich abgeschlossen bearbeitet werden können. Das Lernmodul muss dazu benennen, welche Eingangsvoraussetzungen notwendig sind, um es erfolgreich bearbeiten zu können (d. h. welche anderen Module als bekannt vorausgesetzt werden) und welche Lernergebnisse am Ende der Bearbeitung zu erwarten sind sowie welches Folgemodul sich nach der Bearbeitung anschließt. Das Modul sollte darüber hinaus kombinierbar sein mit anderen Modulen der Bibliothek.

Eine solch modulare Struktur des Angebotes hat für die Lernenden viele Vorteile. Wenn es um wenige Lerneinheiten und um ein recht klar abgegrenztes Gebiet geht, ist ein solcher Ansatz vorteilhaft. Wenn es jedoch um ein größeres Themengebiet mit vielen Querbezügen geht, so wird die Bearbeitung der vielen einzelnen, für sich stehenden Module schnell unübersichtlich. Für die betreuende Institution entsteht dann ein erheblicher Beratungsaufwand. Möglicherweise finden die Lernenden das Angebot zunächst attraktiv; nach einer gewissen Zeit schwinden diese Vorteile jedoch sowohl für die Lernenden als auch für die anbietende Organisation (zur Strukturierung des Lernangebots, s. Kapitel 12.5.).

Ein Lernmodul ...

- ist in sich abgeschlossen,
- nennt die Eingangsvoraussetzungen, die für die Bearbeitung notwendig sind,
- nennt die Lernergebnisse, die nach der Bearbeitung vermittelt worden sind,
- nennt ein Folgemodul, das inhaltlich anschließt,
- ist Teil einer Modulbibliothek mit Lernmodulen ähnlicher Lerndauer.

1.1.9 Hybride Lernarrangements

Ist das Lernen mit dem Computer besser als traditioneller Unterricht? Diese Frage hat die Diskussion der letzten Jahrzehnte immer wieder beschäftigt. Dabei sind die Forschungsbefunde zu dieser Frage – sie wird ausführlicher in Kapitel 3.1 dargestellt – seit längerem recht eindeutig: Das digitale Lernen weist Potenziale auf, um bestimmte Lernformen zu unterstützen; es ist aber nicht als solches besser als andere Formate. Das digitale Lernen sollte nicht als Ersatz zu anderen Varianten gesehen werden, seine Vorzüge kommen gerade zum Tragen, wenn die einzelnen Elemente in einem *Lernarrangement* zusammenwirken und eine Komposition ergeben, die ein bestimmtes didaktisches Anliegen einlöst.

Ein typisches und oft wichtiges Element solcher Angebote sind die Präsenztermine. Auch Fernuniversitäten verfügen über regionale Studienzentren, an denen Präsenztreffen stattfinden. Diese Termine können der Vermittlung von Inhalten dienen. Noch wichtiger sind jedoch andere Elemente, die über Medien nur schwer zu vermitteln sind: Die Teilnehmenden können sich und die Lehrenden persönlich kennenlernen, sie tauschen ihre Erfahrungen aus und bilden persönliche Freundschaften und Netzwerke.

Entsprechende Arrangements sollten die große und zunehmende Bandbreite der Möglichkeiten nutzen, die sich online und offline bieten. Lernmaterialien werden in einer Lernplattform bereitgestellt. Synchrone Konferenztermine werden für Besprechungen anberaumt. Gruppen tauschen sich in Foren aus und arbeiten gemeinsam an Dokumenten in Wikis. Der Einzelne reflektiert seinen Lernfortschritt in einem Lerntagebuch und schreibt dies in einem Blog nieder. An bestimmten Terminen werden Präsenztreffen anberaumt, die insbesondere für die Ergebnispräsentation, den persönlichen Austausch und die Reflexion genutzt werden. Die Herausforderung besteht darin, solche Arrangements zu konzipieren, zu organisieren und zu betreuen. Es ist zu prüfen, ob ein Angebot den angestrebten Lernerfolg erzielt und auf Akzeptanz bei den Lernenden und Lehrenden stößt. Durch Werkzeuge für das Monitoring der Lernprozesse wird sichergestellt, dass Probleme im Arrangement frühzeitig identifiziert werden können.

In manchen Bildungskontexten erscheint die Idee des *Lernarrangements* offensichtlich: Im *Museum* betrachten wir Gemälde; Texttafeln mit Metainformationen bieten Hintergrundwissen, um die Werke einordnen zu können; der Audio-Guide liefert ausführlichere Daten über die Künstler und ihre Zeit; am Ausgang können wir Anmerkungen im Gästebuch hinterlassen oder auch unsere E-Mail-Adresse angeben, um Informationen über weitere Ausstellungen zu erhalten. Im Laden können schließlich Reproduktionen der Gemälde als analoge Poster erworben werden. Das Museum ist damit ein komplexes multimediales Arrangement. Jedes Element hat seine spezifische Funktion im gesamten Arrangement. Das einzelne Element erhält seinen Sinn (nur) in der Komposition des Arrangements.

Blended Learning

Führungskräfte einer Organisation sollen zum Thema „Gesprächsführung mit Mitarbeitenden" geschult werden. Das Angebot wird deutschlandweit durchgeführt und richtet sich an ca. 350 Personen. Um das Angebot effizient realisieren zu können, werden Online- und Präsenzelemente miteinander kombiniert. In der Onlinephase beschäftigen sich die Teilnehmenden mit den Grundlagen der Gesprächsführung, sie erhalten dazu kurze Videosequenzen mit Erläuterungen zu den zentralen Aussagen. In den Präsenzphasen stehen die praktische Umsetzung, Training und Feedback im Vordergrund. Durch die Verzahnung der Elemente kann das Angebot für die Teilnehmenden flexibel organisiert und insgesamt relativ kostengünstig und effizient realisiert werden.

Der Begriff *Blended Learning* verweist auf die Kombination des mediengestützten Lernens mit *face-to-face*-Elementen in Lernarrangements. Es zeigt sich nämlich, dass sich durch die geschickte *Kombination* von mediengestützten Lernangeboten und konventionellen Unterrichtsformen eine Reihe von Vorteilen erzielen lassen. Die Motivation und Bindung der Teilnehmenden steigt, wenn sie nicht mehr nur alleine mit einem Computer interagieren, sondern auch und zugleich eingebunden sind in eine soziale Gruppe und von einer Lehrperson betreut werden. Die Abbruchquote, die bei einem *reinen* Online-Angebot teilweise recht hoch ist, kann auf diese Weise reduziert werden (vgl. M. Kerres & de Witt, 2003).

Flipped Classroom

Die Kombination von Online- und Präsenzelementen wird auch unter dem Schlagwort *Flipped Classroom* diskutiert. Für die Online-Phasen werden dabei Videoaufzeichnungen von Vorlesungen oder Vorträgen, die ansonsten im Unterricht präsentiert würden, und weitere Materialien für die eigenständige Bearbeitung zuhause bereitgestellt. In der Präsenzveranstaltung liegt der Fokus dann auf der gemeinsamen Bearbeitung von Übungsaufgaben, der Präsentation von Lösungen und der Diskussion von Theorien oder Konzepten. Es findet eine Verlagerung von Aktivitäten zwischen Unterrichtsraum und Lernort zuhause statt. Dies erinnert an seminaristische Lehrformate, in denen die Lernenden sich zuhause mit Texten auseinandersetzen, die sie dann in einem Seminar besprechen. Auch hier handelt es sich um ein hybrides Lernarrangement, das Lernaktivitäten an verschiedenen Lernorten kombiniert (vgl. Großkurth & Handke, 2014).

Auf dem Hintergrund dieser Überlegungen werden digitale Lernangebote in Kombination mit Präsenzelementen implementiert. Gerade in der betrieblichen Bildungsarbeit sind solche Varianten als *Blended Learning* oder *Flipped Classroom* zunehmend verbreitet. Gleichwohl ist kritisch anzumerken: Digitale Lernangebote zusätzlich zu vorhandenen Präsenzveranstaltungen anzubieten, ohne die Präsenz grundlegend zu verändern, stellt noch kein hybrides Lernarrangement dar. Auch durch den bloßen Austausch von Lernorten kommt keine wesentliche Innovation zustande. Denn schlechten Präsenzunterricht aufzuzeichnen und zuhause zu konsumieren, ist kein Fortschritt.

Lediglich digitale Elemente mit Präsenztrainings zu kombinieren, stellt noch kein didaktisch begründetes Lernarrangement dar. Das Label *Blended Learning*, ebenso wie *Flipped Classroom*, wird in der Praxis oft vordergründig geführt; es suggeriert ein didaktisches Konzept, ohne zu erläutern, wie Lernaktivitäten und Lernorte didaktisch aufbereitet sind und zusammenwirken. Die Lernorganisation *hybrider Lernarrangements*, die wir später kennenlernen werden, beschreibt, wie solche Szenarien didaktisch begründet zu einem Ganzen zusammengefügt werden.

1.2 Merkmale des Lernens mit digitalen Medien

Die vorgestellten Szenarien verweisen auf die Vielfalt des mediengestützten Lernens. Im Folgenden werden diese Szenarien systematischer betrachtet. Denn es ergeben sich andere Anforderungen, je nachdem ob die Person alleine lernt, ob eine tutoriell betreuende Instanz den Lernprozess begleitet oder ob andere Lernende zugegen sind. Ebenso ist der institutionelle Rahmen zu beachten: Medien finden Einsatz in der formalen und non-formalen Bildung ebenso wie beim informellen Lernen.

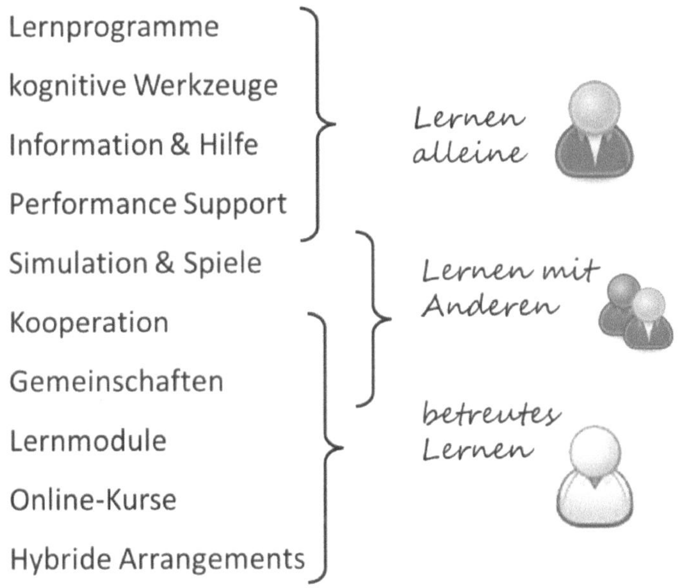

1.2.1 Autodidaktisches Lernen

Herr Lauer will sich auf die Prüfung zum Segelschein vorbereiten. Er geht in eine Buchhandlung und schaut sich nach Literatur um. Er fragt die Buchhändlerin nach Tipps und entscheidet sich für ein Buch mit vielen anschaulichen Beispielen und einem Katalog an Prüfungsfragen.

Herr Lauer lernt alleine. Er entscheidet sich für einen Lerngegenstand, für ein Vorgehen, wählt Medien und Inhalte aus, überwacht den Lernfortschritt und bestimmt das Lerntempo selbst. Er muss sich auch selbst zum Lernen motivieren. Es fehlt eine Instanz, die bei Lernschwierigkeiten Unterstützung bietet, und es fehlt die Einbindung in eine soziale Umwelt mit anderen Lernenden. In diesem Fall ist die Selbststeuerung am höchsten; der Lernprozess wird durch das Medium angeregt und in Teilen gesteuert.

Beim autodidaktischen Lernen umfasst die Selbststeuerung demnach folgende Aktivitäten bzw. Entscheidungen:

- Die Lernenden entscheiden sich für Lerngegenstand und Lernangebote.
- Sie motivieren sich selbst zum Lernen.
- Sie bestimmen ihr Lerntempo.
- Sie prüfen ihren eigenen Lernfortschritt.

Allerdings: Herr Lauer wird vermutlich auf andere Menschen zugehen, wenn er Schwierigkeiten mit dem Lernstoff hat. Er wird vermutlich mit Kollegen und Kolleginnen aus seinem Verein über die Inhalte sprechen und sich über Erfahrungen mit der Prüfung austauschen, oder er wird sich im Internet weitere Tipps für die Prüfung besorgen. Insofern sind die Grenzen fließend: Auch autodidaktisches Lernen heißt nicht zwingend *vereinzeltes* Lernen!

1.2.2 Soziales Lernen

Herr Steiert liebt romanische Kirchen. Mit Leidenschaft sammelt er alles über deren Architektur und Geschichte. Er hat sich auf einer Internetplattform angemeldet, um mit Anderen ins Gespräch zu kommen. Seine Gruppe „Romanische Kirchen in Frankreich" hat regen Zulauf und Teilnehmende aus der ganzen Welt. Die Gruppe plant im Sommer ein Treffen *vis-a-vis* in Vezeley.

Herr Steiert tauscht sich mit Anderen aus und lernt durch den Kontakt mit Gleichgesinnten, die sich ebenfalls für den Gegenstand interessieren. Sie bilden eine soziale Gruppe, auch *Peer Group* genannt. Die *Peers* müssen sich nicht näher kennen, sie können sich auch über soziale Plattformen im Netz austauschen. Diese soziale Rahmung des Lernens kann weitreichende Bedeutung haben:

- Die Sicht von Anderen auf den Lerngegenstand eröffnet neue inhaltliche Perspektiven. Man lernt, Dinge von verschiedenen Seiten zu betrachten (*multiple Perspektiven*).
- Die soziale Einbettung ist für die Aufrechterhaltung der Motivation zum Lernen und das Durchhalten (*Persistenz*) für viele Lernende von großer Bedeutung. Die Lernenden werden durch Andere ermuntert durchzuhalten und unterstützen sich gegenseitig bei Schwierigkeiten.
- Durch die Beteiligung an Diskussionen wird Wissen expliziert bzw. rekonstruiert. Dadurch werden dem Lernenden eigene Wissenslücken und Verständnisschwierigkeiten deutlich (*sozialer Vergleich*).
- Lernende können üben, sich (angemessen) zu artikulieren, sich in Andere hineinzuversetzen (*Rollenübernahme*), auf Andere im Dialog Bezug zu nehmen und Toleranz zu entwickeln.

Der Austausch mit Anderen findet in privaten und beruflichen Kontexten ständig statt: Wir teilen Anderen Neues mit und erfahren Fakten oder Einschätzungen von Anderen. Schulischer Unterricht, in dem Lernen in Gruppen („Klassen" oder „Kursen") organisiert ist, basiert ganz selbstverständlich auf sozialem Lernen. Auch für Erwachsene werden Veranstaltungen – und damit organisierte Bildungsangebote – durchgeführt, um den Austausch mit Anderen zu unterstützen. Im Internet stehen vielfältige weitere Orte zur Verfügung, an denen Menschen mit ähnlichen Lerninteressen miteinander Kontakt aufnehmen und soziale Beziehungen aufbauen. Der Einzelne kann jenseits vorgegebener Curricula und vorgefertigter Lernangebote eines Bildungsanbieters seinen Lerninteressen nachgehen. Die soziale Einbindung unterstützt in allen diesen Fällen die Selbststeuerung des Lernens. Es fällt vielen Menschen leichter, die Motivation für das Lernen aufrechtzuerhalten, wenn sie in einem sozialen Kontext mit Anderen lernen.

Die Präsenz anderer Personen bzw. die Verfügbarkeit einer technischen Lösung für die Dialogunterstützung ist noch kein Garant für *soziales Lernen*. Herr Steiert wird die Hintergründe der romanischen Kirchen auch intensiv selbst studieren müssen, um mit Anderen ins Gespräch zu kommen.

1.2.3 Tutoriell betreutes Lernen

Frau Meurers ist in einem international tätigen Unternehmen, das Maschinen herstellt, im Vertrieb beschäftigt. Im Rahmen eines Mitarbeitergesprächs mit ihrem Vorgesetzten wurde vereinbart, dass sie einen Onlinekurs zum Thema „Internationales Marketing" belegt. Der Kurs wurde speziell für das Unternehmen entwickelt und beinhaltet sowohl Selbstlernelemente als auch Online-Treffen der Teilnehmenden, die sich über die ganze Welt verteilen. Er erläutert die strategischen Zielsetzungen des Unternehmens im internationalen Geschäft und die Ziele und (potenziellen) Maßnahmen für verschiedene Länder bzw. Kontinente. Betreut wird das Angebot von der zentralen Bildungsabteilung des Unternehmens. Sie arbeitet zusammen mit externen Tutorinnen an verschiedenen Standorten.

Frau Meurers lernt mit Medien und zugleich mit Unterstützung einer Person und einer Einrichtung, die den Lernprozess organisiert. Die Rolle der Tutoren und der Bildungsabteilung ist beim mediengestützten Lernen aber eine andere als im traditionellen Präsenzunterricht. Die Präsentation der Lehrinhalte kann zeit- und ortsunabhängig über ein Medium erfolgen, sie ist nicht an eine lehrende Person gebunden, die von der Bildungsabteilung dazu eingesetzt wird. Die betreuende Einrichtung ist damit jedoch keineswegs überflüssig. Das Management mediengestützter Lernangebote bringt *andere* Aufgaben mit sich, die zum Teil deutlich komplexer sind als bei der Organisation traditioneller Unterrichtsangebote. Um ein Bildungsangebot in dieser

Konstellation erfolgreich betreiben zu können, sind vor allem die folgenden Dienstleistungen zu erbringen.

Die Bildungsanbieterin ...

- erstellt Curricula auf der Grundlage gesellschaftlicher, organisatorischer und individueller Anforderungen und Bedingungen des Bildungsmarktes bzw. der Bildungsnachfrage.
- stellt Lernangebote (z. B. face-to-face oder mediengestützt) und die für die Durchführung erforderliche Infrastruktur (z. B. Räume, Server) bereit (selbst erstellt oder lizenziert).
- prüft und entwickelt die Qualität der Lernangebote.
- berät die Lernenden bei der Auswahl von Lerninhalten und bei deren Bearbeitung (insbesondere bei Schwierigkeiten).
- prüft den Lernfortschritt und gibt Rückmeldung über den Lernstatus.
- zertifiziert die Leistung von Lernenden.

Ein organisiertes Bildungsangebot ist mehr, als Unterricht durchzuführen. Es beinhaltet eine Dienstleistung, die aus verschiedenen, aufeinander abgestimmten Elementen besteht. Bei mediengestützten Angeboten verschiebt sich der Schwerpunkt der Dienstleistung: Neben der Präsentation von Lehrinhalten und der Durchführung von Unterricht stehen hier die *Betreuung und Begleitung* des Lernens im Vordergrund. Der Umfang der Aufgaben und die pädagogischen Anforderungen selbst werden bei mediengestützten Varianten dadurch jedoch nicht kleiner. Da bei der Entwicklung und Durchführung mediengestützter Angebote zumeist mehrere Personen arbeitsteilig zusammenarbeiten, steigt der Aufwand, um den Betrieb des Bildungsangebotes zu managen und zu koordinieren.

1.2.4 Institutionelle Verortung von Bildung

Wir haben die digitalen Lernszenarien den Varianten des autodidaktischen, tutoriell betreuten und sozialen Lernens zugeordnet. Eine andere Unterscheidung, die im Weiteren für die Einordnung von Lernangeboten wichtig sein wird, betrifft die *institutionelle Verortung* des Lernens mit Medien als *formales, non-formales* oder *informelles* Bildungsangebot, wie sie insbesondere in EU-Dokumenten zum lebenslangen Lernen vorgenommen wird.

Institutionelle Varianten

- *formale Bildung* findet in Lehrgängen von Bildungs- und Ausbildungseinrichtungen statt und führt zu anerkannten Abschlüssen.

- *non-formale Bildung* bezieht sich auf organisierte Angebote von Einrichtungen außerhalb der allgemeinen und beruflichen Bildung (etwa von Sportvereinen, Musikschulen, Kirchen, Verbänden, Gewerkschaften oder politischen Parteien). Sie sind nicht auf den Erwerb eines formalen Abschlusses angelegt.
- *informelles Lernen* wird im EU-Memorandum zum lebenslangen Lernen (2000) als „natürliche Begleiterscheinung des täglichen Lebens“ beschrieben. Sie kann sich vollziehen in Gesprächen mit Anderen, am Arbeitsplatz, am Rande von Kursen, durch den Besuch eines Museums, in der Lektüre von Medien oder durch die Mitwirkung in Internetforen.

Das Lernen mit Medien hat in allen drei Varianten Bedeutung, zum Beispiel ...

- als ein Online-Masterprogramm, von einer Hochschule angeboten, das mit einem Zertifikat abschließt (formales Bildungsangebot),
- als ein Sprachkurs, der im Internet angeboten wird (non-formales Bildungsangebot),
- als eine Internet-Plattform, auf der sich Interessierte zu einem Thema austauschen (informelles Lernen).

Tabelle 2: Institutionelle Varianten von Bildungsangeboten

Lernen	**Formale Bildung**	**non-formale Bildung**	**informelles Lernen**
organisiert	Bildungs-einrichtung	durch Anbieter	nein
mit formalem Abschluss	Ja	in der Regel: nein	nein
intentional	Ja	Ja	möglich
nicht-intentional	(ja)	(ja)	ja

Informelles Lernen

Seit 2007 wird das „Adult Education Survey“ (AES) durchgeführt, mit dem Bildungsaktivitäten von Erwachsenen europaweit erfasst werden (vgl. Field, Künzel, & Schemann, 2016). Erhoben werden dabei auch informelles Lernen und „digital gestützte Bildung“. Schwierig ist die Erfassung des informellen Lernens, weil es ja beiläufig stattfindet. Bei der 2016 gewählten Erhebungsmethode berichten 48 % der Befragten, informell gelernt zu haben.[1] Dabei würde z. B. der gezielte Abruf von Erklär-Videos bei Youtube in den letzten 12 Monaten als informelles Lernen gezählt werden.

Informelles Lernen (AES 2016)

„Haben Sie in den letzten 12 Monaten zu einem bestimmten Thema oder Gebiet, in einer der genannten Formen, selbst etwas gelernt oder tun Sie dies derzeit

- durch Lernen von Familienmitgliedern, Freunden oder Kollegen,
- durch Lesen von Büchern oder Fachzeitschriften,
- durch Nutzung von Lehrangeboten am Computer oder im Internet,
- durch Wissenssendungen im Fernsehen, Radio oder auf Video, CD, DVD,
- durch Führungen in Museen oder historischen Orten, Naturdenkmälern oder Industrieanlagen,
- durch Besuche von Büchereien oder offenen Lernzentren?“

Informelles Lernen wird – anders als formale und non-formale Bildungsangebote – nicht unbedingt als gezielt angestrebte Kompetenzerweiterung erfahren. *Nicht-intentionales Lernen* findet überall statt, z. B. in der Arbeit bei der Bewältigung einer neuen Aufgabe oder eines herausfordernden Projektes, im Austausch mit Kollegen und Kolleginnen oder auf Internet-Foren. Die Bedeutung des informellen Lernens, gerade im Kontext der Medien, wird in den letzten Jahren zunehmend erkannt (Kyndt, Govaerts, Smet, & Dochy, 2017; Rogoff, Callanan, Gutiérrez, & Erickson, 2016).

Digital gestützte Bildung

Zur Klassifikation von „digital gestützter Bildung“ werden im AES (2016) vier Kriterien für Lernangebote genannt. Die folgende Übersicht zeigt, wie häufig diese in der formalen und non-formalen Weiterbildung nach Aussagen der Teilnehmenden zum Einsatz kommen. In der formalen Bildung ist der Anteil dabei höher als in der non-formalen Bildung. In mehr als der Hälfte der formalen Angebote kommen „zumindest manchmal“ Online-Materialien zum Einsatz.

Erfassung von „digital gestützter Bildung“

Das formale oder non-formale Lernangebot erfüllt *eines* der folgenden Kriterien:

- Die Aktivität fand überwiegend (≥ 50 %) online statt (Fernlehre): Trifft nach Aussage der Teilnehmenden in **15** % der erfassten Lernangebote zu.

[1] https://www.bmbf.de/pub/Weiterbildungsverhalten_in_Deutschland_2016.pdf

- Für die Aktivität wurde zumindest manchmal Lernmaterial genutzt, das online zur Verfügung gestellt wurde: **33** %
- Im Rahmen der Aktivitäten wurde über Lehrwebseiten oder Online-Portale Kontakt zu anderen Personen aufgenommen: **13** %
- Im Rahmen der Aktivitäten wurden digitale Medien eingesetzt, wie z. B. Massive Open Online Courses (MOOC), Web Based Training (WBT), Lernplattformen, Software zur Prüfung von Lernerfolgen oder fachspezifische Software: **29** %

Die Auswertung des Wissenschaftsministeriums kommt zu dem Schluss: „Knapp die Hälfte (46 %) aller Bildungsaktivitäten erfolgt damit in digital gestützter Form. Im Jahr 2016 haben sich 28 % der Erwachsenen an digital gestützter Bildung beteiligt." (BMBF, 2017). Auf der einen Seite zeigt dies, wie sehr sich digitale Angebote in der Weiterbildung etabliert haben. Auf der anderen Seite bleibt bei dieser Erhebung offen, welchen Umfang die digitalen Medien beim Lernen tatsächlich einnehmen.

Tabelle 3: Institutionelle Verortung von Lernen mit Medien

	formale Bildung	**non-formale Bildung**	**informelles Lernen**
autodidaktisches Lernen			√
tutoriell betreutes Lernen	√	√	√
soziales Lernen	√	√	√

Es wurden die Varianten des autodidaktischen, sozialen und tutoriell betreuten Lernens mit Medien eingeführt. Sie lassen sich der unterschiedlichen institutionellen Verortung von Bildung zuordnen. In formalen und non-formalen Bildungskontexten findet etwa tutoriell betreutes Lernen, aber – z.B. bei traditionellen Fernlernangeboten – nicht immer soziales Lernen statt. Informelles Lernen ist dagegen zumeist soziales Lernen, das durchaus betreut sein kann (z.B. durch eine Tagungsorganisation). Autodidaktisches Lernen ist dagegen nicht institutionell-organisiert und damit der informellen Bildung zuzuordnen.

1.3 Selbstgesteuertes Lernen mit Medien

Selbststeuerung ist beim Lernen mit digitalen Medien, je nach Konstellation, unterschiedlich stark gefordert. Die psychologische Sicht betrachtet Selbststeuerung als

Vorgang der Auseinandersetzung eines Individuums mit der Umwelt, der auf kognitiver und motivationaler Ebene stattfindet. Der pädagogische Ansatz von Maria Montessori stellt die Selbststeuerung von Lernenden in Interaktion mit einer didaktisch aufbereiteten Lernumwelt in den Mittelpunkt seiner Überlegungen. In der erziehungswissenschaftlichen Diskussion wird *Selbststeuerung* der Lernenden jedoch auch kontrovers erörtert: Ist *Selbststeuerung* beim Lernen tatsächlich erstrebenswert?

1.3.1 Selbststeuerung als psychische Leistung

Aus psychologischer Sicht wird Selbststeuerung beim Lernen als kognitives und motivationales Problem analysiert: Kognitive Prozesse bei der Beschäftigung mit Lernmaterialien, die nicht weitgehend automatisiert ablaufen, bedürfen einer Selbststeuerung. Dies erfordert unter anderem, dass die Person ihre Aufmerksamkeit steuert, verschiedene Bearbeitungsstrategien für das Lernen mit Medien kennt und sich für ein Vorgehen entscheidet. Aus Sicht der Motivationspsychologie erfordert Selbststeuerung, Handlungen auszuwählen und die Handlungsausführung zuverlässig umzusetzen. Die Person setzt sich Ziele für ihr Lernen, sie wählt Lernangebote und -schritte aus, schafft sich Zeit und weiteres mehr (vgl. Neber, 1978; Nickolaus, Gönnenwein, & Petsch, 2010).

Dabei bleibt grundsätzlich festzuhalten, dass Lernen *in jedem Fall* Selbststeuerung erfordert: Lernen ist eine Aktivität, die nicht passiv erduldet werden kann – weder in einem Unterricht noch beim Lernen mit Medien. Um zu *lernen,* ist eine Entscheidung zu treffen; ich muss bereit sein, zu lernen. Ich kann belehrt werden, aber nicht „gelernt werden“.

Um zu lernen, muss ich bereits wissen, wie ich lernen kann. Dies gilt gerade beim mediengestützten Lernen. Zugleich soll dabei oft die Fähigkeit zu lernen entwickelt werden. Selbststeuerung ist damit sowohl Voraussetzung als auch Ziel des Lernens mit Medien. Dabei kann sich selbstgesteuertes Lernen auf ganz unterschiedliche Dinge beziehen.

Selbststeuerung

... kann sich beziehen auf:

Lernziele und -inhalte. Die Person setzt sich Ziele für ihr Lernen und wählt Lerninhalte aus.

Lernmethoden und -medien. Die Person legt fest, wie und mit welchen Medien sie sich mit dem Inhalt auseinandersetzt.

Bearbeitung des Lernmaterials. Die Person wählt ihr Lerntempo und ihren Lernweg durch das Material, sie lenkt ihre Aufmerksamkeit auf bestimmte Lerninhalte, sie wählt Aufgaben aus und bearbeitet diese.

Lernorganisation. Die Person wählt Ort und Zeit für ihre Lernaktivitäten, sie entscheidet sich für eine Sozialform (ob sie alleine oder mit anderen lernen möchte) und konfiguriert ihre Lernumgebung.

Evaluation des Lernfortschritts. Die Person überwacht den Fortschritt ihres Lernens und stellt ihre Stärken und Schwächen fest.

Zur Selbststeuerung beim Lernen gehören nach SIMONS (1992) die Fähigkeiten,

- Lernen vorzubereiten (z. B. Vorwissen aktivieren, Ziele setzen, sich die Bedeutung von Lernzielen klar machen),
- Lernhandlungen durchzuführen (z. B. die für Verstehen, Behalten und Transfer erforderlichen kognitiven Strategien und Prozesse aktivieren),
- Lernen mithilfe von Kontroll- und Eingreifstrategien zu regulieren,
- Lernleistungen zu bewerten (z. B. durch Selbstevaluation des Lernerfolges) und
- Motivation und Konzentration aufrechtzuerhalten.

Wie stark die Person den eigenen Lernprozess steuern und überwachen muss, hängt auch davon ab, wie das Lernangebot angelegt ist. Auf den ersten Blick erfordert das Lernen mit Medien *mehr* Selbststeuerung als das Lernen im konventionellen Unterricht im Klassenverband. Dies betrifft vor allem die Bearbeitung des Lernmaterials und die Organisation des Lernprozesses: Der Einzelne hat tatsächlich mehr Freiheit darin, wie er das Lernmaterial bearbeitet. Es finden sich beim Lernen mit Medien allerdings auch Beispiele für *niedrige* Grade von Selbststeuerung: In einem Lernprogramm, das den Lernprozess strikt entlang eines vorgegebenen Lernpfades organisiert, ist die Selbststeuerung ähnlich niedrig wie in einem entsprechend angelegten Unterricht.

Selbstwirksamkeit

In der Lernforschung ist das Konstrukt der *Selbstwirksamkeit* nach ALBERT BANDURA untersucht worden. Damit ist die Erwartung einer Person gemeint, durch eigenes Handeln Effekte erzielen zu können (Bandura, 1997). Es zeigt sich, dass *Selbstwirksamkeit* das Handeln von Menschen in vielen Situationen erklären kann und eine wichtige Rolle für erfolgreiches Lernen spielt.

Wie können nun Lernangebote dazu beitragen, dass Selbstwirksamkeit gefördert wird? Selbstwirksamkeit kann nur entstehen, wenn die Person die Gelegenheit hat, etwas aktiv auszuprobieren, zu (er-)finden und anzuwenden. Sie muss beim Lernen erleben, dass ihr Handeln „Effekte“ auslöst. Sie muss erleben, dass sie etwas gelernt hat: Kompetenzzuwachs muss in der Lernumgebung erfahren werden können. Rückmeldungen über den Stand des Lernens sind dazu ein wesentliches Instrument, wenn sie entwicklungsfördernd und nicht demotivierend formuliert sind. Auch Anderen etwas vorzustellen und die eigene Leistung zu präsentieren, kann sich positiv auf die Entwicklung von Selbstwirksamkeit auswirken.

LIAW & HIANG (2013) untersuchten die Bedingungen, unter denen Selbststeuerung beim E-Learning entsteht. Es zeigt sich, dass das Erleben von Selbstwirksamkeit wesentlich dazu beiträgt, dass Lernende die Fähigkeit zur Selbststeuerung entwickeln.

Lernmotivation

Selbststeuerung ist nicht nur ein kognitiver Prozess in der Auseinandersetzung mit dem Lernmaterial, sondern bezieht sich auch auf die Lernmotivation. Bei der Konzeption eines mediengestützten Lernangebots werden wir unterscheiden zwischen intrinsischer und extrinsischer Motivation.

Intrinsische Motivation liegt vor, wenn Handlungen ausgeführt werden, deren Vollzug selbst motiviert. Intrinsische Motivation hängt mit den Bedürfnissen nach Kompetenz und Autonomie zusammen: Ich will meine Kompetenz und meine Autonomie beweisen.

Extrinsische Motivation liegt vor, wenn eine Handlung wegen der Ergebnisse oder ihren Folgen ausgeführt wird, z. B. um gelobt zu werden, um einer Strafe zu entgehen oder aus anderen Gründen, die nichts mit der Aufgabe selbst zu tun haben. Eine zunächst intrinsisch motivierte Handlung kann mit der Zeit auch extrinsisch motiviert sein, z. B. wenn die Person für die Ergebnisse eine Belohnung erhält, obwohl sie die Handlung an sich gerne ausgeführt hat. Es kann passieren, dass der ursprüngliche Spaß an der Lernaktivität verloren geht. Dies wird *Korrumpierungseffekt* genannt. Um zu vermeiden, dass sich intrinsische Motivation auflöst, sollte die externe Kontrolle gering bleiben und informatives statt kontrollierendes Feedback gegeben werden.

RYAN& DECI (2017) betrachten intrinsische und extrinsische Motivation nicht als Gegensatzpaar, denn für die extrinsische Motivation können unterschiedliche Grade der Internalisierung beschrieben werden: So können extern vorgegebene Anreize durch Annäherung und Identifikation übernommen und schließlich integriert werden. Extrinsische Anreize können in das eigene Wertesystem überführt werden. Deswegen erscheint die Unterscheidung zwischen selbstbestimmter und kontrollierter Motivation sinnvoller.

Bei allen Varianten des Lernens mit Medien kann der Anreiz im Vollzug liegen oder in den Ergebnissen und Folgen der Beschäftigung mit dem Thema. Ebenso denkbar ist, dass externe Vorgaben in eigene Motive übernommen werden, wie RYAN & Deci es beschreiben. Bei der Planung des Lernangebots geht es um die Frage, wo der überwiegende motivationale Fokus für die Lernenden liegt. Handelt es sich um ein *formales* Bildungsangebot, das auf einen Abschluss abzielt, gehen wir in jedem Fall von einer extrinsischen Motivation aus, auch wenn bei den Lernenden der Spaß am Lernen überwiegt. Bei *informellem* Lernen liegt dagegen wahrscheinlich intrinsische Motivation vor, da sich die Person selbst für den Lernprozess entschieden hat und kein Abschluss oder ähnliche externe Anreize erkennbar sind.

Fehlende Fremdsteuerung führt dabei keineswegs automatisch zum Aufbau von Selbststeuerung! Selbststeuerung entwickelt sich nicht automatisch, wenn auf Fremdsteuerung verzichtet wird, wenn ein Lernprogramm zum Beispiel keine Lernpfade vorgibt. Vielmehr kann die Fähigkeit zur Selbststeuerung durch Unterstützung aufgebaut werden. Deswegen sind Fremd- und Selbststeuerung nicht als ein Gegensatzpaar aufzufassen.

1.3.2 Selbststeuerung in der Montessori-Pädagogik

Als Beispiel für einen pädagogischen Ansatz, der wesentlich auf die Selbststeuerung der Lernenden in der Auseinandersetzung mit einer Lernumwelt setzt, werden im Folgenden die Überlegungen von MARIA MONTESSORI skizziert. MARIA MONTESSORI (1870–1952) entwickelte zu Beginn des 20. Jahrhunderts einen pädagogischen Ansatz, bei dem sich Bildung und Erziehung nicht alleine auf Basis der Begegnung von Lehrenden und Lernenden konstituieren. Wie andere reformpädagogische Ansätze ihrer Zeit forderte MONTESSORI, sich von einem lehrerzentrierten Unterricht abzuwenden und die Aktivität der Lernenden zu stärken. Ihr Ansatz beruhte auf der Idee einer *vorbereiteten Umgebung*, in der die Lernenden mit einer pädagogisch aufbereiteten Lernumwelt konfrontiert sind. Dies schließt die Gestaltung des Gebäudes mit seiner natürlichen Umgebung, die Möblierung bis hin zur Anordnung von Lernmaterialien in den Regalen ein.

Montessori-Material ...

- soll (gegebenenfalls nach einer Einführung) selbstständig genutzt werden.
- soll einzelne Schwierigkeitsstufen isolieren und nach zunehmender Schwierigkeit organisiert sein.
- soll die gesamte Aufmerksamkeit des Lernenden fordern.
- soll altersgerecht sein.
- soll möglichst genau einen Sinn ansprechen.
- soll eine immanente Fehlerkontrolle beinhalten.
- soll ästhetisch ansprechend und robust ausgeführt sein.

In einer solchen vorbereiteten Lernumwelt richten die Lernenden ihre Aufmerksamkeit auf den Gegenstand, der ihrem aktuellen Lerninteresse und Entwicklungsstand entspricht. Alle Menschen – so die Annahme von MONTESSORI – wissen selbst, was für sie als Nächstes zu lernen ansteht. Die Lehrperson soll sie ermutigen, ihre Lerninteressen zu artikulieren, sie sollte keinesfalls aber Lerninhalte oder -gegenstände vorgeben.

Dabei wäre es ein Missverständnis, dass die Lehrperson in der Montessori-Pädagogik weniger wichtig wäre: Es verändert sich allein ihre Rolle. Die Lehrperson ist verantwortlich für die Gestaltung der Lernumwelt. Sie sollte keineswegs angefüllt sein mit vielen, beliebigen Materialien. Sie ist eher reduziert anzulegen und folgt einer Systematik, bei der jedes Element seinen festgelegten Ort im Raum hat. Für jedes Material der Lernumgebung wir benannt, welchen Lernprozess es anregen soll. Darüber hinaus hat die Lehrperson eine Arbeitsatmosphäre sicherzustellen, in der die Lernenden arbeiten können.

1.3.3 Selbststeuerung in der Kontroverse

In der pädagogischen Diskussion wird über Selbststeuerung beim Lernen kontrovers diskutiert. Auf der einen Seite wird betont, wie wichtig selbstgesteuertes Lernen (mit digitalen Medien) für das lebenslange Lernen ist. Auf der anderen Seite werden die gesellschaftlichen und bildungspolitischen Implikationen der Forderung nach einer Selbststeuerung von Lernen kritisch eingeschätzt. Denn, so PETER FAULSTICH (1999), selbstgesteuertes Lernen kann *defensiv* angelegt sein: Die Person muss dann „notgedrungen" lernen, um sich selbstgesteuert externen Anforderungen anzupassen. Nur ein *expansives Lernen* setzt dagegen an den Lerninteressen der Subjekte an und entfaltet menschliche Potenziale.

Lehrende: durch Medien arbeitslos?

Werden Lehrpersonen überflüssig, wenn die Lernenden zunehmend mit digitalen Medien selbstgesteuert lernen? Von manchen erhofft, ist dies jedoch die Sorge, die von pädagogischer Seite vielfach formuliert worden ist: (Wie) Wird sich die Digitalisierung auf die Arbeit von Lehrpersonen auswirken? Werden sie künftig verstärkt durch Computer ersetzt und arbeitslos?

Die Kontroverse ist unschwer zu erkennen. Denn mit den beschriebenen Positionen sind vitale Interessen des Bildungssektors verbunden, die die wissenschaftliche Diskussion erkennbar überlagern. Bildungseinrichtungen fürchten um Beschäftigungsmöglichkeiten. *Selbstgesteuertes Lernen* wird als Bedrohung für pädagogisches Personal wahrgenommen, das sich um seine Zukunft sorgt. Auch wird befürchtet, der Staat wolle sich seiner Verantwortung für Bildung entziehen und dies dem Spiel der Märkte und der Nachfrage des Einzelnen überlassen.

HERMANN FORNECK (2002) sieht in dem Schlagwort des selbstgesteuerten Lernens einen oberflächlichen „Modernisierungsimperativ", den er grundsätzlich hinterfragt. Zunehmend scheinen sich tradierte Vorstellungen über die Aufgaben von Bildungsinstitutionen aufzulösen. Bildungsarbeit sollte sich jedoch am Allgemeinwohl ausrichten, und nicht am Nachfrageverhalten des Einzelnen. Didaktische Planung und Steuerung, bislang in der Hand von Lehrpersonen und Bildungsinstitutionen, sollen nun die Lernenden in der Interaktion mit der digitalen Technik selbst ausführen. Doch mit der Übertragung dieser Funktionen an die Technik wird, so FORNECK, das Aushandeln von Zielen und Vorgehen, wie es in der persönlichen Interaktion zwischen Lehrenden und Lernenden möglich ist, außer Kraft gesetzt und das Lernen der Menschen einer sehr viel stärkeren externen Kontrolle ausgeliefert.

Ihre Einschätzung?

Versuchen Sie, sich die Positionen in diesem Kapitel zu vergegenwärtigen. Was ist Ihre Einschätzung zur Selbststeuerung beim Lernen: Sehen Sie eher die Chancen oder eher die Gefahren einer zunehmend weiter reichenden Digitalisierung des Lernens? Für beide Positionen lassen sich Argumente finden.

In den weiteren Kapiteln werden wir dieses Muster öfter antreffen. Zu vielen Fragen des Lernens mit Medien gibt es konträre Einschätzungen. Je nach Perspektive werden Phänomene anders gewichtet und es ergeben sich unterschiedliche Bewertungen. Sie schließen sich nicht unbedingt aus und können vielfach auch in einer vermittelnden Position zusammengeführt werden.

1.4 Aktuelle Entwicklungen

Das Internet spielt als universelles und ubiquitäres (überall verfügbares) Medium eine wesentliche Rolle für die Bildung. Ab 1990 standen die interaktiven und multimedialen Möglichkeiten der digitalen Technik im Mittelpunkt des Interesses. Seit etwa dem Jahr 2000 und der Etablierung des Internets für weltweite Kommunikation finden verstärkt kommunikative Szenarien des Lernens mit digitalen Medien Beachtung, bei denen Lernende mit Anderen vernetzt lernen. Seit 2010 finden sich verstärkt Ansätze des mobilen Lernens, die Smartphones oder Tablets für das Lernen nutzen. Die selbstverständliche Nutzung dieser Geräte im Alltag erschließt andere Lernorte und neue Möglichkeiten der didaktischen Aufbereitung (vgl. Hsu, Hung, & Ching, 2013).

Digitale Medien haben das Spektrum der Bildung, z. B. durch Online-Kurse und das informelle Lernen im Netz, wesentlich erweitert. Diese Ansätze sind in allen Bildungssektoren erprobt worden. Angebote für das Lernen im Netz wachsen beständig. Menschen, die sich neben einer Berufstätigkeit weiterqualifizieren wollen, nehmen immer häufiger Online-Angebote wahr. Die digitalen Medien werden dabei auch jenseits der Angebote von Bildungsinstitutionen in einer von „digitaler Technik geprägten Kultur" (BMBF, 2009) immer wichtiger.

Die Digitalisierung der Bildung schreit weiter voran. Aktuelle Trends werden im Folgenden anhand von vier Entwicklungslinien beschrieben:

- Bildungsarbeit - jenseits des Kursformates,
- reale und virtuelle Orte verschmelzen,
- die Digitalisierung der Bildungsarbeit schreitet voran und
- neue Geschäftsmodelle entstehen.

1.4.1 Bildungsarbeit – jenseits des Kursformates

Neben der formalen und non-formalen Bildung eröffnen sich für das Lernen mit digitalen Medien insbesondere im Bereich des informellen Lernens interessante Optionen. Hierbei besteht die Herausforderung, entsprechende Angebote als Bildungsangebote auszuweisen und Wege für ihren nachhaltigen Betrieb zu entwickeln.

Das informelle Lernen, der Wissensaustausch *peer-to-peer*, entzieht sich üblicherweise dem Zugriff der Bildungsarbeit. Dieser Austausch findet bekanntlich auf dem Flur, an der Café-Theke oder am Rande von Meetings statt und ist für die Wissenskommunikation und die Wissenserhaltung in Organisationen von großer Bedeutung. Wenn wir es schaffen, den Wissensaustausch über Internet-Plattformen zu kanalisieren, können solche *Communities of Practice* auch standortübergreifend oder international gebildet werden. Wenn das Wissen in digitaler Form auf ein Wissensobjekt in einer Plattform übertragen wird, kann es auch später von Anderen gelesen und genutzt werden. Die Organisation kann Wissen leichter „erhalten", auch nach Ausscheiden von Wissensträgern.

Solche Plattformen kennen wir vor allem im Freizeitbereich: Die Freunde des VW Käfer treffen sich auf einer Online-Plattform, um sich über die Ersatzteilbeschaffung ihres geliebten Gefährts auszutauschen. Diese Kommunikationsplattformen gibt es auch in verschiedenen beruflichen Kontexten und werden zunehmend auch innerhalb von Unternehmen für den Austausch beiläufig oder systematisch genutzt. Angesichts der hohen Dynamik in Unternehmen und der technischen Entwicklungsgeschwindigkeit, gerade in wissensintensiven Branchen, ist es zunehmend wichtig, ein Unternehmen als „lernende Organisation" anzulegen, bei der alle Beteiligten sich aktiv in den Austausch von Wissen einbringen. Wissen wird nicht mehr nur von Experten in die Organisation eingebracht, sondern muss innerhalb des Unternehmens generiert, gesichert und kommuniziert werden, und dabei spielen digitale Techniken eine wesentliche Rolle.

In dem BMBF-Projekt SISE wurde beispielsweise eine Plattform entwickelt, mit der Wissen, welches an verschiedenen Orten in der Wertschöpfungskette eines Produktionsunternehmens entsteht, auch abteilungsübergreifend geteilt werden kann (vgl. M Kerres & Rehm, 2014). Heute fließen Erkenntnisse, die z. B. in der Wartung eines Produktes – über fehlerhafte Bauteile, Schwächen und ihre Behebung – entstehen, oftmals nicht zurück in die Entwicklungsabteilung. Eine Veränderung des Umgangs mit Wissen geschieht dabei nicht einfach durch die Bereitstellung einer digitalen Plattform, sondern muss gezielt eingeführt und begleitet werden. Die Generierung und Kommunikation von Wissen innerhalb des Unternehmens über solche Plattformen erweitert auf diese Weise das übliche Verständnis von Bildungsarbeit und kann einen wichtigen Beitrag zur Wertschöpfung im Unternehmen leisten. Die digitalen Medien und Dienstleistungen zeigen damit gerade *jenseits des Kursformats* besondere Chancen auf.

1.4.2 Lernorte verschmelzen

Die digitale Technologie durchdringt alle Lebensbereiche und damit auch alle Lernorte, sei es zuhause oder in Bildungseinrichtungen. Im Zusammenhang mit E-Learning wird vom Lernen im virtuellen Raum gesprochen. Es werden Vor- und Nachteile des E-Learning dem Lernen in „realen" Räumen und der „echten" Begegnung von Menschen von Angesicht zu Angesicht (*face-to-face*) gegenübergestellt. Damit wird eine Unterscheidung erzeugt, die nicht nur sprachlich problematisch ist. Zunächst ist die Raummetapher für menschliche Bewegungen und Begegnungen in Online-Medien nur begrenzt tauglich, teilweise sogar irreführend (M Kerres, 2017b). Beziehungen von Menschen können nicht nur *von Angesicht zu Angesicht,* sie können über verschiedenartige Medien entstehen und aufrechterhalten werden. Die Menschen nutzen ganz selbstverständlich digitale Medien, um Kontakt mit anderen zu halten; eine Trennung zwischen „realen" und „virtuellen" Räumen entspricht nicht mehr ihrem phänomenalen Erleben. Vor allem wird Lernen mit digitalen Medien damit zu etwas, das als Alternative zu einem „normalen" (analogen?) Lernen betrachtet oder zu diesem hinzugefügt wird, wie es das Konstrukt *Blended Learning* (leider fälschlich) nahelegt.

Diese Konstruktion einer Dualität entspricht zunehmend weniger der Erfahrung, dass die digitale Technik die Lebenswelt durchdringt. Es lassen sich zwei aufeinander zulaufende Trends beobachten, die im Folgenden genauer betrachtet werden: das Lernen im Internet wird immer sozialer und das Lernen in physikalischen Raum wird immer digitaler.

In Schulgebäude wurden immer schon Materialien, Medien oder Geräte eingebracht, um Lehrinhalte zu veranschaulichen oder zu erarbeiten. Wandatlas, Schiefertafel oder Mikroskop sind Artefakte bzw. Werkzeuge, die einen Raum didaktisieren. Der *Beamer* (plus Laptop) schaffte die Möglichkeit, digitale Inhalte zu präsentieren. Sein Siegeszug im Unterrichtsraum hängt auch damit zusammen, dass er sich nutzen lässt, ohne das Unterrichtssetting und die -methodik grundlegend zu ändern: als Unterstützung des Lehrvortrags.

Konvergenz der Lernorte („*seamless learning*")

- Lernen und Lehren beschränkt sich nicht mehr auf bestimmte, dafür konfigurierte Orte, sondern ist überall möglich.
- Mobile Endgeräte eröffnen den ortsunabhängigen Zugang auf digitale Artefakte und verbinden damit verschiedene Lernorte.
- Medienbrüche entfallen: Digitale Artefakte werden z. B. zuhause erstellt und im Veranstaltungsraum präsentiert und gemeinsam bearbeitet. Sie können dann an anderen Orten weiter genutzt werden.
- Das Lernen im Veranstaltungsraum wird immer digitaler; gleichzeitig wird das Lernen im Internet immer sozialer.
- Lernangebote sind - unabhängig von Lernorten – grundsätzlich mit Bezug auf digitale Artefakte und Werkzeuge zu konzipieren.

Doch die Digitalisierung des physikalischen Lernraumes geht absehbar weiter: Durch das Live-Streaming aus dem Veranstaltungsraum können externe Gäste teilnehmen und sich per Videokonferenz in den Raum zuschalten. Das interaktive Arbeiten mit Inhalten an zunehmend größeren, teilweise wandfüllenden Bildschirmen mit berührungsempfindlichen Oberflächen stellt einen weiteren Schritt der Digitalisierung dar. Über diese Monitorwände wird ein gemeinsames Arbeiten an digitalen Artefakten möglich. Bereits heute erscheinen die Lernenden mit ihren mobilen Endgeräten und wollen diese benutzen, um mit den digitalen Artefakten im Veranstaltungsraum zu arbeiten, die sie zuhause (oder am Arbeitsplatz) erstellt haben bzw. nach der Veranstaltung dort weiter bearbeiten möchten. Der *Beamer* ist damit nur ein erstes Glied der Digitalisierung des Veranstaltungsraumes.

Zugleich wird das Lernen im Internet immer sozialer: Das Lernen mit dem Computer, lange Zeit als „einsames" Lernen eines Einzelnen wahrgenommen, kann Menschen – über das Internet – zusammenbringen. Das Online-Lernen bedeutet nicht nur den Abruf von Materialien, es wird zusehends sozial-kommunikativer. Durch die Möglichkeit, sich weltweit zu vernetzen, entstehen neue Formen der Interaktion und neue Chancen für das Lernen im Austausch mit anderen Menschen. Dabei ist zu beachten, dass das Lernen in der sozialen Interaktion, im Austausch von *peer-to-peer*, nicht einfach durch die Einrichtung eines Internet-Forums, eines Chat-Raumes oder Ähnlichem eingelöst wird. Viele Kommunikationsangebote bleiben ungenutzt, und in vielen Foren haben wir eine sehr ungleiche Verteilung, die auch aus anderen Kontexten bekannt ist, bei der wenige aktiv Beitragende einer Masse an Konsumenten gegenüberstehen. Trotz dieser Limitationen kann das Lernen im Internet als soziale Umgebung ausgestaltet werden. Durch Präsenzindikatoren wird z. B. angezeigt, wenn sich andere Teilnehmende aktuell im gleichen Raum befinden und angesprochen werden können. Es entstehen soziale Lerngruppen und Communities, durch die eine stärkere

Bindung an einen Online-Kurs entsteht als bei einem rein selbstgesteuerten Lernprogramm (vgl. M Kerres & Rehm, 2014).

Die Digitalisierung des traditionellen Lernraumes steht damit der Sozialisierung des digitalen Lernraumes gegenüber. Diese Durchlässigkeit der Lernräume wird unter dem Schlagwort „seamless learning" diskutiert (Looi u. a., 2010; Wong, 2015). Beide Trends konstituieren *ubiquitäres Lernen*, das sich von Räumen löst und Lernen über digitale Geräte auch in sozialen Verbünden möglich macht, wo immer dieses auch stattfindet. Beide Trends laufen aufeinander zu: Materialien und Werkzeuge sind damit immer digital bereitzustellen, damit Lernende und Lehrende – in welchen Lernräumen auch immer – auf diese zugreifen können.

1.4.3 Digitalisierung von Bildungsdienstleistungen

Im Fokus von E-Learning steht das Lehren und Lernen mit digitalen Lehr- und Lernmaterialien, mit den Werkzeugen für ihre Bearbeitung und den Plattformen für ihre Bereitstellung. Das Lehren und Lernen mittels E-Learning betrifft damit den Kern der Bildungsarbeit. Betrachtet man aber die gesamte Bildungsarbeit, dann sind eine Reihe weiterer Teilprozesse zu berücksichtigen, in denen die digitale Technik künftig immer mehr relevant werden wird.

Teilprozesse von Bildungsdienstleistungen

Zu den Kernaufgaben der Bildungsarbeit gehört das Arrangement von Lernangeboten mit ihren verschiedenartigen Bestandteilen zur Anregung des Lernprozesses durch Lernaufgaben und die Betreuung des Lernprozesses durch Tutoring, Mentoring oder Coaching sowie die Erfassung, Dokumentation und Rückmeldung von Lernfortschritten. Die Mediendidaktik hat lange Zeit die Nutzung digitaler Medien für den Lehr-Lern-Prozess im engeren Sinne fokussiert, zunehmend durchdringt die Digitalisierung jedoch alle Bestandteile von Bildungsdienstleistungen, und damit weitet sich der Blick der Mediendidaktik auf die (mögliche) Digitalisierung aller Bestandteile von Bildungsdienstleistungen.

Computergestützte Verfahren werden zunehmend zur Information und Beratung von Lernenden eingesetzt. Angesichts eines schier unüberschaubaren Angebotes ist es für die Lernenden wichtig, das Programm zu finden, das zu ihren Fähigkeiten und Interessen passt. Digitale Werkzeuge können den Auswahl- und Entscheidungsprozess maßgeblich unterstützen. Sie können über Berufsbilder, Studiengänge oder Weiterbildungsprogramme informieren und sie können dabei helfen, die Passung zu individuellen Voraussetzungen und Wünschen zu prüfen. Zusätzlich zu persönlichen Beratungsangeboten werden diese Informations- und Testangebote bereits heute in einem erheblichen Umfang von Lernenden genutzt.

Verwaltungsfunktionen der Bildungsarbeit funktionieren zunehmend über Online-Verfahren. Vorgänge wie die Belegung und Bezahlung von Lernangeboten über das Internet werden immer wichtiger, auch angesichts des weiter anhaltenden Trends zu kurzen und flexiblen Kursangeboten: Die Lernenden wollen ein Angebot schnell und einfach buchen, sie wollen Belegungen und Prüfungstermine leicht ändern und ihr Kompetenzportfolio mit belegten bzw. abgeschlossenen Kursen jederzeit einsehen.

Immer wichtiger werden auch die Diagnose, Prüfung und Anerkennung von Kompetenzen mit computergestützten Testverfahren. Das PC-gestützte Prüfen hat sich im letzten Jahrzehnt als eine weitere, wichtige Anwendung der digitalen Technik, insbesondere im Hochschulbereich, teilweise auch in der beruflichen Ausbildung, erwiesen. PC-Klausuren sind gefragt, nicht nur in Studienfächern und Ausbildungsberufen mit großen Kohorten. Sie ermöglichen ein effizientes Prüfen über automatisierte Auswertungsverfahren, aber auch das zunehmend geforderte Erfassen komplexer Handlungskompetenzen, etwa in realitätsnahen Anwendungsszenarien oder im Umgang mit Fällen mit umfangreichen Dokumentenapparaten am Prüfungsrechner. Hinzu kommen z. B. logistische Vorteile bei der Auswertung mit mehreren Prüfenden, oder die Erwartung von Prüfungskandidaten und -kandidatinnen, ihre Antworten über eine Tastatur eingeben zu können. Über das Prüfen hinaus werden etwa E-Portfolios genutzt, um Lernende anzuleiten, ihren Lernprozess zu dokumentieren und zu reflektieren, z. B. im Rahmen von Praktikumsphasen in lehrerbildenden Studiengängen.

In der folgenden Übersicht sind Dienstleistungen einer Bildungsanbieterin, die auf dem freien Markt Weiterbildungsprodukte anbietet, gelistet sowie die jeweils denkbaren digitalen Werkzeuge, die dabei zum Einsatz kommen können.

Art der Dienstleistung	**digital unterstützt durch ...**
Bildungsangebote planen und entwickeln	Didaktik-Planungssoftware
Bildungsangebote bewerben	Webseiten, Informationsportale, Online-Werbung und -Anzeigen
Interessierte informieren und beraten	Online-Events, -Chat, -Sprechstunden
Anmelde- bzw. Bewerbungsprozesse organisieren, Teilnehmende zulassen	Veranstaltungsmanagement, Campus Management
Kompetenzen diagnostizieren und anerkennen	Interessens- und Fähigkeitstest (Online-Assessment)
Lehrkräfte gewinnen und weiterbilden	Talent Management Software

Lernmaterialien entwickeln	Autorenwerkzeuge, Audio- und Videobearbeitung
Lernumgebung bereitstellen	Lernplattform
Veranstaltungen durchführen	Virtuelles Klassenzimmer, Videokonferenzen
Kommunikation und Kooperation unterstützen	Soziale Netzwerke
Lernen durch Coaching und Mentoring unterstützen	Online-Coaching, Online-Mentoring
Kompetenzen erfassen und dokumentieren	Online-Assessment, E-Portfolio
Prüfungen organisieren, Prüfungen durchführen	Veranstaltungsmanagement, PC-Klausuren, Videokonferenzen
Bildungsangebote evaluieren und weiterentwickeln	Online-Befragungen
Transfer in die Praxis sichern	Community-Plattform

Die verfügbaren Lösungen für das digitale Lernen, das PC-gestützte Prüfen, die Kursverwaltung und das Personalmanagement sind bislang vielfach technisch und inhaltlich wenig gekoppelt. Teilweise liegt dies an datenschutz- oder personalrechtlichen Fragen, teilweise werden die Chancen einer solchen Kopplung nicht erkannt. Die digitale Technik hat jedoch gerade in den, dem eigentlichen Unterricht vor- und nachlaufenden, begleitenden und regelnden Prozessen Potenziale, um Qualitäts- und Effizienzvorteile der Digitalisierung in der Bildungsarbeit zu generieren. Pointiert formuliert: Vielleicht wird der Nutzen der digitalen Medien – mehr noch als beim Lehren und Lernen selbst – in dem begleitenden Einsatz der Digitaltechnik sichtbar, wenn die Digitaltechnik das Lehren und Lernen durchgängig begleitet.

Die Digitalisierung der Bildungsarbeit durchdringt damit nicht nur das Lehren und Lernen, sondern den gesamten Prozess der Bildungsarbeit: von der Gewinnung der Teilnehmenden, über ihre Beratung bis hin zur Prüfung und Zertifizierung von Kompetenzen. Während der Begriff E-Learning sich auf das Lehren und Lernen mit digitalen Medien im engeren Sinne bezieht, umfasst die Digitalisierung von Bildung das gesamte Spektrum aller Bildungsdienstleistungen.

Bildungsarbeit in Organisationen

In *Organisationen* ist Bildungsarbeit schließlich als Teil der Personalentwicklung zu verstehen. Dabei kommen digitale Systeme zum Einsatz, um Qualifikationsbedarfe des Unternehmens einerseits und Kompetenzprofile und Bildungshistorien der Mitarbeitenden andererseits zu erfassen. Digitale Systeme helfen unter anderem dabei, Kompetenzbedarfe einer Organisation zu identifizieren und im Rahmen der Bildungsarbeit zu entwickeln. Im Folgenden sind einige Funktionen benannt, die bei der Bildungsarbeit in Organisationen zusätzlich zu den bereits benannten Aufgaben eines Bildungsanbieters hinzukommen, und die durch entsprechende Softwarelösungen unterstützt werden können:

- Personal verwalten und Personalentwicklung planen,
- Stellen ausschreiben und Bewerbungen managen,
- Qualifikationsbedarfe und Bildungsbedürfnisse erfassen und planen,
- Kompetenzprofile von Mitarbeitenden erstellen und pflegen,
- Karriereplanung von Mitarbeitenden unterstützen,
- Bildungshistorie von Mitarbeitenden aktualisieren.

Für Unternehmen stellt sich die Frage, wie eine Kursverwaltung und eine Lernplattform an ein Personalmanagementsystem angebunden sind: In der digitalen Personalakte kann beispielsweise vermerkt sein, dass einer Person eine bestimmte Weiterbildung zugesagt worden ist, und die Kursverwaltungssoftware kann den erfolgreichen Abschluss eines entsprechenden Kurses in die Bildungshistorie in der digitalen Personalakte übernehmen. Verfügbare Lösungen für ein „Talent Management" gehen weiter: Sie hinterlegen Kompetenzprofile für alle Mitarbeitenden einer Organisation, um verfügbare Kompetenzen zu disponieren, um Kompetenzanforderungen und Qualifikationsdefizite zu identifizieren und Desiderate für die Bildungsarbeit abzuleiten.

Artefakte der Digitalisierung

Mit der Betrachtung der Digitalisierung über *alle* Teilprozesse der Wertschöpfung von Bildungsarbeit weitet sich auch der Blick auf die digitale Infrastruktur, die hierfür erforderlich wird: Zunächst standen die digitalen *Contents* im Vordergrund der Betrachtung. Es ging um die Frage, wie digitale Lehr-Lern-Materialien, Web Based Trainings, Simulationen oder Erklärvideos produziert werden können. In einem weiteren Schritt wurden die *Online-Plattformen* thematisiert, über die Lehren und Lernen organisiert wird, und auf denen z. B. Seminar- oder Kursgruppen, Lehrgänge oder Studienprogramme abgebildet werden können. Damit stellte sich auch die Frage der Anbindung an Verwaltungssysteme und das Identity Management, um die Zuweisung von Rollen und den Zugang von Personen zu Kursen zu managen.

Lernarchitekturen schließlich erweitern nochmals den Blick und schließen alle Systeme entlang der Wertschöpfung von Bildungsarbeit in einer Organisation ein, z. B. Diagnostik-, Prüfungs- und Portfolio-Software ebenso wie das Personal- und Talentmanagement. Hier gilt es, unter Berücksichtigung von datenschutz- und personalrechtlichen Anforderungen den Datenfluss zwischen Systemen zu gestalten und Pfade für Auswertungen aufzuzeigen. Insgesamt fordert dies von Bildungsanbietern und -abteilungen grundlegende Überlegungen, wie sie die Digitalisierung für bestimmte Teile ihrer Dienstleistung nutzen wollen.

Artefakte der Digitalisierung

- Lern-Contents (digitale Lehr-Lernmaterialien)
- Lernwerkzeuge (Dokumente erstellen und bearbeiten)
- Lernplattformen (Bildungsarbeit organisieren, Material bereitstellen)
- Lernarchitekturen (organisationsweite Anbindung an Personalmanagement / Talentmanagement)

In jedem Fall ist die Digitalisierung nicht mit der Einführung einer Lernplattform und der Bereitstellung von Lerncontents abgeschlossen. Es zeigt sich ein anderer Blick auf die technischen Infrastrukturen, wenn der Blick vom E-Learning im engeren Sinne auf die Bildungsarbeit im Ganzen ausgeweitet wird.

1.4.4 Neue Geschäftsmodelle

Bildungsanbieter nutzen das Internet, um traditionelle Bildungsprodukte zu vermarkten, zunehmend nehmen sie auch digitale Angebote in ihr Portfolio auf. Dabei stellt sich die Frage, wie diese Angebote nachhaltig betrieben werden können. Denn mit der Digitalisierung könnten traditionelle Geschäfts- und Betriebsmodelle in der Bildungsarbeit grundlegend infrage gestellt werden.

Unbundling

Digitale Bildungsprodukte und Dienstleistungen werden immer in Kooperation von Personen, Abteilungen oder Unternehmen realisiert (s. Kapitel 8.2). Mit der zunehmenden Verbreitung bilden sich einzelne Unternehmen heraus, die für bestimmte Teile der Bildungsarbeit spezielle Kompetenzen herausarbeiten. Diese Kompetenzen können dann anderen Unternehmen in ihre Bildungsnagebote integrieren. So wird ein Bildungsanbieter vielleicht die Lösung zur Kompetenzdiagnostik von einem Dienstleister einkaufen und bestehende Testpools für Assessments in das eigene Angebot integrieren. Beratungs- und Betreuungsdienstleistungen werden möglicherweise von weiteren Anbietern eingekauft. Die Bildungsanbieterin kauft also bestimmte Dienstleistungen hinzu, die sie selbst kaum – in entsprechender Qualität – einbringen kann. Der Online-Kurs, den sie auf dem Markt anbietet, wird in der Regel als ein zusammenhängendes Produkt bzw. als eine komplette Dienstleistung vermarktet: Die Beratung bei der Wahl von Kursen, die Prüfung und Anerkennung von Vorkenntnissen, die eigentliche Organisation des Lernprozesses mit einer tutoriellen Begleitung und Prüfungen werden als Paket betrachtet, die die Bildungsanbieterin konfiguriert hat.

Doch der Aufwuchs der Zulieferbetriebe kann dazu führen, dass die Bildungsdienstleistung „aufgeschnürt" wird. Dieses sogenannte *Unbundling* entspricht damit einem Trend, wie er in der industriellen Fertigung seit Jahrzehnten zu beobachten ist: Es entstehen Zulieferbetriebe, die in kleinen Segmenten eine spezialisierte Kompetenz entwickelt haben. Vielleicht wird der Kunde die Bildungsdienstleistung dann auch nicht mehr vollständig „als Paket" einkaufen, sondern Teile davon bei einem der spezialisierten Anbieter abrufen. Beratung kann durch eigenständige Agenturen erfolgen. Die Anerkennung oder Prüfung von Kompetenzen könnte künftig durch darauf spezialisierte Testcenter erfolgen, die ebenfalls keine eigenen Kurse anbieten.

Offene Bildungsressourcen

Lerncontents werden als einzelne Produkte, etwa über Verlage, vermarktet. In der betrieblichen Bildungsarbeit haben solche vorkonfektionierten Contents eine wichtige Rolle. Sie sind zumeist günstiger als eine Eigenentwicklung. Im Kontext von Schule und Hochschule wird zugleich zunehmend über OER (*Open Educational Resources*) diskutiert. Dabei stellt sich die Frage, wie die Entwicklung entsprechender Materialien finanziert werden kann.

Offene Bildungsressourcen können sich beziehen ...

- auf einzelne Lehr-Lern-Materialien, die primär Lehrkräfte in ihrem Unterricht nutzen,
- auf Textbücher, die Lehrgänge strukturieren und begleiten oder
- auf ganze Kurse, die Lernprozesse auf Lehrziele ausrichten und organisieren.

Kerres & Heinen (2015) unterscheiden zwischen *schwachen OER*, die (nur) kostenfrei verfügbar gemacht werden, und *starken OER*, die auch bearbeitet und weiterverbreitet werden können. Solche offenen Bildungsressourcen finden sich zunehmend frei verfügbar im Netz. Lehrende stellen ihre Materialien für Andere (zur kostenfreien Nutzung) im Internet ein. Vorhandene Ressourcen werden, beispielsweise über den Ankauf von Lizenzen durch Stiftungen, öffentlich verfügbar, oder die Neuproduktion offener Lehr- und Lernressourcen wird, z. B. durch ein Schulministerium, beauftragt.

Die Perspektive, dass solche offenen Bildungsangebote – der westlichen Industrienationen – weltweit zugänglich gemacht werden, wird im Übrigen mancherorts nicht nur als Verheißung, sondern auch als Bedrohung wahrgenommen. Die Sorge um einen kulturellen Imperialismus geht in manchen Ländern mit der Angst einher, dass ganze Bildungssysteme durch diese kostenfreien Angebote substituiert oder fremdgesteuert werden.

Mit dem Bewusstsein, dass Bildungsressourcen möglichst frei verfügbar sein sollten, zeichnet sich die Tendenz ab, dass sich Lerncontents schwer monetarisieren lassen und gängige Geschäftsmodelle, die auf dem Absatz des physischen Exemplars basierten, im Internet nicht durchsetzbar sind. Wir kennen dies aus anderen Sektoren: Populäre Musik im Format des „Albums", wie wir sie auf einer CD finden, ist im Internet schwer zu vermarkten; erst der Abverkauf des einzelnen Tracks, später das Streaming von Musik haben neue Geschäftsmodelle eröffnet.

In ähnlicher Weise bleibt festzustellen: Der frei verfügbare Internetkurs kann als *Massive Open Online Course* (MOOC) möglicherweise viele Neugierige anziehen und dadurch Aufmerksamkeit für den Anbieter erzielen. Eine Monetarisierung könnte dann etwa über den Abverkauf von Prüfungen, Zertifizierungen, die tutorielle Betreuung und andere Dienstleistungen erfolgen.

Ausblick

Die Digitalisierung erweitert die Möglichkeiten für das Lernen ganz wesentlich. Zunächst ging es um didaktisch aufbereitete Medien, Lernwerkzeuge und Plattformen, die von Bildungsanbietern bereitgestellt werden. Die Mediendidaktik hat jedoch auch das lebenslange Lernen *jenseits institutionalisierter Bildungsangebote* im Blick: das Lernen mit Wissensressourcen im Internet, die Unterstützung von netzbasierter Wissenskommunikation in Organisationen, die Integration von Lernressourcen in den Prozess der Arbeit, Lernprozesse im Umgang mit Robotern, Performance Support und künstlich-intelligenten Systemen oder das Teilen von Wissen im Internet beim *informellen Lernen*.

Menschen stellen Materialien für andere im Internet zur Verfügung und tauschen ihre Erfahrungen aus. Sie präsentieren sich im Internet und beziehen Stellung zu politischen Themen. Das Internet wird von Bildungseinrichtungen für ihre Angebote genutzt, entwickelt aber zugleich auch Bedeutung als eigenständige Ressource und als Akteur im gesellschaftlichen Geschehen. Während des E-Learning den Fokus auf den Lehr-Lern-Prozess in einem sehr viel engeren Sinne legt, geht mit dem Begriff der Digitalisierung die Erkenntnis einher, dass die digitale Technik die Bildungsarbeit in einem sehr viel weiteren Sinne durchdringt und „irritiert".

Damit stellen sich Fragen zur Zukunft des Lernens und der Bildungslandschaft, den Bildungsinstitutionen und ihrer Rolle für gesellschaftliche und kulturelle Entwicklung: Welche Auswirkungen werden diese Entwicklungen für Bildungsanbieter und -einrichtungen haben? Wie wird das (selbstgesteuerte) lebenslange Lernen mit Medien aussehen? Werden Bildungsanbieter ihre Arbeit neu ausrichten, werden sie an Bedeutung verlieren oder gewinnen und werden sich ganz neue Arten von Bildungsdienstleistungen, etwa mit künstlich-intelligenten Systemen, herauskristallisieren?

Wie werden Lernressourcen und Lernangebote dann im Internet verfügbar sein? Wird sich eher ein kommerzieller Ansatz durchsetzen und Wissensressourcen vor allem gegen Bezahlung zugänglich sein oder werden sie zunehmend als *Open Educational Resources* (OER) frei verfügbar sein, auf die die Menschen weltweit zugreifen, um sich weiterzubilden? Welche Aufgabe haben hierbei der Staat und öffentliche Einrichtungen, und wie entwickeln sich die Rahmenbedingungen durch gesetzliche Vorgaben?

Auswirkungen der Digitalisierung?

Wie wird sich die Digitalisierung auswirken? Sind wir dabei Zuschauer einer Entwicklung, die uns überrollt? Oder sind wir gefordert, die digitale Zukunft zu gestalten?

Werden bestimmte gesellschaftliche Entwicklungen durch digitale Technik automatisch ausgelöst, oder geht es um eine gesellschaftliche Verständigung über die Zukunft des Lernens? Damit verbunden ist die grundsätzliche Frage nach der Rolle von digitaler Technik für Bildung und Gesellschaft, für das Lernen und Lehren in den verschiedenen Bildungskontexten. Diese Frage trifft den Kern jeder mediendidaktischen Argumentation. In Kapitel 3 und 4 werden wir deswegen die Potenziale der Digitalisierung für die Bildung genauer ausloten, um uns einer Antwort zu nähern.

Die Karten werden neu gemischt: Parallel zur Durchdringung der Lebenswelt mit digitalen Medien entwickelt sich auch die Bildungslandschaft und damit das Verhältnis der Akteure im Bildungsgeschehen. Welche Rolle werden Verlage und Medienanbieter, staatliche und kommerzielle Akteure der Bildung spielen? Welche Geschäftsmodelle werden sich durchsetzen? Aus einer pädagogischen Sicht erscheint die Forderung wichtig, dass Kultur- und Bildungsressourcen für den Einzelnen und den gesellschaftlichen Diskurs möglichst frei zugänglich sein sollten. Nur so kann einer weitgehenden Kommerzialisierung von Wissen als kulturellem Gut entgegengewirkt werden, und Wissen für gesellschaftliche Entwicklung nachhaltig nutzbar gemacht werden.

Übung 1

In einem Text finden Sie folgende Formulierungen:

1) Wissenserwerb verliert im Rahmen moderner Bildungsprozesse seine Bedeutung, weil einerseits über moderne Wissens- und Informationssysteme alles Wissen abrufbar wird und andererseits die Halbwertzeit des Wissens sinkt, so dass es gar keinen Sinn mehr macht, sich Wissen, das schnell überholt ist, anzueignen.

2) Zunehmend kommt ein lernerzentrierter anstelle des vorherrschenden lehrerzentrierten Unterrichts zum Tragen, bei welchem die Aktivitäten der Lernenden im Mittelpunkt stehen, um den Lernerfolg nachhaltig zu fördern.

3) Die Vorbereitung auf das immer wichtigere lebenslange Lernen ruft nach einem selbstgesteuerten Lernen, welches das angeleitete Lernen ablöst, denn nur selbstgesteuertes Lernen führt auch zur Selbstständigkeit.

4) Darbietende Unterrichtsformen mit passivem Lernen werden deswegen hinfällig. Zu verwirklichen sind Lernformen, die aktives, selbstgesteuertes Lernen ermöglichen.

Nehmen Sie Stellung zu den Aussagen! Sie stammen (leicht verändert) aus einem Text von Rolf Dubs (1999), in dem er sich kritisch mit diesen populären Behauptungen auseinandersetzt (ab S. 57).

Übung 2

Ordnen Sie den folgenden Beispielen jeweils ein geeignetes digitales Lernszenario zu und begründen Sie Ihre Auswahl.

1.	Forschungskolloquium zum Thema „Neue Wege der AIDS-Therapie"	
2.	Vorbereitung auf den „Segelschein A/Binnenschifffahrt"	
3.	Begleitseminar zum Fernsehkolleg „Mensch und Umwelt"	
4.	Autofahren für Anfänger/innen	
5.	Vorkurs „Buchhaltung" für Studierende des Studienfachs BWL	
6.	Weiterbildung von Fachärzten und Fachärztinnen im Bereich neue Operationstechniken (Herzchirurgie)	
7.	Nachhilfeunterricht für Jugendliche im Fach Geschichte und Erdkunde	
8.	Kursangebot der Erwachsenenbildung im Bereich Fremdsprachenlernen (Spanisch für Anfänger)	
9.	Meisterprüfung Online, Teil 4: Vorbereitung auf die Ausbildereignungsprüfung	
10.	Fortbildung für Schulleiter (Mitarbeiterführung und Management)	
11.	Begleitkurs zur Maturaprüfung auf dem 2. Bildungsweg	
12.	Internationaler Graduiertenkolleg zu „Education after Bologna"	
13.	Trainingssystem für die Bedienung eines CAD-gestützten Fertigungssystems zur Holzbearbeitung	
14.	Kochen Online: Last-Minute-Support für den verzweifelten Hausmann/die verzweifelte Hausfrau	
15.	Unternehmensführung: Trainingsprogramm für Manager/innen	
16.	Techline: „Rund-um"-Support bei Computer-Problemen für Hochschulangehörige	
17.	Klassenpartnerschaft: Klasse 11 des Gymnasiums arbeitet mit einer Schule in den USA zu: „Zusammenleben verschiedener Kulturen"	

Übung 3

Es wurden Varianten des autodidaktischen, sozialen und tutoriell betreuten Lernens mit Medien und deren institutionelle Verortung vorgestellt. Bitte erläutern Sie, wie die folgenden Fälle (unter welchen Bedingungen?) zugeordnet werden können.

	formale Bildung	**non-formale Bildung**	**informelles Lernen**
autodidaktisches Lernen			
tutoriell betreu-tes Lernen			
soziales Lernen			

1. Begleit-Web zum Abendkurs an der Volkshochschule zur Erlangung der Hochschulreife
2. Selbstlernkurs Kostenrechnung, Vorbereitung zur Abschlussprüfung in der Meisterschule
3. Internet-Plattform des Handballs, auf der Jugendliche sich über ihre Erfahrungen in Spielen austauschen
4. Online-Plattform der Fachhochschule SüdWest, auf der man sich über neue Ergebnisse der Umweltforschung informieren kann
5. Die CD-ROM „Ausbildung zum Sicherheitsbeauftragten"
6. Übungsmaterialien im Internet zur Vorbereitung auf die theoretische Prüfung für den Segelschein
7. Ein Online-Kurs, angeboten von der Universität Duisburg-Essen zur Programmierung mit JAVA (12 ECTS-Punkte)
8. Die Firmen-Community, als ein Ort zum Erfahrungsaustausch unter Kolleg/innen
9. Die Online-Umgebung zum fachlichen Austausch, begleitend zur Fachtagung für eine berufliche Fortbildung
10. Das Informationsportal zur Geschichte der Weltkriege im Internet

2 Positionierung der Mediendidaktik

Womit beschäftigt sich Mediendidaktik? Was sind ihre Inhalte und Ziele? Mediendidaktik wird eingeordnet in den (deutschsprachigen) erziehungswissenschaftlichen Diskurs und in die internationale Diskussion zu *Instructional Design*. Im Zentrum steht „Bildung in einer digital geprägten Kultur".

Einstieg

Womit sich Mediendidaktik beschäftigt, ist leicht erklärt: Es geht um das Lernen mit Medien – aus einer didaktischen Perspektive. Doch was heißt das genau? Mit welchen Zielen tritt sie an? Wie steht sie zu anderen Disziplinen und Verständnissen von Lernen und Bildung? Und wie kommt sie zu ihren Aussagen?

Im diesem Kapitel werden Sie die Grundkoordinaten mediendidaktischer Theoriebildung kennenlernen und die Kontroversen, die damit verbunden sind. Nach der Lektüre sollten Sie in der Lage sein, Ihre eigene Vorstellung von Mediendidaktik zu formulieren und in den disziplinären Diskursen zu verorten.

Übersicht

Im Folgenden geht es um eine Positionierung der Mediendidaktik als Disziplin sowie um die Ziele und Methoden mediendidaktischen Handelns und Forschens:

- Wie positioniert sich Mediendidaktik in der Erziehungswissenschaft?
- Welches Verhältnis besteht zwischen Mediendidaktik, Medienerziehung und Medienpädagogik?
- Wie lässt sich die Diskussion zu „Medienkompetenz" und „Bildung in der digitalen Welt" einordnen?
- Wie gelangt die Mediendidaktik zu wissenschaftlichen Erkenntnissen? Welchen der forschungsmethodischen Zugänge folgt sie?
- Was zeichnet einen *gestaltungsorientierten* Zugang für mediendidaktische Forschung aus? Wie unterscheidet er sich von anderen Zugängen?

https://doi.org/10.1515/9783110456837-063

Lernziele

- Sie können die *Mediendidaktik* in der Erziehungswissenschaft verorten, insbesondere in Relation zu Medienerziehung und Medienpädagogik.
- Sie können *Ziele* von Mediendidaktik und -erziehung erläutern und die Konvergenz von *Gestaltungs-* und *Handlungsorientierung* in der Medienpädagogik erklären.
- Sie können das Konstrukt *Medienkompetenz* mit seinen Problemen erläutern und die aktuelle Diskussion zu „Bildung in der digitalen Welt" einordnen.
- Sie kennen die *drei Zugänge der Bildungsforschung* und können deren Beziehung erklären.
- Sie können die Merkmale des *gestaltungsorientierten Zugangs* der Mediendidaktik und ihren Bezug zu anderen Forschungszugängen erläutern.

2.1 Mediendidaktik in der Erziehungswissenschaft

Zunächst wird im Folgenden Mediendidaktik als erziehungswissenschaftliche Disziplin eingeordnet. Dabei werden die Bezüge der Mediendidaktik zu anderen Teildisziplinen aufgezeigt.

Einordnung

Die Mediendidaktik möchte Aussagen zur Gestaltung von Lernangeboten machen. Sie benötigt dazu *präskriptive* Modelle, in denen beschrieben wird, wie Lernangebote didaktisch begründet zu konzipieren sind: Wir sprechen von einem gestaltungsorientierten Zugang der Bildungsforschung (s. a. Tulodziecki, Grafe, & Herzig, 2013).

Mediendidaktik ist damit eine Teildisziplin der Erziehungswissenschaft mit Bezügen zu anderen Fachgebieten, wie der Psychologie, Informatik, Informations-, Medien- oder Kommunikationswissenschaft (zu alternativen Sichten vgl. Grabensteiner, 2017; Paus-Haase, Lampert, & Süss, 2013). Dabei lässt sich Mediendidaktik nicht auf eine der genannten Disziplinen reduzieren. Der Lernpsychologie geht es grundsätzlich um die Erforschung von Lernprozessen, die sie etwa *im Labor* und unabhängig von bestimmten Lernkontexten untersucht. Die Mediendidaktik beschäftigt sich dagegen vorrangig mit dem Lernen *im Feld* – in bestimmten Lern- bzw. Bildungskontexten. Die Mediendidaktik muss deswegen die institutionellen und kulturellen Bedingungen berücksichtigen, unter denen Lernen mit Medien stattfindet, z. B. Schule, Hochschule, berufliche Aus- und Weiterbildung, betriebliche Bildung, Erwachsenenbildung oder das Lernen in der Freizeit.

Die Gestaltung von Lernangeboten muss schließlich auch die Eigenarten des Lerninhaltes beachten: Fachdidaktiken beschäftigen sich mit dem Lernen in den unterschiedlichen Gegenstandsbereichen, wie z. B. der Sprachen, Naturwissenschaften, Technik, Sport, Religion oder Ethik. Relevant ist hier auch die Diskussion zum Unterrichtsfach *Informatik* und zur *informations-, medien- oder kommunikationstechnischen Bildung*, der es um die Kompetenz zur Nutzung von digitaler Technik geht (Döbeli Honegger, 2016).

Dabei klangen bereits mehrere andere, erziehungswissenschaftliche Teildisziplinen an, die sich auch mit Lernen und Bildungsinstitutionen beschäftigen:

- *Allgemeine Didaktik*, die sich schulstufen- und fachübergreifend mit Bildung, insbesondere in der *Primar- und Sekundarstufe,* beschäftigt,
- *Stufendidaktiken*, die das Lernen in bestimmten Schulformen bzw. -stufen, z. B. in der Grundschule oder der Sekundarstufe, untersuchen,
- *Fachdidaktiken*, die sich auf das Erlernen von Fachinhalten beziehen, wie z. B. die Mathematik- oder Wirtschaftsdidaktik,
- *Bereichsdidaktiken*, die fächerverbindendes und -übergreifendes Lernen thematisieren, z. B. Lernen in den Naturwissenschaften, in der Umwelt-, Verkehrs- oder Gesundheitserziehung,
- *Berufsdidaktik*, die sich mit der Entwicklung beruflicher Kompetenzen, etwa im dualen System der Ausbildung, beschäftigt, z. B. in den *Lernfeldern* der kaufmännischen oder gewerblich-technischen Berufe sowie
- *Fernunterrichtsdidaktik,* die sich mit den besonderen Bedingungen des (betreuten) Lernens über Distanzen beschäftigt.

Um ein mediendidaktisches Konzept didaktisch begründet erarbeiten zu können, müssen wir auf einen breiten Fundus von Konzepten und Erkenntnissen zurückgreifen: Wenn wir z. B. ein Lernangebot zu elektronischen Schaltkreisen entwickeln, das in Berufsschulen in der Ausbildung für Mechatroniker/innen eingesetzt wird, dann können sich etwa die folgenden Fragen stellen:

Fragen bei der Planung

- Welche grundsätzlichen Ziele von Unterricht und Bildung können im vorliegenden Vorhaben zum Tragen kommen (Allgemeine Didaktik)?
- Welche allgemeinen Prinzipien des Lernens und Lehrens sind in dem vorliegenden Fall zu berücksichtigen (Lehr-Lern-Forschung)?
- Was sind die Merkmale erfolgreichen Unterrichts und welche Methoden haben sich als effektiv erwiesen (Instruktionsdesign)?
- Was sind die Rahmenbedingungen in der Berufsschule (Stufendidaktik)?
- Wie sind die Inhalte in dem Fach strukturiert (Fachdidaktik)? Wie können sie in ein Lernfeld der Ausbildung eingebettet werden (Berufsdidaktik)?
- Welche mediengestützte Szenarien erscheinen didaktisch begründet und welche Mehrwerte eröffnen sie (Mediendidaktik)?

Institutionalisierung

Mediendidaktik ist eine junge Teildisziplin der Erziehungswissenschaft, die sich erst langsam etabliert. Der Grad ihrer Institutionalisierung lässt sich daran feststellen, ob es z. B. Fachgesellschaften gibt, ob Tagungen und Messen, Zeitschriften und Publikationsorgane dem Thema gewidmet sind. Die folgende Übersicht nennt Meilensteine ihrer Institutionalisierung im deutschsprachigen Raum. Dabei zeigt sich, dass die Mediendidaktik Zyklen der Euphorie und Desillusionierung unterworfen ist, die dazu führen, dass entsprechende Einrichtungen und Angebote nicht immer langfristig betrieben werden. Die Institutionalisierung in anderen Ländern, wie in den Niederlanden, Großbritannien, den USA, Kanada oder Australien, ist dabei deutlich weiter fortgeschritten. So ist dort an Universitäten *Educational Technology* als Lehr- und Forschungsgebiet fest verankert. Der geringe Anteil von Beiträgen von deutschsprachigen Wissenschaftler/innen in internationalen Fachzeitschriften ist ebenfalls ein Indikator für die vergleichsweise geringere Etablierung im deutschsprachigen Raum (Asadzandi, Rakhshani, & Mohammadi, 2017; Hsu u. a., 2013; West, Thomas, Bodily, Wright, & Borup, 2016; Zawacki-Richter, Bäcker, & Vogt, 2009).

Forschungs- und Entwicklungseinrichtungen

- 1950: Einrichtung des *Instituts für Film und Bild in Wissenschaft und Unterricht* (FWU) in München-Grünwald als Nachfolgeorganisation der 1934 geschaffenen Reichsstelle für den Unterrichtsfilm in Berlin. Schwerpunkte sind Medienproduktion und medienbezogene Dienstleistungen für Schulen und Medienzentren.
- 1956: Gründung des *Instituts für den Wissenschaftlichen Film* (IWF) in Göttingen. Zunächst als Abteilung im FWU, existierte es ab 2001 als *IWF Medien und Wissen gGmbH*. Schwerpunkt war die Produktion von Medien für Hochschulen und Wissenschaft. Die Schließung erfolgte Ende 2010.
- 1967: Einrichtung des *Deutschen Instituts für Fernstudien* (DIFF) in Tübingen als Stiftung des bürgerlichen Rechts. Es entwickelte Fernstudienmaterialien für die Lehrerfort- und Weiterbildung und die allgemeine wissenschaftliche Weiterbildung. Das Institut wurde Ende 2000 geschlossen. Als Nachfolgeeinrichtung wurde 2001 das *Leibniz-Institut für Wissensmedien* (IWM) unter Leitung von Friedrich W. Hesse gegründet.
- 1970: Gründung der *Forschungs- und Entwicklungseinrichtung für objektivierte Lehr- und Lernverfahren gGmbH* (FeoLL) auf Initiative von Heinz Nixdorf und Helmar Frank in Paderborn durch das Land NRW, mit den Instituten für Bildungskybernetik (Helmar Frank), für Bildungsinformatik (Milos Lansky), für Medienverbund und Mediendidaktik (Gerhard Tulodziecki) und für Bildungsbetriebslehre (Gerhard E. Ortner). 1983 erfolgte die Schließung bzw. Eingliederung in die Gesamthochschule Paderborn.

- 1970: Gründung der *Hochschule für Bildungswissenschaften* in Klagenfurt mit Einrichtung des *Instituts für Unterrichtstechnologie und Medienpädagogik* (Leitung: ADOLF MELEZINEK) (aufgelöst 1996). 1978: Einrichtung des *Interuniversitären Forschungsinstituts für Unterrichtstechnologie, Mediendidaktik und Ingenieurpädagogik* an der Universität Klagenfurt (aufgelöst 1988).
- 1974: Gründung der *FernUniversität in Hagen* (Gründungsrektor: OTTO PETERS), mit *Zentrales Institut für Fernstudienforschung* (Gründungsdirektor: Börje Holmberg, aufgelöst 2005) und *Zentrales Institut für Fernstudienentwicklung* (aufgelöst 2005).
- Weitere Einrichtungen mit *medienpädagogischem* Schwerpunkt sind u. a. JFF–Institut für Medienpädagogik in Forschung und Praxis, München; Grimme-Institut, Marl; Hans-Bredow-Institut für Medienforschung, Hamburg; Landesanstalt für Medien, Düsseldorf, sowie Medienpädagogischer Forschungsverbund Südwest, Stuttgart.

Fachgesellschaften und Foren

- 1964: Gründung *der Gesellschaft für Programmierte Instruktion e.V.,* ab 1980 für Pädagogik und Information (GPI) e. V. Sie begleitete die erste Welle des computergestützten Lernens in den 1970er Jahren und vergibt die Comenius-Medaille für Bildungsmedien.
- 1991: Gründung der *Gesellschaft für Medien in der Wissenschaft* (GMW e. V.) am IWF, Göttingen; Durchführung einer jährlichen Tagung, 1995–2005 mit Vergabe des Preises für mediengestützte Innovation in der Hochschullehre *Medida-Prix,* getragen von den Wissenschaftsministerien in Deutschland, Österreich und der Schweiz.
- 1993: Start der *Learntec. Bildungstechnologische Messe und Tagung*, zunächst an der PH Karlsruhe unter Leitung von UWE BECK und WINFRIED SOMMER mit einem Schwerpunkt auf E-Learning in der betrieblichen Bildung, seitdem jährlich im Kongresszentrum Karlsruhe,
- 1995: Einrichtung der *Kommission Medienpädagogik* der Deutschen Gesellschaft für Erziehungswissenschaft (DGfE), ab 2007 eigenständige Sektion, mit einem Fokus auf Forschung zu Medienbildung, -erziehung und -sozialisation.
- 1995: Start der internationalen *Online-Educa*-Konferenzserie in Berlin.
- 2000: Gründung „Forum Neue Medien in der Lehre Austria (fnma)“, in der die österreichischen Hochschulen vertreten sind.
- 2014: Einrichtung „Hochschulforum Digitalisierung“ durch Stifterverband, CHE und Hochschulrektorenkonferenz in Deutschland.

weitere wissenschaftliche Fachgesellschaften

Im deutschsprachigen Raum:

- *Gesellschaft für Medienpädagogik und Kommunikationskultur* (GMK), 1984 gegründet
- Fachgruppe *Pädagogische Psychologie*, 1986 gegründet, und Fachgruppe *Medienpsychologie* der Deutschen Gesellschaft für Psychologie, 2000 gegründet
- Fachgruppe *Medienpädagogik* der Deutschen Gesellschaft für Publizistik und Kommunikationswissenschaft (DGPuK), 1997 gegründet
- Fachgruppe *E-Learning* der Gesellschaft für Informatik e.V. (GI) mit der Tagung „DeLFI", 2002 gegründet

Im europäischen Raum:

- *European Association for Research on Learning and Instruction* (EARLI) mit Fokus auf empirischer Lehr-Lern-Forschung und den Special Interest Groups *Instructional Design* und *Learning and Instruction with Computers*, 1985 gegründet
- *European Educational Research Association* (EERA) mit einer breit angelegten Forschungsagenda etwa im Netzwerk *ICT for education and training* und der *European Conference on Educational Research* (ECER), 1994 gegründet
- *European Distance and E-Learning Network* (EDEN), das sich mit Fernlehre und Medien beschäftigt, 1991 gegründet
- *European Association of Technology Enhanced Learning* (EA-TEL), die Wissenschaftler/innen verschiedener Disziplinen (etwa Psychologie und Informatik) auf der *European Conference on Technology Enhanced Learning* zusammenführt, 2007 gegründet
- *European Association of Distance Teaching Universities* (EADTU), die Hochschulen als Anbieter von Fernstudiengängen vereint und Konferenzen durchführt

International ausgerichtete Fachgesellschaften:

- *American Educational Research Association* (AERA), die bildungswissenschaftliche Fachgesellschaft mit *Special Interest Groups* zum Lernen mit Medien und Instruktionsdesign
- *Association for Educational Communications and Technology* (AECT), die Forschung und Praxis zu Instruktionsdesign und Medienentwicklung zusammenführt
- *Association for the Advancement of Computing in Education* (AACE) mit einem stärker informatisch ausgerichteten Fokus, die jährlich u.a. die Tagung EdMedia durchführt
- *International Society of the Learning Sciences* (ISLS), die Wissenschaftler/innen der Lehr-Lern-Forschung anspricht

- *Society for Information Technology and Teacher Education* (SITE) mit einem Fokus auf Computernutzung an Schulen und Lehrerbildung
- *International Council for Open and Distance Education* (ICDE), in dem Fernstudienanbieter organisiert sind, die das Ziel des offenen Zugangs zu Bildung durch Fernstudien verfolgen

Zeitschriften

Educational Technology (im Social Science Citation Index)

- American Journal of Distance Education (Taylor & Francis)
- Australasian Journal of Educational Technology (Charles Sturt U)
- British Journal of Educational Technology (Wiley)
- Computer Assisted Language Learning (Routledge)
- Computers & Education (Elsevier)
- Distance Education (Routledge, ODL Australia)
- Educational Technology & Society (IEEE)
- Educational Technology: Research & Development (Springer, AECT)
- IEEE Transactions on Learning Technologies (IEEE)
- Interactive Learning Environments (Routledge)
- International Journal of Computer-Supported Collaborative Learning (Springer)
- International Review of Research on Open and Distributed Learning (Athabasca U)
- Internet and Higher Education (Elsevier)
- Journal of Computer Assisted Learning (Wiley)
- Journal of Computing in Higher Education (Springer)
- Journal of Educational Computing Research (Sage)
- Language Learning and Technology (U Hawaii)
- Learning, Media & Technology (Routledge)
- Technology, Pedagogy and Education (Routledge)

Benachbarte Themenfelder (im Social Science Citation Index):

- Behavior and Information Technology (Taylor & Francis)
- Cognition and Instruction (Taylor & Francis)
- Computers in Human Behavior (Elsevier)
- Convergence. The International Journal of Research into New Media Technologies (Sage)
- Ethics and Information Technology (Springer)
- Instructional Science (Springer)
- Journal of Computer-Mediated Communication (Wiley)
- Journal of Media Psychology (Hogrefe & Huber)

- Journal of the Learning Sciences (Routledge)
- Learning & Instruction (Elsevier)
- Media Psychology (Routledge)

Weitere Zeitschriften zu Educational Technology (Auswahl):

- Contemporary Issues in Technology & Teacher Education (AACE)
- Education and Information Technologies (Springer/IFIP)
- Educational Media International (Taylor & Francis)
- E-Learning and Digital Media (Sage)
- International Journal on E-Learning (AACE)
- International Journal on E-Learning & Distance Education (Athabasca U)
- International Journal of Technology and Design Education (Springer)
- Journal of computers in education (Springer)
- Journal of interactive media in education (OU)
- Journal of interactive learning research (AACE)
- Journal of Educational Multimedia and Hypermedia (AACE)
- Journal of Educational Technology Systems (Sage)
- Journal of online learning research (AACE)
- Journal of Online Learning and Teaching (Merlot)
- Journal of Science Education and Technology (Springer)
- Journal of Technology and Teacher Education (AACE)
- Learning Environments Research (Springer)
- MedienPaedagogik. Zeitschrift für Theorie und Praxis der Medienbildung (PH Zürich, DGfE)
- Open Learning: The Journal of Open, Distance and e-Learning (Taylor & Francis)
- Research in Learning Technology (ALT / Routledge)
- Research and Practice in Technology Enhanced Learning (Springer)
- TechTrends (AECT)
- Turkish Online Journal of Educational Technology

Didaktik versus Instructional Design

Außerhalb des deutschsprachigen Raums existieren keine Äquivalente für die Begriffe *Didaktik* und *Bildung*. International gebräuchlich ist der Begriff *Instructional Design*. Er tauchte erstmals im Titel des Buchs *The Design of Instruction* (1966) von ROBERT GLASER auf. Zur Etablierung trugen maßgeblich das Lehrbuch *Principles of Instructional Design* von GAGNÉ & BRIGGS (1974) sowie die von CHARLES REIGELUTH herausgegebenen Sammelbände (Reigeluth, 1983, 1987, 1999) bei. Dabei bestehen einige wesentliche Unterschiede zwischen der Diskussion über Didaktik und Instructional Design (Zierer & Seel, 2012), die in der folgenden Übersicht pointiert zusammengefasst sind.

Tabelle 4: Didaktik versus Instructional Design

	Didaktik	Instructional Design
Institution (ursprünglich)	Schule (Gymnasium)	Betriebliche Bildung (Militär)
Lernsituation	face-to-face-Unterricht im Klassenverband	unterschiedlich große Gruppen, auch regional verteilt, auch über Medien
Zielkategorie	(Persönlichkeits-) Bildung	Training von Fertigkeiten
Modelle	Begründung und Auswahl von Unterrichtszielen und -inhalten	Gestaltung von Unterricht, empirische Begründung von Unterrichtsmethoden
Bezugswissenschaft	Philosophie	Psychologie
Herkunft	Europa	USA
Prägende Autoren	Wolfgang Klafki (1927-2016)	Robert Gagné (1916-2002)

So sind die Ansätze zum *Instructional Design* nicht, wie die *Allgemeine Didaktik*, auf dem Hintergrund der Lehrerbildung entstanden. Sie gehen vielmehr auf Ansätze der US-amerikanischen Streitkräfte zurück, die in den 1960er-Jahren vor der Aufgabe standen, weltweit verstreuten und großen Zielgruppen (teilweise elementare) Qualifikationen möglichst schnell und zuverlässig zu vermitteln (W. Dick, 1987; Reiser, 1987), wie beispielsweise Sprachfertigkeiten oder Kenntnisse über einzuhaltende Abläufe beim Militär.

Im *Instructional Design* werden Inhaltsfragen dagegen eher formal behandelt: Lehrinhalte werden kategorisiert, z. B. als Fakt, Konzept oder Prozedur. Es wird davon ausgegangen, dass derartige Kategorien von Lehrinhalten einer anderen methodischen Vorgehensweise beim Lehren bedürfen: So sind z. B. Vokabeln anders zu erlernen als der Umgang mit komplexen Problemen oder Einstellungen und Fertigkeiten. Lernziele werden als gegeben wahrgenommen, eine methodische Auswahl und Begründung von Lehrinhalten und -zielen, wie in der Allgemeinen Didaktik thematisiert, wird im Instructional Design nicht reflektiert.

Die Forschung zum *Instructional Design* ist im deutschsprachigen Raum lange Zeit wenig wahrgenommen worden (etwa Helmke, 2010, S. 77f). NORBERT SEEL (1999) sieht grundsätzliche Unterschiede in beiden Traditionen: In der Didaktik herrschte lange Zeit ein geisteswissenschaftlicher Zugang vor; der Fokus lag auf schulischem Lernen. Die Forschung zum Instructional Design folgt dagegen einem empirisch-analytischen Zugang. FRANK ACHTENHAGEN (2000) betont weitere inhaltliche Unterschiede: In der

Didaktik hat die Beschäftigung mit curricularen Fragen der Lehrinhalte und -ziele ein größeres Gewicht, während *Instructional Design* sich vor allem mit dem Vermittlungsaspekt beschäftigt. Dabei besteht die Notwendigkeit, beide Traditionen zu verknüpfen: die methodischen Fragen der Gestaltung von Lernangeboten mit der Reflexion von Inhalts- und Zielentscheidungen. Der Begriff *didaktisches Design*, der im Folgenden verwendet wird und von KARL-HEINZ FECHSIG (1987) eingeführt wurde, bringt die Forschungstraditionen von *Didaktik* und *Instructional Design* zusammen.

Distance Education und Open Learning

Das Lehren und Lernen über Distanzen ist das Thema der Fernstudiendidaktik. Sie hat sich international als relativ eigenständiges Forschungsgebiet etabliert, insbesondere an Hochschulen mit entsprechenden Studienangeboten. Die Theorie der *transaktionalen Distanz* von MICHAEL MOORE (1993) thematisiert etwa, wie eine pädagogische Interaktion zwischen autonomem Lerner und der betreuenden Hochschule über Distanzen hinweg gestaltet werden kann. Hier bestehen große Schnittmengen zur Mediendidaktik, wenn es ihr darum geht, betreutes Lernen über Distanzen zu organisieren. In der internationalen Diskussion finden wir die Begriffe *Distance Education* und *Open Learning*, deren Hintergründe im Folgenden erläutert werden, um sie für die mediendidaktische Diskussion besser einordnen zu können. Sie werden oft verwendet, ohne dass der Hintergrund dieser intensiv diskutierten Konzepte aus der Fernstudienforschung bedacht wird (s. a. Kapitel 5.1 in Peters, 1997).

Wenn heute von einem *Open Course* gesprochen wird, ist damit zumeist ein Kurs gemeint, der kostenfrei und über das Internet angeboten wird. *Open* hat in der Bildungsdiskussion allerdings einen wesentlich weiter reichenden Horizont. Ende der 1960er-Jahre entstand die gesellschaftspolitische Forderung, den Zugang zu Hochschulen zu öffnen. Die seinerzeit in Großbritannien gegründete *Open University* verfolgte eine solche politische Agenda: Auch ohne formale Zugangsberechtigung (Abitur / Matura) konnte hier erstmals ein Studium aufgenommen werden. Durch Nutzung von Medien wurde höhere Bildung für neue Zielgruppen geöffnet, etwa für Menschen mit besonderen Herausforderungen in ihrer Lebenssituation, Menschen, die sich in Justizvollzugsanstalten aufhalten, oder Soldaten, die im Ausland eingesetzt sind. Die üblichen Studiengänge mit festgeschriebenen Curricula wurden aufgelöst, damit Studierende sich ihr Studienprogramm selbst zusammenstellen können. Die *Open University* ist damit eine Fernuniversität, doch im Grunde stand sie ursprünglich für ein gesellschafts- und bildungspolitisches Programm. Zu bedenken ist also, dass *Open* in der Diskussion sehr viele Facetten hat und weder alleine auf *Distance Education* (Fernstudium) noch auf die Forderung nach Kostenfreiheit reduziert werden kann.

Die Diskussion über *Open Education* dreht sich um das Anliegen,

- Bildung für neue und breite Zielgruppen der Gesellschaft zu öffnen und einen kosten- und barrierefreien Zugang zu Bildung für alle zu ermöglichen,

- sich in Forschung und Lehre gesellschaftlichen Anliegen zu widmen (statt Wissenschaft rein selbst-referenziell zu betreiben) und
- offen zu sein für Selbstkritik und die Reflexion eigener Forschung und Lehre.

Open Education kann dann Folgendes bedeuten:

- Höhere Bildung ohne formale Zugangsbeschränkungen zu ermöglichen (z. B. Studium ohne Abitur),
- Bildungsangebote besonders für nicht-traditionelle Studierende vorzuhalten (z. B. für Berufstätige),
- den Zugang für Menschen mit Behinderungen und besonderen Restriktionen zu eröffnen (wie z. B. im Strafvollzug oder beim Militär),
- Bildung über Ländergrenzen und Kontinente hinweg (auch für Menschen in wenig industriell entwickelten Ländern) zugänglich zu machen,
- Lernen nach Interessen der Studierenden und ohne starre Curricula zu organisieren,
- Bildung durch Einsatz von Medien orts- und zeitunabhängig zugänglich zu machen und
- offene Dateiformate und Plattformen für das Lehren und Lernen zu nutzen.

Damit wird deutlich: *Open* und *Distance Education* sind nicht gleichzusetzen. Die Begriffe *Open Education* und *Open University* lassen sich dabei nur schwer ins Deutsche übersetzen. So umfasst *Open University* im Englischen

- einen *Zustand*: eine „offene Hochschule", die kostenfrei, (auch) z. B. von Berufstätigen und ohne formale Zugangsvoraussetzungen besucht werden kann,
- einen *Prozess*: die „Öffnung von Hochschule", um Personengruppen zu erschließen, die den Weg zu Hochschulen bislang nicht fanden, und
- den *Imperativ*: „Öffnet die Hochschule!", um gesellschaftliche Anliegen in Forschung und Lehre zu verankern.

E-Learning: Offenes Lernen über Distanzen?

Eine Fern-Hochschule betreibt zweifelsohne *Distance Education*: Sie organisiert den Lernprozess ihrer Studierenden über Distanzen hinweg und betreut die Lernenden bei ihren Lernaktivitäten. Ihr Angebot ist aber (deswegen) keineswegs automatisch *Open Education*.

Eine Präsenzuniversität kann dagegen eine Strategie der *Open Education* verfolgen, auch ohne Fernlehre und *Distance Education* zu betreiben. Wenn sie für ihre Studierenden E-Learning-Angebote vorhält, dann unterstützt dies das Präsenzstudium und ist noch keine *Distance Education*.

Es gibt keine abschließende Definition von *Open Education*, aber die damit verbundene weitreichende Diskussion im internationalen Raum ist in der mediendidaktischen Diskussion zu bedenken. In jedem Fall lässt sich begründen: Das Einstellen von Lernmaterialien ins Netz ist für sich gesehen weder *Distance* noch *Open Education!*

2.2 Handlungs- und Gestaltungsorientierung

Mediendidaktik ist in Relation zu Medienerziehung zu positionieren, die beide zusammen Medienpädagogik konstituieren. Prägend für das Verständnis von Medienpädagogik im deutschsprachigen Raum sind die Arbeiten von DIETER BAACKE (1997), die dazu beigetragen haben, Medienpädagogik als erziehungswissenschaftliche Disziplin und als Berufsfeld zu etablieren. Medienpädagogik hat sich dabei lange vor allem mit der Nutzung von Massenmedien durch Kinder und Jugendliche beschäftigt – mit dem Ziel, einen kritischen Umgang mit Medien zu vermitteln und Medienkompetenz aufzubauen.

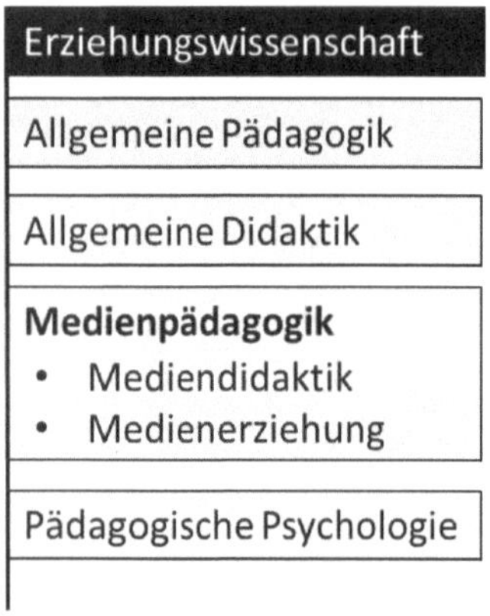

Medienerziehung und Mediendidaktik gingen lange Zeit getrennte Wege. Doch ihre Anliegen sind verwoben. In der Medienerziehung dominiert das Konzept der *Handlungsorientierung* mit dem Ziel der Entwicklung von Handlungskompetenz im Umgang mit Medien. Das Konzept der *Gestaltungsorientierung*, die Gestaltung von Lern- und Erfahrungsräumen, prägt die Diskussion in der Mediendidaktik. Im Folgenden soll gezeigt werden, dass und wie diese zwei Konzepte sich gegenseitig bedingen.

Handlungsorientierte Perspektive

Seit den 1980er-Jahren steht der Begriff der Handlungsorientierung im Mittelpunkt der medienpädagogischen Diskussion: Die Mediennutzenden werden nicht primär in ihrer Rolle als Rezipierende gesehen, die von den (positiven oder negativen) Wirkungen der Medien betroffen sind, sondern als aktiv Nutzende: Menschen sind Medien nicht ausgeliefert, sondern sie verwenden diese für ihre Bedürfnisse. Der Medienpädagogik geht es damit um die Frage, wie Menschen unterstützt werden können, um mit Medien *kompetent* umzugehen.

Handlungsorientierung

Wie können Menschen unterstützt werden, um Handlungskompetenz zu entwickeln, die einen reflektierten Umgang mit Medien eröffnet? Ziel ist die Entwicklung von Kompetenzen für die Bewältigung einer durch digitale Medien geprägten Kultur.

Lernende können beispielsweise darin unterstützt werden, selbst *aktiv Medien zu produzieren,* mit denen sie sich artikulieren können. Damit soll ein Beitrag geleistet werden, um eine Asymmetrie zu reduzieren, die durch das einseitige Sender-Empfänger-Verhältnis der Massenmedien gegeben ist und den Konsumenten in die Rolle des Rezipienten drängt. Durch den Rollenwechsel können die Lernenden etwa besser nachvollziehen, wie mediale Inhalte entstehen. Die handlungsorientierte Perspektive stellt das handelnde Individuum in seiner Relation zu Medien und Gesellschaft in den Mittelpunkt und will es im aktiven Umgang mit Medien stärken, damit es sich artikulieren und an gesellschaftlicher Meinungsbildung und Entwicklung partizipieren kann. Die Position ist zugleich auch gesellschaftskritisch, weil sie darauf abzielt, zur eigenständigen Lebensbewältigung sowie zur Kritik an Lebensverhältnissen zu befähigen.

Gestaltungsorientierte Perspektive

Der gestaltungsorientierten Perspektive geht es um die Potenziale der digitalen Medien für Bildung und wie sich diese einlösen lassen. In der Mediendidaktik meint Gestaltungsorientierung, Medien als zu gestaltende Umwelt aufzufassen und Forschung zu betreiben, um entsprechende Gestaltungsaussagen zu generieren. Mediendidaktik, als Teil der Medienpädagogik, setzt auf einen gestaltungsorientierten Zugang, wenn es ihr um die Konzeption von digitalen Lernangeboten geht.

Gestaltungsorientierung

Wie kann eine mediale Umwelt gestaltet werden, die Lernen und Entwicklung fördert? Ziel ist die Konzeption und Entwicklung von digitalen Lernangeboten, die Bildung ermöglicht.

Der Stuhl fordert zum Sitzen auf: Artefakte haben einen Aufforderungscharakter. Das Design des Stuhls kommuniziert seine Botschaft an den potenziellen Nutzer. In ähnlicher Weise ist für Artefakte und Infrastrukturen, die für Lernzwecke entwickelt werden, ein Design erforderlich, um zu Lernaktivitäten einzuladen. Die technischen Artefakte von Lernumwelten zu gestalten, wäre demnach als Aufgabe zu sehen, die gleichermaßen als *didaktisches Design* auszuzeichnen ist. Die technischen Artefakte – angefangen von Schulgebäuden, über Klassenzimmer bis hin zur Gestaltung von Informationen – schaffen Realitäten, die Lern- und Entwicklungsmöglichkeiten handelnder Individuen wesentlich präformieren. Der Umwelt kommt eine wichtige Rolle bei der Entwicklung von Handlungskompetenz zu, sie hat Einfluss auf den Erfolg dieses Entwicklungsprozesses. Die Gestaltungsorientierung fragt danach, wie mediale Umwelten lern- und entwicklungsförderlich gestaltet werden können.

Konvergenz

Es wurden zwei Perspektiven in der Medienpädagogik vorgestellt: Die *Handlungsorientierung* fragt, wie Menschen sich in einer medialen Umwelt handelnd zurechtfinden: Es gilt, Teilhabe an kulturellem Wissen, das über Medien zugänglich ist, zu ermöglichen (Sachbezug). Menschen sollen befähigt werden, sich über Medien auszudrücken, ihre Persönlichkeit handelnd zu entfalten (Selbstbezug), und sich über Medien zu verständigen (Sozialbezug). Die Handlungskompetenz, die dabei entwickelt wird, entfaltet sich in Interaktion mit der (medialen) Umwelt. Durch die Mediennutzung tragen die Menschen schließlich dazu bei, dass sich ebendiese medialen Umwelten herausbilden, zu denen sie sich verhalten.

Gleichzeitig fragt die *Gestaltungsorientierung*: Wie sind diese (medialen) Umwelten zu gestalten, um ein solches Lernen zu fördern? Aus Sicht der Gestaltungsorientierung lassen sich folgende Qualitätsmerkmale ableiten:

- Die digitale Umwelt soll Zugang zu Wissen eröffnen, statt Wissen zu verschließen.
- Die digitale Umwelt soll menschliche Entwicklung fördern (vgl. „expansives Lernen" bei Holzkamp, 1995), statt Menschen in ihrer Entwicklung einzuengen.
- Die digitale Umwelt soll Kommunikation anregen und Verständigung ermöglichen, statt Isolierung zu fördern.

Abbildung 1: Verschränkung von Handlungs- und Gestaltungsorientierung

Es wird deutlich, wie sehr sich handlungs- und gestaltungsorientierte Perspektiven bedingen: In der Mediendidaktik müssen Kompetenzen im Umgang mit Medien vorausgesetzt werden, damit Menschen sich Wissen aneignen, sich über Medien artikulieren und verständigen können. Gleichzeitig kann ein handelnder Umgang mit Medien dazu beitragen, dass sich entsprechende Kompetenzen herausbilden. Die gestaltungs- und handlungsorientierten Perspektiven ergänzen sich in ihrem Anliegen; sie konvergieren in dem Ziel, „Bildung in der digitalen Welt" zu entwickeln und stehen, wenn sie ihr Anliegen ernst nehmen, in einem wechselseitigen Bedingungsverhältnis.

2.3 Bildung in der digitalen Welt

Der Begriff Medienkompetenz hat die medienpädagogische Diskussion lange Zeit geprägt. Mit der Diskussion über die Digitalisierung verändert sich die Sicht auf dieses

Konstrukt. Heinen & Kerres (2017) beschreiben einen *New Look* der Medienpädagogik, der mit der gesellschaftlichen Diskussion über Digitalisierung einhergeht und „Bildung in der digitalen Welt" in den Vordergrund rücken lässt.

2.3.1 Medienkompetenz

Die Medienpädagogik, wie sie im letzten Jahrhundert begründet wurde, beschäftigte sich mit den Medien, die in der Freizeit Einzug hielten. Neben der Zeitung verbreiteten sich Radio und Fernsehen; die Menschen gingen ins Kino und machten Bild- und Tonaufnahmen mit der Kamera oder dem Kassettenrekorder. Indem die Medienpädagogik sich diesen neuen Medien zuwandte, erschloss sie das Feld der außerschulischen Bildung.

In Bildungsinstitutionen dominierte das Buch als Medium der Übermittlung von Wissen und Kultur. Es gab den Schulfunk und Bildungsprogramme in Radio und Fernsehen, es gab bereits eine Fülle Filme und Bildmaterialien, die über ein geografisch verzweigtes Netz von *Kreisbildstellen* (für Lehrende) ausleihbar waren. Doch die logistischen Hürden setzten deren Einsatz im Unterricht Grenzen (vgl. Kucklick, 1995; Suppa, 1999).

In der Tradition von Baacke verweist der *medienpädagogische* Kompetenzbegriff auf das im Menschen angelegte Potenzial zu kommunikativer Verständigung: „dass alle Menschen potenziell über die Sprachmuster einer Universalsprache verfügen – und insofern gleich sind" (1998). Dies impliziert einerseits, dass es eine universell angelegte Fähigkeit von Menschen gibt, sich kommunikativ zu verständigen. Diese Fähigkeit macht – nach Habermas (1981) – jedoch andererseits eine ideale Kommunikationsgemeinschaft notwendig, um sich angemessen entfalten zu können.

Der Kompetenzbegriff in der Medienpädagogik bezieht sich damit ursprünglich auf eine universelle menschliche Fähigkeit zu Kommunikation und Verständigung. Gleichzeitig verweist er auf den engen Zusammenhang von individueller und gesellschaftlicher Entwicklung. Ein Individuum kann Kompetenzen nur entwickeln, wenn die Umwelt deren Entwicklung unterstützt, fördert und fordert. Ebenso trägt das Individuum durch *kommunikatives Handeln* dazu bei, dass sich die Rahmenbedingungen für das Handeln in einer Weise entfalten, dass Partizipation und Verständigung möglich wird. *Kommunikative Kompetenz* ist eine grundlegende Bedingung für das Zusammenleben von Menschen in Gesellschaften, und ist anderen Kompetenzen, wie z. B. Sozial- oder Fachkompetenzen, vorgelagert.

Der Begriff der Medienkompetenz ist verschiedentlich kritisiert worden (vgl. Tulodziecki, 2010). Mit Medienkompetenz verbinden sich nämlich in der öffentlichen Wahrnehmung Trainings zur Computernutzung oder Veranstaltungen, in denen vor den Gefahren der digitalen Medien gewarnt wird. Anders als etwa von Baacke ursprünglich intendiert, wird dabei Medienkompetenz vielfach reduziert auf elementare Fertigkeiten im Umgang mit analogen oder digitalen Medien. STEFAN AUFENANGER (2000) forderte bereits: „Diese sozialtechnologische und affirmative Variante des Begriffs der Medienkompetenz, die dieser auch sehr schnell nahe legt, muss überwunden und durch die grundlegenden Aspekte von Erziehung und Bildung ergänzt werden." (s. a. die Kritik von Spanhel, 2002).

Die medienpädagogische Diskussion über Medienkompetenz hat immer – jenseits von Fertigkeiten der Bedienung – den aktiven und reflektierten Umgang mit Medientechniken, medialen Inhalten und den Bedingungen ihrer Produktion und Dissemination fokussiert. Sie thematisiert, wie Informationen in der medialen Kommunikation generiert werden, wie sie in ihrer Entstehung (immer durch den Sender) beeinflusst werden und die Wahrnehmung von Rezipienten steuern. Dass Nachrichten z. B. immer ausgewählt und dadurch Sichtweisen transportiert werden, oder dass Bilder in Fernsehnachrichten Emotionen übermitteln, die unseren Eindruck stärker prägen als das gesprochene Wort (vgl. Wirth, 2013). Dieses Wissen ist grundsätzlicher als die Fähigkeit, Geräte „kompetent" bedienen zu können. Dabei ist allerdings kein grundsätzlicher Unterschied zwischen analoger und digital gespeicherter bzw. verarbeiteter Information zu erkennen. Die Begriffe „digitale Bildung" oder „digitale Kompetenz" helfen dabei kaum weiter, weil sie eine Differenz zu Konstrukten wie „analoge Kompetenz" oder „analoge Bildung" nahelegen, die sich kaum begründen lassen (vgl. die Diskussion zu „digitaler Kompetenz" in M. Kerres, 2017a).

Auch wenn NORBERT GROEBEN (2002) von der „Unvermeidbarkeit des Begriffs Medienkompetenz" in der Medienpädagogik spricht, liegen alternative Vorschläge wie etwa *Theorien der Medienbildung* vor (Jörissen & Marotzki, 2009; Meder, 2007; Moser, Grell, & Niesyto, 2011). Hier besteht das Paradox, dass einerseits auf die universelle Bedeutung des Medialen für Bildung verwiesen wird, der Begriff dann aber andererseits mit *Medien*-Bildung einen Gegenstandsbereich festschreibt und der Bezug zu anderen Sachgebieten (z. B. Naturwissenschaften, Ökonomie, Frieden, Umwelt) unklar bleibt.

2.3.2 Implikationen der Digitalisierung

Die Kultusminister der Bundesrepublik Deutschland veröffentlichten im Dezember 2016 ein Strategiepapier[2] zu „Bildung in einer digitalen Welt", das frühere Überlegungen[3] fortführt, aber im Kern einer neuen Sicht Nachdruck verleiht. Dabei steht nicht mehr Medienkompetenz im Vordergrund, es heißt vielmehr:

---

[2] https://www.kmk.org/fileadmin/Dateien/pdf/PresseUndAktuelles/2016/Bildung_digitale_Welt_Webversion.pdf [08.12.2016]

[3] Als ein Vorläuferpapier kann der Bericht der vom BMBF beauftragten Expertenkommission zur Medienbildung betrachtet werden, der 2009 unter dem Titel: „Kompetenzen in einer digital geprägten Kultur" erschien.

„Wenn der schulische Bildungsauftrag sich in der ‚digitalen Welt' nachhaltig verändert, dann wird perspektivisch Medienbildung keine schulische Querschnittsaufgabe mehr sein, sondern integraler Bestandteil aller Unterrichtsfächer." (S. 1)

Die Teilhabe an Kultur, die Kommunikation mit Anderen basiert wesentlich auf digitaler Technologie, und auch die Sicht auf uns selbst wird beeinflusst durch Artefakte, die wir mit diesen Werkzeugen erzeugen. In einer von digitaler Technik geprägten Welt erleben wir andere Herausforderungen als in einer durch die klassische Industrie oder Landwirtschaft geprägten Kultur. In der internationalen Diskussion wird ähnlich auch von *21st Century Skills* gesprochen, die sich auf die Fertigkeiten beziehen, in einer durch digitale Medien geprägten Kultur und Arbeitswelt partizipieren und gestaltend einwirken zu können (vgl. Trilling & Fadel, 2009). Dies schließt auch die Entwicklung von beruflichen Kompetenzen ein, die für eine Teilhabe am Arbeitsmarkt qualifizieren.

Aus diesen Überlegungen lässt sich eine Definition zu *Bildung in einer digitalen Welt* formulieren: Sie bezieht sich auf die grundlegende Möglichkeit von Menschen, an kulturellen – zumeist mediatisierten – Leistungen und Wissensbeständen teilhaben und an gesellschaftlicher Kommunikation partizipieren zu können. Sie ist damit nicht hintergehbare Basis für gesellschaftliches Zusammenleben. Diese Kompetenzen beziehen sich damit nur scheinbar auf Verhaltensweisen, die sich in der Nutzung von Mediengeräten und digitalen Artefakten zeigen. Sie verweisen vielmehr auf das grundlegende Potenzial von Menschen, sich mittels Medien ausdrücken und verständigen zu können. Verständigen meint damit nicht nur, die Benutzung der gleichen Sprache, die für das Verstehen der Aussagen von Anderen erforderlich ist. Verständigen bezieht sich vielmehr auf die Möglichkeit von Menschen, sich im kommunikativen Handeln über die Perspektiven des Zusammenlebens zu einigen. Ausgehend von dem übergeordneten Ziel einer *kommunikativen Kompetenz*, der Verständigung von Menschen, lassen sich die Dimensionen entlang der Relationen des Sach-, Selbst- und Sozialbezugs von Medienbildung entfalten, wie sie DIETER SPANHEL (2010), NORBERT MEDER (2007) oder HEINZ MOSER (2010) beschrieben haben.

Bildung in einer digitalen Welt

... zielt darauf ab, Menschen und Gesellschaften zu befähigen, Anforderungen einer digitalen Welt gestaltend bewältigen zu können. „Bildung in der digitalen Welt" umfasst die Kompetenz digitale Technik zu verstehen, anzuwenden und zu reflektieren,

- um das Wissen der Kultur zu erschließen,
- um die eigene Identität auszudrücken und zu entwickeln,
- um berufliche Anforderungen zu bewältigen und
- an gesellschaftlicher Kommunikation teilzuhaben.

Bildung zielt dann darauf ab, den Einzelnen bzw. die Gesellschaft zu befähigen, die Herausforderungen bewältigen und gestalten zu können, die sich ihr stellen. Diese Formulierung bleibt zunächst inhaltsleer, weil die Menschen und die Gesellschaft selbst entscheiden, welchen Aufgaben sie sich stellen: Sie wenden sich den Herausforderungen zu, die sie als solche für sich definieren. Insofern gehören zu Bildung die Fähigkeit, sich Herausforderungen zuzuwenden, und die gesellschaftliche Verständigung darüber, welche Herausforderungen als Bildungsanliegen zu bewältigen sind.

Dieser „New Look" für die Medienpädagogik (Heinen & Kerres, 2017; M. Kerres, 2017a) sieht die Medienthematik nicht mehr additiv und *neben* anderen Lerngegenständen, wie dies früher und im Kontext der analogen (Massen-)Medien gebräuchlich war (vgl. etwa Aufenanger, 1997). Eine zugespitzte Übersicht, wie sich Fragen der Medienpädagogik dabei verändern, zeigt Tabelle 5.

Tabelle 5: Medienpädagogik im 20. und 21. Jahrhundert

Medienpädagogik	**... im 20. Jahrhundert**	**... im 21. Jahrhundert**
Herausforderung	Massenmedien (Presse, Radio, Fernsehen) werden zusehends in der Freizeit genutzt.	Digitalisierung durchdringt die Gesellschaft.
Bildungsarbeit	geprägt durch das Buch	geprägt durch Digitalisierung
Ansätze	aktive Medienarbeit, außerschulische Jugendarbeit	integrative Medienkonzepte, digitale Strategien
Ziele	Entwicklung von *Medienkompetenz*, entlang der Dimensionen: – Medienkritik – Medienkunde – Mediennutzung – Mediengestaltung	*Bildung in der digitalen Welt,* digitale Technik verstehen, anwenden, reflektieren, um – Zugang zu Wissen der Kultur zu ermöglichen, – Identität zu entwickeln, – berufliche Anforderungen zu bewältigen und – an gesellschaftlicher Kom munikation zu partizipieren.
Politische Konflikte	Nationale Presse- und Medienkonzerne beeinflussen Meinungsbildung.	Globale Technologie- und Internetkonzerne greifen in Privatsphäre ein. Technik wird zum Akteur.

Der Begriff der Medienkompetenz greift dabei zu kurz, wenn er die digitale Technik als spezifische Geräte betrachtet, die wir in unserer Lebens- und Arbeitswelt antreffen. Bei Bildung in der digitalen Welt geht es nicht mehr um die Bedienung von Geräten, weil die Digitalisierung die dingliche Welt und das Zusammenleben der Menschen im Ganzen unterlegt. Wir benötigen also Kompetenz, um diese digitale Welt in diesen vielen Dimensionen, wie sie unser Leben prägt, zu beherrschen.

Zugleich greift die digitale Technik in menschliches Handeln ein: Algorithmen kontrollieren, steuern, regulieren z. B. bereits in den Suchmaschinen, mit denen wir Wissen im Internet abfragen, in den Assistenz- und Trainingssystemen, die den Alltag erleichtern, und künftig in künstlich-intelligenten Beratungs- und Supportsystemen, die uns etwa bei medizinischen, juristischen oder anderen Fachfragen ihre Expertise anbieten. Unsichtbar eingebettet in die Umwelt und als kybernetische Regelkreise mit dem Menschen verschränkt wirkt die Digitalisierung zunehmend versteckt. Durch die Systeme entstehen neue, zusätzliche Kompetenzanforderungen, wie sie etwa in Berufsbildern und Ausbildungsordnungen beschrieben werden. Doch es werden Kompetenzen auch systematisch entkräftet, sie werden überflüssig, wenn die digitale Technik diese effizienter ausführt. Das Ausmaß und die Reichweite dieser Entwicklung ist noch nicht absehbar.

Abbildung 2: Wirkungszusammenhänge von Kompetenz und digitaler Welt

Skizziert werden sollte das wechselseitige Bedingungsgefüge von Kompetenzanforderungen für die digitale Welt einerseits und die Rückwirkungen der digitalen Welt auf die Kompetenzanforderungen andererseits. Auch hier ist die Differenz zu der früheren Diskussion zu erkennen: Die analogen Medien haben durch ihre Inhalte auf die Rezipienten eingewirkt und haben auch strukturell die soziale Kommunikation in einer Gesellschaft beeinflusst. Digitale Informationen und Werkzeuge sind, auch durch mobile Geräte, *ubiquitär* verfügbar und zunehmend (als eingebettete Systeme) *unsichtbar*. Sie durchdringen *pervasiv* alle Funktionsbereiche der Gesellschaft und zwar *subtil*, d.h. ohne „Übersetzung" durch eine menschliche Medienrezeption und Informationsverarbeitung. Von hoch entwickelter Kompetenz von Menschen erschaffen, werden Kompetenzen des Menschen durch die digitale Technik in vielen Feldern überflüssig werden. Diese Einschnitte sind schließlich für den Einzelnen bzw. für die gesellschaftlichen Akteure nur schemenhaft erkennbar und durch Beobachtung und Reflexion schwer einzuholen, weil wir Teil des kybernetischen Regelkreises geworden sind.

Tendenzen der Digitalisierung

Digitale Medien werden zusehends ...

- *ubiquitär*: Digitale Informationen werden überall verfügbar.
- *unsichtbar*: Digitale Technik ist nicht mehr als Gerät wahrnehmbar, sondern arbeitet versteckt („eingebettete Systeme").
- *pervasiv*: Digitale Technik durchdringen alle Bereiche der Gesellschaft.
- *subtil*: Digitale Technik wirkt, auch ohne menschliche Wahrnehmung.

Digitalisierung: Neue Kulturtechnik?

Lesen, Schreiben, Rechnen: Dies sind Fertigkeiten, die oft als elementare Kulturtechniken bezeichnet werden, um am Wissen einer Kultur partizipieren zu können. Sie werden als Bestandteile einer Grundbildung verstanden, wie sie die UNESCO-Definition von 1978 anführte. Die Fähigkeit, mit dem Computer und digitalen Medien umzugehen, wird in manchen Publikationen als „neue Kulturtechnik" bezeichnet, um den Rang dieser Kompetenz in der bildungspolitischen Diskussion hervorzuheben.

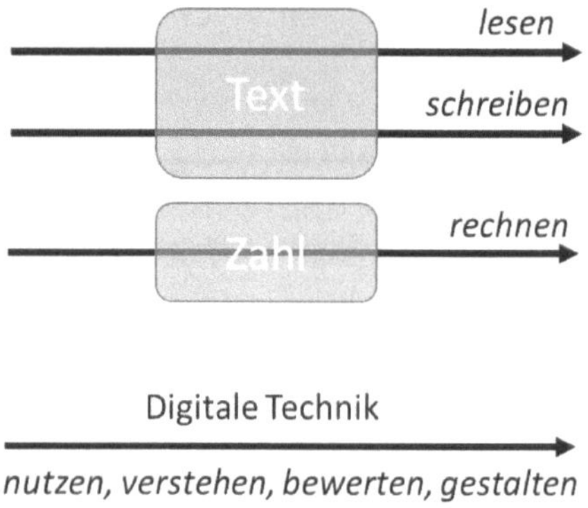

Abbildung 3: Techniken der Erschließung kulturellen Wissens

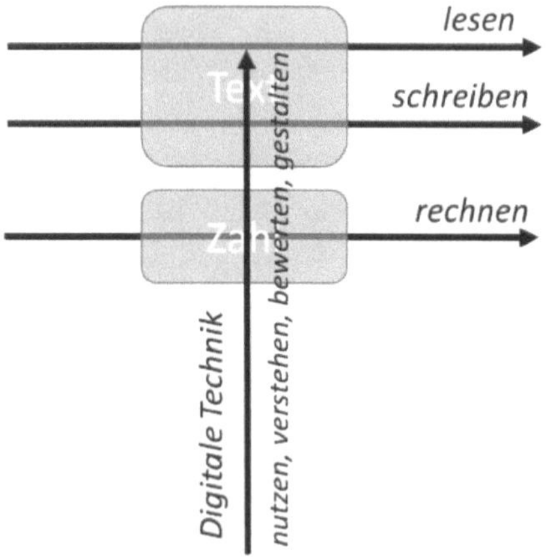

Abbildung 4: Durchdringung von Kulturtechniken durch Digitalisierung

Lesen, Schreiben und Rechnen verweisen allerdings weniger auf bestimmte Techniken, sondern auf Modi der Erschließung von Wissen einer Kultur. Wissen ist immer in bestimmter Weise codiert, und die zu entwickelnde Fähigkeit im Umgang mit Wissen besteht darin, die dabei verwendeten Symbolsysteme zu verstehen, sie rezeptiv und produktiv zu nutzen (s. Kapitel 5.4 zur symbolischen Informationsverarbeitung).

Damit wird deutlich, dass sich die Kompetenz im Umgang mit digitaler Technik nur schwerlich und nur in geringem Teil zu „Lesen, Schreiben, Rechnen" *hinzufügen* lässt. Die digitale Technik wird vielmehr dadurch bedeutsam, dass sie alle anderen Kulturtechniken durchdringt und prägt. Modi der Wissenserschließung, wie Lesen, Schreiben oder Rechnen, lassen sich nicht mehr denken ohne digitale Technik, und dies zieht sich durch alle Fachgebiete und Themenbereiche des Lernens.

Genau dies macht die Besonderheit der Digitalisierung aus: Medienkompetenz bezog sich auf Artefakte, die sich auf bestimmte Ausschnitte des Lebens beziehen. Zeitung, Radio und Fernsehen als Medien der Informationsvermittlung und Unterhaltung wurden vor allem in der Freizeit genutzt; für das eigentliche Lernen in Schule und Hochschule, für berufliche Tätigkeiten oder andere gesellschaftliche Anforderungen blieben diese Medien in ihrer Relevanz vergleichsweise randständig.

Wenn wir heute über Kompetenzen im Umgang mit Medien sprechen, dann meint dies „Bildung in einer durch digitale Technik geprägten Welt". Diese Kompetenzen sind nicht separat zu entwickeln, sondern sie sind mit der Erschließung von Lerngegenständen essenziell verbunden: Ich lerne Spanisch im Internet in einem Online-Kurs; ich tausche mich mit anderen in einem sozialen Netzwerk über aktuelle politische Entwicklungen aus; ich nutze ein Unterstützungsprogramm, um mein (Sport-) Training zu optimieren. Ich entwickle die entsprechende Kompetenz *in* der Mediennutzung.

2.3.3 Bildung als Disposition, Transaktion und Transformation

Mit dem Schlagwort „Bildung in einer von digitaler Technik geprägten Kultur" rückt die medienpädagogische Diskussion den Bildungsbegriff in den Vordergrund: Bildung kann zunächst grundsätzlich verstanden werden als ein bestimmtes Verhältnis des Menschen zu sich, zu anderen und zur Welt (Jörissen & Marotzki, 2009; Meder, 2007). Um dieses näher zu beschreiben, können wir bestehende Vorstellungen von Menschen, Organisationen oder Kulturen über Bildung analysieren. Eva Borst (2016) zeigt die historische Entwicklung verschiedener Theorien von Bildung auf. Auch in Bildungsinstitutionen lassen sich unterschiedliche Verständnisse von Bildung identifizieren: So unterscheidet Uwe Wilkesmann (2013) ein transaktionales und ein transformatives Verständnis von Bildungssteuerung in Hochschulen.

Führt man solche Überlegungen zu existierenden Modellen von Bildung zusammen, können drei Ideen von Bildung mit Bezug auf die Digitalisierung herausgearbeitet werden, die im Folgenden hinsichtlich der Medienthematik genauer erläutert werden.

Disposition

Ein – vor allem alltagssprachlich verbreitetes – Verständnis von Bildung fokussiert die individuelle Aneignung von Wissen und Fähigkeiten zur Ausbildung der individuellen Persönlichkeit. Bildung im Kontext der Digitalisierung ist dabei primär etwas, was sich

„in" der Person niederschlägt: Die Person eignet sich in der Auseinandersetzung mit digitalen Artefakten Wissen an, sie trainiert Fertigkeiten, sie „bildet sich", wenn sie sich mit Neuem auseinandersetzt und dabei lernt. Bildung entfaltet das eigene Selbst, das in der Person bereits angelegt ist und sich durch Lernen bzw. in der Auseinandersetzung mit der Umwelt „herausbildet". Bildung als Disposition meint dann, die Person *verfügt* über Wissen und Fertigkeiten.

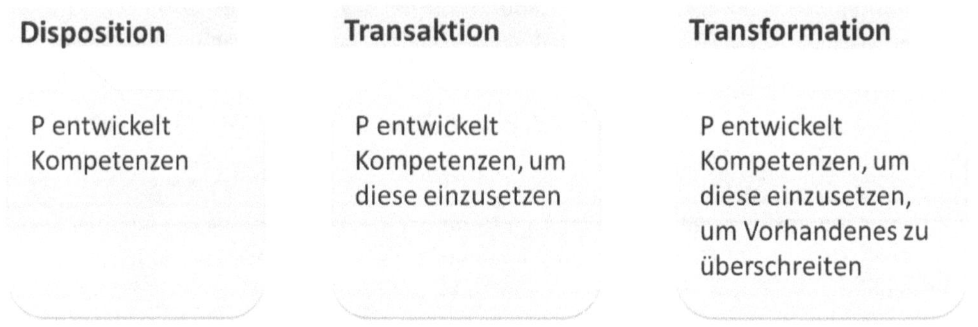

Abbildung 5: Medienbildung als Disposition, Transaktion und Transformation

Ein großer Teil des Lernens in der allgemeinbildenden Schule und der Hochschule ist *nicht* auf eine unmittelbare Verwertung und Vorbereitung auf eine Tätigkeit außerhalb der Lernsituation angelegt. Sie soll „bildend" sein im Sinne einer „Allgemeinbildung", die grundlegende Dispositionen schaffen soll, um sich in einer Gesellschaft zurechtzufinden. Dies bedeutet – in einem weiteren Sinne – *auch*, in der Lage zu sein, sich auf dem Arbeitsmarkt einzufinden. Allerdings ist Bildung nur dann *allgemein*, wenn sie den Menschen umfassend betrachtet und alle lebensweltlichen Anforderungen in Betracht zieht.

In diesem Verständnis wäre Bildung im Kontext der Digitalisierung dann etwas, das in der Person angelegt ist. Diese Disposition bezieht sich auf die Gesamtheit von Wissensbestandteilen und Fertigkeiten, die die Person in der Interaktion mit der Umwelt erworben hat und über die sie verfügen kann. Es geht etwa um Wissen über Medien und Fertigkeiten in der Bedienung von Geräten und Software, bei der Auswahl und der Bewertung von Inhalten, bei der Produktion und Distribution von Medieninhalten. Über digitale Medien erschließen wir uns das Wissen der Welt, wir treten mit Anderen in Kontakt und entwickeln unsere Persönlichkeit (etwa über Äußerungen und Selbstdarstellungen im Internet).

Transaktion

Sowohl Bildungstheorien wie auch subjektive Theorien der Bildung gehen über den individuellen Prozess der Selbstentfaltung hinaus. Denn Bildung eröffnet der Person Möglichkeiten, die sie in lebensweltlichen Vollzügen einbringt. Dies entspricht etwa unserer Vorstellung von *Ausbildung*, die auf eine bestimmte Berufstätigkeit vorbereitet, oder der Vorstellung von Bildung, die auf allgemeine Problemlösekompetenzen ausgerichtet ist.

Eine transaktionale Sicht auf Bildung geht somit über die Entfaltung von Anlagen einer Person als Disposition hinaus und betont den Tauschwert von Kompetenzen:

> *„Kompetenz ist nach diesem Verständnis eine Disposition, die Personen befähigt, bestimmte Arten von Problemen erfolgreich zu lösen, also konkrete Anforderungssituationen eines bestimmten Typs zu bewältigen."* (Klieme u. a., 2003)

Bildung wird zu etwas, das ich erwerbe und andernorts einsetzen oder eintauschen kann. Bildung kann, im Anschluss an PIERRE BORDIEU, als Kapital betrachtet werden, das sich konvertieren lässt. Diese Idee fokussiert die Folgen und den Nutzen des Lernens. Wenn z. B. Hochschulbildung (wie zunächst im Bologna-Prozess gefordert) *Employability* vermitteln soll, dann liegt der Wert von Hochschulbildung nicht *in sich selbst*, sondern in seiner Qualität als auf dem Arbeitsmarkt konvertierbares Kapital. Studiengänge werden zunehmend so ausgestaltet, dass die Einmündung in Arbeitsmärkte gelingen kann. Das Studium wird zur Eintrittskarte in eine Berufstätigkeit, auch wenn sie nicht als Ausbildung für eine bestimmte Tätigkeit angelegt ist. Denn ein oberflächliches Training von Fertigkeiten ist gerade nicht hilfreich, um Anforderungen der Praxis langfristig bewältigen zu können. Das Verstehen komplexer Zusammenhänge und das methodische Erarbeiten von Problemlösungen bereiten dagegen gut auf eine Zukunft vor, die durch eine hohe Dynamik und unvorhersehbare Entwicklungen (auch im Hinblick auf künftig geforderte Qualifikationen) charakterisiert ist.

Bildung wäre dann zu betrachten als eine Kompetenz, die dazu beiträgt, gesellschaftliche Anforderungen in einer „von der digitalen Technik geprägten Welt" zu bewältigen. Sie lässt sich dabei nicht auf eine Liste von geforderten Wissensbeständen oder Fertigkeiten in der Bedienung digitaler Technik reduzieren, sondern muss grundlegendere Fähigkeiten in der Bewältigung gesellschaftlicher Herausforderungen vermitteln.

Transformation

Bildung kann über das transaktionale Verständnis hinausgehen. Bildung kann Vorhandenes überschreiten, auf neue Wege und zu neuen Einsichten in der digital geprägten Umwelt führen, Organisationen verändern und Kultur erneuern. JOHN DEWEY beschrieb den Inquiry-Prozess des Lernens, der von einer Irritation ausgehend *bildende Erfahrung* eröffnet (vgl. M. Kerres & de Witt, 2004).

Die *strukturale Bildungstheorie* von WINFIRED MAROTZKI (1990) geht davon aus, dass sich durch Aufzählung von Bildungsgütern oder Kompetenzbeschreibungen nicht mehr benennen lässt, was *Bildung* inhaltlich ausmacht. Die Moderne lässt sich vielmehr durch Krisenerfahrungen und Diskontinuitäten beschreiben. Es fehlt die Zuversicht, dass sich über ein Kanon verpflichtender Bildungsinhalte im Konsens entscheiden ließe. Die Bewältigung menschlicher und gesellschaftlicher Herausforderungen kann nicht mehr an positiv zu benennenden Bildungsgegenständen festgemacht werden. Bildung kann auch nicht mehr als die Überführung von Unbestimmtheit in Bestimmtheit verstanden werden. Es geht vielmehr darum, mit der Erfahrung von Unsicherheit und Tentativität, der Vorläufigkeit aller Erkenntnis („Kontingenz"), umzugehen. Ein solches Bildungsverständnis fordert vielmehr offen zu sein für neue Erfahrungen, für das Fremde und Andere, für Exploration und Kreativität.

Die *strukturale Bildungstheorie* versteht Bildung demnach als ein Verhältnis des Einzelnen zu sich und zur Welt, das vom Einzelnen reflexiv erzeugt wird. Sie betont, dass Wissen – in sich stetig wechselnden Verhältnissen – stets unabgeschlossen ist. Bildung wird zum Prozess der Transformation von Selbst- und Weltverhältnissen. JOERISSEN & MAROTZKI (2009) führen aus, dass sich diese Transformation heute wesentlich über mediale Kommunikation vollzieht. Sie gehen davon aus, dass jede Sozialisation in der Moderne grundlegend und unhintergehbar medial erfolgt.

In der Tradition von HUMBOLDT versteht KOLLER (2002) Bildung ähnlich, nämlich nicht nur als Aneignungsprozess, sondern

> *„(1) als ein Prozess der Transformation (2) grundlegender Figuren des Welt- und Selbstverhältnisses (3) in Auseinandersetzung mit Krisenerfahrungen, die die etablierten Figuren des bisherigen Welt- und Selbstverhältnisses in Frage stellen"* (Koller, 2011, S. 20).

Damit wird deutlich, dass Bildung als Transformation kein Regelfall ist und nicht zuverlässig „hergestellt" werden kann, sondern als unbestimmtes Ergebnis eines überdeterminierten Prozesses aufzufassen ist. Das Neue, das hierbei entstehen kann, kann sich auf Erfahrungen und Einsichten des Individuums beziehen, auf kollektive Praxen oder gesellschaftliche Entwicklungen. Es entsteht nicht aus der Person, sondern als „responsives Geschehen, bei dem das Subjekt auf einen Anspruch antwortet, der von einem anderen Ort aus ergeht, und dem es sich nicht [...] entziehen kann." (Koller, 2007, S. 48).

Bildung im Kontext der Digitalisierung bezieht sich in diesem Zusammenhang auf die Chance für den Einzelnen, neue – medial vermittelte – Wege der Artikulation von Persönlichkeit mit und in Medien zu finden, neue Wege der Beziehungsgestaltung und Verständigung mit anderen Menschen zu entwickeln und Zugänge zu dem Wissen einer Kultur zu finden. Medien können als Wege oder Möglichkeitsräume betrachtet werden, die Neues erschließen und damit den Einzelnen, die Organisation / Institution und die Gesellschaft „transformieren".

Zusammenfassung

Es wurden drei grundlegende Vorstellungen von Bildung skizziert, wie sie in unterschiedlichen Kontexten angetroffen werden können. Bildung als eine Selbstverwirklichung aufzufassen, ist nicht hinreichend auf die gesellschaftlichen Anforderungen bezogen. In betrieblichen Kontexten wird Bildungsarbeit oftmals als Training von Fertigkeiten verstanden, bei denen Qualifikationen für Arbeitstätigkeiten entwickelt werden. Dazu kontrastierend dominiert in der bildungstheoretischen Literatur schließlich ein Verständnis von Bildung als Transformation, bei der sich Bildung von einer „bloßen" Ausbildung abzuheben versucht.

Solche Verengungen erscheinen problematisch, wenn als Ziel von Bildung angestrebt wird, Menschen, Organisationen und Gesellschaften zu befähigen, die Anforderungen einer digitalen Umwelt gestaltend bewältigen zu können. Um dieses Ziel zu erreichen, kann eine Vielfalt von unterschiedlich angelegten Lernprozessen und Lernangeboten erforderlich werden, die die verschiedenen Verständnisse von Bildung zusammenführt: das Training von Fertigkeiten und das Aneignen von Faktenwissen ebenso wie die Einordnung komplexer Sachverhalte, das Verstehen von Zusammenhängen und die Reflexion des eigenen Selbst- und Weltverhältnisses. Insofern erfordert „Bildung in einer digitalen Welt" sowohl Bildung als Disposition, als Transaktion wie auch als Transformation.

2.4 Mediendidaktik als gestaltungsorientierte Disziplin

Im Folgenden geht es um die *forschungsmethodische* Positionierung der Mediendidaktik. Lange Zeit herrschte in der Erziehungswissenschaft ein geisteswissenschaftlicher Zugang zur Forschung vor. Hermeneutische, historische und systematische Methoden standen im Mittelpunkt der Diskussion. Seit den 1970er-Jahren hat sich dann die empirische Lehr-Lernforschung etabliert, die sich mit quantitativen und qualitativen Methoden der Sozialforschung den Phänomenen von Bildung und Erziehung sowie dem Lehren und Lernen zuwendet.

Doch die Existenz der Erziehungswissenschaft hängt unmittelbar mit dem Anliegen der Gesellschaft zusammen, *Bildung* als Bedingung gesellschaftlicher Entwicklung zu organisieren. Unter dem Motto *Lifelong Learning* betrachtet sie das Lernen entlang der ganzen Lebenszeit und thematisiert von der Früherziehung bis zur Seniorenarbeit und Pflegepädagogik alle Segmente von Bildungs- und Sozialarbeit. Die Tätigkeit von Pädagogen und Pädagoginnen bezieht sich nicht nur auf das Unterrichten, sondern zunehmend auf alle Bereiche des Planens und Organisierens, des Managens, Gestaltens und Evaluierens von Bildungsangeboten aller Art in allen Altersstufen und institutionellen Kontexten bis in die Freizeit und das informelle Lernen hinein.

Dabei stellt sich die Frage, wie dieses gesellschaftliche Anliegen forschungs- und evidenzbasiert unterfüttert werden kann: Auf welche wissenschaftlichen Erkenntnisse können die Akteure zurückgreifen? Im Folgenden werden drei mögliche Zugänge der Bildungsforschung erläutert.

2.4.1 Zugänge der Bildungsforschung

KARL JOSEF KLAUER (1985) hat drei verschiedene Zugänge bildungswissenschaftlicher Forschung differenziert:

Tabelle 6: Zugänge der Bildungsforschung (nach KLAUER)

	empirisch-analytisch	**präskriptiv-pragmatisch**	**normativ-reflexiv**
Was?	Lehrziele, Lehrinhalte	Curriculum	Wertbegründungen für Lehrinhalte
Wie?	Unterricht, Medien	Lehr-Lernmethoden	ethische Standards des Lehrens
	Pädagogische Psychologie	*Didaktisches Design*	*Bildungstheorie*

Empirisch-analytische Bildungsforschung

Der empirisch-analytische Zugang lehnt sich an die Forschungslogik an, wie sie sich in den Naturwissenschaften etabliert hat. Charakteristisch hierfür ist etwa der Prozess-Produkt-Ansatz der Lehr-Lernforschung, der Merkmale des Lehr- und Lernprozesses in Beziehung zu Lernergebnissen stellt.

Dieser Zugang lässt sich durch eine grundlegende Forderung charakterisieren: die Trennung von Forschungssubjekt und Forschungsobjekt. Der Forscher muss eine Distanz zu seinem Forschungsgegenstand haben. Durch Beobachtungs- und Befragungsmethoden wird die Subjektivität des Forschenden ausgeblendet. Dazu hat die empirische Bildungsforschung ausgefeilte Instrumente für die Analyse von Lernprozessen entwickelt. Ob, in welche Richtung und wie Veränderungen im Bildungskontext zu erzielen sind bzw. erzielt werden sollten, lässt sich mit diesem Instrumentarium jedoch nicht benennen. Empirische Forschung kann feststellen, *ob* bestimmte Effekte einer Maßnahme eintreten, sie kann auch feststellen, welche Vorgehensweise die besseren Effekte erzielt. Die Maßnahme selbst kann jedoch dabei weder *forschend entwickelt* werden noch kann sie *forschend begründet* werden.

Innerhalb der empirischen Bildungsforschung werden solche Fragen häufig als außerwissenschaftlich bezeichnet, d. h. als Problem, das sich innerhalb von Wissenschaft nicht sinnvoll bearbeiten lässt, sondern dieser vor- oder nachgelagert ist. Die (Er-)Findung von Problemlösungen, etwa für bessere Lernmedien, wäre demnach eben ein Problem der Praxis; erst deren Evaluation ist ein Problem, das sich wissenschaftlich bearbeiten lässt. Die Bewertung von z. B. Bildungsinhalten und Maßnahmen wird schließlich der politischen Sphäre zugeordnet und damit ebenso als ein Gegenstand, der nicht mit wissenschaftlichen Methoden bearbeitbar ist, eingeschätzt. Hier wird jedoch die These vertreten, dass eine solche Verengung den gesellschaftlichen Auftrag an Erziehungswissenschaft nicht einzulösen vermag: Ein breiteres, multiperspektivisches Verständnis ist dazu notwendig.

Normativ-reflexive Bildungsforschung

Im Mittelpunkt eines normativ-reflexiven Zugangs steht die Auseinandersetzung mit Begriffen, Normen und Werten. Gefragt wird etwa: Was ist Bildung? Was macht Erziehung aus? Wie können Menschen „richtig" gebildet und erzogen werden? Welche Aufgaben haben Bildung und Erziehung für die individuelle und gesellschaftliche Entwicklung? Welche Anforderungen ergeben sich hieraus für Bildungseinrichtungen und Lehrpersonen?

In Bildungstheorien werden diese Kategorien begründet und systematisch fundiert. Antworten werden entwickelt durch die analytische Durchdringung der zugrunde liegenden Problematik, durch die Analyse von Datenmaterial und historischen Quellen sowie die Auseinandersetzung mit Bildungs- und Erziehungspraxen. Letztlich geht es darum, Phänomene und Zusammenhänge zu *verstehen*.

Das kann die eigene Teilhabe an Praxis erfordern und zugleich die Distanzierung durch Reflexion, Dokumentation und Argumentation. Die forschende Person kann sich selbst als „Messinstrument" einbringen. Sie bewegt sich in einem sozialen Feld, in einer bestimmten Kultur zu einem bestimmten Zeitpunkt und versucht, dieser Komplexität gerecht zu werden.

Dieser Zugang charakterisiert die *geisteswissenschaftliche Pädagogik*, die die erziehungswissenschaftliche Diskussion in der ersten Hälfte des 20. Jahrhunderts prägte. Heute bestehen Anknüpfungspunkte zu Ansätzen, die in den Sozialwissenschaften unter dem Begriff *interpretatives Paradigma* subsumiert werden. Die Diskussion über Konstruktivismus in der Didaktik hat den Blick auf die Bedeutung der sozial-kulturellen *Situierung* von Lernen gerichtet. Aktivitäts- und Tätigkeitstheorien, in der Tradition von Vygotsky, Leontjew und Galperin, und interaktionstheoretische Ansätze infolge von George H. Mead fanden spätestens in den 1990er-Jahren Aufnahme in den Mainstream der erziehungswissenschaftlichen Diskussion.

Gestaltungsorientierte Bildungsforschung

Ein *gestaltungsorientierter Zugang* der Bildungsforschung entwickelt Modelle für pädagogisches Handeln im Feld.[4] Es geht um Modelle und Vorgehensweisen, wie medi-

4 Im Englischen wird von „prescriptions" bzw. „prescriptive models of instructional design" gesprochen: Verschreibungen bzw. Anleitungen für pädagogisches Handeln.

ale Umwelten als Lernangebote konzipiert und entwickelt werden können, um individuelle, organisationale und gesellschaftliche Anforderungen einzulösen. Ziel ist die Entwicklung von Aussagen für solche Bildungsprobleme bzw. Bildungsanliegen auf den unterschiedlichen Ebenen. Hierzu werden Gestaltungsaussagen, Modelle oder Empfehlungen formuliert und im Feld exemplarisch erprobt und ausgewertet, um die dabei gemachten Erkenntnisse für andere Vorhaben zugänglich zu machen.

Ein solcher Forschungszugang stellt sich damit den Anliegen *des Feldes* und muss sich zugleich fragen lassen, was ihn von *(reflektierter) Praxis* unterscheidet. Es besteht die Gefahr einer zu geringen Distanz zwischen Forschenden und Forschungsgegenstand. Insofern ist zu überlegen, wie ein solcher Forschungszugang anzulegen ist, um gestaltungsorientierte Forschung „methodisch" anzugehen. Dabei ist die Differenz zwischen den Anliegen der Bildungswissenschaft und der Bildungspraxis zu verstehen. Folgt man der Systemtheorie nach NIKLAS LUHMANN, ist Wissenschaft (zunächst) immer selbstreferenziell: Wissenschaft kann (nur) Fragen der Wissenschaft lösen und liefert keine „Technologien" für die Umsetzung in anderen Subsystemen der Gesellschaft, etwa der Bildung. Ergebnisse der Bildungsforschung werden nicht einfach in der Bildungspraxis „angewendet". Insofern muss eine gestaltungsorientierte Methodologie sich damit auseinandersetzen, ob und wie Kriterien und Anforderungen der beiden - distinkten - Gemeinschaften der wissenschaftlich Forschenden und der Bildungspraxis zusammengebracht werden können.

Der Mainstream der Bildungsforschung neigt dazu, „den Nutzen zu vertagen", wie KAHLERT & REINMANN (2008) vermerken. Doch der bloße Wunsch nach Veränderung von Bildungspraxis ist nicht ausreichend und ersetzt nicht die Ausarbeitung der Methodologie einer (entwicklungs- oder) gestaltungsorientierten Forschung (Moser, 2017). Im Vergleich zu dem empirisch-analytischen Zugang und zu Ansätzen des *interpretativen Paradigmas* in den Sozialwissenschaften ist die gestaltungsorientierte Forschungsmethodologie bislang weniger gut ausgearbeitet. Entsprechende Überlegungen finden sich bei MCKENNEY & REEVES (2013), Tulodziecki & Herzig (2013), EULER & SLOANE (2014) und REINMANN & SESINK (2014).

Gestaltungsaussagen

Gestaltungsaussagen in der Bildungsforschung beziehen sich etwa auf die Frage, wie bei der Planung eines Lernangebots vorzugehen ist oder welche didaktisch-methodischen Varianten sich für welche Lerninhalte oder Zielgruppen am besten eignen. Ein grundlegender Unterschied zwischen einem empirisch-analytischen und gestaltungsorientierten Forschungsansatz besteht nun darin, welche Geltung die Aussagen ihrer Forschung beanspruchen und wie Aussagen geprüft werden. Erstere werden in einem möglichst kontrollierten, methodisch begründeten Setting untersucht, der *Erfolg* zeigt sich in der Akzeptanz der Ergebnisse durch die *Scientific Community*. Dabei wird insbesondere geprüft, ob das methodische Vorgehen stichhaltig ist und die Aussagen methodisch untersucht wurden. Das Ideal besteht im experimentellen Labordesign, bei dem durch systematische Manipulation von Variablen von den Besonderheiten des Einzelfalls und des sozialen Umfelds abstrahiert werden kann und Aussagen gefunden werden, die allgemeingültig sind.

Gestaltungsaussagen werden dagegen im Feld untersucht und in der Regel ohne den Anspruch auf eine rigorose Prüfung, die zu universellen Aussagen führen könnte. Es wird anerkannt, dass soziale Systeme und Handlungspraxen *überdeterminiert* sind, d. h. es lassen sich keine einfachen Ursache-Wirkungs-Modelle begründen, mit denen zuverlässig beschrieben werden kann, welche Maßnahmen zu welchen Ergebnissen führen – unabhängig von den Voraussetzungen und Rahmenbedingungen. Denn ein Vorgehen, das in der einen Situation erfolgreich ist, kann in einer anderen Situation scheitern. Ein Effekt, der in einem Kontext, an einem Ort und zu einem Zeitpunkt zuverlässig feststellbar ist, tritt unter anderen Bedingungen möglicherweise ein oder auch nicht. Damit relativiert sich die Möglichkeit, universell gültige Ergebnisse solcher Forschung zu erzielen:

> *„Interventionsforschung, die auch experimentellen Charakter aufweisen kann und deren Hauptziel weniger die Gewinnung von Erklärungswissen als von Handlungs- und Gestaltungswissen ist, hat den Vorteil, dass das in situ erzeugte Wissen meist praktischer, weil näher an der Beschreibung von in der Lehrerbildung aufzubauenden Kompetenzen ist, und damit auch die Transferwege zu seiner individuellen und kollektiven Nutzung kürzer werden." (Kurt Reusser, 2009, S. 15)*

Dabei sind wir wieder mit einem zentralen Problem der gestaltungsorientierten Forschung konfrontiert: Wenn das Kriterium zur Bewertung von Gestaltungsaussagen die Bewährung in der Praxis ist, welche Rolle spielt dann eine Prüfung der Aussage innerhalb des Wissenschaftssystems? Ist diese überhaupt möglich oder sinnvoll? Ist es dann noch Forschung? Die gestaltungsorientierte Forschungsmethodologie muss beschreiben, wie Gestaltungsaussagen erarbeitet werden können, die sich in den Communities der Bildungspraxis wie auch der Wissenschaft bewähren.

Forschungsdesigns für Gestaltungsaussagen

Gestaltungsaussagen können mit unterschiedlichen Forschungsdesigns entwickelt werden. Diese Forschung kann an bestehenden Praxen ansetzen und diese auswerten, oder sie kann neue Wege beschreiten und Gestaltungsaussagen für neue Praxen generieren. Unterschiedlich kann auch die Rolle der Forschenden im Forschungsprozess angelegt sein: Sie können das Handeln Anderer beobachten, wie in der empirisch-analytischen Bildungsforschung, bei der die Distanz von Forschungssubjekt und -objekt essenziell ist. In der gestaltungsorientierten Forschung sind die Forschenden jedoch oftmals selbst Akteure, wenn sie neue Wege erproben und die eigene Praxis reflektieren. Dies ist eine typische Vorgehensweise, etwa in der Informatik bei der Entwicklung von Prototypen oder bei der Erprobung neuer Behandlungstechniken in der Medizin.

Werden die beiden Dimensionen kombiniert, ergibt sich das Vier-Felder-Schema gestaltungsorientierter Bildungsforschung, in der sich unterschiedliche Forschungsdesigns verorten lassen. In der Abbildung 6 sind verschiedene gestaltungsorientierte Forschungsansätze eingetragen; ihre Positionierung in dem Schema kann – je nach Anlage des Vorhabens – im konkreten Fall unterschiedlich ausfallen.

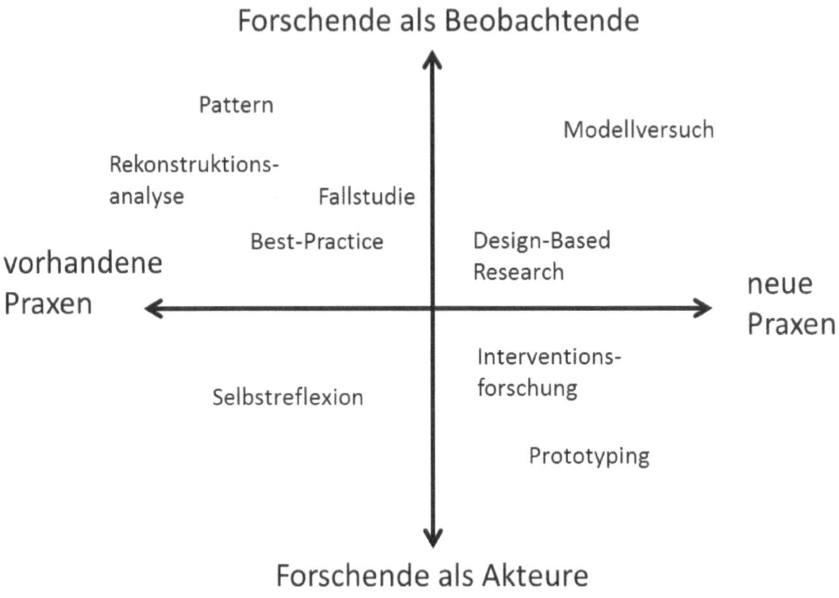

Abbildung 6: Vier-Felder-Schema der Gestaltungsforschung

Bei der Auswertung **vorhandener Praxen** geht es darum, erfolgreiche Vorgehensweisen in der Praxis zu identifizieren und im Rahmen von Evaluationsforschung in ihren Effekten zu bewerten. Es können einzelne Fälle dokumentiert und ausgewertet sowie mit anderen verglichen werden.

Der *Pattern-Ansatz* identifiziert mögliche Vorgehensweisen auf einer elementaren Ebene. Erfahrungen der Praxis werden ausgewertet und für die weitere Diskussion und Nutzung in anderen Kontexten verfügbar gemacht. Mit dem Pattern-Ansatz, im Rahmen von Städteplanung und Architektur entwickelt und im Software-Engineering fruchtbar gemacht, wird versucht, Erfahrungen aus der Praxis einer systematischen Auswertung zugänglich zu machen.

Der **Gestaltung neuer Praxen** zuzuordnen sind zum Beispiel Ansätze der *Interventionsforschung,* das *Design-Based Research* sowie die *Prototypengenerierung.* Die *Interventionsforschung* bezieht sich meist auf die Analyse der Wirkung von Interventionsmaßnahmen im pädagogischen Feld. Der Unterschied im Vergleich zur traditionellen Evaluationsforschung liegt darin, dass Eingangsbedingungen variiert und systematisch kontrolliert werden. Es geht um die systematische Variation von Variablen bei der Erforschung des pädagogischen Handelns sowie um eine Prüfung von theoretischen Konzeptionen, beispielsweise in der Lehr-Lern-Forschung, aber auch zum Medienhandeln.

Design-Based Research zielt darauf ab, Gestaltungsaussagen für die pädagogische Praxis zu entwickeln. Geboren aus der Erkenntnis der Grenzen traditioneller empirischer Forschungsdesigns, setzt dieser Ansatz auf einen iterativen Prozess der Optimierung der pädagogischen Lernumwelt. Zum Beispiel kann das Lesenlernen in der Grundschule erforscht werden. In mehreren folgenden Jahrgängen wird die Methode variiert und untersucht, ob sich das Ergebnis verbessert. Hier wird ein quasi-experimentelles Vorgehen über die Zeitachse erzeugt, und Effekte einer Intervention durch Veränderungen des Settings über mehrere Durchgänge hinweg untersucht.

Der Ansatz hat in der empirischen Lehr-Lern-Forschung viel Aufmerksamkeit gefunden, er verbleibt allerdings relativ nahe an dem traditionellen empirischen Ansatz. Im Mittelpunkt steht die Überlegung, durch Iterationen und (leichte) Abwandlung der Intervention (des *Treatments*) Effekte zu bestimmen. Untersucht wird, ob mit einer Iteration eine Verbesserung des Lernergebnisses erzielt werden kann. Dies ist für viele Forschungsvorhaben und in vielen Kontexten schon aus zeitlichen Überlegungen kaum machbar.

Zusammengefasst lässt sich festhalten: Gestaltungsorientierte Bildungsforschung kann auf eine zunehmende Zahl methodischer Designs zurückgreifen, die sich unterschiedlich verorten lassen. Allen Ansätzen geht es darum, das pädagogische Feld einzubeziehen, es geht um Handlungsorientierung auch in der Forschung und um die Generierung sowie Überprüfung von Gestaltungsaussagen. Die Designs greifen zumeist auf das Instrumentenrepertoire der empirischen Sozialforschung (Fragebögen, Beobachtungen, Interviews, Dokumentenanalysen usw.) zurück.

Das Verhältnis der Forschungszugänge

Wie stehen die forschungsmethodischen Zugänge der Bildungsforschung nun zueinander? Es wurde aufgezeigt, dass alle Forschungszugänge ihre Berechtigung haben. Der eine Zugang kann den anderen nicht als „falschen" Zugang abwerten. Das Eigentliche von Bildungswissenschaft kann gerade im Zusammenwirken der verschiedenen Zugänge gesehen werden.

Doch handelt es sich bei der gestaltungsorientierten Bildungsforschung nicht einfach um eine *Anwendung* von Erkenntnissen der anderen – in diesem Sinne – *grundlegenden* Forschungszugänge? Bereits Hilgard & Bower (1966) betonten, dass die schlichte Idee der *Anwendung* von Erkenntnissen der empirischen Lernforschung für „präskriptive" Modelle grundsätzlich falsch sei.

Der Übergang von Erkenntnissen der einzelnen Forschungszugänge ist nicht trivial. So lassen sich aus Erkenntnissen der empirischen Lernforschung über erfolgreiche Lernarrangements mitnichten Vorgehensweisen für die Herstellung solcher Lernarrangements ableiten. Dies hängt damit zusammen, dass die empirische Lernforschung einzelne Elemente des Lehr-Lern-Geschehens isolieren muss, um zu zuverlässigen Aussagen zu gelangen. Ein präskriptiver Ansatz muss dagegen immer die Komplexität des didaktischen Feldes im Auge behalten, da nur so ein bestimmtes Arrangement zuverlässig entwickelt werden kann.

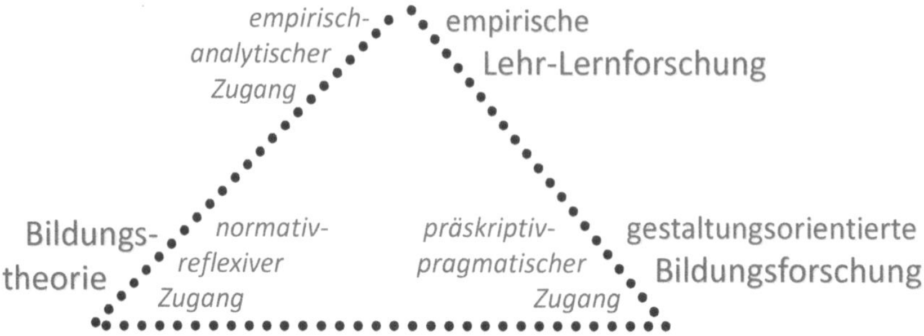

Abbildung 7: Forschungszugänge der Bildungswissenschaft (nach KLAUER)

Dies ist nicht als Kritik an der empirischen Lehr-Lern-Forschung zu interpretieren – die analytische Betrachtung von Lehren und Lernen macht das Wesen dieses Ansatzes aus und liefert fundamentale Erkenntnisse für Gestaltungsaussagen. Es ist allerdings der qualitative Unterschied zwischen empirisch-analytischem und präskriptivem Ansatz zu erkennen: Auch tausende Einzelbefunde empirischer Lernforschung zu Bedingungen von Lernerfolg erzeugen keine *präskriptiven* Aussagen, wie diese Lernarrangements erfolgreich konzipiert, entwickelt und eingeführt werden können.

DONALD STOKES (1997) regte mit dem Buch *Pasteur's Quadrant* an, das Verhältnis von Forschung und Praxis anders zu denken. Üblicherweise bestehe die Vorstellung, dass sich aus *freier* Grundlagenforschung Erkenntnisse ergeben, die dann über *angewandte* Forschung in die Praxis transferiert werden. Forschung ist heute vielfach nach diesem Modell angelegt; Innovationen lassen sich – nach STOKES – in dieser Weise jedoch nicht hinreichend einlösen. Die unterschiedlichen Arten von Forschung können vielmehr auf zwei orthogonalen Achsen abgebildet werden, zum einen *Erkenntnis* und zum anderen *Nutzen*. Die Achsen bilden ein Vier-Felder-Schema, in denen sich Grundlagen- und angewandte Forschung verorten lassen. Zusätzlich kommt ein Feld hinzu, das als *use inspired basic research* bezeichnet wird, das gleichermaßen Nutzen erzielt und grundlegende Erkenntnisse entwickelt. Grundlagen- und anwendungsorientierte Forschung schließen sich demnach nicht aus, sondern können in Forschungsvorhaben gleichermaßen verfolgt werden. *Use-inspired basic research* würde dann eine hohe Ausprägung in beiden Dimensionen aufweisen, wenn Erkenntnis- und Nutzenziele synergetisch zusammenfließen. STOKES hatte aufzeigt, dass eine an Nutzen interessierte Forschung anders anzulegen ist. Sie ergibt sich folglich nicht einfach aus der Anwendung von Erkenntnissen der Lehr-Lern-Forschung. Zugleich besteht die Frage, ob eine rein nutzen*inspirierte* Grundlagenforschung die Forderungen hinreichend einlöst.

In der psychologischen Forschung wurde der Begriff des *Design Experiment* – insbesondere durch Ann Brown (1992) und Allen Collins (2004) – als Ansatz eingeführt, der Lernphänomene in realen Situationen untersucht (statt im Labor) und dabei über Messverfahren und -kriterien der traditionell empirischen Forschung hinausgeht. Hintergrund war die Erfahrung, dass sich die drängenden Fragen der Bildungspraxis mit dem traditionellen Forschungsansatz der pädagogischen Psychologie immer weniger bearbeiten und beantworten lassen. *Design-Based Research*, in den USA von der Lernpsychologie als eine Alternative zur traditionellen Lernforschung formuliert, hat die Diskussion maßgeblich weitergetrieben. Das *design-based research collective*, eine Gruppe von Wissenschaftler/innen, die in Entwicklungsvorhaben involviert sind, veröffentlichte den Artikel „Design-based research: An emerging paradigm for educational inquiry" (2003). Das Modell des *Design-Experiments* bleibt dabei nahe an traditionellen Erhebungsmethoden und Auswertungsverfahren der empirischen Psychologie (vgl. F. Fischer, Waibel, & Wecker, 2005).

Der Übergang von Grundlagenexperimenten zu anwendungsfähigen Aussagen zur Gestaltung von Lernangeboten lässt sich mit dieser Position nicht einlösen, wie in wissenschaftstheoretischen Analysen mehrfach herausgearbeitet wurde. Das Design-Experiment ist dagegen ein methodischer Ansatz, um Lernphänomene in realen Situationen zu untersuchen, und dabei über Messverfahren und -kriterien der traditionell empirischen Forschung hinauszugehen.

Gabi Reinmann (2005) führt aus, dass *Gestaltung* in der traditionellen Lernforschung allenfalls als Zwischenschritt akzeptiert wurde, um Theorien zu überprüfen: Design diente lediglich dazu, eine Theorie zu implementieren, um diese dann evaluieren und damit Forschung zugänglich machen zu können. Die Entwicklung eines *Designs* wäre – einem traditionellen Verständnis folgend – Forschung *vorgeschaltet* und würde dann keine eigenständige *wissenschaftliche* Erkenntnis beinhalten (s.a. Preussler, Schiefner-Rohs, & Kerres, 2014; Tulodziecki u. a., 2013).

Doch die wissenschaftliche Beschäftigung mit Phänomenen des Lernens bedarf einer mehrschichtigen Betrachtung, die anerkennt, dass es gleichrangige, aber unterschiedliche forschungsmethodische Zugänge zum gleichen Phänomen gibt. Eine *erziehungswissenschaftliche* Sicht konstituiert sich letztlich aus der Zusammenführung verschiedener Forschungsstränge und -zugänge.

2.4.2 Gestaltungsorientierte Mediendidaktik

Die *gestaltungsorientierte* Mediendidaktik beschäftigt sich mit der Frage, wie Potenziale von digitalen Medien für das Lernen und Lehren eingelöst werden können. Es wird davon ausgegangen, dass die Einführung neuer Medien nicht als solches zu Verbesserungen oder gar Revolutionen in der Bildung führt. Von einer unmittelbaren Wirkung neuer Medien auf das Lernen und eine Steigerung des Lernerfolges kann nicht ausgegangen werden. Die Medien eröffnen vielmehr Potenziale für bestimmte Innovationen in der Bildung, die einer dezidierten Planung und begründeten Konzeption bedürfen.

Ein Lernprogramm, das in der Praxis nicht genutzt wird, das von Lernenden nicht akzeptiert wird, das nicht hinreichend Einsatz findet, kann überragende technische Leistungsmerkmale aufweisen, doch der didaktische Nutzen bleibt minimal. Die vielfach aufgezeigten *Potenziale* der digitalen Medien stellen sich in der Anwendung keineswegs *von selbst* ein. Sie bleiben oft Versprechungen ohne Bedeutung für das Lehren und Lernen in der Praxis. Angesichts mancher Misserfolge von E-Learning-Projekten besteht die eigentliche Leistung darin, bestimmte Potenziale der Medien auch tatsächlich im Feld einzulösen, Rahmenbedingungen zu schaffen, die ihre nachhaltige Nutzung sicherstellen und die Vorteile für Lehrende und Lernende erfahrbar machen. Die Rede von den Potenzialen der Medien bleibt fraglich, solange technisch interessante Lösungen entwickelt werden, die ohne Relevanz für das Lernen bleiben. Es ist deswegen zu erforschen, wie sich diese Potenziale freisetzen lassen.

Dies ist der Ausgangspunkt der *gestaltungsorientierten Mediendidaktik:* Nicht die Technik verändert Bildung, sondern Menschen können Bildung nutzen, um Bildung zu verändern. Pädagogische Wirkungen gehen nicht von den Medien selbst aus, sondern von dem didaktischen Konzept, das einem Medium zugrunde gelegt wird. *Gestaltungsorientierte Mediendidaktik* zeigt ein Rahmenmodell auf, das als Planungsgerüst entwickelt wurde, um didaktische Konzepte zu entwickeln, mit denen sich die Chancen der digitalen Medien für ein *anderes Lernen* nutzen lassen.

Manche Vorhaben können die in sie gesetzten Erwartungen nicht erfüllen. Sie scheitern regelmäßig nicht an technischen Komplikationen, sondern daran, dass gegebene Anforderungen des Feldes nicht hinreichend berücksichtigt worden sind. Die Konzeption digitaler Lernangebote bedarf in vielen Fällen einer präziseren Planung als die Konzeption personalen Unterrichts. Während der Durchführung lassen sich Fehler in der Planung bei digitalen Lernangeboten schwieriger ausgleichen.

Wie lässt sich nun sicherstellen, dass die digitale Technik bestimmte Potenziale entfaltet? Die gestaltungsorientierte Mediendidaktik hat dazu folgende Antwort:

- Ein Vorhaben muss immer ein Bildungsproblem oder, allgemeiner ausgedrückt,ein Bildungsanliegen ansprechen. Das Ziel, ein digitales Medium herzustellen, ein internetbasiertes Lernangebot zu entwickeln und Materialien für Lernende bereitzustellen, ist nicht hinreichend; es stellt den didaktischen Nutzen des Vorhabens möglicherweise infrage. Der Erfolg eines Vorhabens hängt nicht davon ab, ob ein bestimmtes technisches Problem gelöst wird, sondern ob mit dieser Lösung ein bestimmtes Bildungsanliegen adressiert werden kann.
- Es geht nicht darum, die eine, „beste" didaktische Methode zu finden und anzuwenden. Die Lösung eines Bildungsanliegens macht es vielmehr erforderlich, den Prozess der Konzeption und Entwicklung als Gestaltungsaufgabe zu erkennen. Die

Herausforderung besteht also darin, die Anforderungen in diesem Prozess zu verstehen und die Konzeption und Entwicklung von Bildungsmedien als vielschichtiges Entscheidungsproblem anzugehen.
- Ein Vorhaben ist an Parametern des didaktischen Feldes auszurichten. Es sind dazu die bekannten didaktischen Eckwerte zu spezifizieren, wie Zielgruppe, Bildungsbedarf und -bedürfnisse, Lehrinhalte und -ziele sowie Lernsituation und -organisation. Hieraus lässt sich ein didaktisches Konzept ableiten und begründen.
- Die Medienkonzeption muss den Mehrwert des mediengestützten Lernangebots gegenüber anderen (ggf. bereits etablierten) Lösungen aufzeigen, auch im Hinblick auf den Mehraufwand, der mit mediengestützten Lösungen einhergehen kann. Letztlich ist die Effizienz der vorgeschlagenen Lösung aufzuzeigen, d. h. das Verhältnis von Kosten und Nutzen verschiedener Varianten ist gegeneinander abzuwägen.

Die *gestaltungsorientierte Mediendidaktik* orientiert sich an Überlegungen des Pragmatismus und stellt eine grundsätzliche Präferenz für ein didaktisch-methodisches Arrangement, wie z. B. einen fallbasierten oder problembasierten Ansatz, infrage. Sie versucht vielmehr, die Lösung für eine konkrete Anforderungssituation mit bestimmten Lehrinhalten und -zielen, Zielgruppen, Rahmenbedingungen usw. zu finden. Diese Lösung kann problemorientierte Elemente, aber auch instruktionale Elemente beinhalten. Jede Lernsituation erfordert eine spezielle Lösung. Nur weil eine bestimmte didaktische Methode momentan in der wissenschaftlichen Diskussion besonders thematisiert wird, ist diese nicht automatisch vorteilhaft für jede Anforderung der Praxis.

Gestaltungsorientierte Mediendidaktik

- beschäftigt sich mit der Konzeption von mediengestützten Lernangeboten,
- fragt, wie Medien zur Lösung von Bildungsproblemen bzw. Bildungsanliegen beitragen können,
- geht davon aus, dass digitale Medien das Potenzial für ein „anderes" Lernen haben und
- verfolgt einen präskriptiven Zugang der Bildungsforschung.

Die *gestaltungsorientierte Mediendidaktik* betrachtet die Konzeption und Entwicklung von Lernangeboten. Sie macht diesen Prozess zum Gegenstand der Forschung, da diese Prozesse die Qualität von Lernangeboten wesentlich beeinflussen. Die Kontroverse über den einen „richtigen" Ansatz für das Lehren und Lernen und die beste didaktische Methode erscheint wenig zielführend, sondern eher durch Moden beeinflusst. Die Komplexität und damit auch die Unwägbarkeiten des pädagogischen Feldes müssen anerkannt werden. Es gilt, einen allgemeinen Weg zu beschreiben, wie

Lösungen für ein bestimmtes Bildungsproblem gefunden werden. Dazu werden die folgenden Aspekte genauer analysiert:

- Begründung und Funktion des Medieneinsatzes im Bildungskontext: Begründungsmuster für den Einsatz von Bildungsmedien, Abschätzung von Kosten und Nutzen, Prüfung der Machbarkeit
- Analyse der Akteure und der Lernsituation: Konstellation der Akteure und Merkmale der Zielgruppe
- Spezifikation der Lehrinhalte sowie der Projekt- und Lehrziele des Lernangebots: Lehr- und Lernziele, Projekt- und Unternehmensziele
- Auswahl der didaktischen Methode: Expositorisch und explorativ strukturierte Methoden sowie problembasierte und kooperative Methoden
- Planung der Lernorganisation: Zeitlich-räumliche sowie soziale Organisation des Lernens

Übungsfragen

In diesem Kapitel geht es um zentrale Begriffe der Mediendidaktik. Ziel ist es, dass Sie diese Begriffe mit eigenen Worten erläutern und einordnen können. Sie sollten Unterschiede benennen und die Kontroversen, die mit den einzelnen Positionen verbunden sind, erläutern können.

1. Erläutern Sie das Verhältnis von Mediendidaktik, Medienerziehung und Medienpädagogik!

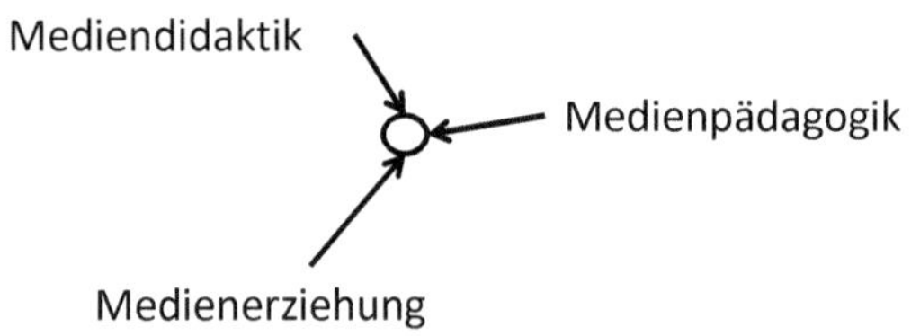

2. Definieren Sie Merkmale von Medienkompetenz und erklären Sie den Beitrag einer handlungs- und gestaltungsorientierten Perspektive für Medienkompetenz bzw. -bildung.

3. Erläutern Sie die drei forschungsmethodischen Zugänge der Bildungsforschung und ordnen Sie diese den Forschungsgebieten zu.

normativ-reflexiver Zugang

gestaltungsorientierte Bildungsforschung

Bildungstheorie

empirisch-analytischer Zugang

präskriptiv-pragmatischer Zugang

empirische Lehr-Lernforschung

3 Gründe für das Lernen mit Medien

> Books will soon be obsolete in the schools … It is possible to teach every branch of human knowledge with the motion picture. Our school system will be completely changed in ten years.
>
> Thomas Edison (1913)[5]

In diesem Kapitel wird es um Gründe für das Lernen mit digitalen Medien gehen: Was spricht für den Einsatz von Medien für das Lehren und Lernen in den verschiedenen Bildungssektoren? Wird das Lernen mit Medien bunter, besser und billiger? Welche Argumente für den Einsatz sind überzeugend, welche sind fraglich und welche sind als sachlich falsch einzuordnen?

Einstieg

Sie lesen in der Werbung eines E-Learning-Anbieters:

Mit E-Learning verfügen Sie über den Schlüssel, um Ihre Bildungsarbeit besser und billiger zu machen. 80 % der 100 größten Unternehmen setzen heute bereits auf E-Learning. Kein Wunder! Denn E-Learning kann nachweislich bis zu 50 % der Kosten im Bildungsbereich senken. In vielen Studien wurde bewiesen, dass E-Learning mit höherer Lernleistung einhergeht. Und das bei gleichzeitig höherer Motivation und Begeisterung Ihrer Mitarbeiter. Wir helfen Ihnen beim Einstieg …

Erscheint Ihnen die Aussage plausibel? Wohlwollend ließe sich sagen: Die in dem Werbetext gemachten Aussagen sind nicht vollständig falsch! Aber sind sie wirklich zutreffend?

Übersicht

Im folgenden Kapitel wird der Stand der Forschung zu *quantitativen* und *qualitativen* Effekten des Lernens mit Medien dargestellt. Darüber hinaus sind die Kosten von Be-

[5] nach Saettler (1990, S. 98)

https://doi.org/10.1515/9783110456837-099

deutung, die mit dem Medieneinsatz verbunden sind. Sie fließen ein in die Betrachtung des Verhältnisses von Kosten und Nutzen des Medieneinsatzes: die *Effizienz*.

In der Praxis finden sich unterschiedliche Erwartungen und Muster für die Begründung des Medieneinsatzes. Hier sollen illusionäre Erwartungen erkannt und realistische Effekte des Lernens mit Medien aufgezeigt werden. Letztlich geht es um die Frage, welche *Bildungsprobleme* oder *Bildungsanliegen* durch den Einsatz von Medien grundsätzlich gelöst werden können.

Lernziele

- Sie können das Verfahren der Metaanalyse beschreiben, mit denen Einzelstudien zum Effekt des Medieneinsatzes aggregiert werden.
- Sie kennen zentrale Ergebnisse der Metaanalysen zum Effekt des Computer- bzw. Medieneinsatzes (auch im Fernstudium).
- Sie können quantitative und qualitative Effekte des Medieneinsatzes zu Lernzwecken nennen und ihren Unterschied aus Sicht der Mediendidaktik erläutern.
- Sie können den Unterschied zwischen Effektivität und Effizienz des Lernens mit Medien erklären.
- Sie können erläutern, wovon die Effizienz des mediengestützten Lernens abhängt und wie diese durch Medien gefördert werden kann.
- Sie können erklären, warum das Lernen mit Medien „anders" ist als konventioneller Unterricht.
- Sie können den Beitrag von Medien zur Lösung von Bildungsproblemen bzw. -anliegen erläutern.
- Sie kennen Begründungsmuster, die für den Einsatz digitaler Medien genannt werden.

3.1 Quantitative Effekte

> Fragt man nach einer Begründung für den Einsatz von Medien im Unterricht, so lassen sich alle möglichen Antworten in dem einen Satz zusammenfassen, dass Medien das Lehren des Lehrers und das Lernen des Schülers effektiver machen müssen.
>
> Jakob Muth (1976, S. 35)

Als Ergebnis des Lernens mit Medien wird erwartet, dass ein näher zu spezifizierender *Lernerfolg* eintritt. Es stellt sich damit die Frage, ob bzw. wie das Lernen mit Medien den Lernerfolg beeinflusst. Für die Entscheidungsfindung in der Praxis ist darüber hinaus die (in der Forschung deutlich weniger thematisierte) Frage der *Effizienz* des mediengestützten Lernens zu stellen. Hierbei werden die Effekte des mediengestützten Lernens in Beziehung zum Aufwand bei der Vorbereitung, Durchführung und so weiter von Lernangeboten gesetzt.

Methodik der Vergleichsstudien

Die Effekte digitaler Lernangebote sind in vielen Untersuchungen analysiert worden. Sie sind dabei zumeist folgendermaßen angelegt:

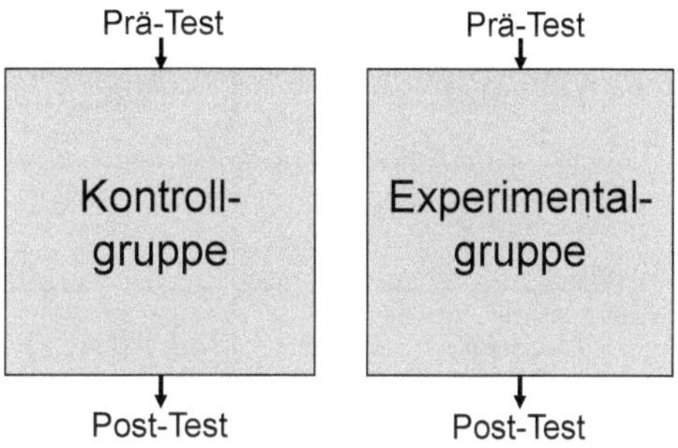

- Die Lernenden werden in Gruppen aufgeteilt. Eine Kontrollgruppe erhält konventionellen Unterricht; der Experimentalgruppe wird ein digitales Lernangebot präsentiert. Die Aufteilung auf die (mindestens) zwei Gruppen sollte möglichst per Zufall erfolgen.
- Gegenstand der Untersuchung ist zumeist, wie gut der Lerninhalt nach der Darstellung bzw. dem Durcharbeiten wiedergegeben werden kann (*Behaltensleistung*).
- Von Interesse ist dabei auch, ob es gelingt, das Gelernte auf Anforderungssituationen – jenseits des Lernkontextes – anwenden zu können (*Lerntransfer*).

An ein experimentelles Forschungsdesign werden relativ strikte Kriterien angelegt, die sich in Feldstudien nicht immer durchhalten lassen, z. B.:

- zufällige Zuordnung der Personen zu einer Kontroll- oder Experimentalgruppe, um den Effekt auf das experimentelle *Treatment* zurückführen zu können,
- eine hinreichend große Stichprobe, damit die Unterschiede zwischen den Gruppen hinreichend deutlich werden und auf Signifikanz geprüft werden können,
- Vorher- und Nachher-Messung (Prä- und Posttest), um den Lernzuwachs zu prüfen und um sicherzustellen, dass die Vorkenntnisse in beiden Gruppen gleich sind,
- Testinstrumente sollten zuvor oder in anderen Studien auf zentrale testtheoretische Gütekriterien geprüft worden sein:
  a) Sie müssen *objektiv* sein, d. h. in diesem Zusammenhang: Unterschiedliche Personen kommen bei der Durchführung und Auswertung des Tests zu dem gleichen Ergebnis.
  b) Sie müssen *reliabel* sein, d. h. bei mehrfacher Messung liefern sie das gleiche Ergebnis.
  c) Sie müssen *valide* sein, d. h. sie messen tatsächlich, was sie zu messen behaupten.

Beispiel. Eine Studie untersucht die Effekte eines neuartigen digitalen Lernangebots auf das Lernen im Vergleich zu einem konventionellen Unterricht. Teilgenommen haben 50 Personen, die per Zufall auf die Kontroll- oder Experimentalgruppe aufgeteilt wurden.

Für die zwei Gruppen zeigen sich in einem Wissenstest die Ergebnisse in Tabelle 7, der *vor* sowie – in einer parallelen Form – *nach* der Instruktion durchgeführt wurde. Ein hoher Wert zeigt an, dass die Gruppe mehr Fragen richtig beantworten konnte.

Tabelle 7: Beispielergebnis eines Gruppenvergleichs

Testergebnisse (Mittelwerte)	Gruppe A Kontrollgruppe	Gruppe B Experimentalgruppe
vorher	33,2 (N=25)	35,3 (N=25)
nachher	40,1 (N=22)	43,8 (N=15)

Die Experimentalgruppe schneidet dabei besser ab als die Kontrollgruppe: Der Mittelwert der Testergebnisse in der Gruppe B ist höher als der Mittelwert in Gruppe A. Die Personen in Gruppe B weisen – trotz zufälliger Aufteilung der Gruppen – einen etwas höheren Wert im Prä-Test auf.

Welche Schlussfolgerungen lassen sich nun hieraus ziehen? Wäre es erlaubt, zu sagen, der Einsatz des mediengestützten Verfahrens ist in dieser Studie besser als der konventionelle Unterricht? Entscheidend ist die Auswertung mithilfe eines statistischen Verfahrens, das prüft, ob die Unterschiede zufällig sind oder als statistisch signifikant („über-zufällig“) gelten können.

In beiden Gruppen konnten nicht alle Personen zum zweiten Messzeitpunkt, nach der Instruktion, untersucht werden. In der Experimentalgruppe ist der Anteil der Personen, die das Lernangebot abbrechen, deutlich höher. Es ist allerdings unbekannt, warum diese Personen zum zweiten Messzeitpunkt nicht mehr zur Verfügung standen. Es stellt sich die Frage, ob diese Personen möglicherweise das Lernprogramm frühzeitig abgebrochen haben, weil sie damit nicht zurechtkamen, weil sie mit dem Angebot unzufrieden waren und Ähnliches? Bei Interpretation der Mittelwerte der Gruppen wäre dieser Aspekt zu berücksichtigen.

Die Frage nach den Vorteilen des Lernens mit Medien gegenüber anderen, traditionellen Verfahren ist sicherlich die am häufigsten untersuchte Frage der mediendidaktischen Forschung. Im Folgenden werden die zentralen Ergebnisse zusammengefasst.

Dennoch ist gerade diese Art von Vergleichsstudien umstritten. Zur Anlage der schlichten Vergleichsstudien – sei es auf Lernmedien oder -methoden bezogen – kann mit ROLF DUBS (2001, S. 246) festgestellt werden:

> *„Auf empirische Untersuchungen, in denen neue Unterrichtsverfahren mit herkömmlichem (Frontal- oder fragend-entwickelndem) Unterricht verglichen werden, kann verzichtet werden, weil die Ergebnisse beim heutigen Erkenntnisstand eigentlich im Voraus bekannt sind."*

Trotz dieser Erkenntnis folgt ein Großteil der empirischen Lehr-Lern-Forschung diesem Forschungsansatz weiterhin. Und wir werden auch in Zukunft feststellen dürfen, dass genau dieser Forschungsansatz hunderte Einzelstudien mit ähnlichen Ergebnissen hervorgebracht hat. Dabei braucht man nur das Modell von PAUL HEIMANN heranzuziehen (vgl. Kapitel 7.2) um zu verstehen, dass solche einfachen Vergleiche grundsätzlich infrage zu stellen sind.

Metaanalysen

Seit den 1980er-Jahren sind viele einzelne Studien zu Lerneffekten des digitalen Lernens publiziert worden, die kaum noch überschaubar und schwer interpretierbar sind: In manchen Projekten zeigt sich, dass der Computereinsatz gegenüber traditionellen Verfahren vorteilhaft ist, in anderen zeigt sich dieser Unterschied nicht. Über den Effekt des Medieneinsatzes lässt sich angesichts der Vielfalt der Studien und ihrer Ergebnisse schwerlich mit Verweis auf *einzelne* Studien argumentieren. Deswegen werden die Einzelstudien in Metaanalysen zusammengeführt.

Tabelle 8: Effektstärken

Effektstärke (d)	Bewertung
0.0 – 0.1	trivial
0.1 – 0.3	klein
0.3 – 0.5	moderat
0.5 – 0.8	mittel
ab 0.8	groß

Metaanalysen sind ein *Hilfsmittel*, um Ergebnisse von Einzelstudien systematisch zu aggregieren. Gleichwohl muss man ihre Grenzen in der Bildungsforschung kennen. In medizinischen Studien werden z. B. Einzelstudien zur Wirkung eines Präparates ausgewertet. In solchen Studien kann etwa die Gabe von Aspirin mit einer Kontrollgruppe ohne Behandlung (Placebo-Gruppe) verglichen werden. Es ist hier eindeutig, was das *Treatment* von der Kontrollgruppe unterscheidet.

Doch *computergestützter Unterricht*, *Fernunterricht* und erst recht die Kontrollgruppe *Präsenzunterricht* sind dagegen nahezu beliebig variantenreiche Settings. Aus diesem Grund erscheinen solche Vergleichsstudien aus wissenschaftlicher Sicht problematisch und inhaltlich eher wenig ergiebig, auch wenn sie gerade vonseiten der Bildungspraxis und -politik regelmäßig eingefordert werden.

In eine Metaanalyse gehen die *Effektstärken* der jeweiligen Untersuchungen ein. Ein Signifikanztest prüft, ob die Unterschiede zwischen den Gruppen zufällig sind. Die Effektstärke sagt dagegen, ob die Unterschiede als groß einzuschätzen sind. Sie ist damit für die Bewertung der praktischen Relevanz eines Studienergebnisses von besonderer Bedeutung. Anders als der *Signifikanztest* ist die *Effektstärke* im Übrigen unabhängig von der Stichprobengröße. Mit der Effektstärke liegt damit ein Maß vor, mit dem sich verschiedene Studien vergleichen und zusammenführen lassen.

Grundlage für die Berechnung der Effektstärke sind die *Mittelwerte*, die die Experimentalgruppe und die Kontrollgruppe als Lernergebnis erzielt haben. Gebildet wird die Differenz beider Mittelwerte, die durch die Standardabweichung der Population geteilt wird (vgl. Fricke & Treinies, 1985):

$$Effektstärke = \frac{Mittelwert\ (Gr.A) - Mittelwert(Gr.B)}{Standardabweichung}$$

Werte für die Effektstärke ***d*** können zwischen 0,0 und auch *über* 1,0 liegen. Wann ist eine Effektstärke nun als klein oder groß zu werten? Hierzu gibt es kein Prüfverfahren, sondern es haben sich Konventionen etabliert, wie sie in der Tabelle aufgeführt sind. Die Effekte einer Studie können damit auf der Grundlage der Effektstärke normiert und vergleichbar gemacht werden.

In den folgenden Abschnitten werden Ergebnisse aus Vergleichsstudien zu verschiedenen Variablen vorgestellt, u. a. zu Lernerfolg, Lerndauer, Motivation und Akzeptanz beim computergestützten Lernen.

Lernerfolg

Bekannt geworden sind die Metaanalysen des Ehepaars Kulik. In verschiedenen Analysen werteten sie mehrere hundert Einzelstudien aus, um zu prüfen, ob der Einsatz von Computern für Lernzwecke einen höheren Lernerfolg mit sich bringt als konventioneller Unterricht. In der Zusammenfassung der ausgewerteten Studien fand sich eine Effektstärke von ***d*=0,35** zugunsten des computergestützten Lernens. Es zeigen sich damit bessere Lernergebnisse, wenn mit dem Computer gelernt wird; der Vorteil ist allerdings als eher gering einzuschätzen (1986; 1991; 1994).

In einer Metaanalyse (C. C. Kulik u. a., 1986) wurden die Untersuchungen nach Schulstufe und Art der Nutzung des Computers differenziert. Unterschieden wurde zwischen

- Computer als Ersatz für personalen Unterricht (z. B. Lernprogramme für bestimmte Fächer),
- Computer zur Unterstützung und zum Management von Bildungsarbeit (z. B. Informationen über Änderungen des Stundenplans, Anmeldung zu Veranstaltungen, Prüfungsverwaltung usw.) und

- Computer zur Unterstützung personalen Unterrichts (z. B. Materialien und Werkzeuge können begleitend zum Unterricht über eine Lernplattform abgerufen werden).

Tabelle 9: Metaanalysen zum Computereinsatz zu Lehr-Lern-Zwecken (Effektstärken)

	Primarstufe	Sekundarstufe	Hochschule	Weiterbildung
Ersatz für personalen Unterricht	0.47	0.36	0.26	0.29
Management von Unterricht	0.07	0.40	0.35	0.72
Ergänzung zu personalem Unterricht (Blended Learning)	-	0.07	0.23	**1.13**

Der Einsatz des Computers als Ersatz für Unterricht erzielte demnach vor allem in der Primarstufe Vorteile (s. Tabelle 9). Bei Erwachsenen (in der Weiterbildung) zeigte sich dagegen bei einem *kombinierten* Einsatz des computergestützten Lernens mit konventionellem Unterricht ein deutlicher Vorteil. Hier kann von einer hohen Effektstärke gesprochen werden. Der Effekt der Computernutzung ist folglich stark von Faktoren des didaktischen Feldes abhängig. Als relevant erweisen sich insbesondere der Bildungssektor bzw. das Alter der Lernenden und die Art des Einsatzes des Computers (ähnlich: Niemiec, Sikorski, & Walberg, 1989).

Metanalysen 2. Ordnung

Mittlerweile liegen mehr als 60 Metaanalysen zu Effekten des computergestützten Lernens vor. Bernard et al. (2014) stellten fest, dass der größte Teil dieser Metaanalysen methodische Mängel aufweist und nicht Standards entspricht, wie sie etwa Cooper (2016) beschreibt. Tanim et al. (2011) führten eine *Metaanalyse 2. Ordnung* durch, um die vorliegenden Analysen auf einer übergeordneten Ebene zusammenzuführen. Sie reduzierten die Auswertung auf 25 methodisch akzeptable Metaanalysen, in die 1.055 primäre Untersu-

Tabelle 10: Metaanalysen zum Computereinsatz (d)

Einsatzart	Effektstärke
Direct Instruction Computer als Ersatz von Unterricht	0.31
Computer supported instruction Computer als Unterstützung von Unterricht	0.42
Level	
K–12	0.40
post-sekundär	0.29

chungen mit insgesamt 109.700 Lernenden eingingen.

Computergestützte Lernformen erweisen sich demnach in formalen Lernkontexten, auch in der *Metaanalyse der Metaanalysen*, gegenüber traditionellen Unterrichtsformaten als vorteilhaft im Hinblick auf den erzielten Lernerfolg. Dabei haben die Art des Lerninhaltes (Wissensdomäne), der Publikationstyp und das Forschungsdesign *keinen* Einfluss auf das Forschungsergebnis.

Ebenfalls geprüft wurde der Einfluss des Publikationsjahrs: Sind die Effekte des Computereinsatzes heute anders als in den frühen Untersuchungen? Es zeigen sich keine Unterschiede zwischen neueren und älteren Arbeiten.

Als relevant erweist sich dagegen – wie bereits bei KULIK & KULIK – das gewählte *Arrangement*: Wird der Computer in *Kombination* zu traditionellem Unterricht eingesetzt, zeigen sich größere Vorteile gegenüber der alleinigen Nutzung als Ersatz von herkömmlichem Unterricht.

Die Vorteile des Computereinsatzes zeigen sich stärker im Kindergarten und in der Primar- und Sekundarstufe (K-12) als im post-sekundären Bereich (Erwachsenenbildung, betriebliche Bildung und Hochschule). Diese beiden Unterschiede sind signifikant. Hier zeigte sich bei den früheren Auswertungen von KULIK & KULIK der entgegengesetzte Trend.

Ergebnisse der Metaanalysen

- Der Computereinsatz leistet einen Beitrag, um den Lernerfolg im Vergleich zu traditionellen Unterrichtsverfahren *moderat* zu steigern.
- Vorteile werden besonders sichtbar, wenn der Computer in Kombination mit traditionellem Unterricht statt als Ersatz zu traditionellem Unterricht eingesetzt wird.

Neben dem Effekt auf Lernergebnisse interessieren eine Reihe weiterer Variablen wie Lerndauer, Motivation oder Akzeptanz. Diese Aspekte werden im Folgenden erörtert.

Lerndauer

Regelmäßig lässt sich feststellen, dass die durchschnittliche Lernzeit in den Gruppen, in denen mit dem Computer selbstgesteuert gelernt wird, kürzer ist als bei konventionellem Unterricht. Bereits in den ersten Metaanalysen von KULIK zeigte sich eine Reduktion der Lerndauer um etwa **30 %**, wenn mit dem Computer gelernt wird (C. C. Kulik u. a., 1986). Dieses Ergebnis ist für die Argumentation in der Mediendidaktik und die Konzeption von Lernarrangements wichtig. Der Befund zieht sich durch eine Reihe von Studien und besagt letztlich, dass eine Gruppe von Lernenden einen bestimmten Lernstoff mit dem Computer im Durchschnitt deutlich schneller durcharbeiten kann als Lernende, die in einer Gruppe im Klassenraum unterrichtet werden. Statt zum Beispiel 30 Stunden im Klassenraum, würden die Lernenden für den gleichen Lernstoff im Durchschnitt nur 20 Stunden im Selbststudium mit dem Computer benötigen. Da die Lernzeit als ein wesentlicher *Kostenfaktor* zu bewerten ist, ist dieser deutliche Vorteil des Computereinsatzes beim Lernen bemerkenswert.

In weiteren Metaanalysen (C. C. Kulik & Kulik, 1991) bestätigte sich dieser Befund: Beim Einsatz von Computern sank die durchschnittliche Lerndauer bei Studierenden um 34 %, in der Weiterbildung reduzierte sich der Wert um 24 % (s.a. J.A. Kulik, 1994). In neueren Untersuchungen, in denen das computergestützte Lernangebot offen strukturiert ist (Hypertext) und mehr zur eigenständigen Exploration anregen soll, zeigt sich der Effekt einer verkürzten Lernzeit weniger deutlich.

Motivation

Schließlich ist auf die motivationalen Effekte des Lernens mit Medien einzugehen. Verbreitet ist die Aussage, dass das Lernen mit den neuen digitalen Medien besonders motivierend sei. Es ist davon auszugehen, dass sich die Einführung von Medien, die mit positiven Attributen assoziiert werden, auf die Motivation sowohl von Lehrkräften als auch von Lernenden günstig auswirkt. Das Problem ist, dass diese Auswirkungen von relativ kurzer Dauer sind, so dass der Effekt im Verhältnis zu dem zu tätigenden Aufwand im Allgemeinen zu gering ist (*Neuigkeitseffekt*). Nach einer kurzen Euphorie wird den Lernenden klar, dass das Lernen mit Medien höhere Anforderungen an die Selbststeuerung stellt. Erst dann wird auch erfahrbar, dass Mechanismen der Kontrolle und Steuerung durch eine soziale Gruppe fehlen, die zur Persistenz des Lernverhaltens beitragen. Insofern scheint es problematisch, wenn die Einführung medialer Lernangebote (alleine) mit Motivationseffekten begründet wird.

Hinzu kommt ein paradoxer Effekt: Wird ein mediengestütztes Lernangebot vorrangig als unterhaltsam und einfach erlebt, kann dies mit der Reduktion einer *mentalen Anstrengung* einhergehen, d. h. die Lernenden beschäftigen sich weniger intensiv mit dem Lernmaterial, wenn sie dies als „spaßig“, „anregend“ oder „belustigend“ einordnen (R. E. Clark & Salomon, 1986; G. Salomon, 1984). Dies kann dann, wie zu erwarten, sogar zu einer *geringeren* Lernleistung führen als bei anderen Lernangeboten.

Abbruch

Mediengestütztes Lernen führt im Durchschnitt zu höheren Abbruchquoten als konventionelle Angebote, wobei eine große Streubreite zu beachten ist (vgl. Lee & Choi, 2011). Dies ist vor allem belegt in der Fernstudienforschung: Das isolierte Lernen von Einzelnen mit einem Lernmedium stellt hohe Anforderungen an Lerninteresse und -erfahrung, die zu Abbruchquoten von teilweise über 50 % führen (vgl. Keegan, 1996; Moore, 2003).

Die bei Kulik u. a. diskutierten Studien untersuchen die Lerndauer von Teilnehmenden, die eine entsprechende Maßnahme *durchgehalten* haben. Diese Werte wären in Bildungsmaßnahmen um die Quote des Abbruchs zu relativieren.

Es lässt sich also festhalten: Für Personen, die genügend Motivation und Persistenz in ihrem Lernverhalten aufweisen, lässt sich mit mediengestützten Maßnahmen die Lerndauer verkürzen! Gleichwohl muss bei Personen mit geringerem Interesse und wenig selbstständiger Lernerfahrung mit einer höheren Abbruchquote gerechnet werden!

Akzeptanz

Ein Lernangebot muss durch die Lehrenden und Lernenden tatsächlich genutzt werden, um einen Lerneffekt erzielen zu können. Einerseits kann, wie beschrieben, mit einer positiven Aufnahme neuartiger Lernangebote gerechnet werden. Dieser Neuigkeitseffekt kann jedoch relativ schnell abebben. Gleichzeitig ist mit höheren Abbruchquoten beim Lernen mit Medien als bei konventionellen Unterrichtsangeboten zu rechnen, d. h. es halten weniger Lernende bis zu einer Abschlussprüfung durch.

Die Akzeptanz von mediengestützten Lernangeboten unter realen Bedingungen des Lernens ist vergleichsweise wenig untersucht. Dabei ist eine Bedingung für den Erfolg des mediengestützten Lernens, dass das Lernangebot tatsächlich angenommen wird. Die *individuelle* Akzeptanz drückt sich in der Dauer und Intensität der Mediennutzung aus. Die *organisationale* Akzeptanz bezieht sich darauf, ob das Medium in Kursen eingesetzt wird und in Strukturen und Prozessen der Einrichtung, im Denken und Handeln der Akteure nachhaltig verankert ist.

Das *Technology Acceptance Model* von VANKATESH & DAVIS (2000) beschäftigt sich mit den Determinanten der Nutzung neuer Technologien in Organisationen. Es basiert auf einem sozialpsychologischen Modell von Einstellungen und wurde von BÜRG & MANDL (2004) auf das E-Learning übertragen.

Fernunterricht

Einige Metaanalysen beschäftigen sich speziell mit dem Vergleich von Fernunterricht und konventionellen Angeboten. Gegenstand entsprechender Untersuchungen sind insbesondere die öffentlichen *Cyber-based Charter Schools* und virtuelle Schulangebote in den USA und in Kanada, die dort viel nachgefragt sind. Die Auswertung von BERNARD et al. (2004) führte 232 Einzelstudien zusammen, in die Werte von 57.000 Lernenden zu *Lernergebnissen*, von 35.000 Lernenden zu Effekten auf die *Einstellung* und von mehr als 57 Mio. Lernenden zum *Abbruch* eingehen.

Der Befund dieser frühen Metaanalysen lautet dabei: Die Streuung der Untersuchung ist derart groß, dass sich eine Aussage über den Effekt des Fernlernens im Ganzen nicht begründen lässt. Ein deutlicher Anteil an Studien zeigt Vorteile des konventionellen Unterrichts in allen drei Variablen, und andere Studien zeigen ebenso Vorteile des Fernunterrichts (Bernard u. a., 2004, S. 406):

> *"It is simply incorrect to state that distance education is better than, worse than, or even equal to classroom instruction on the basis of mean effect sizes and heterogeneity."*

Dieser Befund zeigt sich auch in der Metaanalyse von Cavanaugh et al. (2004) und Zhao et al. (2005). Inhaltlich interessante Tendenzen zeigen die weiteren Auswertungen von Bernard et al. (2004), in denen synchrone und asynchrone Varianten des Fernunterrichts unterschieden werden. Die Studien beziehen sich nur zum Teil auf das Internet. Neben den vergleichsweise überholten Internet-Werkzeugen, wie z. B. IRC und Text-Chat, werden auch Telefon und Radio oder die Übertragung per Satellit untersucht. Bei den asynchronen Varianten finden sich Untersuchungen zu frühen Formen der Forennutzung in leitungsvermittelten Netzen oder den Newsgroups im Internet.

- In der *Lernleistung* schneiden asynchrone Varianten eher besser ab als traditioneller Unterricht. Synchrone Varianten führen dagegen zu eher schlechteren Lernergebnissen als Unterricht *face-to-face*.
- Die schlechteste *Einstellung* gegenüber dem Lernangebot erzielten die Studien mit synchronen Varianten, aber auch asynchrone Varianten führten zu negativeren Bewertungen als Unterricht *face-to-face*.
- Die *Abbruchquote* ist am geringsten bei konventionellem Unterricht. Bei asynchronen Varianten ist die Dropout-Rate *höher* als bei synchronen Varianten.

Interessant ist jedoch, dass neuere Metaanalysen, die explizit (nur) die Internet-Nutzung für Fernunterricht und Fernstudium untersuchen, zu deutlich positiveren Ergebnissen kommen. Im Auftrag des Bildungsministeriums in den USA werteten Means et al. (2009) 99 neuere Einzelstudien mit hinreichender Qualität aus, die internetbasierte Methoden mit traditionellem Unterricht vergleichen.

Alle Varianten führen im Vergleich zu traditionellem Unterricht zu höheren Lernerfolgen. Der Effekt ist über alle Varianten im Durchschnitt als schwach einzuschätzen. Dies liegt daran, dass *reine* Online-Varianten einen deutlich geringeren Vorteil gegenüber traditionellem Unterricht erzielen. Online-Lernen *in Kombination* mit Angeboten *face-to-face* zeigt dagegen einen moderaten, aber signifikant höheren Lernerfolg als reine Online-Varianten (Means u. a., 2009, S. 14):

> *„Students who took all or part of their class online performed better, on average, than those taking the same course through traditional face-to-face instruction."*

Tabelle 11: Effektstärken (d) von Fernunterricht nach Means et al. 2009

	Effektstärke	N Studien
alle Online-Varianten	0.24	51
reine Online-Varianten	0.14	28
kombinierte Varianten (online mit *face-to-face*)	0.35	23

Die weiteren Analysen zeigen, dass sich die Erhöhung der Lernzeit auf das Lernergebnis beim Online-Lernen auswirkt. Die meisten anderen instruktionalen Varianten, so sie in den Studien speziell untersucht wurden, hatten im Wesentlichen *keinen* oder einen geringen Einfluss auf den Lernerfolg. Dies trifft etwa für Multiple-Choice-Tests und für die Anzahl multimedialer Bestandteile wie Audio und Video zu. Gruppenaktivitäten und tutorielle Unterstützungsmaßnahmen haben weniger Einfluss auf den Lernerfolg als Methoden, mit denen Lernaktivitäten, die Reflexion des Einzelnen, die Selbstbeobachtung und -kontrolle gefördert werden. Das Jahr der Publikation, das Alter der Lernenden und das Thema des Lerninhaltes haben keinen Einfluss auf die Höhe des Effektes.

Statt dem – vielfach kritisierten – Vergleich von Fernunterricht versus Präsenzunterricht thematisiert die Metaanalyse von BERNARD et al. (2009) den Effekt unterschiedlicher didaktischer Elemente in der Fernlehre. Den höchsten Einfluss hat danach, wie gut die Lernenden mit dem Lernmaterial zurechtkommen. An zweiter Stelle folgt die Qualität der Interaktion zwischen den Lernenden untereinander. Wenn die Lernenden sich untereinander gut austauschen, trägt dies maßgeblich zum Lernerfolg bei. Als dritte Variable schlägt sich die Qualität der Interaktion mit den Tutoren und Tutorinnen nieder. Solche Aussagen sind für die Gestaltung sehr viel hilfreicher als der Vergleich verschiedener medialer Darbietungsformate. BERNARD et al. (2014) beschreiben die wesentlichen Probleme der vorliegenden Metaanalysen. Sie fordern erneut, schlichte Vergleichsstudien aufzugeben und stattdessen die Bedingungen von Lernerfolg differenzierter zu erforschen.

Andere Lerninnovationen

In einer weiteren Studie verglichen KULIK & KULIK (1989) die Effekte des Einsatzes von Lernprogrammen mit *anderen* innovativen Ansätzen, die *nicht* computerbasiert vorgehen. Als Vergleich wählten sie zum einen BLOOMS Ansatz des *Mastery Learning* und zum anderen das *Personalisierte Instruktionssystem* nach KELLER (s.a. Achtenhagen, Bendorf, Getsch, & Reinkensmeier, 2000). Beide Ansätze fördern die selbstständige und schrittweise Auseinandersetzung mit einem Lerngegenstand, gepaart mit einer individuellen Betreuung und der regelmäßigen Kontrolle des Wissensstands durch eine tutorielle Begleitung.

Die Analysen zeigen, dass auch andere Bildungsinnovationen einen positiven Effekt auf den Lernerfolg und die Einstellungen der Lernenden haben. Genau betrachtet beruhen die untersuchten Lernprogramme, wie die pädagogischen Ansätze von BLOOM und KELLER, auf teilweise ähnlichen Ideen: Im Mittelpunkt stehen das selbstgesteuerte Lernen und die schrittweise Auseinandersetzung mit Lehrinhalten in Verbindung mit regelmäßigen Rückmeldungen über den Lernfortschritt. Die persönliche Interaktion und die Verbindlichkeit, die dadurch für die Lernenden entstehen, verursachen vermutlich den Vorsprung der Ansätze von BLOOM und KELLER. Im Übrigen bestätigte sich hier erneut der für die Praxis bedeutsame Effekt, dass das Lernen mit digitalen Medien im Vergleich zu anderen pädagogischen Ansätzen *kürzere Lernzeiten* mit sich bringt.

Tabelle 12: Effektstärke (d) innovativer Bildungsprogramme

Maßnahme	Lerneffekt	Einstellung	Lernzeit
Computergestützte Lernprogramme	0.35	0.25	-30 %
KELLER	0.50	0.40	+10 %
BLOOM	0.70	-	-

Zusammenfassung

Seit der Einführung des digitalen Lernens wird darum gestritten, ob diese Darbietungsformen anderen (etwa dem konventionellen Unterricht) überlegen sind. Die Antwort hierauf ist ernüchternd und kann mit folgender Erkenntnis zusammengefasst werden: Die vorliegenden Untersuchungen lassen sich insgesamt als Nachweis interpretieren, dass digitale Lernverfahren gegenüber anderen Varianten möglicherweise vorteilhaft sind, aber zuverlässig nicht *unterlegen* sind. Lernerfolg erscheint vielmehr eher *unabhängig* von dem gewählten Mediensystem und der eingesetzten Technologie. In den Metaanalysen zeigen sich eher schwache Effekte. Es ist vor allem eine Frage der *didaktischen Methode* (z. B. problembasiertes Lernen, expositorische Verfahren, Exploration, ...), die sich auf den Lernerfolg niederschlägt. Die Wahl der didaktischen Methode ist in hohem Maße von der Wahl des Mediums *unabhängig*. Eine problembasierte oder kooperative Methode kann grundsätzlich sowohl im Präsenz- als auch im digitalen Format realisiert werden. Es gibt nicht die eine beste didaktische Methode: Die Wahl der Methode ist vielmehr von einer Reihe von Parametern des didaktischen Feldes (wie z. B. Zielgruppe, Lehrinhalte und Lehrziele) abhängig zu machen.

Besondere Vorteile des Lernens mit digitalen Medien zeigen sich im Hinblick auf die (verkürzte) *Lerndauer,* und zwar bei Personen mit hoher Lernmotivation und selbstständigem Lernverhalten.

In den Metaanalysen lässt sich ein – schwacher – Vorteil des Computereinsatzes für Lernzwecke belegen: Der Computer *kann* demnach gegenüber traditionellen Varianten zu einem höheren Lernerfolg beitragen. Dieser Effekt zeigt sich auch bei anderen innovativen Programmen (ohne Computer), die z. B. selbstgesteuertes Lernen fördern und durch regelmäßige Rückmeldung intensives Lernen unterstützen. Das bedeutet auch, dass digitale Angebote in vielen Fällen auch genauso gute oder schlechtere Ergebnisse erzielen können wie konventioneller Unterricht. Der Erfolg hängt damit von der didaktischen Konzeption des Lernangebots ab; es kommt nicht darauf an, digitale Lösungen *als solche* einzuführen.

Weitere zentrale Befunde:

- Die Kombination von Online- und Präsenzformaten zeigt deutliche Vorteile gegenüber reinen Online-Varianten des Lehrens.
- Die Lerndauer kann bei selbstgesteuertem Lernen mit digitalen Medien – über eine Gruppe von Lernenden hinweg betrachtet – verringert werden.
- Gleichzeitig ist mit einer höheren *Drop-out*-Rate beim selbstgesteuerten Lernen mit Medien zu rechnen.

3.2 Qualitative Effekte

Die bislang berichteten Studien zu Effekten des Lernens mit Medien verstehen Lernerfolg in der Regel als Behaltensleistung. Sie vergleichen, ob dargebotene Inhalte beim Lernen mit Medien besser behalten werden als in einem traditionellen Unterricht. Eine solche quantitative Betrachtung von Lerneffekten geht davon aus, dass beide Varianten letztlich das Gleiche vermitteln, nur eben besser oder schlechter.

Die mediendidaktische Diskussion kreist allerdings insbesondere um die *neuen Qualitäten* des Lehrens und Lernens mit Medien. Gefragt wird, wie der Medieneinsatz *andere* Formen des Lehrens und Lernens unterstützt und damit neue Wege des Lernens und Lehrens möglich macht. Im Folgenden werden solche qualitativen Effekte des Lernens mit Medien erörtert.

Informelles Lernen und Lernorte

Mediengestützte Lernangebote können Lernsituationen und -orte erschließen, in denen andere Unterrichtsmaßnahmen schwer durchführbar sind. Gemeint ist etwa das Lernen am bzw. in der Nähe des Arbeitsplatzes oder in der Freizeit. Bedenkt man die zunehmende Bedeutung des lebenslangen Lernens, geht es darum, das Lernen von traditionellen Unterrichtsmaßnahmen räumlich und zeitlich zu entkoppeln. Einzelne oder Gruppen müssen ihr Lernen zunehmend selbstständig organisieren und dazu Lernangebote abrufen – sowohl am Arbeitsplatz als auch zu Hause. Unter dieser Perspektive eignet sich der Einsatz von Medien besonders.

Interessant sind zum Beispiel Lernszenarien, bei denen die Zielgruppe räumlich verteilt und die Kommunikation untereinander Bestandteil der didaktisch-methodischen Anlage ist: Das Thema *Europäisches Recht* lässt sich gut in einer Gruppe bearbeiten, deren Mitglieder aus verschiedenen europäischen Ländern stammen und mit entsprechenden Kommunikationswerkzeugen zusammenarbeiten. Regelmäßige Arbeitstreffen der Gruppe (wenngleich wünschenswert) wären kaum zu finanzieren.

Ausweitung von Zielgruppen

Mithilfe mediengestützter Informations- und Bildungsangebote lassen sich, über die primär angesprochenen (Kurs-) Teilnehmenden hinaus, auch weitere Zielgruppen und die breitere Öffentlichkeit erreichen, wenn Inhalte etwa als *Open Educational Resources* bereitgestellt werden. Bildungseinrichtungen können so versuchen, die Öffentlichkeit anzusprechen, um ihrer gesellschaftlichen Verantwortung mit Strategien des *Outreach* gerecht zu werden.

Im Übrigen ist zu denken an Zielgruppen, die aus ganz unterschiedlichen Gründen Schwierigkeiten haben, an konventionellen Bildungsmaßnahmen zu partizipieren: Menschen mit Behinderungen, Eltern in der Phase der Kinderbetreuung, Berufstätige mit Weiterbildungsabsichten, im Ausland stationierte Soldaten oder Insassen einer Justizvollzugsanstalt. In der internationalen Diskussion ist besonders der *räumlich* erschwerte Zugang zu mediengestützten Bildungsangeboten von Interesse, insbesondere in dünn besiedelten Ländern wie Australien oder Kanada. Im deutschsprachigen Raum fällt das Argument der räumlichen Erreichbarkeit vielfach weg, weil eine vergleichsweise hohe Dichte von Bildungseinrichtungen vorliegt. Hier gilt es insbesondere, mediengestützte Lösungen zu finden für Menschen, die aufgrund unterschiedlicher Arten von körperlichen Einschränkungen ein besonders aufbereitetes Angebot benötigen, das ihnen im Präsenzformat nur bedingt bereitgestellt werden kann.

Andere Lehr-Lern-Methoden

Mehrfach wurde die Frage aufgeworfen, ob es *neue* didaktische Modelle für computergestütztes Lernen gibt bzw. ob sie benötigt werden, oder anders: Ob sich mit neuen Medien Unterricht und Lehre ändern (müssen)? Weisen *neue* Medien das Potenzial für einen *anderen* Unterricht auf?

Es erscheint eher plausibel, dass das Lernen mit Medien *grundsätzlich* die gleichen methodischen Modellvorstellungen des didaktischen Designs impliziert wie andere Angebotsformen. Die Wahl einer didaktischen Methode ist weitgehend unabhängig von dem gewählten Medium. Die bloße Auswahl und der Einsatz bestimmter Medien garantieren keineswegs, dass die damit verbundenen Ziele tatsächlich erreicht werden. Auch lassen sich diese Ziele mit anderen Medien gleichermaßen verfolgen. Allerdings können mediale Lernangebote bestimmte Arten des Lernens und der Lernorganisation besonders *unterstützen*. Dies betrifft das selbstorganisierte und kooperative Lernen ebenso wie die räumlich-zeitliche Flexibilität des Lernens.

Einfluss auf Lehrinhalte und -ziele

Genauso kritisch wie die Behauptung, mit den digitalen Medien würden neue Lehrmethoden entstehen, muss die Annahme hinterfragt werden, dass sich mit den digitalen Medien neue Lehrinhalte und neue Lehrziele verfolgen ließen. Es wird teilweise behauptet, Computer ermöglichten in stärkerem Maße selbstorganisiertes oder kooperatives Lernen und trügen damit zu pädagogischen Zielen bei, die mit Eigenverantwortlichkeit und sozialer Kompetenz umschrieben werden. Mithilfe des Internets, so die Argumentation, könne mit Menschen in fernen Ländern in einer Geschwindigkeit kommuniziert werden, die bislang nicht möglich war. Mit Computeranimationen ließen sich Vorgänge visualisieren, die einer direkten Beobachtung nicht zugänglich wären. Mit interaktivem Video könne in Abläufe steuernd eingegriffen werden, die bislang nur linear abgerufen werden konnten, usw.

Es ist jedoch zu fragen, inwieweit der Computer hierbei *zwingend* erforderlich oder (nur) *hilfreich* ist? Geht es z. B. um die Kommunikation mit Menschen anderer Kulturen, kommen verschiedene Kommunikationstechniken infrage. Die Entscheidung könnte z. B. auch für einen klassischen Briefversand oder die E-Mail ausfallen. Das Lernziel ist mit verschiedenen Varianten erreichbar.

Für das didaktische Design ergibt sich damit die Folgerung, dass nicht die Wahl des Mediensystems entscheidet, ob bestimmte Inhalte oder Ziele verfolgt werden können, sondern die didaktische Methode, mit der die Materialien aufbereitet werden. Es erscheint schwer begründbar, dass eine spezielle Medientechnik *Voraussetzung* ist, um bestimmte Lehrinhalte vermitteln zu können.

Die Behauptung bleibt solange problematisch, wie angenommen wird, dass bestimmte Lehrziele oder didaktische Methoden *ursächlich* mit der Wahl eines Mediensystems zusammenhängen. Die Frage, ob wir selbst organisiert oder kooperativ lernen wollen, ist von dem eingesetzten Medium jedoch weitgehend unabhängig: Wenn etwa selbstgesteuertes Lernen als pädagogisches Ziel angestrebt wird, dann lässt sich dies grundsätzlich mit jedem Medium und auch im face-to-face-Unterricht verfolgen.

Solche impliziten Wirkungshypothesen sind teilweise sehr kontraproduktiv. Dies kann z. B. in Diskussionen erlebt werden, die aktuelle Probleme der Schule in Zusammenhang mit einer schlechten Ausrüstung mit digitalen Medien und Internet-Zugängen bringen. Die einfache Verknüpfung von Medientechnik mit pädagogischen Zielvorstellungen erscheint zielführend, um medientechnische Ausstattungswünsche im öffentlichen Diskurs durchsetzen zu können. Doch diese Argumentation bestärkt den Glauben an die Annahme, dass die *Einführung* von Medientechnik als solche Bildung und Schule bereits positiv verändert.

Weitere Kriterien für Lernerfolg

In den vielen Studien zu Lerneffekten geht es regelmäßig um Behaltensleistung als Kriterium für Lernerfolg. Außer Acht gelassen werden dabei weit grundsätzlichere Lernziele, wie der Aufbau kognitiver Schemata, der Erwerb von Fertigkeiten und Kompetenzen, die Bildung von Persönlichkeit, wie z. B. die Auseinandersetzung mit gewohnten Denkschemata oder der Aufbau von Einstellungen und Werten. Ausgeblendet wird auch der *Lerntransfer*, d. h. ob Gelerntes tatsächlich dazu beiträgt, Anforderungen der Lebens- und Arbeitswelt zu bewältigen: Wissen bleibt vielfach *träge*, der Erfolg in der Lernsituation ist nicht extrapolierbar auf eine Anwendungssituation.

Konstruktivistische bzw. situierte Theorien des Lernens stellen das Konstrukt Lernerfolg noch grundlegender infrage (vgl. Kapitel 4.1): Denn Wissenserwerb ist danach nur scheinbar eine auf der Ebene des Individuums zu erfassende Kategorie. Wenn Wissen nicht im Kopf der Person *abgespeichert* ist, sondern ständig in sozialen Kontexten (re-)konstruiert wird, dann sind Evaluationsansätze, die sich auf das Individuum beschränken, zu problematisieren. Es gilt vielmehr zu prüfen, inwieweit digitale Lernangebote soziale Settings beeinflussen, die Kommunikation in Gruppen oder Organisationen verändern und die Bewältigung von Anforderungen befördern.

Für das Konstrukt *Lernerfolg* kann ein breiteres Spektrum an Kriterien betrachtet werden. Es interessieren etwa folgende Verlaufs- und Ergebnisvariablen:

- Erlebte Qualität des Lernangebots (inhaltliche Qualität, formale/ästhetische Qualität, didaktische Qualität der Informationsaufbereitung, Qualität der Kommunikation und Betreuung),
- emotionale Reaktion und Lernmotivation (Aufmerksamkeit, Interesse, Identifikation, Bindung an das Lernangebot; in kooperativen Lernszenarien sichtbar u. a. an dem gezeigtem prosozialen Verhalten, an der Bereitschaft, Informationen auszutauschen und an Diskussionen mitzuwirken usw.),
- Lernverhalten (Lerndauer, -intensität, Persistenz/Abbruch),
- subjektive Zufriedenheit (subjektiver Lernfortschritt, Erfahrungszuwachs, Zufriedenheit mit Kommunikationsangeboten/-möglichkeiten),
- Lernerfolg in verschiedenen zeitlichen Abständen und unterschiedlicher Anwendungsnähe (Erinnern, Anwenden, Transfer),
- faktische Nutzung/Akzeptanz und *Lebensfähigkeit* des mediengestützten Lernens im *organisationalen* Kontext,
- erzieltes Kosten-Nutzen-Verhältnis und
- strukturelle Implikationen und Veränderungen institutioneller und gesellschaftlicher Organisation von Bildung.

Zu bedenken ist schließlich, dass der Nachweis von Lernerfolg für Lernende genauso wie für Bildungsanbieter in der Praxis oft überraschend nachrangig ist. Die subjektive Zufriedenheit mit dem Lernangebot und die Frage, ob ein Lernangebot nachgefragt und genutzt wird (auch: Abbruchquote), sind dagegen oft entscheidende Kriterien für die Bewertung eines Lernangebots. Die für die Bildungspraxis ganz zentrale Variable des Kosten-Nutzen-Verhältnisses – auch unter Berücksichtigung pädagogischer Kosten- und Nutzenfaktoren – wird dagegen in der Forschung vernachlässigt (vgl. Windham & Chapman, 1990; Schott, 1994).

Student Engagement

Das Konstrukt Lernerfolg ist inhaltlich vielschichtig, und es ist vor allem methodisch schwierig, eine direkte Beziehung zwischen Merkmalen des Lernangebots und den Ergebnissen des Lernens herzustellen, weil viele Faktoren das Lernergebnis beeinflussen. Deswegen wendet sich die Forschung in letzter Zeit zunehmend Merkmalen des Lernprozesses selbst zu und fragt nach dem Zusammenhang von Merkmalen des Lernangebots und den Qualitätsindikatoren des Lernprozesses.

Denn jegliche Form von Lernerfolg, wie immer wir ihn definieren, wird von der Qualität des Lernprozesses abhängen: Lernerfolg setzt immer bestimmte Qualitäten eines Lernprozesses voraus. *Student Engagement* umfasst als ein Oberbegriff unterschiedliche Arten von Indikatoren (Kahu, 2013; 2017). In der Literatur werden verschiedene Qualitätsindikatoren des Lernprozesses diskutiert.

FILSECKER & KERRES (2014) beschreiben *Student Engagement* als mehrdimensionales Konstrukt, das sich beziehen kann auf

- kognitive Indikatoren, die die Tiefe der kognitiven Verarbeitung von Lerninhalten beschreiben,
- verhaltensbezogene Indikatoren wie Teilnahme, Login-Häufigkeit und -Dauer, *time on task*, Persistenz und Intensität der Aufgabenbearbeitung, Rückmeldung (Retention) oder Abbruch (*Drop-out*) usw.,
- affektive Indikatoren, die sich auf die innere Anteilnahme bzw. Begeisterung für das Lernangebot beziehen und
- motivationale bzw. volitionale Indikatoren, die das Interesse und den Willen auszudrücken, sich mit einem Lernangebot auseinanderzusetzen und den eigenen Lernprozess zu regulieren.

Abbildung 8: Verlauf von Lernhandlungen

Ausgehend von gegebenen Eigenschaften, die die Lernenden und der Kontext als Antezedenzien einbringen, wird ein digitales Lernangebot das Engagement der Lernenden beeinflussen, das sich wiederum in Lernergebnissen oder Lernfolgen niederschlägt. Ausgangspunkt ist die Beobachtung, dass Lernangebote von Lernenden ganz unterschiedlich genutzt werden. MARTON & SÄLJÖ (1976) sprachen von einem *tiefen* und *oberflächlichen* Lernen im Umgang mit Lernmaterialien, die mit unterschiedlichen Lernergebnissen korrelieren. Bei einem tiefen Lernen werden Informationen im Arbeitsgedächtnis bearbeitet und mit dem Langzeitgedächtnis verknüpft, um kognitive Schemata zu erweitern (Elaboration) oder zusammenzuführen (Kompilation) (s.a. J. van Merriënboer, 2016).

Dabei kann *deep* vs. *surface learning* als Lernstil und damit als überdauerndes Persönlichkeitsmerkmal aufgefasst werden, das Lernende grundsätzlich in Lernsituationen einbringen. Angemessener erscheint es jedoch nach Dolmans et al. (2016), *tiefes* und *oberflächliches* Lernen aus der Interaktion von Person- und Situationsmerkmalen zu verstehen.

Das Schlagwort „tiefes Lernen" wird auch in der Forschung zur „Künstlichen Intelligenz" genutzt (LeCun, Bengio, & Hinton, 2015). Dort geht es um die Frage, wie Computer bei der Auswertung von Informationen Schlüsse ziehen können, z. B. automatisch auf Bildern Katzen zu erkennen (und diese von Hunden zu unterscheiden).

Student Engagement

Indikatoren der Qualität ....

- des Lernangebots: Interaktivität, Lernprozesssteuerung und -regelung, problemorientierte didaktische Methoden, soziale Interaktion
- des Lernprozesses: kognitive, motivational-volitionale, emotionale und behaviorale Indikatoren eines „tiefen Lernens"
- des Lernergebnisses: z. B. Noten, Abschlüsse und der Erwerb von Zertifikaten
- der Lernfolgen: Kompetenzen zur Bewältigung von Anforderungen in der Lebenswelt, Erwerb von Qualifikationen für Beruf und Bewährung auf dem Arbeitsmarkt

Als Qualitätsmerkmale des *Lernangebots* können schließlich mehrere Merkmale genannt werden. Für den Lernprozess förderlich ist die Aktivierung eines tiefen Lernens

- durch interaktive, multimediale Angebote (Veranschaulichung mit Erklär-Videos, Simulationen, Spielen),
- durch Lernprozesssteuerung und -regelung (Selbststeuerung und Interaktivität durch Rückmeldung und Adaptivität),
- durch problembasierte didaktische Ansätze (Lernen mit authentischen Problemen, Fällen und in Projekten) oder
- durch sozial-kommunikative didaktische Ansätze (soziale Präsenz, Lernen im sozialen Austausch und in Gemeinschaften).

Konstruktivistische und *situierte Theorien* des Lernens, wie sie in Kapitel 4.1 diskutiert werden, kritisieren im Übrigen, dass der Lernbegriff in der lernpsychologischen Forschung vielfach verkürzt wird. Sie fordern, die Analyse von individuellen Kognitionen und Emotionen auf kollektive und institutionelle Ebenen auszuweiten: Lernen findet danach nicht (nur) *im Kopf* von Individuen statt, sondern ist immer auch Ergebnis sozialer Interaktionen in einem kulturellen Kontext, das auch auf diesen zurückwirkt. Eine Beschränkung des Lernbegriffs auf kognitive Prozesse greift damit zu kurz, wenn wir Lernangebote verstehen und gestalten wollen.

3.3 Effizienz mediengestützten Lernens

Die bisherigen Ausführungen haben die Herausforderungen skizziert, die mit dem Konstrukt der „Effektivität" digitalen Lernens verbunden sind. Effektivität meint, ob ein Ziel erreicht wurde, unabhängig vom Einsatz der Ressourcen. In der Bildungspraxis interessiert dagegen vor allem die *Effizienz* des digitalen Lernens, bei der die Effekte auf den erforderlichen Einsatz von Ressourcen und damit Kosten bezogen werden. Das bedeutet, dass die Effizienz *nicht* automatisch erhöht wird, wenn die Ausgaben für eine Maßnahme reduziert werden. Denn darunter kann – und wird in vielen Fällen – auch die *Qualität* der Lernprozesse und Lernergebnisse leiden.

Eine höhere Effizienz tritt dagegen *nur* ein, wenn ...

- ein gleicher Lernerfolg mit niedrigerem Aufwand erzielt wird oder
- ein höherer Lernerfolg bei gleichbleibendem Aufwand eintritt.

So *kann* durch die Digitalisierung eine Effizienzsteigerung eintreten. Doch in vielen Projekten stellt sich genau dieser Effekt *nicht* ein. Dies ist etwa der Fall, wenn ein Angebot eine zu geringe Akzeptanz und Nutzung durch Lernende erfährt, wenn Lernende (und Lehrende) nicht genügend auf diese Art des Lernens vorbereitet sind oder nicht angemessen bei der Nutzung unterstützt werden.

Die Entwicklung und der Einsatz von digitalen Lernangeboten sind mit zusätzlichen *Aufwendungen* verbunden, und deswegen sind in der Regel größere Zielgruppen anzusprechen als im üblichen Unterricht. Dies macht es erforderlich, den Mehrwert des digitalen Lernangebots aufzuzeigen und dessen Einführung genau zu planen.

Selbst wenn sich ein digitales Lernangebot (im Vergleich zu anderen Maßnahmen) als *effektiv* im Hinblick auf den Lernerfolg erweisen sollte, wird sich eine Institution nicht unbedingt für dessen Einsatz entscheiden. Die Entscheidung wird vielmehr von der *Effizienz* abhängen, das heißt, mit welchem Gesamtaufwand kann im Vergleich zu anderen Maßnahmen der *relativ größte* Effekt erzielt werden.

Im Vergleich zu der ausführlichen Beschäftigung mit Effekten des Medieneinsatzes ist die Frage der Effizienz mediengestützten Lernens weniger gut untersucht und dokumentiert (s. Massy, 2016). Dies ist insofern überraschend, als es für die Praxis nicht nur interessiert, *ob* das Medium A oder B einen bestimmten Effekt mit sich bringt, sondern in welchem Verhältnis der Effekt zu dem Aufwand steht, der mit der Konzeption, Entwicklung und Durchführung verbunden ist. Die Mediendidaktik kann ohne das Konstrukt der *Effizienz* nicht auskommen.

Es sind demnach alle *Effekte* des Medieneinsatzes mit allen *Aufwendungen*, die mit Planung, Entwicklung und Einsatz des Mediums verbunden sind, in Beziehung zu setzen. Es ist abzuwägen und zu begründen, warum ein bestimmter, vielfach nicht unerheblicher Aufwand zur Entwicklung medialer Lernangebote angemessen ist undgegebenfalls nicht in anderer Form investiert wird. Obwohl die Substituierbarkeit von (scheinbar) teurem personalen Unterricht durch Medien seit den 1960er-Jahren diskutiert wird, liegen wenige Daten vor, die eine grundsätzliche Erörterung dieser Problematik erlauben würden.

Effizienz + Bildung?

Mit den Begriffen *Effektivität* und *Effizienz* kommen Kategorien ins Spiel, die im pädagogischen Diskurs kritisch hinterfragt werden: Lernprozesse lassen sich nicht beliebig *herstellen* und durch ausgefeilte Technologien *optimieren* wie andere Produkte. Bildung kann, auch durch die beste Technik, nicht *erzeugt* werden, sondern sie kann nur *ermöglicht* werden. Sie ist letztlich *Selbstbildung*. Das (Mit-)Tun des Lernenden ist Voraussetzung für Lernen. Lehren ist ein *Angebot* für Lernende; was sie aus dem Angebot machen, ist dadurch nicht determiniert und nur in Grenzen vorhersagbar.

Es wird damit deutlich, dass sich die Mediendidaktik den Fragen von Kosten und Nutzen, von Effektivität und Effizienz stellen muss, aber zugleich auch die Grenzen dieser Kriterien im pädagogischen Kontext zu beachten hat.

Aufwand

Der Aufwand, der mit dem digitalen Lernen verbunden ist, erweist sich für die Betroffenen als unterschiedlich. Für Lernende ist der einzusetzende *Lernaufwand* relevant. In erster Linie wäre hierunter die *zeitliche Dauer*, die mit Lernaktivitäten verbracht wird, zu verstehen. Effizientes Lernen würde aus Sicht der Lernenden bedeuten, dass die investierte Lernzeit möglichst großen Lernerfolg mit sich bringt. Darüber hinaus kann der *mentale Aufwand*, der mit dem Lernen verbunden ist, dem Lernaufwand zugeordnet werden. Weil selbstgesteuertes Lernen mit Medien vielfach weniger gewohnt ist, erscheint konventioneller Unterricht für Lernende subjektiv weniger aufwendig. Doch das Lernen sollte mit Medien erleichtert und der mentale Aufwand reduziert werden können.

Die Institution, die Bildungsmedien *einsetzt* und ggf. *entwickelt*, interessiert vor allem die *Effizienz*: Mit welchem Aufwand für die Konzeption, Entwicklung und Durchführung einer Bildungsmaßnahme lässt sich welcher Lernerfolg erzielen? Diese Frage ist gerade bei mediengestütztem Lernen von großem Interesse, da deren Konzeption, Entwicklung und Einsatz mit erheblichen Kosten verbunden ist. Für Aussagen zur Effizienz muss der Gesamtaufwand aller Alternativen in Beziehung zu möglichen Effekten gesetzt werden.

Tabelle 13: Kostenarten bei vorhandenen Medien

Beschaffung • Medien (Lizenzen) • Hardware
Einführung • Werbung, Akquisition, Beratung • Auswahl und Schulung von Betreuungspersonal
Durchführung • Reisekosten, Arbeitsausfall • Einrichtung und Betreiben von Lernzentrum bzw. Lernstationen, Netzanbindung • Tutorielle Betreuung
Qualitätssicherung • Befragungen, Tests • Auswertung
Projektmanagement

Gehen wir zunächst davon aus, dass das einzusetzende Lernangebot bereits existiert, also nicht speziell für ein Bildungsproblem entwickelt werden muss. Dabei sind die möglichen Kostenarten in Tabelle 13 zu prüfen. Es ist besonders vorteilhaft, wenn auf verfügbare Medien zurückgegriffen werden kann. Die Kosten für den Erwerb von *Lizenzen* sind im Vergleich zu einer Neu- bzw. Eigenproduktion meist vergleichsweise günstig.

Wegen der teilweise hohen Produktionskosten von digitalen Lernangeboten lohnt sich deren Neuentwicklung erst ab einer bestimmten Anzahl von Lernenden und Durchgängen. Aus diesem Grund war E-Learning in der Vergangenheit vor allem ein Thema für große Unternehmen z. B. der Automobil- und Verkehrsindustrie, der Versicherungen und Banken, für Unternehmen der Post- und Telekommunikation sowie die Bundeswehr. Gerade bei Unternehmen mit vielen Niederlassungen und damit verbundenen hohen Reise- und Ausfallkosten bei konventioneller Weiterbildung stieß der Einsatz von Medien auf besonderes Interesse.

Die Kosten zur Produktion von digitalen Lernangeboten hängen auch von der Art der mediendidaktischen *Konzeption* ab. Lässt sich eine Anwendung mit einer einfachen Konzeption für z. B. 25.000 € entwickeln, so können die Kosten bei einer nur geringfügig aufwendigeren Konzeption ohne weiteres auf 100.000 € steigen.

Kostensteigernd sind genau jene Elemente, die die didaktische Qualität erhöhen, wie beispielsweise die Erstellung von Übungsaufgaben unterschiedlichen Schwierigkeitsgrades, differenzierte Tests mit Rückmeldungen, die Erzeugung von authentischen Fällen sowie alle Maßnahmen einer personalen Betreuung. Aufwändig sind alle handlungsaktivierenden Elemente und Maßnahmen, die sicherstellen, dass das Gelernte auch in der Praxis anwendbar wird, also gerade solche Elemente, die didaktisch als besonders wertvoll erachtet werden. Eine nur *enzyklopädische* Präsentation eines Wissensgebietes in einem Informationssystem ist mit geringerem Aufwand zu entwickeln, bleibt aber hinter dem Anspruch eines didaktisch aufbereiteten Lernangebots zurück.

Konzeptionsbedingte Kostentreiber

- Aufwand für didaktische Aufbereitung (Übungsaufgaben, Tests)
- handlungsaktivierende Elemente (Interaktivität, Steigerung der Aufmerksamkeit und des Explorationsverhaltens)
- Maßnahmen zur Förderung des Wissenstransfers (Darstellung von Fällen und der Anwendungssituation, Einbinden authentischer Kontextinformationen)
- Betreuungsmaßnahmen (Tutorinnen, Hotline usw.)

Der Aufwand eines Projektes sollte bereits in einer frühen Phase geschätzt werden, um einen realistischen Kostenrahmen beizubehalten. Denn die Konzeption einer Anwendung beeinflusst den Aufwand der Produktion wesentlich. Insofern ist zu bedenken, wie sich Entscheidungen des didaktischen Designs auf die Produktions- und Durchführungskosten auswirken werden.

Eine Gesamtbetrachtung der Effizienz des mediengestützten Lernens muss neben den Durchführungskosten auch die geringeren Reisekosten und eventuell Kosten für den Arbeitsausfall berücksichtigen.

Bei Online-Angeboten sind die Kosten abhängig von der Art und Intensität der Betreuung. Die Kosten für die Betreuung machen nach BATES (1995) bis zu 60 % der Gesamtkosten eines Fernstudienanbieters aus (vgl. Fandel, Bartz, Nickolmann, Bartz, & Nickolmann, 1996).

Der Break-even-Punkt

Zu Beginn der 1990er-Jahre galten 1.000 Teilnehmende als *magische Grenze*, die zu erreichen war, um den Produktionsaufwand für ein Lernprogramm zu rechtfertigen. Mit sinkenden Entwicklungskosten hat sich diese Zahl stetig nach unten entwickelt, so dass sich Kostenvorteile eines Online-Angebotes sehr viel früher einstellen. In Abbildung 9 findet sich ein Rechenbeispiel, das den Sachverhalt veranschaulicht: Bei Präsenzangeboten hängen die Kosten stark von der Anzahl der Teilnehmenden ab. Bei einem Onlineangebot sind die Kosten *weniger* stark von der Anzahl der Teilnehmenden abhängig. Dafür sind die Einstiegsaufwände für die Produktion und das Aufsetzen des Kurses höher: Digitale Lernangebote eignen sich eher, wenn es um größere Zielgruppen geht. Allerdings sind die Einstiegsaufwände für das Aufsetzen entsprechender Kurse in den letzten Jahren deutlich gesunken, so dass mediengestützte Lernangebote aus betriebswirtschaftlicher Sicht zunehmend auch bei kleineren Gruppengrößen interessant werden.

Derartige Gegenüberstellungen der Kosten von traditionellen Bildungsangeboten und mediengestützten Varianten sind im Übrigen kritisch zu prüfen, vor allem wenn sie als Argument für die Einführung von digitalen Lernangeboten in den Vordergrund gestellt werden. Leicht wird übersehen, dass die Einführung für den Einzelnen und das

Unternehmen eine Reihe von Veränderungen – etwa der Ablauf- und Aufbauorganisation der Bildungsarbeit – mit sich bringen, die ebenfalls mit Aufwendungen verbunden, aber schwer zu quantifizieren sind. Es kann kritisch gefragt werden, wie aussagekräftig solche Gegenüberstellungen sind. Denn beide Varianten stehen sich in der Praxis zumeist gar nicht als Alternativen gegenüber, auch weil mit ihnen unterschiedliche Möglichkeiten verknüpft sind. Es geht vielmehr um die richtige Verknüpfung der verschiedenartigen Elemente.

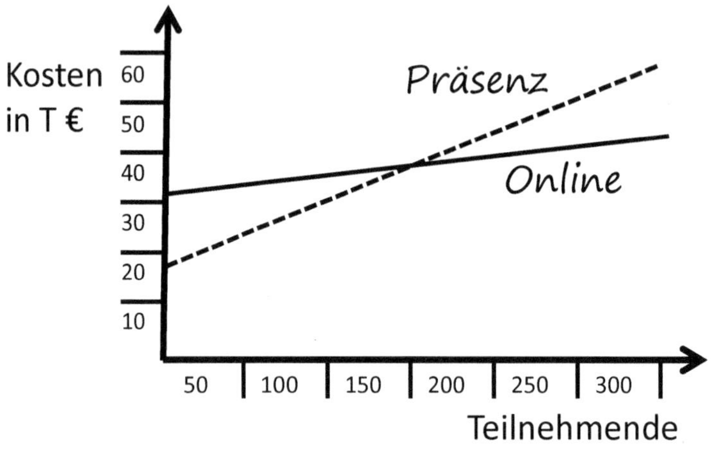

Abbildung 9: Kostenentwicklung bei Online- und Präsenzseminaren

Die Frage der Gruppengröße und damit, ab wann E-Learning *sich lohnt,* spielt deswegen zunehmend eine nachrangige Rolle. Für *jede* Gruppengröße lässt sich eine Lösung für ein digitales Angebot finden.

Bestimmung von Effizienz

Es gibt eine Reihe von Ansätzen, um die Effizienz von Bildungsmaßnahmen festzustellen. Entscheidend ist, wie das Konstrukt *Lernergebnis* konzipiert wird. Windham & Chapman (1990) unterscheiden zwischen monetären, quantitativen und qualitativen Maßen zur Bestimmung des Ertrags von Bildungsmaßnahmen. Darüber hinaus differenzieren sie unmittelbare Ergebnisse sowie längerfristige Folgen dieser Maßnahmen (s. Tabelle 14).

Am einfachsten ist es, den monetären Aufwand mit monetären Maßen des Ertrags in Beziehung zu setzen. Für eine Bildungsabteilung, die als innerbetriebliches *Profitcenter* arbeitet, stehen drei verschiedene Varianten für die Schulung von ca. 1.000 Personen zur Diskussion, die voraussichtlich über drei Jahre durchzuführen sein wird (vgl. Tabelle 15).

Tabelle 14: Effekte von Bildungsmaßnahmen

	Ergebnis	Folgen
monetär	Kosten in der Durchführung der Maßnahme	Abteilungs- oder Unternehmensergebnis
quantitativ	Testergebnisse, Erfolgsquote, Zeitersparnisse	Abschlussnoten, Erfolg auf dem Arbeitsmarkt
qualitativ	inhaltliche Qualität der Bildungsmaßnahme und der Lernergebnisse	Arbeitszufriedenheit, Image des Unternehmens bzw. der Bildungsabteilung, Lebensqualität

Maßnahme A ist ein konventionelles Seminar. Der Ertrag rechnet sich aus den erwarteten Teilnahmeentgelten. Maßnahme B basiert auf einem speziell für das Unternehmen zu entwickelnden Lernprogramm. Die geringeren Teilnahmegebühren decken in dem Beispiel nicht die auf die Laufzeit (den „Lebenszyklus") umgelegten Entwicklungs- und Durchführungskosten, bei denen z. B. auch Schulungsräume einzurechnen sind. Maßnahme C beinhaltet eine Variante, die Selbstlernmaterialien für die Vor- und Nachbereitung (Buch) mit einem Kurzseminar kombiniert. Hier liegt die Relation von Aufwand zu erwartetem Ertrag niedriger als bei Maßnahme A. Dass man möglicherweise dennoch Maßnahme C erwägen wird, zeigt, dass die Entscheidungsfindung nicht nur diese monetären Größen berücksichtigen kann. Es ist vielmehr notwendig, auch andere – quantitative und qualitative – Maße, die in diese Berechnung nicht eingehen würden, zu berücksichtigen.

Tabelle 15: Musterbeispiel zur Effizienzabschätzung

Variante	Aufwand/Jahr	Ertrag/Jahr	Relation
(A) Seminar	450.000 €	500.000 €	1,11
(B) Lernprogramm	500.000 €	450.000 €	0,9
(C) Kombination	400.000 €	430.000 €	1,08

Unternehmensexterne wie -interne Bildungsanbieter müssen die Effektivität und Effizienz ihrer Maßnahmen immer häufiger deutlich machen. Dabei lässt sich der Nutzen von Bildungsmaßnahmen für den Abnehmer nicht alleine über monetäre Maße abbilden.

Optimierung der Effektivität

Die einfache Kosten-Nutzen-Analyse, bei der auf beiden Seiten monetäre Maße eingehen, ist für eine Entscheidungsfindung in der Bildungsarbeit oft wenig angemessen. Die ausschlaggebenden Ergebnisse und Effekte für die Lernenden und die Einrichtung sind auf diese Weise kaum abzubilden. Eine andere Betrachtung ergibt sich, wenn die Effektivität der verschiedenen Alternativen in der Untersuchung mitberücksichtigt wird.

Nehmen wir an, eine Bildungseinrichtung erwägt den zusätzlichen Einsatz von digitalen Angeboten in Sprachkursen, um die bislang geringen Lernergebnisse ihrer Absolventen und Absolventinnen zu verbessern. Dabei stehen drei Varianten zur Dis kussion.

Tabelle 16: Lernzuwachs in Relation zum Aufwand

	Aufwand	Lernzuwachs
Medienpaket A	400 €/Tn	25 %
Medienpaket B	300 €/Tn	25 %
Medienpaket C	200 €/Tn	30 %

In dem dargestellten Fall wird man sich für Maßnahme C entscheiden, da mit dem geringsten Aufwand der höchste Lernzuwachs erzielt werden kann. Doch es bleiben Fragen: Wie würde die Entscheidung ausfallen, wenn Maßnahme C teurer wäre als Maßnahme B? Wäre der zusätzliche Aufwand gerechtfertigt, um einen erwarteten Zuwachs von 5 % zu begründen?

Allerdings wirft das Verfahren ein grundsätzliches Problem auf: Der erwartete Lernzuwachs oder ähnliche Effektivitätsmaße können in kaum einem Fall begründet abgeschätzt werden. Es liegen beispielsweise keine Daten über den durchschnittlichen Effekt einer E-Learning-Anwendung in der Vor- oder Nachbereitung von Sprachkursen vor. Die Varianz möglicher Anwendungen ist darüber hinaus so groß, dass ein entsprechender Mittelwert für eine Entscheidung wenig aussagekräftig ist. Hinzu kommt, dass *ein* Medium in *einer* Konstellation ausgesprochen erfolgreich und effizient sein kann, im Rahmen einer anderen Maßnahme dagegen möglicherweise versagt.

Ein weiteres, zentrales Hindernis der dargestellten Analysen besteht darin, dass sie nicht den *Zuwachs* im Rahmen der Bildungsmaßnahmen thematisieren, sondern vom *Stand-alone*-Einsatz ausgehen, der in der schulischen bzw. betrieblichen Anwendung sogar eher selten ist. Es bleibt offen, ob es sich beispielsweise lohnt, eine E-Learning-Anwendung in einer Schulungsmaßnahme *zusätzlich* einzusetzen, damit statt bislang 75 % nunmehr 90 % der Teilnehmenden einen Kurs erfolgreich abschließen.

Optimierung des Aufwands

Eine andere Entscheidungssituation ergibt sich, wenn ein bestimmtes Effektivitätskriterium festgelegt und nach der kostengünstigsten Variante zur Erreichung dieses Kriteriums gefragt wird. Es wird also ein Wert festgelegt, den eine Maßnahme mindestens erreichen muss, um in die engere Auswahl zu kommen. Unterschiede in der Effektivität von Maßnahmen werden dabei vernachlässigt.

Nehmen wir an, es liegen mehrere Lernprogramme vor, von denen bekannt ist, dass sie geeignet sind, einen bestimmten Lerninhalt zuverlässig zu vermitteln. Nehmen wir des Weiteren an, dass sich die Programme in ihrer Effektivität nicht unterscheiden. In diesem Falle würde es die Aufwandsoptimierung erfordern, die Kosten für Erwerb bzw. Entwicklung und Einsatz der Anwendungen gegenüberzustellen und sich für die günstigste Variante zu entscheiden.

Das Vorgehen kommt insofern der dargestellten Ausgangsproblematik im pädagogischen Kontext entgegen: Mögliche Unterschiede in der Effektivität können in vielen Fällen nicht so gewichtet werden, dass sie Unterschiede im Aufwand zu relativieren erlauben. Um eine Entscheidung zu finden erscheint es angemessener, sich zunächst über ein Kriterium zu einigen, das eine Maßnahme erreichen soll. Danach ist der Aufwand der verschiedenen Maßnahmen gegenüberzustellen.

Allerdings verführt gerade dieses Vorgehen in der Praxis dazu, das ganze Augenmerk auf vordergründige Kostensenkungen zu lenken, etwa auf die Reduzierung der Länge von Lehrgängen oder die Vereinfachung der konzeptionellen Anlage eines Lernangebots. Ob derart beschnittene Maßnahmen dann in der Lage sind, die gesetzten Kriterien zu erreichen, bleibt oft ungeprüft.

Kosten-Nutzen-Analyse

Bei einer Kosten-Nutzen-Analyse wird die *relative* Bedeutung von Alternativen in Beziehung gesetzt zu dem jeweils zu tätigenden Aufwand. Bei der Quantifizierung der Effekte ist üblicherweise auf Schätzungen zurückzugreifen, wenn andere Daten nicht verfügbar sind. Ebenso muss der relative Vorteil einer Maßnahme gegenüber einer anderen *subjektiv* gewertet werden.

Stehen erneut mehrere Varianten zur Auswahl, ist der relative Vorteil einer Maßnahme gegenüber der anderen zu gewichten. Demnach wäre in dem Beispiel in Tabelle 17 in Erwägung zu ziehen, ob der zusätzliche Nutzen von Medienpaket B gegenüber C, bzw. A gegenüber B den zusätzlichen Aufwand rechtfertigt.

Tabelle 17: Relation von Aufwand und Lernzuwachs

	Aufwand	Lernzuwachs
Medienpaket A	400 € / Tn	30 %
Medienpaket B	300 € / Tn	25 %
Medienpaket C	200 € / Tn	20 %

In diesem Fall ist zu entscheiden, wie wichtig der Organisation der erreichbare, zusätzliche Nutzen ist. Dies hängt z. B. davon ab, welchen Stellenwert die angestrebten Kompetenzen in der Wertschöpfungskette des Unternehmens haben oder welche Nebeneffekte die Maßnahme haben könnte, etwa Motivations- oder Imageeffekte. Schwieriger wird es bei Effekten, die sich einer Quantifizierung entziehen. Bedingung einer Kosten-Nutzen-Analyse ist, dass beide Variablensätze zumindest ordinal skalierbar sind, d. h. die verschiedenen Kosten und Effekte in eine Rangreihe gebracht werden können. Eine weitere Voraussetzung ist, dass für jede Variable *Kriterien* angegeben werden können, die als Minimum erreicht werden sollen. In der Darstellung wählen wir (–) für Werte, die unterhalb des Kriteriums liegen. Dagegen zeigt (o) an, dass das Kriterium erfüllt ist. Lassen sich die Effekte in eine Rangreihe bringen, wird dies durch mehrere (++) bzw. (– –) angezeigt. Die Gegenüberstellung dreier Varianten könnte wie folgt aussehen:

Tabelle 18: Kosten-Nutzen-Analyse

	Gesamt-aufwand	Entwicklungs-aufwand	Wissens-vermittlung	Kognitive Fertigkeiten	soziale Kom-munikation	Lern-motivation
A	O	O	+	O	–	O
B	+	+	O	O	–	+
C	–	O	O	O	+	++

Alle Lösungen liegen innerhalb des vorab festgelegten Rahmens des Entwicklungsaufwands. Alternative B ist die im Gesamtaufwand günstigste Lösung. Der Gesamtaufwand von Lösung C wird negativ gewertet, weil sie den maximal gesetzten Rahmen übersteigt. Zu prüfen wäre für C, ob die Effekte der Maßnahme so hoch sind, dass sich dies begründen lässt, andernfalls stellt Lösung C keine Alternative dar.

Bei den Effekten zeigt sich ein differenziertes Bild. Die Analyse der Konzeption von Lösung A legt nahe, dass sie stärker die Wissensvermittlung fokussiert. Kognitive Fertigkeiten werden von keiner der Anwendungen besonders gut vermittelt. Die Lernmotivation wird allerdings vor allem von den Anwendungen B und C gefördert.

Für welche Anwendung wird man sich entscheiden? Zunächst kommt es auf die Gewichtung der Effekte an: Wenn auf die soziale Kommunikation nicht verzichtet werden soll, wird man trotz Überschreiten des vorgesehenen Gesamtaufwandes für diese Variante plädieren. Da der Gesamtaufwand bei Variante B am niedrigsten ist und die anderen Kriterien zumindest erreicht werden, wird man dieser Variante vermutlich die höchste Effizienz zuschreiben.

Es zeigt sich also, dass der Vergleich der Effizienz medialer Lernangebote unter reduziertem Anspruch möglich ist: Es lässt sich nicht die Effizienz *einer* bestimmten Lösung bestimmen, es lässt sich jedoch die Effizienz verschiedener Varianten gegeneinander abwägen.

Maßnahmen zur Steigerung der Effizienz

Bisher haben wir diskutiert, wie sich die Effizienz verschiedener Lernangebote bestimmen bzw. vergleichen lässt. Es bleibt die Frage, welche Maßnahmen grundsätzlich geeignet erscheinen, um die Effizienz der Bildungsarbeit durch Einsatz medialer Lernangebote steigern zu können.

Eine höhere Effizienz kann entweder durch bessere Ergebnisse oder durch geringere Aufwände (wie geringere Abwesenheitszeiten, Lerndauer, Raum- und Personalkosten, Investitionen) erzielt werden. Dabei geht es immer darum, das Verhältnis von Ergebnissen und Aufwänden zu optimieren:

Höherer Lernerfolg bei gleichem Aufwand

Ein höherer Lernerfolg lässt sich vor allem mit einem didaktisch besser aufbereiteten Lernangebot erreichen. Eine besser auf das didaktische Feld zugeschnittene Konzeption sollte – bei gleichem Aufwand – die Effizienz erhöhen.

Alternativ kann folgender Ansatz in Frage kommen, wenn das Kosten-Nutzen-Verhältnis des mediengestützten Lernangebots verbessert werden soll:

Gleicher Lernerfolg bei niedrigerem Aufwand

Alternativ kann der Lehr- und/oder Lernaufwand reduziert werden. Eine Kostensenkung ist jedoch nur dann effizienzsteigernd, wenn das Ergebnis (der Lernerfolg) gleich bleibt!

Der *Lernaufwand* kann mithilfe von Medien tatsächlich vielfach reduziert werden. Dies liegt vor allem daran, dass eine Gruppe von Lernenden das gleiche Lernergebnis *in kürzerer Zeit* erreichen kann. Gleichzeitig ist die Abbruchquote zu berücksichtigen, die beim mediengestützten Lernen typischerweise höher ist als bei konventionellen Angeboten, und zwar insbesondere, wenn nicht genügend Erfahrung mit selbstgesteuertem Lernen oder andere ungünstige Lernvoraussetzungen bei der Zielgruppe vorliegen. Durch die Abbruchrate reduziert sich die *Lernerfolgsquote, also* der über die gesamte Gruppe der Teilnehmenden erzielte Lernerfolg einer Bildungsmaßnahme.

Bei der *Reduktion des Lehraufwands* bleibt die grundlegende Frage, wie sich eine solche Reduktion auf die Lerneffekte auswirken wird. Zu berücksichtigen sind nicht nur quantitative Auswirkungen im Sinne möglicher Einschränkungen des Lernerfolges, sondern auch qualitative Auswirkungen, die durch den Verlust interpersoneller Kommunikation bedingt sein können. In Kontexten, in denen Lehrziele verfolgt werden, die einer intensiven interpersonellen Kommunikation bedürfen, kann auf personale Betreuungsvarianten nicht verzichtet werden. Diese Betreuung muss allerdings nicht in Form von konventionellem Unterricht oder tutorieller Begleitung stattfinden, sie lässt sich auch durch Online-Varianten der Betreuung realisieren.

Im Einzelfall kann es vor allem schwierig sein, nicht nur gute Bildungsmedien zu produzieren, sondern diese auch erfolgreich und *dauerhaft* in einer Bildungsinstitution einzusetzen. So ist der Erfolg des Vorhabens in einem speziellen Unternehmen möglicherweise von der Unterstützung einzelner Protagonisten abhängig, deren Begeisterung auf das Umfeld ausstrahlt. Verlieren diese ihr Interesse oder verändert sich das Arbeitsgebiet dieser Personen, kann es bereits zu einem spürbaren Einbruch in der Nutzung kommen. Bereits sporadische Nachfragen bei Unternehmen der Automobilbranche, die vor wenigen Jahren ausgezeichnete Bildplatten für Lehrzwecke entwickelt haben, belegen, dass diese selten über mehrere Jahre hinweg eingesetzt worden sind.

Dies soll verdeutlichen, dass es problematisch ist, von einzelnen Darstellungen über erfolgreiche Medienprojekte auf die Möglichkeiten des mediengestützten Lernens als solches zu schließen. Der Erfolg der Maßnahmen liegt in den meisten Fällen nicht an einem spezifischen Medium, sondern z. B. an der Neuigkeit des Mediums, an dem besonderen Elan der Protagonisten, an dem Gefühl der Lernenden, an einer innovativen Maßnahme beteiligt zu sein oder auch an der guten didaktischen Aufbereitung in einem besonders geförderten Pilotprojekt.

Für die Konzeption von digitalen Lernangeboten bleiben diese Aussagen wenig aussagekräftig. Es wird nicht in Zweifel zu ziehen sein, dass mediengestützte Bildungsmaßnahmen die Effizienz der Bildungsarbeit steigern *können.* Doch das didaktische Design interessiert: Wie lässt sich in einem konkreten Projekt eine effiziente Nutzung von Ressourcen sicherstellen?

Aus den vorliegenden Effektivitätsstudien ist nicht zu erwarten, dass verschiedene Medien eine grundlegend unterschiedliche Effektivität aufweisen. Folglich sind auch globale Aussagen zur Effizienz nicht möglich. Vielmehr ist zu bestimmen, wie in einer konkreten Situation eine effiziente Problemlösung hergestellt werden kann.

Es bleibt also festzuhalten: Digitale Lernangebote können zu einer Lehr- und Lernerleichterung beitragen, die vor allem durch eine verkürzte Lerndauer bedingt ist und über die Reduktion des Lernaufwandes effizienzsteigernd wirkt. Eine deutlichere Reduktion der Kosten pro Person lässt sich nur erreichen, wenn die Gesamtkosten der Maßnahme von der Zahl der Teilnehmenden entkoppelt werden. Dies ist im Wesentlichen dann erreichbar, wenn auf bestimmte Bestandteile personaler Betreuung verzichtet wird. Die Effizienz der Maßnahme bleibt nur dann erhalten, wenn die *Lernerfolgsquote* in einem solchen Szenario – aufgrund höherer Abbruchquoten – nicht abfällt!

3.4 Anders Lernen

Es geht der Mediendidaktik nicht um die technische oder ästhetische Qualität von Medien, sondern um ihren Beitrag zur Lösung bestimmter pädagogischer Anliegen. Die Qualität eines mediengestützten Lernangebots kann – aus didaktischer Sicht – letztlich nur daran gemessen werden, ob und inwieweit es gelingt, ein bestimmtes Bildungsproblem oder -anliegen zu lösen.

Die Erwartungen an die digitalen Medien sind vielschichtig. Besonders verbreitet ist die Hoffnung, dass der Einsatz digitaler Medien bessere Lernleistungen erzielt, und dies mit einer höheren Effizienz. Beide Annahmen finden durch die Forschung bislang wenig Unterstützung. Es muss vielmehr davon ausgegangen werden, dass – im Durchschnitt betrachtet – Lernerfolg weitgehend unabhängig von dem gewählten Mediensystem ist. Eine Kostenreduktion ohne Verringerung des Lernerfolges ist darüber hinaus bisher überraschend selten aufgezeigt worden. BARTLEY & GOLEK (2004) stellten ein Schema auf, um Kosten von Online- und Präsenzunterricht zu kalkulieren. Jüngere Studien sind interessanterweise häufig im Kontext der Ausbildung in der Medizin sowie in den Pflege- und Gesundheitswissenschaften angelegt. MAERTENS et al. (2016) kommen in einer Auswertung von 87 Einzelstudien zu dem Ergebnis (Maertens u. a., 2016; Walsh, Levin, Jaye, & Gazzard, 2013):

> *„Despite significant heterogeneity amongst platforms, e-learning is at least as effective as other methods of training."*

Die vorliegenden Untersuchungen zum Effekt des Lernens mit Medien lassen sich zusammengefasst als Nachweis interpretieren, dass mediengestützte Lernverfahren anderen Varianten nicht *unterlegen* sind. Besondere Vorteile des mediengestützten Lernens zeigen sich im Hinblick auf die *Lerndauer* für Personen mit hoher Lernmotivation und selbstständigem Lernverhalten, die das mediale Lernangebot zu einer intensiven kognitiven Auseinandersetzung nutzen. Gleichwohl wird deutlich, dass für den Lernerfolg die Qualität der *Medienkonzeption* und nicht das Mediensystem an sich ausschlaggebend ist.

Potenziale digitaler Medien

- **Tiefes Lernen**: Medien können die Auseinandersetzung mit den Inhalten intensivieren durch
  (a) Anschaulichkeit, Situierung und damit Anwendungsorientierung z. B. mit Bildern, Audio, Video oder Simulationen,
  (b) kognitive und/oder emotionale Aktivierung von Lernenden, insbesondere durch elaborierte Lernaufgaben (wie Fälle, Probleme oder Projekte) sowie
  (c) die soziale Interaktion beim Lernen durch kooperative Lernszenarien.
- **Flexible Lernorganisation**: Medien ermöglichen eine höhere zeitlich-örtliche und soziale Flexibilität des Lernens. Es können neue Zielgruppen angesprochen und alternative Lernorte einbezogen werden.
- **Kürzere Lernzeiten**: Durch die individuelle Anpassung des Lerntempos und der Mediennutzung können sich im Durchschnitt geringere Lernzeiten ergeben. Es kann allerdings zu erhöhten Abbruchquoten (*Drop-outs*) kommen, die diesen Vorteil relativieren.
- **Geringere Kosten**: Der Einsatz von Medien führt nicht als solches zu einer Reduktion der Kosten. Ein mediendidaktisches Konzept, das zu den Parametern des didaktischen Feldes passt, kann allerdings einen Beitrag liefern, um die Effizienz der Bildungsarbeit zu steigern.

Solche Effekte treten nicht durch den Einsatz der neuen Medien *als solcher* ein, sondern durch ein didaktisches Konzept, das an den Rahmenbedingungen der Lernsituation ansetzt. Der Einsatz digitaler Medien führt damit nicht automatisch zu besseren Lösungen als konventionelle Bildungsangebote. Im Gegenteil, ihr unüberlegter Einsatz führt oft genug zu Ergebnissen, die geringe Akzeptanz bei Lernenden, geringe Lernerfolge und eine niedrige Effizienz nach sich ziehen. Im Folgenden wird geprüft, wodurch und wie ein möglicher Nutzen von digitalen Medien in der Bildungsarbeit zustande kommt. Dazu ist zunächst zu thematisieren, ob in einer gegebenen Konstellation überhaupt ein *Bildungsproblem* vorliegt und wie ein solches *Bildungsanliegen* formuliert werden kann.

Verbreitete Annahmen zum Lernen mit digitalen Medien sind in mancher Hinsicht zu relativieren. Der Einsatz von digitalen Medien an sich führt nicht zu besseren Lernergebnissen. Als wesentliches Potenzial der digitalen Medien bleibt die Option für ein *anderes* Lernen: Digitale Medien unterstützen Lernszenarien, die den Forderungen nach stärker selbstgesteuertem, anwendungsnahem, flexiblem und kooperativem Lernen entgegenkommen.

Digitale Medien *unterstützen* problemorientierte Methoden, wie z. B. die Fall- oder Projektarbeit, bei der Einzelne oder Gruppen an der Erstellung von Artefakten arbeiten. Zu beachten ist, dass sich diese Methoden tatsächlich auch *ohne* solche technische Unterstützung – mit Papier und Schere – realisieren lassen. Es wäre also falsch, dass digitale Medien neue didaktische Methoden möglich machen. Sie können solche Methoden aber wesentlich *unterstützen* und entsprechenden Vorhaben neue Impulse geben, auch durch Verweise auf Quellen im Internet, durch das raum- und zeitunabhängige gemeinsame Arbeiten oder die Veröffentlichung von Ergebnissen.

Interessant sind auch kommunikative Lernszenarien im Internet. Das Internet ist nicht nur für den schnellen Zugriff auf Wissensressourcen interessant, es ist (zunehmend) auch eine Plattform für die Kommunikation, etwa zwischen Lernenden untereinander oder mit Lehrenden. Gerade diese Komponente erweist sich als wesentlicher Vorzug beim mediengestützten Lernen; sie macht den entscheidenden Unterschied zu den bisherigen Szenarien des *einsamen* Lernens mit Medien aus.

Es existieren unterschiedliche Einschätzungen darüber, wie weit die mediengestützte Kommunikation in Lernkontexten soziale Kontakte via *face-to-face* ersetzen wird oder ersetzen sollte. Am weitesten reichen Konzepte von *Lerngemeinschaften*, die intensive menschliche Begegnungen im Internet ermöglichen, und die von pädagogischer ebenso wie ökonomischer Seite gerne aufgenommen worden sind. Angesichts teilweise enttäuschender Erfahrungen in der Praxis bleibt die Frage, unter welchen Bedingungen sich solche Lerngemeinschaften tatsächlich bilden. Auch hier ist es eine Frage der didaktischen Konzeption, Rahmenbedingungen herzustellen, die die erforderliche Kommunikation initiieren und unterstützen.

Hybride Lernarrangements

Lernen mit digitalen Medien bietet gegenüber traditionellen Ansätzen eine *höhere Flexibilität* bei der zeitlichen und räumlichen Organisation des Lernens. Diese Aspekte kommen vor allem dann zum Tragen, wenn mediengestützte Verfahren nicht als Alternative zu konventionellen Unterrichtsformaten implementiert, sondern mit diesen kombiniert werden. Es wird in diesem Zusammenhang von *hybriden Lernarrangements* gesprochen, wie z. B. *Blended Learning*. In der Praxis interessiert, wie sich die unterschiedlichen Elemente und Möglichkeiten in einem Arrangement kombinieren lassen. Es geht damit nicht mehr um den Einsatz bestimmter digitaler Medien an sich, sondern um die nüchterne Kombination verschiedener Elemente unter pädagogischen und Kosten-Nutzen-Überlegungen. In einem solchen Arrangement kann ein Text in Printform oder per Internet distribuiert werden. Eine persönliche Unterstützung kann dann vor Ort in Bildungszentren oder über das Internet erfolgen. Vorträge könnten als Videos eingestellt oder in einer Videokonferenz über Distanzen präsentiert werden.

Der Ansatz der *hybriden Lernarrangements* verfolgt diese Überlegung. Er wendet sich explizit gegen die Annahme, dass bestimmte Medien *an sich* vorteilhaft gegenüber anderen seien. Der Ansatz geht vielmehr davon aus, dass die Bestandteile eines Lernangebots immer von Rahmenbedingungen des didaktischen Feldes abhängen und dass sich ein Lernangebot vor allem durch eine kluge *Kombination* unterschiedlicher medialer und methodischer Elemente auszeichnet.

Die Bedeutung einer zeitlich und räumlich *flexiblen Lernorganisation* durch hybride Lernarrangements wird oft unterschätzt. Doch genau hier wird ein wesentlicher Zusatznutzen der digitalen Medien sichtbar: Die Bedeutung des lebenslangen Lernens nimmt immer mehr zu. Konventionelle Formen der Bildungsorganisation werden diesen Bedarf kaum decken. Bildungsanbieter können sich profilieren mit Lernangeboten, die – neben inhaltlicher und didaktischer Qualität – eine hohe zeitliche und räumliche Flexibilität einräumen. Auf diese Weise lassen sich Lernszenarien realisieren, die den vielfältigen Bedingungen und Voraussetzungen von Menschen entgegenkommen.

Traditionelle Präsenzformate zwingen die Lernenden dazu, an einem bestimmten Ort zu einer bestimmten Zeit anwesend zu sein und einem vorbestimmten Lernweg zu folgen. Dies mag für manche Zielgruppen wenig problematisch sein; in der Weiterbildung beinhalten solche Lösungen jedoch oftmals eine Einschränkung für die Lernenden. Aufgrund beruflicher oder privater Verpflichtungen lässt sich die Teilnahme an festgelegten Terminen, oft über Wochen im Voraus, nur schwer zusichern. Gewünscht werden zunehmend Lernangebote, die sich mit beruflichen und privaten Verpflichtungen einfacher vereinbaren lassen.

Die Vielfalt von Lernenden („Diversität"), gerade im Erwachsenenalter, wird zunehmend nicht mehr als Problem wahrgenommen, sondern als Chance erkannt. Das bedeutet auch, dass ein Angebot nicht für alle Menschen in gleicher Weise geeignet ist. Es wird immer mehr erwartet, dass Lernangebote eine höhere Flexibilität aufweisen, um sie mit anderen Interessen und Verpflichtungen harmonisieren zu können.

Anders Lernen mit Medien

- Lernen mit Medien kann stärker selbstgesteuert und kooperativ angelegt werden als konventionelle Unterrichtsformen.
- Problemorientierte Methoden, wie das Lernen mit Fällen oder Projekten, werden besonders unterstützt.
- Lernen lässt sich flexibler organisieren und kommt damit der Vielfalt der Lernenden – ihren Voraussetzungen und Interessen – entgegen.

3.5 Begründungsmuster in der Praxis

Die Diskussion über Gründe des Medieneinsatzes ist von unterschiedlichen Sichtweisen geprägt. Kerres (1995) berichtete über Entscheidungen von Promotoren für Projekte zum mediengestützten Lernen. *Promotoren* sind Personen, die die Produktion oder den Einsatz eines didaktischen Mediums verantworten oder unterstützen. Dies kann eine Verantwortliche für die betriebliche Bildungsarbeit eines Unternehmens sein, die Konferenz der Fachlehrkräfte einer Schule, die den Kauf eines Lernprogramms erwägt, oder der Geschäftsführer eines Softwareunternehmens, der die Produktion eines Online-Produktes plant. Was spricht aus Sicht solcher Promotoren für mediengestütztes Lernen? Es können folgende Argumente angetroffen werden:

Ersatz für personalen Unterricht. Dieses in der betrieblichen Bildungsarbeit vorherrschende Begründungsmuster entspricht der ökonomischen Sichtweise, in der durch Einsatz von Bildungsmedien eine Kostenreduktion erhofft wird. In den selteneren Fällen kann diese Argumentation mit konkreten Fakten und Zahlen aus der Bildungsarbeit hinterlegt werden. Es kann der Eindruck entstehen, dass diese Argumentation im Einzelfall vergleichsweise vordergründig ist: Sie lehnt sich an eine in der Wirtschaft übliche Argumentation an, ohne jedoch den entsprechenden Nachweis zu erbringen.

Ergänzung zum personalen Unterricht. Ein anderes Begründungsmuster, das bei Lehrkräften vorherrscht, sieht Medien nicht als Alternative zum personalen Unterricht, sondern als Ergänzung. Überlegungen zu Nutzen und Effizienz stehen dabei nicht im Vordergrund. Ein bestehendes didaktisches Konzept wird dabei nicht infrage gestellt. Die Medien werden vielmehr in die vorhandene didaktische Konzeption als Anreicherung integriert und als Unterstützung für Lehrende gesehen. Der tatsächliche *Nutzen* des Mediums (aus welcher Sicht auch immer) bleibt in diesem Begründungsmuster teilweise unklar. Damit besteht die Gefahr, dass das Medium sich *auf Dauer* nicht in die Bildungsarbeit integrieren lässt, auch weil die zusätzlichen Kosten nicht hinreichend begründet sind. Bei einer bloßen *Anreicherung* ist die Gefahr groß, dass keine nachhaltige Integration in die Lernumgebung erfolgt.

Institutionelle Innovation. Seltener werden digitale Lösungen als institutionelle Innovation wahrgenommen, um Bildung anders zu organisieren, neuartige Lernangebote zu implementieren und neue Zielgruppen zu erreichen. Entsprechende Vorhaben gehen regelmäßig von einem *Bildungsanliegen oder -problem* aus und erproben alternative Lernformate und Varianten der Lernorganisation. Mit der Entwicklung und dem Einsatz von Medien werden bestimmte Ziele verbunden. Es geht z. B. darum, schwierig adressierbare Zielgruppen wie Mitarbeitende im Außendienst oder in kleinen und mittleren Unternehmen anzusprechen oder Formate zu entwickeln, die die Flexibilität der Lernorte und -zeiten unterstützen.

Imageträger. Als weiteres Argument, das eher unterschwellig formuliert wird, in der Praxis aber bedeutsam erscheint, ist die *imagebildende Wirkung* digitaler Medien in der Außendarstellung. Durch die Propagierung und aktive Förderung von Techniken, denen die Attribute *neu, innovativ* oder *fortschrittlich* zugeschrieben werden, kann ein Imagetransfer von dem Produkt auf die Einrichtung stattfinden. Der Einsatz von IT-Lösungen im Bildungskontext geschieht nicht selten *auch* vor diesem Hintergrund: Die Einrichtung möchte sich als modern und „auf der Höhe der Zeit" präsentieren.

Für die Institution reicht es dabei, eine entsprechende technische Infrastruktur oder Lösung vorzuzeigen. Wie (intensiv) diese in der Praxis genutzt wird, spielt dabei eine eher nachrangige Rolle. Ist dieses, zumeist implizite Begründungsmuster dominant, wird die didaktisch-konzeptuelle Einbindung in die Bildungsarbeit möglicherweise vernachlässigt.

Analysen der Machbarkeit

Es wurden unterschiedliche Begründungsmuster für Ansätze einer Digitalisierung in der Bildung beschrieben. Keine der dargestellten Sichtweisen erscheint grundsätzlich richtig oder falsch. Wenn eine bestimmte Sichtweise dominiert, bringt dies spezifische Implikationen mit sich, die die nachhaltige Mediennutzung *begünstigen* oder *erschweren*. So kann eine *verengte* Sichtweise bzw. das Vorherrschen einer bestimmten Sichtweise dazu führen, dass manche Hürden übersehen werden und die Schwierigkeit, neue Lernangebote in der Praxis nachhaltig zu verankern, unterschätzt wird.

Oft dominiert das erste Muster: Die Erwartung, dass Medien – als kostengünstige Alternative – personalen Unterricht ersetzen könnten. Dem steht gegenüber, dass dieses Argument *durch Daten* weiterhin wenig gut untermauert ist. Dies liegt vor allem daran, dass es aufwendig ist, die Effizienz von unterschiedlichen Lernangeboten methodisch sauber zu vergleichen. Diese Problematik wird erneut in Kapitel 3.3 aufgegriffen.

Die bei Akteuren vorherrschenden Sichtweisen können in einem Projekt analysiert werden, da diese – unabhängig von ihrer Richtigkeit – ihr Handeln bei der Konzeption und Einführung von mediengestützten Lernangeboten beeinflussen. Um die Machbarkeit des Vorhabens zu prüfen, wären die Erwartungen der Beteiligten zu analysieren: Häufig werden bei der Machbarkeitsanalyse nur die technischen, organisatorischen und ökonomischen Randbedingungen thematisiert. Es wird überprüft, ob das Projekt unter gegebenen Rahmenbedingungen grundsätzlich realisierbar erscheint. Die hier gemeinte Machbarkeit eines Medienprojektes im didaktischen Feld wäre anders anzulegen: Sie prüft, inwieweit die Voraussetzungen gegeben sind, um mediengestützte Lernangebote erfolgreich und dauerhaft in der (Bildungs-)Organisation verankern zu können. Dazu ist mit Betroffenen und Beteiligten über ihre Erwartungen und Befürchtungen im Hinblick auf die möglichen Veränderungen in der Lehr-Lern-Situation zu sprechen. Dabei stellt sich die Frage, ob die geäußerten Erwartungen durch das Projekt eingelöst werden können und ob die geäußerten Bedenken wesentliche (und begründete) Widerstände beinhalten, die den Projekterfolg am Ende infrage stellen könnten. Diese Aspekte sollten früh in der Projektlaufzeit einer Prüfung unterzogen werden. Gerade in der Anfangsphase mancher Projekte besteht eine gewisse Euphorie, die verhindert, dass die Angemessenheit der Projektidee mit der notwendigen Rigorosität analysiert wird.

Ein Projekt, das die Entwicklung oder den Einsatz von digitalen Medien in Erwägung zieht, sollte die Gründe der Beteiligten explizieren und hinterfragen, um unrealistische Erwartungen (z. B. von Auftraggebern) zu erkennen. Bei der Ableitung einer mediendidaktischen Konzeption sollten die Argumente gegeneinander abgewogen und im Hinblick auf das zugrunde liegende Bildungsproblem bewertet werden. Zu prüfen ist, ob die angestrebten Ziele unter den gegebenen Bedingungen tatsächlich erreicht werden können.

Vielfach wird angenommen, dass es ausreicht, technische Geräte und Medien verfügbar zu machen oder Lerninhalte auf ein Medium zu übertragen. Dabei wird übersehen, dass der Medieneinsatz andere Formen der *Lernorganisation* notwendig macht. Mediale Lernangebote lassen sich nicht in ein Bildungssystem einführen *ohne* grundlegende Überlegungen zur Aufbau- und Ablauforganisation von Bildung. Oft werden diese Überlegungen erst im Nachhinein – z. B. nach Fertigstellung des Mediums – angestellt und dann als unangenehme, da kostenverursachende Nebenwirkung aufgefasst.

Selten wird dagegen die lernorganisatorische Innovation als Potenzial des Medieneinsatzes wahrgenommen. Dies liegt etwa vor, wenn grundlegend andere Strukturen des Zugangs für (z. B. bislang schwer adressierbare) Teilnehmende, der Distribution und Betreuung von Lernenden ins Auge gefasst werden.

Ein Beispiel ist ein mittelständisches Unternehmen, das einen Weg suchte, Weiterbildungsangebote für Mitarbeitende in der Fertigung möglichst arbeitsplatznah und flexibel zugänglich zu machen (zum Konzept der arbeitsplatznahen Weiterbildung s. Severing, 1994). Entwickelt wurde ein Multimediasystem mit berührungsempfindlichem Bildschirm, das an verschiedenen Stellen in der Nähe des Arbeitsplatzes in der Produktion aufgestellt wurde und (vor allem) in Leerlaufzeiten genutzt werden konnte. Es beinhaltete neben einem speziellen Lernprogramm laufend aktualisierte betriebliche Informationen. Ein wesentlicher Bestandteil der Maßnahme war die Einführung von *Lernzirkeln*, in denen Mitarbeitende eines Fertigungsabschnitts zusammengefasst sind, um ihre Weiterbildungsaktivitäten und -erfahrungen zu besprechen und zu organisieren. Ohne diese Einbindung des mediengestützten Lernangebots in die *Lernzirkel* wäre die Installation des digitalen Angebotes wenig effektiv geblieben.

Auch im (Hoch-)Schulbereich hat die Digitalisierung erhebliche Implikationen für die Aufbau- und Ablauforganisation des Kernprozesses „Studium & Lehre". Dennoch werden diese Implikationen nicht immer näher betrachtet und notwendige Veränderungen, die für eine dauerhafte Integration und nachhaltige Nutzung im laufenden Betrieb erforderlich wären, oft nicht umgesetzt.

Betrachtet man diese Befundlage, erscheint es wichtig, Erwartungen über die Potenziale neuer Medien zu hinterfragen. Mediengestützte Lernangebote werden immer mehr genutzt, sowohl beim autodidaktischen Lernen und in der Freizeit als auch im Rahmen von Bildungseinrichtungen und in der betrieblichen Bildungsarbeit. Die Potenziale, die mit dem mediengestützten Lernen verbunden werden, sind im konkreten Fall nüchtern zu prüfen: Medien *an sich* bringen zunächst wenig Vorteile für das

Lernen. Die Potenziale können nur eingelöst werden, wenn sie in einer Weise didaktisch aufbereitet und arrangiert werden, die für das gegebene Bildungsproblem angemessen ist.

Übung 1

Die folgende Abbildung stellt mögliche Aussagen zu Effekten des Medieneinsatzes dar. Diskutieren Sie, welche der skizzierten Effekte auf der Grundlage empirischer Untersuchungen oder anderer Überlegungen plausibel sind und welche der Behauptungen problematisch oder wenig begründet erscheinen.

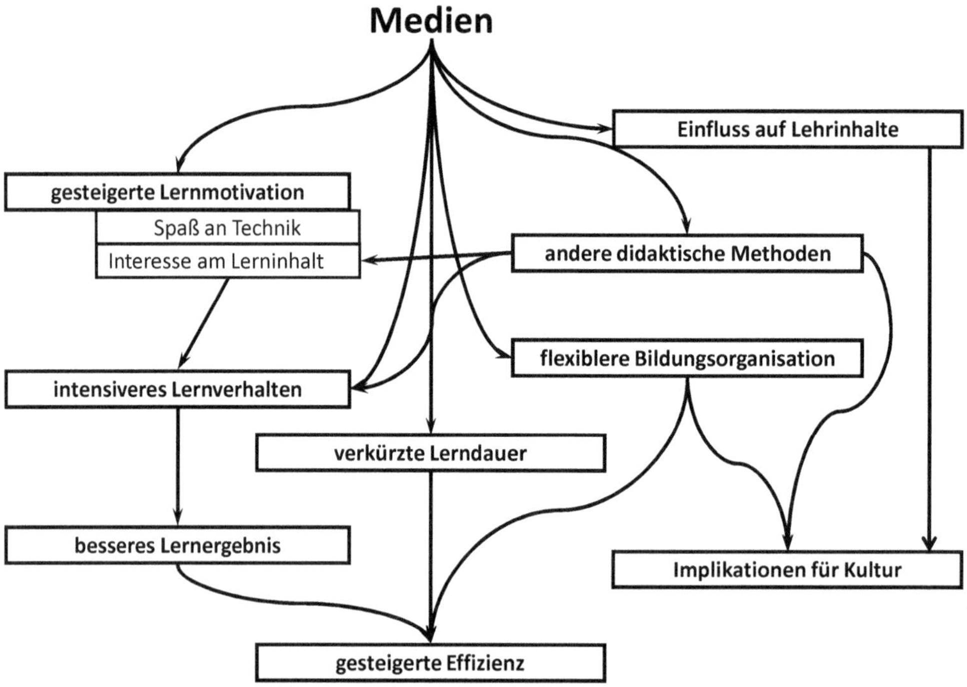

Übung 2

Nehmen Sie Stellung zu folgenden Aussagen über die Rolle von Medien und Computern beim Lernen. Bitte begründen Sie Ihre Einschätzung unter Bezugnahme auf die dargestellten Befunde oder Positionen.

Lernen mit digitalen Medien führt zu besseren Lernergebnissen als andere Varianten.	
Beim Lernen mit digitalen Medien kann die durchschnittliche Lernzeit einer Gruppe gegenüber konventionellen Formen des Unterrichts reduziert werden.	
Lernen mit digitalen Medien ist im Ganzen teurer als konventionelle Varianten des Unterrichts.	
Beim Lernen mit digitalen Medien kann das Lernangebot zeitlich und örtlich flexibler organisiert werden.	
Bei digitalen Lernmedien arbeiten die Lernenden alleine am Computer. Dies führt zu Vereinzelung und Vereinsamung der Lernenden.	
Ein wesentlicher Grund für den Einsatz von digitalen Medien ist die gesteigerte Motivation der Lernenden.	
Das Lernen mit Medien ist vor allem billiger als andere Varianten.	
Der Einsatz des Computers „an sich“ führt in vielen Fällen bereits zu positiven Effekten auf das Lernen.	
Lernangebote mit digitalen Medien können den Bedingungen und Voraussetzungen des Einzelnen nicht hinreichend gerecht werden.	
Lernen mit digitalen Medien macht mehr Spaß und fördert so die Intensität des Lernens.	
Medien beinhalten Angebote für das Lernen, die Lernprozesse nur anregen, aber nie zuverlässig garantieren können.	
Das Lernen mit Computern führt letztlich zu den gleichen Lerneffekten wie konventioneller Unterricht.	
Für den Lernerfolg ist vor allem die Wahl der didaktischen Methode entscheidend, weniger aber, mit welchem Medium gelernt wird, solange es grundsätzlich geeignet ist.	
Digitale Medien verändern das Lernen nicht grundsätzlich, sie unterstützen allerdings bestimmte Lehr-Lern-Methoden besonders gut.	
Digitale Medien eröffnen völlig neue Formen des Lernens und Lehrens. Sie bedeuten eine Revolution für das Bildungswesen.	
Selbstgesteuertes Lernen mit Medien hat keine höhere Abbruchquote als konventioneller Unterricht.	
Die Potenziale des Lernens mit digitalen Medien kommen nur dann zur Geltung, wenn das Lernangebot auch angemessen didaktisch aufbereitet wird.	

Übung 3

Sie arbeiten in der Bildungsabteilung eines mittelständischen Unternehmens der Elektroindustrie. Eine Fachabteilung wendet sich an Sie mit einer Anfrage: Es geht um ein neuartiges Produkt aus dem Bereich der Haustechnik, für das die Abteilung den Vertrieb im deutschsprachigen Raum übernommen hat. Es handelt sich um ein innovatives Bussystem, mit dem sich alle Geräte in einem Haus digital steuern und regeln lassen (z. B. Rollladen, Heizung, Klima, ...). Das Produkt ist in seiner Anlage komplex und für das Vertriebspersonal grundsätzlich relativ neuartig. Es bedarf einer längeren Auseinandersetzung mit unterschiedlichen Optionen und Konfigurationen. Die Kunden (Installationsfachbetriebe, Fachgeschäfte, Baumärkte usw.) müssen vielfach von dem Produkt überzeugt werden. Auch wird das Vertriebspersonal regelmäßig Zugriff auf Informationen und Anleitungen benötigen, um sich auf Kundentermine vorzubereiten. Es liegt ein ausführliches englischsprachiges Handbuch mit Abbildungen (ca. 250 Seiten Letter-Format ohne Anhänge) als Word-Datei vor, in dem die Bedienung des Systems beschrieben ist. Die Fachabteilung hat Ihnen das Handbuch mitgeschickt und bittet um eine Kostenabschätzung für die Umsetzung in einem Lernprogramm.

Wie gehen Sie vor?

Um den Aufwand zu bestimmen, können Sie folgende Positionen kalkulieren:

- Übersetzung von Text und Abbildung (Fachübersetzer/in)
- Anpassung bzw. Neuerstellung der Abbildungen (Grafiker/in)
- Aufsetzen eines Webservers, auf dem die Materialien bereitgestellt werden (Technik)
- Erstellen von Multiple-Choice-Testaufgaben für jedes Kapitel des Handbuchs mit Rückmeldungen (Fachexpertise)
- Übertragen der Informationen in das System (Redakteur/in)
- Durchführen von Tests mit der Zielgruppe (Vertriebsmitarbeiter/in)
- Projektmanagement

Sie werden die Aufwände der einzelnen Positionen abklären und können der Fachabteilung die gewünschte Summe mitteilen.

Doch ist diese Antwort hinreichend? Sind Sie der Aufgabe der Bildungsabteilung mit dieser Antwort gerecht geworden?

Wird diese Art des Lernangebots zuverlässig dazu beitragen, dass das Vertriebspersonal hinreichend geschult ist, um seiner Aufgabe gerecht zu werden? In der Anfrage der Fachabteilung versteckt sich eine „implizite Theorie des Lernens". Wie würden Sie diese einordnen? Skizzieren Sie mögliche Alternativen.

4 Medien- und Lerntheorien

Media will never influence learning.

Richard Clark (1994)

In diesem Kapitel geht es um zwei zentrale Begriffe der Mediendidaktik: *Medien* und *Lernen,* zwei Begriffe, zu denen sehr unterschiedliche Auffassungen in der wissenschaftlichen Diskussion formuliert worden sind: Wie funktioniert das Lernen? Meint Lernen eine Änderung von Verhalten, eine Erweiterung kognitiver Schemata oder eine Re-Konstruktion von Wissen? Und welche Rolle spielen Medien bei der Übermittlung von Informationen, der Kommunikation zwischen Menschen und beim Lernen? Wir werden die unterschiedlichen theoretischen Positionen kennenlernen, die in der mediendidaktischen Diskussion dominieren.

Einstieg

Wenn wir ein mediengestütztes Lernangebot planen, dann geht dabei immer unser (Vor-)Verständnis von Lernen und der Rolle der Medien beim Lernen einher. Je nachdem, wie wir uns Lernen vorstellen und welche Rolle den Medien dabei zugeschrieben wird, werden wir an die Konzeption des Mediums herangehen.

Oft müssen Sie in einem Projekt Anderen erklären, wie und unter welchen Bedingungen Lernen mit Medien funktioniert. In Vorhaben, an denen mehrere Personen beteiligt sind, treffen Sie manchmal auf ganz unterschiedliche Vorstellungen. Solche Differenzen können verantwortlich sein für Konflikte in der Projektarbeit. Deswegen kann es sinnvoll sein, solche Vorstellungen zu explizieren und sich über Unterschiede in den grundlegenden Annahmen über das Lernen und die Rolle der Medien zu verständigen: Was verstehen wir unter Lernen? Welche Rolle schreiben wir dem Einsatz der Medien zu?

Übersicht

Zunächst geht es um den Begriff des Mediums: Welche Rolle spielen Medien beim Lernen? Übermitteln Medien Informationen wie Transporter? Wie verändern Medien

https://doi.org/10.1515/9783110456837-139

die Kommunikationssituation? Danach werden unterschiedliche Vorstellungen des Lernens erläutert, die bei der Konzeption von Medien eine Bedeutung haben: Wie funktioniert Lernen mit Medien – aus Sicht von *Behaviorismus, Kognitivismus* und *Konstruktivismus*? Und welche Sicht bietet der *Pragmatismus* auf das Lernen mit Medien?

Lernziele

- Sie können die Rolle der Medien beim Lernen und bei der Wissenskommunikation reflektieren.
- „Medien sind Transporter von Informationen": Sie können die Debatte um die Rolle didaktischer Medien beim Lernen nachzeichnen.
- Sie können drei *lerntheoretische Positionen* beschreiben und die Sicht des Pragmatismus hierauf erläutern.
- Sie verstehen die Implikationen verschiedener medien- und lerntheoretischer Annahmen auf die Konzeption von Lernmedien.

4.1 Rolle der Medien beim Lernen

Welche Rolle haben Medien beim Lernen: In welcher Weise beeinflussen sie das Lernen? Sind sie *Transporter*, die eine Nachricht vom Sender an den Empfänger übermitteln oder liefern sie nur Vorlagen für die Interpretation des Rezipienten? Welchen Beitrag leisten die Medien letztlich für den Lernprozess bzw. den Lernerfolg?

4.1.1 Was sind Medien?

Menschen lernen ständig. Sie lernen in organisierten Unterrichtssituationen, in Bildungseinrichtungen, in der Arbeit ebenso wie in der Freizeit und in vielen anderen Aktivitäten. Sie lernen dort *mit* und *über* Medien. Sie lesen Texte und Bücher, sie hören Radio und sehen Fernsehen oder arbeiten mit Computern und dem Internet. Das *Lernen mit Medien* reicht damit über bestimmte institutionelle Kontexte hinaus und durchzieht alle Lebensbereiche, unsere Lebens-, Lern- und Arbeitswelten. Es ist deutlich universeller als etwa das Lernen in der Schule: Von früher Kindheit an lernen Menschen mit Medien in allen Lebensbereichen und ihr Leben lang.

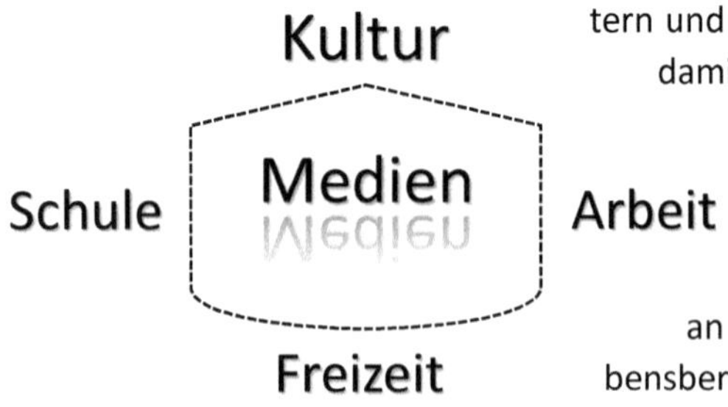

Die kulturelle Entwicklung von Gesellschaften ist ganz wesentlich durch *Medien* und die in der Kultur jeweils vorherrschenden Medientechniken geprägt. Die Überlieferung von Wissen einer Kultur vollzieht sich über Medien. In allen institutionellen Lernkontexten wird Wissen (auch) über Medien und Artefakte vermittelt und angeeignet. In nahezu allen Arbeitskontexten kommunizieren Menschen über Medien. Auch in der Freizeit spielen Medien eine wichtige Rolle.

Der Begriff der Medien ist dabei erstaunlich vage. Wenn von Medien gesprochen wird, so wird vielfach nicht expliziert, auf welchen Aspekt man sich bezieht. Wenn z. B. über Computer in der Schule gesprochen wird, sind damit bestimmte Geräte, Konfigurationen aus Hard- und Software, Computeranwendungen (wie Lernprogramme) oder Ähnliches gemeint? Die Differenz zwischen didaktisch aufbereiteten Inhalten und den Geräten zu deren Nutzung wird in der englischen Sprache einsichtiger, wenn zwischen *Delivery System* (den Medientechniken, Geräten, Gegenständen usw.) und *Content* (den didaktisch aufbereiteten Inhalten) unterschieden wird.

Der Begriff des Mediums wird umgangssprachlich für ganz unterschiedliche Dinge benutzt: Ein Buch, den Monitor, das Kabelnetz, eine (leere?) Wandtafel, ein Atommodell, das Internet, die Kamera für eine Videokonferenz und manches mehr. In der wissenschaftlichen Diskussion beinhaltet der Begriff eine nochmals weitere Bandbreite möglicher Interpretationen.

So wird in der Soziologie etwa – im Anschluss an zunächst TALCOTT PARSONS und dann NIKLAS LUHMANN – neben den erwähnten *Verbreitungsmedien* (die Schrift, der Druck, die elektronische Übermittlung) von *Erfolgsmedien* bzw. *symbolisch generalisierten Kommunikationsmedien* gesprochen. Für die Wirtschaft ist *Geld* das Medium, mit dem sie mit anderen Teilsystemen der Gesellschaft kommuniziert. Für andere Systeme sind dies zum Beispiel Macht, Liebe, Recht, Wahrheit oder Moral. Diese Medien sind binär codiert. Sie ermöglichen den Austausch des Systems mit der Umwelt, sie ziehen zugleich eine Grenze zwischen System und Umwelt und definieren, wie die Anschlussfähigkeit an das System hergestellt werden kann.

In der Kommunikation werden Zeichen genutzt. Menschen verwenden Zeichensysteme, um sich auszudrücken und Anderen mitzuteilen. Zeichensysteme haben dabei die Eigenart, dass sie einfacher strukturiert sind als die Welt, die sie repräsentieren. Probleme in der Kommunikation können auf diese Zeichennutzung zurückgeführt werden, etwa wenn der Empfänger einer Information ein Zeichen nicht oder anders versteht als der Sender.

In der Kommunikation zwischen Menschen stehen sich Empfänger und Sender gegenüber. Im Gespräch finden vielfältige Prozesse statt, mit denen Sender und Empfänger sich gegenseitig ihr Verständnis versichern, etwa durch para- und nonverbale Signale wie Kopfbewegungen oder zustimmende Lautäußerungen. Dabei ist keineswegs sicher, dass der Empfänger tatsächlich verstanden hat, was der Sender meinte. Die Technik des *aktiven Verstehens* versucht, diese Problematik zu lösen, indem der Empfänger durch Verbalisierung des Verstandenen prüft, ob sein Verständnis in etwa mit der intendierten Nachricht des Senders übereinstimmt. In der Kommunikation von Menschen kommen damit vielfältige Mechanismen der Regulation zum Einsatz, die in einer Kultur verankert sind und in der individuellen Sozialisation und Entwicklung übernommen und eingeübt werden.

In der technischen Kommunikation von Geräten existieren ähnliche Mechanismen, allerdings in der Regel nur auf den unteren Schichten der Verständigung. So kann ein Empfänger dem Sender beispielsweise mitteilen, dass eine Nachricht angekommen ist, oder er kann eine Prüfsumme zurückschicken, mit der die Anzahl der Zeichen mitgeteilt wird, die angekommen sind. Der Sender kann möglicherweise die Nachricht erneut übermitteln. Solche Verfahren des *Handshakes* sichern in der Kommunikation die zuverlässige Übermittlung von Nachrichten.

Computer und Medien sind auf eigentümliche Weise schwer zu bestimmen: Was Computer und Medien sind, hängt davon ab, welche Nutzung wir (er-)finden und wie wir sie tatsächlich nutzen. Wie wir das Artefakt beschreiben, das wir Computer, digitale Medien oder Internet nennen, wirkt auf unsere Nutzung unmittelbar zurück. Wir erkennen in ihnen das, was wir ihnen selbst zuvor zugeschrieben und eingeschrieben haben. Insofern ist das Verhältnis von Mensch und Computer bzw. Medien mehrfach rekursiv, was die Reflexion nicht einfacher macht.

Metaphern in der Mediendidaktik

In der mediendidaktischen Diskussion haben sich die verwendeten Begriffe über die Zeit verändert: Es wurde bzw. wird gesprochen von Bildungstechnologie, Lernprogrammen, -umgebungen, -arrangements oder -umwelten, über mediale Bildungsräume, Plattformen oder Ökosysteme (vgl. M. Kerres, 2017b). Die Begriffswahl drückt dabei bereits eine bestimmte und sich verändernde Sicht auf den Forschungsgegenstand aus. Doch das Bezeichnende wirkt auch zurück auf das Bezeichnete. Im Falle der hier diskutierten Artefakte sind die Rückwirkungen auf den Gegenstand besonders deutlich, weil „Medien" erst durch ihre Nutzung Bedeutung gewinnen. Mehr noch als fest programmierte Artefakte, die geringe Spielräume für Handeln eröffnen, entwickeln digitale Technologien erst durch ihre Nutzung Bedeutung. Man kann dies an der kurzen Geschichte des Internets gut aufzeigen, in der sich die Vorstellungen darüber, was das Internet ist, schnell gewandelt haben und genau diese Vorstellungen sich dann in Anwendungen niedergeschlagen haben, die wir im Internet finden.

Die von uns gewählten Begriffe über Medien präformieren damit unser Handeln gegenüber diesen und erzeugen genau die Realität der Medien, die wir mit den gewählten Begrifflichkeiten (eigentlich nur) analytisch beschreiben wollten. Gerade das Internet ist wesentlich ein „konstruktivistisches Medium" (Werner Sesink, 2007), weil es durch Handeln erzeugt wird. Deswegen kommt den begrifflichen Konstruktionen, die die Menschen über das Internet erzeugen, und ihrer Reflexion eine besondere Bedeutung zu.

So werden mediale Lernangebote oftmals als „Räume“ beschrieben. Dabei bleiben die Implikationen des Raumbegriffs vage: Räume in Gebäuden zeichnen sich etwa dadurch aus, dass sie im Prinzip zunächst – unter Berücksichtigung z. B. physikalischer, finanzieller oder rechtlicher Gegebenheiten – frei gestaltbar sind, dass sie danach aber eher starr sind und z. B. nicht auf das Verhalten der Akteure reagieren, die sich in dem Raum bewegen. Manche Merkmale, die wir von physikalischen Räumen kennen, gelten nicht im Internet. Dort lassen sich Elemente jederzeit grundsätzlich vollständig anders gestalten und re-arrangieren. Dinge, die in einem Raum im Internet passieren, können sich unmittelbar über andere Räume ausdehnen, wie z. B. Neuigkeiten, die sich im Internet blitzschnell verbreiten.

Für die mediendidaktische Diskussion erscheint eine weitere Eigenart der Rede über Räume im Internet bedeutsam: So wird im Zusammenhang mit dem Internet oft vom „virtuellen Raum“ gesprochen, in Unterscheidung von einem „realen Raum“. Das Internet wird als ein technisch-virtueller (künstlich erzeugter) Ort erlebt bzw. beschrieben, den man aufsucht („Ich gehe ins Internet.“), und der sich abgrenzt von der physikalischen „wirklichen“ Welt der menschlichen Begegnung. Diese Konstruktion erzeugt eine Dualität, auf die TOBIAS HÖLTERHOF (2008) hinweist: Das Internet wird als etwas Anderes und Abgesetztes erlebt, das es zu erkunden gilt. Die Unterscheidung von realem und virtuellem Raum, die sich in der gewählten Begrifflichkeit essenziell widerspiegelt, hat weitreichende Konsequenzen für mediendidaktische Konzepte: Sie (ver-)führt leicht zu einer dichotomen Wertung der Welten und verfestigt damit die beiden traditionell konträren Positionen der Medienpädagogik, die einer zielführenden Arbeit mit Medien in Bildungskontexten immer schon entgegenstanden. Eine bewahrpädagogische Position sieht die „virtuelle Welt“ eher kritisch und betont die mit ihr verbundenen Gefahren, während ein naiver technischer Optimismus die Chancen der virtuellen Welt überhöht und dazu neigt, ihre Probleme auszublenden.

Tabelle 19: Duale Konstruktion von Lernräumen

	Konnotation	
„reale Welt“ (offline)	gut	schlecht
„virtuelle Welt“ (online)	schlecht	gut
	↓ *Bewahrpädagogik*	↓ *technologischer Optimismus*

Für viele Menschen entspricht eine solche Konstruktion längst nicht ihrem phänomenalen Zugang zu Technik in ihrer Lebenswelt. Das Internet ist für sie immer schon da. Die Person sucht das Internet nicht auf, sie bewegt sich vielmehr in einer "durch digitale Technik geprägten Kultur" (BMBF, 2009). Diese Sicht hängt mit der zunehmenden Durchdringung der Lebenswelt mit digitaler Technik zusammen. Die binäre Konstruktion von Online- versus Offline-Räumen impliziert dagegen differente Welten, die den Blick auf die eine, durch Digitalisierung geprägte Welt behindert.

Seit einiger Zeit wird das Lernen mit Medien mit Bezug zur Metapher des Ökosystems diskutiert. NEIL POSTMAN sprach bereits (1970) von einer Medienökologie, die Medien – wesentlich weiter – als Umwelt betrachtet, in der sich Menschen bewegen. Später (2000) merkte POSTMAN selbstkritisch an, dass der Begriff Medienökologie auf eine biologische Metapher zurückgeht („A Medium was defined as a substance whithin which a culture grows.") und es unsicher ist, ob der Begriff tatsächlich auf soziale, kulturelle und politische Umwelten des Menschen übertragen werden kann. GANGUIN (2008) beschreibt, wie sich in der weiteren Diskussion der Ökologiebegriff gewandelt hat: Soziale Umwelt und Medien werden nicht mehr als Antagonismen aufgefasst, sondern als verwobene Entitäten.

Die Metapher des Ökosystems betont, dass Lebenswelt aus dem komplexen Zusammenspiel verschiedener Einflussgrößen besteht. Die Metapher des Ökosystems weitet die Perspektive aus, indem die Vielfalt von Akteuren und ihr Zusammenspiel betrachtet werden (Heinen, Kerres, Scharnberg, Blees, & Rittberger, 2016; M Kerres & Heinen, 2015b). Anders als die Raummetapher wird die digitale Umwelt selbst als sich dynamisch entwickelnd betrachtet, es gibt Wachstum, unerwartete Veränderungen, Teile sterben ab, stärken sich, entwickeln sich evolutionär weiter, vor allem: Die Entwicklung ist nicht mehr linear beschreibbar, sondern ist als emergenter Prozess zu verstehen. Das Handeln von Akteuren wirkt sich nicht nur wechselseitig aus, sondern kann neue Formationen entstehen lassen. Wissen entsteht nicht mehr (nur) in der Vermittlung via Algorithmus, Programm oder gestaltetem Raum und im Austausch zwischen lehrender und lernender Instanz. Weitere Akteure geraten in den Blick: Die Produzierenden von Wissensressourcen, die Redaktionen und Agenturen, die diese selegieren, bewerten und bereitstellen, und weitere intermediäre Akteure, die informationelle Umwelten maßgeblich gestalten.

Medien: Nur Transporter?

Für den Diskurs der Mediendidaktik zeigt eine Kontroverse zwischen RICHARD E. CLARK *und* ROBERT KOZMA, wie unterschiedlich die Rolle der Medien beim Lernen interpretiert werden kann: RICHARD CLARK (1983) hatte die Formulierung geprägt, wonach Medien nichts anderes seien als Transporter:

> *„Media are mere vehicles that deliver instruction but do not influence student achievement any more than the truck that delivers our groceries causes changes in nutrition."* (Clark, 1983, S. 445)

Medien können nach CLARK durchaus das Lernen beeinflussen: So wie der Lastwagen die Waren unterschiedlich schnell und zuverlässig transportiert, so hat auch die Wahl des Mediums Einfluss auf das Lernen: Bananen wird man mit einem anderen Transporter versenden als Möbel; man wird den besten Transporter wählen für die jeweils anstehende Aufgabe. Der Transporter (= „die Medien") hat dabei keinen Einfluss auf das Transportgut und so haben Medien auch keinen Einfluss auf den *Lernerfolg*! Entscheidend für den Lernerfolg ist nach CLARK (2001) allein die Qualität der *didaktischen Aufbereitung* des Lernangebots, das das Medium transportiert.

CLARK (1994) monierte, dass didaktische Methoden und Medien häufig verwechselt werden: Effekte eines Lernangebots werden dem Computer- bzw. Medieneinsatz zugeschrieben und nicht der gewählten didaktischen Methode. Er folgerte: *Media will never influence learning*. Studien, die die Effekte des Computereinsatzes mit Präsenzunterricht vergleichen, machen demnach keinen Sinn. Wir werden diese Position in dem didaktischen Planungsmodell von PAUL HEIMANN in Kapitel 7.2 wieder antreffen.

ROBERT KOZMA (1994) verteidigt die Gegenposition: Medien haben bestimmte Attribute und können das Lernen wesentlich fördern (oder behindern), etwa durch die Wahl des Symbolsystems und die Möglichkeiten, kognitive Prozesse durch Gestaltung gezielt anzuregen. Tatsächlich erkennt KOZMA, dass in vielen vorliegenden Beispielanwendungen und Untersuchungen diese Effekte nicht belegt sind. Er meint, *noch* nicht nachgewiesen worden sind: Es handele sich um Potenziale, die einer kreativen Umsetzung in der Praxis bedürfen, um sie nutzbar zu machen.

Die hier diskutierte Frage taucht mit jedem „neuen" Medium in gleicher Weise immer wieder auf: Jedes Mal wird die Hypothese aufgeworfen, dass das jeweils „neue" Medium spezifische Vorteile mit sich bringt, die zu einem höheren Lernerfolg beitragen werde, wenn es richtig eingesetzt werden wird. Jedes Mal wird die Gegenposition vertreten, dass es nicht auf das Medium ankomme, sondern lediglich das für eine Situation am besten geeignete Medium (der richtige „Transporter") auszuwählen ist.

Kommunikation als Antizipation

In der menschlichen Kommunikation über Medien kommt eine Eigenart hinzu: Bei jeder Zeichenkonstruktion und Botschaft denke ich immer auch ein Gegenüber mit, das die Information erhalten wird (den Rezipienten der Nachricht). Wenn die andere Person mir gegenübersteht, mache ich in der Kommunikation immer Annahmen über diese Person: Versteht sie, was ich sage? Ist sie interessiert, unsicher oder ängstlich? Diese Annahmen über das Gegenüber rechne ich bei der Codierung der Information automatisch ein, und die Person, die mir zuhört, entwickelt ihrerseits Annahmen über mich, die bei der Re-Konstruktion der erhaltenen Information mit einfließen. Sie könnte möglicherweise denken, dass ich sie für sehr kompetent halte, und wird deswegen ihre Aufmerksamkeit steigern.

Auch wenn der Empfänger der Nachricht bei der mediengestützten Kommunikation *nicht* gegenüber steht oder nicht persönlich bekannt ist, nimmt der Sender bestimmte (vermutete) Eigenschaften des Empfängers bei der Codierung der Nachricht vorweg. HANS HÖRMANN (1975) stellte dieses Merkmal in seinem Werk *Meinen und Verstehen* als die Besonderheit menschlicher Kommunikation heraus: Menschen antizipieren in der Kommunikation immer ein Gegenüber. Selbst beim Schreiben eines Tagebuchs antizipiere ich einen gedachten Leser und sei es die Vorstellung, dass ich in vielen Jahren einmal selbst diese Notizen wieder lesen werde.

Bei der Kommunikation über technische Medien kommt eine Besonderheit zum Tragen: Es ist schwierig, sich mittels Medien über die Differenz zwischen dem Gemeinten und Verstandenen zu verständigen. Es fällt schwer abzugleichen, ob das, was ich meine verstanden zu haben, dem entspricht, was der Andere tatsächlich sagen wollte. Wenn ich einen Text schreibe, mache ich Annahmen über den Empfänger. Wenn nun die Person Schwierigkeiten mit dem Verständnis des Textes hat, wird es kaum möglich sein, diese Schwierigkeiten vollständig zu klären.

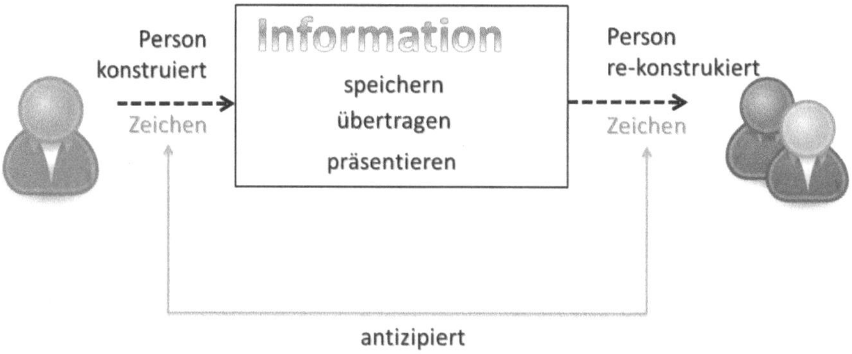

Abbildung 10: Kommunikation als wechselseitige Antizipation und Konstruktion

Das *Handshake,* wie in der Informationstheorie die Verständigung zwischen Sender und Empfänger genannt wird, reduziert sich z. B. auf Metainformationen zum Text, mit denen der Autor anmerken kann, für welche Zielgruppe er den Text geschrieben hat. Die Person muss dann selbst entscheiden, ob sie sich zu der beschriebenen Zielgruppe zugehörig fühlt.

Kommunikation über technische Medien ist damit *riskant*: Ob Meinen und Verstehen zusammenkommen, ist schwer abzusichern. Bereits in der Kommunikation von Menschen, die sich im Gespräch *face-to-face* gegenüberstehen, existieren viele Hürden des Verstehens. Wenn wir nun technische Medien wie Bücher, Fernsehen oder das Internet nutzen, kann die Reichweite und der Wirkungsgrad der Kommunikation gesteigert werden. Zugleich besteht die Schwierigkeit, diese Medien so zu gestalten, dass die Nachricht vom Empfänger tatsächlich zuverlässig verstanden wird.

Technik als Akteur?

Welche Rolle spielt nun die Technik bei der Kommunikation von Menschen? Erhöht sie einfach die Reichweite der Kommunikation und verlängert damit den Wirkungsradius menschlicher Ausdrucksmöglichkeiten? Ist sie „nur“ ein Werkzeug in der Hand des Produzenten, um Nachrichten an den Empfänger zu übermitteln? Wie verändert die Nutzung von Technik die Kommunikation und die Inhalte?

Ganz sicher verändert sich die Kommunikationssituation, wenn nicht mehr einzelne Personen direkt angesprochen werden, sondern ein *disperses* Publikum adressiert wird, das nicht persönlich bekannt ist. Bidirektionale Kommunikation reduziert sich auf ein unidirektionales *Broadcasting* an ein unbekanntes Publikum, wie es in Modellen der Massenkommunikation thematisiert wird (vgl. Merten, 1999). Aber wirkt die Wahl einer Technik auch auf die Inhalte, die menschliche Kommunikation und letztlich auf Kultur und Gesellschaft zurück?

Diese Fragen beschäftigen die Medientheorie (s.a. Werner Sesink, 2008; Leschke, 2007) und die Techniksoziologie (vgl. Rammert, 2007; Weyer, 2008). Technik fordert immer zu bestimmten Verhaltensweisen der Nutzung auf. Subjektiv empfinden *wir* uns als Akteure des Handelns, wenn wir Technik nutzen. Doch hinter dieser subjektiven Konstruktion liegt eine weitere Realitätsebene, in der zu erkennen ist, dass Technik (auch) *unser* Handeln programmiert.

Die digitale Technik geht hier einen Schritt weiter: Die Abhängigkeit von Individuen, Organisationen und der Gesellschaft von digitaler Technik wird insbesondere an Krisen erlebbar, etwa wenn Computer einen Börsencrash verursachen, die Steuerung eines Kernkraftwerks außer Kontrolle gerät oder ein Unternehmen wichtige Daten verliert. Die digitalen Techniken entwickeln ein Eigenleben, das sich auf andere Sphären wesentlich auswirkt.

Akteur-Netzwerk-Theorie

Ein weitreichender, zugleich umstrittener *post-humanistischer* Ansatz ist die *Akteur-Netzwerk-Theorie,* die auf Bruno Latour zurückgeht. Seine Gesellschaftstheorie hebt die grundsätzliche Unterscheidung von Mensch und Nicht-Mensch auf. So wäre eine Geldmünze etwa ein Akteur, welcher ein Netzwerk weiterer Akteure aufbaut, um einen Tausch zu realisieren. Ein Akteur will Interessen durchsetzen und wirbt dazu Verbündete an, um das Netzwerk zu stabilisieren. Das Netzwerk wächst dabei und damit die Macht des Akteurs (s. a. W. Sesink, 2004).

Bei Akteuren denken wir zuerst an Personen, vielleicht auch an Einrichtungen, Institutionen oder Vereinigungen von Menschen. Technik, so unsere gängige Vorstellung, ist von Menschen erschaffen, und Menschen nutzen Technik zielgerichtet als Werkzeug für ihr Handeln: Der Hammer dient dazu, Nägel in die Wand zu schlagen. Die Säge zerteilt das Holz. Wenn wir diese Vorstellung auf Medientechniken übertragen, würden wir sagen: Das Fernsehen dient dazu, Informationen über weite Strecken zu übertragen. Das Internet vernetzt weltweit Server.

Die Vorstellung, dass Medien nur Werkzeuge in der Hand des Menschen sind, mit denen Menschen sich Wissen aneignen oder sich medial artikulieren, greift zu kurz (vgl. Rammert, 2007; Weyer, 2008). Theorien der Techniksoziologie verdeutlichen die wechselseitige Abhängigkeit von menschlichen Leistungen und Technik. Zunehmend wird Technik selbst zum Akteur. Technische Artefakte tragen Wissen in sich und sind in der gesellschaftlichen Wissenskommunikation und menschlichen Interaktion zunehmend verflochten. Auch wenn es uns schwerfällt, dies wahrzunehmen, so die Diskussion in der Techniksoziologie, ist der Technik ein *Eigenleben* in unserer Lebenswelt anzuerkennen. Damit soll die Reichweite von Ansätzen aus der Techniksoziologie angedeutet werden, in denen die Bedeutung von Technik für menschliches Handeln diskutiert wird (vgl. Schelhowe, 1997, 2007).

4.1.2 Das Internet als soziale Konstruktion

In der Frühzeit des *World Wide Web*, zu Beginn der 1990er-Jahre, wurde das Internet mit den Erfahrungen traditioneller Medienrezeption wahrgenommen: Das Internet wurde von Produzenten wie auch Konsumenten etwa wie ein Printerzeugnis empfunden und entsprechend genutzt: als ein Medium zur Darstellung und Übermittlung von Informationen. Es wurde auch bereits genutzt, um Audio- und Videodateien zu verteilen und zu konsumieren, wie beim Radio und Fernsehen. Andere sahen im Internet primär ein Medium für individuelle Kommunikation, etwa via E-Mail oder Videokonferenz.

Doch seit etwa dem Jahr 2000 wird zunehmend erkannt, dass das Internet nicht nur bisherige Mediendienste nachbildet, sondern auch neue Dienste möglich macht. Das vage Label *Web 2.0* verweist auf diese Perspektive. Traditionelle Medien haben relativ eindeutige Mechanismen ihrer Nutzung eingeschrieben: Mit einer Zeitung kann ich keine Bewegtbilder übertragen und nicht nach Hause anrufen. An einem Fernsehfilm kann ich am Rand keine Notizen anbringen usw. Bei dem, was wir Internet nennen, ist dies ganz anders: Es ist eine Projektionsfläche und entsteht erst in der Nutzung der Menschen und durch das, was sie mit *dem Internet* tun.

Immer wieder erscheinen neue Applikationen und Anwendungen im Netz. Sie nutzen die Möglichkeiten des Internets nicht nur für die Verbreitung von Informationen, sondern auch für sozial-kommunikative Funktionen (s. Kapitel 6.3). Damit entstehen Unsicherheiten: Ist das Internet nun ein Medium, das den Regeln des *Publishing*, des *Broadcasting* oder der individuellen Telekommunikation unterliegt? Ist das Internet ein *öffentlicher Ort*, der einen freizügigen Umgang mit Informationen und Daten ermöglicht, oder ist es ein großes Warenhaus, in dem Informationen gehandelt werden? Das zentrale Merkmal des Internets ist seine Unbestimmtheit. NORBERT BOLZ

(2001) fragt, ob das Internet überhaupt als Medium zu bezeichnen sei: Ist es als Medium überhaupt Vermittler zwischen Menschen, ist es gar *Meta-Medium* oder vielleicht eher *Raum*?

Virtuell Lernen?

Das Adjektiv *virtuell* wird im Zusammenhang mit dem Internet oft genutzt. So wird etwa von „virtuellem Lernen" gesprochen. Der Begriff konstruiert jedoch eine sehr problematische und schwer zu definierende Grenze zwischen *virtuell* und *real*.

Das Lernen, die Kommunikation mit Anderen und auch die Bildungseinrichtung, die das Angebot organisiert, sind für die Beteiligten in keiner Weise *virtuell* – im Sinne von „nicht-real". Lernen und Lehren ebenso wie der erhoffte Lernerfolg sind hoffentlich äußerst real, freilich unter Nutzung digitaler Medien, um ein solches Lernszenario **Realität** werden zu lassen (vgl. Hölterhof, 2008).

Es bleibt festzustellen: Das Internet ist das, was die Menschen ihm zuschreiben und mit ihm tun. Es ist ein *konstruktivistisches Medium*, weil es durch die Konstruktionen der Menschen entsteht. Es ist zugleich *Medium des Konstruktivismus*: Es konfrontiert mit den Effekten der amorphen Technik, die wir Internet nennen, und die durch kollektive und kulturübergreifende Konstruktionen in einem globalen Maßstab geformt wird.

Dabei lässt sich beobachten, wie Gesellschaften weltweit in unterschiedlicher Weise versuchen, mit der Offenheit des Internets umzugehen, das Internet rechtlich zu domestizieren und eine (vor-)herrschende *Idee* des Internets zu etablieren. Im Ergebnis werden die Konturen des „Internet" deutlicher und es wird von immer mehr Menschen weltweit in ihr alltägliches Handeln integriert. Es verliert dabei einerseits an seiner Vagheit, anderseits ist dieser Schritt notwendig, damit Gesellschaften mit den Herausforderungen des Internets umgehen können.

Grenzen traditioneller Medien lösen sich auf

Mit der ubiquitären Verfügbarkeit, der zunehmend pervasiven Durchdringung aller Lebensbereiche durch digitale (eingebettete) Systeme entwickelt die Technologie einen neuen Stellenwert: Früher waren Medien eindeutig zu benennen und in ihrer Struktur analytisch klar zu durchdringen und zu systematisieren: Es gab Brief und Telefon, Bücher und Zeitungen, Radio und Fernsehen. Es gab Medienbetriebe wie Rundfunksender und Verlage, die jemandem gehören, und staatliche Aufsichtsgremien. Es gab Medienproduzenten und Rezipienten. Doch mit dem Internet verschwimmen solche Strukturen. So wird der User zum Autor im Internet. Gleichzeitig wird Autorenschaft im Internet an vielen Stellen ausgehöhlt. Die Unterscheidung von privater Medienkommunikation und Massenmedien wird brüchig, wenn private Nachrichten öffentlich werden (vgl. Kapitel 6.3).

Was bleibt vom Medienbegriff und den analytischen Grenzziehungen, die die Kommunikationswissenschaft zwischen den Medienkategorien eingeführt hatte (s.a. Leschke, 2007)? Der Computer wird für den Abruf von Videos genutzt. Am Fernseher werden E-Mails abgerufen. Das Telefon war früher als ein Medium der Individualkommunikation einzuordnen. Doch das Telefonieren wird beim Mobiltelefon zunehmend zur Nebensache. Es wird genutzt, um Musik zu hören oder zu fotografieren. Es wird zum Empfänger für Massenmedien. Per *Twitter* wird der Einzelne zum *Broadcaster*. Und schließlich sendet das Telefon auch andere Botschaften im Subtext: So ist das Telefon heute immer auch ein „Zeichen" der Selbstergänzung, sozialen Zugehörigkeit und Distinktion. Die umfangreichen technischen Funktionen, die das Gerät vorhält, sind für Besitzer vielleicht oft weniger von Bedeutung.

Mit der Vernetzung der Geräte entsteht schließlich ein *Internet of Things*, mit dem die technischen Geräte selbst als Medien aktiv werden: Die Kaffeemaschine meldet ihren Bohnenstand an ein Warenlieferungssystem und löst die Auslieferung von Nachschub aus. Überall versteckt sich digitale Technik und Technologie. Alle Medien werden zur Technik und Technik wird zum Medium.

Wenn wir dieser Argumentationslinie folgen, ist auch die Vorstellung zu relativieren, dass Menschen sich *Wissen aneignen*. Wissen ist nicht zwingend an Menschen gebunden, sondern ist auch in Form von Gebäuden und Geräten, auch in Dokumenten oder Ritualen, in Artefakten aller Art gespeichert. Kompetentes Handeln eines Menschen – auch wenn es noch so beeindruckend ist – kann nicht alleine als Leistung eines Individuums betrachtet werden, sondern als Manifestation von Wissen in einem zeitlich-historischen Fluss, die an einem bestimmten Ort unter Nutzung bestimmter Artefakte sichtbar wird.

Damit soll die veränderte Bedeutung von digitaler Technik für menschliches Lernen und seine Entwicklung aufgezeigt werden. Es kann nicht mehr ausreichen, den Menschen zur *Nutzung* von bestimmten Medien zu befähigen. Mit der Auflösung traditioneller Vorstellungen über Medien und der Durchdringung aller Lebensbereiche mit digitaler Technik muss es um die Frage gehen, wie diese gestaltet werden kann, um Lernen und menschliche Entwicklung zu unterstützen (weitere Überlegungen zur Implementation s. Kapitel 6.3).

4.1.3 Medien als Lernmedien

Was qualifiziert nun ein Medium zum Lern- oder Bildungsmedium? Was macht die Qualität eines Mediums für Lern- oder Bildungszwecke aus und woran lassen sich dabei gute und schlechte Medien unterscheiden?

Vielfach wird davon ausgegangen, dass sich die Qualität eines mediengestützten Lernangebots an Merkmalen des Mediums selbst identifizieren lässt. Durch systematische Evaluationsstudien wird untersucht, welche Merkmale sich als besonders vorteilhaft für das Lernen erweisen. Dabei ist zu bedenken, dass Erkenntnisse, die in einem Zusammenhang gewonnen wurden, sich nur begrenzt auf neue Situationen übertragen lassen. Ein scheinbar *schlechtes* Lernprogramm kann in manchen Lernkontexten wesentlich zu Lernerfolgen beitragen und in anderen Situationen kann ein scheinbar *gutes* Medium versagen. Die Qualität eines mediengestützten Lernangebots kann kaum an äußeren Merkmalen des Mediums festgemacht werden.

Mediale Lernangebote können dazu *beitragen*, Bildungsprozesse anzuregen, und zwar genau dann, wenn sie zu den situativen Bedingungen des jeweiligen Kontextes passen: Es ist damit die *Situation*, die den Wert des Mediums bestimmt, und nicht das Medium selbst und ganz sicher auch nicht eine bestimmte Medientechnik.

MANDL & REINMANN (1997) berichten über ein didaktisch hochwertiges Lernprogramm in der Ausbildung von Kaufleuten, das nach konstruktivistischen Prinzipien konzipiert war, aber keine Akzeptanz bei den Auszubildenden fand. Bei näherer Untersuchung des Prüfungswesens war dies einfach zu erklären. Solange die entsprechenden Prüfungen im Multiple-choice-Format durchgeführt werden, muss den Lernenden ein fallbasiertes Lernen als wenig zielführender Luxus erscheinen. In diesem Fall wären Lernprogramme angemessener gewesen.

Ein didaktisch „gutes“ Medium muss also den Nachweis erbringen, dass damit Prozesse angeregt werden können, die ein zu benennendes Bildungsanliegen einlösen. Ein Medium, das in einem Fall nachweislich gut „funktioniert“ hat, kann im nächsten Fall, in einem nächsten Durchgang oder einem anderen Umfeld versagen. Das Problem besteht letztlich darin, ob und wie Erkenntnisse, die in einem Kontext oder Anwendungsfall gewonnen werden konnten, auf andere Fälle zu übertragen sind.

Das Beispiel macht deutlich, dass die Erkenntnis der langjährigen Forschung zu Lehrmethoden auch für mediengestützte Lernangebote gilt (vgl. Terhart, 2005): Es gibt nicht die *eine beste* Lehrmethode. Die Auswahl hängt von einer ganzen Reihe von Parametern des didaktischen Feldes ab, bis hin zu Aspekten wie der individuellen Präferenz und Kompetenz der einzelnen Lehrperson, den Erwartungen von Eltern, gesellschaftlichen Trends usw.

Auch wird regelmäßig vernachlässigt, dass mit verschiedenen Varianten von Medien verschiedene Kostenrahmen verbunden sind. In der Praxis wird nicht nach dem *besten* Medium gesucht, sondern nach der besten Lösung unter gegebenen Bedingungen, wie z. B. Kosten- und Zeitrahmen, Verfügbarkeit von Expertise, individuelle Gewohnheiten und Vorlieben und vieles mehr. Es wird damit deutlich, wie schwierig es ist, Kriterien für die Qualität von Medien benennen zu wollen, die an den Merkmalen des Medienproduktes festgemacht werden. Die Bewertung eines Mediums an sich erscheint problematisch.

Eine Gegenposition betont den *Prozesscharakter* von mediengestützten Lernangeboten. Ein Lernangebot ist immer in Relation zu einem bestimmten Kontext mit einem Bildungsanliegen oder -problem zu sehen. Die didaktische Qualität oder Wertigkeit eines Mediums lässt sich nicht an Merkmalen des Mediums selbst (seien sie inhaltlicher, konzeptueller oder gestalterischer Art) feststellen, sondern nur in dem kommunikativen Zusammenhang, in dem das Medium Einsatz finden soll. Ein Medium hat – aus mediendidaktischer Sicht – Bedeutung nur als Bestandteil eines Kommunikationsprozesses, und seine Qualität lässt sich nur durch die Analyse dieses Zusammenhangs bestimmen.

Das bedeutet zum Beispiel: Internetbasierte Lernangebote sind nicht besser als Videofilme oder Lehrbücher. Ein computergestützter Vokabeltrainer ist nicht weniger wertvoll als eine multimedial angereicherte Software zum Sprachenlernen oder ein didaktisch aufbereitetes *Adventure Game*. Problembasierte Lernangebote sind nicht *per se* instruktionalen Lernprogrammen vorzuziehen usw. Der mögliche Anspruch eines Bildungsmediums kann nicht an Merkmalen des Mediums, seien sie ästhetischer, aber auch didaktisch-methodischer Art, festgemacht werden.

Mediale Lernangebote können genau dann dazu beitragen, Bildungsprozesse anzuregen, wenn die Bedingungen einer Lernsituation dies erlauben: Die *Situation* bestimmt damit den Wert des Mediums. Im Grunde kann demnach jedes Medium Lernerfolge möglich machen, – wenn die Situation günstig ist. Wenn z. B. ein scheinbar „schlechtes" Medium eine intensive Diskussion unter Lernenden auszulösen vermag, dann kann genau dieses Medium für den Lerneffekt verantwortlich sein.

Die Anforderungen an das Medium ergeben sich demnach erst aus der Spezifikation der angestrebten Ziele und der Analyse weiterer Parameter des didaktischen Feldes. Letztlich hängt der Erfolg eines Medienprojektes davon ab, ob das Medium zu den situativen Anforderungen passt. Die Mediendidaktik zeigt Wege auf, wie die skizzierten Potenziale von Medien für die Bildungsarbeit eingelöst werden können. Ein Lernprogramm, das in der Praxis nicht genutzt wird, das von Lernenden nicht akzeptiert wird und nicht hinreichend Einsatz findet, kann überragende technische Leistungsmerkmale oder auch ein innovatives didaktisches Konzept beinhalten; der didaktische Nutzen bleibt minimal. Die Erfahrung zeigt, dass die vielfach aufgezeigten Potenziale der neuen Medien sich in der Anwendung keineswegs *von selbst* einstellen, sondern vielfach Postulate bleiben ohne dauerhafte Relevanz für das alltägliche Lehren und Lernen. Angesichts mancher Misserfolge zeigt sich, dass die eigentliche Leistung darin besteht, diese Potenziale auch tatsächlich im Feld umzusetzen, für Lehrende und Lernende erfahrbar zu machen und Rahmenbedingungen zu schaffen, die den nachhaltigen Einsatz mediengestützter Verfahren sicherstellen.

4.2 Wirkungen der Digitalisierung

Mit jedem neuen Medium sind in der Vergangenheit tief greifende Veränderungen oder gar Revolutionen für die Bildung erhofft und auch befürchtet worden. Die

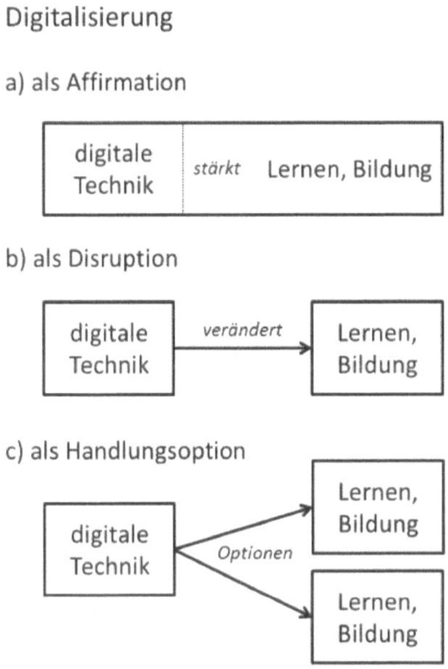

Diskussion wurde immer schon kontrovers geführt. Manche befürworten den zügigen Ausbau der digitalen Technik in der Bildung, Andere betonen die Gefahren. Es bleibt die Frage nach den Implikationen der Digitalisierung für Bildung: Führt die Digitalisierung zu einer grundlegenden Veränderung des Bildungssystems oder verändern sich das Lernen und Lehren, die Bildungsarbeit und die Bildungsinstitutionen doch eher marginal? Mit diesen Fragen (und den daraus folgenden Antworten) sind unterschiedliche Vorstellungen über die Rolle von Technik für menschliches Handeln und Gesellschaft verbunden. Hinter dieser Diskussion liegen Argumentationsfiguren über die Bedeutung digitaler Technik, die häufig implizit bleiben. Im Folgenden werden drei Argumentationsfiguren mit ihren jeweiligen Implikationen herausgearbeitet, um diese Diskussion besser einordnen zu können.

a) Digitalisierung als Affirmation

Eine erste Argumentationsfigur basiert auf der Annahme, dass mit der Digitalisierung ein epochaler Wandel verbunden ist, an den sich Bildung anpassen muss, mit dem Ziel, die Bildungsarbeit mit digitalen Medien zu optimieren.

Viele Fördermaßnahmen folgen zumeist implizit dieser Logik: Man möchte digitale Technik in der Bildung etablieren, weil diese im Alltag der Lernenden etabliert ist oder sein sollte. Dies geschieht auf dem Hintergrund von gesellschaftlichen Erwartungen, wonach bestimmte Routinen der Bildungsarbeit digital abgebildet bzw. unterstützt werden sollten. Lernende gehen davon aus, dass Materialien online zur Verfügung stehen. Durch die selbstverständliche Integration digitaler Technik in der Bildungsarbeit können Kompetenzen im Umgang mit digitalen Informationen und Werkzeugen aufgebaut werden, indem ihre Nutzung aktiv vollzogen wird und die Implikationen für das Handeln reflektiert werden. Bildungsangebote passen sich damit an gesellschaftlich verbreitete Erwartungen und Routinen an.

Zugleich wird dies mit der Hoffnung verbunden, dass der Technikeinsatz den Unterricht verbessern kann oder sollte. Man bringt digitale Geräte in den Unterricht, damit dieser besser funktioniert, damit die Lernenden besser mit reichhaltigen Materialien üben und ihr Angebot erweitern. Hierzu gehört auch, dass die Lernorganisation von Unterricht anders gestaltet werden kann: Durch die Organisation von Unterricht als *hybride Lernarrangements* werden Unterrichtszeiten und Lernorte flexibel genutzt und digitale Angebote für die Wissensvermittlung, das Üben und Trainieren eingesetzt.

Für die einzelne Lehrkraft bedeutet die Hinwendung zur digitalen Technik – als Anpassung oder Optimierung von Unterricht - zumeist eine Veränderung, die aufwendig ist. Sie muss sich in die neuen Möglichkeiten einarbeiten, eventuell Kurse besuchen, Unterrichtskonzepte ändern und die Lernenden entsprechend vorbereiten. Dies wird von der Lehrkraft als maßgebliche Veränderung ihrer Alltagsroutinen erlebt und deswegen auch von manchen abgelehnt. Dabei erscheint es plausibel, dass die Lehrkräfte die neuen Möglichkeiten zunächst in einer Weise nutzen, um jahrelang eingeübte, didaktische Prinzipien und Methoden – nunmehr mit digitalen Medien – zu verfolgen.

Gleichwohl bleibt aus einer übergeordneten Perspektive festzustellen, dass sich dabei der Auftrag und die Anlage der Bildungsarbeit nicht fundamental ändern. Das Aufgreifen der Digitalisierung als Unterrichtsthema (für den Kompetenzerwerb) und als didaktische Methode sowie Werkzeuge des Lehrens und Lernens kann das Bildungssystem stärken: Die Digitalisierung in der Bildung hat damit – in dieser Sicht - eine „affirmative Funktion": Bestehende Formate des Unterrichtens und die vorliegende Verfasstheit der Bildungsinstitutionen können ihren Auftrag durch die Digitalisierung besser einlösen.

Diese Argumentationsfigur bedeutet für die Akteure die Aufgabe, digitale Technik in die Bildungsarbeit systematisch einzubringen. Es sind infrastrukturelle Voraussetzungen zu schaffen; digitale Lehr-/Lernmittel und Werkzeuge sind bereitzustellen. Die Hauptaufgabe liegt bei der einzelnen Lehrkraft, die die Veränderungen einzulösen hat.

b) Digitalisierung als Disruption

Eine andere Argumentationsfigur geht davon aus, dass die Digitalisierung wesentlich weiter reichende Effekte auf das Lernen und das Bildungswesen im Ganzen hat. Danach hat das Vorhandensein der Technik in der sozialen Umwelt bestimmte Wirkungen auf das Handeln von Menschen. Dieser Effekt geht von dem Artefakt selbst aus, eine kognitive Auseinandersetzung bzw. bewusste Übernahme oder gar Entscheidung der Handelnden ist nicht erforderlich.

Aus dieser Sicht würde sich ergeben: Computer im Unterricht verändern das Lehren und Lernen. Sie haben einen Effekt darauf, wie Unterricht, etwa in Schulen, funktioniert, wie Schulen im Ganzen arbeiten und Bildungsinstitutionen ihren Auftrag wahrnehmen. So werden z. B. Tablets für Schulen beschafft in der Annahme, ihre Nutzung führe dazu, dass das Lernen mehr Spaß macht, das Lernende mehr selbstgesteuert an interaktiven Anwendungen arbeiten, dass die Lehrpersonen ihr Unterrichtsverhalten verändern, dass sich ihre Rolle wandelt und die Lehrerbildung ihr Selbstverständnis verändert.

Disruption

Der Betriebswirt CLAYTON CHRISTENSEN (2016) beschrieb das Dilemma von Innovatoren: Sie haben erfolgreich eine Lösung entwickelt und auf einem Markt etabliert. Immer wieder stecken sie viel Energie in die Optimierung ihres Produktes, um im Wettbewerb zu bestehen. Gleichzeitig übersehen sie möglicherweise die Implikationen einer neuen Technologie, sie haben diese nicht hinreichend im Blick; sie schaffen es nicht, sich auf diese neue Situation einzustellen. Sie scheitern und werden von neuen Anbietern verdrängt. Die Digitalisierung ist, so CHRISTENSEN, eine solche disruptive Technologie, die in vielen Bereichen bisherige Geschäftsmodelle infrage stellt.

Auf der Ebene des Bildungssystems werden *disruptive* Effekte auf das Bildungssystem diskutiert. Die Vermutung ist hier, dass die Digitalisierung das Bildungswesen grundlegend herausfordert und Bildungsarbeit in einer digitalen Epoche anders funktionieren wird als bisher. Einige der Prämissen, die in Diskussionen auch als „Digitale Bildungsrevolution" benannt werden, lauten: Hochwertige Lerncontents werden kostenfrei im Internet verfügbar sein. Auf der Grundlage von *Big Data* können Systeme Lernfortschritte und Kompetenzen erfassen und darauf basierend einen idealen Lernpfad auswählen bzw. Empfehlungen für das Lernen geben. Lehrkräfte werden, als Coaches und Trainer, weltweit ihre Dienstleistung auf einem Markt anbieten.

Mit der Digitalisierung, so die Argumentation, gehen einschneidende Veränderungen der Bildungsarbeit einher. Es gibt wenig Grund zu der Annahme, dass das Bildungssystem im Ganzen von den umwälzenden Effekten der Digitalisierung, wie wir sie etwa in der Wirtschaft oder der Politik erleben, ausgenommen sein sollte. Bildungsanbieter bedienen mit ihren heutigen Produkten und Dienstleistungen einen (künftig immer mehr weltweit funktionierenden) Markt, der in Zukunft möglicherweise grundlegend anders funktionieren wird. Sie können von anderen Anbietern abgelöst werden, die die neuen Möglichkeiten konsequent in Produkte umsetzen. Denn es ist ein Merkmal der Disruption, dass etablierte Anbieter die Veränderungen nicht hinreichend erkennen und es ihnen sehr schwer fällt, ihre Abläufe und Strukturen an die neuen Entwicklungen anzupassen.

c) Digitalisierung als Handlungsoption

Digitalisierung kann als Forderung nach Anpassung, als Disruption oder schließlich als Gestaltungsfeld betrachtet werden. Ausgangspunkt dieser Argumentationsfigur ist die skeptische Frage, inwieweit die digitale Technik tatsächlich eine Veränderung sozialer Praxen in der Bildung bewirkt? Führt die digitale Technik zu motivierten Lernenden, zu besseren Lernleistungen und neuen Lehr-Lern-Arrangements? Solchen Formulierungen unterliegt ein Technikdeterminismus, der die wesentlichen Herausforderungen für die Akteure in der Bildungsarbeit übersieht, so diese dritte Position. Digitale Technik führt nicht unweigerlich zu bestimmten – positiven oder negativen –

Veränderungen in der Bildungsarbeit bzw. dem Bildungssystem. Ein solcher Technikdeterminismus verkennt, dass es auf die Akteure ankommt, um Veränderungen in der Bildungsarbeit und einen Wandel in der Lernkultur herbeizuführen.

Auf der Grundlage der beschriebenen Studien, wie in Kapitel 3 dargestellt, erscheint es eher plausibel, dass digitale Medien (situativ betrachtet) zunächst *keinen* Effekt darauf haben, wie Unterricht abläuft. Wenn die Medien auch nicht zu *besseren* Lernergebnissen führen, so können Lehr- und Lernprozesse mit digitalen Medien *anders* gestaltet und organisiert werden. Dieses Potenzial ist nicht zu unterschätzen und verweist auf die Verantwortung der Stakeholder in der Bildung: Mediengestützte Lernarrangements können die Selbststeuerung beim Lernen unterstützen; sie können kooperative Lernszenarien wesentlich befördern und Lernangebote flexibel organisieren, um der Vielfalt der Lernenden entgegenzukommen. Mediengestützte Lernarrangements stärken handlungs- und problemorientierte didaktische Methoden, indem authentische Materialien eingebunden werden und Lernprozesse in der (inter-)aktiven Auseinandersetzung mit Inhalten und deren Produktion angeregt werden.

Die Wirkung der Digitalisierung in der Bildung liegt also nicht *in* den Medien bzw. der Medientechnik selbst; die Wirkungszusammenhänge und Interdependenzen zwischen den Medien und dem Lernen müssen als deutlich komplexer verstanden werden. Letztlich hängt es von der Aufbereitung und der Ausgestaltung der Medien in ihrer Umsetzung in einem Bildungskontext ab, ob sich bestimmte Erwartungen, die mit den Medien verbunden sind, einlösen lassen. Damit rücken die Potenziale von Medien in den Mittelpunkt, Lernprozesse gezielt zu intensivieren und Lernergebnisse über ein besseres *Student Engagement* anzuregen.

Die digitalen Medien bieten ein Potenzial für ein anderes Lehren und Lernen. Es geht darum, Unterricht anders zu gestalten und andere Bildungsziele zu erreichen. Diese Potenzialität der Digitalisierung fordert von den Akteuren, sich mit den Zielen ihrer Arbeit auseinanderzusetzen und Zukunftsszenarien zu entwickeln. Daraus sind Maßnahmen zu beschreiben, wie solche Ziele mithilfe der digitalen Technik erreicht werden können. Die Technik wird diese Veränderungen nämlich nicht von sich aus „bewirken". Es geht vielmehr um die Gestaltung von Möglichkeiten, die im Diskurs der Akteure auszuloten sind. Dabei sind Implikationen der verschiedenen Optionen einer Digitalisierung auszuloten. Eine solche mediendidaktische Sicht sieht die Digitalisierung nicht als einen Automatismus, sondern als eine Erweiterung des Spektrums von Möglichkeiten, die es zu gestalten gilt.

Digitalisierung als epochaler Einschnitt?

Es wurden drei Argumentationsfiguren skizziert, die in der Diskussion über die Digitalisierung in der Bildung anzutreffen sind. Zu ihrer Einordnung sind die unterschiedlichen zeitlichen Horizonte zu betrachten, mit denen die Digitalisierung in der Bildung jeweils verbunden wird.

Die Digitalisierung durchdringt das öffentliche und private Leben in einer fundamentalen Weise. Es kann von einem Einschnitt gesprochen werden, der sich – nach den Epochen der oralen und schriftlichen (literalen) Kultur – an die Epoche des Buchs und der elektronischen Medien anschließt. Der Wandel der Medienepochen ist durch eine jeweils dominante Medientechnik charakterisiert, mit der Verschiebungen von Machtverhältnissen einhergehen. Wer die jeweils „neuen“ technischen Medien beherrscht, kann gesellschaftliche Kommunikation und Entwicklung maßgeblich beeinflussen (vgl. Kampmann & Schwering, 2017).

Wenn wir die Geschichte der Menschheit als Geschichte von Medienepochen beschreiben, ist dies als eine Konstruktion zu verstehen (man kann sie auch anders erzählen), und vor allem handelt es sich immer um eine Re-Konstruktion, denn das Epochale ist nur im Rückblick als einschneidend zu erkennen. In der Übergangsphase zeichnet sich die Veränderung eher schemenhaft ab. So nehmen wir den aktuellen Übergang einer Digitalisierung eher als Verunsicherung wahr. Wir spüren, es ändert sich etwas in unserem Zusammenleben, in der Arbeits- und Bildungswelt, in unserem Alltag und in der privaten Kommunikation. Die Einschnitte und Machtverschiebungen, die mit der „Verschaltung des Digitalen mit dem Analogen“ (Baecker, 2017) einhergehen, sind für den Einzelnen bzw. für die gesellschaftlichen Akteure nur schemenhaft erkennbar und durch Beobachtung und Reflexion schwer einzuholen.

orale Kultur | literale Kultur | Buchkultur | elektronische und digitale Medien

5 Jhdt. v.Chr. 15 Jhdt. n.Chr. 20 Jhdt. n.Chr. 21 Jhdt. n.Chr.

Ein Fehlschluss entsteht, wenn Langzeiteffekte, die wir mit der Digitalisierung verbinden, auf kurzfristige Veränderungen heruntergebrochen werden. So wird z. B. von einem Leitmedienwechsel gesprochen und den damit zusammenhängenden epochalen Einschnitten (Honegger & Merz, 2015). Diese Entwicklung wird oft als ein Wirkungszusammenhang dargestellt, aus dem sich bestimmte Folgerungen für das aktuelle Bildungsgeschehen unmittelbar ableiten ließen. Auch wenn – aus gesellschaftlicher Sicht – epochale Einschnitte und massive Verschiebungen vermutet werden können, so bleibt die Verfügbarkeit digitaler Technik in Bildungskontexten *in der Situation* oftmals erstaunlich wirkungslos. Dies liegt daran, dass gefestigte Handlungspraxen mit den neuen Techniken fortgeführt werden. Es gibt für die Personen in der Konfrontation mit der digitalen Technik zunächst keinen erkennbaren Grund, ihr Verhalten zu ändern, das sie vielfach über Jahrzehnte aufgebaut und in der Bewältigung von Umweltanforderungen bislang erfolgreich praktiziert haben.

Der Blick wendet sich: Auch wenn die Digitalisierung mit epochalen Veränderungen unserer Kultur einhergehen wird, so ist es nicht die Technik, die Bildung in einer konkreten Situation verändert. Es sind vielmehr Menschen, die Bildung verändern – mithilfe digitaler Technik, die dazu beitragen kann, bestimmte Szenarien des Lehrens und Lernens wirksam umzusetzen und Bildung anders zu organisieren.

Epochale versus situative Wirkungen

Auf lange Sicht sind die gesellschaftlichen Umwälzungen der Digitalisierung absehbar gravierend und können als *epochal* eingeordnet werden. Auf kurze Sicht *bewirkt* die digitale Technik dagegen auffallend wenig in den Routinen der Bildungsarbeit. Nur wenn Digitalisierung als Chance begriffen wird, Lernen anders zu gestalten, kann diese Wirkung in der Bildung entfalten.

Die Digitalisierung eröffnet Chancen für eine Lernkultur, die das selbstgesteuerte genauso wie das kooperative Lernen oder das handlungs- bzw. problembasierte Lernen mit vielfältigen Materialien in den Mittelpunkt stellt. Aus vielen Projekten der letzten Jahre ist bekannt, dass sich das Verständnis von Lernen und Lehren nur langsam verändern (Bischof u. a., 2016). Der Wandel solcher Lernkultur kann an vielen Hemmnissen scheitern, nicht zuletzt, weil Lehren und Lernen in unseren Biografien und Bildungsinstitutionen tief verankerte Wesensmerkmale sind. Die digitale Transformation der Bildung scheitert jedoch zuverlässig, wenn davon ausgegangen wird, dass ein bestimmter Wandel der Bildung durch den Einsatz der Technik ausgelöst würde und damit in die Technik eingeschrieben ist. Wenn eine bestimmte Lernkultur entwickelt werden soll, dann ist dies als ein umfassender Veränderungsprozess zu verstehen, der viele Akteure einbeziehen muss und als gemeinsamer Lernprozess der Akteure zu gestalten ist. Der Diskussion ist oftmals ein Technikdeterminismus hinterlegt, der bestimmte Entwicklungen als schicksalhaft behauptet. Die Technik eröffnet jedoch vielfältige Handlungsoptionen, die eines gesellschaftlichen Diskurses über künftige Szenarien von Bildung im Zeitalter der Digitalisierung bedarf.

4.3 Lerntheoretische Positionen

Die Vorstellung darüber, wie wir lernen, hat sich mit der Entwicklung der verschiedenen Medientechnologien verändert. Frühe behavioristische Ansätze in den 1970er-Jahren gingen einher mit den ersten computerbasierten Lehrmaschinen. Kognitive Ansätze entwickelten sich ab 1980 zeitgleich mit den ersten interaktiven Rechnern, den Personal-Computern. Konstruktivistische Ansätze des Lernens griffen dann auf die multimedialen Möglichkeiten der Computer ab 1990 zurück, um Audio und Video für Lehrzwecke nutzen zu können. In den letzten Jahren dominiert in der mediendidaktischen Diskussion das vernetzte Lernen im Internet, über das Informationen bereitgestellt werden und Menschen sich austauschen. Der Pragmatismus verweist darauf, dass mit diesen Positionen keine grundlegend verschiedenen, konkurrierenden

Paradigmen verbunden sind, sondern unterschiedliche Sichten auf das Phänomen des Lernens (s.a. Patry, 2013).

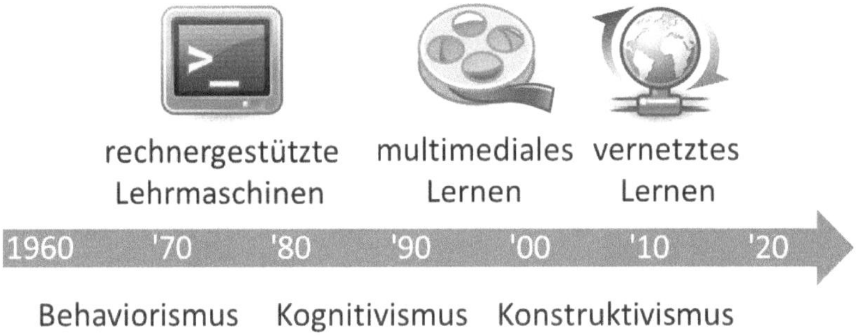

Abbildung 11: Lerntheoretische Paradigmen

4.3.1 Behaviorismus

Der Behaviorismus geht davon aus, dass Verhalten vor allem durch die Konsequenzen gesteuert wird, die auf ein gezeigtes Verhalten folgen. Der grundlegende Mechanismus des Lernens, den B. F. SKINNER dabei aufzeigte, ist einfach: Folgt auf ein Verhalten eine für die Person positive Konsequenz der Umwelt, wird dieses Verhalten in Zukunft häufiger gezeigt werden, die Wahrscheinlichkeit des Auftretens des Verhaltens steigt. Dies wird Bekräftigung oder Verstärkung des Verhaltens genannt. Entscheidend dabei ist, dass die Person selbst die Konsequenz als eine positive einschätzt, nicht jede Belobigung wirkt als Bekräftigung.

Folgt auf das Verhalten eine für die Person negative Konsequenz, handelt es sich um Bestrafung. Kurzfristig kann es zu einer Reduktion eines zuvor gelernten Verhaltens kommen. Langfristig wird das Verhalten jedoch keineswegs verschwinden, sondern nach einer gewissen Zeit wieder auftauchen. Dieses paradoxe Phänomen von Bestrafung kann mit vielen Beispielen, z. B. aus der Erziehung, illustriert werden.

Die dritte Möglichkeit bedeutet schließlich, dass das Verhalten ignoriert wird. Es folgt keine Reaktion auf das gezeigte Verhalten durch die Umwelt. Man spricht von *Löschung*, weil die Wahrscheinlichkeit, dass das Verhalten in Zukunft gezeigt wird, unter dieser Bedingung mit der Zeit geringer wird. Ein Verhalten, auf das keine Reaktion der Umwelt erfolgt, wird demnach nicht aufrechterhalten, es wird gelöscht.

Zeitlicher Zusammenhang. Die Konsequenz, die auf das Verhalten folgt, sollte zeitlich möglichst unmittelbar danach folgen. Folgt die Verstärkung zu spät, so steht sie für die Person nicht mehr in einem Zusammenhang mit dem gezeigten Verhalten, und die Verstärkung kann nicht wirksam werden. Vor allem bei neuen Verhaltensweisen, die noch nicht gut beherrscht werden, ist es deswegen notwendig, dass die Rückmeldung in zeitlich engem Abstand erfolgt. Liegen widersprüchliche, also für die Person sowohl positive als auch negative Konsequenzen vor, dann werden sich diejenigen auf das Lernen auswirken, die zeitlich eher auf das Verhalten folgen.

Die Mechanismen der Bekräftigung können nur dann wirksam werden, wenn die Person ein Verhalten gezeigt hat. Lernende sind also zu Aktivitäten anzuregen, auf die die Umwelt reagieren kann. Es besteht häufig das Problem, dass Verhaltensweisen, die gelernt werden sollen, zu selten und nicht rechtzeitig belohnt werden.

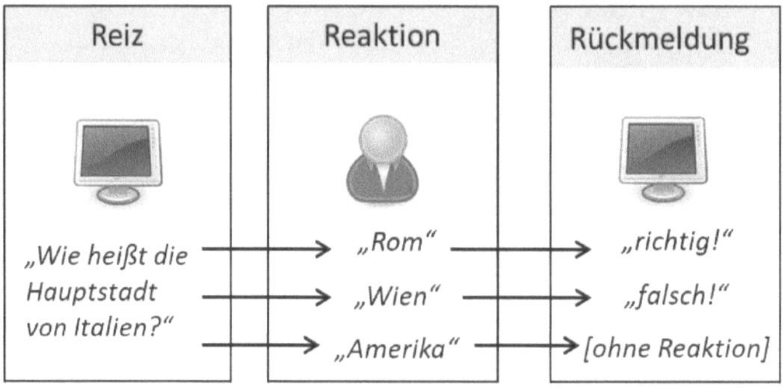

Abbildung 12: Reiz-Reaktions-Lernen

Beim Lernen mit interaktiven Lehr-/Lernmedien lässt sich diese Forderung nach möglichst unmittelbarer Rückmeldung gut implementieren, da die Auswertung von Prüfungsfragen – soweit sie maschinell auswertbar sind – sehr schnell erfolgen kann und damit eine unmittelbare Korrektur und „Bekräftigung“ möglich ist. Notwendig ist, dass die Lernenden beobachtbares Verhalten zeigen, auf das eine Konsequenz erfolgen kann; ein Denkprozess kann dagegen nicht unmittelbar bekräftigt werden.

Wenn ein Verhalten relativ sicher beherrscht wird, kann der Zeitraum für ein Feedback ausgedehnt werden. An einer Hochschule müssen Lernende dann z. B. ein Lern- und Arbeitsverhalten aufgebaut haben, welches nicht mehr nur von einer kurzfristigen Rückmeldung abhängt. Die Fähigkeit, jetzt auf etwas zu verzichten für eine spätere, möglicherweise höhere Belohnung („Gratifikationsverzögerung“), ist eine wichtige Voraussetzung für Persönlichkeitsentwicklung.

Veränderung von Verhalten. Im Alltag wird vielfach versucht, Verhaltensänderungen durch negative Konsequenzen zu erreichen. Gemeint sind Strafen als Folge von schlechter Leistung oder die Androhung von Strafen, um Leistung zu steigern. Langfristig erfolgreich ist diese Strategie kaum, da sie nicht dazu beiträgt, Lernaktivitäten systematisch aufzubauen. Der Königsweg einer Verhaltensänderung besteht in der Kombination von zwei Strategien: Erwünschtes Verhalten ist schrittweise mit Belohnung aufzubauen und unerwünschtes Verhalten ist zu löschen oder (nur in Notfällen) durch aversive Konsequenzen zu bestrafen.

Das digitale Medium ist demnach so zu gestalten, dass die Lernenden von leichten Anforderungen ausgehend schrittweise zu schwereren Anforderungen geleitet werden. Entscheidend für den Lernerfolg ist dabei die starke Führung der Lernaktivitäten durch regelmäßiges Prüfen eines Lernfortschritts, um das Lernangebot möglichst optimal an den Lernstand anzupassen. Es besteht sonst die Gefahr, dass zu schwere oder zu leichte Lernangebote ausgewählt werden und damit ein – subjektiver wie objektiver – Lernerfolg ausbleibt. Diese zentrale Überlegung der behavioristischen Lerntheorie findet sich im Übrigen auch in den neueren Ansätzen zu *Learning Analytics* wieder (s. Kapitel 10.2).

Häufigkeit der Verstärkung. Der wesentliche Mechanismus, der das Verhalten nach behavioristischen Annahmen steuert, sind die Konsequenzen, die auf das Verhalten folgen. Vielfach wird vermutet, dass diese Konsequenzen möglichst oft eintreten sollten, um wirksam zu werden. Dies ist jedoch nicht der Fall, die Häufigkeit ist vielmehr dem Leistungsstand anzupassen. Wird ein Verhalten beherrscht, kann die Häufigkeit der Rückmeldung zeitlich immer größere Abstände umfassen.

Programmierte Instruktion

Lernen hängt davon ab, wie die Umwelt auf Verhalten reagiert. Im normalen Unterricht im Klassenverband – so die Überlegung von Skinner – können die Mechanismen der Verstärkung jedoch nur schwer zur Geltung kommen, da die Lehrperson das Verhalten des Einzelnen kaum systematisch belohnen, ignorieren oder bestrafen kann. Deswegen beschäftigte sich Burrhus F. Skinner (1904–1990) bereits seit den 1950er-Jahren mit – zunächst mechanischen – Geräten, mit denen Menschen alleine lernen konnten.

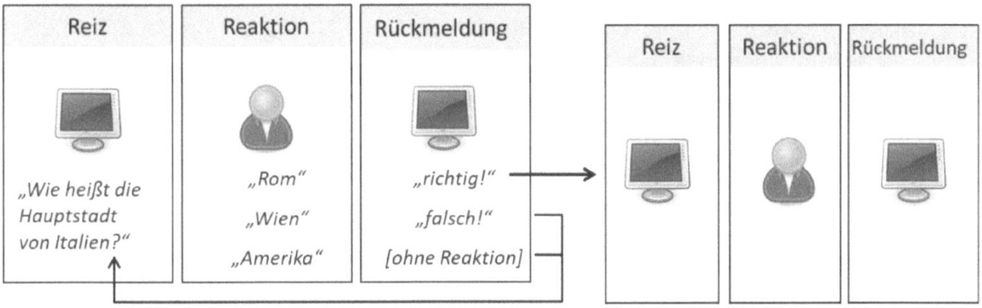

Abbildung 13: Programmierte Instruktion

Der Lehrstoff wird dabei in kleinschrittigen Frage-Antwort-Mustern präsentiert. Bei jedem kleinen Schritt soll sofort geprüft werden, ob eine Information richtig aufgefasst wurde. Die Belohnung soll für die Person darin bestehen, dass die nächste Lerneinheit präsentiert wird. Sie erlebt einen Erfolg und wird motiviert, weiter zu lernen. Bei fehlerhaften Antworten erfolgt keine Bestrafung, es tritt einfach „kein Erfolg" ein: Die Person muss die gleiche Lerneinheit erneut bearbeiten, bis sie die richtige Antwort erkannt hat. Das Programm arbeitet damit eine vorprogrammierte Sequenz von Lernschritten ab.

Mit diesem Vorgehen wird Instruktion *programmiert*. Der Unterricht folgt nicht mehr der freien Folge spontaner Eingebungen der Lehrperson, sondern einem strengen Algorithmus. Eine solche *Programmierung* von Unterricht sollte nach SKINNER zuverlässiger zum Lernerfolg führen. Der Begriff *programmierte Instruktion* bezieht sich damit *nicht* auf die Programmierung einer Software, sondern auf eine definierte Folge von Lernschritten, bei der die beschriebenen Verstärkungsmechanismen zum Tragen kommen können.

Vorgehen

- Der Lehrgegenstand ist in einzelne, aufeinander aufbauende Informationseinheiten zu unterteilen, die sequenziell dargeboten werden.
- Zu jeder Information werden Fragen formuliert, die mit hoher Wahrscheinlichkeit (> 80 %) richtig beantwortet werden. Die Fragen werden unmittelbar nach Präsentation einer Informationseinheit gestellt.
- Bei einer *richtigen* Antwort wird eine positive Rückmeldung gegeben, ⇒ es wird zu der nächsten Informationseinheit verzweigt.
- Bei einer *falschen* Antwort wird ein Hinweis gegeben, ⇒ die gleiche Frage wird erneut gestellt, ggfs. wird zurückgesprungen.

Die kleinschrittige Aufbereitung der *programmierten Instruktion* umfasst Lerneinheiten im Umfang von wenigen Minuten. Die Lernenden werden nicht dabei unterstützt, sich in komplexere Lerninhalte einzuarbeiten, die von ihnen einen höheren Grad der Selbstorganisation, der Planung und Konzentration verlangen. Es bleibt das Problem, dass in solchen Einheiten nur eng umfasste Lerninhalte – zumeist Faktenwissen – dargeboten werden können. Wenig zielführend ist es, komplexere Informationseinheiten so zu zerlegen, dass der Sinnzusammenhang zerstört wird.

Bei SKINNERS Lehrmaschinen waren Antworten immer als freier Text einzugeben. Anschließend öffnet die Person ein Antwortfenster, in dem die richtige Lösung zum Vorschein kommt: Die Lernenden überprüfen die Richtigkeit ihrer Antworten selbst. SKINNER lehnte Systeme mit Auswahlfragen ab. Es soll gelernt werden, richtige Antworten zu generieren und nicht nur richtige Antworten auszuwählen (Skinner, 1958). Bei offenen Fragen mit Freitexteingaben wird verhindert, dass falsche Antwortalternativen präsentiert werden, die möglicherweise im Gedächtnis bleiben: Es wird durch das aktive Erzeugen von Antworten gelernt, nicht durch das Auswählen aus möglicherweise falschen Antwortalternativen. Verhalten kann nur bestärkt – und damit die Wahrscheinlichkeit des Auftretens erhöht – werden, wenn ein Verhalten zuvor auch gezeigt worden ist.

NORMAN CROWDER führte Verzweigungen in Lehrprogrammen ein, die es ermöglichten, bei fehlerhaften Antworten nicht den gleichen Lerninhalt erneut zu präsentieren, sondern in Abhängigkeit von der Art des Fehlers alternative Darstellungen anzubieten. Er setzte dabei Auswahlfragen *(Multiple Choice)* ein, um den folgenden Lehrschritt in Abhängigkeit von der Antwort des Lernenden bestimmen zu können. Auswahlfragen mit vorgegebenen Antwortalternativen lassen sich wesentlich einfacher maschinell auswerten als Freitextantworten, wie sie SKINNER bevorzugte. Deswegen haben sich Auswahlfragen beim computergestützten Lernen recht schnell durchgesetzt.

Rückmeldungen: Verstärkung oder Information?

Findet bei der *programmierten Instruktion* am Computer tatsächlich ein Lernen durch *Verstärkung* statt? Inwiefern kann von einer Anwendung der behavioristischen Lernprinzipien bei digitalen Lernangeboten gesprochen werden?

Behavioristische Lerntheorien beschränkten sich auf beobachtbares Verhalten und die Frage, wie Konsequenzen auf dieses Verhalten wirken. So steht im Mittelpunkt des Interesses immer die Wahrscheinlichkeit des Auftretens eines Verhaltens, also ob ein konkretes Verhalten in Zukunft häufiger, schneller, stärker usw. auftritt. Damit stellt sich die Frage, welches Verhalten bei einem Lernprogramm am Computer eigentlich verstärkt werden soll: Geht es um das Verhalten des Eintippens von Buchstaben oder um das Arbeiten an einem Rechner? Lässt sich das Bearbeiten von Lerninhalten „verstärken"?

Nach SKINNER werden die richtigen Reaktionen auf Fragen verstärkt. Doch das Ziel der Bearbeitung eines Lernprogramms besteht kaum darin, die richtigen Reaktionen auf bestimmte Fragen zu erlernen. Das Wissen soll auch bei anderen Fragen oder in anderen Kontexten abgerufen und genutzt werden können. Würde das gesamte Wissen aus „richtigen Reaktionen auf Fragen" bestehen, so wären Personen nie in der Lage, auf immer neue, unerwartete Situationen schnell, flexibel und (manchmal auch) kreativ zu reagieren. Wissen ist mehr als die Summe von erlernten Reiz-Reaktions-Ketten, bei denen für bestimmte Situationen, Anforderungen, Fragen usw. die richtigen Antworten und Verhaltensweisen abgespeichert sind. Es lassen sich nur vage Zusammenhänge zwischen Modellen der behavioristischen Lerntheorien und dem Lernen mit dem Computer herstellen, wenn es um den Erwerb von deklarativem Wissen geht.

Anders sieht es aus bei den neueren Möglichkeiten, die sich z. B. mit Computersimulationen, Computerspielen oder interaktivem Video eröffnen. Fertigkeiten, die hier aufgebaut werden, können, zumindest in Teilen, mit Prinzipien des Behaviorismus erklärt werden, etwa wenn Spielerinnen und Spieler mit *Trial & Error* versuchen, eine

Herausforderung zu bewältigen und ihr Reaktionsvermögen in der Auge-Hand-Koordination zu optimieren.

Grundsätzlicher ist zu bedenken, dass Rückmeldungen immer auf zwei Ebenen wirken können: SKINNER betonte die emotionale Wirkung von Rückmeldungen, die zu weiterem Lernen motivieren sollen. Wenn eine positive Rückmeldung von der Person als Lob empfunden wird, dann wird dies ihr Lernverhalten bestärken. Wenn eine Reaktion erfolgt, die die Person aversiv erlebt, wird sie das Lernen vielleicht kurzfristig intensivieren, aber auf Dauer eher unwillig fortsetzen. Wenn auf die Aktionen des Lernenden keinerlei Reaktionen erfolgen, wird die Motivation, sich überhaupt aktiv einzubringen, zurückgehen.

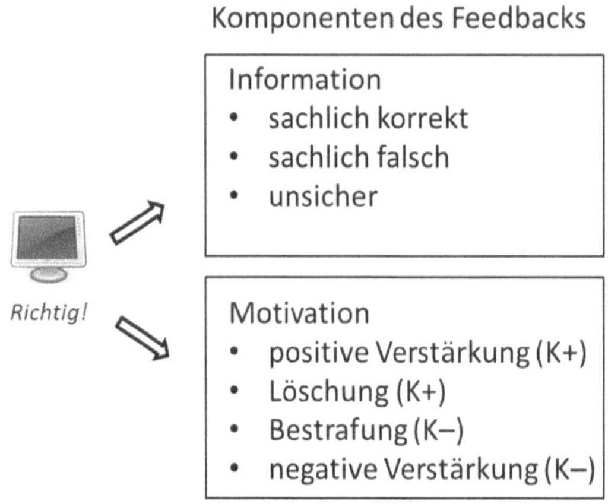

Abbildung 14: Komponenten von Rückmeldungen

Doch Rückmeldungen beinhalten zunächst immer auch *Informationen*. Sie teilen – rein sachlich – mit, ob eine Aktion des Lernenden als angemessen oder zielführend bewertet wird. Diese sachliche Seite einer Rückmeldung ist für den Lernprozesse von großer Bedeutung und ist als solche ebenfalls motivierend. Lernende schätzen die Rückmeldung, sie suchen Aufgaben, um ihren Wissensstand zu prüfen und um zu wissen, wo sie stehen. Auch die Rückmeldung von Defiziten kann motivierend sein. Wir sprechen von der „Diagnostizität" von Aufgaben. Aufgaben wirken motivierend nicht nur durch Lob oder Tadel. Die Möglichkeit, Rückmeldung über den eigenen Leistungsstand zu erhalten, kann bereits motivierend sein.

Die Bewertung des Ansatzes der *programmierten Instruktion* ergibt ein differenziertes Bild:

- Rückmeldungen der Umwelt sind für das Lernen essentiell. Lernprogramme können (anders als Lehrpersonen) immer und kurzfristig Rückmeldung geben. Rückmeldungen wirken nicht nur als Bekräftigung von Verhalten auf der motivationalen Ebene, sondern die in der Rückmeldung enthaltene Information selbst ist wichtig für den Lernprozess.
- Die Maschine ist emotional indifferent. Im Unterschied zur Person des Lehrenden ist es dem Computer egal, ob Fehler gemacht werden. Er „erträgt" es, wenn Fehler mehrfach gemacht werden, und Lernende müssen sich (z. B. vor Anderen) nicht blamiert vorkommen. Die Lernenden wissen jedoch auch, dass sie es mit einer Maschine zu tun haben. Sie versuchen deswegen möglicherweise, die Lösung

von Aufgaben durch Raten zu finden und beschäftigen sich insgesamt weniger ernsthaft mit den Inhalten bzw. Aufgaben.

- Lehrinhalte, die sich in kleinere Einheiten unterteilen lassen, können vermittelt werden, und zwar Schritt für Schritt. Größere Sinneinheiten werden dadurch jedoch möglicherweise zerstört. Die Auseinandersetzung ist oftmals nicht hinreichend tief. Das Lernen bleibt oberflächlich.
- Lernprogramme, die das Wissen in kleine Informationseinheiten zerlegen, sind nur kurzfristig motivierend. Sie werden vielfach als monoton erlebt und oft abgelehnt.

Die Grundstruktur der *programmierten Instruktion* finden wir bis heute und weiterhin in vielen Anwendungen. Anders als SKINNER vermutet, eignet sich der Ansatz nicht für alle Wissensarten, sondern alleine für Faktenwissen oder aber für das Training von einfachen Fertigkeiten, etwa in Simulationen und Spielen. Auch im Kontext der Diskussion über das *Microlearning* und Lerneinheiten, mit denen auch unterwegs gelernt werden kann, findet dieser Ansatz weiterhin Beachtung (vgl. Hug, Lindner, & Bruck, 2005). Denn beim *mobilen Lernen* geht es um kleinere Zeitfenster, in denen die Lernenden sich mit Inhalten beschäftigen können.

4.3.2 Kognitive Ansätze

Das Anliegen kognitiver Ansätze besteht darin, den Vermittlungs- und Aneignungsprozess in der Auseinandersetzung mit Lernangeboten präziser aufzuschlüsseln. Sie gehen von der Annahme aus, dass menschliche Wahrnehmung als aktive Konstruktionsleistung der Person zu werten ist. Wahrnehmung ist nie ein passiver Prozess der Informationsaufnahme und -weiterverarbeitung, bei dem Signale, die in den Organismus einströmen, an eine zentrale Verarbeitungseinheit weitergeleitet werden. Auf *allen* Ebenen der Informationsverarbeitung greift der Organismus ein und beeinflusst diese.

Die kognitionspsychologische Forschung liefert eine Vielzahl anschaulicher Belege für die Wirkung von Erfahrungen und Vorwissen auf allen Stufen der Informationsverarbeitung. Neue Informationen werden immer im Licht des bereits vorhandenen Wissens interpretiert. Das Zusammenwirken der schrittweisen Auswertung eingehender Informationen (*Bottom-up*) und in kognitiven Schemata gespeicherten Erfahrungen (*Top-down*) wird als *Analyse durch Synthese* beschrieben.

Lernen als kognitive Informationsverarbeitung

Lernen wird als Informationsaufnahme und -speicherung betrachtet, deren Güte vor allem abhängig ist von der Art der Informationsaufbereitung und -darbietung einerseits und kognitiven Aktivitäten des Lerners andererseits. Lernen geht einher mit Veränderungen kognitiver Strukturen und Prozesse; Veränderungen des Verhaltens (wie in behavioristischen Ansätzen betont) werden als Ergebnis interner Verarbeitungsprozesse eingeordnet. Für das Lernen ist entscheidend, wie mit dem Angebot umgegangen wird, d. h. welche kognitiven Operationen im Arbeitsgedächtnis ausgeführt werden und ob diese dazu beitragen, Wissen ins Langzeitgedächtnis zu überführen.

Der Ausgangspunkt von kognitiven Ansätzen des didaktischen Designs ist die Analyse und Klassifikation von Lehrinhalten. Denn es wird angenommen, dass sich die didaktische Aufbereitung zuallererst daran ausrichten muss, welche Art von Lerninhalten vorliegt. „Wissen" ist in unterschiedlichen Systemen des Gedächtnisses gespeichert und erfordert andere Verarbeitungsprozesse, um dauerhaft verankert zu werden. Deswegen sind Lehrinhalte und -ziele so zu systematisieren und zu klassifizieren, wie diese im Gedächtnis strukturiert sind bzw. wie diese nach gängigen Theorien menschlicher Informationsverarbeitung repräsentiert sein könnten. Die verbreitete Taxonomie, ursprünglich von BLOOM et al. (1956) publiziert und von ANDERSON & KRATHWOHL (2001) überarbeitet, unterscheidet kognitive, affektive und motorische Domänen des Wissens. Der Taxonomie liegt die wesentliche Annahme zugrunde, dass Wissen in diesen Domänen grundsätzlich anders gelernt wird und grundsätzlich anders zu lehren ist, je nachdem welches Leistungsniveau erreicht werden soll. Wir werden in der Analyse der Lehrinhalte und der Spezifikation von Lernzielen in Kapitel 9 auf diese Taxonomie zurückkommen.

Domänen des Wissens

- Die kognitive Domäne bezieht sich auf *deklaratives Wissen* (Fakten und Konzepte, „Wissen *über*": Kenntnisse) und *prozedurales Wissen* (Prozeduren und Metakognition, „Wissen *wie*": Fertigkeiten).
- Die affektive Domäne beinhaltet das Erlernen von Einstellungen, Normen und Werte („Persönlichkeitsbildung").
- Die motorische Domäne thematisiert das Erlernen von Bewegungsabläufen und körperlicher Funktionen, wie sie in digitalen Trainingssystemen zum Tragen kommen (vgl. Kapitel 1.1.4).

Am meisten diskutiert ist die kognitive Domäne. Dabei werden unterschieden:

- Fakten: einzelne Informationen, z. B. „Der Zug fährt um 18:13 Uhr ab."
- Konzepte: zusammenhängende Informationen, z. B. Merkmale einer Demokratie
- Prozeduren: zeitlich geordnete Abläufe, z. B. die Bedienung einer Kaffeemaschine
- Metakognition: Wissen über die Steuerung von kognitiven Prozessen, z. B. wie merke ich mir eine Telefonnummer am besten?

Die *Component Display Theory* von DAVID MERRILL (1983) thematisierte erstmals, wie ein Lernprogramm aufgebaut werden kann, das die verschiedenen Arten von Lehrinhalten und -zielen berücksichtigt. Damit wendete MERRILL sich gegen die Einförmigkeit von Lernprogrammen nach der *programmierten Instruktion* sensu SKINNER. Je nach Lehrinhalt und angestrebtem Lehrziel sollten Lernprogramme eine bestimmte Abfolge von *Displays* präsentieren, bei denen sich konkrete Beispiele und abstrakte Informationen mit Aktivitäten von Lernenden in Tests, Übungen und Lernaufgaben abwechseln.

Adaptivität

Die Befunde der empirischen Lehr-Lern-Forschung zeigen immer wieder, wie wichtig es ist, das Lernangebot an die Voraussetzungen der Lernenden anzupassen. Die wichtigste Variable ist dabei das Vorwissen bzw. der Wissensstand der Person, der sich mit der Aufgabenbearbeitung und dem Lernen entwickelt: Für Anfänger sind andere Lernangebote geeignet als für Fortgeschrittene oder Experten.

Eine Lehrerin wird ihr Unterrichtsverhalten auf den aktuellen Lernstand ihrer Klasse anpassen: Registriert sie Verständnisprobleme, wird sie innehalten und eine erneute Erklärung anbieten. Bemerkt sie Motivationsprobleme, wird sie möglicherweise einen Methodenwechsel erwägen etc. Der pädagogische Dialog ist charakterisiert durch ein wechselseitiges aufeinander *Eingehen* von Lehrenden und Lernenden: durch soziale *Interaktion*. Lehrende sind nur dann erfolgreich, wenn sie in der Lage sind, ihr Vorgehen an den Vorkenntnissen und den aktuellen Wissensstand der Lernenden auszurichten. Dabei kann in der Konstellation des Gruppenunterrichts nur bedingt individuell auf die Lernenden eingegangen werden.

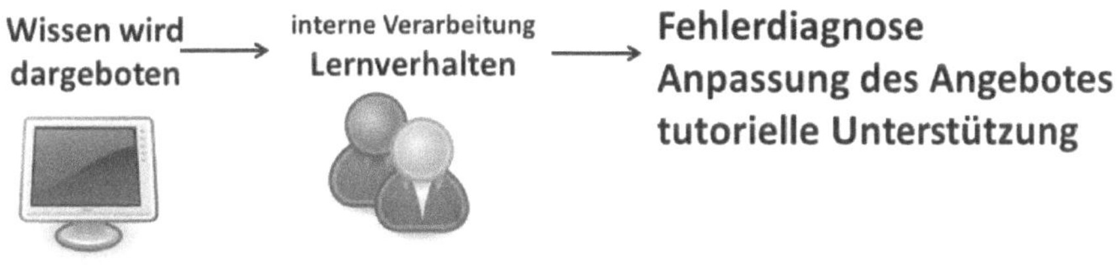

Abbildung 15: Lernen als Informationsverarbeitung

Mit digitalen Medien ist es schwer, wie im Unterricht einen interaktiven Dialog mit den Lernenden zu gestalten: Stur arbeiteten die ersten Lehrmaschinen ihre Programme ab und zwangen die Lernenden, den vorgegebenen Pfaden zu folgen. Die Pioniere des computergestützten Lernens verfolgten bereits die Idee, das Lernangebot von dem aktuellen Wissensstand des Lernenden abhängig zu machen. Die Lernprogramme konnten den Wissensstand des Lernens jedoch während der Interaktion mit dem System kaum systematisch „diagnostizieren".

Bei Lernprogrammen beschränkt sich das System auf die Auswertung von Testantworten, die im Anschluss an Informationseinheiten präsentiert werden. Mit diesem

Vorgehen liegt keine Diagnose im eigentlichen Sinne vor. Es wird lediglich festgestellt, ob ein Fehler vorliegt oder nicht. Eine Diagnose sollte dagegen beispielsweise Flüchtigkeitsfehler ausschließen und von Verständnisdefiziten abgrenzen; sie sollte einen Fehlertyp identifizieren und benennen, auf welches Verständnisproblem dieser Typ von Fehlern hinweist. Darauf aufbauend sollte eine tutorielle Strategie aufgerufen werden, die sich dem aktuellen Lernstand anpasst.

Künstlich-intelligente Tutorsysteme

Mit den fortschreitenden Möglichkeiten der Computertechnik begann man in den 1980er-Jahren, *künstlich-intelligente Systeme* für das Lernen zu erproben (Mandl & Lesgold, 1988; J.R. Anderson, Boyle, & Reiser, 1985; Sleeman & Brown, 1982). Sie versuchten, eine Diagnose über das Wissen des Lernenden zu erstellen, während die Person mit dem System interagiert. Auf der Grundlage dieser Diagnose probiert das System *ad hoc* festzulegen, welches Lernangebot dem Lernenden als Nächstes präsentiert wird. Ein solches adaptives System, so die Idee, sollte zu besseren Lernangeboten führen als konventionelle Lernprogramme mit festgelegten Lernwegen.

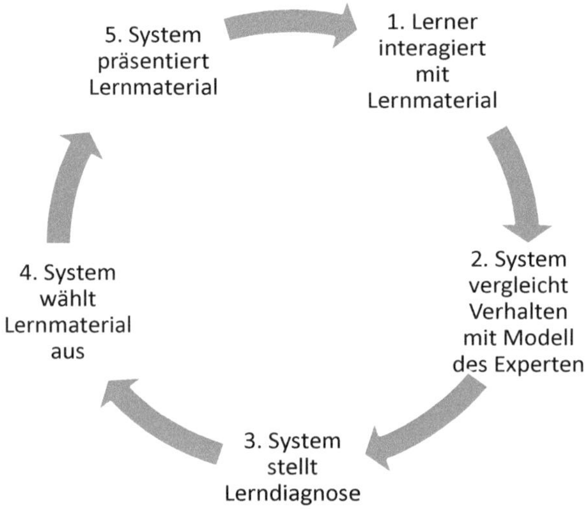

Abbildung 16: Vorgehen bei einem künstlich-intelligenten Tutorsystem

Folglich muss das System über eine Komponente zur Diagnose des Lernstands verfügen, die das Verhalten des Lernenden analysiert und Rückschlüsse auf das Wissen ziehen kann. Dazu muss ein Modell der Expertise vorliegen, das mit dem aktuellen Verhalten verglichen wird. Darüber hinaus muss eine Komponente existieren, die über die Instruktionsstrategie und die Auswahl des als Nächstes zu präsentierenden Instruktionselements entscheidet.

Ein *intelligentes tutorielles System* geht dann folgendermaßen vor:

- Das Verhalten des Lernenden wird registriert: Welche Lerneinheiten werden gewählt? Wie schnell wird die Information bearbeitet? Welche Fehler werden gemacht?
- Aus dem Verhalten im Umgang mit dem Lernmaterial wird ein *Modell der Kompetenz* abgeleitet: Welche Wissensbestände liegen (noch nicht) vor, über welche Fähigkeiten verfügt die Person (noch nicht)?
- Das Modell der aktuellen Kompetenz wird mit dem Experten-Modell in dem Sachgebiet verglichen. Hieraus ergibt sich ein Modell der *Lerndefizite*.
- Auf der Grundlage dieser laufenden *Lerndiagnose* entscheidet die tutorielle Komponente des Systems, welche Lerneinheiten in welcher Form angeboten werden.
- Bei der Bearbeitung der Aufgaben, Informationen usw. werden die Eingaben, Antworten usw. laufend analysiert. Dabei werden ständig Hypothesen über die Kompetenz gebildet und so verschiedene Aspekte des Modells entweder bestätigt oder verworfen.
- Liegt darüber hinaus eine Erklärungskomponente vor, kann das System seine didaktischen Entscheidungen erläutern.

Künstlich-intelligentes Tutorsystem

JAVA-Tutor ist eine Lernumgebung, mit der die Programmiersprache JAVA zur Entwicklung von Softwareanwendungen erlernt werden soll. Der Lerner bearbeitet vorgegebene Programmieraufgaben. Während er mit der Programmierumgebung die Aufgabe zu lösen versucht, läuft im Hintergrund ein intelligentes tutorielles System. Es erfasst laufend die Eingaben des Lerners und prüft, ob bestimmte typische Fehler identifiziert werden können. Es lassen sich Flüchtigkeitsfehler feststellen oder typische Verständnisprobleme, etwa beim Umgang mit Variablen und Kontrollstrukturen.

Das System blendet bei Fehlern unmittelbar Rückmeldungen am Bildschirm ein und bietet Erläuterungen an, die abgerufen werden können, um sich mit bestimmten Themen genauer auseinanderzusetzen. Das System wertet schließlich aus, ob die eingereichte Lösung des Lerners richtig ist bzw. welche Fehlerarten bei der Lösung identifiziert werden können. Davon hängt ab, welche Programmieraufgabe dem Lerner als Nächstes zur Bearbeitung vorgelegt wird.

Mit *intelligenten tutoriellen Systemen* waren in den 1990er-Jahren große Hoffnungen verbunden. Die Grenzen dieses Ansatzes sind jedoch deutlich geworden: Es ist schwierig, aus Verhaltensweisen bzw. Fehlern von Lernenden während der Bearbeitung von Lerneinheiten Rückschlüsse auf die dem Verhalten zugrunde liegenden Kompetenzdefizite zu ziehen. Selbst bei einfachen mathematischen Aufgaben, zu deren Lösung ein Algorithmus anzuwenden ist, müssen mehrere Testdurchläufe erfolgen, bevor z. B. Flüchtigkeitsfehler ausgeschlossen werden können und der Typ eines Verständnisproblems identifiziert werden kann.

Die Möglichkeiten von *intelligenten tutoriellen Systemen* sind vielfach untersucht worden; die Datenlage erscheint wenig eindeutig und wird unterschiedlich bewertet (Steenbergen-Hu & Cooper, 2014; Ma, Adesope, Nesbit, & Liu, 2014; James A. Kulik & Fletcher, 2016). Bis heute ist es jedenfalls nur in kleinen Ausschnitten gelungen, das Verhalten von Lernenden während der Bearbeitung einer Lerneinheit so auszuwerten, dass dabei auf zugrundeliegende Kompetenzen bzw. Kompetenzdefizite geschlossen werden kann, und sich aus dieser Diagnose Sequenzen von Lernangeboten generieren lassen. Hinzu kommt der erhebliche Aufwand für die Konzeption und technische Implementation derartiger Lösungen. Nicht in Sicht ist ein domänenunspezifisches, also von Inhalten unabhängiges Verfahren, mit dem sich solche Kompetenzen erfassen ließen.

In jüngster Zeit erfährt der Ansatz der *künstlich-intelligenten Tutorsysteme* erneut Aufmerksamkeit. Hintergrund ist die Verfügbarkeit großer Datenmengen, die bei Lernangeboten entstehen können, wenn diese über das Internet bearbeitet werden. Auf der Grundlage dieser Daten wird versucht, Erkenntnisse über Lernwege und Lernerfolge zu ziehen, die dann in dem System genutzt werden können, um das Lernangebot während der Laufzeit zu optimieren (s. „Learning Analytics" in Kapitel 10.2).

4.3.3 Situiertes Lernen und Konstruktivismus

Während die Grundannahmen des kognitiven Ansatzes lange Zeit als Standard-Paradigma der Lerntheorie und der Mediendidaktik galten, hat spätestens seit Ende der 1980er-Jahre eine grundlegende Kritik hieran eingesetzt. Gemeint ist die Reduktion menschlichen Handelns auf kognitive Informationsverarbeitung, bei der das Individuum als Zentrum von Wissen und Handeln überbewertet wird und die menschliche Emotionalität, Leiblichkeit und Situiertheit des Handelns in der Lebenswelt ausgeblendet werden.

Kritik am Kognitivismus. Situierte Ansätze des Lernens betrachten menschliches Handeln und damit den Lehr-Lern-Prozess aus einer anderen Perspektive: Handeln ist danach grundsätzlich eingebettet in einen sozialen Kontext und nicht Resultat von Entscheidungs- und Verarbeitungsprozessen eines isolierten Individuums. Mit dieser Abhängigkeit des Handelns von situativen Bedingungen und der Umwelt scheint eine gewisse Nähe zu behavioristischen Konzepten vorzuliegen. Im Unterschied zu diesen betonen situierte Ansätze jedoch die Relevanz *symbolischer Interaktion*, d. h. das Finden, Kommunizieren und Aushandeln von *Bedeutungen* sowie die Suche nach Ordnungsstrukturen und Sinnhaftigkeit als grundsätzliche Merkmale menschlichen Handelns.

Danach werden in jeder Situation Bedeutungen neu konstruiert, sie werden nicht einfach aus dem Gedächtnis abgerufen oder rekonstruiert, sondern sie sind das Ergebnis der Interaktion zwischen Menschen, ihrer Umwelt und Artefakten, die in der Interaktion mit der Umwelt entstehen. Handeln ist damit nicht durch Individuen „verursacht", sondern ein Merkmal von Interaktion.

Interaktion. Eine zentrale Kategorie dieser wissenssoziologischen Tradition ist der Begriff der *Interaktion*: In der ingenieurwissenschaftlichen Informationstheorie wird Kommunikation verstanden als gesicherter Austausch von Informationen zwischen einem Sender und einem Empfänger auf der Basis eines geteilten Codes. Interaktion ist der bidirektionale Austausch von Informationen. Die Definition beschränkt sich damit auf das zeitliche Zusammenfallen bestimmter Ereignisse: „Das eigentlich Interaktionale, etwa als Wechselwirkung, wird explizit ausgespart." (Graumann, 1979, S. 294).

Bei dieser Betrachtung wird Interaktion in ihre Bestandteile zerlegt und aus der Analyse des Verhaltens und Erlebens der einzelnen beteiligten Individuen erklärt. In der Tradition von GEORG HERBERT MEAD wird dies als Reduktion bewertet. Interaktion ist die eigentlich primäre Kategorie menschlichen Handelns, sie geht individuellen Handlungen voraus.

In der Interaktion richtet die Person ihre Aufmerksamkeit auf Dinge. Sie hört auf, bloß auf äußere Stimuli zu reagieren. Die Person entwirft Pläne für Handlungen, prüft sie und probiert neue Handlungsentwürfe und Situationsdefinitionen aus. Handeln ist damit eher nicht vorhersehbar und mithilfe bestimmter Variablensätze erklärbar; es beinhaltet die Chance zu Spontanität und Kreativität, die sich in Prozessen der Interpretation und des Aushandelns *symbolischer Interaktionen* niederschlägt.

Soziale Realität kann dann nicht als von Personen unabhängig verstanden werden, sondern wird im Vollzug von Handlungen durch Personen erzeugt. Strukturen der Realität, ihre (Un-)Regelhaftigkeit, Stabilität oder Kontinuität existieren nicht an sich, sondern sind Resultat individueller Konstruktionsleistungen in symbolischen Interaktionen.

Lässt sich Wissen „vermitteln"? Im Kognitivismus wird Lernen als Prozess der Aneignung von Wissen im Gedächtnis einer Person aufgefasst. Es wird davon ausgegangen, dass das Wissen *in* der Person gespeichert ist und später aus dem Gedächtnis abgerufen bzw. rekonstruiert wird. Bei unbekannten Situationen stellt sich das Transferproblem, dass Wissen oft auf andere Situationen nicht anwendbar ist.

Nach situierten Ansätzen ist Wissen dagegen nicht *in* Personen *gespeichert*, sondern wird in jeder Situation neu konstruiert. Von einem Transfer von Wissen kann demnach nicht ausgegangen werden, da jede – mehr oder weniger bekannte – Situation Wissen produziert.

Die Publikation von LUCY SUCHMAN (1987) machte die Position des situierten Lernens bekannt. Sie untersuchte das Benutzerverhalten an Fotokopiergeräten mit eingebauten Hilfesystemen und Diagnoseprogrammen. Sie stellte fest, dass sich das Benutzerverhalten nicht mit der (Nicht-)Verfügbarkeit kognitiver Schemata erklären lässt. Sie unterscheidet zwischen kognitiv repräsentierten *Plänen*, die z. B. der Hierarchie der Bedienungsmenüs entsprechen, und *situierten Handlungen*, die unmittelbar mit bestimmten Ereignissen bei der Bedienung des Gerätes verbunden sind. Ihre Untersuchungen legen nahe, dass sich das konkrete Benutzerverhalten nicht mit kognitiv repräsentierten Plänen der Handelnden in Verbindung bringen lässt. Viele Handlungen erweisen sich als in einen bestimmten sozialen Kontext *eingebettet* und durch diesen bedingt.

Die kognitiv repräsentierten Pläne der Nutzenden beinhalten generische, also situationsübergreifende Abstraktionen, die eher prospektive oder retrospektive *Konstruktionen* darstellen. Sie sind kein zwingendes Merkmal bzw. keine Voraussetzung für intelligentes Handeln. SUCHMANN nennt sie Artefakte unseres Denkens über Handeln, die vor allem der Rechtfertigung oder Begründung von Handlungen dienen.

Neben dieser Publikation trugen die kulturvergleichenden Studien von LAVE & WENGER (1991) zur Etablierung des situierten Ansatzes bei. JOHN S. BROWN, früher Vertreter eines kognitiven Ansatzes, fordert eine *Epistemologie der situierten Kognition*. Er begründet dies u. a. mit Ergebnissen seiner Untersuchungen über die Organisation von Wissensbeständen bei Experten und Anfängern. Neben vielen Gemeinsamkeiten unterscheiden sich diese darin, wie vorliegendes Wissen auf Situationen angewandt wird: Fortgeschrittene verfügen über Modelle, wie Wissen auf Situationen anzuwenden ist, während Novizen nur über partielle Modelle verfügen. Der Anfänger wandelt sich zum Experten jedoch nicht durch zunehmende Anhäufung von (strukturiertem) Wissen, wie ein kognitiver Ansatz vielleicht vermuten ließe. Ganz entscheidend ist der teilnehmende Sozialisationsprozess, der eine Übernahme der „effektiven Diskurspraktiken im situierten Handeln“ ermöglicht.

Aus diesen Überlegungen ergeben sich eine Reihe von Fragen für das didaktische Design: (Wie) können situierte Handlungen überhaupt durch Lehrprozesse und Medien unterstützt werden? Ist es sinnvoll, eine bestimmte didaktische Strategie anzuwenden, um jeweils kontextgebundene Lernprozesse anzuregen? Welche Bedeutung hat abstraktes Wissen und dessen Vermittlung in einem situierten Ansatz?

Nicht nur für den Lern- sondern auch für den Lehrprozess stellen sich damit Fragen, die die Prozeduren des didaktischen Designs relativieren, die lange Zeit für selbstverständlich erachtet wurden: Entscheidend ist danach alleine, ob Personen Artefakte ihrer Umwelt, also auch Medien, als Lernangebote *wahrnehmen* und als solche nutzen.

Abbildung 17: Lernen im Konstruktivismus

Ist es überhaupt möglich, *didaktische Strategien* für digitale Lernangebote zu entwerfen? Und tragen explizit formulierte Instruktionsstrategien oder Pläne wirklich zu einem besseren Lernangebot bei? Werden bei der Konzeption von Bildungsmedien im didaktischen Design überhaupt systematisch *Pläne* angewendet oder handelt es sich bei Aktivitäten des didaktischen Designs um *eingebettete Verhaltensweisen*, die nur in *authentischen Kontexten* erfahren und durch die *Teilhabe an der Expertenkultur* vermittelt werden? Die Konzeption und Gestaltung von Lehr-Lern-Medien wäre dann ebenso als situierte Handlung aufzufassen, die durch die jeweilige Anforderungssituation bestimmt bzw. durch den professionellen Kontext der jeweiligen Produktion nahegelegt wird.

Ansätze des **situierten Lernens** betonen, dass Wissen immer mit bestimmten Handlungsmustern und sozial-kulturellen Kontexten verbunden ist. Schulisches Lernen erzeugt regelmäßig *träges Wissen*, das sich nicht auf Anwendungskontexte übertragen lässt. Um Wissen zu entwickeln, müssen Lernende an entsprechenden sozialen Praxen teilhaben. Hieraus leitet sich die Forderung nach *authentischem* Lernen ab: Die Lernaufgabe sollte möglichst nah an der Anwendungssituation sein und die Lernenden mit „echten" Problemen konfrontieren. Die Aufgabe der lehrenden Instanz besteht dann darin (s. Abbildung 17), die Lernenden zu unterstützen (*Support*), sie zu beraten (*Guidance*) und zu leiten, solange sie noch unsicher sind (*Scaffolding*).

Folgt man dieser Position des situierten Lernens, dann stellt sich die Frage, ob in einer Bildungseinrichtung, in einem Lehrgang, mit einem Lehrmaterial überhaupt „richtig" gelernt werden kann? Erfordert sinnvolles Lernen allerdings tatsächlich immer eine aktive Partizipation in einem „authentischen" sozialen Umfeld der Anwendung? Kann es nicht auch ausreichen, wenn die kognitiven und emotionalen Prozesse in einer didaktisierten Umwelt vollzogen werden?

Konstruktivismus und didaktisches Design

Die Überlegungen zum situierten Lernen führten ab etwa 1990 zu einer konstruktivistischen Wende des didaktischen Designs. Sie basiert auf der grundlegenden Erkenntnis, dass Lernen ein Konstruktionsprozess eines Individuums darstellt, der zugleich immer kulturell und situativ gebunden ist. Die Idee universeller Wahrheiten ist im

Rahmen der erkenntnistheoretischen Diskussion weitgehend hinterfragt worden. Dies betrifft auch die Schwierigkeit, den Bildungswert von bestimmten Lerninhalten aus übergeordneten Kategorien ableiten zu können. Dennoch impliziert dies keine Beliebigkeit und Verantwortungslosigkeit. Zentrales Kriterium ist vielmehr die *Viabilität* von Wissen, das heißt ob das Wissen hilfreich ist, um Anforderungen der Lebenswelt bewältigen zu können.

Im deutschsprachigen Raum sind die Überlegungen zum Konstruktivismus von verschiedenen Autoren eingeführt worden: Zu nennen wären etwa die Beiträge von Horst Siebert (1999) und Rolf Arnold (2007) in der Erwachsenenbildung sowie von Kersten Reich (2006) in der Allgemeinen Didaktik.

Kersten Reich steht für eine *konstruktivistische Didaktik*, die sich auf zwischenmenschlicher Interaktion gründet. Er steht in der Tradition von John Dewey und setzt sich ab von Interpretationen des Konstruktivismus, die Konstruktion auf eine subjektive Leistung des Einzelnen reduziert und die kulturelle Fundierung von Handeln negiert: Lernangebote sollen zu Konstruktion, Rekonstruktion und Dekonstruktion anleiten.

Die Überlegungen folgen der Darstellung von Lernen, wie sie Reinmann & Mandl (2006) vorgelegt haben, und die zentrale Erkenntnisse der Lernforschung zusammenfassen:

- Lernen ist ein aktiver Prozess. Lernen basiert auf eigenständigen Lernaktivitäten und ist damit nicht unmittelbar Folge von Lehraktivitäten.
- Lernen ist ein selbstgesteuerter Prozess. Lernen erfordert Steuerungs- und Kontrollprozesse in der Auseinandersetzung mit Lernangeboten.
- Lernen ist ein konstruktiver Prozess. Beim Lernen werden Schemata gebildet und Verknüpfungen zu Vorwissen erzeugt.
- Lernen ist ein sozialer Prozess. Lernen ist immer kulturell und zeitlich eingebettet und findet (gegebenenfalls medial vermittelt) in Interaktion statt.
- Lernen ist ein emotionaler Prozess. Lernen ist nicht nur eine kognitive Leistung, sondern fordert den Menschen auch emotional und motivational.

Reinmann & Mandl (2006) formulieren zentrale *Prinzipien konstruktivistischer Lernangebote*, die sich hieraus ableiten lassen:

- *Mit authentischen Problemen lernen*: Lernen sollte auf Problemen basieren, die für die Lernenden bedeutsam sind und den Anwendungsbezug unterstützen.
- *In multiplen Kontexten lernen*: Lernen sollte verschiedene Anwendungssituationen aufzeigen und die Lernenden anregen, konkrete Probleme zu lösen.
- *Unter multiplen Perspektiven lernen*: Lernende sollten verschiedene Perspektiven auf ein Problem kennenlernen und Probleme in verschiedenen Rollen lösen.
- *In einem sozialen Kontext lernen*: Lernen sollte in Interaktion mit Anderen stattfinden und den Austausch der Lernenden fördern.

- *Mit instruktionaler Unterstützung lernen*: Lernen sollte durch Ressourcen unterschiedlicher Art unterstützt werden. Dies schließt eine vorbereitete Lernumgebung, Lernmaterialien und eine Unterstützung durch Lehrpersonen ein.

Teilweise sind konstruktivistische Ansätze als „anti-pädagogische" Position (miss-)verstanden worden. Tatsächlich verzichten sie keineswegs auf Instruktion, didaktische Medien und lernförderliche Umwelten. Unter dem Label des *Konstruktivismus* sind kaum grundlegend neue didaktische Methoden entwickelt worden (vgl. Terhart, 1999). Dennoch gibt die Diskussion über Konstruktivismus der Didaktik eine richtungsweisende Rahmung, indem sie den Blick auf das *Lernen* und den Lerntransfer lenkt. In Kapitel 11 werden einige Ansätze des Lernens mit digitalen Medien vorgestellt, die auf diesem Hintergrund entstanden sind.

4.3.4 Pragmatismus

Welche lerntheoretische Position ist nun richtig? Machen die jeweils neueren Positionen die alten überflüssig? Auch wenn dies häufig so dargestellt wird, wären diese Positionen *aus Sicht des Pragmatismus* keine sich gegenseitig ausschließenden, sondern sich ergänzende Perspektiven.

In Tabelle 20 sind Aussagen der drei lerntheoretischen Positionen zusammengeführt. Die Positionen unterscheiden sich in ihrer Perspektive auf die Rolle der Umwelt, der innerpsychischen Prozesse und der situativen Einbettung beim Lernen. Sie untersuchen Lernen aus unterschiedlichen Blickwinkeln. Dabei ist ihre Sicht durch die Historie geprägt: Der Behaviorismus reagierte – in der Mitte des 20. Jahrhunderts – auf den seinerzeit vorherrschenden Zugang der Introspektion und die spekulativen Modelle innerpsychischer Funktionen und Abläufe. Der Kognitivismus wiederum reagierte darauf, dass die behavioristischen Ansätze innerpsychische Prozesse komplett ausblendeten. Konstruktivistische Ansätze kritisierten schließlich, dass die kognitive Perspektive den situativen bzw. kulturellen Kontext des Lernens vernachlässige.

Betrachtet man die Diskussion in der Mediendidaktik, lässt sich der Eindruck gewinnen, dass mediendidaktische Konzepte eng mit der Frage nach der „richtigen" lerntheoretischen Position verknüpft seien. Sie bieten vielmehr unterschiedliche Perspektiven auf das Phänomen *Lernen*, die sich ergänzen. Die Perspektiven sind nicht „richtig" oder „falsch", sie schließen sich nicht aus und sind auch nicht „gut" oder „schlecht". Damit wird einer Position des *Pragmatismus* in der Bildungswissenschaft gefolgt, die das Denken in Relationen fordert, um der Komplexität sozialer Phänomene gerecht zu werden. Sie geht u. a. zurück auf Arbeiten von John Dewey (1859–1952) in den USA, der bereits vor dem Aufkommen des Behaviorismus seine Überlegungen zum Lernen beschrieb.

John Dewey formulierte Ziele von Bildung, etwa die Erziehung zur Demokratie. Er fokussiert dabei den *Prozess der Erfahrung* als zentrales Moment von Bildung. Dieser

Prozess ist mehr als ein Erfahrungslernen als Ergebnis privater Erlebnisse, und nicht jedes Erlebnis wird zu einer „bildenden Erfahrung“. Dazu muss Erlebtes reflektiert und auf das eigene Handeln und die eigene Person bezogen werden. Solche Erfahrungen befinden sich ständig im Fluss, sie greifen auf Bekanntes zurück, sie ordnen Erfahrungen neu und geben Perspektiven für zukünftiges Handeln. Lernen meint dem, was um uns und in uns passiert, Bedeutung zu geben (vgl. M. Kerres & de Witt, 2004).

Tabelle 20: Lerntheoretische Positionen

	Behaviorismus	**Kognitivismus**	**Konstruktivismus**
Lernen geschieht durch ...	Reaktionen der Umwelt	Aufbau kognitiver Strukturen	(Re-)Konstruktion von Wissen, Partizipation an kultureller Praxis
Resultat des Lernens ist ...	Reiz-Reaktions-Verbindung	abstraktes, möglichst generalisierbares Wissen (Schemata, Fertigkeiten zur Problemlösung usw.)	kontextualisiertes, in Situationen anwendbares (viables) Wissen
Forderung an didaktisches Design	Aufteilung der Lehrinhalte in kleinere Lerneinheiten	Anpassung des Lernmaterials an Lernvoraussetzungen bzw. -fortschritt	Einbindung in Anwendungskontexte, Authentizität, Lernmaterial, Situierung
bevorzugte didaktische Methode	sequenziell aufbereitete Exposition	Exposition und Exploration	Exploration, Projektmethode, Kooperation
Kontrolle des Lernweges	Fremdsteuerung	Fremd- und Selbststeuerung in Abhängigkeit vom Lernfortschritt	Selbststeuerung
Kontrolle des Lernerfolgs	regelmäßig mit jedem Lernschritt, zwingend für die Anpassung des Lernangebots	regelmäßig nach einer sinnhaften Lerneinheit, möglichst eingebettet in Lernaufgaben	zur Eigendiagnose, anwendungsnahe Übungsaufgaben, zur Sicherung von Transfer
Rolle des Mediums	Steuerung und Regelung des Lernprozesses	Präsentation von Wissen, Interaktivität und Adaptivität	Angebote für (gemeinsame) Aktivitäten der Konstruktion

Zugleich fordert die Position des Pragmatismus, das Denken in schlichten Antagonismen aufzugeben. Gefordert ist vielmehr, Beziehungen zwischen Wissenselementen herzustellen und ihre Abhängigkeit aus der Perspektive des Betrachters zu erkennen. Wenn wir dieser Überlegung folgen, dann liefern die vorliegenden lerntheoretischen Positionen verschiedene Sichten, um das Lernen zu untersuchen und zu gestalten, die sich ergänzen und nicht ausschließen.

Die verschiedenen lerntheoretischen Positionen lenken also den Blick auf unterschiedliche Phänomene. Ihre Modelle bieten Beobachtungsinstrumente für eine bestimmte Sicht auf die Phänomene. Um eine Position pointiert herauszuarbeiten, fokussieren sie bestimmte Ausschnitte der Realität. Eine Theorie konzentriert sich auf die Prozesse *im* Lerner, die andere Theorie betrachtet vor allem die Lehraktivitäten und blendet gleichzeitig kulturelle Faktoren aus. In der Praxis können Teile der Realität aber nicht zugunsten einer möglichst präzisen Erfassung *eines* Teilaspekts ausgeblendet werden.

Der geschichtliche Rückblick auf die Entwicklung lerntheoretischer Ansätze zeigt, wie in gewissen zeitlichen Zyklen bestimmte Sichtweisen hervorgehoben werden: Einmal wird die Abhängigkeit des Menschen von der Umwelt akzentuiert, dann entspricht die Vorstellung einer Autonomie des Individuums der Zeitströmung. Wenn aber untersucht wird, wie menschliches Lernen durch die Umwelt beeinflusst wird, kommt man zu anderen Schlussfolgerungen, als wenn untersucht wird, wie Menschen sich selbstständig Dinge aneignen. Hier liegt ein Unterschied im *Fokus* der Betrachtung von Lehr-Lern-Prozessen vor; eine Unter- oder Überlegenheit bzw. Berechtigung des jeweiligen Ansatzes schließt das nicht mit ein. Aus Sicht des Pragmatismus sind die hier skizzierten Ansätze nicht als konkurrierende Paradigmen aufzufassen. Jeder Ansatz greift vielmehr Aspekte des komplexen Lerngeschehens auf, die im didaktischen Design zusammengefügt werden müssen.

Der Pragmatismus betont, dass alle Erkenntnisse vorläufig sind, und bewertet Theorien nach ihrer *Nützlichkeit*. Es geht nicht mehr um die Frage, ob eine Theorie *wahr* oder *falsch* ist, sondern welchen Beitrag sie zur Lösung von Anliegen der Gesellschaft leisten kann. Der Pragmatismus ist dabei keine neue Strömung, die die bisherigen Paradigmen um eine neue Variante bereichert oder gar in Konkurrenz zu den bisherigen Ansätzen, etwa des Behaviorismus oder Konstruktivismus, treten wollte. Es handelt sich um einen Ansatz, der *quer* zu anderen Positionen liegt:

> *„Theorien sind, wie John Dewey dies prägnant formulierte, Werkzeuge. Wie im Falle aller Werkzeuge liegt ihr Wert nicht in ihnen selbst, sondern in ihrer Fähigkeit zu arbeiten, die sich in den Konsequenzen ihres Gebrauchs zeigt." (Gerstenmaier, 2002, S. 165)*

Die didaktischen Entscheidungen sind z. B. von *Zielen der Akteure* abhängig zu machen, über die Verständigung zu erzielen ist, und nicht von der lerntheoretischen Position: Im Folgenden wird es immer um ganze Arrangements gehen, wie sie *im Feld* anzutreffen sind. In Lernumgebungen finden alle hier skizzierten Lernprozesse statt, z. B. die Konditionierung durch Reaktionen der Umwelt, Lernen durch Bildung kognitiver Schemata und Sozialisation durch Teilhabe an sozialen Praxen usw. Von den Lernzielen wird es etwa abhängen, welche Lernprozesse durch methodisch aufbereitete Arrangements anzuregen sind.

Übung 1

Ordnen Sie die folgenden Aussagen einer (oder mehreren) der diskutierten lerntheoretischen Positionen oder einem Autor zu. Begründen Sie Ihre Zuordnung.

1. Lernen ist ein innerpsychischer Vorgang der Verarbeitung von Informationen.
2. Lernen ist ein sozial und historisch eingebetteter Prozess.
3. Lernen ist eine Erweiterung des Verhaltensrepertoires, das aus Reiz-Reaktions-Verknüpfungen besteht.
4. Lernen ist eine Erweiterung der Handlungsmöglichkeiten des Menschen in seiner Lebenswelt.
5. Lernen hängt von den Reaktionen der Umwelt ab.
6. Lernen knüpft neues Wissen immer an vorhandenes Wissen an.
7. Lernen kann aus verschiedenen Positionen betrachtet werden. Es vollzieht sich gleichermaßen als Reaktion auf dieUmwelt, als innerpsychischer Prozess wie auch als Verarbeitungsleistung der Person in ihrer Lebenswelt.
8. Lernen bedeutet, teilzuhaben am Wissen einer Kultur und Teil einer Kultur zu werden.
9. Lernen ist immer ein Umlernen und Weiterlernen, das mit der Reorganisation des eigenen Wissens einhergeht.
10. Lernen bedeutet nicht Vermittlung und Aneignung von Wissen, sondern eigenständige Aufnahme und Verarbeitung von Wissen.
11. Lehren bedeutet die Steuerung des Lernprozesses. Durch Rückmeldung werden Kompetenzen zielgerichtet aufgebaut.
12. Lehren beinhaltet die Schaffung einer „vorbereiteten Lernumgebung", eine physisch-mediale Umwelt, die zum Lernen anregt und in der alles seinen Platz hat.
13. Lehren kann durch verschiedenartige Lernangebote unterstützt werden. Es hängt von den Zielen des Lernens ab, welche Art des Lernangebots angemessen erscheint.
14. Lehren vollzieht sich am besten durch – möglichst zurückhaltende – Begleitung, die den Lernenden darin unterstützt, genau den nächsten Schritt ausführen zu können, vor dem er sich momentan befindet.

15. Lehren kann Lernen unterstützen, ist aber nicht Voraussetzung dafür, dass Lernen stattfindet. Lehren bedeutet, Gelegenheiten für das Lernen zu schaffen.
16. Lehren vollzieht sich am besten in der Unterweisung durch Expertinnen und Experten, die Fehler beim Lernen erkennen und durch Instruktion gegensteuern können.

Übung 2

Nehmen Sie Stellung zu den beiden Thesen:

These: Es kommt darauf an, das Medium zu wählen, das Lernprozesse am besten unterstützt. Medien haben Potenziale, das Lernen in bestimmter Weise zu fördern. Digitale Medien sind den traditionellen Medien und Vermittlungsformen in verschiedener Weise überlegen und können – bei richtiger Nutzung – den Lernerfolg wesentlich steigern.

Gegenthese: Es kommt darauf an, das Medium zu wählen, das für eine Anforderungssituation am besten geeignet ist, z. B. mobile Geräte für Menschen, die unterwegs lernen wollen. Letztlich sind Medien nur Transporter für Informationen. Entscheidend ist die didaktische Aufbereitung, und ob die gewählte didaktische Methode die Lernprozesse optimal anregt.

5 Lernen mit Text, Bild und Ton

Ein Bild sagt mehr als tausend Worte.

Wie funktioniert das Lernen mit Medien, bei der Wahrnehmung von Text, Bild und Ton? Wenn wir Lernmedien entwickeln, müssen wir berücksichtigen, wie Informationen aus Medien aufgenommen und verarbeitet werden: Worauf kommt es an? Ist es vorteilhaft, möglichst viele Wahrnehmungskanäle anzusprechen? Wo sind die Grenzen der Verarbeitungskapazität? Aus solch grundlegenden Erkenntnissen zur Informationsverarbeitung des Menschen werden Hinweise zur Gestaltung der Aufbereitung von Informationen in Medien abgeleitet

Einstieg

In der Werbebroschüre eines E-Learning-Anbieters finden Sie folgende Aussagen:

Lernen mit Multimedia – über Augen und Ohren – direkt ins Gehirn! Das Lernen über mehrere Sinne ist optimal für nachhaltiges Lernen ausgelegt und steigert nachweislich den Lernerfolg bei Kindern wie Erwachsenen!

Alle Texte unserer Lernprodukte sind mit Audio vertont und beinhalten Lehrvideos. Die Lernenden können auswählen, ob sie Texte lesen oder Audios hören wollen. Auf diese Weise sind unsere Lernangebote optimal für alle Lernenden passend: Jede/r findet das Angebot, was am besten zu ihr/zu ihm passt!

Manches davon hört sich vielleicht plausibel an. Doch stimmt das?

- Ist der *Wahrnehmungskanal* für das Lernen relevant, über den Informationen präsentiert werden?
- Ist die Vertonung von Text per Audio vorteilhaft für das Lernen?
- Bietet es tatsächlich Vorteile, wenn mehrere Wahrnehmungskanäle bei der Darbietung von Wissen angesprochen werden?

Wir werden diese Aussagen im Folgenden kritisch prüfen und Sie werden merken, dass diese Argumente, auch wenn sie in der Praxis verbreitet sind, problematisch sind. Wir müssen genauer untersuchen, wie mit Medien gelernt wird.

https://doi.org/10.1515/9783110456837-181

Übersicht

Im Folgenden wird es um die Fragen gehen: Wie funktioniert die kognitive Verarbeitung von Text, Bild und Ton? Welche Bedeutung hat das Arbeitsgedächtnis bei der Verarbeitung medialer Informationen? Welchen Unterschied macht es, wenn Informationen über verschiedene Codierungen und über verschiedene Sinneskanäle dargestellt werden?

Lernziele

- Sie kennen die Bedeutung des Arbeitsgedächtnisses für die Verarbeitung medialer Informationen und können erläutern, wie die kognitive Beanspruchung bei der Verarbeitung medialer Informationen beeinflusst werden kann.
- Sie verstehen den Unterschied zwischen der Codierung von Informationen und der Wahrnehmung über unterschiedliche Sinneskanäle.
- Sie können erklären, durch welche Maßnahmen die mentale Anstrengung beeinflusst werden kann.
- Sie kennen Gestaltungshinweise, wie Text, Bild und Ton kombiniert werden sollten.

5.1 Merkmale des Arbeitsgedächtnisses

Über digitale Medien lassen sich eine Menge Informationen präsentieren. Doch sie müssen durch ein Nadelöhr: das Arbeitsgedächtnis. Der größte Teil der Informationen im Arbeitsgedächtnis wird sofort vergessen. Damit Informationen in das Langzeitgedächtnis überführt werden, müssen bestimmte Prozesse im Arbeitsgedächtnis stattfinden. Diese Prozesse sind anzuregen, damit Lernen funktioniert. Im Folgenden wird erläutert, wie das Arbeitsgedächtnis funktioniert, und warum es bei der Planung eines Lernangebots so wichtig ist, die Grenzen der Kapazität des Arbeitsgedächtnisses zu beachten.

Kapazität

Die Unterscheidung von Arbeits- und Langzeitgedächtnis geht auf ALLAN BADDELEY (1999) zurück: Das *Langzeitgedächtnis* kann Wissen in nahezu unbegrenztem Umfang speichern. Dies gelingt dadurch, dass Wissen in immer größere Sinneinheiten zusammengefasst wird. Das *Arbeitsgedächtnis* ist dagegen in seiner Kapazität stark begrenzt. Ob Wissen in das Langzeitgedächtnis überführt werden kann, hängt davon ab, wie es im Arbeitsgedächtnis verarbeitet wird.

Informationen, die über Sinneskanäle eingehen, werden in sogenannten *sensorischen Registern* für kurze Zeit zwischengespeichert: auditive Informationen bis zu drei Sekunden; visuelle Informationen weniger als eine Sekunde (s. Schnotz, 2005).

Im nächsten Schritt kann das *Arbeitsgedächtnis* aus diesen Speichern Informationen abrufen, indem die Aufmerksamkeit auf bestimmte Informationen gerichtet wird. Auch dort verbleiben sie recht kurz: Sie können nur bis zu 30 Sekunden lang aufgerufen werden, wenn sie nicht aktiv weiterverarbeitet werden (Paas, van Gog, & Sweller, 2010).

Das Arbeitsgedächtnis verfügt dabei über eine geringe Kapazität: Es zeigt sich, dass nur etwa **fünf Elemente** zeitgleich im Gedächtnis gehalten werden können (Sweller, 2004).

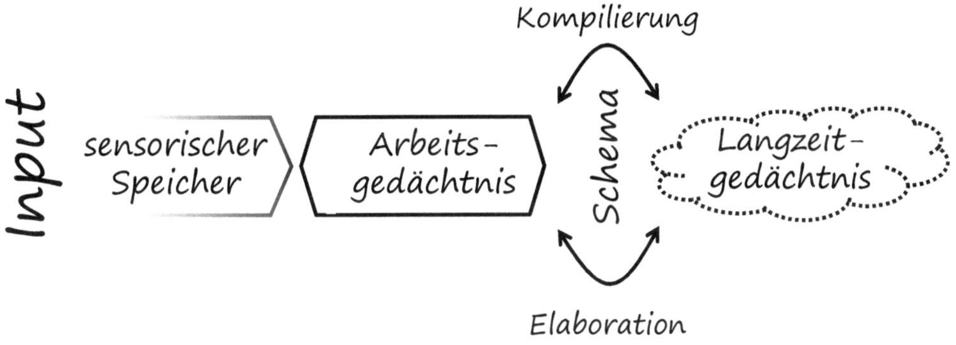

Abbildung 18: Kognitive Verarbeitungsprozesse

Was ist aber *ein Element,* das im Arbeitsgedächtnis behalten werden kann? Es hängt von der Expertise der Person ab, was *ein Element* ist. Für eine Anfängerin sind beispielsweise die einzelnen Aussagen der Allgemeinen Relativitätstheorie von ALBERT EINSTEIN schwer zu verarbeiten bzw. zu merken. Für die Expertin handelt es sich um einen Satz von Aussagen, den sie als einzelne Sinneinheit im Ganzen aktualisieren und verarbeiten kann. Durch die mehrfache Beschäftigung mit dem Gegenstand entstehen größere Sinneinheiten: Die Expertin hat die Informationen zu größeren Einheiten *(Chunks)* gebündelt.

Wahrnehmung bei „Digital Natives"

MARC PRENSKY (2007) meinte, dass die Generation der sogenannten *digital natives,* die mit dem Computer groß geworden ist, durch ganz andere Erfahrungen als ihre Eltern geprägt ist: Ihr Gehirn ist dadurch qualitativ anders ausgebildet. Ihr Denken funktioniert nicht mehr linear-analytisch, sondern ist – wie das Internet – in multiplen Relationen organisiert und zur parallelen Verarbeitung von Informationen fähig.

ROLF SCHULMEISTER (2008) führt aus, dass jegliche Belege für die Behauptung fehlen, dass das Gehirn, das Denken, Fühlen und Lernen der jüngeren Generation qualitativ anders funktionieren würden, auch wenn die Digitalisierung zunehmend unseren Alltag durchdringt. Die menschliche Wahrnehmung und das Lernen sind Fähigkeiten, die sich in ihrer Funktionsweise über die letzten *Jahrtausende* eher wenig verändert haben.

Elaboration und Automatisierung von Schemata

Was passiert nun mit den Informationen, die im Arbeitsgedächtnis gehalten werden können? Es finden unterschiedliche Verarbeitungsprozesse statt, von denen es abhängt, ob die Information in das Langzeitgedächtnis überführt werden kann oder nicht. Lernen wird als (Weiter-)Entwicklung von Schemata aufgefasst, bei der eine Erweiterung oder Veränderung vorliegender Schemata stattfindet (s. a. JEAN PIAGETS Theorie der *Assimilation* und *Akkommodation*). Lernen knüpft immer an vorhandenes Wissen an und gelingt nur dann, wenn neue Informationen mit Vorwissen aus dem Langzeitgedächtnis verknüpft werden: Die *Elaboration von Schemata* verbindet Neues mit Altem. Dazu müssen bereits bestehende Schemata aus dem Langzeitgedächtnis aktiviert werden.

Passives Lernen?

Wir wollen *aktives* Lernen und kein *passives* Lernen! Diese Aussage findet sich in vielen Texten und Vorträgen. Gibt es aber überhaupt *passives* Lernen?

Wenn wir die Aufmerksamkeit bestimmten Informationen zuwenden, ist das bereits ein aktiver Vorgang, und jede Übertragung vom Arbeits- in das Langzeitgedächtnis erfordert eine aktive kognitive Verarbeitung durch die Person. *Passives Lernen* bleibt damit ein Widerspruch in sich: Bei einem nur passiven Zuhören oder Zusehen findet weder Informationsaufnahme, -verarbeitung noch Lernen statt!

Mit *passivem Lernen* wird häufig ein rein auf Rezeption ausgerichtetes Lernen verbunden – ohne sichtbare, äußere Aktivität des Lernenden. Die Aktivierung von Lernenden, etwa über Lernaufgaben, ist eine Voraussetzung für erfolgreiches Lernen. Dabei kommt es nicht darauf an, ob eine Lernaktivität *von außen* sichtbar ist und sich in einer Handlung in der Interaktion mit der Umwelt niederschlägt. Die kognitiven Prozesse – die Elaboration der Wissensinhalte und die Verknüpfung mit Vorwissen – sind von außen *nicht* erkennbar. Sie sind aber entscheidend für die Verknüpfung mit Schemata im Langzeitgedächtnis und damit für einen Lernerfolg.

Ein weiterer Vorgang ist die *Automatisierung von Schemata*. Viele kognitive Prozesse sind in Routinen überführt und laufen automatisiert ohne bewusstes Einwirken ab. Sie belasten damit das Arbeitsgedächtnis nicht weiter. Der Vorgang der Automatisierung von Schemata wird auch *Kompilierung* genannt.

Beispiel: Beim Erlernen des Autofahrens wird der Anfänger zunächst jeden Vorgang mit hoher Aufmerksamkeit verfolgen müssen. Im Laufe der Zeit bilden sich Routinen heraus, und der Fahrer kann seine Aufmerksamkeit auch z. B. auf ein Gespräch mit einem Beifahrer richten. Bei Anfängern erfordert die Verarbeitung der Schemata eine hohe Aufmerksamkeit und Belastung des Arbeitsgedächtnisses. Experten können durch wiederholtes Üben Schemata hochgradig routinisiert abrufen und verarbeiten (vgl. Ericsson, Krampe, & Tesch-Römer, 1993).

5.2 Kognitive Beanspruchung

Das Arbeitsgedächtnis hat eine recht begrenzte Kapazität. Das Lernangebot muss die Prinzipien und Merkmale der Verarbeitung im Arbeitsgedächtnis berücksichtigen. Hier entscheidet sich wesentlich, ob ein Lerneffekt stattfindet oder nicht. Wissen kann nur dauerhaft gelernt werden, wenn die beschränkte Kapazität des Arbeitsgedächtnisses so genutzt wird, dass das Wissen mit Vorwissen verknüpft und in kognitive Schemata überführt wird und so im Langzeitgedächtnis verankert werden kann.

Die Theorie der kognitiven Beanspruchung *(Cognitive Load)* von Sweller u. a. (2010) beschreibt die kognitiven Prozesse beim Lernen im Arbeitsgedächtnis. Es werden drei Arten der Beanspruchung des Arbeitsgedächtnisses beschrieben: die Beanspruchung durch die Aufgabe, durch den eigentlichen Lernprozess und die sachfremde Belastung (s. Abbildung 19).

Aufgabeninduzierte Beanspruchung

Die aufgabeninduzierte Beanspruchung (*Intrinsic Load*) beim Lernen bezieht sich auf die Anzahl der Elemente, die bei einer bestimmten Aufgabe im Arbeitsgedächtnis zu halten ist. Sie macht die Komplexität des Lernvorgangs aus. Die Belastung ergibt sich aus der *Anzahl der Elemente*, die gleichzeitig im Arbeitsgedächtnis behalten werden müssen, um eine Aufgabe bearbeiten zu können. Zugleich erhöht sich die Belastung, wenn die Elemente bei der Aufgabenbearbeitung interaktiv miteinander in Beziehung stehen. Die Elemente können somit eine hohe oder eine niedrige *Interaktivität* im Arbeitsgedächtnis aufweisen.

Ist die Interaktivität der Elemente niedrig, können sie hintereinander im Arbeitsgedächtnis bearbeitet werden.

Beispiel: Beim Vokabellernen müssen zwar viele einzelne Elemente erworben werden, sie können aber hintereinander im Arbeitsgedächtnis bearbeitet werden.

Bei einer hohen Interaktivität der Elemente müssen viele Elemente simultan verfügbar sein, um die Aufgabe bearbeiten zu können.

Beispiel: Beim Verstehen eines komplexen Textes müssen weite Textteile im Arbeitsgedächtnis aufgenommen werden, um sie mit vorliegenden Konzepten des Langzeitgedächtnisses verknüpfen zu können.

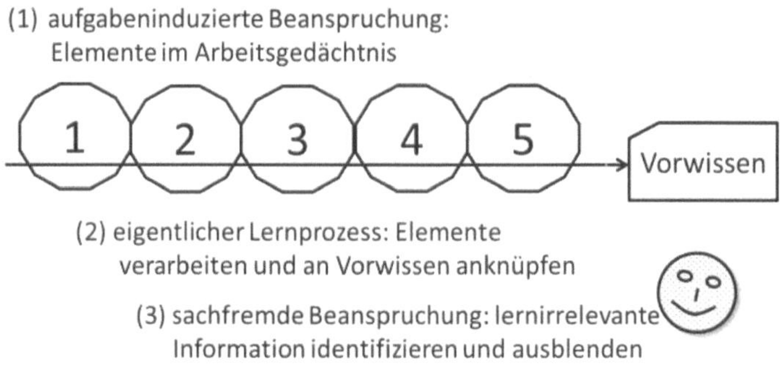

Abbildung 19: Quellen der Beanspruchung des Arbeitsgedächtnisses

Es hängt, wie bereits gesagt, von der Expertise des Einzelnen ab, was „ein" Element ist: Ein Fortgeschrittener kann mehrere Bestandteile in größere Sinneinheiten zusammenführen, während für einen Anfänger alle einzelnen Bestandteile der Information das Arbeitsgedächtnis belasten. Besteht bereits ein Schema für eine bestimmte Information, so kann dieses Schema abgerufen werden.

Beanspruchung durch den Lernprozess

Die Beanspruchung durch den eigentlichen Lernprozess (*Germane Load*) bezieht sich auf die Verarbeitung des Materials durch u. a. Elaboration und Kompilierung, die für die Bearbeitung im Arbeitsgedächtnis erforderlich sind. Diese Prozesse unterstützen die Schemabildung und -automatisierung und tragen zur Speicherung im Langzeitgedächtnis bei. Sie müssen vom Lernenden gezielt ausgeführt werden und fordern mentale Anstrengung.

Wolfgang Schnotz (2007) nennt folgende Aktivitäten, die dazu beitragen:

- Aktive Suche nach Mustern im Lernmaterial mit dem Ziel, kognitive Schemata zu bilden,
- Umstrukturierung des Materials, um eine Aufgabe einfacher zu lösen,
- aktive Anwendung von Lernstrategien (Lernstrategien, die noch nicht automatisiert sind),
- metakognitive Prozesse, die das eigene Denken und Lernen überwachen.

Sachfremde Beanspruchung

Die sachfremde Beanspruchung (*Extraneous Load*) bezieht sich auf lernirrelevante Aspekte, die nur von der Darbietung abhängen und den Lernvorgang im Grunde unnötig erschweren. Es handelt sich dabei um textliche oder optische Details, mit denen die Darstellung des Lernangebots ausgeschmückt ist, die für das Verstehen der eigentlichen Lerninhalte eher wenig relevant sind. Die Belastung bezieht sich hier darauf, dass die Lernenden diese Details in ihrer *Schmuckfunktion* erkennen und aktiv ausblenden müssen.

Die kognitive Beanspruchung ist abhängig vom *Vorwissen* einer Person. Dieser Effekt zeigt sich in einer Reihe von Studien (Kalyuga, Chandler, Tuovinen, & Sweller, 2001; vgl. Schnotz, 2007): Lernende mit hohem Vorwissen profitieren von offenen Lernangeboten, die zur Exploration einladen. Bei niedrigem Vorwissen sollten die Lernmaterialien dagegen eher sequenziell strukturiert sein und einen Lernpfad vorgeben. Diese methodischen Ansätze werden in Kapitel 11 genauer erläutert.

Konsequenzen für die Aufbereitung von Informationen

Die Theorie der *kognitiven Beanspruchung* weist darauf hin, dass das Arbeitsgedächtnis beim Lernen angemessen ausgelastet werden sollte. Bei der Aufbereitung des Lernmaterials sind folgende Ansatzpunkte zu berücksichtigen:

- Die Anzahl der Elemente, die *gleichzeitig* im Arbeitsgedächtnis behalten werden müssen, um eine Lernaktivität auszuführen, sollte nicht zu hoch sein. Ein komplexer Lerngegenstand sollte eher in mehrere Lernaktivitäten aufgeteilt werden, um die Anzahl der Elemente bei jeder Lernaktivität zu reduzieren.
- Die Belastung, die durch die Lernaktivität selbst ausgelöst wird, sollte das Arbeitsgedächtnis *maximal* auslasten. Denn eine intensive Verarbeitung unterstützt die Elaboration und Kompilierung sowie den Aufbau und die Automatisierung von Schemata. Ist das Lernmaterial allerdings *zu* komplex, wird es schwierig, sich an das Material dauerhaft zu erinnern.
- Irrelevante Aspekte sind weitgehend zu minimieren. Sie belasten die Lernenden bei der Bearbeitung einer Aufgabenstellung unnötig. Gerade Personen mit wenigen Kenntnissen sind zusätzlich damit beschäftigt, irrelevante und relevante Informationen zu identifizieren.
- Die Anzahl der Informationselemente, die im Arbeitsgedächtnis bearbeitet werden können, ist vom Level der Expertise des Lernenden abhängig. Aus diesem Grund ist es schwierig, eine allgemeine Aussage zu machen, ob eine bestimmte Aufgabe das Arbeitsgedächtnis der Lernenden über- oder unterbelasten wird.

Kognitive Beanspruchung optimieren

Die Theorie der kognitiven Beanspruchung verweist auf das Nadelöhr des Arbeitsgedächtnisses, das gerade bei Lernenden, die sich neue Inhalte aneignen wollen, vielfach überlastet wird. Sie fordert deswegen, Lernangebote so aufzubereiten, dass das Arbeitsgedächtnis auf keinen Fall überfordert wird. Deswegen werden didaktische Methoden präferiert, bei denen Themen Schritt für Schritt eingeführt werden und die Lernenden, etwa durch regelmäßige Rückmeldungen, kleinschrittig unterstützt werden (s. expositorische Methoden in Kapitel 10.2).

Bereits DWYER (1981) hatte aufgezeigt, dass bildhafte Darstellungen – bei Lernenden mit geringen Vorkenntnissen – eher behalten werden, wenn sie grafisch *reduziert* sind: Eine Strichzeichnung, die sich auf wesentliche Details konzentriert, kann im Vergleich zu einer fotorealistischen Darstellung besser erinnert werden. Farbige, detailreiche Illustrationen werden zwar attraktiver bewertet, sie werden aber dennoch weniger gut behalten.

Den damit zusammenhängenden kognitiven Prozess nennt GAVRIEL SALOMON (1994) *Supplantation*: In der medialen Darstellung werden Reduktionen vorgenommen und Zusatzinformationen eingebracht, die die Verarbeitung unterstützen. Komplexe Transformationsleistungen, die das Arbeitsgedächtnis belasten oder sogar überfordern würden, können in der Aufbereitung des Lernmediums vorweggenommen werden: Die Reduktion des Materials auf das Wesentliche, die Lenkung der Aufmerksamkeit durch Hervorhebungen und Pfeile oder die räumlich passende Anordnung von Informationen, etwa entlang der Leserichtung, entlasten das Arbeitsgedächtnis.

Wie ist dann aus Sicht der Theorie der kognitiven Beanspruchung das Lernen mit *komplexen* Problemen einzuschätzen, wie wir sie bei den explorativen und problemorientierten didaktischen Methoden kennenlernen werden (s. Kapitel 10.3): Überlasten sie das Arbeitsgedächtnis, indem sie die Lernenden mit zu viel Informationen konfrontieren? Die Lernenden müssen dabei mehrere Ziele im Auge behalten; sie müssen Informationen auswerten und mögliche Handlungsalternativen abwägen. Durch multimediale Darstellungen in fallbasierten Anwendungen oder eine hohe Immersion bei Simulationen werden die Lernenden noch mehr Informationen ausgesetzt. Führt dies unweigerlich zur Überlastung des Arbeitsgedächtnisses?

Entsprechende Untersuchungen belegen regelmäßig, dass es Novizen schwerfällt, komplexere Probleme (wie Fälle, Projekte usw.) zu bearbeiten (vgl. Schnotz, 2007). Beim Lernen mit Fällen, in Projekten oder beim kooperativen Lernen mit Anderen entstehen viele für die Problemlösung eigentlich *irrelevante* Informationen, die Anfänger als solche erkennen und aktiv ausblenden müssen (Kirschner, Sweller, & Clark, 2006, 2007). Es besteht tatsächlich die Gefahr, dass das Arbeitsgedächtnis damit überlastet werden kann.

Die Untersuchung von SCHNOTZ & RASCH (2005) zeigt jedoch, dass es auch zu einer *Unter*forderung kommen kann. Die Autoren verglichen statische Bilder und Computer animationen in einem Lernprogramm, in dem die Erdumdrehung um die Erdachse erläutert werden sollte. Der Lernerfolg war – entgegen der Erwartung – höher, wenn einfache *statische* Bilder statt aufwendigere *animierte* Bildfolgen präsentiert wurden. Die einfachen Bilder erfordern eine höhere Intensität der kognitiven Verarbeitung durch den Lernenden als bei den animierten Bildfolgen, bei denen das Arbeitsgedächtnis *zu gering* ausgelastet war. Bei den statischen Bildern mussten sich die Lernenden die Bewegungsabläufe selbst vorstellen und geistig nachvollziehen. In der

Animation wird dagegen die Erdrotation vorgeführt, die Person muss nur zuschauen und den Vorgang nicht selbst mental nachvollziehen.

Es ist somit nicht immer vorteilhaft, die Komplexität der Darstellung zu reduzieren. Das Arbeitsgedächtnis sollte nicht *zu stark* und nicht *zu gering* ausgelastet werden. Die richtige Beanspruchung ergibt sich daraus, welche Vorkenntnisse die Person mitbringt, aus dem Expertiselevel. Es gilt das *Prinzip der Passung*: Es ist der richtige Schwierigkeitsgrad der Aufgabe und das richtige Komplexitätsniveau der Anforderung zu wählen, um das Arbeitsgedächtnis optimal auszulasten.

Letztlich bleibt es aber auch eine Frage des Lernziels, was als aufgabeninduzierte oder irrelevante Beanspruchung interpretiert wird. Besteht das Lernziel darin, den Umgang mit einem komplexen Material und Lerngegenstand zu erlernen (weil es z. B. in dieser Art im beruflichen Alltag typisch ist), wird man die Komplexität des Materials gerade *nicht* reduzieren.

Kognitive Beanspruchung optimieren:

- Unter- ebenso wie Überforderung des Arbeitsgedächtnisses vermeiden.
- Die Komplexität des Lernmaterials mit dem Lehrziel abgleichen.
- Sachfremde Beanspruchung gering halten (vor allem bei Anfängern, deren kognitive Kapazität leicht überlastet ist).
- Aufgabeninduzierte Beanspruchung an den Wissensstand des Lernenden anpassen.
- Die eigentlichen Lernprozesse im Umgang mit dem Material gezielt anregen.

5.3 Mentale Anstrengung

Die Theorie der kognitiven Beanspruchung beruht auf Analysen von Lernprozessen, die sich auf die Auseinandersetzung mit Lernmaterial über wenige Sekunden und Minuten erstrecken. Lernende steuern jedoch die Auslastung des Arbeitsgedächtnisses auch über längere Zeiträume – mehr oder weniger erfolgreich – selbst: Wenn ein längerer Text gelesen wird, dann passen wir die Rezeption, etwa die Lesegeschwindigkeit, selbst so an, dass das Arbeitsgedächtnis angemessen belastet ist. Die Auslastung des Arbeitsgedächtnisses ist also nicht nur extern durch das Material festgelegt, sondern sie wird durch die aktive Zuwendung der Aufmerksamkeit durch den Lernenden nachgeführt. Welchen Teilen eines Lernmaterials sich eine Person wie lange und wie intensiv zuwendet, ist demnach eine Leistung der Aufmerksamkeitssteuerung. Insofern kommen in der Bewältigung solcher Lernsituationen motivationale Aspekte zum Tragen, das bedeutet inwiefern die Person motiviert ist, einem mehr oder weniger anspruchsvollen Lernmaterial Aufmerksamkeit zu widmen und Anstrengung zu investieren.

Das Ausmaß der kognitiven Beanspruchung wird damit von der mentalen Anstrengung der Person gesteuert. Ist sie motiviert und verfügt über entsprechende Strategien, wird sie auch anspruchsvolles Material mit vielen Elementen angemessen strukturieren, um es im Arbeitsgedächtnis bearbeiten zu können. Durch verschiedene Arbeitstechniken kann die Person schwierige Inhalte zerlegen, sie kann weiterführende Informationen (etwa für unverständliche Fachwörter oder Abkürzungen) heranziehen oder durch Notizen und Markierungen das Lernmaterial strukturieren (Pollock, Chandler, & Sweller, 2002). Lernende können im Umgang mit ihrem Arbeitsgedächtnis erstaunliche Leistungen vollbringen, und sie werden nicht einfach von einem mehr oder weniger komplexen Input gesteuert.

Mentale Anstrengung als motivationales Konstrukt

Die Theorie der kognitiven Beanspruchung geht von der begrenzten Kapazität des Arbeitsgedächtnisses aus und warnt davor, die Kapazität zu überlasten. Die Theorie der mentalen Anstrengung geht umgekehrt von der Beobachtung aus, dass Lernende sich beim Lernen mit Medien oft nicht hinreichend intensiv mit dem Lernmaterial beschäftigen, sondern es nur oberflächlich abtasten. Das Lernergebnis ist jedoch stark abhängig von dem Ausmaß der mentalen Anstrengung, die eine Person beim selbstgesteuerten Lernen mit Medien investiert.

Mentale Anstrengung ist ein *motivationales* Konstrukt und lässt sich mit Modellen der Motivationspsychologie erklären. Aus Sicht der Erwartungs-x-Wert-Theorie der Leistungsmotivation (Heckhausen & Heckhausen, 2010) ist die Anstrengung, die beim Lernen investiert wird, grundsätzlich abhängig von den Faktoren:

Erwartung: Wie *wahrscheinlich* ist es, die Aufgabe richtig lösen zu können? Das hängt von der erlebten Aufgabenschwierigkeit ab. Günstig wirkt sich eine mittlere Wahrscheinlichkeit aus, eine Aufgabe erfolgreich bewältigen zu können. Sie darf für die Person nicht zu schwer und nicht zu leicht sein. Das *Prinzip der Passung* besagt, dass die Aufgabenschwierigkeit auf das Kompetenzniveau der Person angepasst werden muss, damit sie motiviert bleibt.

Wert: Wie *wichtig* ist es der Person, die Aufgabe richtig zu lösen? Wenn mir die Aufgabe nicht wichtig ist, werde ich mich nicht anstrengen. Die Wichtigkeit kann sich beziehen auf die *Ausführung* der Handlung (die Beschäftigung mit der Aufgabe macht mir Spaß), das dabei erzielte *Ergebnis* (ich freue mich, etwas gelernt zu haben) oder deren *Folgen* (ich hoffe, eine Prüfung zu bestehen, einen Job zu erhalten usw.).

Manche bevorzugen beim Lernen mit Medien eher leichte, Andere eher schwerere Aufgaben. Sie unterscheiden sich auch darin, wie wichtig eine Aufgabe sein muss, damit sie sich besonders anstrengen. Dies hängt mit der Ausprägung des *Leistungs-*

motivs der Person zusammen, ein Persönlichkeitsmerkmal, das relativ zeitüberdauernd das Verhalten der Person in Leistungssituationen beeinflusst. Es hängt eng mit dem Selbstkonzept eigener Fähigkeit bzw. der Selbstwirksamkeitserwartung einer Person zusammen, also der Erwartung, durch eigenes Handeln Ergebnisse hervorrufen zu können.

TV is easy

Gavriel Salomon (1984) stellte fest, dass Inhalte, die über verschiedene Medien dargeboten werden, die Rezipierenden unterschiedlich stark involvieren: Offensichtlich werden Mediensystemen bestimmte Eigenschaften zugeschrieben, zum Beispiel wird Fernsehen grundsätzlich als *unterhaltsam*, Zeitungen dagegen als eher *ernsthaft* empfunden. Wird ein Medium aber als unterhaltsam und leicht eingeschätzt, so das Ergebnis der Untersuchung von Salomon, wird die mentale Anstrengung bei der Rezeption reduziert, mit dem Effekt, dass ein niedrigerer Lernerfolg eintritt, obwohl das Medium *mehr Spaß* macht.

Nach Salomon ist mentale Anstrengung abhängig von zwei Variablen,

- der medienspezifischen Selbstwirksamkeitserwartung nach Bandura, d. h. der Erwartung der Person, dass sie mit dem Medium erfolgreich lernen wird, und
- dem Schwierigkeitsgrad des Mediums, wie ihn die Lernenden einschätzen: Mediensystemen – wie TV oder Bücher – werden bestimmte Schwierigkeiten zugeschrieben.

In einer Untersuchung fand Gavriel Salomon (1984), dass beim Lernen mit Fernsehbeiträgen weniger Anstrengung investiert wurde als beim Lesen der gleichen Information in einem Textbuch: *TV is easy, print is tough* heißt der Artikel, dessen Titel auf die zentrale Aussage verweist. Den Mediensystemen Fernsehen und Buch werden bestimmte Erwartungen entgegengebracht, ganz unabhängig von dem Lerninhalt und der konkreten Aufbereitung.

Bei der Darbietung über das Fernsehen zeigten sich schlechtere Lernergebnisse als in einer parallelen Bedingung, in der die gleichen Inhalte mit einem *Lehrtext* vermittelt wurden. Die ursprüngliche Untersuchung fand in Kalifornien statt; in Folgeuntersuchungen, u. a. in Israel und den Niederlanden, zeigten sich keine Unterschiede in der Einschätzung der Mediensysteme, und es zeigten sich auch keine Unterschiede in den Lernergebnissen (Beentjes, 1989). Dies verweist auf die kulturelle Prägung unserer Einstellungen zu Mediensystemen.

Je mehr Anstrengung das Medium *aus Sicht der Person* erfordert, je mehr wird sie bei der Rezeption investieren (s. Abbildung 20). Sie wird außerdem weniger Anstrengung investieren, wenn sie davon ausgeht, dass sie mit dem Medium nicht gut lernen kann (niedrige Selbstwirksamkeitserwartung). Bei sehr hoher Selbstwirksamkeitserwartung kann die mentale Anstrengung dagegen wieder sinken: Die Person überschätzt ihre Fähigkeit, mit dem Medium lernen zu können; die Aufgabe wird nicht mehr als

Herausforderung gesehen, und die Person investiert nicht mehr genug mentale Anstrengung. In einer Reihe von Untersuchungen konnte die Hypothese bestätigt werden.

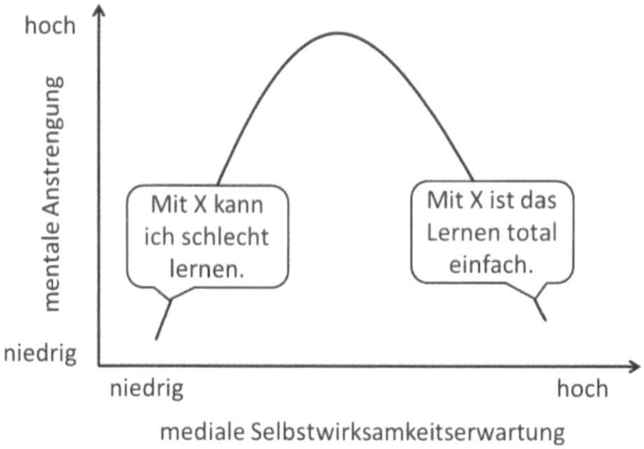

Abbildung 20: Mentale Anstrengung und Selbstwirksamkeitserwartung

Paas & van Merrienboer (1993) haben das Konstrukt der mentalen Anstrengung im Rahmen der Theorie der kognitiven Beanspruchung in das Maß der *instruktionalen Effizienz* aufgenommen. Sie setzen mentale Anstrengung in Beziehung zu dem erzielten Lernergebnis: Eine hohe *instruktionale Effizienz* liegt vor, wenn ein Lernerfolg eintritt, der eine geringe mentale Anstrengung bei der Bearbeitung erfordert (van Gog & Paas, 2008).

Konsequenzen für die Aufbereitung von Information

Die Überlegungen zur mentalen Anstrengung bei der Rezeption unterschiedlicher Mediensysteme haben Konsequenzen für die Medienkonzeption: Vielfach werden mediengestützte Angebote realisiert in der Hoffnung, die Lernenden besonders zu motivieren. Es werden Lernspiele entwickelt, um Kindern das Lernen zu vereinfachen. Lehrbücher bemühen sich, Sachverhalte möglichst einfach zu erklären und optisch gefällig auszuschmücken. Manchmal wird explizit darauf verwiesen, wie einfach es sei, mit einem bestimmten Lernprogramm z. B. eine Sprache zu erlernen. Auch die äußere Aufmachung und das Design des Mediums kann vermitteln: *Alles easy!*

Wenn das Medium die Botschaft vermittelt „Hier ist das Lernen einfach!", dann besteht die Gefahr, dass die Lernenden auch ihre Aufmerksamkeit reduzieren werden und sich sagen: „Hier brauchst du dich nicht sonderlich anzustrengen!". Insofern sind solche Signale ungünstig, wenn sie dazu führen, dass die mentale Anstrengung beim Lernen reduziert wird. Das *Prinzip der Passung* fordert: Durch die Gestaltung ist die richtige Aufgabenschwierigkeit zu kommunizieren. Die Person sollte die Erwartung aufbauen, dass sie erfolgreich lernen wird – wenn sie sich anstrengt!

5.4 Symbolische Informationsverarbeitung

Lernen mit digitalen Medien spricht verschiedene Sinne an. Wir sehen Texte und Bilder am Bildschirm, Töne werden über den Lautsprecher übertragen. Wie spielen diese Informationsquellen bei der Wahrnehmung zusammen? Erinnern wir uns besser, wenn mehrere Sinneskanäle angesprochen werden? Wir haben bereits von den Begrenzungen des Arbeitsgedächtnisses erfahren. Es wurde auch dargestellt, dass bei bestimmten Medien die mentale Anstrengung reduziert wird. Wie gelingt es überhaupt, diese verschiedenartigen Informationen zusammenzuführen?

Information ist immer in bestimmter Weise codiert, und die von uns zu entwickelnde Fähigkeit im Umgang mit Wissen besteht darin, die dabei zugrunde liegenden Symbolsysteme zu verstehen, sie rezeptiv und produktiv zu nutzen. Wir erschließen uns das Wissen der Welt über den *Code*, der einer Information zugrunde liegt (und nur mittelbar über das Medium, das die codierte Information liefert). Lesen und Schreiben beziehen sich auf das Symbolsystem Text. Rechnen beruht auf Informationen, die als Zahlen codiert sind und die (Re-)Produktion von Musik basiert auf der Notation von Klängen (vgl. Weidenmann, 1997a). Um die Welt zu verstehen und an der Kommunikation einer Kultur teilhaben zu können, müssen wir deren Symbolsysteme „entschlüsseln" können.

Was ist ein Code?

Wenn Menschen sich ausdrücken, dann codieren sie ihre Botschaft, um sich mit Menschen ihrer Kultur zu verständigen. Sie nutzen zum Beispiel die Symbole des Alphabets oder Zahlen. Beim Verfassen eines Textes können auch Bilder eingefügt werden. Über Symbolsysteme drücken sich Menschen aus, geben ihr Wissen weiter und verständigen sich in einer Kultur. Dabei ist zu beachten: Die Codierung einer Nachricht ist nicht identisch mit dem Wahrnehmungskanal, über den die Nachricht erfasst wird! So können Texte sowohl über den visuellen als auch den auditiven Sinneskanal erfasst werden!

Die Digitalisierung verändert zwar maßgeblich, wie in einer Gesellschaft Informationen produziert, bereitgestellt und disseminiert werden, der Prozess des Verstehens der dabei übermittelten Information ist dagegen weniger fundamental verändert als es auf den ersten Blick erscheinen mag. Auch wenn die Digitalisierung die Informationsdarstellung und -verbreitung erweitert und beeinflusst, ist es für den kognitiven Prozess des *Verstehens* nicht unmittelbar bedeutsam, ob ich die Zeitung als Printmedium oder als digitale Ausgabe erhalte, als PDF-Datei oder im EPUB-Format. Für das Verstehen der medial übermittelten Information und die Verständigung ist es zunächst irrelevant, wie diese auf dem Medium gespeichert ist, auf welchem Datenträger (analog oder digital codiert) diese abgelegt ist und über welches Transportmedium sie übermittelt wird. Ich sollte weiterhin Textsorten kennen und bewerten können (wie Nachricht, Kommentar, aber auch Blog oder Tweet); ich sollte mit Zahlen umgehen können (Algebra, Analysis, auch mit ihren digitalen Werkzeugen); ich sollte Musik hören und einordnen können (und auch z. B. die Implikationen des Streamings von Musik im Netz verstehen).

	Symbolsystem
	Die Codierung von Information als „Text" wird in Büchern oder Zeitungen verwendet. Texte können visuell oder auditiv präsentiert werden.
	Bilder sind das älteste Symbolsystem der Menschheit, mit dem sie etwas ausdrücken und Anderen mitteilen. Wir finden sie in Büchern, Zeitungen und als Bewegtbild in filmischen Darstellungen verschiedener Genres. Diese wiederum können als analoger Film im Kino gezeigt werden, über den Rundfunk ausgestrahlt oder digital - über das Internet – am Computerbildschirm angezeigt werden.
	Mathematische Symbole beziehen sich u. a. auf Ziffern und Operationen als Grundlage mathematischer Funktionen. Sie finden in verschiedensten medialen Darstellungen Einsatz, sei es in einem Lehrbuch der Mathematik, in Statistiken in der Tageszeitung oder in den Nachrichten der Tagesschau.
	Musik ist ein kulturell begründetes Symbolsystem, über das Menschen sich überall auf der Welt ausdrücken. Sie kann notiert oder akustisch überliefert sein. Musik kann live aufgeführt oder aufgezeichnet und über Medien reproduziert werden.
	Auch Tanz und Bewegung sind Ausdrucksformen, die in allen Kulturen existieren und die über verschiedene Medien übermittelt werden, z. B. als Video oder in einer schriftlichen Notation, die die Aufzeichnung der Tanzschritte ermöglicht.
	In der bildenden Kunst finden wir eine ganze Reihe weiterer Formen, über die Menschen sich symbolhaft ausdrücken (Malerei, Bildhauerei, Baukunst usw.).

Alan Paivio (1986) beschäftigte sich mit der Frage, wie Texte und Bilder bei der Wahrnehmung verarbeitet werden. Er formulierte die *Theorie der doppelten Codierung von Informationen*. Darin beschreibt er im Gedächtnis zwei getrennte Systeme für die Verarbeitung von verbalen und nicht-verbalen Informationen:

- Das **verbale System** kodiert begriffliche Informationen, die auditiv oder visuell aufgenommen werden. Beim Lesen des Buches entnehme ich über den visuellen Wahrnehmungskanal sprachliche Informationen. Diese zunächst bildhafte Information verarbeite ich als *sprachliche Zeichen* – nicht bildhaft. Die Verarbeitung findet sequenziell statt: Ich folge dem Text Zeichen für Zeichen.
- Das **nicht-verbale System** codiert bildhafte Informationen ebenso wie Informationen, die über den Geruchs-, Geschmacks- und Tastsinn aufgenommen werden. Die Erfassung findet ganzheitlich und zeitgleich statt: Ich erfasse das Bild als Ganzes und sofort.

Nach der Theorie können Informationen besser erinnert werden, wenn sie in beiden statt in nur einem System des Gedächtnisses gespeichert werden. Eine *doppelte Codierung* besteht, wenn verbale und nicht-verbale Informationen zu einem Sachverhalt abgespeichert werden. Wenn wir ein Bild wahrnehmen, auf dem ein Haus mit einem Baum dargestellt ist, dann wird dieses Bild zweifach codiert: Zum einen die unmittelbar bildhafte Repräsentation mit den verschiedenen Details, wie sie in der Abbildung zu erkennen sind, und zum anderen als abstrakte, verbal codierte Information: „Das Bild zeigt ein Haus mit einem Baum."

Verschiedene Theorien führen die Überlegungen zur Verarbeitung unterschiedlich codierter, medialer Informationen weiter: Was passiert, wenn Informationen am Computer als Text, Bild oder Ton präsentiert werden? Im Folgenden werden einige Aspekte der Überlegungen von Richard Mayer und Wolfgang Schnotz erläutert, die sich in zentralen Punkten ähneln.

In sensorischen Registern sind die Informationen für sehr kurze Zeit vom Arbeitsgedächtnis zugreifbar. Die Person richtet ihre Aufmerksamkeit auf bestimmte Elemente und überträgt sie damit aus dem sensorischen Speicher in das visuelle oder akustische Arbeitsgedächtnis. Die Information wird kodiert und danach inhaltlich weiterverarbeitet. Um die Information zu verstehen, werden kognitive Schemata aus dem Langzeitgedächtnis aktiviert. Darauf aufbauend können die Aussagen des Textes in ein verbales bzw. bildhaftes Modell (Meyer) bzw. in ihre elementaren Bestandteile (*Propositionen*) und mentale Modelle (Schnotz) überführt werden.

Je nach Art der Informationen finden unterschiedliche Arten der Verarbeitung statt:

- Information aus Texten wird bildhaft präsentiert und visuell wahrgenommen. Die Inhalte werden jedoch ausgewertet und in ein verbales Modell überführt.
- Auditive Information wird über die Ohren aufgenommen und im akustischen Arbeitsgedächtnis verarbeitet, dann aber ebenfalls in ein verbales Modell überführt.
- Bildhafte Information wird visuell aufgenommen und in ein bildhaftes Modell überführt. Zugleich kann die Information auch als verbales Modell codiert wer-

den. Betrachten wir die Prozesse im Einzelnen (nach Richard E. Mayer, 2009, S. 59f).

Verarbeitung von Bildern

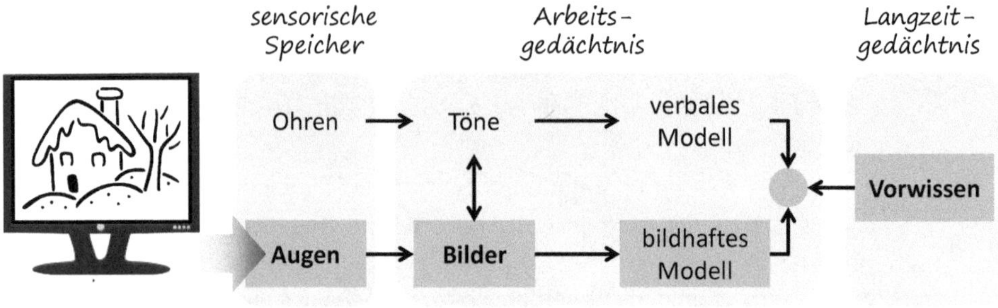

- Ein Bild wird auf dem Bildschirm präsentiert.
- Die Information wird über die Augen aufgenommen und steht im sensorischen Speicher kurzzeitig zur Verfügung. Richtet sich die Aufmerksamkeit auf diese Information, wird sie in das Arbeitsgedächtnis übertragen.
- Es wird ein bildhaftes Modell erzeugt.

Verarbeitung von gesprochenem Text

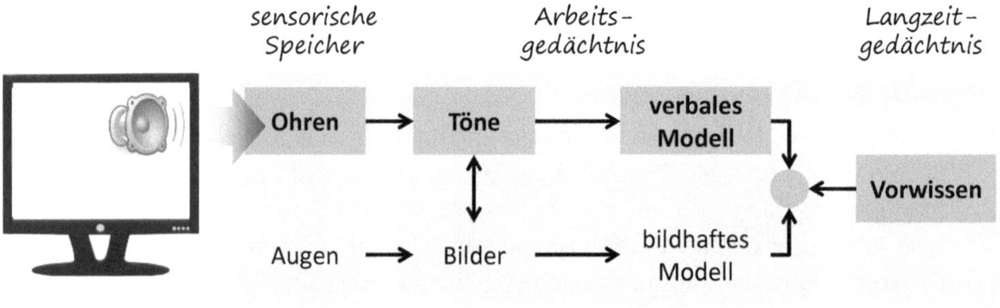

- Ein gesprochener Text wird über Lautsprecher wiedergegeben.
- Die Information wird über die Ohren aufgenommen und steht im sensorischen Speicher kurzzeitig zur Verfügung. Richtet sich die Aufmerksamkeit auf diese Information, wird sie in das Arbeitsgedächtnis übertragen.
- Es wird ein verbales Modell erzeugt.

Verarbeitung von geschriebenem Text

- Der Text „Ein Haus mit Baum" wird auf dem Bildschirm präsentiert.
- Die Information wird über die Augen aufgenommen und steht im sensorischen Speicher kurzfristig zur Verfügung. Richtet sich die Aufmerksamkeit auf diese Information, wird sie in das Arbeitsgedächtnis übertragen.

– Aus der bildhaften Information wird nunmehr ein verbales Modell erzeugt.

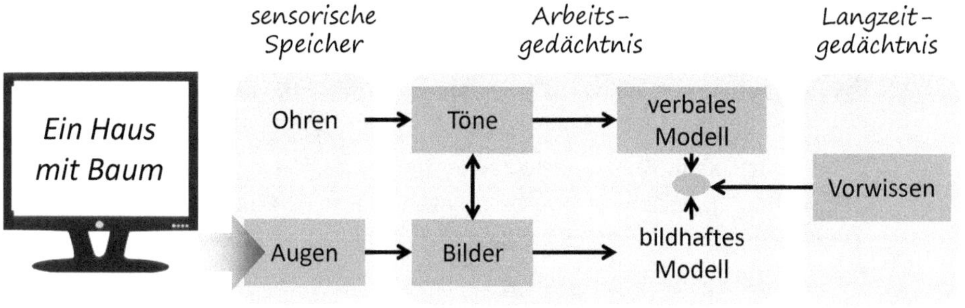

Aus diesen Überlegungen lassen sich verschiedene Folgerungen für die Gestaltung von Lernmedien ableiten: Im Arbeitsgedächtnis können nur wenige Informationen gleichzeitig verarbeitet werden. Die Lernumgebung sollte nicht zu viele Informationen präsentieren, die gleichzeitig zu verarbeiten sind. Was „zu viele" Informationen sind, hängt vom Wissensstand der Lernenden ab. Fortgeschrittene können größere Sinneinheiten im Arbeitsgedächtnis verarbeiten, weil sie sich bereits mehrfach mit einem Thema beschäftigt haben. Sie können die Information dadurch einfacher in Schemata integrieren, die ihnen die Speicherung und weitere Verarbeitung erleichtern. Für Anfänger ist die präsentierte Information soweit zu reduzieren, dass das Arbeitsgedächtnis nicht überlastet wird. Sie müssen erst Schemata aufbauen, um neue Informationen in das Langzeitgedächtnis überführen zu können.

Um bildliche Darstellungen in Lernangeboten zu verstehen, sind die wesentlichen Bestandteile zu identifizieren und in Begriffe zu übersetzen. Ohne verbale Erklärungen bleiben Abbildungen und Darstellungen oft unverständlich. Bildhafte Darstellung und verbale Erläuterung sind in das Schema zu integrieren – eine durchaus hohe Anforderung für das Arbeitsgedächtnis. Es hängt von der Darstellung ab, wie hoch diese Belastung tatsächlich ausfällt. Werden nicht-verbale und verbale Informationen z. B. räumlich nahe beieinander dargeboten, wird das Arbeitsgedächtnis weniger belastet als wenn ein Bild und die Erläuterungen dazu im Text räumlich weit auseinander vorkommen.

Bernd Weidenmann (1997b) macht deutlich, dass nicht das *Mediensystem* das Lernen beeinflusst, sondern das *Symbolsystem*, welches mehr oder weniger gut geeignet ist, bestimmte Sachverhalte darzustellen. Tatsächlich eignet sich das visuelle Symbolsystem besonders gut, um zeitliche Prozesse zu veranschaulichen. Ob dies mithilfe von Einzelbildfolgen (Cartoons), als interaktive Computeranimation oder in einem Video erfolgt, hat dagegen *keine* grundsätzlichen Auswirkungen auf den Lernerfolg. Selbst in Vorträgen oder Geschichten ist eine lebhafte Vorstellung von Abläufen vermittelbar.

multimedial, multimodal, multicodal?

Die Begriffe ähneln sich und werden häufig verwechselt:

- Der Computer kann Texte, Töne, stehende und bewegte Bilder wiedergeben: **Multimedia** meint die technische Integration von unterschiedlichen Medien.
- Der Mensch kann über verschiedene Sinneskanäle wahrnehmen: **Multimodale** Wahrnehmung bezieht sich auf die unterschiedlichen Sinneskanäle, über die Informationen der Umwelt erfasst werden können: hören, sehen, tasten, schmecken und riechen.
- Informationen beruhen auf einem Zeichensystem, sie sind zeichenhaft codiert, z. B. als Text, Bild, Zahl, Musik, Tanz. **Multicodale** Darstellungen beinhalten Informationen in mehreren solchen Zeichensystemen. Die Codierung ist dabei unabhängig vom Wahrnehmungskanal: Text kann z. B. über den visuellen und den auditiven Wahrnehmungskanal übertragen werden.

Mehrere *Wahrnehmungskanäle* für die Präsentation zu nutzen, kann den Lernprozess behindern, wenn das Arbeitsgedächtnis überlastet wird. Über welchen Wahrnehmungskanal eine Information präsentiert wird, ist weniger entscheidend. Bedeutsam ist vielmehr die *Codierung* von Informationen: Die Präsentation von Informationen mit mehreren Codierungen, z. B. als Text und Bild, erweist sich - vor allem für Personen mit geringem Vorwissen - als vorteilhaft.

Geschriebenen Text vorlesen?

Soll man Texte, die am Bildschirm präsentiert werden, zugleich vorlesen und über Lautsprecher präsentieren? Diese Frage lässt sich aus den bislang vorgestellten Überlegungen heraus sehr eindeutig beantworten. Die Antwort ergibt sich, wenn wir überlegen, welche kognitiven Verarbeitungsschritte von der Person gefordert sind, wenn sie einen Text am Bildschirm verfolgt, der ihr per Audio vorgelesen wird:

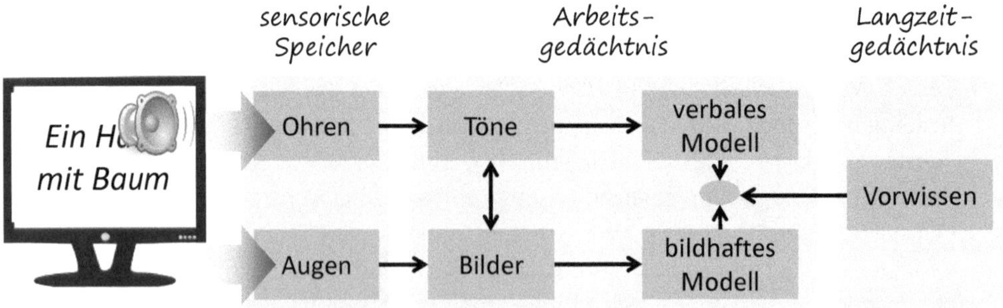

- Die Information wird sowohl über den visuellen als auch über den auditiven Wahrnehmungskanal präsentiert.

- Aus der bildhaften und aus der auditiven Darstellung wird jeweils ein verbales Modell erzeugt. Die Informationen aus beiden Darstellungen sind zu *einem* Modell zu integrieren.

Diese Prozesse der Informationsverarbeitung belasten das Arbeitsgedächtnis in diesem Fall eigentlich unnötig. Es gibt noch ein weiteres Problem: Geschriebene Texte werden zumeist schneller erfasst als Texte, die vorgelesen werden. Deswegen ist die Person immer wieder gefordert, den visuell (schnell) erfassten Text und den (langsam) gehörten Text zusammenzubringen.

Hieraus ergibt sich: Geschriebene Texte, die die Person am Bildschirm verfolgt, sollten nicht gleichzeitig vorgelesen werden. Dies gilt sowohl für den Bildschirm als auch bei Vorträgen mit Folien, die etwa per Beamer präsentiert werden. Vielfach finden wir bei Präsentationen Folien, auf denen Textzeilen aufgeführt sind, die vom Referenten vorgetragen werden. Wenn wir die hier dargestellte Befundlage bedenken, dann ist dies eindeutig als ungünstig zu bewerten: Die Folien sollten eher bildhafte Informationen (Daten, Formeln, Skizzen oder Abläufe) darstellen, die die verbalen Ausführungen des Vortragenden visualisieren. Nur so kann der Vorteil der multiplen Codierung genutzt werden!

Lerntypen?

In diesem Kapitel werden Sie vielleicht die Beschreibung von *Lerntypen* vermissen: Die Vorstellung, es gäbe *visuelle, auditive* oder *haptische Lerntypen,* ist in der Öffentlichkeit erstaunlich weit verbreitet. Dabei wird angenommen, es gäbe eine zeitüberdauernde Präferenz von Menschen, Informationen bevorzugt über einen bestimmten Wahrnehmungskanal aufzunehmen. Diese Annahme ist nach vorhandener Datenlage nicht belegbar; sie gilt in der wissenschaftlichen Diskussion als unzutreffend (vgl. Pashler, McDaniel, Rohrer, & Bjork, 2008).

Eine bestimmte Darstellungsvariante kann *situativ* bevorzugt werden: Lernende können in einer konkreten Lernsituation visuell oder auditiv präsentierte Informationen bevorzugen. Es spricht also nichts dagegen, zwischen einer auditiven und visuellen Darstellung wählen zu lassen, also z. B. zur Wahl zu stellen, einen Vortrag als Audiofile anzuhören oder am Bildschirm zu lesen. Anfänger werden tendenziell die auditive Darbietung bevorzugen, Fortgeschrittene den Text, weil sie diesen schneller erfassen.

Aus der *situativen Präferenz* eines Darstellungsformates lässt sich nicht ableiten, dass eine *zeitlich überdauernde* Präferenz als Persönlichkeitseigenschaft existiert. Es gibt keine Hinweise dafür, dass Menschen Darstellungsformate, die über bestimmte Wahrnehmungskanäle aufgenommen werden, *dauerhaft* bevorzugen würden!

5.5 Hinweise zur Gestaltung

Auf der Grundlage der skizzierten Ergebnisse der psychologischen Lernforschung können zentrale Aussagen zur Gestaltung von Medien in digitalen Lernangeboten abgeleitet werden (s.a. die Zusammenfassung von R.E. Mayer, 2017). Dabei ist zu beachten, dass sich manche Aussagen, ob z. B. eine hohe oder niedrige Komplexität der Darstellung wünschenswert ist, aus kognitions- und motivationspsychologischer Sicht widersprechen können.

Informationen als Text und Bild präsentieren

Die *doppelte Codierung* von Informationen per Text und Bild kann das Lernen unterstützen. Dies gilt insbesondere für Personen mit wenig Vorwissen. Bei Fortgeschrittenen kann sich dieser Effekt umkehren: Das präsentierte Bild kann mit – anderen – bildhaften Vorstellungen, die sich die Lernenden bereits aufgebaut haben, interferieren.

Bild vor Text präsentieren

Bilder sollten *vor* der zugehörigen Textpassage eingefügt werden. Das Bild dient vor allem Anfängern als Organisationshilfe und Anker, der die Verarbeitung des Textes unterstützt. Die Texte werden dann „in" die bildhafte Information integriert. Würden die Bilder nach der Textpassage präsentiert, können sie die eventuell bereits entwickelten bildhaften Vorstellungen stören.

Information eines Codes nicht auditiv und visuell präsentieren

Ein *Text*, der zum Lesen am Bildschirm angeboten wird, sollte nicht gleichzeitig durch einen Sprecher vorgelesen werden! Werden Texte, die am Bildschirm präsentiert werden, durch einen Sprecher vorgelesen, belastet dies das Arbeitsgedächtnis unnötig. Dies gilt bei der Darstellung am Bildschirm gleichermaßen wie auch bei Vorträgen. Textuelle Informationen, die auf Folien präsentiert werden, sollen vom Referenten *nicht* vorgelesen werden. Folien sollten vorrangig *grafische* und *bildhafte* Darstellungen, Skizzen, Formeln oder Daten beinhalten, die den vorgetragenen Text visualisieren, um eine multiple Codierung zu unterstützen.

Einfache Abbildungen mit Text, komplexe Abbildungen mit Audio erklären

Bei Grafiken und Abbildungen, die für die Zielgruppe einfach sind, können textuelle Erläuterungen in der Grafik eingebracht werden. Sie können auch im Text *nach* der Grafik – in räumlicher Nähe zu ihr – präsentiert werden. Ist die Abbildung komplex und schwer zu verstehen, sollten die Darstellungen mit einer erläuternden Audiospur begleitet werden.

Überflüssiges weglassen

Anfängern fällt es schwer, relevante von irrelevanter Information zu unterscheiden. Ihr Arbeitsgedächtnis wird dadurch unnötig belastet. Gerade bei dieser Zielgruppe sollte deswegen auf Ausschmückungen (sprachlicher oder optischer Art) verzichtet werden.

Bei wenig Vorwissen: Komplexe Bilder reduzieren

Für Anfänger ist es vorteilhaft, wenn Inhalte durch einfache Bilder oder Bildfolgen, durch Skizzen oder Diagramme statt durch Fotos, realitätsnahe Computeranimationen oder Videoaufzeichnungen dargestellt werden. Die Reduzierung verdeutlicht, worauf es ankommt. Sie vereinfacht es dem Anfänger, die Gewichtung von Informationen zu erfassen und entlastet das Arbeitsgedächtnis.

Zusammenhängende Informationen räumlich und zeitlich nahe präsentieren

Informationen, die sachlich zusammengehören, sind nahe beieinander zu platzieren: In einer Grafik sollten Erklärungen am besten *innerhalb* der Grafik und nahe an dem Phänomen angebracht werden. Bei Audio und Video sollten zusammengehörende Informationen zeitlich nahe aufeinanderfolgen (Prinzip der Nähe).

Redundante Information in der Kombination von Bild und Text vermeiden

Informationen, die in einem Bild oder in einer Grafik präsentiert werden, sollten im Fließtext nicht einzeln und in gleicher Weise wiederholt werden. Ein erläuternder Text soll auf eine – möglichst nahe – Grafik oder Abbildung verweisen, er kann Inhalte auch zusammenfassen oder kommentieren. Er sollte die Inhalte aber nicht *vollständig* wiedergeben: Es muss eine Differenz zwischen der Aussage der Grafik/des Bildes und der Erläuterung im Text bestehen bleiben.

Informationen durch Hinweise gewichten

Durch äußere Gestaltungsmerkmale kann die Wichtigkeit von Informationen sichtbar gemacht werden. Auf diese Weise kann deutlich gemacht werden, welches die zentralen Aussagen eines Textes sind, die unbedingt gelernt werden sollten.

Lernende persönlich ansprechen

Eine persönliche Ansprache des Lernenden kann sich positiv auf den Lernprozess auswirken. Dies ist angemessen zu dosieren und sollte von dem eigentlichen Lernmaterial getrennt erscheinen, z. B. in einer Einleitung, in einer optisch abgesetzten Textbox oder ähnlichem.

Bezug zur Lebenswelt herstellen

Lässt sich ein Bezug herstellen zu der Lebens- oder Lernwelt des Lernenden? Es ist hilfreich, wenn die Lernenden verstehen, ob und wie der Lerninhalt für ihre Lebenswelt oder ihre (spätere) berufliche Tätigkeit relevant werden kann. Dies führt zu einer tieferen Auseinandersetzung mit dem Lerngegenstand.

Mittleren Schwierigkeitsgrad kommunizieren

Das Medium vermittelt implizit eine Botschaft über den Schwierigkeitsgrad des Lernangebots. Wird das Lernangebot als (zu) „einfach“ erlebt, wird die mentale Anstrengung, die beim Lernen investiert wird, reduziert. Das *Prinzip der Passung* fordert einen mittleren Schwierigkeitsgrad: Es ist zu kommunizieren, dass sich die Lernenden anstrengen müssen, um sich den Lerninhalt aneignen zu können. Es sollte die Erwartungshaltung aufgebaut werden, dass die Lernenden es schaffen werden, sich den Lerninhalt anzueignen, wenn sie sich anstrengen.

Aufgabenkomplexität an kognitive Kapazität anpassen

Das Arbeitsgedächtnis wird durch die Anzahl der gleichzeitig zu verarbeitenden Elemente belastet. Die Komplexität kann reduziert werden, wenn Informationen in mehrere Absätze oder Aufgaben aufgeteilt werden. Es hängt vom Level der Expertise ab, was „ein“ Element im Arbeitsgedächtnis ausmacht, d. h. wie komplex die einzelnen Elemente sind, die gleichzeitig im Arbeitsgedächtnis verarbeitet werden können.

Übung 1

Aus der Produktbeschreibung eines Lernprogramms:

> *In zehn Lektionen Spanisch lernen – von Anfang an einfach. Unser neuartiges Lernprogramm führt Sie ein in die Sprache des Südens. Bereiten Sie sich auf Ihren Urlaub vor. In nur wenigen Stunden haben Sie das Grundwissen erworben, um sich im Urlaub in Spanien verständigen zu können. Das Lernprogramm basiert auf neuesten Erkenntnissen der Hirnforschung und macht das Lernen ganz einfach: Über Videos, Bilder und gesprochene Texte wird ihr Gehirn optimal angesprochen. Starten Sie den Computer. Nach nur wenigen Stunden werden Sie die ersten Erfolge sehen!*

Nennen Sie die im Text implizit gemachten Aussagen über das Lernen. Nehmen Sie Stellung zu den Aussagen unter Bezug auf entsprechende Befunde und Theorien.

Übung 2

In einem Text lesen Sie:

> *Beim Hören behalten wir 20 % der Information, beim Lesen ebenfalls 20 %. Wenn wir Informationen hören und lesen, behalten wir insgesamt 40 %. Wenn wir etwas aktiv tun, behalten wir 40 % der Information. Und beim Hören, Lesen und Tun 80 %.*

Erklären Sie, warum diese – tatsächlich häufiger zu findende – Behauptung falsch und irreführend ist!

6 Lernen mit Anderen

That you are here — that life exists, and identity
That the powerful play goes on, and you will contribute a verse
Walt Whitman (1855)

Das Lernen mit Medien erscheint zunächst als ein *einsames* Lernen: Ich lese ein Buch, suche Informationen im Internet oder bearbeite ein Lernprogramm. Warum sollten andere Menschen dabei eine Rolle spielen? Im traditionellen Klassenunterricht bin ich dagegen ganz selbstverständlich von anderen Schülerinnen und Schülern umgeben, ohne dass mir die Bedeutung eines sozialen Gruppenverbands für das Lernen bewusst wäre.

Es ist zu überlegen, welche Bedeutung andere Menschen beim Lernen mit Medien haben. In welcher Weise nehme ich Andere beim Lernen wahr und wie beeinflussen sie mein Lernen? Im Internet spielen Communities und soziale Netzwerke eine zunehmende Rolle. Es stellt sich die Frage, welche Potenziale diese Plattformen für das formelle und informelle Lernen haben können.

Einstieg

Haben Sie schon einmal versucht, sich mithilfe von Büchern oder Lernprogrammen etwas anzueignen, zum Beispiel eine Fremdsprache? Manchmal nehmen wir uns vor, etwas zu erlernen, indem wir uns ein Buch, eine CD oder im Internet Materialien beschaffen. Doch oft scheitert das Unterfangen; die anfängliche Begeisterung hält nicht lange vor.

Sind die Personen, die mit Medien lernen wollen, vollkommen auf sich alleine gestellt, ist die Abbruchquote (*Drop-out*), also der Anteil der Personen, die das Lernziel nicht erreichen, oft recht hoch. Im folgenden Beispiel geht es um die Abbruchquote im traditionellen Fernunterricht: Die Lernenden erhalten in regelmäßigen Abständen Studienbriefe und Lernaufgaben zugesendet, die sie – alleine – bearbeiten und zur Auswertung zurückschicken. Zwar können sie in der Regel auf verschiedene Betreu-

https://doi.org/10.1515/9783110456837-203

ungsangebote zugreifen, doch der Lernprozess erfolgt zumeist ohne „Präsenz" Anderer.

In der folgenden Abbildung sehen Sie ein Beispiel, wie sich die Teilnahme an einem Fernstudienkurs, von einer Fernuniversität angeboten, über ein Semester entwickeln kann: 1.900 Personen hatten sich angemeldet; 269 nahmen an der Abschlussprüfung teil und davon beendeten 179 den Kurs erfolgreich.

Solche Zahlen sind allerdings mit Vorsicht zu bewerten: Vielleicht hatte nur ein kleiner Teil der Studierenden vor, an der Abschlussklausur teilzunehmen. Vielleicht ging es einigen Teilnehmenden darum, die Materialien einzusehen, sich zu orientieren und einen Überblick über das Thema zu erhalten.

Es bleibt die Erkenntnis, dass das Lernen vielfach schwer durchzuhalten ist, wenn man ganz auf sich alleine gestellt ist. Auch wenn es uns zunächst nicht bewusst ist, hat die Anwesenheit Anderer einen erstaunlich hohen Einfluss auf das eigene Lernverhalten.

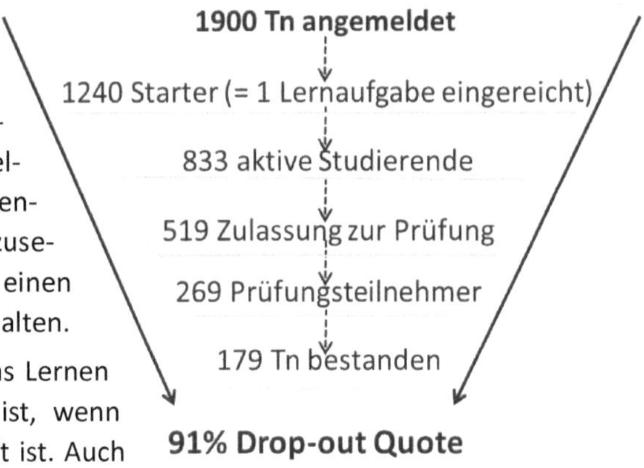

Abbildung 21: Abbruch in einem Fernstudienkurs (Fritsch & Strohlein, 1988)

Das Lernen *mit Medien* ist oft als eine *einsame* Aktivität wahrgenommen worden, in der der Einzelne mit einem Buch, einem Computerlernprogramm oder einer Anwendung im Netz lernt. Medien- und computergestütztes Lernen wurden als Aktivität eines einzelnen Individuums gesehen, das sich Wissen anzueignen versucht.

Die Situation hat sich mit der Entwicklung von sozialen Medien und Communities im Internet wesentlich verändert. Das Lernen mit Medien wird *sozial*. Gerade in den – in Kapitel 1.1 skizzierten – *kommunikativen* Szenarien, in denen das Lernen im Austausch mit Anderen stattfindet, entfaltet das Lernen neue Potenziale: Die pure Anwesenheit Anderer verändert das Lernverhalten, sie beeinflusst die Lernintensität und damit auch die Abbruchquote.

Übersicht

Im Mittelpunkt des Kapitels steht der Begriff des *sozialen Lernens*: das Lernen in Lerngruppen und Gemeinschaften. Es werden dabei folgende Fragen angesprochen:

- Wann erleben sich die Lernenden als Teil einer *sozialen Gruppe* und die *soziale Präsenz* der Anderen?
- Was sind Faktoren, die zu aktiver *Partizipation* in der Gruppe beitragen?

- Wie können der *Austausch* von Wissen und die *Zusammenarbeit* mit Anderen durch digitale Werkzeuge unterstützt werden?

Lernziele

- Sie kennen die Merkmale von *sozialen Gruppen* und können die Unterschiede von *Lerngruppen* und *Communities* erläutern.
- Sie können Gründe für das Lernen mit Anderen erläutern und in verschiedene theoretische Rahmen einordnen.
- Sie können erklären, von welchen Faktoren *soziale Präsenz* in der Onlinekommunikation abhängt.
- Sie wissen, wann Lernende in Gruppen bessere Lernleistungen erbringen.
- Sie können erklären, wovon die Partizipation in Lerngruppen abhängt.
- Sie können unterschiedliche Medientypen, die Gruppen für die Zusammenarbeit nutzen, unterscheiden und den Einfluss auf das Ergebnis der Gruppenarbeit erläutern.

6.1 Warum soziales Lernen?

Im Folgenden geht es um *soziales Lernen* – Lernen in Anwesenheit von Anderen. Danach werden theoretische Ansätze des sozialen Lernens vorgestellt, in denen verschiedene Sichten auf das Phänomen deutlich werden.

Lange Zeit war soziales Lernen eng verknüpft mit institutionellen Bildungsangeboten von Schule, Hochschule oder Einrichtungen der Erwachsenenbildung: Man musste einen Kurs aufsuchen, um mit Anderen zu lernen und ein soziales Umfeld zu finden, das die eigenen Lernaktivitäten stützt. Durch das Internet, durch Wissens- und Kommunikationsplattformen und soziale Netzwerke löst sich diese Vorstellung; Menschen finden alternative Wege des *Lernens mit Anderen* – auch ohne institutionelle Formen der Strukturierung und Betreuung. Soziales Lernen kann damit im Rahmen formeller Bildungsangebote stattfinden, aber auch jenseits von Kursen, Lehrgängen oder Veranstaltungen im Rahmen des informellen Lernens. Beim mediengestützten Lernen – etwa im Internet – stellt sich nun die Frage, was die *Präsenz* von Anderen ausmacht, da diese offensichtlich nicht physikalisch im Raum des Lernenden präsent sind, sondern an einem anderen Ort teilnehmen, aber dennoch eine Gruppe von Lernenden bilden.

Der Begriff des „sozialen Lernens“

Der Begriff *soziales Lernen* wird in der Forschung unterschiedlich verwendet. In der psychologischen Literatur werden mit dem Begriff der *sozialen Lerntheorie* vor allem die Arbeiten von Albert Bandura verbunden (Bandura, 1971, 1978; s.a. Grusec, 1992). Lernen findet danach nicht nur als Folge von Reaktionen der Umwelt statt, sondern auch, indem das Verhalten anderer Personen beobachtet wird.

Im Diskurs der Didaktik kann sich *soziales Lernen* dagegen beziehen ...

- auf einen bestimmten Lerngegenstand und Lehrziele, die mit dem Erlernen von Sozialverhalten zusammenhängen (Rollenübernahme, Gesprächsführung, Empathie, Respekt, Verantwortung, Teamfähigkeit usw.),
- auf eine bestimmte didaktische Methode: z. B. das kooperative Lernen, bei dem gemeinsam an einem fachlichen Thema gearbeitet wird,
- auf verschiedene technische Medien und Werkzeuge, die den kommunikativen Austausch und das Zusammenarbeiten von Lernenden unterstützen (vgl. Haake, Schwabe, & Wessner, 2011), z. B. Wikis oder Videokonferenzen, oder
- auf eine bestimmte Lernorganisation und das Lernen in einem sozialen Kontext oder mit anderen Menschen (*Peers*).

In der deutschsprachigen Diskussion, wie etwa bei Klaus-Jürgen Tillmann (1976), wird soziales Lernen vor allem im Hinblick auf bestimmte Lehrziele und die Entwicklung von *Sozialkompetenz* erörtert. Schließlich wird der Begriff des sozialen Lernens auch als Synonym für didaktische Methoden genutzt, die auf gemeinschaftlichen Lernaktivitäten in Gruppen basieren. Kooperatives Lernen ist eine *didaktische Methode*, bei der die Zusammenarbeit der Lernenden eine instrumentelle Funktion hat, um ein bestimmtes fachliches Lehrziel (jenseits des Sozialverhaltens) zu erlernen, z. B. eine Fremdsprache.

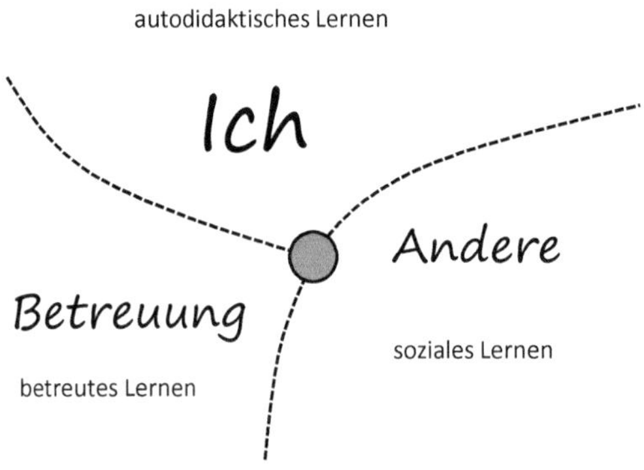

Soziales Lernen bezieht sich im Folgenden jedoch (nur) auf eine Variante der *Lernorganisation*, bei der Lernen in einem Kontext *mit Anderen* stattfindet: in einem (Seminar-)Raum, am Rande einer Veranstaltung, bei Besprechungen mit Kolleginnen und Kollegen, in einer Projektgruppe in einem betrieblichen Arbeitskontext oder im Austausch in einer Lerngemeinschaft im Internet. *Soziales Lernen* kann dabei von einer lehrenden Instanz betreut werden, oder es ist autodidaktisch angelegt, wenn der Lernprozess nicht unterstützt wird.

Auch bei traditionellem Unterricht in einem Klassenraum ist Lernen sozial organisiert, selbst wenn keine Gruppenarbeit, sondern lediglich Frontalunterricht stattfindet. In diesem Sinne bezieht sich soziales Lernen in der Mediendidaktik einfach auf die *Präsenz* anderer Menschen und *nicht* auf bestimmte didaktische Methoden oder Medien.

Theoretische Ansätze

In vielen Bildungskontexten, etwa der Schule, erscheint es selbstverständlich, dass das Lernen in Anwesenheit anderer Personen stattfindet. Beim Lernen mit Medien ergeben sich jedoch vielfältige Optionen, wie die soziale Dimension des Lernens – über Medien – ausgestaltet werden kann. Damit wird es notwendig, über die Rolle der Anderen für das Lernen nachzudenken. Es finden sich ganz unterschiedliche Argumente:

- Bestimmte Lehrziele lassen sich nur in sozialen Settings erreichen: z. B. Fertigkeiten in der Rollenübernahme und Gesprächsführung sowie in der Koordination von Gruppenarbeit, die Entwicklung von Teamfähigkeit usw. Andere Personen können dabei Übungspartner oder auch Rollenvorbilder sein, um Sozialverhalten zu erlernen.
- Bestimmte didaktische Methoden erfordern eine Partner- oder Gruppenkonstellation: z. B. die kooperative Bearbeitung von Lernaufgaben. So sind Lernerfahrungen möglich, die in einer autodidaktischen Situation nicht realisierbar wären.
- In Gruppen entstehen Beziehungen zwischen Menschen, die den Lernort und das Lernen selbst aufwerten und interessanter machen. Es zeigt sich, dass dies die Gefahr des Abbruchs von Lernaktivitäten (*Drop-out*) senken kann.
- Andere Personen können als Wissensressourcen betrachtet werden, die zusätzliche Sichten auf und unterschiedliche Fertigkeiten für die Bearbeitung von Gruppenaufgaben einbringen, die sie in anderen Kontexten erworben haben. Hierdurch sollte die Leistung der Einzelnen ebenso wie das Gruppenergebnis profitieren.
- Beim Lernen in organisationalen Kontexten können durch den Austausch von Menschen Impulse für das Lernen der Organisation entstehen. Dies trägt zur Entwicklung der Organisation bei, auch jenseits des Lernens der Einzelnen.
- Durch Partizipation an Wissensgemeinschaften vernetzen sich Menschen untereinander. Den einzelnen eröffnet sich der Zugang zu kulturellem Wissen und gesellschaftlicher Kommunikation.
- Das Teilen von Wissen im Netz stärkt die kollektive Intelligenz: das für alle verfügbare Wissen. Es kann verhindern, dass sich innerhalb der Gesellschaft eine *Wissenskluft* entwickelt bzw. vertieft.

In diesen Überlegungen kommen unterschiedliche Argumente zusammen (vgl. G. Salomon & Perkins, 1998). Andere können (lediglich) als *Facilitator* oder *Mediator* für den Wissenserwerb des Einzelnen gesehen werden: Sie tragen dazu bei, Lernziele in der Gruppe zu erreichen. Beim Sprachenlernen nutzen wir etwa Partnerarbeit, um einen Anlass für Sprachübungen zu haben.

Soziokulturelle Ansätze

Weitere Ansätze interpretieren soziales Lernen als *soziokulturelle Partizipation*, bei der Lernen betrachtet wird als ein Vorgang, bei dem eine Person an dem Wissen einer Kultur teilhat, wie es sich insbesondere in Medien übermittelt. Im Kontext dieser Theorien könnte *jedes* Lernen als „sozial" charakterisiert werden: Die Autorin kommuniziert über das Buch und auf diese Weise partizipiert die Leserin an dem Wissen der Anderen. Insofern ist die andere Person nicht nur Mittel zur Erreichung eines Lernziels, sondern Voraussetzung für den Zugang und die Übermittlung von Wissen – auch wenn Andere nicht zugegen sind.

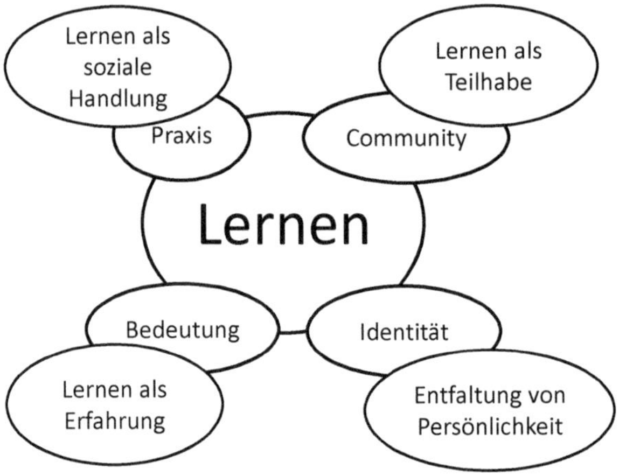

Abbildung 22: Perspektiven von Theorien sozialen Lernens (Wenger, 2009)

ETIENNE WENGER (2009) beschreibt weitere Sichten auf das Lernen im sozialen Kontext: In der Interaktion mit Anderen erfahren wir die Welt und uns als sinnhaft. Durch die Mitgliedschaft in Gruppen nehmen wir überliefertes Wissen einer Kultur auf und entfalten in der Auseinandersetzung mit diesem Wissen die eigene Identität. Durch Partizipation an sozialen Praxen erfahren wir gesellschaftliche Entwicklung und nehmen an ihr teil.

Konnektivismus

Hinzu kommen *konnektivistische* Ansätze, die ihre Ursprünge in psychobiologischen Modellen haben, wie sie etwa DONALD O. HEBB bereits in den 1950er-Jahren formulierte. Dabei geht es um das Lernen auf neuronaler Ebene und wie sich Zellverbände organisieren. Diese Überlegungen wurden auf das Wissen übertragen, wie es sich im Internet verknüpft darbietet, immer wieder aktualisiert und erweitert wird. Das Wissen des Einzelnen muss in Relation zu dem Wissen der Kultur verstanden werden, das sich immer schon in medialen Artefakten vorfindet. Wir (und zunehmend die digitale Technik selbst) erzeugen das Netz des Wissens, indem wir Informationen einspeisen, sie durch Links verknüpfen, indem wir Seiten aufrufen und kommentieren. Der *Konnektivismus* thematisiert, wie das kollektive Wissen einer Kultur unter den Bedingungen des Internets entsteht (vgl. zu „distributed cognition" G. Salomon, 1993).

Aus dieser Sicht muss das Individuum die Fähigkeit entwickeln, sich als Teil des Netzes zu bewegen und Informationen zu re-konstruieren, um Wissen zu finden und zu bewerten sowie Wissen aufzubereiten und zu teilen (vgl. Downes, 2006). Die Bedeutung des *individuellen* Wissenserwerbs tritt damit gegenüber der Verfügbarkeit *kollektiven* Wissens, der Partizipation an dem sich ständig erneuernden Wissensnetz des Internets, zurück. Will man Wissen für alle verfügbar machen, müssen das Netz und die kollektive Intelligenz gestärkt werden und nicht mehr (nur) das Individuum (Yang, 2010).

Lernen wird zu einer Aktivität (von Menschen und Maschinen) im Internet, bei der Informationen erzeugt, abgerufen, bearbeitet, kommentiert oder bewertet werden. Mit diesen Aktivitäten wird das Netzwerk „gebildet" und die - für Alle re - Wissensbasis aktualisiert und erweitert. Dies geschieht grundsätzlich auch in jedem Unterricht: Lernende nehmen Wissen auf, rekonstruieren es in ihren Lernaktivitäten und in den von ihnen erstellten Artefakten. Eine neue Qualität entsteht, da sich Lernaktivitäten und ihre Ergebnisse im Netz *objektivieren* und damit als Ressourcen allen anderen persistent zur Verfügung stehen. Die Aktivitäten der Lernenden erzeugen immer weitere, neue Knoten und stärken bestehende Verknüpfungen im Netz. Gleichzeitig tragen die Maschinen und Algorithmen im Netz zu diesem Netzwerk bei, indem sie selbstständig Informationen erzeugen, auswerten, aggregieren, löschen, gewichten usw. Die *Netzwerkbildung* wird zum zentralen Bezugspunkt und damit zum eigentlichen Wissensträger der digitalen Welt.

Pädagogische Sichten

SCHÄFER & SCHALLER formulierten in ihrer *kommunikativen Didaktik* ein didaktisches Modell, bei dem die *Beziehung* zwischen Lehrenden und Lernenden nicht nur instrumentell betrachtet wird, sondern selbst als die pädagogisch wesentliche Dimension in den Mittelpunkt rückt. In der Tradition von OTTO F. BOLLNOW konstituiert sich danach Bildung in einem bestimmten Verhältnis zwischen Lernenden und Lehrenden.

Die Pädagogik der Kommunikation nach KLAUS SCHALLER (1987) zielt ab auf

> *„die Produktion und die Vermittlung von ‚humaner' Handlungsorientierung in symmetrischen Prozessen gesellschaftlicher Interaktion unter dem Horizont von Rationalität. Solche Erziehung findet statt in Prozessen rationaler Kommunikation, im Schnittpunkt von Individuation und Sozialisation." (Schaller, 1978, S. 80)*

Bildung lässt sich nicht als unidirektionale Übermittlung von gesellschaftlichen Normen und als Übernahme von tradiertem Wissen auffassen. SCHALLER folgt einem Verständnis von „Bildung als Transformation" (s. Kapitel 2.3.3). Er versteht die Ausgestaltung bzw. Aushandlung der Lernprozesse von Lehrenden und Lernenden als Vorbereitung auf die Partizipation des Menschen an gesellschaftlicher Entwicklung:

> *„Wie sollen die Heranwachsenden eines Tages in demokratischen Prozessen die humane Zukunft des Gemeinwesens human (d. h. rational-demokratisch) perspektivieren, wenn die Erziehung ihnen vorgefertigte Ziele aufnötigte?“* (Schaller, 1979, S. 169)

Um dies zu erreichen, ist Kommunikation in Lernsituationen *symmetrisch* anzulegen. Paul Watzlawick hatte zentrale Axiome von Kommunikation herausgearbeitet: Zwischenmenschliche Kommunikation ist danach entweder symmetrisch oder komplementär, je nachdem, ob die Beziehung auf Gleichheit oder Ungleichheit beruht. Jede Kommunikation hat einen Inhalts- und einen Beziehungsaspekt, wobei der Beziehungsaspekt eine Metakommunikation gegenüber dem Inhaltsaspekt darstellt. Auf der Interaktionsebene lässt sich beobachten, ob und wie Symmetrie zwischen den Interaktionspartnern existiert.

Zunächst *verhalten* sich die Lernenden und Lehrenden wechselseitig zueinander. Auf dieser Ebene der Interaktion finden das Lehr-Lern-Geschehen und die Vermittlung von Lerninhalten statt. Hier geht es um die Vermittlung von Lernzielen. Die *Pädagogik der Kommunikation* interessiert jedoch weiterreichende Bildungsziele: Das Potenzial, das in der Begegnung von Menschen liegt, lässt Neues entstehen und übersteigt das, was in der Situation zunächst festgelegt zu sein scheint. Es kommt zu einem

> ... *„Überstieg, zu einer Potenzierung der von den anderen Mitgliedern der Gruppe einem jeden eingeräumten Spielräume, zu einem Abstreifen der den einzelnen zugewiesenen Rollen, zum Entdecken neuer Aktionsmöglichkeiten.“ (Schaller, 1979, S. 170)*

Wertvoll sind damit, wie Rainer Winkel (1980) schreibt, *Störungen* in der Lehr-Lern-Situation, und wie diese im Dialog aufgegriffen werden. Dabei bleibt die Herausforderung, inwieweit symmetrische Kommunikation in einer an sich klar verteilten Rollenstruktur von Lehrenden und Lernenden realisiert werden kann. In der Tradition der *kommunikativen Didaktik* erhält die Beziehungsebene eigenständige Bedeutung (s. a. Sammet, 2004). Die Chance wird in den besonderen und fruchtbaren Momenten der Begegnung gesehen, die „den Alltag übersteigen“.

Die *konstruktivistische Didaktik* von Kersten Reich (2006) knüpft an diese Überlegungen an. Sie geht davon aus, dass sich Bildungsinhalte heute nicht mehr *a priori* ableiten und begründen lassen. Es gilt vielmehr, Menschen darin zu unterstützen, selbst Wissen zu re-konstruieren, zu dekonstruieren und sich über Wissen zu verständigen. Aus diesem Grund wird in konstruktivistischen Ansätzen die Ausgestaltung der Beziehungsebene besonders reflektiert.

Diese Überlegungen lassen sich auf die mediengestützte Kommunikation übertragen: Wie können wir Online-Kommunikation gestalten, damit Lernende sich aktiv einbringen und der Lernprozess für neue, kreative Momente fruchtbar gemacht werden kann, der geplante Routinen der Vermittlung von Wissen überwindet? Die Überlegungen der konstruktivistischen Didaktik verweisen darauf, dass neben einer Inhalts- auch die Beziehungsebene in der medialen Kommunikation wichtig ist. In der Anlage und der Gestaltung der Interaktion entscheidet sich, ob wir das digitale Lernangebot als Übermittlung von existierendem Wissen verstehen oder als einen offenen Raum, in dem Erfahrungen aus der Begegnung von Menschen ermöglicht werden sollen.

6.2 Lernen in sozialen Gruppen

Zunächst wird auf die Definition von sozialen Gruppen eingegangen, wie sie in der Sozialpsychologie gebräuchlich ist. Danach geht es um die Merkmale von sozialen Gruppen. Für das Internet ist die Frage besonders interessant, ob und wann wir andere Personen auf einer Plattform als „präsent" erleben, obwohl sie nicht physisch zugegen sind. Schließlich werden wir uns der Frage zuwenden: Hat das Lernen in der Gruppe einen *Leistungsvorteil*? Mit welchen Medien arbeiten Gruppen am besten zusammen?

6.2.1 Merkmale von sozialen Gruppen

Sind die Teilnehmenden, die sich für einen Onlinekurs angemeldet haben, eine *soziale Gruppe*? Bilden die Personen, die sich auf einer sozialen Internetplattform registriert haben, eine *Gemeinschaft* und auch eine *soziale Gruppe*?

Nicht jede Ansammlung von Personen auf einer Internetplattform kann als soziale Gruppe bezeichnet werden. Eine soziale Gruppe ist durch eine Reihe von Merkmalen definiert. Zu nennen wären insbesondere:

- Die Gruppe hat eine bestimmte Zahl von Mitgliedern. Die Mitglieder kennen sich (zumindest potenziell) untereinander.
- Die Mitglieder der Gruppe verfolgen ein gemeinsames Ziel.
- Die Gruppe hat einen gewissen zeitlichen Bestand.
- Die Mitglieder treten untereinander in Kommunikation und Interaktion.
- Es besteht ein gewisses Maß an emotionaler Bindung der Mitglieder an diese Gruppe (Wir-Gefühl).
- Es bilden sich Strukturen innerhalb der Gruppe, die mit unterschiedlichen Aufgaben- und Rollenzuweisungen von Mitgliedern einhergehen.
- Es entstehen Normen über das angemessene Verhalten zwischen Gruppenmitgliedern.
- Für die Mitglieder entsteht eine Grenze zwischen der eigenen Gruppe und anderen Gruppen.

Soziale Gruppen haben für die Orientierung von Menschen eine wichtige Bedeutung und tragen zur Entwicklung der eigenen Identität bei. Die Einschätzung über die eigene Person basiert auf sozialen Vergleichen. Die Identität einer sozialen Gruppe entsteht nach HENRI TAJFEL (1982) durch Vergleichsprozesse, in der sich eine Gruppengrenze („Wir" – „Ihr") etabliert.

Die Merkmale der Gruppe verweisen auf die Dynamik des Interaktionsgeschehens: Eine soziale Gruppe, wie z. B. ein Onlinekurs, formiert sich über die Zeit. Sie hat ein gemeinsames Ziel und wird über eine bestimmte Zeit zusammenarbeiten. Die Teilnehmenden werden miteinander in Kontakt treten und eine mehr oder weniger starke emotionale Bindung untereinander aufbauen. Es bilden sich Rollen in der Gruppe, einige Teilnehmende werden sich mehr exponieren als andere, manche werden viele Frage stellen, andere eher antworten. Es entwickeln sich Normen, welches Verhalten positiv oder negativ sanktioniert wird.

Soziale Lerngruppen?

Viele Online-Lernangebote lehnen sich an das Konzept *Kursgruppen* an, wie wir sie von *Klassen* in der Schule kennen. Das hat zunächst den Vorteil, dass die Teilnehmenden solche Settings kennen und wissen, wie sie funktionieren. Sie können ihre Aufmerksamkeit auf die Lerninhalte konzentrieren und müssen nicht nachdenken, wie sie die soziale Situation einordnen sollen. Diese Anlage der Lernsituation schafft eine – sich im Laufe der Interaktion entwickelnde – soziale Struktur, die das Lernen stützt und das Arbeiten in der Gruppe vereinfacht. Dabei bleibt festzuhalten, dass Gruppen – online oder *face-to-face* – für menschliches Lernen von großer Bedeutung sind. Allerdings ist es nicht immer offensichtlich, ob bei diesen Lernaktivitäten auch soziale Gruppen mit den beschriebenen Phänomenen entstehen. Im Folgenden sind einige Fälle skizziert.

Inwieweit handelt es sich bei den folgenden Beispielen um soziale Lerngruppen?

- Der Onlinekurs „Marketing 2.0" wird international von einem Bildungsträger für private Kunden angeboten und beinhaltet im Kern 14-tägige Onlinemeetings. Es nehmen 500 Personen teil, die sich auf einer Lernplattform angemeldet haben. Sie können an den Videokonferenzen teilnehmen und Kommentare in den Foren einstellen.

  Problem: Bei so vielen Personen wird ein persönliches Kennenlernen nicht möglich sein. Hinzu kommen die globale Verteilung und möglicherweise auch Sprachbarrieren beim Kennenlernen. Es ist eher unwahrscheinlich, dass sich soziale Gruppenprozesse einstellen werden.

- Auf der Plattform „Marketing 2.0" stellt das Deutsche Institut für Marketing aktuelle wissenschaftliche Beiträge und Fallstudien zu neuen Wegen des Marketings im Internet ein und ruft zu Diskussionen und Stellungnahmen auf. Eine Anmeldung bzw. Registrierung zu dem Lernangebot auf einer Plattform ist nicht notwendig; Kommentare werden von einem Moderator freigeschaltet. Das Angebot ist offen, es liegen Logfiles vor, aus denen die (wiederkehrenden) Besuche erfasst werden können. Dennoch ist nicht genau bekannt, wie viele Personen das Angebot „wirklich" regelmäßig wahrnehmen.

Problem: Die „Gruppengrenzen" sind nicht etabliert. Die Plattform ist nicht im engeren Sinne als Lernumgebung deklariert; dennoch findet Wissenskommunikation und Lernen statt.

- Auf einer Plattform zu „Praxis des Onlinemarketings" treffen sich Mitglieder der Fachgesellschaft für Marketing, um sich über ihre Erfahrungen auszutauschen. Auf der Plattform haben sich bereits mehrere tausend Personen angemeldet. Sie können Inhalte einsehen und kommentieren. In Abhängigkeit von der Anzahl und der Bewertung ihrer Beiträge von Anderen wird ihr Profil aufgewertet. Ungefähr 100 Personen sind aktiv und posten einmal pro Woche.

  Problem: Es findet „informelles Lernen" statt, ohne dass die Teilnehmenden das Angebot als eine Lernumgebung beschreiben würden. Die Kriterien für die Teilnahme sind klar definiert, doch die Personen, die sich nur registriert haben, um Zugriff zu erhalten, können nicht als Gruppe definiert werden, weil die Interaktion zwischen ihnen fehlt. Die auf der Plattform kontinuierlich Aktiven könnten dagegen als soziale Gruppe aufgefasst werden.

Fassen wir zusammen: Eine Lerngruppe wird zumeist von einer betreuenden Instanz initiiert, und es gibt eine Person, die die Lerngruppe in einem weiteren Sinne (z. B. als Moderatorin) betreut. Die Gruppe ist zumeist auf eine definierte Dauer angelegt, und es wird erwartet, dass die Teilnehmenden kontinuierlich dazu beitragen. Nicht in allen Fällen liegen die Kriterien einer *sozialen Gruppe* vor. Dennoch können soziale Prozesse stattfinden, die mit einer emotionalen Bindung einhergehen, die für das Lernen wichtig sind.

Leistung von Gruppen

Gemeinsam zum Erfolg? Führt gemeinsames Tun letztlich zu besserer Leistung? Die Frage eines *Leistungsvorteils* von Gruppen hat die Sozialpsychologie lange beschäftigt. Wie so oft bleibt festzustellen: Es kommt darauf an.

Bereits zu Beginn des 20. Jahrhunderts wurden Untersuchungen durchgeführt, die motorische Leistungen (z. B. Tauziehen) vergleichen, die alleine oder gemeinsam bewältigt wurden. Dabei zeigte sich, dass der individuelle Leistungs*beitrag* eher kleiner wird, wenn sich die Anzahl der Mitwirkenden erhöht (vgl. Kravitz & Martin, 1986; aber auch Witte, 1989). Das Gruppenergebnis wird also nicht unbedingt besser, je mehr Personen mitwirken. Die metaanalytischen Auswertungen von KARAU & WILLIAMS (1993) zeigen, dass dieser Befund regelmäßig nachgewiesen werden kann. Dies wird etwa darauf zurückgeführt, dass der Aufwand zur Koordination der Leistung in Gruppen höher ist oder die Motivation des Einzelnen sinkt. Allerdings zeigen sich Interaktionseffekte, von denen abhängig ist, ob die Gruppenleistung tatsächlich sinkt oder steigt, beispielsweise die Erwartungen der Beteiligten, die Bedeutung der Aufgabe und das kulturelle Umfeld.

Einen positiven Einfluss auf die Leistung in der Gruppe hat die *Kohäsion*: Darunter versteht man die Bindungskraft der Gruppenmitgliedschaft und damit die Attraktivität der Gruppe für den Einzelnen sowie die Stärke des Wunsches, in der Gruppe zu bleiben und Anerkennung zu erhalten.

Kohäsion entsteht ...

- durch die Bedeutung der Ziele, die die Gruppe verfolgt (*aufgabenbezogene* Kohäsion) und
- durch Beziehungen der Mitglieder untereinander, die auf Erfahrungen in der Zusammenarbeit basieren (*beziehungsbezogene* Kohäsion).

Auf die Bildung von *Gruppenkohäsion* wirken sich günstig aus: die Häufigkeit der Interaktion der Gruppenmitglieder, das Erleben von Erfolg und Anerkennung, ein klares und von allen getragenes Gruppenziel und der Wettbewerb mit Anderen. Bei Leistungen, die eine gegenseitige Abstimmung und Koordination der Gruppenmitglieder erfordern, ist insbesondere die *aufgabenbezogene* Kohäsion leistungssteigernd. Hängt der Erfolg dagegen weniger stark von einem koordinierten Beitrag aller Gruppenmitglieder ab, wird die Gruppenleistung auch weniger stark von der Kohäsion beeinflusst.

6.2.2 Gruppen und Gemeinschaften

Eine *Gemeinschaft* ist offensichtlich etwas anderes als eine *Gruppe*. Aber wie lassen sich Gruppen und Gemeinschaften abgrenzen? Die Mitglieder einer Schulklasse umfassen eine soziale Gruppe. Die Mitglieder der Schule wären dagegen eher als eine *Gemeinschaft* zu bezeichnen.

Die Studentin, die zum Studium an einer Elite-Universität in den USA zugelassen worden ist, empfindet vermutlich Stolz, der Hochschule und ihrer *Gemeinschaft* künftig anzugehören, selbst ohne bereits Erfahrungen mit anderen Mitgliedern der Universität gemacht zu haben. Ein Gemeinschaftsgefühl kann – anders als das Gefühl von Gruppenzugehörigkeit – entwickelt werden, auch ohne dass die Mitglieder der Gemeinschaft sich persönlich kennen oder miteinander in Kontakt treten: Gemeinschaften sind nicht unbedingt Gruppen, und Gruppen sind auch nicht immer Gemeinschaften.

Im Folgenden soll deutlich werden, dass der Gemeinschaftsbegriff weniger klar definiert ist als der Begriff der sozialen Gruppe. Er hat durch den Kontext der Online-Communities eine neue Interpretation erfahren. Der Begriff der Gemeinschaft ist im deutschsprachigen Raum durch die soziologischen Arbeiten von FERDINAND TÖNNIES

(1855–1936) geprägt. Er entwickelte ihn in Abgrenzung zum Begriff der Gesellschaft. Eine Gemeinschaft bilden Menschen, die durch *Abstammung* und *Geschlecht* miteinander verbunden sind, wie sie etwa im Zusammenleben von Familien im Dorf zu beobachten sind. Im städtischen Umfeld ist dagegen eher die Gemeinschaft des *Geistes* zu finden.

Tabelle 21: Merkmale von Lerngruppen und Lerngemeinschaften

	Lerngruppe	**Lerngemeinschaft**	**Lernen in Gemeinschaften**
Anzahl der Mitglieder	begrenzt	nach oben offen	nach oben offen
Erwerb der Mitgliedschaft	aktiver Beitritt	freiwillig	u. a. durch Beitritt, Erwählung, Schicksal
Ausstieg	in der Regel nicht vorgesehen	jederzeit	jederzeit
zeitliche Dauer	Anfang und Ende definiert	eher offen	eher offen
gemeinsame Ziele und Werte	ja	ja	ja
emotionale Bindung	abhängig von Erfahrungen in der Gruppe	abhängig von der Wertigkeit der Gemeinschaft	abhängig von der Wertigkeit der Gemeinschaft
Interaktion der Mitglieder	wird von den Tn erwartet	Tn erwarten Interaktion	nicht erforderlich
soziale Strukturen	ja	entstehen (nur) bei Interaktion der Mitglieder	entstehen (nur) bei Interaktion der Mitglieder
Betreuung durch lehrende Instanz	ja	in der Regel: nein	nein
Lernen	organisiert, intentional	organisiert, intentional	informell

Howard Rheingold (1993) schrieb ein viel beachtetes Buch über die ersten Online-Communities Ende der 1980er-Jahre in Kalifornien: Es handelte sich um Subkulturen, die die Kommunikation in Netzen (noch vor dem Internet) als herrschaftsfreien Raum sahen, in denen man sich gegenseitig hilft und Freundschaften pflegt. Hagel III & Armstrong (1997) betonten dagegen die kommerziellen Potenziale des Netzes und beschrieben Communities als ökonomisch (seinerzeit) noch nicht erschlossenes Geschäftsfeld.

Aus dem Englischen kann *Community* nicht nur mit *Gemeinschaft,* sondern auch mit *Gemeinde* übersetzt werden: *My Community* kann sich auf die Stadt oder den Stadtteil beziehen, in dem ich wohne, oder z. B. auf die Kirchengemeinde, der ich angehöre. Es geht um einen geografischen oder geistigen Ort, zu dem ich mich zugehörig fühle. In beiden Fällen geht es um etwas anderes als um eine Gruppe und auch nicht um eine Organisation oder Institution. Damit wird deutlich, dass eine Online-Community zunächst *ein Ort* im Internet ist, zu dem ich mich zugehörig fühle; ob dieser Ort auch die Qualität einer Gemeinschaft entwickelt, bleibt offen.

Lerngemeinschaften versus Lernen in Gemeinschaften

Es lassen sich nun charakteristische Merkmale von Lerngruppen und Gemeinschaften im Netz gegenüberstellen. Dabei wird deutlich, dass sich Gemeinschaften durch eher wenig Verbindlichkeit auszeichnen.

*Lerngemeinschafte*n sind ein Spezialfall von *Lernen in Gemeinschaften*: Die Lerngemeinschaft wäre ein Verbund von Menschen, die sich dazu entschließen, gemeinsam etwas zu lernen. Die Lerngemeinschaft hat damit nicht zwingend einen zeitlichen Anfangs- und Endpunkt wie ein Online-Kurs. Es gibt keine betreuende Instanz, die das Lernen organisiert. Es handelt sich insofern um eine Gemeinschaft, die ein einziges Ziel verfolgt, nämlich sich auszutauschen und dazuzulernen. Häufiger findet Lernen eben auch in „Gemeinschaften", z. B. der Gemeinschaft der LINUX-Entwickler/innen, dann aber eher beiläufig statt; die Zugehörigkeit zur Gemeinschaft wird von den Mitgliedern nicht primär als eine Lernerfahrung erlebt. Gemeinschaften lassen sich damit anhand einer Reihe von Kriterien abgrenzen (s. Tabelle 21).

Lerngemeinschaften in Unternehmen?

Kann ein Unternehmen eine *Lerngemeinschaft* einrichten, auf denen sich die Mitarbeitenden zum Wissensaustausch im Internet treffen – auch ohne eine lehrende Instanz?

Das erscheint durchaus möglich und sinnvoll. In der Regel wird man die Plattform aber nicht als *Lernumgebung* bezeichnen, sondern eher als soziale Plattform für Wissenskommunikation. Die Teilnehmenden werden die Plattform als sozialen Ort wahrnehmen, um andere Kollegen und Kolleginnen zu treffen.

Soziale Netzwerke

Die Bedeutung des Gruppenbegriffs wird von neueren Ansätzen infrage gestellt: BARRY WELLMAN (1988) beschreibt Gruppen als eine Variante eines *sozialen Netzwerks* mit einer dichten Verknüpfung. Über digitale Medien können enge Beziehungen, wie in der Begegnung *face-to-ace*, entstehen; über das Internet entwickeln sich aber auch *schwache Bindungen*, etwa auf Plattformen, auf denen Menschen berufliche Kontakte pflegen und sich auszutauschen.

Sechs Merkmale charakterisieren nach WELLMAN (1988) die Qualität eines sozialen Netzwerks:

- Dichte der Verknüpfungen: Wie häufig treten Mitglieder des Netzwerkes mit anderen Personen in Kontakt?
- Abgrenzung: Wie stark sind die Kontakte auf Mitglieder des Netzwerks begrenzt?
- Reichweite: Wie groß ist die geografische und gesellschaftliche Reichweite?
- Abgeschlossenheit: Wie stark ist das Netzwerk gegenüber anderen abgeschlossen (oder lässt es als „offenes Netz" jeden zu)?
- Soziale Kontrolle: Kann das Netzwerk soziale Kontrolle über das Verhalten ihrer Mitglieder ausüben?
- Stärke der Bindung: Bindet das Netzwerk die Menschen emotional?

Der Begriff des *sozialen Netzwerks* legt das Schwergewicht auf die *Vernetzung* der Menschen. Mitgliedschaften in Gruppen sind dagegen *binär*: Ich bin entweder Mitglied einer Gruppe oder nicht. Die Gesamtheit meiner Gruppenbeziehungen bildet aber nur zum Teil die Struktur meiner sozialen Kontakte ab. Diese Überlegung hängt auch mit dem gesellschaftlichen Wandel zusammen: Strukturen (und Gruppen), in denen Menschen sich über längere Zeiten bewegen, werden immer mehr als kontingent und brüchig erlebt. Insofern knüpft der Begriff des sozialen Netzwerks eher an das Erleben von Dynamik, der Entwicklung und Veränderung an als der mehr statische Begriff der Gruppe, die durch Strukturen und Normen geprägt ist.

6.2.3 Erleben von Präsenz und Partizipation

Wenn sich soziales Lernen im Netz vollzieht, stellt sich die Frage, ob andere Personen dabei überhaupt als Gegenüber erlebt werden? Die andere Person ist physisch nicht anwesend: Kann dennoch von einer *Präsenz* des Anderen im Netz gesprochen werden? Im Folgenden geht es um die Frage, ob und wie das Erleben von Präsenz im Netz entsteht und wann Personen sich im Internet aktiv einbringen.

Determinanten des Präsenzerlebens

In verschiedenen Übersichtsartikeln sind Faktoren zusammengefasst worden, die das Präsenzerleben beeinflussen (Lombard & Ditton, 1997; Nash, Edwards, Thompson, & Barfield, 2000; Allmendinger, 2004). *Faktoren der Umgebung* beziehen sich zunächst auf Hardware-Komponenten, z. B. die Bildschirmgröße und -auflösung, insgesamt aber auf die Bandbreite, mit der sensorische Informationen übermittelt werden (Audio, Bewegtbild, ggf. mit räumlicher 3D-Information usw.) und die damit zusammenhängenden Möglichkeiten, mit Anderen und Artefakten interagieren zu können.

Die Variable *Simulator Sickness* bezieht sich auf die Neigung einer Person, in einer computersimulierten Umgebung mit Schwindel und Übelkeit zu reagieren. *Immersive Tendenz* meint die Fähigkeit, sich in einer simulierten Umgebung schnell zurechtzufinden. Es wurden Interaktionseffekte zwischen diesen Variablen und dem Geschlecht gefunden.

Mit zunehmender Erfahrung in der Umwelt kann das Präsenzerleben zu- oder abnehmen, je nachdem, ob die Person sich durch zunehmende Routinen in der Handhabung des Systems mehr auf das Geschehen einlassen kann. Wenn das Geschehen dagegen mit der Zeit eher langweilig wird, wird auch das Erleben von Präsenz eher abnehmen.

Umgebung	**Person**	**Aufgabe**	**Kontext**
- Bildschirmgröße und -auflösung - Bandbreite sensorischen Inputs / Outputs - Interaktionsmöglichkeiten - Veränderbarkeit der Umgebung - Repräsentation der Person in der Umgebung / Avatar	- Alter - Geschlecht - Bereitschaft, sich auf mediengestützte Kommunikation einzulassen - Neigung zu „simulator sickness" - „Immersive Tendenz"	- Komplexität - Automatisierung - Inhalt	- Dauer des Verbleibs in virtueller Umgebung - Unterbrechungen

Abbildung 23: Determinanten des Präsenzerlebens nach ALLMENDINGER *(2004)*

CARRIE HEETER hatte bereits (1992) darauf hingewiesen, dass ein wesentlicher Einflussfaktor für das Erleben von Präsenz die Reaktion der Anderen ist: Voraussetzung für das Präsenzerleben ist danach, ob andere Personen in der Welt auf mich reagieren, d. h. ob ich Interaktion mit anderen Menschen in der Online-Welt erlebe oder nicht. Damit wird nochmals deutlich, dass soziale Präsenz kein Merkmal der Umgebung selbst ist, sondern letztlich ein Ergebnis des Handelns und der Wahrnehmung der Beteiligten.

Soziale Präsenz erfordert auch nicht unbedingt eine möglichst fotorealistische Darstellung der Beteiligten, etwa durch Videoeinspielung oder durch komplexe 3D-Avatare. Einfachere Varianten können vorteilhaft sein, beispielsweise bei Vorbehalten (*Schüchternheit*) von Teilnehmenden (Garau, Slater, Bee, & Sasse, 2001; Allmendinger, 2010). Hinzu kommt der Effekt, dass die Aufmerksamkeit überlastet sein kann, wenn neben der wesentlichen Information weitere – ablenkende – Informationen über den Bildschirm übermittelt werden. Dies kann sich einstellen, wenn bei einer Videokonferenz Bilder aller Teilnehmenden gleichzeitig eingeblendet werden. Bewegungen in Bildern führen reflexartig zu einem Wechsel des Fokus der Wahrnehmung. Insofern kann ein temporäres Ausblenden von Präsenzindikatoren, etwa bei Vorträgen, oder von Personen, die sich momentan nicht aktiv beteiligen, vorteilhaft sein, um die Konzentration zu fördern.

Das Erleben von *sozialer Präsenz* erweist sich als ein wesentlicher Prädiktor für die Zufriedenheit von Teilnehmenden in Onlinekonferenzen bzw. entsprechenden Lernsituationen (Gunawardena & Zittle, 1997; Richardson & Swan, 2003). Soziale Präsenz ist beispielsweise auch eine Voraussetzung dafür, dass interpersonales Vertrauen entsteht (Cyr, Hassanein, Head, & Ivanov, 2007; s.a. Bente, Rüggenberg, Krämer, & Eschenburg, 2008).

In der Untersuchung von So & Brush (2008) zeigte sich ein Interaktionseffekt zwischen der didaktischen Methode und der Art der Unterstützung: Das didaktische Setting beeinflusst, wie sich soziale Präsenz auf das Erleben der Lernenden auswirkt. Russo & Benson (2005) zeigten, dass für die Zufriedenheit der Lernenden – neben der sozialen Präsenz der Lehrenden – vor allem die soziale Präsenz der *anderen* Lernenden ausschlaggebend war.

Soziale Präsenz beeinflusst damit – als *unabhängige* Variable – das Erleben von Zufriedenheit in einer kommunikativen Lernsituation. Wei et al. (2012) zeigen, dass das soziale Präsenzerleben die Aktivität der Lernenden in einem Onlinekurs beeinflusst und so auch zu Lernerfolgen beiträgt.

Wird soziale Präsenz als *abhängige* Variable untersucht, dann interessiert, welche Faktoren das Präsenzerleben beeinflussen: In der Untersuchung von Kim, Kwon & Cho (2011) zeigt sich, dass Geschlecht, Online-Erfahrung und beruflicher Status keinen Einfluss auf das Erleben von sozialer Präsenz und die Zufriedenheit der Lernenden haben. Als relevant erweist sich dagegen, wie intensiv die Medien in das Angebot integriert sind und wie die Betreuung durch Lehrpersonen von den Lernenden bewertet wird.

Avatare und Immersion

Bei dem Einsatz von *Avataren* sind die Personen in einer Onlinewelt durch eine Figur repräsentiert. Dies kann bereits ein einfacher *Foto-Avatar* sein, der sichtbar zu Handlungen oder Aussagen der Person in der Umwelt zugeordnet wird. In der Regel bezieht sich die Forschung auf Avatare, mit denen ich mich aktiv durch eine virtuelle Welt bewegen kann. Bei Videokonferenzen kommuniziere ich mit Anderen und kann – bei wenigen Teilnehmenden – auch das non-verbale Verhalten verfolgen. Mit Avataren ist dies nicht möglich. Dafür bewege ich mich in der digitalen Welt in Relation zu Anderen und kann durch die Bewegungen des Avatars Nähe oder Zuwendung ausdrücken: Ich wähle z. B. eine Sitzposition neben einem (bestimmten) anderen Avatar oder bewege mich im Raum zu einem anderen Avatar. Katrin Allmendinger u. a. (2009) zeigten, dass bereits einfache *Foto-Avatare* positive Wirkung auf das soziale Präsenzerleben haben. Bei Gary Bente u. a. (2008) zeigte der Einsatz von Avataren auch eine positive Wirkung auf die Kontaktaufnahme zwischen den Beteiligten.

Aktivität und Passivität

Das Lernen in sozialen Gruppen und Gemeinschaften setzt die Bereitschaft voraus, sich aktiv an der Diskussion bzw. Zusammenarbeit zu beteiligen. Wir kennen Plattformen, an denen sich Menschen rege beteiligen: Die Online-Enzyklopädie Wikipedia wird gerne als Beispiel herangezogen. Es beteiligen sich jedoch weniger als 1 % aller Nutzenden aktiv mit Beiträgen, Änderungen oder Korrekturen. Die technischen Hürden für das Mitmachen sind dabei gering, doch die Beobachtung, dass sich oft nur wenige Teilnehmende an Online-Aktivitäten beteiligen, ist ein verbreitetes Phänomen. ZHAO & BISHOP (2011) und SING & HOLT (2013) zeigen auf, was erfolgreiche Communities ausmacht und welche Muster für Lernangebote genutzt werden können.

Auf Plattformen mit geringen Nutzerzahlen wird es besonders offensichtlich, wenn wenige Beiträge oder Kommentare gepostet werden, selbst wenn es viele lesende Besucher/innen gibt. Hinzu kommt, dass Plattformen mit einer geringen Zahl an Beiträgen auf Andere wenig einladend dazu wirken, selbst Beiträge einzustellen. So fehlt gerade bei neu eingerichteten Plattformen eine initiale Basis, ein sozial lebendiges Umfeld, das Andere zum Mitmachen anregt.

Das Phänomen wird oft – abschätzig – *Lurking* genannt: Bloßes Zuschauen gilt als unfein und ist dennoch weit verbreitet. Dabei ist zunächst zu bedenken, dass das Phänomen einer ungleichmäßigen Verteilung von aktiven Beiträgen in Lerngruppen und im Klassenverband auch im konventionellen Unterricht typisch ist: Verbreitet ist zu beobachten, dass einzelne oder wenige Schüler/innen sich sehr oft melden; auf sie entfallen die meisten Beiträge. Es gibt eine große Gruppe, die sich gelegentlich meldet und einzelne Beiträge liefert, und es gibt die Gruppe der Lernenden, die sich fast nie meldet.

Diese asymptotische Verteilung der aktiven Beiträge in Gruppen bildet sich auch in internet-basierten (Lern-)Gruppen und Gemeinschaften in ähnlicher Weise ab. Dort wird sie vonseiten der Lehrenden besonders unangenehm erlebt, weil die Personen, die in asynchronen oder synchronen Settings nichts beitragen, vollkommen *unsichtbar* bleiben. Im Klassenraum kann die Lehrperson dagegen zumindest erkennen, ob die Personen anwesend sind, und sie kann ein Gespür dafür entwickeln, ob die Teilnehmenden aufmerksam sind. Im Internet fehlen diese natürlichen Hinweisreize der Lernumwelt.

Lurking heißt dabei nicht, dass die Teilnehmenden desinteressiert sind oder emotionale bzw. motivationale Barrieren für eine Beteiligung vorliegen müssen. Eine Teilnehmerin kann durchaus aktiv mitdenken und innerlich beteiligt sein, ohne im Internet sichtbar zu werden. Es kann z. B. sein, dass sie sich per E-Mail, per Telefon oder mit einem anderen Werkzeug mit Anderen austauscht, ohne dass dies für die Dozentin sichtbar wird.

Für Dozierende bleibt diese Situation schwierig: Denn es fehlen weitgehend (nonverbale) Hinweise, die Aufschluss geben über die mentale und motivationale Beteiligung jener Personen, die sich nicht aktiv durch verbale Äußerungen beteiligen. Aus diesem Grund fühlen sich Dozierende in Online-Lernumgebungen teilweise weniger wohl: Ihnen fehlt die Rückmeldung; sie sind unsicher, weil sie nicht wissen, ob und wie das Lernangebot bei den Lernenden ankommt.

Befunde zur aktiven Partizipation

Welche Faktoren beeinflussen, ob Lernende sich in Onlinekursen aktiv beteiligen, ist Gegenstand mehrerer Untersuchungen geworden. Hew, Cheung & Ng (2010) fassten 50 Studien, die dazu vorliegen, zusammen. Sie identifizierten sieben Faktoren, die für geringe Beteiligung von Lernenden in asynchronen Onlinekursen verantwortlich sein können:

- Kein Grund, warum man sich beteiligen sollte (z. B. wenn die aktive Teilnahme nicht als Teil der Leistung gefordert wird oder wenn vonseiten des Lehrenden keine klare Erwartung kommuniziert wird).

  Maßnahmen: Diskussionsthemen wählen, die eng auf das Curriculum bezogen sind; Beiträge verpflichtend machen; erklären, warum Beiträge wichtig sind; Termine setzen oder definierte Zeiträume festlegen, wann ein Beitrag erwartet wird; kontroverse Themen wählen.

- Das Verhalten Anderer (z. B. wenn die Beiträge Anderer sehr emotional oder abwertend sind; wenn sie damit rechnen, keine Antwort zu erhalten oder wenn sie keine Reaktion der Lehrperson erkennen).

  Maßnahme: Regeln vereinbaren; aktive Partizipation der Lehrperson.

- Persönlichkeitseigenschaften (z. B. niedrige Werte auf den Skalen „Extraversion“, „Verträglichkeit“, „Offenheit“).

  Maßnahme: Gruppen mit unterschiedlichen Persönlichkeitstypen mischen.

- Schwierigkeiten, die Diskussion zu verfolgen (bei asynchronen Werkzeugen fällt es schwer, verschiedenen Diskussionsfäden, etwa in Unterforen, zu folgen; Informationsüberlastung kann entstehen, wenn in vielen Diskussionsfäden gleichzeitig viele Beiträge verfolgt werden sollen).

  Maßnahme: Visualisierung von Diskussionsfäden mit geschachtelten/hierarchischen Beiträgen, damit der Kontext bzw. Bezug leichter erkannt wird; Regeln einführen, z. B. dass in einem Beitrag nur ein Aspekt eingeführt wird; User informieren, wenn Beiträge an falscher Stelle gepostet sind/verschoben wurden.

- Nicht wissen, was man beitragen soll (z. B. weil die Aufgabe bereits von Anderen gelöst wurde).

  Maßnahme: Techniken zur Fragestellung einüben: Argumente und Gegenargumente gegenüberstellen, Rollenübernahme üben.

- Fehlende Kompetenzen in der Erstellung von (elaborierten) Beiträgen (z. B. wird teilweise in Beiträgen nur die eigene Meinung ausgedrückt, statt differenziert auf Beiträge Anderer einzugehen).

  Maßnahme: Übungen einschieben in Frage- und Diskussionstechniken (z. B. Sokratischer Dialog); Lehrperson ist selbst aktiv und unterstützt in der Erstellung von „guten" Beiträgen; Rollen verteilen, z. B. Verantwortung übergeben für Zusammenfassungen, Moderation, Konfliktschlichtung.

- Technische Gründe (z. B. weil die Plattform die Diskussionsfäden nicht gut visualisiert oder weil es nicht möglich ist, eine Anmerkung zu einem Kommentar zu hinterlassen).

  Maßnahme: Navigationskonzept testen und überarbeiten.

Kognitive, Soziale und Pädagogische Präsenz

Das Erleben von Präsenz in einer Onlinewelt bezieht sich nicht nur auf die Anwesenheit von anderen Lernenden, sondern auch zum Beispiel darauf, ob und wie stark eine lehrende Instanz in einem Onlinekurs sichtbar wird. Interessant sind die Überlegungen von GARRISON, ANDERSON & ARCHER (1999) zu *Communities of Inquiry.* Sie weiten das Konstrukt der *Präsenz* aus, indem sie kognitive, soziale und pädagogische Präsenz unterscheiden und nach der Beziehung dieser Dimensionen fragen.

Tabelle 22: Kategorienschema für Präsenzdimensionen (nach Garrison et al.)

Dimension	**Inhaltskategorie**	**Indikator (Beispiele)**
kognitive Präsenz	auf Probleme stoßen	ist irritiert
	Informationen suchen und geben	gibt Information weiter
	Informationen integrieren	knüpft an Aussagen Anderer an
	Lösungen finden und anwenden	wendet neue Ideen an
soziale Präsenz	Emotionen ausdrücken	drückt Gefühle aus
	offen kommunizieren	gibt private Informationen preis
	Gruppenbeziehungen fördern	unterstützt Zusammenarbeit
pädagogische Präsenz	Lernprozesse steuern	Diskussion initiieren
	Verstehensprozesse unterstützen	Hinweise geben
	Instruktion geben und strukturieren	Diskussion fokussieren

Ausgangsbasis ihrer Untersuchungen ist die Kommunikation von Lernenden in Internetforen von Onlinekursen. Die Autoren suchten nach Anzeichen des Erlebens von Präsenz und kategorisierten die Forenbeiträge in folgende drei Kategorien (s. Tabelle 22):

- **Kognitive Präsenz** bezieht sich auf das Ausmaß, in dem sichtbar wird, dass sich eine Person aktiv in eine Diskussion mit Beiträgen einbringt.
- **Soziale Präsenz** bezieht sich auf das Ausmaß, in dem die Lernenden als Personen in einem Forum bzw. auf einer Plattform für Andere sichtbar werden.
- **Pädagogische Präsenz** bezieht sich auf das Ausmaß, in dem sichtbar wird...
  a) die pädagogische Aufbereitung der Lernumgebung, z. B. durch Lernaufgaben, eingestellte Materialien usw. sowie
  b) die Unterstützung der Lernenden, z. B. durch Anteilnahme und Rückmeldungen, durch die Lehrperson oder andere Lernende.

Lehrende können in einem Onlinekurs unterschiedlich in Erscheinung treten. Manche Lehrpersonen bleiben eher zurückhaltend; sie liefern Lernmaterial und -aufgaben, überlassen aber den Lernenden die Diskussion untereinander. Andere bringen sich stärker ein. Hier stellt sich die Frage, durch welche Aktivitäten so etwas wie *pädagogische Präsenz* erfahrbar wird und welche Rolle dies für den Lernprozess und -erfolg letztlich hat.

GARRISON et al. (1999) legten ein Kategorienschema vor, mit dem sich Forenbeiträge den Dimensionen zuordnen lassen. Zugleich bleibt die Frage, inwiefern es gerechtfertigt ist, Äußerungen in Forenbeiträgen als Indikatoren von Präsenz zu interpretieren. Es wäre gleichermaßen denkbar, dass ein hohes Präsenzerleben vorliegt und die Person sich trotzdem nicht in Forenbeiträgen äußert.

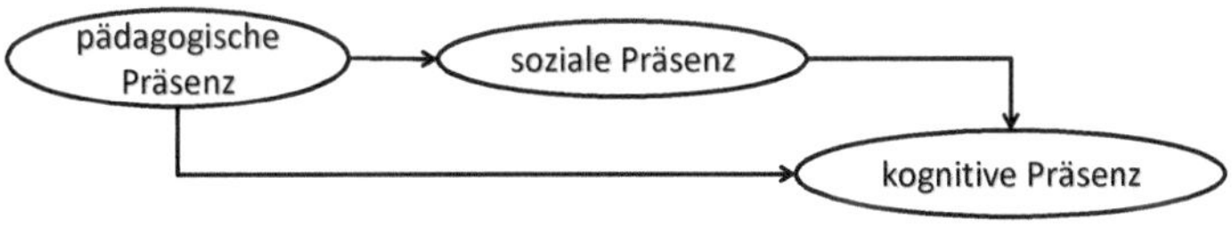

Abbildung 24: Beziehung der Präsenzkomponenten nach Garrison et al. (2010)

In einem weiteren Schritt entwickelten GARRISON et al. (2007; s.a. Bangert, 2009; Díaz, Swan, Ice, & Kupczynski, 2010) einen Fragebogen, um die drei Bereiche über eine Selbstauskunft zu erfassen. Mithilfe von Strukturgleichungsmodellen wurde die Beziehung der Variablen untersucht. Es zeigt sich, dass die Dimension *pädagogische Präsenz* einen signifikanten Einfluss sowohl auf das Erleben von sozialer als auch kognitiver Präsenz hat (s. Abbildung 24). Die Höhe der *kognitiven Präsenz* wird außerdem von dem Ausmaß *sozialer Präsenz* beeinflusst. Das Erleben von pädagogischer Strukturierung und Unterstützung (= pädagogische Präsenz) durch eine Lehrperson oder *Peers* erweist sich als ein Prädiktor für das Ausmaß der kognitiven und sozialen Präsenz. Darüber hinaus zeigen sich weitere Zusammenhänge mit Leistungsergebnissen.

6.2.4 Gruppenarbeit und Medientypen

Beim sozialen Lernen im Netz interagieren Menschen – in Diskussionsforen, bei der Bearbeitung von Lernaufgaben oder der Erzeugung von digitalen Artefakten. In der beruflichen Praxis ebenso wie in Lernsituationen werden dazu unterschiedliche Hilfsmittel verwendet: Mit den digitalen Technologien ist die Vielfalt der Möglichkeiten gewachsen. Doch welches Medium eignet sich für welche Anforderung?

Theorie der Synchronizität

Dennis & Valacich (1999) fragten, welches Medium sich für bestimmte Aufgaben, die in Gruppen bearbeitet werden, am besten eignet. Die *Theorie der Synchronizität* von Medien unterscheidet zwei Arten von Anforderungen, wie sie sich typischerweise bei Gruppenarbeiten stellen:

- Bei der *Informationssammlung* gilt es, Informationen, Fakten oder Ideen zu sammeln mit dem Ziel, ein Problem möglichst umfangreich zu erfassen und möglichst offen zu sein für unterschiedliche Lösungsvarianten.
- Bei der *Informationsverdichtung* sind die Informationen so zusammenzuführen, dass die Gruppe gemeinsam zu einer übereinstimmenden Interpretation, Lösung oder Entscheidung finden kann.

	Informationsverarbeitung	
Kommunikation	konvergent	divergent
synchron	+	–
asynchron	–	+

Abbildung 25: Informationsverarbeitung nach Dennis & Valacich

Die Mediennutzung in Gruppen kann nach dem Grad der Synchronizität unterschieden werden.

- Bei synchroner Kommunikation folgen mehrere Personen gleichzeitig einem Kommunikationsstrang und beteiligen sich etwa an der Bearbeitung einer gemeinsamen Aufgabe. Dies eignet sich gut für die *Informationsverdichtung*; die Personen verständigen sich über ihre Einschätzungen und können eine Einigung erzielen. Die Informationsverarbeitung der Gruppe verläuft *konvergent*; sie konvergiert in eine gemeinsame Richtung.
- Bei asynchroner Kommunikation arbeiten die Personen *nicht zeitgleich* an der Aufgabe. Dies eignet sich gut, wenn es darum geht, Informationen und Ideen zu sammeln. Die Informationsverarbeitung der Gruppe verläuft *divergent*: Es kön-

nen neue, zusätzliche und weiterführende Informationen zusammengetragen werden.

Wichtig ist folgender Hinweis von Dennis, Fuller & Valacich (2008): Synchrone Kommunikation ist nicht gleichzusetzen mit der Bereitstellung einer bestimmten Medientechnologie (wie eine Videokonferenz). Synchrone Kommunikation setzt vielmehr voraus, dass die Teilnehmenden *ihre Aufmerksamkeit zeitgleich auf den gleichen Gegenstand* gerichtet haben.

Darüber hinaus unterscheidet sich die Kommunikation in Abhängigkeit von der *Reife* einer Gruppe: Wenn sich die Gruppe (noch) nicht kennt, ist synchrone Kommunikation in der Zusammenarbeit vorteilhaft. Im Laufe der Zeit kann der synchrone Anteil der Kommunikation reduziert werden. Wenn sich die Gruppe gut kennt und Erfahrung mit der Aufgabe hat, ist synchrone Kommunikation weniger wichtig. In der Praxis erfordern Aufgaben zumeist sowohl die Informationssammlung als auch die -verdichtung. Deswegen empfiehlt es sich, synchrone wie asynchrone Formate zu verbinden.

	Gruppe	
Kommunikation	neu	bekannt
synchron	+	–
asynchron	–	+

Abbildung 26: Gruppenerfahrung nach Dennis & Valacich

Die Wahl eines Werkzeuges für die Kommunikation sollte demnach davon (auch) abhängig gemacht werden, ob sich die Gruppe schon länger kennt oder bereits länger zusammenarbeitet. Ebenso wichtig ist, ob die Art der Aufgabe darauf gerichtet ist, Informationen zu *generieren* (Ideensammlung usw.) oder Informationen zu *verdichten* (Entscheidungen usw.). Insofern wäre es vorteilhaft, das Kommunikationswerkzeug im Laufe der Gruppenarbeit an die jeweiligen Anforderungen anzupassen. Zunächst, beim Einstieg in die Gruppenarbeit, wäre synchrone Kommunikation vorzuziehen. Dies könnte für ein Treffen *face-to-face* sprechen. Das Treffen kann aber auch als eine synchrone Online-Konferenz realisiert werden. Für weitere Arbeitsschritte wären dann asynchrone Werkzeuge vorteilhaft, insbesondere wenn es um die Sammlung von Materialien, Beiträgen oder Ideen geht. Synchrone Treffen wären dann wieder erforderlich, wenn Entscheidungen zu treffen sind, zum Beispiel für die Endfassung eines Textes, die Festlegung von Terminen, die Auswahl eines Entwurfes usw. Oztok u. a. (2013) untersuchten darüber hinaus *Privatnachrichten* in Onlinekursen. Sie fanden, dass diese Form der Kommunikation die Gruppenbildung in Onlinekursen positiv beeinflusst.

Die Entscheidung für ein Kommunikationswerkzeug kann eine Lerngruppe selbst treffen. Dabei kann es auch hilfreich sein, auf die Überlegungen der Theorie der Synchronizität zu verweisen, damit die Gruppe das beste Werkzeug in Abhängigkeit von der gestellten Anforderung findet. Für den Lernprozess erscheint es vorteilhaft, wenn die Gruppe angeleitet wird, ihre Erfahrung bei der Bearbeitung der Aufgabe und der Nutzung eines bestimmten Werkzeuges zu reflektieren.

6.3 Soziales Lernen im Web 2.0

Die dargestellten Überlegungen zum sozialen Lernen machen die Bedeutung von Kommunikation und Kooperation bei digitalen Lernangeboten deutlich. Es reicht nicht aus, die entsprechenden Werkzeuge in der Lernumgebung bereitzustellen. Voraussetzung für soziales Lernen ist vielmehr ihre aktive Nutzung, sei es bei der Bearbeitung von Lernaufgaben oder dem Einstellen von Beiträgen für andere Lernende. Wenn die aktive Mitwirkung also eine derart wichtige Rolle spielt, stellt sich die Frage, wie zu solchen Aktivitäten motiviert werden kann und wie Plattformen zu gestalten sind, die auf den sozialen Austausch angelegt sind.

Im Rahmen von organisierten Kursen kann eine Aufforderung erfolgen, etwa indem in einer Lernaufgabe gefordert wird, einen oder mehrere Beiträge eines bestimmten Umfangs auf einer Plattform einzustellen und die Beiträge anderer zu kommentieren. Durch einen solchen Impuls kann die Basis für Kommunikation und Austausch zwischen den Lernenden geschaffen werden. Allerdings erscheint es eher unwahrscheinlich, dass sich die Lernenden durch solche Aufforderungen dauerhaft zum Austausch motivieren lassen.

Es bleibt die Frage, warum sich Lernende in einer Lerngruppe oder einer Gemeinschaft durch eigene Beiträge selbstständig beteiligen sollten. Sich aktiv einzubringen, ist mit Aufwand und Risiken verbunden: Es braucht Zeit, etwas zu formulieren, sei es einen eigenen Beitrag oder eine Reaktion auf andere Beiträge. Es besteht das Risiko einer negativen Bewertung durch andere: Ich setze mich dem Urteil anderer aus.

Auf sozialen Plattformen und Online-Communities beteiligen sich die Menschen dagegen vielfach durch eigene Beiträge und ohne externe Aufforderung. Im Folgenden geht es deswegen um die besonderen Potenziale des Lernens auf solchen sozialen Plattformen, die mit dem Label *Web 2.0* versehen werden. Dabei wird es um die Frage gehen, ob und wie auf diesen Plattformen durch den Austausch mit Anderen gelernt werden kann.

Web 2.0

Das Internet ist ein universelles Medium: Es kann sowohl „Zeitung", „Fernsehen", „Radio" oder „Telefon" sein. *Wir* definieren, was dieses „Internet" ist, durch unsere

Erwartung und durch unsere Nutzung. Das Internet ist also das, was wir mit dem Internet machen. Ab 2000 setzte sich eine neue *Wahrnehmung* des Internets durch, bei der die Kommunikation und die Zusammenarbeit der Menschen – und nicht mehr die Verteilung von Information – im Vordergrund steht. Die Veränderungen können nach Kerres (2006; 2013) als Verschiebung von *drei Grenzen* beschrieben werden:

User *versus* Autor

In der Regel ruft ein User eine Webseite im Internet auf, ohne diese bearbeiten zu können. Eine Autorin ist dagegen verantwortlich dafür, dass Inhalte auf eine Seite gelangen, dass sie akkurat und aktuell sind. Diese klare Grenze verschwimmt zusehends: User werden zu Autoren und bringen ihre Inhalte ein, sie korrigieren Fehler und sorgen für eine lebendige Website. Webseiten von Zeitungen und Zeitschriften werden von einem ganzen Team – gegen Entgelt – betreut. Auch diese Seiten gewinnen durch Kommentare von Lesenden zusätzliche Attraktivität.

User generated content etabliert sich als wichtiger Kanal der öffentlichen Kommunikation. Websites, auf denen Nutzerinnen und Nutzer ihre Contents einstellen und Kommentare hinterlassen, wie YouTube oder Wikipedia, entwickeln eine hohe Nachfrage.

lokal *versus* entfernt

Die Grenze zwischen *lokaler* und *entfernter* Datenverarbeitung war lange Zeit offensichtlich. Meine Daten sind lokal auf einem Datenträger gespeichert und werden auf dem PC lokal verarbeitet. Um Daten auf einem Webserver zu publizieren, werden diese von einem privaten PC auf einen entfernten Server kopiert; damit werden sie öffentlich zugänglich gemacht. Um von verschiedenen Geräten auf alle meine Informationen zuzugreifen, ist es aber einfacher, wenn meine Daten nicht lokal gespeichert sind, sondern auf einem entfernten Server im Internet. Auch bei Anwendungen, die vollständig im Internetbrowser ablaufen, ist nicht mehr offensichtlich, wo sie ihre Datenverarbeitung abwickeln. Mein lokaler Computer wird zum Bestandteil des Internets und kann als Webserver meine Informationen öffentlich zugänglich machen.

privat *versus* öffentlich

Vorstellungen von Privatheit verändern sich. Lange Zeit war es der Presse vorbehalten, dass sie private Details von öffentlichen Personen, Berühmtheiten und Stars ausbreiteten. Eine Veränderung brachte das Privatfernsehen mit sich, wo in Talkshows und Reality TV (sehr) Privates von „einfachen" Menschen öffentlich gemacht wird. Im Internet setzt sich diese Entwicklung fort: Die Grenzen des Privaten verschieben sich immer weiter ins Öffentliche.

Lernen ist zunächst immer eine private Aktivität, die zu Hause, am Arbeitsplatz oder in einer Bildungseinrichtung stattfindet. Für andere erkennbar werden Ergebnisse von Lernprozessen erst, wenn die Person sich einer Prüfung unterzieht. Allerdings werden Ergebnisse von Lernprozessen auch nur der Prüferin oder dem Prüfer sichtbar gemacht. Mit der Diskussion über konstruktivistische Ansätze und E-Portfolios wird Lernen stärker als *Performanz* wahrgenommen: Ich lerne, indem ich bestimmte (beobachtbare) Lernaktivitäten *zeige*. Ich entwickle ein Projekt, tausche mich mit Anderen in einem Forum aus und reflektiere meine Aktivitäten in einem Weblog. Lernergebnisse werden nicht nur für Prüfende, sondern auch für andere Lernende sichtbar. Die Differenz zwischen einem privaten Lernen und der Präsentation von Gelerntem in Prüfungen entfällt.

Andererseits ist es problematisch, wenn Lernprodukte *über einen abgegrenzten Lernraum* hinaus öffentlich gemacht werden. Zum einen können Aussagen im Internet nicht *gelöscht* werden. Nachrichten in Print-Zeitungen oder ihre „Ausstrahlung" im Fernsehen waren vergleichsweise flüchtig. Doch über Suchmaschinen, Aggregatoren und andere Verwertungsagenten sind Aussagen und Dokumente, selbst wenn die Ursprungsdatei vollständig getilgt ist, kaum aus dem Internet zu entfernen. Zum anderen lassen sich Informationen, die von oder über eine Person in den unterschiedlichsten Kontexten erzeugt wurden, zusammenführen und können damit einen - nicht immer gewollten - Einblick in die eigene Persönlichkeit erlauben.

Veränderungen in Web 2.0

- User *vs.* Autor: Die Nutzenden werden zu Autor/innen. Lernende – und nicht nur Lehrende – erzeugen Contents.
- -Lokal *vs.* entfernt: Die Grenze zwischen lokaler und entfernter Datenverarbeitung verschwimmt. Lernen wird ubiquitär, da von überall auf Informationen zugegriffen werden kann.
- Privat *vs.* öffentlich: Privates wird zunehmend öffentlich. Der Lernprozess wird sichtbar.

E-Learning 2.0

Ein traditionelles Lernmanagementsystem (LMS) versucht, Dokumente und Werkzeuge an einem Ort – wie auf einer Insel im Internet – zur Verfügung zu stellen. Zunehmend entwickeln sich Lernplattformen zu *Lernportalen* mit einer höheren Durchlässigkeit zum Internet, zu anderen Informationssystemen der Institution und zu der persönlichen Lernumgebung. Das LMS aggregiert Informationen aus externen Quellen und führt diese so zusammen, dass Lernende mit diesen Materialien in ihrer persönlichen Lernumgebung arbeiten können. Werkzeuge werden so vorgehalten, dass diese in der persönlichen Lernumgebung – auch für gemeinsames Arbeiten der Lernenden – genutzt werden können.

Im Mittelpunkt von E-Learning, so wie es zumeist betrieben wird, steht eine Lernplattform: Ein Ort im Internet, den Autor/innen mit Inhalten beliefern, um ihn attraktiv zu machen und mit Leben zu füllen. Warum, so stellt sich die Frage, investieren wir so viel Aufwand, *Contents* und *Werkzeuge* auf Lernplattformen einzustellen, wo das Internet doch selbst diese Inhalte ständig neu generiert und Werkzeuge bereithält, die die Lernenden bereits kennen und oft gegenüber den in der Lernplattform inkludierten Werkzeugen bevorzugen?

Früher, zu Zeiten knapper Medien und aufwändiger Vervielfältigungsverfahren, war das Verfügbarmachen von Medien ein wichtiges und typisches Element pädagogischen Handelns. Doch viele der Materialien sind heute bereits im Internet zugreifbar.

Tabelle 23: Der Übergang von E-Learning 1.0 zu 2.0

E-Learning 1.0	**E-Learning 2.0**
Lernumgebung = eine Insel im Internet mit Inhalten und Werkzeugen	Lernumgebung = ein Portal ins Internet mit Inhalten und Werkzeugen
Lehrende überführen vorbereitete Lernressourcen auf eine abgeschottete Lernplattform.	Lehrende stellen Wegweiser auf, aggregieren Ressourcen.
Lernenden nutzen die vorgegebenen Contents und digitalen Werkzeuge.	Lernende konfigurieren ihre persönliche Lern- und Arbeitsumgebung

Ein Lernportal wäre dagegen eher ein *Tor*, das Wege in das Internet weist und *neben* diesen Wegweisern *auch* weitere Inhalte und Werkzeuge für die Lernenden auf der Plattform bereithält. Ein solches Portal ist primär ein Start- und Orientierungspunkt für im Netz verfügbare Informationen und Werkzeuge und beinhaltet Mechanismen, um diese zusammenzuführen.

In einem solchen Ansatz wird Microcontent besonders interessant, der im Internet verfügbar ist (Hug u. a., 2005): Kleine Informationsressourcen unterhalb von Unterrichtseinheiten, die flexibel in Webanwendungen und mobile Applikationen integriert werden können. Von geringer Bedeutung wäre es dann, Autorinnen und Autoren zu bemühen, Wissensressourcen zu erzeugen und auf einem Portal einzustellen. Es wären vielmehr die Lernenden selbst, die sich ihre Umgebung konfigurieren und nicht die Lehrenden, die dies für die Lernenden erledigen.

Die persönliche *Lern*umgebung schließlich, in der die Lernenden aktiv werden, ist nicht deckungsgleich mit der *Lehr*plattform des Bildungsanbieters. Diese Sicht drückt sich in dem Begriff *Personal Learning Environment* (PLE) aus, das verschiedene Autoren als Alternative zu Lernplattformen diskutiert haben (Attwell, 2007). Das *PLE* ist eine Umgebung des *Lernenden*, die u. a. ein *Weblog* für individuelle Reflexionen, *Wi-*

kis für kollaboratives Arbeiten und ein *Portfolio* als Ausweis eigener Arbeiten beinhaltet.

Lehrplattformen werden durch Mechanismen der Content-Aggregation durchlässiger: Inhalte werden nicht mehr zwingend auf der Plattform eingestellt, sondern von anderen Servern aus Repositorien und Feeds ausgelesen. Sie werden im LMS zusammengeführt und in der persönlichen Arbeitsumgebung der Studierenden eingestellt. Die Oberfläche, mit der auf die Materialien zugegriffen wird, kann z. B. ein Feedreader sein, der die Informationen aggregiert, oder ein Portal, das solche Inhalte und Werkzeuge zusammenführt.

Werkzeuge zur Bearbeitung von Materialien können *in* dem LMS implementiert sein; sie können jedoch auch in der Arbeitsumgebung des Lernenden integriert sein. Es wird unerheblich, mit welchem Werkzeug Lernende ihre Dokumente erstellen bzw. bearbeiten. Bei Aufgaben, die gemeinsam mit Anderen (auch etwa einem Tutor oder einer Tutorin) bearbeitet werden, sollte jedoch ein gemeinsam genutztes Werkzeug vorliegen, das wiederum universell genug und in unterschiedlichen Umgebungen (gut) verwendbar ist.

Das LMS entwickelt in einem solchen Szenario eine andere – allerdings nicht minder wichtige – Funktion für den Lehr-Lern-Prozess, die in Tabelle 23 zusammengefasst ist. Von einem Server, der vor allem dazu dient, Dokumente zur Verfügung zu stellen, wird das LMS zu einer zentralen Stelle, die Lehr- und Lernaktivitäten organisiert. Damit rücken andere Funktionen in den Vordergrund: Das LMS greift auf Dokumente unterschiedlicher Art von verschiedenen Quellen zu und stellt diese aggregiert zur Verfügung. Es koordiniert die Aktivitäten und die Kommunikation der Akteure. Es stellt Werkzeuge für die gemeinsame Bearbeitung von Artefakten zur Verfügung, die in die persönliche Lernumgebung übernommen werden können. Zugleich dokumentiert es Lernprozesse und -fortschritte und arbeitet dazu mit zentralen Prüfungssystemen wie auch dem individuellen E-Portfolio der Lernenden zusammen.

Lernportale

Welche Konsequenzen ergeben sich aus den Überlegungen zu Web 2.0 für das digitale Lernen? Es lassen sich folgende Perspektiven ableiten:

- Eine digitale Lernumgebung wäre als *Tor* ins Internet aufzufassen, das Wege zu Lernmaterialien und Lernwerkzeugen zeigt, die im Internet zugreifbar sind. Gleichzeitig sind in diesem Lernportal auch eigene Materialien, vor allem zur Strukturierung des Lernprozesses (etwa Lernaufgaben), eingestellt.
- Das Lernportal greift auf Materialien zu, die im Netz verfügbar sind, und bindet sie in das eigene Angebot ein. Diese Materialien sind oft von niedriger Komplexität (s. a. *Microcontent*) und können von anderen Websites bezogen werden.
- Komplexere Materialien können im Lernportal als Lernobjekte eingebunden und von Lernenden bearbeitet werden. In Lernobjekten werden neben den eigentli-

chen Materialien weitere Informationen über deren Struktur (z. B. Sequenzen) und deren Inhalte als Metadaten mitgeliefert.

- Die eigenen (zum Teil auch aggregierten) Informationen und Materialien werden externen Anwendungen als Feeds zur Verfügung gestellt. Damit können die Informationen auch außerhalb des Portals und mit anderen Geräten genutzt werden (wie z. B. Audio-Podcasts auf mobilen Endgeräten).
- Die Umgebung bietet Lernenden wie Lehrenden die gleichen Werkzeuge für das Einstellen, das (gemeinsame) Bearbeiten und Teilen von Wissen, wie z. B. Weblogs, Wikis, Foren, Bilder, Kalender usw. Die Grenze zwischen Lernenden und Lehrenden reduziert sich damit auf wenige Unterschiede in den Rechten. Lernende und Lehrende sind aktive Mitgestalter des Lernportals.
- Um Informationen auffinden zu können und Anderen verfügbar zu machen (zu „teilen"), nutzen die User – Lernende wie Lehrende – sowohl frei vergebene *Tags* als auch Schlagworte aus Taxonomien.
- Die Umgebung überlässt dem User die Wahl von Werkzeugen für die Kommunikation und die Bearbeitung von Materialien. Die Lernenden werden darin unterstützt, sich ihre Arbeitsumgebung – auch unter Nutzung weiterer Werkzeuge – einzurichten.
- Es gibt keine künstliche Unterscheidung zwischen der Arbeitsumgebung für Lehrende und Lernende. Die Lehrenden realisieren ihre Lehrtätigkeit durch Präsenz in der Lernumgebung und deren aktive Weiterentwicklung.
- Die Umgebung unterstützt Gruppenprozesse, indem sichtbar wird, mit welchen Werkzeugen die Lernenden arbeiten und über welche Kommunikationskanäle sie ansprechbar sind. Zugleich zeigt das System, ob und mit welchem Kommunikationswerkzeug eine Person momentan erreichbar ist (*Social Presence*).
- Das System unterstützt die Gruppenbildung, indem sichtbar wird, wer Mitglied mit welchem Hintergrund, Interessen und Kompetenzen ist. Darüber hinaus kann dargestellt werden, wer wie viele Beiträge eingestellt hat, welche Beiträge wie oft abgerufen werden und wie die Beiträge von Anderen bewertet worden sind.
- Die Mitgliedschaft in einer *Community* sollte attraktiv sein. Registrierte User und Mitglieder einer Lerngruppe genießen bestimmte *Privilegien*: Sie erhalten z. B. Zugang zu mehr Informationen und erhalten mehr Rechte (etwa des Kommentierens, Einstellens und Bearbeitens von bestimmten Arten von Informationen).
- Das Lernportal dokumentiert Lernprozesse und Lernergebnisse der Beteiligten. Die Lernprozesse werden automatisch dokumentiert (etwa durch Beteiligung an Diskussionen). Lernergebnisse sind – zumindest für die Gruppe – im Netz einsehbar (etwa in Wikis) und können in Portfolios der Person sichtbar gemacht werden.
- Die Lernenden werden zu einer Reflexion ihrer Lernprozesse (Setzen von Zielen, Erkennen des eigenen Lernfortschritts usw.) im Netz angeregt (etwa durch Weblogs).

- Die *Didaktisierung* des Angebots (= die Leistung eines E-Learning-Anbieters) eines solchen Lernportals entsteht:
  - durch das Einstellen und (Neu-)Zusammenstellen von Materialien (einschließlich deren Sequenzierung),
  - durch Lernaufgaben, die zur Verfügung gestellt werden und den Lernprozess strukturieren, sowie
  - durch unterschiedliche Varianten von Betreuungsleistungen (einschließlich der Prüfung und Zertifizierung).
- Lehrende gehen mit gutem Beispiel voran. Sie beteiligen sich aktiv an der Gestaltung der Lernumgebung, u. a. durch die Beteiligung an Diskussionen, durch die eigene Nutzung und Bekanntgabe der genutzten Wissens- und Kommunikationswerkzeuge oder das Führen eines Weblogs. Sie sind präsent in der Lernumgebung und reagieren schnell auf Fehlermeldungen oder andere Rückmeldungen.

Das so skizzierte Lernportal unterstützt insbesondere didaktische Ansätze, die die Bearbeitung von Lernaufgaben in den Mittelpunkt stellen, bei denen Lernende Fälle, Probleme oder Projekte bearbeiten, im Portal sichtbare Lernergebnisse produzieren und sich mit Anderen über diese Artefakte austauschen.

6.4 Perspektiven

Beim Lernen mit digitalen Contents fehlt oft eine soziale Komponente: Der Einzelne lernt weitgehend alleine und für sich. Dies mag unproblematisch sein, wenn es darum geht, sich möglichst schnell zu informieren und Wissenslücken zu schließen. Für den Aufbau komplexer Kompetenzen ist die Einbindung des Lernens in einen Raum, in dem andere zugegen sind und Interaktionen stattfinden, dagegen zumeist von Vorteil.

Lernplattformen können deswegen als *soziale Umgebungen* ausgestaltet werden, die das Erleben von sozialer Präsenz fördern, zum Beispiel wenn erkennbar ist, dass andere Lerner auf der Lernplattform anwesend sind. Sie unterstützen den Austausch von Ideen und Informationen sowie die Zusammenarbeit, um Dokumente zu erstellen und zu bearbeiten. Dabei entsteht eine Reihe von didaktischen Gestaltungsfragen, zum Beispiel welche Aktivitäten sichtbar gemacht werden (dürfen) und wie die Durchlässigkeit zum Internet zu gestalten ist.

Manche *Community* im Internet, in denen Menschen sich austauschen und ihr Wissen teilen, findet großen Zuspruch und schafft neue Formen der Wissenskommunikation. Ihr Erfolg verweist darauf, dass ein Bedürfnis besteht, sich mit Anderen auszutauschen und Wissen zu teilen. Menschen verbringen oft viel Zeit damit, um eigenes Wissen mit Anderen zu teilen und ihnen bei ihren Fragen zu helfen.

Manche Bildungsanbieter betreiben eine solche Plattform für *Communities* als Teil ihrer Bildungsarbeit. Allerdings ist selbst bei mehreren Tausend Teilnehmenden oft nur ein kleiner Teil aktiv. Insofern können diese Phänomene, wie sie aus großen *Communities* bekannt sind, kaum auf überschaubare Lerngruppen, etwa in Lehrgängen, übertragen werden. Gerade dort ist es schwierig, Lernende auf einer Lernplattform zum Austausch und zu sozialer Kommunikation zu motivieren. Dies liegt zumeist nicht an mangelnden Kenntnissen und Fertigkeiten oder einer Ablehnung entsprechender Funktionen aufseiten der Lernenden (für Studierende s. etwa die HIS-Studie von Kleimann, Özkilic, & Göcks, 2008). Die Lernenden nutzen oftmals andere Plattformen im Internet um sich auszutauschen, und zwar unabhängig von dem Lehrraum, der von dem Bildungsanbieter organisiert und kontrolliert wird. Diese Plattformen haben eine wichtige Funktion für die Lernenden, ihre Identitätsentwicklung und Sozialisation. Es erscheint nur begrenzt machbar oder erstrebenswert, diese Kommunikation auf das LMS des Bildungsanbieters übertragen zu wollen.

Auch ist zu beachten, dass die Einführung einer Community-Plattform nicht bereits Partizipation einlöst. GRELL & RAU (2011) weisen darauf hin, dass die Nutzung von *Social Software* „Partizipationslücken" in der Bildungsarbeit nicht von sich aus füllt. Sie weisen im Übrigen darauf hin, dass Lernende nicht zu Partizipation gezwungen werden können. Lernende aktiv zu beteiligen und einzubinden ist eine viel umfassendere Aufgabe, die das gesamte Lerngeschehen betrifft. Will man *Partizipation,* so erfordert dies eine wesentlich grundsätzlichere Diskussion, die nicht mit einer Community-Plattform erledigt ist.

Damit wird auch deutlich, wie in der Begrifflichkeit (hier: „soziale" Software) Bedeutungen transportiert werden, die in die Irre führen können. Begriffe aus der menschlichen Lebenswelt werden in die technische Welt der Computer eingebracht und bauen dabei einen bestimmten Erwartungshorizont auf: Begriffe, wie zum Beispiel „intelligent", „interaktiv" oder „sozial", erzeugen Assoziationen, die technische Geräte unangemessen aufwerten. Diese aus der Werbewelt bekannte Methode wird auch in der Computerindustrie genutzt. Es bleibt also der Hinweis: Die sogenannten „sozialen" Medien *erzeugen* keine Partizipation; Teilhabe kann zugleich unterstützt werden mithilfe entsprechender Werkzeuge und Medien.

Übung

Die folgende Übersicht zeigt den geplanten Ablauf eines Onlinekurses in der innerbetrieblichen Weiterbildung. Das Lernziel lautet: Die Teilnehmenden kennen Grundbegriffe des Marketings und können diese anwenden.

Marketing für Ingenieure (Ablauf)

KICK-OFF (online) Einführung in den Kurs

TAKT 1	Text mit Vortrag und Lernaufgabe einzeln bearbeiten Ergebnis per E-Mail einreichen
TAKT 2	Text mit Vortrag und Lernaufgabe einzeln bearbeiten Ergebnis per E-Mail einreichen
TAKT 3:	Text mit Vortrag und Fallbeispiel einzeln bearbeiten, Tn präsentieren Lösungen in einer Videokonferenz
TAKT 4:	Text mit Vortrag und Lernaufgabe einzeln bearbeiten Ergebnis per E-Mail einreichen
TAKT 5:	Text mit Vortrag und Lernaufgabe einzeln bearbeiten Ergebnis per E-Mail einreichen
TAKT 6:	Text mit Vortrag und Fallbeispiel einzeln bearbeiten Tn präsentieren Lösungen in einer Videokonferenz
TAKT 7:	Text mit Vortrag und Lernaufgabe einzeln bearbeiten Ergebnis per E-Mail einreichen
TAKT 8:	Text mit Vortrag und Lernaufgabe einzeln bearbeiten Ergebnis per E-Mail einreichen
TAKT 9:	Text mit Vortrag und Fallbeispiel einzeln bearbeiten
PRÄSENZ:	Abschlusstest und Auswertungsgespräch

An dem Kurs nehmen ca. 35 Personen (Produktingenieure aus Fachabteilungen) aus allen Niederlassungen in Deutschland teil. Der Kurs ist in Takte zu je zwei Wochen aufgeteilt. Er beginnt mit einer Erläuterung zu den Inhalten und zur Arbeitsweise. In jeweils drei Takten werden die Inhalte präsentiert. Die Teilnehmenden (Tn) bearbeiten eine Lernaufgabe einzeln, zu der sie eine Rückmeldung von einer Tutorin erhalten. Im jeweils letzten Takt umfasst die Lernaufgabe einen komplexeren Fall. In der anschließenden Videokonferenz stellen die Teilnehmenden ihre Falllösung vor. Zum Abschluss erfolgt ein Treffen mit einem Abschlusstest in der Zentrale, in der das Vorgehen gemeinsam reflektiert wird.

Nehmen Sie bitte Stellung zur Nutzung der synchronen und asynchronen Werkzeuge im Kursverlauf: Welche Konsequenzen hat die Anlage des Kurses auf die Gruppenbildung? Erscheint Ihnen die Wahl aus didaktischer Sicht plausibel? Welche Alternativen wären vorteilhaft, um soziale Aktivitäten zu intensivieren und die Kohäsion zu stärken?

B | Vorgehen

Teil **B** erläutert das Vorgehen bei der Erstellung einer mediendidaktischen Konzeption.

https://doi.org/10.1515/9783110456837-235

7 Konzeption von Lernangeboten

Wie gehen wir vor, wenn wir ein mediengestütztes Lernangebot planen? Welche Schritte sind erforderlich? Gibt es eine bestimmte Vorgehensweise, der man folgen sollte oder behindern solche Modelle eher?

Um diese Fragen geht es im folgenden Kapitel. Vorgestellt werden zunächst das *Rahmenmodell der Didaktik* und Modelle des *Instructional Design*. Weitere Ansätze finden sich in den Überlegungen zum *Software-Engineering* und Vorgehensmodellen aus der (Wirtschafts-)Informatik.

Einstieg

Wenn Sie ein Lernmedium für den eigenen Unterricht erstellen, werden Sie eine Lösung wählen, die auf die Rahmenbedingungen passt, die Sie zumeist recht gut kennen. Anders stellt sich die Situation dar, wenn Sie ein Lernmedium entwickeln, das in Kontexten eingesetzt werden soll, die Sie selbst nicht kennen: Zum Beispiel ein Onlinekurs für den unternehmensweiten Einsatz in mehreren Niederlassungen oder ein Sprachlernprogramm, das im Unterricht in verschiedenen Schulformen genutzt werden soll. Sie werden wahrscheinlich in einem größeren Team arbeiten, in dem mehrere Personen in unterschiedlichen Rollen an der Konzeption und Entwicklung des Lernangebots beteiligt sind.

Damit diese Personen koordiniert tätig werden können, wird man sich über ein Vorgehen verständigen: In welchen Schritten gehen wir vor? Welche Analysen brauchen wir, um eine didaktisch begründete Konzeption erstellen zu können? Wann fangen wir mit der Entwicklung des Medienproduktes an? Wie binden wir welche Personen zu welchem Zeitpunkt ein?

Oft bleibt in der Praxis wenig Zeit, das Vorgehen bei der didaktischen Planung zu reflektieren. Der Zeitdruck zwingt zu schnellem Handeln. Doch Fehler im Vorgehen sind oft verantwortlich für das Scheitern von Projekten. Wir stehen damit vor einer Kernfrage mediendidaktischer Arbeit: Wie gehen wir vor, um eine didaktische Konzeption so auszuarbeiten, dass sie eine passgenaue Lösung für ein Bildungsproblem liefert? Organisieren wir das Vorgehen in strikte Phasen oder arbeiten wir inkrementell an einem Prototyp? Orientieren wir uns an bestimmten Vorgehensmodellen oder ent-

https://doi.org/10.1515/9783110456837-237

wickeln wir selbst ein Modell, das zu den gegebenen Voraussetzungen genau passt? Zur Beantwortung dieser Fragen werden im Folgenden unterschiedliche Ansätze vorgestellt, die dazu zum Teil deutlich konträre Aussagen beinhalten.

Übersicht

In diesem Kapitel werden Diskussionsstränge aus verschiedenen Disziplinen vorgestellt, die für die didaktische Planung von Bedeutung sind:

- Im **Rahmenmodell der Didaktik** werden die grundlegenden Entscheidungsfelder der didaktischen Planung und ihr Verhältnis zueinander beschrieben.
- Modelle des **Instructional Design** zeigen Prozeduren bei der Planung von Lernangeboten auf – je nach lerntheoretischem Ansatz mit verschiedenen Ergebnissen.
- Im **Software-Engineering** finden sich Phasenmodelle und offene Planungsansätze der agilen Softwareentwicklung.
- Mit **Design dein Design** wird ein Metaansatz beschrieben, um das Vorgehen für ein konkretes Vorhaben zu bestimmen.
- Der Computer kann schließlich zur **Automatisierung** des didaktischen Designs eingesetzt werden.

Lernziele

- Sie kennen vorliegende Planungs- und Vorgehensmodelle und können diese den disziplinären Diskussionssträngen (Didaktik, Instructional Design, Software-Engineering) zuordnen.
- Sie kennen Phasenmodelle und agile Entwicklungsmethoden. Sie können ihre Vor- und Nachteile abwägen.
- Sie können das Vorgehen für ein eigenes Vorhaben auf der Grundlage von Entscheidungskriterien bestimmen.
- Sie verstehen, wie der Computer für verschiedene Varianten der Automatisierung des didaktischen Designs genutzt werden kann.

7.1 Planbarkeit des Lernens

Traditioneller Unterricht und mediengestützte Lernangebote werden ganz ähnlich geplant. Die einzelnen Planungsschritte sind weitgehend gleich. Doch es gibt einen wesentlichen Unterschied, der im Folgenden erläutert wird: In der Mediendidaktik hat die *Planung* eines Lernangebots einen anderen – wichtigeren – Stellenwert. Es können folgende Unterschiede benannt werden:

- Im traditionellen Unterricht sind Planung, Durchführung und Evaluation des Unterrichts in der Hand einer Lehrperson vereint. Bei mediengestützten Varianten sind an der Planung und Entwicklung in der Regel mehrere Personen und Instanzen beteiligt. Sie benötigen eine Grundlage, um sich über das Lernangebot und seine Umsetzung zu verständigen.

- In einem Klassenzimmer erfahren wir unmittelbar, wie der Unterricht auf die Lernenden wirkt, ob sie mitarbeiten oder gelangweilt sind. Beim mediengestützten Lernen ist es schwieriger, solche Reaktionen der Lernenden zu erfassen. Deswegen ist es wichtig, vor der Durchführung möglichst viel über die Lernenden und die Rahmenbedingungen zu erfahren. Nur so lässt sich das Angebot an diese Faktoren genau anpassen.
- Beim mediengestützten Lernen ist es schwierig, das digitale Produkt oder die Lernumgebung anzupassen, wenn Probleme bei den Lernenden identifiziert werden. Ist das Lernangebot einmal in seinen Strukturen und Abläufen festgelegt, dann sind Änderungen zwar möglich, in der Regel sind diese aber mit hohen Aufwänden verbunden.
- Mit einem mediengestützten Angebot werden vielfach größere Gruppen von Lernenden angesprochen. Es werden größere Investitionen erforderlich, um das Angebot umsetzen zu können. Deswegen muss die Planung bei mediengestützten Angeboten sehr überlegt und präzise erfolgen.

Damit sollte verständlich werden, warum die systematische Ausarbeitung einer mediendidaktischen Konzeption in solchen Vorhaben von großer Bedeutung ist und in der Praxis standardmäßig durchgeführt wird. Eine einzelne Lehrkraft ist im Alltag selten in der Lage, für jede Unterrichtsstunde eine detaillierte Planung des Unterrichts, ausgehend von einer ausführlichen Analyse, durchzuführen. Die Kompetenz einer erfahrenen Lehrkraft kommt damit insbesondere in der Unterrichts*durchführung* zum Tragen. Die Kompetenz von didaktischen Designerinnen und Designern wird dagegen insbesondere in der Medien*konzeption* sichtbar.

Ein Unterschied zur Planung personalen Unterrichts liegt also vor allem darin, dass eine *explizit ausformulierte* Planung in der Medienkonzeption vorliegen *muss.* Sie legt die Interaktionsmöglichkeiten damit – mehr oder weniger stark – fest. Die im personalen Unterricht spontan realisierbare Flexibilität, das Unterrichtsverhalten den aktuellen Bedingungen anzupassen, muss hier *in* einem Medium oder durch personale Betreuung implementiert werden. Dazu ist zu antizipieren, wie die Lernenden sich im Umgang mit dem Medium verhalten werden. Zu jeder Information, Frage oder Darstellung ist unter anderem zu überlegen: Werden die Adressaten die Darstellung verstehen? Was kann angeboten werden, wenn dies nicht der Fall ist? Wie kann an dieser Stelle die Motivation, die kognitive Aktivierung oder die soziale Kooperation gefördert werden? Dies zwingt zu einer deutlich aufwendigeren Planung als bei personalem Unterricht.

7.2 Rahmenmodell der Didaktik

PAUL HEIMANN (1901–1967) entwickelte Anfang der 1960er Jahre ein Modell, um Studierende des Lehramts auf ihr Praktikum an Schulen vorzubereiten. Das Modell der Planung und Analyse von Unterricht, das er formulierte, systematisiert Entscheidungen der Planung von Lernangeboten und hatte weitreichende Auswirkungen auf die Diskussion im deutschsprachigen Raum. Hinzu kam, dass HEIMANN die Bedeutung von Medienentscheidungen in der didaktischen Planung erkannte und als eigenständiges Entscheidungsfeld bereits aufnahm. In der damals neuen Technik der elektronischen Audio- und Videoaufzeichnung sowie dem Schulradio und -fernsehen sah er große Chancen für die künftige Bildungsarbeit.

HEIMANNS Modell unterscheidet Bedingungs- und Entscheidungsfaktoren der Planung. Vorgegebene – nicht gestaltbare – *Bedingungsfaktoren* sind die anthropologischen und soziokulturellen, die gesellschaftlichen und institutionellen Voraussetzungen, die in einer Lernsituation gegeben sind. Hierzu gehören auch die individuellen Bedingungen der Lernenden und der Kontext des Lernens: Das Lernangebot muss sich auf die Voraussetzungen der Lernenden beziehen und die soziokulturellen Rahmenbedingungen berücksichtigen.

In der geisteswissenschaftlichen Pädagogik, etwa bei WOLFGANG KLAFKI, hatte früher die Auswahl von *Lehrinhalten* im Mittelpunkt der Betrachtung gestanden: Welchen Inhalten kann ein *Bildungswert* zugesprochen werden und welche Inhalte sollten infolgedessen gelehrt werden? Die Frage der Analyse des komplexen Unterrichtsgeschehens und der konkreten Planung von Lernangeboten blieb weitgehend ausgeblendet. Hier setzte HEIMANNS Analyse an, indem er die Bedingungs- und Entscheidungsfaktoren in der Unterrichtsplanung unterschied und ein allgemeines Planungsmodell für Lernangebote formulierte – als eine neutrale Entscheidungshilfe, aber nicht als normative Vorgabe für Unterricht. Diese Analyse kann nicht erklären, wie didaktische Methoden zu bewerten, welche Methoden in bestimmten Konstellationen angemessen oder wie Inhalte auszuwählen sind. Das Modell liefert (nur) einen Rahmen, es benennt die Elemente, die bei der didaktischen Planung einzubeziehen sind, und in welchem Verhältnis diese zueinanderstehen.

Das Modell ist in der Lehrerbildung entstanden. Bestimmte pädagogische Entscheidungen sind damit durch den Kontext der Schule gesetzt: Unterricht findet in einem Schulhaus in Gruppen statt; eine Unterrichtsstunde hat eine feste Dauer von z. B. 45 Minuten usw. In anderen Bildungskontexten sind solche Fragen der räumlich-zeitlichen und sozialen Organisation weniger festgelegt, und durch die Möglichkeiten der Medien haben sich die Gestaltungsoptionen wesentlich erweitert.

WILHELM PETERßEN (2000) hat vor dem Hintergrund dieser Überlegungen die *Lernorganisation* von der Frage der didaktischen Methodik getrennt und dem Rahmenmodell von HEIMANN als eigenständiges Entscheidungsfeld hinzugefügt. *Lernorganisation* meint alle Aspekte der zeitlich-räumlichen und sozialen Ausgestaltung des Lernangebots einschließlich der Frage, wie die Binnenstruktur des Lernangebots aufgebaut ist.

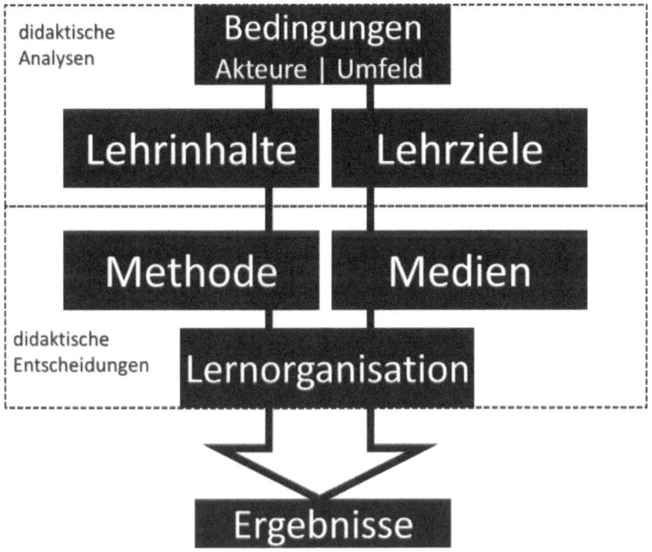

Abbildung 27: Didaktische Analysen und Entscheidungen in der Mediendidaktik

Die Lernorganisation wird damit von der didaktischen Methode getrennt: So können etwa die Methoden des *kooperativen Lernens* sowohl *face-to-face* als auch *online* realisiert werden, die Zusammenarbeit kann in Blöcken oder über Einzeltermine verteilt organisiert werden, sie kann synchron und asynchron erfolgen. Diese Entscheidungen werden bei mediengestützten Lernangeboten besonders relevant. Aus diesem Grund wird die Lernorganisation im Weiteren, dem Vorschlag von PETERßEN folgend, als eigenständiges mediendidaktisches Entscheidungsfeld beschrieben.

Entscheidungen der Lernorganisation

Die Entscheidung für ein *fallbasiertes Lernen* bezieht sich etwa auf die didaktische Methode. Doch *wie* soll das fallbasierte Lernen organisiert werden? Soll es um Einzel- oder Gruppenarbeit gehen? Wird die Arbeit in zeitlichen Takten organisiert? Wie ist das Lernangebot aufgebaut? Gibt es online- und offline-, synchrone oder asynchrone Aktivitäten? Welche Art der Betreuung erscheint angemessen? Dies wären alles Fragen der Lernorganisation, die nicht unmittelbar mit der Wahl der didaktischen Methode zusammenhängen.

Zu den Entscheidungsfeldern der didaktischen Planung gehören die *Lehrinhalte*, die *Lehrziele*, die *Lehrmethoden* und die *didaktischen Medien*. HEIMANN erkannte, dass diese Entscheidungen in einem Verhältnis wechselseitiger Abhängigkeit stehen: Entscheidungen in einem der Felder können Auswirkungen auf Entscheidungen in anderen Feldern haben. Dieses sogenannte Theorem der *Interdependenz* didaktischer Entscheidungen hat Auswirkungen auf die Planungsüberlegungen.

Was meint Interdependenz der didaktischen Entscheidungen? Die Entscheidung für einen präsentierenden Unterricht oder kooperatives Lernen ist eine Methodenentscheidung. Sie wird im Hinblick auf die Auswahl der Medien bestimmte Werkzeuge nahelegen. Doch kann auch umgekehrt die Entscheidung, eine Wissensplattform oder ein Lernmanagementsystem zu nutzen, die bereits unternehmensweit genutzt werden, die Wahl einer didaktischen Methode beeinflussen. So kann es sein, dass die Plattform für kooperatives Lernen kaum geeignet ist.

Methoden- versus Medienentscheidungen

Oft wird von den „neuen Methoden" gesprochen, die mithilfe des Computers, Tablets oder Smartphones möglich werden. Doch handelt es sich dabei tatsächlich um neue didaktische Methoden oder doch (nur) um neue Medien? Das Modell von HEIMANN trennt ganz klar Methoden- von Medienentscheidungen. Diese Unterscheidung ist für die didaktische Planung elementar. Denn sie besagt, dass die Entscheidung für eine didaktische Methode *unabhängig* ist von der Entscheidung für ein Medium und umgekehrt – auch wenn Entscheidungen eines Bereichs sich auf den anderen auswirken können.

Neue Medien – Neue Methoden?

In einem (fiktiven) Text lesen Sie:

Die Smartphones der neuen Generation sind noch leistungsfähiger und ermöglichen es, eigene Dateien, die im Netz gespeichert sind, aufzurufen und zu bearbeiten. Der Schüler hat auf diese Weise Zugang zu eigenen Materialien. Er kann in der Schule mit ihnen jederzeit arbeiten, auch gemeinsam mit Anderen. Durch verbesserte Darstellungsmöglichkeiten und Wiedergabeoptionen für Audio und Video werden digitale Schulbücher nunmehr optimal nutzbar. Was fehlt, ist eine Smartphone-Didaktik, die hilft, die Geräte im Unterricht optimal zu nutzen. An Hochschulen in den USA wird bereits intensiv an der Smartphone-Didaktik gearbeitet, sagt Dirk Morgan, Professor einer renommierten Universität in den USA. Diese Didaktik folgt Erkenntnissen der Neurowissenschaft und unterteilt das Lernpensum in optimale zeitliche Segmente. Sie fordert zum Beispiel Schüler zum Lernen auf, wenn dies zum Biorhythmus passt. Deutsche Schulen sind da vorsichtiger, viele sind skeptisch, ob die neuen Geräte tatsächlich wesentliche Vorteile mit sich bringen. Viele Eltern meinen, ihre Kinder säßen genug vor Bildschirmen. Der Amerikaner Morgan ist zuversichtlich: Die neue Smartphone-Didaktik setzt die richtigen Anreize, sie fordert die Kids zum Sport auf, wenn sie zu lange aufs Display schauen.

In Werbetexten und manchmal auch in wissenschaftlichen Veröffentlichungen werden Geräte damit angepriesen, dass mit ihnen „neue didaktische Methoden“ möglich oder notwendig würden. In Publikationen findet sich das erwähnte Schlagwort einer Smartphone-Didaktik, wir lesen von einer Podcast- oder iPad-Didaktik und manches mehr. Aus mediendidaktischer Sicht sind solche Begriffe irreführend. Es geht hier um neue Medien, aber nicht um neue didaktische Methoden! Aus Sicht des Rahmenmodells der Didaktik sind Medien- und Methodenentscheidungen unabhängig voneinander!

Kooperatives Lernen – als didaktische Methode – kann im Klassenzimmer realisiert werden. Es kann auch mit einer neuartigen Wissensplattform im Internet unterstützt werden. Wir haben dann ein „neues Medium“ für eine an sich bekannte didaktische Methode gewählt. Ob die internetbasierte Lösung vorzuziehen ist, hängt u. a. von den Voraussetzungen der Lernenden, der Lernsituation und den Lehrzielen ab.

Vorträge können aufgezeichnet und für mobile Endgeräte ins Internet gestellt werden. Dabei handelt es sich um eine traditionelle didaktische Methode; lediglich die Umsetzung betrifft ein „neues Medium“. Die Entscheidung für Vorträge als didaktische Methode ist abhängig zu machen unter anderem von den Lehrzielen. Die Entscheidung für mobile Endgeräte als Medium ist abhängig zu machen unter anderem von den Voraussetzungen der Lernenden und der Lernsituation.

Medien ≠ Methoden

Mediengestütztes Lernen, E-Learning, mobiles Lernen oder *Fernunterricht mit digitalen Studienbriefen* sind **keine** didaktischen Methoden, sondern Varianten der medialen Umsetzung eines Lernangebots. Sie sind damit dem Bereich der Medienentscheidung zuzuordnen. Eine didaktische Methode, wie z. B. Vortrag oder Projektarbeit, lässt sich *face-to-face* ebenso wie *online*, mit einem Desktop-PC ebenso wie mit einem mobilen Endgerät umsetzen.

Auch wenn viele neue Hardware-Kategorien für das Lernen zur Auswahl stehen, so hat sich die Anzahl der verfügbaren *didaktischen Methoden* in den letzten Jahrzehnten im Kern vergleichsweise wenig verändert, auch wenn in der Praxis immer mehr, auch verschiedenartige Methoden eingesetzt werden. Es ist also einzig die Frage von Bedeutung, wie gut eine neue Technologie oder ein neues Medium bestimmte didaktische Methoden unterstützen, und ob sich mit den Geräten bestimmte Vorteile in der Anwendung erzielen lassen.

7.3 Modelle des Instructional Design

Im Folgenden wenden wir uns dem bereits mehrfach erwähnten Begriff des *Instructional Design* genauer zu. Die Modelle des *Instructional Design* sind entstanden in Projekten, in denen Lernangebote für große, teilweise über größere Entfernungen verteilte Zielgruppen geplant und entwickelt wurden. Es geht im *Instructional Design* nicht um das Design von beispielsweise der grafischen Benutzeroberfläche von Lernprogrammen, wie fälschlicherweise angenommen werden kann. Es geht vielmehr um die pädagogischen Entscheidungen bei der Konzeption von Lernangeboten, die auf der Auswertung von Projekten in empirischen Studien basieren.

Instructional Design

Unter *Instructional Design* wird die systematische Konzeption und Entwicklung von Lernangeboten verstanden, bei der das Vorgehen einem Modell folgt, das auf Ergebnissen der Lehr-Lern-Forschung und der Auswertung von Projekterfahrungen basiert.

Modelle des *Instructional Design* zur Konzeption und Entwicklung von Lernangeboten sind evidenzbasiert. Sie nehmen Bezug auf Ergebnisse der empirischen Lehr-Lern-Forschung und Projektergebnisse bei der Entwicklung und Durchführung von Bildungsmaßnamen. Der Begriff *Design* verweist zugleich darauf, dass sich die Modelle nicht unmittelbar aus empirischen Forschungsergebnissen ableiten lassen. Didaktische Konzeption ist vielmehr als ein Gestaltungsproblem zu verstehen, das durch viele Variablen beeinflusst wird. Dies widerspricht ganz offensichtlich der analytischen Vorgehensweise der empirischen Forschung, die wenige Variablen isoliert und variiert, um deren Effekte auf bestimmte Größen aufzuzeigen.

In der deutschen Sprache wird *Instruktion* eher mit einer Unterweisung verbunden. Im Englischen umfasst *Instruction* dagegen deutlich mehr und bezieht sich auf alle Varianten geplanter Lernangebote. Sie schließt damit auch didaktische Methoden ein, wie die Projektarbeit oder das kooperative Lernen.

7.3.1 Anfänge des Instructional Design

Die Anfänge des *Instructional Design* sind eng mit Aktivitäten der Aus- und Weiterbildung in den US-amerikanischen Streitkräften verbunden. In den 1960er-Jahren weiteten sie ihre Bildungsaktivitäten wesentlich aus. An weltweit verstreuten Standorten galt es, tausende Soldaten zu schulen. Neu zu entwickelnde Lernpakete sollten aus detaillierten Anweisungen für Lehrkräfte, didaktisch aufbereiteten Textmaterialien sowie gegebenenfalls Audio- und Videomaterial bestehen. Zur Umsetzung waren große Projekte zu organisieren, und dazu mussten Modelle formuliert werden, die das Vorgehen für alle Beteiligten festlegten.

Von der Konzeption (Design) über die Entwicklung (Development) bis zur Durchführung (Delivery) waren die Arbeitsschritte zu definieren. Es wurde erkannt, dass sich die Qualität der Lernangebote nur sicherstellen lassen würde, wenn die Angebote systematisch auf der Grundlage didaktischer Analysen und Konzepte aufbereitet würden.

Erstmals wurde die Position eines Spezialisten für das *Instructional Design* definiert. Diese Person musste Rahmenvorgaben für ein Vorhaben im Auge behalten und vermittelt zwischen der Sachexpertise der Fachabteilung, den Verantwortlichen für die Medienproduktion, den Lehrenden und Lernenden und zeichnet für die Kurskonzeption verantwortlich. Grundsätzlich neu war dabei, dass die mediendidaktische Kompetenz in das Zentrum der Projekte rückte.

Den theoretischen Bezugsrahmen lieferte der Behaviorismus. Im Mittelpunkt steht die operationale Definition von Lehrzielen: Es ist zu benennen, welches *Verhalten* als Ergebnis des Lernprozesses aufseiten der Lernenden erwartet wird, und es sind Testverfahren zu formulieren, mit denen sich feststellen lässt, ob dieses Ergebnis eingetreten ist. Insofern kommt der Formulierung operationaler Lehrziele und der Formulierung von Testverfahren eine große Bedeutung zu, um zu prüfen, ob das Lehrziel (und damit der Lernerfolg bzw. die Qualität des Lehrverfahrens) erreicht wurde.

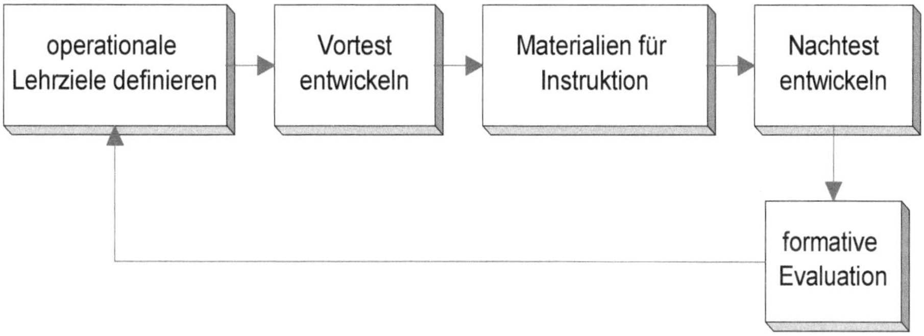

Abbildung 28: Grundmuster der Instruktionsplanung in behavioristischen Ansätzen

Diese Grundidee ist bis heute in den Modellen des Instructional Design zu erkennen. Allerdings machte die Komplexität des Vorgehens Modelle erforderlich, die den gesamten Prozess – von der Analyse und Konzeption bis zu der Produktion und dem Einsatz – genauer abbilden. Bis heute ist eine große Anzahl an Modellen formuliert worden, für ganz unterschiedliche institutionelle Rahmenbedingungen und Anforderungen. Als ein kleinster gemeinsamer Nenner hat sich eine Grundstruktur herausgebildet, die bereits in den ersten Modellen vorgelegen hat (Branch, 2009; s.a. Molenda, 2003).

Die Elemente können mit dem Akronym **ADDIE** umschrieben werden (s. Abbildung 29). Es handelt sich um ein allgemeines Vorgehensmodell, das offen ist für die unterschiedlichen lerntheoretischen Positionen: Ein mediendidaktisches Konzept, das sich am Behaviorismus, Kognitivismus oder Konstruktivismus orientiert, wird die Schritte gleichermaßen vorsehen.

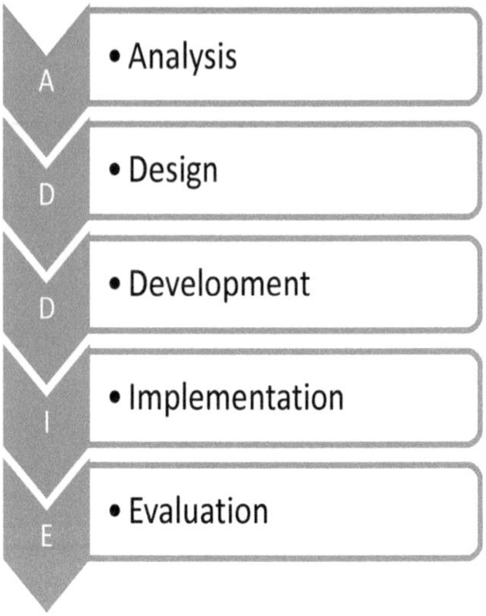

Abbildung 29: Akronym ADDIE

JERRY WILLIS (2009) kritisiert gängige Vorstellungen, wie sie in Modellen des *Instructional Design* sichtbar werden: Sie seien verantwortlich für ein Wissens- und Machtgefälle zwischen Instruktionsdesign und Lernenden. Die Instruktionsdesigner/innen verfügen über didaktisches Expertenwissen und sie kennen die (scheinbar) richtige Vorgehensweise, die dann in entsprechenden Projekten „für die Lernenden" umgesetzt wird. WILLIS schlägt alternativ ein *iteratives Vorgehen* vor, das auf konstruktivistischen Annahmen des Lernens beruht.

Das Modell von Dick & Carey

Betrachten wir zunächst ein typisches Modell des Instruktionsdesigns, das der Praxis häufig zugrunde gelegt wird. Im Folgenden wird das Vorgehen nach DICK, CAREY & CAREY (2008) beschrieben, das seit der ersten Publikation von 1978 in mehreren Auflagen vorliegt:

- **Lehrziele bestimmen**. Ausgangspunkt aller Aktivitäten ist die Festlegung von Zielen. Sie können von einer der Taxonomien abgeleitet werden, von Bedarfsanalysen, von Erfahrungen mit Lernschwierigkeiten oder von einer Tätigkeitsanalyse (s. Kapitel 9.3).
- **Lehrstoff und Lernprozesse analysieren**. Die Art des Lehrstoffs ist nach den Typen der Lernprozesse (nach Gagné) zu beschreiben. Für die verschiedenen Typen ist eine Hierarchie der logischen und funktionalen Abhängigkeiten zu erstellen.
- **Vorkenntnisse analysieren und festlegen**. Die Vorkenntnisse und alle anderen Bedingungen, die für eine erfolgreiche Bearbeitung vorausgesetzt werden, sind zu benennen.
- **Kriterien für Lernerfolg bestimmen.** Es ist zu beschreiben, was Teilnehmende am Ende des Kurses gelernt haben sollen. Die einzelnen Fähigkeiten sind so zu beschreiben, dass zuverlässig festgestellt werden kann, ob ein Lernerfolg eingetreten ist.

- **Tests entwickeln.** Es werden einzelne Test-Items formuliert, die auf den zuvor benannten Kriterien basieren und nach Abschluss der Bildungsmaßnahme Aufschluss über den Lernerfolg erlauben.
- **Instruktionsstrategie festlegen**. Die Instruktionsstrategie beinhaltet die didaktische Methode, die Sequenzierung der Lernangebote, die Definition von Übungen und Rückmeldungen sowie Folgeaktivitäten des Lerners.
- **Lehrmaterial auswählen oder produzieren**. Es ist zu prüfen, ob Materialien vorliegen oder zu produzieren sind. Ein vollständiges Set umfasst
  - Unterlagen für die Lernenden zur Vor- und Nachbereitung,
  - Medien, die im Unterricht eingesetzt werden (z. B. Texte oder Folien),
  - Hinweise für Lehrkräfte für die Unterrichtsdurchführung und
  - Testmaterialien mit Hinweisen für die Auswertung.
- **Formative Evaluation planen und durchführen**. Der Entwurf der Instruktionsmaterialien ist mit Personen der Zielgruppe zu überprüfen, um bereits in der Frühphase Schwächen erkennen und Fehler vermeiden zu können.
- **Lernangebot überarbeiten.** Die Ergebnisse der formativen Evaluation machen in der Regel eine Überarbeitung des Lernangebots notwendig. Dies bezieht sich auf Instruktionsmaterialien, möglicherweise aber auch auf falsch angesetzte Vorkenntnisse oder andere Merkmale der Zielgruppe.
- **Summative Evaluation planen und durchführen**. Nach Durchführung der Instruktion werden die Ergebnisse der Bildungsmaßnahme evaluiert.

Dick & Carey beschreiben das Instruktionsdesign als sequenzielle Abfolge bestimmter Schritte. Allerdings lässt sich ein solches Vorgehen in der Praxis selten durchhalten: Die Formulierung einer Konzeption vollzieht sich selten entlang einer derartigen Abfolge von Schritten. Dies wiederum kann verunsichern und trägt dazu bei, dass das Vorgehen manchmal grundsätzlich infrage gestellt wird. Hinzu kommt die Kritik, dass oft wenig kreative und wenig hochwertige Lösungen entstehen, wenn dem Modell gefolgt wird. Clinton & Hokanson (2012) beschreiben, wie kreative Ansätze in traditionelle Modelle des Instruktionsdesigns aufgenommen werden können, um die rigide Struktur der Modelle zu überwinden und brauchbare Lösungen für die Praxis zu entwickeln.

Weitere Modelle des Instruktionsdesigns

Weitere einflussreiche Modelle finden sich in folgenden Publikationen, die in ihren Grundannahmen dem Modell von Dick & Carey ähneln:

- Das Modell von Briggs, Gagné & Wager (1992) besteht aus 14 Elementen. Es unterscheidet Planungsschritte auf dem *Systemlevel*, dem *Kurslevel* und der *Lerneinheit*. Das Modell beruht insbesondere auf Überlegungen von Gagné zu Typen von Lernprozessen und von Briggs zur institutionellen Analyse.

- Smith & Ragan (2012) fassen die Vorgehensschritte in die drei Bereiche Analyse, Strategie und Evaluation zusammen. Auch hier werden – ausgehend von einer Aufgaben- bzw. Tätigkeitsanalyse – frühzeitig Prüf-Items formuliert, mit denen der Erfolg der Maßnahme festgestellt werden kann. Die Autoren betonen die Möglichkeiten des nicht-linearen Durcharbeitens der Analyseschritte. Das Modell bezieht sich auf mehrere Bildungskontexte.
- Das Modell von Morrison et al. (2010) entstand bereits in den 1970er-Jahren im Kontext betrieblicher Bildung und betont die Nicht-Linearität des Ablaufs: Die 11 Analyseschritte des Modells folgen keinem sequenziellen Ablauf.
- Seels & Glasgow (1998) orientieren sich an Modellen des Projektmanagements und unterscheiden die Phasen der Problemanalyse und Bedarfsermittlung, der Konzeption, der Implementation und Evaluation.

Diese Publikationen sind teilweise in vielen Auflagen erschienen und erzielen weltweit weitreichende Aufmerksamkeit. Die Modelle gehen übereinstimmend davon aus, dass sich didaktisches Design in einer Abfolge von Analyseschritten vollzieht. Sie setzen unterschiedliche Schwerpunkte, was auch daran liegt, dass die Modelle in unterschiedlichen Kontexten entwickelt wurden.

Die vorliegenden Modelle des didaktischen Designs werden zusehends komplexer. Zugleich wird immer öfters darauf hingewiesen, dass sie in der Praxis selten Anwendung finden: Es fällt schwer, die vorgeschlagenen Modelle in ihrer Komplexität umzusetzen, und es ist unsicher, ob sich der Aufwand für die vielen Analyseschritte tatsächlich lohnt: Mehr Analysen führen nicht automatisch zu einer besseren Planung. Grundsätzlich wirft dies die Frage nach dem Stellenwert entsprechender Modelle auf: In welcher Weise können sie tatsächlich handlungsleitend für die Praxis werden? Als Alternative zu den vorgestellten Modellen stehen insbesondere *iterative Vorgehen* zur Diskussion, die in Kapitel 7.5 beschrieben werden.

7.3.2 Kognitives Instruktionsdesign

Die bisher vorgestellten Modelle des *Instructional Design* folgen im Kern behavioristischen Überlegungen zum Lernen. Mit der Wende zum Kognitivismus als dominantem Paradigma änderte sich auch der Blick auf das Instruktionsdesign. Zunehmend rücken komplexe kognitive Leistungen in das Zentrum der Aufmerksamkeit: Di Vesta & Rieber (1988) forderten, dass Lernangebote das tiefe Verstehen, die Durchdringung von komplexen Problemen und den Erwerb von Lernstrategien anregen sollen.

van Merriënboer formulierte das **4C/ID-Modell** (*Four Components of Instructional Design*), das der Diskussion über kognitive Lernprozesse konsequent folgt und ein typisches Modell für kognitives Instruktionsdesign darstellt (J.J.G. Merriënboer & Sweller, 2005). Es beschäftigt sich mit dem Lernen im Umgang mit zunehmend komplexeren Problemstellungen und besteht aus den folgenden vier Elementen:

- **Lernaufgaben** beziehen sich auf komplexe Probleme in Anwendungssituationen, deren Bewältigung Wissen, Fertigkeiten und Einstellungen erfordern. Die Lernaufgaben sollen eine hohe Variabilität im Hinblick auf Kontextmerkmale aufweisen, um die Abstraktion zu fördern, und von einfachen zu schwierigeren Aufgaben voranschreiten. Mit zunehmender Expertise wird die Unterstützung durch das System ausgeblendet (Fading).
- **Aufgabenspezifische Informationen** helfen bei der Bearbeitung der Problemlöseaufgaben in dem spezifischen Themenbereich. Es geht um nicht-wiederkehrende Informationen zum Sachverhalt, die für die Lösung dieser Lernaufgabe bzw. dieses Typs von Lernaufgaben erforderlich sind, beispielsweise wie ein Themenbereich aufgebaut oder strukturiert ist. Die Informationen werden oft vorab präsentiert und sollten während der Bearbeitung der Lernaufgabe zugänglich sein.
- **Allgemeine prozedurale Informationen** beziehen sich auf Routinen, die in verschiedenen Domänen immer wieder anzutreffen sind, und nicht an die spezielle Thematik der Lernaufgabe gebunden sind. Diese Bearbeitungshinweise werden vor dem Arbeitsschritt präsentiert und mit zunehmender Expertise ausgeblendet.
- Mit **Übungen zu Teilfertigkeiten** werden schließlich solche Routinen aufgebaut, die für die erfolgreiche Bewältigung komplexer Lernaufgaben erforderlich sind. Sie stellen sicher, dass elementare Fertigkeiten, die für die Bearbeitung von Lernaufgaben notwendig sind, während der Problembearbeitung immer wieder trainiert werden.

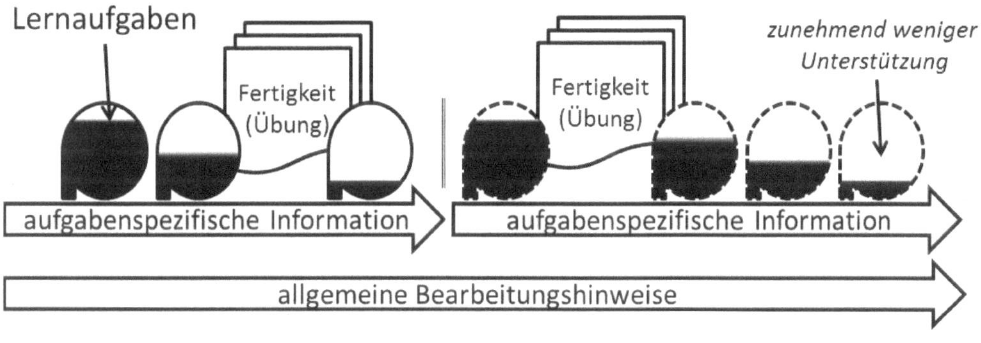

Abbildung 30: Lehr-Lern-Prozess nach 4C/ID-Modell

Lernaufgaben im Mittelpunkt

Im Mittelpunkt des Modells von van Merriënboer stehen **Lernaufgaben**. Sie sind durch folgende Merkmale charakterisiert:

- Sie integrieren Wissen, Einstellungen und Fertigkeiten, die für die Wissensdomäne spezifisch oder domänenübergreifend sein können.

- Sie vermitteln Lernziele, die sich in verschiedenen Domänen wiederholen, und Lernziele, die spezifisch sind für die Domäne und sich nicht wiederholen.
- Sie stellen die Lernenden vor Aufgaben, wie sie sich in einem Anwendungskontext ergeben (könnten).
- Sie sind mit steigendem Schwierigkeitsgrad, von einfachen zu schwierigeren Aufgaben, organisiert.
- Bei zunehmender Schwierigkeit und zunehmender Expertise soll die Unterstützung durch das System reduziert werden.
- Sie betten unterschiedliche Kontexte ein.

Eine Lerneinheit soll mehrere Lernaufgaben mit zunehmender Komplexität beinhalten: Die Präsentation bzw. Bearbeitung der Lernaufgabe wird kombiniert mit einerseits fachspezifischen Informationen, die für die Lösung der Lernaufgabe wichtig sind, und anderseits grundsätzlichen Hinweisen zum Vorgehen, die bei allen Problemen gleich sind. Diese Informationen werden mit zunehmender Expertise bzw. Komplexität der Aufgaben ausgeblendet. Hinzu kommt das Training elementarer Fertigkeiten vor und während der Problembearbeitung: Da Fertigkeiten nur durch wiederholtes Anwenden dauerhaft in Routinen überführt werden können, sind diese in Trainingsdurchgängen mehrfach zu üben.

Konsequenzen für Instruktionsdesign

Das didaktische Design kann dann eine Konzeption erarbeiten, die diesem Modell folgt (Jeroen J. G. van Merriënboer & Kirschner, 2007):

- Für jedes Lehrziel sind mehrere komplexe Lernaufgaben aus unterschiedlichen Zusammenhängen und mit ansteigender Schwierigkeit vorzusehen.
- Auf der Plattform sind die Informationen als Wissensbasis bereitzustellen, die für das Bearbeiten der Aufgabe notwendig sind. Sie umfassen das erforderliche deklarative Wissen und werden während der Bearbeitung von den Lernenden abgerufen.
- Allgemeine Bearbeitungshinweis werden ebenfalls auf der Lernplattform bereit gestellt. Sie sind nicht spezifisch für die Aufgabenbearbeitung, sondern stehen als allgemeine Hilfestellung bereit.
- Es sind die elementaren Fertigkeiten zu ermitteln, die für die erfolgreiche Bearbeitung der Lernaufgaben vorausgesetzt werden müssen. Für diese Teilfertigkeiten sind Übungen auszuarbeiten, mit denen sie trainiert werden können. Bei Anfängern sollte die Teilfertigkeiten zunächst eingeübt werden, bevor komplexere Aufgaben begonnen werden. Für Fortgeschrittene können sie fakultativ angeboten werden.

In der Publikation *„A pebell in the pond"* formuliert David Merrill (2002) ein Modell, das auf den Überlegungen von van Merriënboer aufsetzt und sich der Frage widmet, wie das Modell im Instruktionsdesign angewendet werden kann. Im Mittelpunkt des

Vorgehens stehen nicht mehr verschiedene Analysen und Zielformulierungen, sondern die Ausarbeitung von *Problemen* unterschiedlicher Komplexität, die aus Anforderungen der Anwendungssituation abgeleitet sind.

Abbildung 31: A Pebble-in-the-Pond (nach Merrill, 2002)

Zunächst sind die Problemstellungen zu formulieren, die die Lernenden als Ergebnis des Lernprozesses ausführen sollen. Daraus ergeben sich alle weiteren Design-Entscheidungen. Das Festlegen der „Probleme“ wirkt wie ein Stein, der ins Wasser geworfen wird: Sind die Probleme benannt, die die Lernenden am Ende des Lernprozesses beherrschen bzw. lösen sollen, lassen sich daraus *Lernaufgaben* auch geringerer Komplexität ableiten. Dann sind die Teilfertigkeiten zu identifizieren, die für die Bewältigung der Lernaufgaben erforderlich sind. Schließlich ist ein didaktisches Vorgehen zu überlegen, wie das Lernen der komplexen Probleme mit dem Erlernen der dazu notwendigen einfacheren Teilfertigkeiten verknüpft werden kann.

Gute Planung = höherer Lernerfolg?

Sind Lernangebote besser, wenn sie auf der Grundlage dieses (oder eines ähnlichen) Modells des Instruktionsdesigns konzipiert werden? Wirkt sich dies letztlich in besseren Lernergebnissen aus? Sarfo & Elen (2007) untersuchten in einer Berufsschule, ob sich Vorteile ergeben, wenn Lernangebote (sei es für traditionellen Unterricht oder für computerbasiertes Lernen) anhand des Modells von van Merriënboer konzipiert werden. In beiden Fällen zeigten sich bessere Lernergebnisse als in einer Kontrollgruppe, in der das Lernangebot nicht auf der Basis eines Modells des Instruktionsdesigns aufbereitet wurde. Dennoch wird die gestellte Frage auf der Basis empirischer Untersuchungen kaum zu beantworten sein. Viele Faktoren wirken auf das Lernergebnis ein, und der Effekt eines Planungsmodells auf ein Lernergebnis ist methodisch schwierig zu isolieren.

Den Lernenden sollte zunächst das am Ende zu bewältigende Problem bekannt gegeben werden. Danach gilt es, die Wissensbestände zu präsentieren bzw. die Fertigkeiten zu üben, die für die Bewältigung des Problems beherrscht werden müssen. Den Lernenden sollten *mehrere* – zunächst einfachere – Probleme mit steigender Komplexität präsentiert werden. In mehreren Durchläufen werden auch die Wissensbestände und Teilfertigkeiten, die bereits früher eingeführt wurden, immer wieder geübt und vertieft.

Wir haben damit eine *kognitivistische* Sicht auf das didaktische Design kennengelernt: Ausgehend von lernpsychologischen Erkenntnissen werden Modelle formuliert, wie das Lernen unterstützt werden kann, und hieraus werden Vorgehensweisen zur Planung solcher Angebote formuliert. Zentrale Ansatzpunkte, die die Modelle von VAN MERRIÉNBOER und MERILL aufgreifen, sind dabei:

- Wie kann das Arbeitsgedächtnis optimal ausgelastet werden? Wie kann eine Unter- oder Überlastung vermieden werden?
- Wie kann der Lerntransfer durch problemorientierte Lernangebote gefördert werden?
- Wie können induktive und deduktive Elemente der Wissensvermittlung kombiniert werden?
- Wie können komplexe Problemaufgaben eingesetzt und zugleich sichergestellt werden, dass die erforderlichen Teilfertigkeiten und Wissenselemente erworben werden?

Im Folgenden wird ein anderes Verständnis von Instruktionsdesign ausgeführt, das auf *konstruktivistischen Annahmen* des Lernens basiert und in wesentlichen Punkten von den bisherigen Überlegungen abweicht.

7.3.3 Konstruktivistische Ansätze

In diesem Abschnitt geht es um die Planung eines Lernangebots aus *konstruktivistischer Sicht*. Die konstruktivistische Didaktik betont die Eigenaktivität der Lernenden in der Auseinandersetzung mit einem Lerngegenstand. Grundlegend ist das Modell des *Inquiry*-Prozesses von JOHN DEWEY, das Lernen als einen Prozess des Forschens versteht und beispielhaft vorgestellt wird. Daran schließt sich die Frage an, welche Folgerungen sich aus einem konstruktivistischen Verständnis des Lernens für die didaktische Planung ergeben.

Inquiry-Prozess

JOHN DEWEY kritisierte traditionelle Lehrformen, die sich auf instruktionale Ansätze der Wissensvermittlung beschränken. Um der gesellschaftlichen Bedeutung von Bildung und Erziehung gerecht zu werden, bedarf es anderer Formen von Lernangeboten. Er setzte alternativ auf Lernsituationen, in denen die Lernenden ihren Lernprozess in der Auseinandersetzung mit Inhalten und Umwelten aktiv gestalten. Der Zyklus des von ihm entwickelten *Inquiry-Prozesses* orientiert sich an den Schritten, in denen sich auch wissenschaftliche Forschung üblicherweise vollzieht. Zugleich fundierte DEWEY diese Überlegungen in der Ausarbeitung der Philosophie des Pragmatismus, die die Vorläufigkeit von Wissen einerseits und den Wert der Bestätigung von

Wissen im praktischen Handeln andererseits betont. Im Jahr 1900 gründete er in Chicago die *Laborschule* als einen Ort aktiven Experimentierens, Konstruierens, Ausprobierens, Beobachtens und Diskutierens. Lernen kann auf vielen Prozessen basieren, eine *bildende Erfahrung* bedarf jedoch eines bestimmten Ablaufs, den DEWEY als *Inquiry-Prozess* beschreibt. Er vollzieht sich über folgende fünf Stufen (vgl. L.A. Hickman, 2004):

1. **Selbstbezug.** Ausgangspunkt eines solchen Lernens sollte ein persönliches Anliegen sein, das sich aus eigenen Erlebnissen oder Erfahrungen speist. Die Lernenden sind beispielsweise mit einer Situation oder Erfahrung in ihrer Lebenswelt konfrontiert, die sie motiviert, sich mit einem Thema zu beschäftigen und eine Problemlösung zu finden. Die Motivation sollte nicht extern vorgegeben werden, sondern die Lernenden sollten einen eigenen emotionalen Bezug zu einem Thema haben.
2. **Definition des Problems.** Zunächst wird die Person bekanntes Wissen aktivieren, sie wird versuchen, die Situation zu beschreiben und einzuordnen. Mit der emotionalen Reaktion setzt auch eine intellektuelle Beschäftigung ein. Das Problem wird benannt und damit wird die Richtung des *Inquiry-Prozesses* deutlich.
3. **Hypothesenbildung.** Die Person hat eine Richtung, in die ihre Suche gehen muss, und formuliert Annahmen und Hypothesen. Für diese Phase muss hinreichend Raum und Zeit eingeräumt werden, enge Rahmensetzungen können diese Phase beeinträchtigen.
4. **Testen und Experimentieren.** Nun gilt es, die selbst formulierten Annahmen und Hypothesen handelnd umzusetzen und zu prüfen: *Learning by Doing*. Handlungsbezogene Lernaktivitäten halten in dieser Phase das Lerninteresse aufrecht und stärken die Einsicht in den Sinn des Lerngegenstands.
5. **Anwendung.** Das Wissen, das in einer handelnden Auseinandersetzung entwickelt wurde, wird nun auf andere Bereiche übertragen. Die Lernenden üben dabei die Anwendung, und sie machen zugleich die Erfahrung, dass die Auseinandersetzung mit dem Lerngegenstand sinnvoll war und ist.

Im *Inquiry-Prozess* vollzieht sich forschendes Lernen. Neben der Erschließung eines Lerninhaltes wird zugleich gelernt, wie Wissen angeeignet werden kann. Im Folgenden wird ein konstruktivistisches Planungsmodell vorgestellt, das an solche Vorstellungen von Lernen anschließt. Es versteht Lernangebote nicht mehr als vorab definierte Lernräume, in denen Lernwege und Lernergebnisse vollständig vorgegeben sind.

Ein konstruktivistisches Planungsmodell: R2D2

JERRY WILLIS (1995) beschreibt ein Vorgehensmodell, welches auf konstruktivistischen Annahmen über das Lernen und Lehren basiert: Die Bezeichnung **R2D2** steht für *rekursiv* und *reflektiert*, *Design* und *Development*. Das Vorgehen wird dabei nicht als lineare Folge von Phasen beschrieben, sondern als iterativer Prozess der Annäherung an ein Ziel, bei dem der Zyklus von Planung und Entwicklung mehrfach durchlaufen wird. Lernziele entstehen und verändern sich dabei im Laufe des Prozesses und als Ergebnis der Verständigung der Akteure. Ein Projekt durchläuft nach WILLIS (1995) keine *Phasen;* ein Vorhaben setzt zu einem bestimmten Zeitpunkt lediglich einen unterschiedlichen *Fokus*:

1. Fokus auf *Analyse* (Bedarfsanalyse, Analyse von Tätigkeiten und Lerninhalten, Analyse von Lernenden und Lernumwelt)
2. Fokus auf *Design und Entwicklung* (Medienwahl, Aufbau der Entwicklungsumgebung, Produktgestaltung und -umsetzung, Prototyp-Entwicklung, formative Evaluation)
3. Fokus auf *Einführung und Durchführung* (Erstellung des Endprodukts, Einführung, Schulung, Wartung, Verbesserung)

Tabelle 24: Traditionelles versus konstruktivistisches Instruktionsdesign (nach Willis, 1995)

	traditionelle Modelle	**konstruktivistische Ansätze**
Vorgehen	lineare Folge von vorgegebenen Phasen	rekursiv, nicht-linear, teilweise chaotisch
Planung	systematisch, top-down	organisch, reflexiv, kollaborativ
Ziele	zu Beginn formuliert, steuern Entwicklung	entstehen im Prozess, ändern sich laufend
Experten	definieren das Lernangebot	sind *alle* Beteiligten
Struktur	sequenzielle Struktur von Kursen und Lerneinheiten	ganzheitliches Lernen mit komplexen Problemen
Evaluation	summative Evaluation prüft Lernerfolg	formative Evaluation als Teil der Verständigung der Beteiligten zur Verbesserung des Vorgehens
Daten	möglichst viele und möglichst objektive Daten, zur laufenden Kontrolle	subjektive Daten der Beteiligten, Diskurs

WILLIS (2009) kontrastiert traditionelle Modelle des Instruktionsdesigns mit einer konstruktivistischen Sicht (vgl. Tabelle 24). Ein zentrales Element ist die laufende Evaluation: Regelmäßig begleitet sie die iterativen Abläufe von Analyse, Design, Entwicklung und Implementation. Ein Vorhaben hat im Prinzip keinen absoluten Anfangspunkt und kein Ende. Es setzt immer schon an einem Vorverständnis der Beteiligten an und kann im Prinzip ohne Ende fortgesetzt werden bzw. es endet, wenn sich die Beteiligten darauf verständigen, dass es endet. Damit wird deutlich, dass die Interpretationen der Beteiligten den Ablauf wesentlich steuern. Ein Beispiel für ein solches Vorgehen findet sich bei SHELTON & SCORESBY (2011). Sie beschreiben die Entwicklung eines Computerspiels für Kinder, bei der Entwicklungs- und Prüfschleifen immer wieder durchlaufen wurden, um das Lernangebot an die Erwartungen und Voraussetzungen der Lernenden anzupassen.

WALTER DICK (1996) kann keine grundsätzlichen Unterschiede zwischen den Ausführungen von JERRIS WILLIS und den Vorgehen traditioneller Modelle erkennen, auch wenn unterschiedliche Auffassungen über das Lernen bestehen. Er verweist auf die Gefahren für den Projekterfolg, wenn etwa Lernziele vorab nicht klar definiert werden und die Abfolge der Arbeitsschritte nicht bereits zu Beginn eines Vorhabens feststeht.

Wir können festhalten: Die traditionellen Ansätze des Instruktionsdesigns zielen letztlich darauf ab, effiziente und effektive Vorgehensweisen zu formulieren, um Lernangebote für Organisationen entwickeln zu können. Konstruktivistische Modelle haben dagegen eine andere Ausrichtung: Sie zielen darauf ab, Lehrende und Lernende stärker in den Entwicklungsprozess einzubeziehen. Es sollen kreative Lösungen entwickelt werden, die nicht *a priori* von außen vorgegeben sind.

Die Grundstruktur der konstruktivistischen Überlegungen ähnelt dabei durchaus dem ADDIE-Modell. Die Phasen sind allerdings in kleineren Zyklen und stärker iterativ angelegt. Grundlegendere Unterschiede zeigen sich in einigen Aspekten des Vorgehens bei der Konzeption und Entwicklung, die im Folgenden diskutiert werden. Die Akteure haben in dem Prozess eine andere Rolle: Die Verständigung zwischen den Beteiligten wird wichtiger und Zielformulierungen entwickeln eine andere Bedeutung.

Ziele formulieren: Zu Beginn oder am Ende?

Im traditionellen Instruktionsdesign sind Ziele möglichst präzise und vorab zu bestimmen. Traditionelle Modelle des Instruktionsdesigns setzen diese vorgegebenen Lehrziele mit den Zielen der Lernenden gleich. Aus Sicht des Konstruktivismus kann die lehrende Instanz ein *Lehr*ziel benennen, was aber das Ziel der einzelnen Lernenden ist, muss offen bleiben; vermutlich ist das Ziel der Lernaktivitäten den Lernenden selbst nicht immer klar. Den Lernenden kann mitgeteilt werden, mit welcher Intention die Lerneinheit entwickelt wurde, d. h. welches Lehrziel die Entwicklerinnen oder Entwickler mit der Lerneinheit verbinden. Wie diese Mitteilung jedoch aufgenommen wird, bleibt fraglich: Ob und wie die Lernenden ein solches, extern vorgegebenes Lehrziel als Ziel ihrer eigenen Lernaktivitäten übernehmen und welches Ergebnis die Auseinandersetzung mit dem Angebot letztlich zeitigen wird, bleibt offen.

Eine konsequent konstruktivistische Sicht akzeptiert darüber hinaus, dass die Formulierung von Lernzielen immer etwas Vorläufiges und nie abgeschlossen ist. Die Ausarbeitung von Lernzielen wäre ein Nebenprodukt und ein (Zwischen-)Ergebnis in einem Prozess, aber kein Einstiegspunkt, mit dem das Zielverhalten bereits zu Beginn festgeschrieben wird. Hier besteht ein wesentlicher Unterschied zum traditionellen Instruktionsdesign, bei dem die Ziele das Vorhaben in allen Phasen steuern. Verändern sich Ziele, scheint die Erreichung eines Projekterfolgs gefährdet. Aus Sicht des Konstruktivismus ist das Prozesshafte zu betonen: Die Zielformulierung steht nicht am Anfang, sondern ist selbst Ergebnis des gemeinsamen Entwicklungsprozesses! Die Veränderung von Lernzielen kann dann sogar positiv bewertet werden, wenn sie mit einer verbesserten Einsicht der Lernenden einhergeht. Eine Zielformulierung kann und sollte somit am Anfang stehen, sie sollte jedoch selbst als veränderlich wahrgenommen und laufend weiterentwickelt werden.

An dieser Stelle ist ein potenzieller Konflikt angelegt: Er entsteht, wenn in einem Team unterschiedliche Vorstellungen über die Bedeutung von Zielformulierungen vorliegen. Aus Sicht des Projektmanagements gilt es als *Worst Case*, wenn sich die Zielvorstellungen im Laufe des Vorhabens wesentlich ändern. Aus pädagogischer Sicht können Veränderungen von Zielvorstellungen dagegen als (erfreuliche) Ergebnisse von Lern- und Verständigungsprozessen der Akteure gewertet werden: Den Beteiligten wird klarer, wie das Bildungsproblem zu formulieren ist.

Die Lösung eines solchen Konflikts lässt sich nicht immer leicht erreichen, auch weil den Beteiligten die Implikationen dieser Positionen nicht immer klar sind. Eine Verständigung lässt sich möglicherweise erreichen, wenn die Hintergründe der Positionen expliziert werden. Grundlegender lässt sich das Problem mit Ansätzen des *Rapid Prototyping* angehen, bei denen inkrementell an der Entwicklung einer Lösung gearbeitet wird (s. Kapitel 7.5).

Akteure statt Adressaten

Die traditionellen Modelle des Instruktionsdesigns gehen von der Annahme aus, dass ein Lernangebot *für* die Lernenden entwickelt wird. Stärker noch als in der Allgemeinen Didaktik, die sich mit Schule beschäftigt, bleiben die Lernenden in der Mediendidaktik als Individuen vielfach unbekannt. Sie werden befragt, getestet und ihr Nutzungsverhalten, z. B. bei Prototypen, wird untersucht. Doch sie bleiben „Adressaten" eines Angebots, das *für sie* bereitgestellt wird.

Bei der Entwicklung von betrieblichen Informationssystemen, wie zum Beispiel Anwendungen für Buchhaltung und Kostenrechnung, wurde bereits erkannt, dass ein User-centered-Design ganz wesentlich zum Erfolg beitragen kann. Auch hier werden unterschiedliche Grade der Benutzerbeteiligung unterschieden: von der Beteiligung durch Befragung bis hin zur weitreichenden Integration der Beteiligten in die Design- und Entwicklungsentscheidungen. Gerade wenn die Nutzenden über umfangreiche Expertise im Gegenstandsbereich verfügen, kann *partizipatives Systemdesign* zielführend sein.

Lernen können wir als einen Prozess der Ko-Konstruktion verstehen, bei dem letztlich die Lernenden für den Lernerfolg verantwortlich sind. Aus diesem Grund ist es wichtig, die Lernenden anzuleiten, dass sie selbst für ihren Lernprozess Verantwortung übernehmen und sich mit der Frage auseinandersetzen, wie ein Lernangebot für sie am besten gestaltet werden sollte. Die Lernenden werden als Akteure aufgefasst, die einen Beitrag zur Gestaltung ihrer eigenen Lernumwelt leisten. Tatsächlich werden die Lernenden zunächst nicht über genügend (medien-)didaktische Expertise verfügen, um ein solches Lernangebot erfolgreich zu realisieren. Der Designprozess wird folglich zu einem *Empowerment* der Beteiligten: Ein Lern- und Kommunikationsprozess, in dessen Folge *auch* ein Lernmedium entsteht.

Verständigung statt formative Evaluation

Zusätzlich zu einer *summativen Evaluation* am Ende eines Vorhabens sind regelmäßige Prüfschritte vorzusehen, mit denen am Ende jeder Phase ihr erfolgreicher Abschluss untersucht wird. Eine solch *formative Evaluation* innerhalb des Ablaufs ist in allen Modellen des Instruktionsdesigns vorzufinden: Sie soll dazu beitragen, Probleme frühzeitig zu erkennen. Nur so lassen sich hohe Kosten vermeiden, die mit nachträglichen Änderungen verbunden sind.

Aus Sicht eines konstruktivistischen Instruktionsdesigns wäre anzumerken, dass die *formative Evaluation* weiterhin zwischen einem Untersuchungsobjekt (den Lernenden) und dem Untersuchungssubjekt (den Forschenden) trennt. Statt die Lernenden zu „beforschen“, sollten diese den Prüfschritt selbst vollziehen: Es geht dann darum, sich gemeinsam zu verständigen, etwa ob eine Phase abgeschlossen ist. Die Beteiligten werden auf diese Weise zu Akteuren ihres Vorgehens.

Instruktionsdesign: Beratung oder Entwicklung?

Die Aufgabe und Rolle des didaktischen Designs ist aus konstruktivistischer Sicht anders zu sehen: Traditionell plant, steuert und kontrolliert das didaktische Design ein Vorhaben. Es verfügt über die Expertise und über das Wissen, wie „richtig“ vorzugehen ist. Ein solches Selbstverständnis wird aus konstruktivistischer Sicht problematisiert. Denn es sollte vielmehr darum gehen, Lernprozesse anzuregen, den Austausch zwischen Beteiligten zu unterstützen und die Perspektiven und Expertise *aller* Beteiligten einzubringen: Die Rolle des didaktischen Designs wandelt sich vom Experten zum Berater.

Carliner & Driscoll (2009) beschreiben den Wandel in der Rolle des didaktischen Designs: Wenn das Instruktionsdesign den Entwicklungsprozess „nur“ begleitet und nicht mehr in der Expertenrolle plant, entwickelt, kontrolliert und steuert, dann scheint die Position des Instruktionsdesigns geschwächt. Zunehmend erstellen Lehrkräfte ihre Online-Lernmaterialien selbst und arbeiten mit einfachen Entwicklungswerkzeugen; professionelle Unterstützung erscheint dabei kaum erforderlich. Die Autorinnen schlagen vor, mit dieser Situation proaktiv umzugehen, und das eigene Rollenbild an diese neuen Herausforderungen anzupassen. In großen Projekten, in denen mehr als 1.000 Lernende angesprochen werden, wird die Expertenrolle des didaktischen Designs eher bestehen bleiben; in kleineren Projekten sollte sich das didaktische Design dagegen verstärkt als Unterstützung und Beratung verstehen.

7.4 Modelle der Softwareentwicklung

In den vorigen Abschnitten wurde die Planung eines mediengestützten Lernangebots aus Sicht von Modellen des Instruktionsdesigns beschrieben. Gleichzeitig kann dies auch aus Sicht der Informatik als ein Problem der Softwareentwicklung diskutiert werden. Dabei interessiert vor allem eine Frage: Wie hängen das didaktische Konzept einerseits und die Umsetzung in ein digitales Produkt andererseits zusammen? Traditionelle Modelle des Software-Engineering verstehen die Implementation als eine Phase, die nach Beendigung der Konzeptionsphase anschließt. Neuere Modelle sehen Konzeption und Umsetzung als enger verwobene Prozesse. Es stehen zwei Positionen zur Diskussion:

- Folgt die Softwareentwicklung als Phase im Anschluss an die (vollständige) Ausarbeitung des mediendidaktischen Konzepts oder
- sollten die Ausarbeitung der mediendidaktischen Konzeption und die Softwareentwicklung zeitlich verschränkt erfolgen?

Die Antwort auf diese Frage hat wesentliche Auswirkungen auf das Vorgehen zur Ausarbeitung einer didaktischen Konzeption: Es ist ein *anderes Vorgehen* einzuplanen, wenn die Konzeption **vor** der Entwicklung des Lernangebots fertigzustellen ist, als wenn dies zeitlich mit der Entwicklung **einhergeht**. Im Folgenden werden die Hintergründe dieser Frage aus Sicht des Software-Engineering beleuchtet.

Das Grundproblem des Software-Engineering

Bereits in den 1960er-Jahren wurde erkannte, dass die Softwareproduktion der Entwicklungsgeschwindigkeit der Hardware kaum folgen kann, häufig nicht den Erwartungen der Kunden entspricht und sich in vielen Fällen als zu wenig zuverlässig erweist. Die Lösung dieser Art von Problemen ist eng mit der Entstehung des Fachgebiets des *Software-Engineering* verbunden: die Umsetzung von Prinzipien ingenieurmäßigen Vorgehens in der Softwareentwicklung. Angesichts der Komplexität von Softwareprojekten stellte sich die Frage, wie Prinzipien systematischer Produktentwicklung auf den Softwarebereich angewendet werden können.

Im Folgenden werden zentrale Ansätze dargestellt, die für die Entwicklung von digitalen Lernangeboten relevant sind. Dabei zeigen sich interessante Parallelen zu der Diskussion über traditionelle Modelle des Instruktionsdesigns und den neueren konstruktivistischen Ansätzen.

7.4.1 Phasenmodelle

Phasenmodelle der Softwareentwicklung organisieren den Produktionsprozess in Segmenten, die durch ein eindeutig erkennbares Ergebnis untergliedert sind. Eine Phase schließt mit einem Meilenstein ab, er definiert den Endpunkt einer Phase. Folgende Einschnitte liegen bei einem Phasenmodell vor; sie schließen mit einem sichtbaren Ergebnis ab, das der Auftraggeber abnimmt, bevor das Projekt in die nächste Phase übergeht:

- **Analyse.** Ausgehend von einer Produktidee sind Zielgruppe und Markt zu analysieren. Es sind darüber hinaus die Rahmenbedingungen zu benennen, die die mediendidaktische Konzeption bestimmen. Die Analyse schließt insbesondere die Prüfung der Machbarkeit ein und endet mit der Produktionsentscheidung und einer ersten Festlegung der Produktionspartner.
- **Konzeption.** Die Phase der Konzeption beinhaltet die didaktische Aufbereitung der Lehrinhalte, mit der das Wissen in Lernangebote überführt wird.
- **Produktion.** In dieser Phase werden alle Medien und Softwarebestandteile produziert undgegebenenfalls auf einer Plattform integriert. Ein wesentlicher Bestandteil ist die technische und inhaltliche Prüfung der Anwendung, möglichst auch mit Testpersonen der Zielgruppe. Mit der Abnahme z. B. einer Test-Website und ggf. Vorbereitungen für die Bereitstellung schließt die Phase ab.
- **Distribution.** Je nach Projekt sind unterschiedliche Aktivitäten vorzusehen, um das digitale Lernangebot der Zielgruppe zugänglich zu machen. Diese können die Konfektion und Vervielfältigung, das Freischalten einer Website, die Installation und Einführung des Mediums zum Beispiel in Bildungseinrichtungen, die Betreuung und Schulung von Nutzenden, Lehrkräften oder Tutorinnen und Tutoren ebenso wie die Wartung und Überarbeitung der Software beinhalten.

Für die Produktion von computergestützten Lernprogrammen sind entsprechende Phasenmodelle ausgearbeitet worden u. a. von STEPPI (1990) und GABELE & ZÜRN (1993). BODENDORF (1993) verfeinerte das Vorgehen, in dem – in Abhängigkeit von den Ergebnissen einer Phase – mögliche Rückverweise vorgesehen sind. TRIPP & BICHELMEYER (1990) sehen große Ähnlichkeiten zu traditionellen Modellen des Instruktionsdesigns.

Wasserfallmodell

Die Softwareentwicklung kann dem Prinzip eines *Wasserfalls* folgen, bei der die Produktion in exakt definierten Phasen organisiert ist, bei der der Ablauf nach Abschluss einer Phase in die nächste Phase *stürzt.* Ein *Zurück* ist nicht vorgesehen. Jede Phase besteht aus einem Entwicklungs- und einem Prüfschritt. Ist eine Phase einmal erfolgreich abgeschlossen (und z. B. von der Instanz, die den Auftrag gegeben hat, abgenommen), beginnt die nächste Phase. Änderungen von Ergebnissen einer abgeschlossenen Phase, etwa der Konzeptionsphase, sind in der Phase der Umsetzung ausgeschlossen: Einen Wasserfall kann man nicht umkehren.

Änderungen der Spezifikation des Produktes in späteren Phasen sollten danach grundsätzlich ausgeschlossen sein. Manchmal ist es in der Praxis jedoch unumgänglich, dass Eigenschaften des Produkts geändert werden müssen oder Funktionen hinzuzufügen sind. Änderungen und Fehler der Analyse- und Konzeptionsphase können jedoch gravierende Auswirkungen auf den Projektverlauf haben.

Insofern ist ein Vorgehen zu wählen, bei dem Fehler oder Fehlentscheidungen möglichst *früh* erkannt werden. Sie sollten, soweit möglich, bereits in der Konzeptionsphase identifiziert werden, weil sie dann vergleichsweise geringe Kosten verursachen. Die Konzeptionsphase sollte deswegen nicht zu kurz bemessen werden, was in der Praxis wiederum teilweise schwierig durchzusetzen ist, weil Auftraggeber oft zügig mit der Entwicklung beginnen wollen.

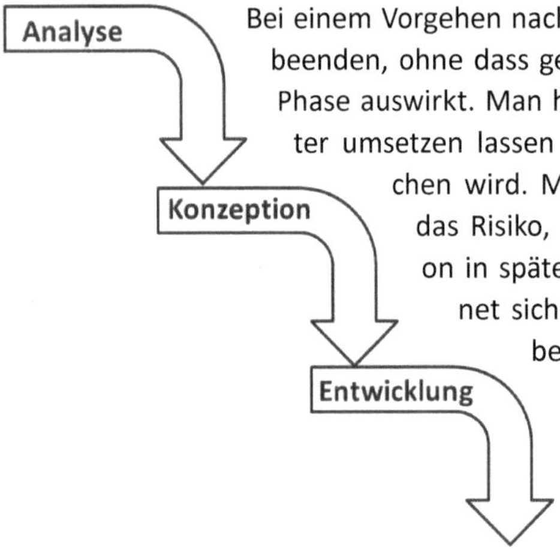

Bei einem Vorgehen nach dem Modell des *Wasserfalls* ist eine Phase zu beenden, ohne dass geprüft werden kann, wie sich diese auf spätere Phase auswirkt. Man hofft, dass sich ein Grob- oder Feinkonzept später umsetzen lassen und den Anforderungen des Kunden entsprechen wird. Mit steigender Komplexität eines Projekts steigt das Risiko, dass nachträgliche Änderungen der Spezifikation in späteren Phasen notwendig werden. Deswegen eignet sich das *Wasserfallmodell* eher für kleinere Vorhaben und für Vorhaben mit einem höheren Routinecharakter. Bei grundlegenden Neuentwicklungen und innovativen Vorhaben, bei denen die Beteiligten selbst Lernende sind, erscheint es weniger geeignet.

Spiralmodell

Das Spiralmodell von Barry Boehm (1988) beschreibt den Entwicklungsprozess nicht mehr als sequenzielle Folge von Phasen, sondern als Folge mehrerer Zyklen gleichartiger Tätigkeiten, Ergebnisse und Prüfschritte. Es wird mit einem Prototyp gearbeitet, der systematisch bis zum Endprodukt fortentwickelt wird.

Die Verfeinerung des Prototyps erfolgt in Zyklen, die jeweils aus folgenden Schritten bestehen:

- Analyse – Welche Alternativen stehen zur Wahl?
- Entwurf – Was ist die Alternative mit dem geringsten Risiko?
- Umsetzung im Prototyp – Wie kann diese im Prototyp umgesetzt werden?
- Prüfung des Ergebnisses – Was ist das Ergebnis? Was ergibt sich als nächster Schritt?

Das *Wasserfallmodell* kann als *dokumentengesteuert* bezeichnet werden. Im Mittelpunkt des *Spiralmodells* steht dagegen das *Risikomanagement*: Vor jedem Entwicklungsschritt werden Risiken möglicher Alternativen für die erfolgreiche Umsetzung des nächsten Schritts ermittelt. Dann wird entschieden, welche Lösung mit dem geringsten Risiko verbunden ist und diese umgesetzt. Das *Spiralmodell* lässt sich mit anderen Vorgehensmodellen kombinieren. Es erscheint vor allem für komplexe und neuartige Softwaresysteme geeignet.

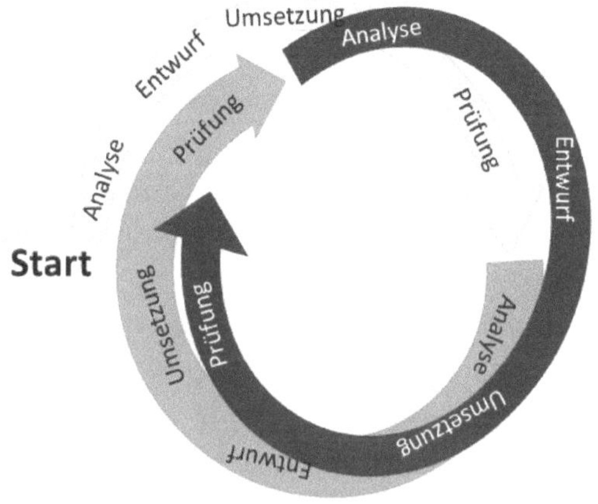

Abbildung 32: Spiralmodell

Peter Goodyear (1994) empfiehlt das Spiralmodell der risikogesteuerten Verfeinerung von Prototypen auch für die Entwicklung von digitalen Lernangeboten. Wierz (1994) untersuchte die Anwendbarkeit verschiedener Modelle des Software-Engineering in der Produktion von didaktischen Medien und interviewte dazu Projektleitungen verschiedener Produktionsbetriebe. Es zeigte sich, dass das Spiralmodell besonders geeignet erscheint, da es die Möglichkeiten einer laufenden Optimierung mit einem Kontrollmechanismus kombiniert. Dadurch wird ein Kompromiss im Vorgehen gefunden, der Freiräume für Kreativität und ständige Verfeinerungen belässt und zugleich die Zielerreichung nicht aus dem Auge verliert.

7.4.2 Vorgehensmodelle

Das Scheitern mancher Vorhaben des mediengestützten Lernens kann auf Fehler beim Vorgehen zurückgeführt werden: fehlende Analysen, falsche Design-Entscheidungen, mangelnde Abstimmungen, schlechte Koordination der Arbeitsschritte und unzureichende Überwachung des Projektfortschritts. Das richtige Vorgehen trägt wesentlich zum Erfolg eines Projekts bei.

Im Dienstleistungssektor haben sich verschiedene Ansätze des Qualitätsmanagements etabliert, etwa ISO 9000ff oder das EFQM-Modell. Auf diesem Hintergrund wurden auch Vorgehensmodelle für E-Learning ausgearbeitet. Sie legen keine Qualitätsmaßstäbe oder inhaltliche Vorgaben fest; sie fokussieren vielmehr den *Prozess*, wie das Lernangebot zustande kommt.

In den USA hatte die *American Society for Training and Development* (ASTD) im Jahr 2001 Standards für die Zertifizierung von E-Learning-Produkten publiziert. Die 16 Kriterien umfassen die Bereiche Interface, Kompatibilität, Umsetzung und Didaktik. Zertifiziert wurden Produkte von 45 Unternehmen. Von den geprüften Lernangeboten erfüllten jedoch weniger als 90 % die gesetzten Kriterien (M. David Merrill in einem Interview in J. M. Spector, Ohrazda, Schaack & Wiley, 2005, S. 320). Die ASTD entschied sich deswegen 2005, nicht mehr digitale *Lernprodukte* zu zertifizieren, sondern das Schwergewicht auf die *Prüfung* von didaktischen Designerinnen und Designern zu legen. Grundsätzlich stellt sich die Frage, ob man *Bildungsprodukte*, *Personen* (Lehrende/Didaktische Designer/innen) oder *Einrichtungen* zertifizieren sollte, um Qualität sicherzustellen.

Das Deutsche Institut für Normung e .V. (DIN) hat eine Spezifikation mit der Bezeichnung PAS 1032 für die Produktion von E-Learning publiziert.

Tabelle 25: DIN PAS 1032

I. Anforderungs-ermittlung	• Initiierung • Identifikation der Stakeholder • Zieldefinition • Bedarfsanalyse
II. Analyse der Rahmenbedingungen	• Analyse des externen Kontextes • Analyse der personellen Ressourcen • Analyse der Zielgruppe • Analyse des organisatorischen Kontextes • Termin- und Budgetplanung • Analyse der Ausstattung
III. Konzeption	• Lernziele • Inhaltliche Konzeption der Contents • Didaktisches Konzept und Methoden • Rollen und Aktivitäten • Organisatorisches Konzept • Technisches Konzept • Konzept des Medien- und Interaktionsdesigns • Konzept des Medieneinsatzes • Konzept für Kommunikation • Konzept der Tests und Prüfungen • Konzept der Wartung und Pflege
IV. Entwicklung/ Produktion	• Inhaltliche Ausarbeitung • Designumsetzung

	• Medien-Produktion • Technische Umsetzung • Wartung und Pflege
V. Einführung	• Test der Lernressourcen • Anpassung der Lernressourcen • Freigabe der Lernressourcen • Organisation des Betriebs und der Nutzung • Einrichtung der technischen Infrastruktur
VI. Durchführung	• Administration • Aktivitäten • Überprüfung von Kompetenzniveaus
VII. Evaluation	• Planung • Durchführung • Auswertung • Optimierung

Eine solche Spezifikation (*Publicly Available Specification*) beschreibt eine Vorgehensweise, die bei der Entwicklung von E-Learning zugrunde gelegt werden kann. Sie wurde von europäischen und internationalen Standardisierungsorganisationen übernommen. Mit der Vorlage ISO 19796-1 besteht damit seit 2005 ein Rahmenmodell, mit dem Ansätze des Qualitätsmanagements für E-Learning ausgearbeitet werden können (Ehlers & Pawlowski, 2006). Es definiert nicht **ein** bestimmtes Vorgehen, sondern welche Elemente ein Vorgehen beinhalten *kann*. PAWLOWSKI (2007) erläutert, wie hieraus Qualitätsziele und -indikatoren abgeleitet, Akteure und ihre Rollen beschrieben und die relevanten Prozesse und Methoden formuliert werden.

7.5 Agile Entwicklung

Trotz verschiedener Bemühungen, die Medien- und Softwareentwicklung systematisch anzulegen, erweisen sich Vorgehensmodelle in der Praxis oftmals als wenig zufriedenstellend und es stellt sich die Frage, ob solche Modelle für Anforderungen im *Bildungsumfeld* angemessen sind. In den meisten Ingenieurprojekten existiert zu Beginn des Vorhabens in der Regel eine vergleichsweise klare Vorstellung über das Endergebnis bzw. über die geforderte Funktionalität, die dann schrittweise umzusetzen ist. Genau dies ist in Projekten im Bildungssektor oftmals nicht der Fall: Das didaktische Konzept entwickelt sich inkrementell. Ein Vorhaben kann in Sackgassen landen oder nimmt unerwartete Wendungen.

Dies war Anlass für das *Manifesto for Agile Software Development*[6], das den Wechsel zu *leichtgewichtigen* Methoden der Softwareentwicklung propagiert. Eine *agile* Softwareentwicklung versucht, sich Kundenanforderungen und technischen Entwicklungen schneller und leichter anzupassen und die Schwerfälligkeit bisheriger Methoden zu überwinden. Vier Werte charakterisieren eine agile Softwareentwicklung:

- Individuen und Interaktionen sind wichtiger als Prozesse und Werkzeuge.
- Funktionierende Software ist wichtiger als umfassende Dokumentationen.
- Zusammenarbeit mit Kunden ist wichtiger als Vertragsverhandlungen.
- Sich auf Änderungen einzustellen ist wichtiger als das Befolgen eines Plans.

Hinzu kommen zwölf Prinzipien, die in der Umsetzung dieser Werte befolgt werden. Diese Gegenbewegung zu den disziplinierten Vorgehensweisen der Softwareentwicklung bricht mit der Grundannahme der Phasenmodelle, wonach die Produktivität durch ein konsequent schrittweises Vorgehen gesichert wird. Nach dieser klassischen Annahme ist mit der Umsetzung in ein Softwareprodukt erst zu beginnen, wenn alle Analysen durchgeführt wurden und alle konzeptuellen Entscheidungen getroffen worden sind. Diese Annahme wird in agilen Modellen zugunsten von Vorgehensweisen verworfen, die flexibler auf die sich ändernden Anforderungen eingehen können.

In den letzten 20 Jahren sind zunehmend weniger schwerfällige, sogenannte *agile* Entwicklungsmethoden ausgearbeitet und in der Praxis erprobt worden. Es liegen auch Vorschläge vor, wie systematische und agile Modelle balanciert eingesetzt werden können, um ihre Vor- und Nachteile auszugleichen (Barry W. Boehm & Turner, 2003).

Rapid Prototyping

Rapid Prototyping ist ein agiler Ansatz der Softwareentwicklung (vgl. Whitten, Bentley, & Jeffrey, 2006), der bei der Entwicklung von mediengestützten Lernangeboten zum Einsatz kommt. Dabei werden bereits in relativ frühen Phasen der Ausarbeitung der didaktischen Konzeption prototypische Lösungen realisiert.

Im Kontext der Produktion von Lernmedien hat dies u. a. folgende Hintergründe:

- Der Auftraggeber hat oft nur eine vage Idee von dem Produkt bzw. von den Möglichkeiten des mediengestützten Lernens. Es fällt ihm schwer, sich eine Vorstellung von bestimmten Konzepten zu machen. Der Prototyp dient der Veranschaulichung bestimmter didaktischer Konzepte. In der Kommunikation zwischen der Entwicklung und dem Auftraggeber kann eine Klärung auf der Basis des Prototyps hergestellt werden.
- Die Verständigung zwischen den Akteuren auf der Basis eines Produkts ist zuverlässiger als die Verständigung auf der Basis schriftlicher Dokumente („Spezifikationen").

[6] http://agilemanifesto.org/

- Das Vorhaben selbst ist ein *Lernprozess*: Die Beteiligten verändern in der Auseinandersetzung mit dem Gegenstand ihre Vorstellungen über das Endprodukt.
- Der Prototyp kann auch mit Personen der Zielgruppe getestet werden. Dies liefert zusätzliches Feedback, das in den Entwicklungsprozess einfließen kann.
- Bei innovativen Produkten ist es sinnvoll, die technische Machbarkeit eines konzeptuellen Ansatzes frühzeitig zu überprüfen und zu demonstrieren.
- Bei der Arbeit mit einem Prototyp kann die Arbeit (fast) jederzeit beendet werden, z. B. wenn Zeit- und Geldbudget erschöpft sind. Jederzeit existiert eine lauffähige Version, die zum Einsatz kommen kann.

Ein sogenannter *Wegwerf-Prototyp* hilft in der Kommunikation mit einem Auftraggeber, um die wesentlichen Merkmale eines Produktes festzulegen. Auch für die Klärung des *look & feel* der Benutzeroberfläche kann mit einem Prototyp gearbeitet werden, der bestimmte Ideen und Konzepte veranschaulicht, aber nicht weitergenutzt wird, um das Endprodukt zu realisieren.

Tabelle 26: Traditionelles Instruktionsdesing versus Rapid Prototyping

	traditionelles Instruktionsdesign	**Rapid Prototyping**
Aufwand für die Zielformulierung	hoch	niedrig
Aufwand für Tätigkeits- bzw. Aufgabenanalyse	hoch	niedrig
Aufwand für erste Spezifikation/ Konzeptionsentwurf	hoch	niedrig
Kosten für ersten Prototypen	hoch	niedrig
Vollständigkeit des ersten Prototypen	hoch	niedrig
Anzahl der iterativen Optimierungsschleifen	niedrig	hoch
Aufwand für Inputs von Benutzer/innen bzw. Auftrageber/innen	niedrig	hoch
Unterschied zwischen dem Konzeptionsentwurf und dem Endprodukt	niedrig	mittel/hoch

Rapid Prototyping bezieht sich im Software-Engineering dagegen auf Ansätze, bei denen in allen Phasen der Entwicklung mit dem – zunächst unvollständigen – Endprodukt gearbeitet wird. Es wird also von Beginn an mit einem benutzbaren Produkt gearbeitet, aus dem das Endprodukt hervorgeht. Alle Arbeiten des Projekts beziehen sich immer auf die weitere Entwicklung dieses Prototypen: Hesse et al. (1992) bezeichnen Prototypen als eine „teilweise gewollt unvollständige Implementierung eines Software-(Teil-)Systems zum Zwecke der frühzeitigen Bewertung“ (S. 65).

Rapid Prototyping darf nicht verstanden werden als Aufforderung zu einem unsystematischen Ausprobieren. Die Arbeit mit Prototypen führt auch nicht automatisch zu besseren Resultaten als klassische Phasenmodelle. Die Nutzung von Prototypen kann die Abstimmung zwischen den Beteiligten verbessern, sie führt aber möglicherweise zu softwaretechnisch weniger gut durchdachten Lösungen als bei einem Vorgehen auf der Grundlage eines Phasenmodells.

Für die Entwicklung von Lernprogrammen stellten Götz & Häfner (1992) ein Produktionsmodell vor, das auf dem Gedanken des *Rapid Prototyping* beruht. Dabei werden Lernende frühzeitig als Projektbeteiligte einbezogen. Entsprechend genau müssen die Rollen und Verantwortlichkeiten im Projektablauf definiert werden. Statt der umfangreichen Dokumentation der Ergebnisse im Sinne von Meilensteinen werden einfache Checklisten und Prüfpunkte bevorzugt.

Prototypen sind ein verbreitetes Instrument in der Konzeption und Entwicklung von Software. Auch im traditionellen Instruktionsdesign werden Prototypen verwendet. Sie haben dort jedoch eine andere Funktion als beim *Rapid Prototyping*. Die Tabelle 26 nach Gustavson & Branch (1997) veranschaulicht die Unterschiede.

Tripp & Bichelmeyer (1990) beschreiben Rapid Prototyping als ein ideales Modell für die Entwicklung mediengestützter Lernangebote. Edmonds, Branch & Murkherjee (1994) verstehen Rapid Prototyping dagegen nicht als eigenständiges Vorgehensmodell für das Instruktionsdesign, sondern als eine Optimierungsstrategie, die im Rahmen eines (sequenziellen) Vorgehens integriert werden sollte.

Extreme Programming

Als eine agile Methode zur Softwareentwicklung mit hoher Verbreitung gilt das *Extreme Programming* (Beck & Andres, 2004). Es eignet sich für Softwareprojekte, bei denen das Endprodukt in einer Konzeption nicht vollständig spezifiziert werden kann, sondern iterativ in der Zusammenarbeit des Entwicklungsteams mit dem Kunden entsteht. Änderungen in der Spezifikation bedrohen dabei nicht den Erfolg des Vorhabens, sondern können systematisch eingebunden werden. Möglich wird dies durch kurze Zyklen der Entwicklung, die eine bis vier Wochen umfassen, in denen ein neues Release erstellt wird. In jedem Iterationsschritt ist immer ein lauffähiges Produkt verfügbar, das produktiv einsatzfähig ist bzw. wäre. Danach wird entschieden, welche Arbeitsschritte bzw. Funktionen das nächste Release umfassen soll. Dies geschieht auf der Basis von Prioritäten, die jeweils neu zu justieren sind, und der Abschätzung des Aufwands, der mit den weiteren Schritten verbunden ist.

In der Umsetzung arbeiten die Personen in der Entwicklung teilweise in Paaren gemeinsam an einem Bildschirm. Während eine von beiden Personen eine Eingabe vornimmt, kann die andere direkt eingreifen, wenn sie einen Fehler erkennt. Mit Testverfahren wird geprüft, ob eine Anforderung erfolgreich umgesetzt ist.

Extreme Programming setzt stark auf die Zusammenarbeit in einem überschaubaren Team und in einem engen Kontakt mit Auftraggebern. Das Vorhaben wird wesentlich als Lernprozess aufgefasst, und die Projektleitung sollte ein kommunikatives Klima des Austauschs schaffen, in dem Respekt und Vertrauen ebenso bestehen wie die Bereitschaft, sich auf Neues einzulassen und von Anderen zu lernen.

Das Vorgehen eignet sich für manche Vorhaben, für andere nicht. Die Metaanalyse von Hannay et al. (2009) zeigt, dass noch relativ unsicher ist, wann das Vorgehen tatsächlich Vorteile mit sich bringt. Erforderlich ist, dass sich Auftraggeber und Entwicklungsteam auf diesen offenen Prozess einlassen (können). So besteht etwa die Forderung, dass der Kunde „vor Ort" (beim Entwicklungsteam) ist, um eine enge Abstimmung sicherzustellen. Dies ist in der Praxis regelmäßig schwer herzustellen.

User Stories

Agile Vorgehensweisen beruhen oftmals nicht mehr auf vollständigen Anforderungsanalysen oder formal ausgearbeiteten Anwendungsfällen. Basis der Arbeit sind vielmehr umgangssprachlich formulierte *User Stories*, wie sie vom Kunden formuliert und verstanden werden. Sie werden mit Prioritäten versehen und in jedem Release-Zyklus wird entschieden, welche *User Story* als Nächstes umgesetzt werden soll (vgl. Cohn, 2010).

Für die Neuentwicklung der Lernplattform *Online-Campus* am Learning Lab wurden etwa folgende *User Stories* vereinbart (vgl. Hölterhof & Kerres, 2011):

Teilnehmer/in …

- kann die im Kurs freigeschalteten Lerneinheiten lesen.
- kann auf Inhalte, die in der Lerneinheit des Kurses veröffentlicht sind, lesend zugreifen.
- kann die Materialien einsehen und downloaden, die einer Lerneinheit zugeordnet sind.
- kann Termine des Kurses einsehen und in externe Anwendungen (iCal/vCal) übernehmen.
- kann eine Liste aller Teilnehmenden der belegten Kurse und ggf. ihre Kontakt-Infos einsehen.
- kann sehen, welche anderen User systemweit / aus seinem/ihrem Kurs online sind.
- kann die Twitter-Nachrichten von Teilnehmenden des Kurses sehen.
- kann alle Teilnehmenden ansprechen.
- kann eine Gruppe (z. B. eine Lerngruppe) gründen.
- kann eine Wiki-Seite für den eigenen Kurs erstellen.

- kann in ein systemweites Buch schreiben.
- kann einen Blog führen und einstellen, ob das Blog öffentlich oder nur innerhalb des Systems lesbar ist.
- kann Beiträge in Foren seiner/ihrer Kurse einstellen und lesen.
- kann Nachrichten von Dozierenden für den Kurs lesen.
- kann die gestellten Lernaufgaben bearbeiten und einreichen.
- kann den eigenen Lernstatus einsehen: Welche Kurse habe ich belegt, welche Lerneinheit läuft gerade, welche Aufgaben habe ich eingereicht, was muss ich bearbeiten, welche Termine kommen auf mich zu?
- kann sehen, ob Termine u. a. für Lernaufgaben nahen oder bereits überschritten sind.
- kann gestellte Lernaufgaben einsehen, die aus einem Aufgabentext bestehen und optional Dateianhänge besitzen.
- kann Lernaufgaben bearbeiten, indem ein Textfeld ausgefüllt wird und optional Dateien hochgeladen werden.
- kann bearbeitete Lernaufgaben im System speichern und solange ändern, bis er/sie sie zur Bewertung einreicht.
- kann bearbeitete Lernaufgaben zur Bewertung an Tutoren einreichen und kann diese Einreichung dann nicht mehr selbst bearbeiten.
- kann eine neue Version einer bearbeiteten Lernaufgabe erneut einreichen, wenn sie von Tutor/in zurückverwiesen wurde.
- kann das eigene Portfolio einsehen, in dem die bereits belegten Kurse mit den erworbenen Credits/Noten verzeichnet sind.

User Stories bieten eine gute Grundlage für die Konzeption und Entwicklung, die dazu beiträgt, dass sich die Beteiligten verständigen können und auch die Zielgruppe einbezogen werden kann.

7.6 Design dein Design (DdD)

In den vorigen Abschnitten wurde die Planung von Lernangeboten aus unterschiedlichen Blickwinkeln vorgestellt. Dargestellt wurden sequenzielle und agile Vorgehensmodelle. Beide Vorgehensweisen haben ihre Vor- und Nachteile. Im Folgenden wird herausgearbeitet, unter welchen Bedingungen sich die Vorgehensweisen jeweils eignen und wie sie sich kombinieren lassen. Hieraus wurde am *Learning Lab* der Universität Duisburg-Essen ein allgemeines Modell abgeleitet, das diese Elemente verbindet: Mit *Design dein Design* (DdD) kann ein Vorgehen für den konkreten Fall ausgearbeitet werden, das sequenzielle und iterative Elemente verbindet.

Sequenzielles Vorgehen

Betrachten wir zunächst die Einsatzmöglichkeiten und den Nutzen der sequenziellen Vorgehensmodelle. Die Ähnlichkeit der Phasen- und Vorgehensmodelle mit den traditionellen Ansätzen des Instruktionsdesigns sind offensichtlich: ADDIE beschreibt eine ähnliche Struktur wie neuere Vorgehensmodelle des Software-Engineering.

Bei den frühen *Instructional-Design*-Modellen ging es darum, ganze Systeme von Lernangeboten für große Zielgruppen – bestehend aus Unterrichtseinheiten, Textbüchern, Audio- und Videomaterial – in großen Teams arbeitsteilig zu organisieren. Es war das Vorgehen vieler Beteiligter zu koordinieren, um ein festgelegtes Ergebnis bei definierten Kosten- und Zeitbudgets zuverlässig zu erreichen.

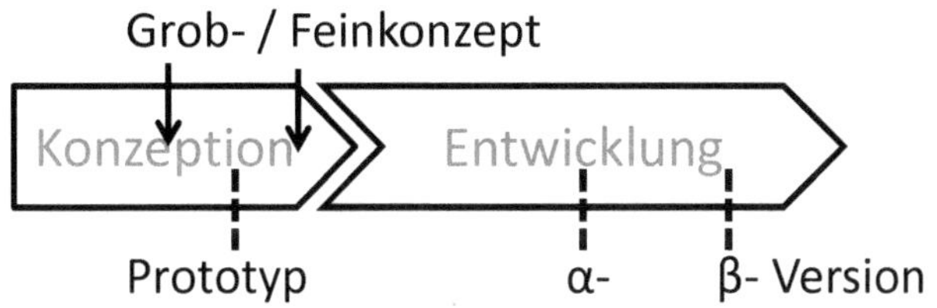

Abbildung 33: Sequenzielles Vorgehen

Von ganz ähnlichen Problemen gehen die traditionellen Modelle des Software-Engineering aus. Sie versuchen, die Softwareproduktion durch mehr oder weniger stark strukturierte Vorgehensmodelle in den Griff zu bekommen. Manche Modelle sind dabei recht kompliziert; sie werden auf vielen hundert Seiten beschrieben und bestehen aus Phasen, die in unterschiedlichen Ebenen und Verschachtelungen abzuarbeiten sind. Implizit gehen diese Ansätze von der Annahme aus: Umso genauer das Vorgehen ausgearbeitet ist, umso besser kann der Fortschritt kontrolliert werden und umso weniger wahrscheinlich ist das Scheitern.

Grob- und Feinkonzept

Verbreitet ist die Unterscheidung zwischen einem Grobkonzept und einem Feinkonzept. Sie unterscheiden sich nicht nur im Grad der Ausarbeitung, sondern auch in einigen grundsätzlichen Merkmalen (vgl. Balzert, 2009):

– Das **Grobkonzept** beschreibt Anforderungen, die an das Ergebnis gestellt werden, aber nicht, wie sie umgesetzt sein sollen. In der Softwareproduktion wird vom *Lastenheft* gesprochen, weil es aus Sicht eines Auftraggebers definiert, was das Lernangebot am Ende leisten soll. Im Kontext der Medienproduktion sind dagegen die Begriffe *Exposé* und *Treatment* geläufig.

  Ein Lastenheft beschreibt die „vom Auftraggeber festgelegte Gesamtheit der Forderungen an die Lieferungen und Leistungen eines Auftragnehmers innerhalb eines Auftrages". (DIN 69901)

- Das **Feinkonzept** beschreibt dagegen die Umsetzung und das fertige Produkt in seinen Bestandteilen: Es beschreibt alle Funktionen und technischen Spezifikationen, Abläufe und grafischen Elemente. Im Kontext der Medienproduktion wird eher von (interaktivem) *Drehbuch*, im Kontext der Softwareproduktion von einem *Pflichtenheft* gesprochen, das definiert, was von dem Ergebnis erwartet wird.

  Ein Pflichtenheft beschreibt die „vom Auftragnehmer erarbeiteten Realisierungsvorgaben aufgrund der Umsetzung des vom Auftraggeber vorgegebenen Lastenhefts". (DIN 69901)

In der Konzeptionsphase kann ein Prototyp ausgearbeitet werden, der zeigt, wie das Lernangebot aussehen könnte. Dies ist in der Regel eine wichtige Grundlage, um sich über Funktionen und Design zu verständigen. Der Auftraggeber nimmt das Grob- und Feinkonzept ab und beauftragt die Umsetzung. In der anschließenden Entwicklungsphase geht es darum, das Konzept in ein vollständiges Softwareprodukt zu überführen. Eine α-Version des Endprodukts enthält die Kernfunktionen. Sie wird zu Testzwecken freigegeben, ist aber noch nicht geeignet, um Lernende damit produktiv arbeiten zu lassen. In der β-Version sind alle Funktionen implementiert. Es beginnt die Testphase mit Endkunden, um das Produkt fehlerfrei abzuschließen.

Vor- und Nachteile

In der Softwareentwicklung zeigt sich, dass Produktionsabläufe in der Praxis den traditionellen Modellen nur selten folgen. Selbst wenn eine der beschriebenen Vorgehensweise eingehalten wird, kann der Projekterfolg nicht garantiert werden (B.W. Boehm, 1988). Die Vor- und Nachteile eines sequenziellen Vorgehens sind unter mehreren Aspekten zu sehen: Die Konzeption ist eine von der Entwicklung klar unterschiedene Phase. Eine Einrichtung kann zunächst die Ausarbeitung der Konzeption beauftragen. Auf der Basis der Ergebnisse können die Eckpunkte der weiteren Zusammenarbeit danach in weiteren Arbeitspaketen formuliert werden. Dieses Vorgehen kann Konflikte in der Zusammenarbeit reduzieren.

Ein ausformuliertes Vorgehensmodell erleichtert der *Projektleitung,* den Ablauf zu überwachen. Es lässt sich zum einen jederzeit der Fortschritt eines Projektes feststellen und prüfen, ob ein Projektplan eingehalten wird. Zum anderen schafft das Vorgehensmodell für *alle* beteiligten Personen – vor allem bei größeren Projekten – Klarheit darüber, wer welche Aufgaben zu welchem Zeitpunkt zu erledigen hat.

Die vorliegenden Modelle sind dabei recht differenziert; es bleibt die Frage, ob allen Beteiligten bei einem Vorgehen mit z. B. 19 Schritten wirklich jederzeit präsent ist, in welcher Phase das Projekt sich befindet und wie die weiteren Phasen lauten. Ein Vorgehensmodell muss schlank genug sein, damit es bei den Beteiligten im Bewusstsein präsent bleibt. Eine Phase soll nur dann postuliert werden, wenn sie mit einem spezifischen Ergebnis abschließt, das im Prozess benötigt wird. Es wird von *Meilensteinen* gesprochen, die deutlich sichtbar das Ergebnis einer Phase anzeigen.

So sind die Modelle zwar einsichtig und beruhen auf Erfahrungswerten der Autoren, die sie auf dem Hintergrund ihrer Erfahrungen abgeleitet haben. Es bleibt jedoch fraglich, in welchem Umfang die Modelle in der Praxis angewendet werden und ob sie tatsächlich *Good Practice* widerspiegeln. Es sind keine empirischen Belege zu erkennen, wonach bestimmte Vorgehensweisen anderen tatsächlich überlegen wären. Die Vorschriften zur Dokumentation werden vielfach als bürokratische Knebel erlebt, da sie den Entwicklern viel Arbeit zumuten, die ihnen keinen zusätzlichen Nutzen verspricht, und sie selten von der Dokumentation Anderer profitieren (vgl. Horton, 2011). Kenny et al. (2005) werteten (die wenigen) Publikationen aus, in denen Aktivitäten des didaktischen Designs untersucht wurden. Dabei zeigt sich, dass traditionelle Modelle des Instructional Designs bekannt sind, ihnen aber überwiegend *nicht* gefolgt wird. Im Unterschied zu beispielsweise systemnaher Programmierung (etwa die Entwicklung eines Betriebssystems) erweisen sich die Modelle bei interaktiven Anwendungen vielfach als weniger geeignet. Der Entwicklungsprozess muss iterativ ablaufen, weil Kundenerwartungen sich oft ändern: Das Projekt selbst ist ein Lernprozess.

Iteratives Vorgehen

Bereits das *Rahmenmodell der Didaktik* nach Heimann (s. Kapitel 7.2) lehnte eine bestimmte Reihenfolge der Planungsschritte ab: Es benennt Entscheidungsfaktoren, die bei der Planung zu berücksichtigen sind. Die Entscheidungen lassen sich nicht logisch voneinander ableiten, sondern stehen in einem Verhältnis *wechselseitiger Abhängigkeit.* Sie lassen sich insofern nicht sinnvoll in eine allgemein vorzuschreibende Reihenfolge bringen, auch wenn didaktische Designer und Designerinnen bei der Planung eines Lernangebots eine bestimmte Abfolge von Schritten abarbeiten.

Die Gegenbewegung zu den beschriebenen Phasen- und Vorgehensmodellen besteht in agilen Entwicklungsmethoden: Sie gehen davon aus, dass Phasen- und Vorgehensmodelle den Erfolg von Entwicklungsvorhaben eher behindern. Sie fordern stattdessen ein flexibles Vorgehen, das sich dem (Lern-)Prozess der Beteiligten anpasst. Ein wesentlicher Unterschied zu den traditionellen Modellen besteht darin, dass die Entwicklung eines Software- bzw. Medienprodukts nicht erst nach der Fertigstellung und Abnahme einer Konzeption erfolgt; die Erarbeitung einer Konzeption und die Produktion des Lernangebots verlaufen vielmehr parallel: Die Konzeption des Lernangebots ist dann (erst) abgeschlossen, wenn das Lernangebot fertiggestellt ist!

Durch mehrere Zyklen, in denen eher kleine Veränderungen eingebaut werden, wird sichergestellt, dass stets ein lauffähiges Produkt vorliegt: Das Vorhaben könnte theoretisch zu jedem Zeitpunkt abgebrochen werden und immer liegt ein nutzbares Produkt vor! Auf diese Weise erscheint das Risiko bei diesem iterativen Vorgehen keineswegs höher als in dem sequenziellen Vorgehensmodell, bei dem nicht sicher ist, ob das Konzept in der vorgesehenen Zeit und mit den vorgesehenen Ressourcen umgesetzt werden kann.

Die Abbildung 34 veranschaulicht, wie die Ausarbeitung der Konzeption parallel zu mehreren, eher kleinen Release-Zyklen abläuft. Auf diese Weise werden Funktionen schrittweise vervollständigt, und doch ist jederzeit ein funktionales, lauffähiges Produkt verfügbar. In jedem Zyklus wird das Produkt geprüft und es wird entschieden, welche weitere Funktion oder welches Merkmal als Nächstes implementiert wird. WOLF & BLEEK (2010) beschreiben, dass bei diesem Vorgehen oft *weniger* Funktionen umgesetzt werden. Allerdings werden die *wichtigen* Kernfunktionen recht rigoros implementiert und verbessert. In sequenziellen Vorgehensmodellen werden zu viele Einzelfunktionen in der Konzeption benannt, die „man gerne haben möchte". Bei einem iterativen Vorgehen konzentriert sich die Arbeit stärker darauf, die Kernfunktionen zu verbessern.

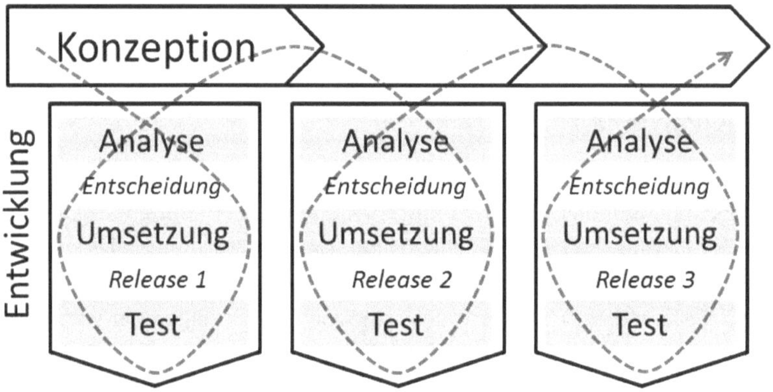

Abbildung 34: Iteratives Vorgehen

Die *konstruktivistische* Sicht auf Instruktionsdesign stellt – wie agile Entwicklungsmethoden – die strikte Vorgabe festgelegter Planungsschritte infrage. Sie betont die Verständigung der Akteure und beschreibt den Ablauf der Konzeptions- und Entwicklungsphasen als wechselseitigen Lernprozess. Die Konzeption wird zum *Ergebnis* des Vorhabens statt zum Ausgangspunkt! Die Diskussion zeigt jedoch auch, dass nicht jedes Vorhaben entsprechend ausgestaltet werden kann:

Das richtige Vorgehen

1. Fall: Denken wir an ein Lernangebot, mit dem ein Unternehmen weltweit Mitarbeitende über ein neues Produkt schulen will. Ein Zeitplan legt den Termin für den Roll-Out fest. In diesem Fall werden die Lernenden weniger systematisch einbezogen, um sich über Inhalte und Vorgehen zu verständigen. Das Vorhaben wird vielmehr mit einem präzisen Zeit- und Kostenplan umgesetzt werden. Die Lernenden werden vergleichsweise wenig beteiligt sein.

2. Fall: Denken wir an ein Lernangebot für eine Gruppe von Mitarbeitenden eines Unternehmens, mit dem der Wissensaustausch zwischen den Beteiligten gefördert werden soll. Es bestehen deutlich größere Spielräume für die Beteiligung der Lernenden als Akteure. Für den Erfolg des Vorhabens erscheint es sogar ausschlaggebend, die Lernenden in den Konzeptions- und Entwicklungsprozess aktiv mit einzubeziehen. Dazu wird man auch über technische und konzeptuelle Möglichkeiten informieren, um so Expertise bei allen Akteuren aufzubauen.

Der erste Fall zwingt zu einer sequenziellen Vorgehensweise, während der zweite Fall ein iteratives Vorgehen nahelegt. Ein Vorgehen kann somit einmal angemessen sein, ein anderes Mal scheitern. Es erscheint riskant, sich *a priori* auf ein bestimmtes Vorgehensmodell des Instruktionsdesigns festzulegen, etwa weil man einer bestimmten Lerntheorie zuneigt. Es erscheint hilfreicher, sich die verschiedenen Optionen zu vergegenwärtigen und zu nutzen, um den eigenen Spielraum zu erweitern. Die Frage des Vorgehens ist weniger von einer lern- oder erkenntnistheoretischen Position abhängig als von den Rahmenbedingungen, in dem sich das Vorhaben bewegt.

***Exkurs**: Instruktionsdesign als Dienst- oder Werkvertrag?*

Wie das Vorgehen bei der Konzeption und der Entwicklung von Lernangeboten angelegt ist, hängt auch mit der Art der Vertragsbeziehung zwischen Auftraggeber und -nehmer zusammen. Bei einem *Werkvertrag* wird vereinbart, ein definiertes „Werkstück“ (ein Konzept, ein Prototyp, eine Software etc.) zu liefern und hierzu wird ein Budget bereitgestellt. Dazu ist bei einem Vertragsabschluss genau zu benennen, was das Ergebnis des Auftrages ist.

Werkvertrag

Es wird vereinbart, 100 Seiten (A4) Lehrmaterial mit Texten und Grafiken (vorliegend als Word-Datei) auf Webseiten in ein vorliegendes CMS zu überführen und anhand eines Style-Guides grafisch aufzubereiten.

Bei einem *Dienstvertrag* wird dagegen die Mitwirkung des Auftragnehmers bei der Entwicklung des Produkts oder der Dienstleistung vereinbart. Dies ist angemessen, wenn das Ergebnis des Vorhabens nicht genau bestimmt werden kann oder der Auftragnehmer die Leistung nicht alleine vollbringt bzw. vollbringen kann, sondern in enger Abstimmung für den Auftraggeber tätig wird.

Für einen Auftraggeber erscheint es in vielen Fällen naheliegend und wünschenswert, die Zusammenarbeit mit einem externen Auftragnehmer in Form eines Werkvertrags zu realisieren. Der Auftraggeber kann damit – scheinbar – sicher sein, ein nutzbares Endprodukt zu erhalten, das Merkmale und Funktionen beinhaltet, die zuvor vereinbart wurden.

Dienstvertrag

Es werden 20 Tage Mitarbeit bei der Entwicklung des Lernangebots vereinbart. Dabei übernimmt der Auftragnehmer die Vor- und Nachbereitung von drei Planungsworkshops beim Auftraggeber, einschließlich Dokumentation und Umsetzung in einen Prototyp.

Zugleich ist es dazu erforderlich, alle Merkmale und Funktionen auch bei Vertragsvereinbarung festzuhalten, was dem Auftraggeber aber oft schwerfällt, weil diese Merkmale erst im Laufe des Prozesses klarer werden. Verändern sich bei einem fest fixierten Werkvertrag die konzeptuellen Vorstellungen aufseiten des Auftraggebers, werden Nachverhandlungen und neue Vertragsvereinbarungen notwendig. Bei einem Dienstvertrag entfällt dies. Traditionelle Vorgehensmodelle lassen sich demnach leichter in vertragliche Formen eines Werkvertrags umsetzen, wie sie in Unternehmen üblich sind. Dies ist nicht zuletzt ein Grund, warum sie in der Praxis oft anzutreffen und alternative Vorgehensweisen und Entwicklungsmethoden schwieriger einzuführen sind.

Die Fragen der Vertragsgestaltung lassen sich hier nur andeuten. Es sollte jedoch deutlich werden, dass die Vertragsgestaltung auf die Zusammenarbeit zwischen Auftraggeber und Auftragnehmer ganz wesentlich zurückwirkt und ein Vorgehensmodell auch passende vertragliche Abbildungen erfordert.

Integration

Viele der vorliegenden Ansätze beschreiben *ein* Vorgehen, nennen aber keine Hinweise bzw. Entscheidungsgrundlagen für die Anpassung des Vorgehens an bestimmte Rahmenbedingungen. Robert Tennyson (1994) spricht davon, dass Modelle des *Instructional Design* Vorgehensweisen zwar ausführlich beschreiben, aber nicht benennen, *wann* sie geeignet sind und für welche *Art* von Problemen sie Gültigkeit beanspruchen: Die Modelle geben nicht genau an, für welche Rahmenbedingungen und für welche didaktischen Parameter sie formuliert worden sind. Angesichts der Vielfalt an Kontexten und Rahmenbedingungen können sie keine universelle Gültigkeit beanspruchen. Hinzu kommt, dass das didaktische Design sich in der Praxis vielfach nicht an die beschriebenen Modelle hält, sondern eher einfache Heuristiken nutzt, die auf Erfahrungswissen beruhen (vgl. York & Ertmer, 2011).

Wie findet das didaktische Design aber nun das „richtige" Vorgehen für ein konkretes Problem? Zunächst bleibt festzuhalten, dass das Vorgehen von einer Reihe von Aspekten beeinflusst wird: der Art der Produktion (Eigen- oder Auftragsproduktion), der Produktionsfirma (z. B. Softwareunternehmen oder Bildungsabteilung), dem Umfang des Projekts, der Ausbildung und Erfahrung der beteiligten Personen, der Entwicklungs- und Wiedergabeplattform und anderes mehr.

Die vorliegenden Modelle beschreiben *mögliche* Vorgehensweisen und dienen der Reflexion der Projektbeteiligten über den Projektfortschritt. Sie geben Erfahrungen wieder, die im Kontext bestimmter Projekte gemacht wurden. Es sind zumeist persönliche Rekonstruktionen, die der Illustration oder Rechtfertigung dienen. Diese Erfahrungen lassen sich jedoch selten unmittelbar auf andere Projekte übertragen.

Damit wird deutlich: Es gibt kein ideales Vorgehen der Planung und Entwicklung von Lernangeboten. Die Annahme, bestimmte Vorgehensmodelle wären *a priori* besser geeignet als andere, führt in die falsche Richtung: **Design dein Design** (DdD) geht vielmehr davon aus, dass das Vorgehen unter Berücksichtigung von Rahmenbedingungen für ein bestimmtes Vorhaben zu entwickeln ist. Die didaktische Planung muss das Vorgehen unter Berücksichtigung gegebener Rahmenbedingungen und mit den Beteiligten entwickeln: Soll das Vorgehen eher in Phasen strukturiert sein oder erscheint ein iteratives Vorgehen angemessen?

Kernaussage: Design dein Design

Die Leistung des Instruktionsdesigns besteht darin, ein Vorgehensmodell zu *entwickeln* und nicht darin, ein Vorgehensmodell *anzuwenden*!

Im Folgenden werden Kriterien benannt, die für die unterschiedlichen Varianten sprechen.

Variante: **Phasen**

Das Vorgehen kann eher mit **klaren Phasen** und Terminen sowie Meilensteinen durchstrukturiert werden,

- wenn die Konzeption frühzeitig zuverlässig formuliert werden kann,
- wenn der Auftraggeber hinreichend Erfahrung mit der Entwicklung von Lernmedien hat oder weiß, wie solche Vorhaben ablaufen / die inhaltlichen Optionen fachlich einschätzen kann,
- wenn der Auftraggeber wenig Zeitressourcen zur Mitarbeit in der Konzeptionsentwicklung einbringen kann,
- wenn das Vorhaben auf der Basis eines Werkvertrags mit einem Festpreis realisiert wird,
- wenn die Entwickler/innen traditionelle Umsetzungsmethoden gewohnt sind,
- wenn die Umsetzung des Vorhabens mit mehreren Beteiligten und weiteren externen Zulieferern realisiert wird,
- wenn die Projektleitung über Erfahrung im Projektmanagement verfügt,

Variante: **Vorgehensmodell**

Das Vorgehen kann an einem **standardisierten Vorgehensmodell** ausgerichtet werden,

- wenn bei Auftraggeber oder Auftragnehmer wenig Erfahrung mit entsprechenden Vorhaben vorliegen,
- wenn Auftraggeber oder Auftragnehmer über die richtige Vorgehensweise unsicher sind,
- wenn der Auftraggeber der Kompetenz des Auftragnehmers nicht hinreichend vertraut.

Variante: **Iterationen**

Das Vorgehen kann eher **iterativ** angelegt werden,

- wenn die Zielvorstellung zu Beginn schlecht eindeutig formuliert werden kann,
- wenn der Auftraggeber wenig Erfahrung mit entsprechenden Vorhaben hat,
- wenn das Vorhaben auf einer Vereinbarung als Dienstvertrag abgewickelt wird,
- wenn aufseiten des Auftraggebers unklare bzw. konfligierende Interessen und Vorstellungen über das Vorhaben von unterschiedlichen Stakeholdern vorliegen,
- wenn der Auftraggeber ein hohes Selbstbewusstsein hat, seine fachliche oder pädagogische Kompetenz hoch einschätzt,
- wenn vonseiten des Auftraggebers größere Zeitressourcen zur Mitarbeit in der Entwicklung eingebracht werden können bzw. wenn vonseiten des Auftraggebers Interesse besteht, sich in der Entwicklung inhaltlich aktiv einzubringen,
- wenn das gesamte Vorhaben und Entwicklungsteam nicht zu groß ist und die Produktion nahezu vollständig vom Auftragnehmer realisiert wird,
- wenn die Entwickler/innen sich auf einen offenen, iterativen Prozess einlassen können,
- wenn die Projektleitung über eine hohe sozialkommunikative Kompetenz verfügt.

Das Ziel muss darin bestehen, das richtige Vorgehen für ein Vorhaben zu finden und das eigene Vorgehen aufgrund von Erfahrungen ständig weiterzuentwickeln. Das hier vorgestellte Modell **Design dein Design** fordert dazu auf, das eigene Vorgehen zu reflektieren statt vorgegebene Modelle schablonenhaft anzuwenden.

7.7 Computerunterstützung für didaktisches Design

Wir nutzen Computer, um Lernprozesse zu unterstützen. Lässt sich der Computer auch einsetzen, um die *Konzeption* solcher Angebote zu vereinfachen oder zu verbessern? Mit diesen Fragen beschäftigt sich die Forschung zum *computergestützten didaktischen Design*.

Anfänge der Automatisierung

Ebenso wie die ersten Autorensysteme zur Erstellung von Lernprogrammen reichen auch Überlegungen zu deren Weiterentwicklung in die 1960er-Jahre zurück. In dem sogenannten bildungskybernetischen Ansatz versuchte man, die Entwicklung von Lernprogrammen selbst zu automatisieren mit dem Ziel, die Effizienz der Softwareentwicklung zu steigern: Das Schlagwort *Algorithmisierung der Lehralgorithmen-Entwicklung* beschreibt das Anliegen (Frank, 1966a).

Üblicherweise geschieht die Entwicklung eines Lernprogramms weitgehend intuitiv durch Autoren. Würde man diesen Vorgang systematisieren und von einem Computer ausführen lassen, könnten Lernprogramme automatisch vom Computer generiert werden. Genau dies war die Idee einer sogenannten *Formaldidaktik* von HELMAR FRANK. Bereits diese frühen Überlegungen basierten auf der Idee, die eigentlichen Lehrinhalte von einer Lehrstrategie zu trennen: Ein Modul beinhaltet das zu vermittelnde Wissen (Content), ein anderes Modul die Lehrstrategie. Sachexperten müssen dann lediglich Wissen in bestimmter Weise strukturieren und in die Content-Komponente eingeben; das Lehrprogramm und damit die Sequenz von Lernangeboten wird automatisch erzeugt.

Auf diesem Grundgedanken basieren auch Forschungsansätze zur Computerunterstützung des didaktischen Designs. Sie können sich auf eine *starke* Automatisierung beziehen, bei der der Computer die didaktischen Entscheidungen weitgehend abnimmt oder auf eine *schwache* Automatisierung, bei der der Computer sich auf Hinweise und Ratschläge für didaktische Entscheidungen beschränkt (Goodyear, 1994).

Automatisierte Entwicklung

Automatisierte Entwicklungssysteme versuchen, Teile eines Lernprogramms selbstständig zu erzeugen. Dies betrifft vor allem die Sequenzierung des Lernangebots. Dafür ist eine grundlegende Bedingung zu erfüllen: Die Lernschritte des Kurses dürfen nicht explizit ausgearbeitet sein, sondern die Lerneinheiten sind in einzelne Informationselemente aufzuteilen. Die Sequenz des Lernangebots wird dann während der Laufzeit durch einen Algorithmus erzeugt.

KERRES (1996a) berichtet über Ansätze einer solchen Automatisierung. Bei ID Expert von DAVID MERRILL (Li & Merrill, 1991a; D. Merrill, 1987; D. Merrill, Li, & Jones, 1992) wird der Lehrgegenstand zunächst in eine Wissensstruktur überführt, d. h. es werden nicht Bildschirmseiten oder konkrete Bestandteile der Anwendung entwickelt, sondern die Wissensinhalte sind zunächst in eine Hierarchie mit den Begriffen des Lehrgegenstandes und ihren Unter- bzw. Überordnungen zu bringen. Die Hierarchie bezieht sich dabei auf die dem Lehrinhalt zugrunde liegende *Wissensstruktur*, nicht auf eine didaktisch ausgearbeitete Struktur eines Lernangebots mit zum Beispiel Kapiteln oder Lerneinheiten.

Als Nächstes werden Lehrziele spezifiziert und daran anschließend Objekte aus der Hierarchie der Wissensbasis mit Lehrzielen verknüpft. Es werden nämlich später nur die Inhalte in einen Kurs übernommen, denen ein Lehrziel zugewiesen wurde. Dieser Vorgang der Zuordnung von Lehrzielen zu Inhalten definiert damit, welche Informationseinheiten in dem Angebot vorkommen. Aus diesen Einheiten wird dann der Ablauf des Programms erzeugt.

Besondere Aufmerksamkeit gilt damit dem Mechanismus, der diese Sequenzierung vornimmt. Bei ID Expert wählt der Autor eine sogenannte *Transaction Shell*, die die grundlegende Instruktionsstrategie festlegt. Je nach gewählter Strategie (z. B. induktiv oder deduktiv), die unter anderem von Merkmalen des Lerners (z. B. Motivation oder Vorwissen) abhängig gemacht werden kann, wird das Programm mit konkreten Beispielen beginnen oder mit einer abstrakten Darstellung der Inhalte.

Die didaktische Qualität der generierten Lernprogramme ist als vergleichsweise gering einzuschätzen. Die Kurse zeichnen sich durch ein hohes Maß an Standardisierung aus und bleiben einfachen expositorischen Instruktionsansätzen verhaftet. Im Übrigen bleibt die grundsätzliche Frage, ob Lernangebote dadurch entstehen können, dass abstrakt formulierte Wissensinhalte mit einer (abstrakten) Lehrstrategie verknüpft werden. Oder sind Lehrinhalte nicht doch immer zunächst in Lernangebote zu transformieren, die für bestimmte didaktische Bedingungen (z. B. Zielgruppen mit bestimmten Lernvoraussetzungen, Motivation usw.) auszuarbeiten sind? Die Erfahrungen zeigen, dass Systeme, die dem Autor die Entwicklung eines Lernangebots auf diese Weise weitgehend abnehmen wollen, (bislang?) keine Alternative zur konventionellen Entwicklung von Lernangeboten darstellen.

Unterstützungswerkzeuge für Autoren

Weniger anspruchsvoll als Werkzeuge zur automatischen Programmerstellung sind Unterstützungswerkzeuge für das didaktische Design. Solche Experten- oder Ratgebersysteme können verschiedene Phasen der Planung und Entwicklung unterstützen, beispielsweise wenn es darum geht, die richtigen Medien in einem Lernprogramm auszuwählen. Die Empfehlungen des Systems können dann in weiteren Schritten der Konzeption und Entwicklung Berücksichtigung finden. Eine Automatisierung des didaktischen Designs im eigentlichen Sinne findet dabei nicht statt. Das System trägt dazu bei, Wissen über Unterrichtsplanung und -entwicklung zu systematisieren und für Andere nutzbar zu machen.

Um ein solches System entwickeln zu können, muss zunächst Wissen über didaktische Entscheidungen verfügbar sein. Dieses Wissen ist zu formalisieren und in einem Expertensystem zu implementieren (vgl. Elen, 1998; Kearsley, 1987; M. Kerres, 1996; Li & Merrill, 1991b; Mureida & Spector, 1993; M. Spector & Ohrazda, 2004; Tennyson, Barron, & Barron, 1995). Aus theoretischer wie praktischer Sicht sind jedoch Grenzen zu beachten: Zum einen ist didaktische Expertise stark situationsgebunden, nur begrenzt explizierbar und damit auch nur begrenzt in ein Expertensystem überführbar. Aus Sicht konstruktivistischer Ansätze ist auch das Wissen von didaktischen Designern nicht „im Kopf gespeichert", um von da auf Situationen angewendet zu werden. Vielmehr wird das Expertenwissen jeweils neu konstruiert als Ergebnis der situativ gegebenen Bedingungen im didaktischen Feld.

Online-Ratgeber Didaktikcheck

Computerunterstützung für das didaktische Design schwankt zwischen starker und schwacher Automatisierung: Einige Werkzeuge versuchen, auf Grundlage von Eingaben eines didaktischen Designers vollständige Lernprogramme oder zumindest Kursvorlagen zu erzeugen. Eine solche „starke" Automatisierung des didaktischen Designs ist für die Praxis bislang nicht erkennbar. Andere sehen die Computerunterstützung eher in einem *Ratgeber* für das didaktische Design, um Lernangebote besser zu planen. Mit einem solchen Ratgebersystem lassen sich unter anderem die Plausibilität einer Konzeption prüfen oder Fehler in der Konzeption identifizieren; es besteht nicht der Anspruch, auf diese Weise vollständige Kursvorlagen zu erstellen.

Am Learning Lab der Universität Duisburg-Essen wurde ein Onlinesystem realisiert, mit dem sich mediendidaktische Konzepte – entlang der folgenden Kapitel dieses Buches – erarbeiten lassen. Es hilft zum einen bei der systematischen Erarbeitung eines didaktischen Konzepts und prüft zum anderen, ob das Konzept plausibel ist.

Das Ratgebersystem *didaktikcheck.de* beruht auf ca. einhundert Variablen. Diese Variablen sind zumeist als Auswahlfragen ausgeführt, bei denen aus einer vorgegebenen Liste von Antworten eine Alternative auszuwählen ist. Die Auswertung erfolgt auf der Basis dieser Angaben; Freitexte sind in einem solchen System schwer auszuwerten und miteinander in Beziehung zu setzen.

Logik eines Ratgebersystems

Didaktikcheck.de basiert auf einfachen Wenn-Dann-Regeln, zum Beispiel:

```
if (field_ressourcen) > 100000 then print „Das Vorhaben verfügt über vergleichsweise viele Mittel"
if (field_prozedurales_wissen <> „") AND (field_problembasierte_methoden = 0) then print „Für die Vermittlung prozeduralen Wissens / von Fertigkeiten könnten problembasierte didaktische Methoden hilfreich sein."
```

Das Zusammenspiel der hierbei aufgenommen Variablen einer didaktischen Planung ist komplex; es lässt sich nur begrenzt in der einfachen Logik von Wenn-Dann-Regeln abbilden. Insofern kann das didaktische Expertenwissen nur zu einem kleinen Teil in die Logik eines solchen Online-Ratgebers überführt werden. Das System versteht sich deswegen eher als ein Angebot, das zur systematischen Erstellung einer didaktischen Konzeption anleitet und dazu anregen möchte, über eigene Konzepte zu reflektieren.

Es lässt sich an Zielgruppen und Rahmenbedingungen anpassen, wie etwa die Schulung von Ausbildern und Ausbilderinnen eines Unternehmens. Die didaktischen Entscheidungen will und kann das System dem didaktischen Design nicht abnehmen. Es dient damit primär Zwecken der Übung und der Ausbildung.

Übung: Vorgehen bei der Planung

1. Die **Hochschule SüdOst** ist eine Fachhochschule in Deutschland mit Studiengängen im wirtschaftlichen, sozialen und künstlerischen Bereich mit ca. 2.000 Studierenden, 70 Professor/innen und 150 Mitarbeitenden in Lehre und Verwaltung. Seit fünf Jahren verfügt sie über eine gängige Lernplattform, die in etwa 20 % der Lehrveranstaltungen genutzt wird, vor allem zur Bereitstellung von Skripten und Texten begleitend zu diesen Lehrveranstaltungen. Für die reine Distribution werden jedoch zunehmend auch andere Plattformen und Repositorien an der Hochschule genutzt. Zugleich besteht von unterschiedlicher Seite der Wunsch nach einer sozialen Lernumgebung, in der Studierende und Lehrende sich austauschen und ihre Aktivitäten – auch in Projekten – organisieren und koordinieren können.
Als Teil ihres Selbstbildes möchte die Hochschule ihren Studierenden *innovative Services* bieten. Deswegen plant sie den Wechsel auf eine neue Lernplattform, die stärker als bisherige Lösungen soziale Kommunikationsprozesse unterstützt. Die Hochschulleitung hat eine Gruppe von fünf Personen aus Fakultäten und zentralen Einrichtungen beauftragt, einen Rahmen zu formulieren, wie das Vorhaben in einem Projekt umgesetzt werden kann.
Bei einem ersten Gespräch stellen Sie fest, dass der Plan in der Hochschule nicht nur Freunde hat. Die intensiven Nutzer der aktuellen Plattform sind von einem solchen Wechsel nicht überzeugt. Sie merken auch, dass innerhalb der Gruppe ganz unterschiedliche Vorstellungen über das Ergebnis und das Vorgehen vorliegen. Ein Mitglied der Gruppe bittet Sie, in der nächsten Sitzung Ihre Vorgehensweise zu skizzieren, mit der Sie das Vorhaben realisieren wollen.

2. **RuhrTel** ist ein mittelständisches Unternehmen, das deutschlandweit Telefonielösungen für Unternehmen plant und implementiert. Das Unternehmen ist sehr erfolgreich und möchte sein Geschäft europaweit ausdehnen. Um die Mitarbeitenden in den Schritt für Schritt aufzubauenden Niederlassungen europaweit zu schulen, soll kurzfristig ein Lernangebot entwickelt werden.
Thema sind zum einen Funktionsmerkmale der Telefonanlagen und zum anderen die Planung und Implementation der Anlage bei Kunden. Die Zielgruppe besteht aus Personen mit einer technischen Ausbildung. Der potenzielle Auftraggeber hat keine Erfahrung mit E-Learning und ist sich unsicher, inwiefern E-Learning überhaupt die richtige Lösung ist. Im Vorgespräch äußert er die Sorge, dass E-Learning-Lösungen teuer sind und oftmals die zuvor geplanten Kosten übersteigen. Er hat auch die Sorge, dass ein solches Vorhaben in dem recht eng festgelegten Zeitrahmen realisiert werden kann.
Sie merken, dass das Unternehmen sich noch nicht eindeutig für ein digitales Lernangebot entschieden hat. Eine wesentliche Hürde scheint die Sorge zu sein, dass das Vorhaben nicht pünktlich und in dem definierten Kostenrahmen realisiert werden kann. Bitte skizzieren Sie, welches Vorgehen Sie dem Unternehmen grundsätzlich vorschlagen würden. Beziehen Sie sich dabei auf die Kriterien zur Ausgestaltung eines Vorgehens.

8 Akteure

Bei der Konzeption und Entwicklung von digitalen Lernangeboten sind unterschiedliche Akteure mit verschiedenen Rollen beteiligt. Diese Akteure und ihre Erwartungen an das Vorhaben sind angemessen einzubeziehen. Besonders relevant sind offensichtlich die Lernenden mit ihren Voraussetzungen und Merkmalen.

Einstieg

Beim mediengestützten Lernen geht es um Hard- und Software, um Technik und Programmierung. Bei der Planung und Durchführung sind aber eine Reihe von Menschen beteiligt: Akteure, die ihre Zusammenarbeit organisieren und sich über ihre Ziele und ihr Vorgehen verständigen müssen. Die Mediendidaktik betrachtet als Akteure zunächst die Lernenden, für die ein Lernangebot entwickelt wird, mit ihren Merkmalen und Eigenschaften. Doch zunehmend rücken auch andere Akteure in den Fokus, weil sie wesentlich zum Erfolg eines Vorhabens beitragen.

Um sich erfolgreich in diesem Feld zu bewegen, sollten Sie ein Gespür für die verschiedenen Konstellationen entwickeln, die sich mit jedem Projekt neu ergeben. Nicht immer ist offensichtlich, wer an solchen Vorhaben in welcher Weise beteiligt ist. Auch ist oft nicht offensichtlich, wie die Beteiligten in das Vorhaben eingebunden werden könnten oder müssten, um einen Erfolg sicherzustellen.

Wenn Sie als didaktischer Designer oder als didaktische Designerin in einem solchen Team tätig werden, schlägt ihnen oftmals eine gewisse Komplexität entgegen und Sie fragen sich, wie Sie damit umgehen sollen. Am Anfang neigen Sie möglicherweise dazu, mit zu wenigen Akteuren zu wenig, oder mit zu vielen Akteuren zu viel zu kommunizieren. Mit zunehmender Erfahrung werden Sie lernen, Akteure zu identifizieren, sie angemessen einzubinden und mit diesen Konstellationen umzugehen.

Besondere Bedeutung haben dabei die *Lernenden*: Diese Zielgruppe ist genauer zu analysieren und zu beschreiben, um das Lernangebot an deren Merkmale anzupassen. Die Lernenden können jedoch nicht nur als Nutzende des Angebotes, sondern

https://doi.org/10.1515/9783110456837-283

als Mitwirkende bei der Planung und Durchführung wahrgenommen und eingebunden werden.

Übersicht

Die folgenden Abschnitte werden thematisieren:

- die Akteure bei der **arbeitsteiligen** Planung und Entwicklung von digitalen Lernangeboten,
- die **Konstellation** der Akteure bei digitalen Bildungsprodukten, Bildungsdienstleistungen und der Personalentwicklung,
- die Identifikation von **Ansprüchen** von Stakeholdern und schließlich
- die Merkmale der **Zielgruppe** von Lernenden und ihrer Beteiligung.

Lernziele

- Sie können wesentliche Akteure bei der arbeitsteiligen Entwicklung eines mediengestützten Lernangebots benennen und in ihren Rollen bei der Zusammenarbeit beschreiben.
- Sie können Konstellationen von mediengestützten Lernangeboten beschreiben und in ihren spezifischen Herausforderungen erklären.
- Sie können aufzeigen, wie die Digitalisierung dazu beiträgt, dass mehr und neue Akteure relevant werden, die Bildungsarbeit (etwa an Hochschulen) betreiben.
- Sie kennen Kriterien, mit denen die Zielgruppe der Lernenden beschrieben werden kann und können diese an Beispielen anwenden.
- Sie können erläutern, wie und wann Lernende nicht nur Nutzende, sondern auch Beteiligte bei der Entwicklung eines Lernangebots sein können.

8.1 Konstellation von Akteuren

Betrachten wir im Folgenden Konstellationen, in denen mehrere Akteure auf je spezifische Weise bei der Entwicklung von digitalen Lernangeboten zusammenwirken. Die Konstellationen unterscheiden sich darin, was an der Schnittstelle der Akteure übergeben wird: (a) ein Produkt, mit dem gelernt werden kann, (b) eine Dienstleistung, die das Lernen organisiert, oder (c) ein Beitrag zur Wertschöpfung in einer Unternehmung.

Tabelle 27: Konstellation von Akteuren

	Schnittstelle	Erfolgskriterium
1. Digitales Bildungsprodukt	Medienproduzent – Kunde	Absatz eines Medienproduktes
2. Bildungsdienstleistung	Bildungsdienstleister – Lernende	Sicherstellung eines Lernzuwachses
3. Personalentwicklung	Organisation – Lernbegleitung – Mitarbeitende	Arbeitsergebnis (Wertschöpfung im Unternehmen)

8.1.1 Digitale Bildungsprodukte

In dieser Konstellation geht es um Medienprodukte, die für das Lernen angeboten werden. Der Kunde ist eine einzelne Person oder eine Organisation. Das Medienprodukt ist beispielsweise eine digitale Plattform, ein Werkzeug, ein Lernprogramm oder ein anderes technisches Artefakt. Entscheidend ist, dass sich die Schnittstelle zwischen Medienproduzentin und Kunde allein in der Übergabe bzw. Bereitstellung des Medienproduktes vollzieht. Der eigentliche Lernprozess geschieht vollständig in der Verantwortung des Kunden. Ob und wie damit gelernt wird, ob das Produkt autodidaktisch vom Einzelnen genutzt wird oder in den Unterricht einer Lehrkraft eingebunden wird, ist für die Produzentin des Mediums nicht mehr erkennbar und für sie auch nicht relevant.

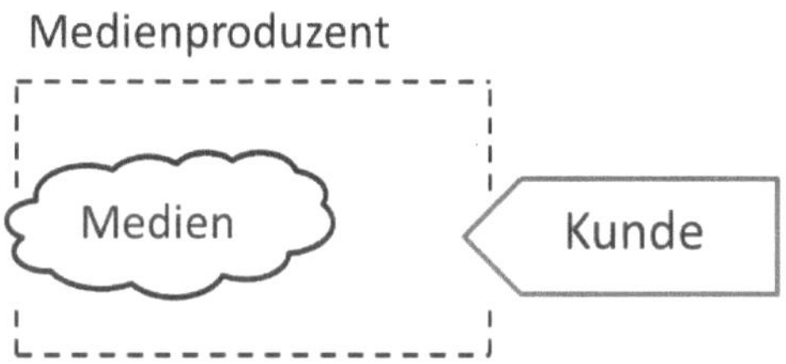

Abbildung 35: Lernen mit Medienprodukten

Dieses Modell entspricht der traditionellen Arbeitsweise eines Verlags: Er erstellt zum Beispiel ein Schulbuch auf der Grundlage von Rahmenlehrplänen. Die Geschäftsmodelle von Verlagen basieren üblicherweise auf dem Absatz des einzelnen gedruckten Exemplars, um die Kosten, die mit der Herstellung und dem Vertrieb des Exemplars verbunden sind, zu refinanzieren.

Für die Herstellung und den Vertrieb von Druck-Erzeugnissen (oder auch Filmen, Radio- und Fernsehsendungen) waren in der Vergangenheit ein umfangreicher technisch-organisatorischer Apparat und ein hoher Kapitaleinsatz notwendig. Der Aufwand für die Distribution von Medien im Internet ist dagegen niedriger und damit sinkt die Schwelle für die Bereitstellung entsprechender Angebote. Hinzu kommt, dass sich die Anlage der digitalen Medienprodukte ändert: Bislang wird das Lernmedium online abgerufen und rezipiert. Auf Plattformen können aber auch eigene Beiträge eingestellt werden, und die Lernenden erzeugen – in der Benutzung – Daten. Der Wert der Plattform entsteht nicht mehr alleine durch den Input von (bezahlten) Autor/innen und Redakteur/innen, sondern auch durch die Lernenden, die eigene Beiträge und Verhaltensspuren hinterlassen, die der Plattformbetreiber monetarisieren kann.

Die Kostenstrukturen von digitalen Lernangeboten sind anders als in der traditionellen Medienproduktion angelegt: Die Entwicklung des digitalen Produktes und seine Bereitstellung im Internet verursacht – wie bei analogen Medien – fixe Kosten. Der Zugriff des einzelnen Lernenden verursacht dagegen niedrige variable Kosten, im Gegensatz zu den finanziellen Aufwänden für den Druck und den Vertrieb eines Printerzeugnisses. Auch lassen sich digitale Contents nur schwer vor dem Kopieren schützen, ohne dass dies die Nutzung unangemessen erschwert. Für digitale Produkte werden deswegen zunehmend andere Geschäftsmodelle diskutiert, die nicht mehr auf der Monetarisierung des einzelnen Zugriffs eines Kunden basieren. Es sind dann alternative Wege der Finanzierung für die Entwicklung dieser Medien zu finden, um die Materialien frei zugänglich zu machen. Hier setzt die Diskussion zu *Open Education* und *Open Educational Resources* an, mit denen digitale Lernressourcen im Internet und damit der Öffentlichkeit verfügbar gemacht werden.

Open Educational Resources

Open Educational Resources (OER) sind Materialien, auf die Lernende im Internet kostenfrei zugreifen können. Die Kosten für die Konzeption, Produktion und Distribution sind dabei nicht vom Endnutzer zu tragen. OER werden z. B. von Lehrpersonen, die an einer Schule beschäftigt sind, erarbeitet und Anderen zur Verfügung gestellt. Sie können aber auch von einem Verlag erzeugt worden sein, der z. B. von einem Schulministerium, einer Stiftung oder einem Hochschulverbund eine einmalige Zahlung erhält, um die Materialien im Internet bereitzustellen.

8.1.2 Digitale Bildungsdienstleistungen

Abbildung 36: Lernen als Bildungsdienstleistung

Eine andere Konstellation von Akteuren entsteht bei Angeboten eines Bildungsdienstleisters. Er übergibt hierbei nicht einfach ein Medienprodukt, sondern nutzt Medienprodukte, um gemeinsam mit dem Lernenden eine Dienstleistung zu realisieren, die in ei- einem Lernerfolg resultieren soll.

Eine Studentin sucht beispielsweise eine Hochschule nicht wegen der Medien (etwa in der Universitätsbibliothek) auf, sondern wegen des erhofften Lernzuwachses, der durch ein Zertifikat dokumentiert wird. Die Attraktivität des Hochschulangebotes kommt nicht durch die verfügbaren Lernressourcen zustande, sondern durch den Lerneffekt, der in einer bestimmten Nutzung der Lernressourcen in Seminaren, Vorlesungen usw. entstehen kann. Insofern besteht der spezifische Vorteil von Hochschulen, etwa gegenüber Medienunternehmen, nicht etwa in der Fähigkeit, hochwertige Medienprodukte herzustellen, sondern in den Ergebnissen der Dienstleistung, die sich in „Studium & Lehre" – unter Nutzung digitaler Medien – vollzieht.

Ein Erfolgskriterium ist auch hier zunächst, ob ein Bildungsangebot nachgefragt wird: Mit der Buchung bzw. Belegung erwerben die Lernenden den Zugang zu dem Bildungsangebot. Doch die Schnittstelle zwischen Anbieterin und Lernenden ist mit der – sehr viel anspruchsvolleren – Erwartung verknüpft, dass ein *Lernzuwachs* stattfindet (und zertifiziert wird).

Der Lernzuwachs und damit der Erfolg der Dienstleistung ist zwingend auf eine *Aktivität* des Lernenden angewiesen, und damit wird der „Kunde" von einem Abnehmer eines Medienproduktes zu einem *Mitwirkenden*. Es hängt wesentlich von dem Lernenden selbst ab, ob ein Lernerfolg eintritt oder nicht. Die Transaktion zwischen Anbieterin und Kunde beruht nicht mehr allein auf der Übergabe eines Medienproduktes. Sie beinhaltet vielmehr bestimmte Dienstleistungen, die darauf abzielen, ein Ergebnis sicherzustellen. Dazu gehören zum Beispiel die Prüfung von Voraussetzungen bei den Interessierten, die Lernberatung, die Bereitstellung einer Lernumgebung, die Lernaktivitäten steuert und durch Rückmeldungen regelt, sowie die Prüfung und Zertifizierung von erworbenen Kompetenzen.

Auf den ersten Blick wirken manche Offerten im Internet wie ein Bildungsangebot, sie sind in Wirklichkeit aber „nur" Medienprodukte. Ein digitales Bildungsangebot beruht auf technischen Artefakten, es darf aber nicht mit diesen gleichgesetzt werden! Es beruht (anders als ein Medienprodukt) auf einer Dienstleistung, zu der der Lernende wesentlich beitragen muss. Letztlich erzeugt die Person das Ergebnis selbst, und deswegen kann der Begriff „Kunde" (als Abnehmer einer Dienstleistung) in diesem Zusammenhang irreführend sein.

8.1.3 Digitale Lernangebote in der Personalentwicklung

Eine andere Konstellation für das didaktische Design ergibt sich, wenn das Lernen in einem organisationalen Kontext stattfindet, wie zum Beispiel in einem Betrieb, einem Verein, einer Behörde oder einer anderen Organisation. Bildungsarbeit geschieht dabei auf dem Hintergrund der Anforderungen einer Organisation. Ist das Bildungsangebot in der Personalentwicklung verankert, hat es einen stark instrumentellen Charakter. Dabei wird gefragt, ob Lernen zur Wertschöpfung der Organisation beiträgt. Bildung leistet einen Beitrag zur Deckung eines aktuellen oder künftigen Qualifikationsbedarfes, der quantitativ und qualitativ abzudecken ist. Damit sind nicht nur ein kurzfristiges Anlernen und das Trainieren von Fertigkeiten für einen auszuführenden Job gemeint. Komplexe (künftige) Anforderungen der Organisation erfordern auch anspruchsvolle Kompetenzen. Die Personalentwicklung stellt dazu digitale Lernprodukte und andere Bildungsdienstleistungen bereit. Vorliegende, „fertige" Angebote können eingekauft werden, oder als maßgeschneiderte Lösung für die Organisation beauftragt werden.

Innerhalb der Organisation vollzieht sich die Implementation von mediengestützten Lernangeboten in arbeitsteiligen, teilweise recht komplexen Zusammenhängen. Eine Fachabteilung wird beispielsweise mit der Personalabteilung einen Bildungsbedarf definieren und mögliche Maßnahmen ins Auge fassen. Für die Entwicklung des digitalen Angebotes wird gegebenenfalls eine Zusammenarbeit mit Externen gesucht. Die IT-Abteilung wird schließlich das digitale Angebot technisch betreiben. Es kann notwendig sein, weitere Akteure in den Planungs- und Umsetzungsprozess einzubinden. So verlangt das Betriebsverfassungsgesetz, eine Mitarbeitervertretung in Fragen der Bildungsarbeit einzubeziehen.

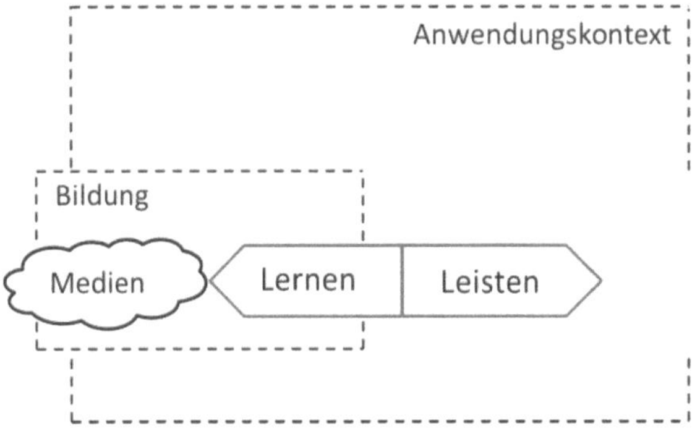

Abbildung 37: Bildung in der Personalentwicklung

Damit wird deutlich, dass bei der Konzeption, Entwicklung und Durchführung entsprechender Maßnahmen eine Reihe von Akteuren einzubeziehen sind. Der Aufwand zur Koordinierung und zum Management einer solch arbeitsteiligen Vorgehensweise ist damit höher als bei den anderen bereits beschriebenen Konstellationen.

Auch das Selbstverständnis von Bildungsarbeit verändert sich: Es geht nicht mehr darum, Bildungsangebote bereitzustellen und Bildungsdienstleistungen erfolgreich durchzuführen, sondern es sind Lernprozesse anzuregen, die letztlich zur Wertschöpfung der Organisation beitragen sollen. Die Bildungsarbeit, die innerhalb einer Organisation betrieben wird, unterliegt damit der Logik der Organisation. Und diese Ziele können, sie müssen aber nicht identisch mit den Bildungs- und Entwicklungszielen des Einzelnen sein.

Die Bildungsarbeit steht in diesem Kontext vor der besonderen Herausforderung, dass sich Gelerntes oft nicht hinreichend auf einen Anwendungskontext übertragen lässt: Manches Wissen bleibt „träge" und das Gelernte wird nicht von der Lern- auf die betriebliche Situation transferiert. Deswegen rücken didaktische Ansätze in den Fokus, die das Lernen näher an Prozesse der Arbeit und der Leistungserbringung rücken: Vom Qualitätszirkel über das Coaching bis hin zu Diagnose- und Hilfesystemen geht es um Ansätze, die die Kompetenzentwicklung im Anwendungskontext unterstützen. Solche Technologien werden nicht unbedingt als Lernangebot wahrgenommen, sondern sie sind in technische Systeme am Arbeitsplatz integriert und werden auch als Systeme für *Human Performance Support* beschrieben (vgl. Kapitel 1.1.3.). Sie fungieren wie digitale Informations- und Hilfesysteme, die bei der Entwicklung von Kompetenz *in der Arbeit* beitragen.

8.2 Arbeitsteilung in der Bildung

Für den traditionellen Unterricht gilt meist, dass Planung, Entwicklung und Durchführung eines Lernangebots in einer Hand liegen: in der Hand der *Lehrperson*. Sie definiert die Inhalte ihrer Lehrveranstaltung, sie wählt die Medien und Lehrmethoden aus und kann meist auch die zeitliche Organisation der Veranstaltung festlegen. Auch bei den weiteren Schritten ist sie relativ autonom. Sie sollte dazu über fachliche und didaktische Expertise sowie über Medienkompetenz verfügen. Möglicherweise kann sie auf Unterstützung, etwa im technischen Bereich, zurückgreifen. Charakteristisch ist aber, dass Unterrichten und Lehre im Wesentlichen alleine ausgestaltet wird und dass das Ergebnis wenig von der Zusammenarbeit mit anderen Akteuren abhängt.

Die Konzeption und Entwicklung von mediengestützten Lernangeboten, wie sie bei Vorhaben, etwa in der betrieblichen Bildung, in Verlagen oder Softwareunternehmen typisch sind, beinhalten immer ein mehr oder weniger arbeitsteiliges Vorgehen. Im Vergleich zu traditionellem Unterricht reduziert sich dabei die Autonomie der einzelnen Lehrkraft. Mehrere Akteure müssen zusammenwirken und gemeinsam ein Lernangebot verantworten. Entscheidungen sind abzusprechen, die Umsetzung ist zu koordinieren und durch Vereinbarungen abzusichern.

Dies ist eine wesentliche Änderung der Arbeitsweise, auf die sich die Beteiligten einstellen müssen. OTTO PETERS (1973), Gründungsrektor der FernUniversität in Hagen, sprach von der *Industrialisierung des Lehrens* durch das mediengestützte Lernen und die Fernlehre. Die handwerkliche Einzelfertigung, wie er die konventionelle Lehre beschreibt, geht über in die arbeitsteilige Produktion der mediengestützten Lehre. Diese Veränderung ist für die Beteiligten nicht immer einfach nachzuvollziehen, sie erfordert ein Umdenken und auch die Bereitschaft, in dieser Weise zusammenzuarbeiten.

Die Aufteilung der Aufgaben kann dabei sehr unterschiedlich organisiert sein. Betrachten wir eine typische Variante der Organisation, bei der die unterschiedlichen Kompetenzen auf mehrere Personen bzw. Abteilungen verteilt sind (vgl. Abbildung 38):

Das **didaktische Design** ist verantwortlich für alle Fragen der didaktischen Konzeption und Aufbereitung des Lernangebots. Die Abteilung verfügt in der Regel nicht über die notwendigen Fachkenntnisse, um ein Lernangebot zu konzipieren und die Inhalte aufzubereiten. Sie ist deswegen auf die Zusammenarbeit mit Sachexpertinnen und Sachexperten angewiesen, die in den Fachabteilungen tätig sind.

IT-Abteilung und **Softwareentwicklung** sind für die technische Konzeption und Umsetzung verantwortlich. Je nach Anlage des Vorhabens sind ein Server aufzusetzen, ein Content- oder Lernmanagementsystem (CMS/LMS) einzurichten und Entwicklungswerkzeuge bereitzustellen und zu konfigurieren.

Für die Produktion von Audio- und Videofiles wird man auf Experten und Expertinnen in der **Medienproduktion** zurückgreifen, die Aufnahmen organisieren, die Materialien bearbeiten und einen finalen Schnitt bereitstellen.

Für alle Fragen des **Mediendesigns**, vom Layout der Anwendung, der Navigation bis zur Gestaltung aller Medienbestandteile, wird man gegebenenfalls eine zusätzliche Expertise heranziehen. Dokumente und Medien aller Art werden in das System – je nach Art des Vorhabens – entweder von der IT-Entwicklung oder vom didaktischen Design, von Sachexperten und Sachexpertinnen oder dem Mediendesign eingestellt.

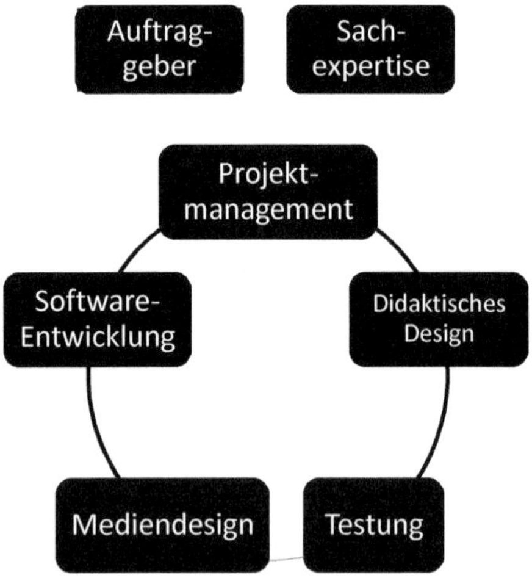

Abbildung 38: Arbeitsteiligkeit bei der Entwicklung von Lernangeboten

Das **Projektmanagement** hält alle Fäden zusammen. Es koordiniert und steuert das Vorhaben, insbesondere auch in der Kommunikation mit dem Auftraggeber, um Zeit und Kosten im Griff zu behalten. In der Regel betreut das Projektmanagement eine Reihe von Projekten, so dass keine intensive inhaltliche Beschäftigung mit dem Vorhaben möglich ist. Je nach Anlage des Vorhabens ist das Projektmanagement beim Auftraggeber oder beim Auftragnehmer angesiedelt.

Ebenfalls zu organisieren ist das **Testen** der Anwendung. Die Tests beziehen sich auf technische Funktionen und die Lerninhalte. Das Testen ist deswegen beim Auftraggeber (Sachexperte) und beim Auftragnehmer anzusiedeln. Ein Tester sollte die Technik hinter der Anwendung verstehen um zu wissen, auf welche Aspekte zu achten ist.

Die **Sachexpertise** ist zumeist in Fachabteilungen verfügbar. Dabei kann das Problem bestehen, dass die Personen in der Regel nicht gewohnt sind, in einem solchen Vorhaben mitzuwirken. Es fällt ihnen schwer, ihr Wissen in mehr oder weniger umfangreichen Katalogen von Fakten, Begriffen, Methoden, Prinzipien usw. niederzulegen.

Ihre Wissensbasis ist eine wesentliche Voraussetzung für die Entwicklung des Lernangebots und dennoch ist sie nicht gleichzusetzen mit dem *Lernangebot*. Es bleibt nämlich zu klären, *wie* diese Inhalte am besten vermittelt werden sollten: Die *didaktische Transformation* ist die zentrale Aufgabe des didaktischen Designs. Wir werden diesen Schritt in Kapitel 10.1 näher kennenlernen.

TENNEY & KURLAND (1988) fanden heraus, dass sich die Zusammenarbeit mit *Experten* für die Ausarbeitung einer didaktischen Konzeption weniger gut eignete als mit *Fortgeschrittenen*: Sie können leichter über Konzepte, Prozeduren usw. Auskunft geben. Bei Experten und Expertinnen hat bereits eine stärkere Form der Routinisierung von Wissen stattgefunden; das eigene Wissen ist ihnen schwieriger zugänglich als den Fortgeschrittenen.

Arbeitsteiligkeit in der Hochschullehre

Die Veränderungen, die mit der Digitalisierung in der Bildungsarbeit einhergehen, werden im Folgenden für den Kontext der Hochschullehre genauer ausgeführt. Dabei soll deutlich werden, dass die Arbeitsteiligkeit in der Leistungserbringung von Hochschullehre zukünftig weiter steigen wird, dass sich dabei neue Akteure etablieren und dass das Zusammenwirken der Akteure zunehmend wichtiger wird, um „gute Lehre" sicherzustellen.

Traditionelle Hochschullehre

In der Hochschullehre arbeitet die einzelne Lehrperson traditionell in der Regel relativ autonom:

- Sie definiert Lehrziele ihrer Lehrveranstaltung (und orientiert sich dabei an Rahmungen, die etwa in einem Modulhandbuch beschrieben sind).
- Sie definiert die Lehrinhalte und -methoden ihrer Lernangebote (und kann sich an Zielvorstellungen der Hochschule, z. B. einem Leitbild Lehre, orientieren, und muss sich an zeitliche Rahmungen halten, wie z. B. Semesterzeiten).
- Sie führt die Lehre durch und erstellt bzw. nutzt dazu Lehrmaterialien (auch von Kollegen und Kolleginnen, etwa Lehrbücher oder wissenschaftliche Originaltexte).
- Sie organisiert die Qualitätssicherung des Lehr-Lern-Prozesses und definiert dazu Prüfungsformate und -kriterien und berät Studierende.
- Sie arbeitet mit an der Qualitätsentwicklung der Studiengänge, etwa in Studiengangkonferenzen oder anderen Elementen, wie sie bei Programm- und Systemakkreditierungen vorgesehen sind.

Die Digitalisierung betrifft nicht nur die didaktische Anlage einer Lehrveranstaltung, wie es im Kontext von E-Learning diskutiert wurde, sondern den gesamten Prozess von Studium und Lehre. Im Folgenden sind neue Konstellationen von Akteuren in der Hochschullehre skizziert.

(1) Studienprogramme entwickeln und akkreditieren

Die Entwicklung von Studienprogrammen geschieht in Hochschulen in der Regel kooperativ und ist stark von den Fachkollegien getrieben, die ein bestimmtes inhaltliches Interesse daran haben, ein Studienprogramm aufzubauen oder weiterzuentwickeln. In der Planung werden in der Regel eher einfache digitale Werkzeuge, wie Text- und Tabellenprogramme, genutzt. Die Forschung zum didaktischen Design arbeitet seit Längerem an Werkzeugen, um didaktische Planungsaktivitäten zu unterstützen, insbesondere in Kontexten, wo Fachexperten und -expertinnen ohne tiefergehende didaktische Expertise tätig werden. Hier können künftig digitale Werkzeuge unterstützen, didaktisch begründete Konzepte auszuarbeiten, etwa bei der Formulierung von Kompetenzbeschreibungen, wie sie etwa in Modulhandbücher und andere Dokumente einfließen, um die Studiengangentwicklung effizienter zu gestalten.

(2) Studienprogramme bewerben

Interessierte sind über Studienprogramme zu informieren bzw. als potenzielle Studierende zu gewinnen. Dies geschieht etwa auf Portalen, die über verfügbare Studiengänge berichten. Diese Portale bereiten die Informationen, die von Hochschulen zur Verfügung gestellt werden, unterschiedlich auf. Es ist noch unklar, welchen Einfluss die eher informierenden oder eher ordnenden Informationsportale bei der Entscheidung für einen Studiengang oder Studienort haben. Die Hochschulen werden bei der Vermarktung ihrer Angebote jedoch zunehmend von Externen abhängig.

(3) Studierende bei der Studienwahl und Studienorganisation beraten

Um bei der Studienwahl zu helfen, stehen lokale Beratungsangebote an den Hochschulen zur Verfügung. Zunehmend entstehen Online-Angebote, die auf Grundlage ausgearbeiteter psychodiagnostischer Testverfahren (wie z. B. einem Berufsinteressentest) funktionieren und einen Abgleich mit den hinterlegten Studienangeboten aller Hochschulen vornehmen können. Während die persönliche Studienberatung (auch) in der Vergangenheit immer nur von einem geringeren Teil der Studierenden aufgesucht wurde, werden die Online-Suchinstrumente von nahezu allen Interessierten genutzt. Einem Algorithmus, wie er in einem solchen Portal hinterlegt ist, muss damit aus Sicht der Hochschulen besondere Aufmerksamkeit zukommen, denn er kann Wahrnehmungen und Entscheidungen der Studieninteressierten maßgeblich beeinflussen. Der Betreiber eines solchen Portals ist keineswegs „nur" Dienstleister, sondern Akteur in der Hochschulbildung.

(4) Studierende auswählen / Kompetenzen diagnostizieren und anerkennen

Bislang wählen Hochschulen (im deutschsprachigen Raum) ihre Studierenden eher selten aktiv aus, und wenn, dann – bei „zulassungsbeschränkten Studiengängen" – insbesondere über die Note der Hochschulzugangsberechtigung. Alternative Verfahren zur Feststellung entsprechender Personen- oder Persönlichkeitsmerkmale sind aufwendig, es existieren kaum verlässliche Verfahren oder sie sind nicht hinreichend validiert. Dies macht eine begründete und damit auch rechtssichere „Auslese" riskant. Hochschulen setzen überwiegend auf Selbstelektion, sie versuchen etwa durch einen „Tag der offenen Tür", Vorgespräche oder Kontakte mit Alumni die Informationsbasis für diese Selbstselektion zu vergrößern.

Diese Auswahlentscheidungen sind binär, zunehmend sind wir allerdings mit Anerkennungsverfahren konfrontiert, bei der nicht nur zu klären ist, ob ein/e Kandidat/in geeignet ist, sondern bei denen zu entscheiden ist, ob bestimmte Kompetenzen bereits vorliegen. Dies betrifft Kompetenzen, die an einer anderen Hochschule, in einer anderen Bildungseinrichtung oder etwa – insbesondere bei weiterbildenden Studienprogrammen - durch Berufserfahrung, etwa in verantwortlichen Arbeitstätigkeiten (Projektleitung usw.) bereits erworben worden sind. Für solche Kompetenzfeststellungsverfahren entstehen computergestützte Verfahren, die in größeren Entwicklungsvorhaben konzipiert und erprobt werden und valide Kompetenzdiagnosen für bestimmte Domänen und Teilkompetenzen ermöglichen. Diese Verfahren wirken stark normativ, da sie inhaltlich festlegen, was eine bestimmte Kompetenz bedeutet.

(5) Lehre durchführen

Zunehmend stellen Lehrende in ihren Lehrveranstaltungen digitale Ressourcen bereit: angefangen von wissenschaftlichen Artikeln aus Online-Zeitschriften, E-Books, über Daten und Materialien aller Art bis hin zu eigenen Skripten, Screencasts oder Videoaufzeichnungen, die auf einer Plattform der Hochschule oder einer externen Plattform bereitgestellt werden. Die Hochschulen haben in den letzten Jahren unterschiedlich komplexe Lern-Architekturen aufgebaut, etwa bestehend aus einer Lernplattform, Wiki- und Blog-Servern, Kooperations- und Konferenzsoftware usw. Dadurch besteht bereits heute eine maßgebliche Abhängigkeit von Softwareanbietern, was z. B. bei der Insolvenz eines Unternehmens oder wenn durch eine unternehmerische Entscheidung die Weiterentwicklung eines Produktes aufgekündigt wird schlagartig erfahrbar wird. Open Source-Entwicklungen können einige der Abhängigkeiten reduzieren, da der Code der Anwendung vollständig lesbar und bearbeitbar ist. Gleichwohl kann ein fehlendes Geschäftsmodell für die Weiterentwicklung einer Open-Source-Lösung deren nachhaltigen Betrieb verhindern.

Als weitere Materialien verweisen Lehrende dabei auch auf externe Materialien, die im Internet bereitstehen. Dies kann z. B. das Video einer bekannten Autorin sein oder eine gelungene Visualisierung eines komplexen Phänomens. Schwerer fällt offensichtlich die systematische Nutzung von Lerncontents anderer Hochschulen, die über solche „Schnipsel" hinausgehen. Einerseits bestehen Hemmungen und Unsicherheiten, inwiefern dies überhaupt erlaubt ist, also welche rechtlichen Hürden der Nutzung bzw. Einbindung bestehen. Andererseits existiert – stärker als im Schulbereich – vielfach keine *Kultur des Teilens* in der Lehre. Dies steht in einem Missverhältnis zu der selbstverständlichen Aktivität des Teilens von Ergebnissen aus Forschungsaktivitäten in der Scientific Community, entlang der klar definierten Pfade etwa der peer-reviewed-Journale, die freilich einen erkennbaren Reputationsgewinn erwarten lassen (vgl. Kapitel 13.2 zur mehrfachen Verwendung von Contents).

Gleichzeitig ist eine Content-Produktion, der -Betrieb und die -Wartung – über Pioniere hinaus – letztlich auf lange Sicht nur effizient, wenn sie hochschulübergreifend angelegt ist, das heißt über die Nutzung an einem einzelnen Lehrstuhl hinaus erfolgt. Bislang gibt es weltweit wenig Modelle für erfolgreiche Verbundstrukturen, die hierfür eine Lösung anbieten, und es ist nicht klar erkennbar, welche Akteure am Ende die treibende Kraft sein werden.

Einige, international agierende Verlage sehen in der Produktion digitaler Contents ein Geschäftsmodell. Die Contents können dabei entweder auf der Plattform des Kunden gegen Lizenzgebühr eingebunden werden oder die Studierenden erhalten Rechte an Angeboten auf der Plattform des Betreibers. Ein wesentlicher *Benefit*, den die Anbietenden auf diesen Plattformen planen, sind ausgefeilte Mechanismen, die auf der Grundlage einer großen Zahl von Lernenden Lernverhalten auswerten und so Empfehlungen für Lernende aussprechen können. Solche „smarten" Contents werden den Lernprozess wesentlich besser unterstützen können als bisherige Contents, die einfach auf Webseiten der Hochschule bereitgestellt werden, so zumindest die Hoffnung der Anbieter.

(6) Kompetenzen identifizieren, prüfen und dokumentieren

Die Gestaltung des Prüfungswesens ist in den letzten Jahren immer mehr in den Fokus der hochschuldidaktischen Diskussion gerückt: Sie wirkt maßgeblich zurück auf das Lehren und Lernen. Eine Auswertung *aller* in Deutschland (über das Internet einsehbarer) Modulhandbücher zu akkreditierten Studiengängen von KERRES & SCHMIDT (2011) hat aufgezeigt, dass der überwiegende Teil der Prüfungen an Hochschulen weiterhin aus Klausuren besteht. Hier stellt sich die Frage, wie dieses Format unter dem Aspekt des kompetenzorientierten Prüfens weiterentwickelt werden kann.

Der Einsatz von Computern zu Prüfungszwecken wird vielfach mit Multiple-Choice Verfahren in Verbindung gebracht. Sie sind in der Auswertung ausgesprochen ökonomisch zu applizieren, erfordern aber zugleich einen nicht unerheblichen Konstruktionsaufwand. Multiple-Choice-Tests werden häufig unterschätzt, da gut konstruierte Tests sehr wohl auch ein tieferes Verständnis eines Lehrinhaltes erfassen können. Vor allem aber eröffnet das computergestützte Testen ganz andere Formate, die über das *Paper-and-Pencil*-Verfahren hinausgehen. Gemeint sind etwa PC-basierte Klausuren, bei denen ein ganzer Korpus an Hintergrundmaterialien digital bereitgestellt werden kann, etwa Daten, Befunde oder Interviews, und bei denen Studierende auf Grundlage der Information z. B. begründet Entscheidungen treffen sollen. Die Chancen derartiger, handlungsorientiert angelegter Prüfungen haben ROTTMANN, KERRES & STRATMANN

(2007) für den berufsbildenden Bereich aufgezeigt, wo solche Prüfungsformen in manchen Ausbildungsgängen und Regionen mittlerweile etabliert sind.

Hierbei wird auf Itempools zurückgegriffen, wie sie in den USA bereits von Verlagen für „große Fächer" angeboten werden, und die das Testen mit mehreren Gruppen auf der Basis von parallelen Testformen ermöglichen. Es ist zu erkennen, dass durch solche Prüfungsformen und -items eine stark normative Wirkung ausgeht.

Ein weiterer Aspekt besteht in der Echtheitsprüfung von eingereichten Prüfungsleistungen, insbesondere vom Typ *Hausarbeit*. Spektakuläre Fälle von Plagiaten bei Dissertationen haben die Öffentlichkeit alarmiert: Digitale Textbausteine lassen sich derart einfach in eigene Arbeiten übernehmen, dass entsprechende Qualifizierungsarbeiten (bei Auffälligkeiten) auf mögliche Plagiate überprüft werden. Für die Prüfenden ist es nicht möglich, diese durch eigene, vertiefte Kenntnisse der Fachliteratur zuverlässig zu erkennen. Eine Plagiatsprüfung basiert essenziell auf Software, und damit auf Algorithmen, die die Wahrscheinlichkeit einer Textübernahme bewerten, die – in den verbreiteten kommerziellen Varianten – ihrerseits allerdings wenig offengelegt sind und sich damit einer öffentlichen Diskussion weitgehend entziehen (vgl. Taiseer Abdalla Elfadil Eisa, Naomie Salim, & Salha Alzahrani, 2015).

(7) Qualität von Studienprogrammen weiterentwickeln

Unter dem Schlagwort *Educational Data Mining* wird durch die Aufbereitung der Daten, insbesondere von Studienverläufen, für die Einrichtungen Wissen generiert, das erkennen lässt, an welchen Stellen Studierende versagen bzw. abbrechen und wo Optimierungsbedarf besteht. Die Evaluation von Studium und Lehre ist wesentlicher Bestandteil der Qualitätsentwicklung, sie geschieht zunehmend datenbasiert und ist mehr als die Online-Befragung von Studierenden zu Lehrveranstaltungen. Sie umfasst z. B. verschiedene Parameter der Auslastung von Studiengängen, der Belegung von Lehrveranstaltungen oder der Inzidenz von Studien- und Prüfungsleistungen ebenso wie Studienabbruch und Regelzeitverletzungen. Ein Zufriedenheitsbarometer der Lehrenden ist ebenso Teil eines 360-Grad-Feedbacks. Ein Online-Panel von Absolvent/innen kann vorgehalten werden, um Berufseinstieg und -fortkommen zu untersuchen. Befragungsergebnisse von Unternehmen und anderen abnehmenden Einrichtungen können erhoben werden und anderes mehr. (vgl. Papamitsiou & Economides, 2014).

Künftig ist denkbar, dass auch hier die Zusammenarbeit mit einer externen Einrichtung gesucht wird, die ein zu definierendes Datenset betreut und den Akteuren der Qualitätsentwicklung aufbereitet zur Verfügung stellt. Man kann davon ausgehen, dass zunehmend komplexere Tools zum Einsatz kommen, die nicht nur teuer in der Entwicklung und im Betrieb sind, sondern auch hohe Anforderungen an das Management der Daten (einschließlich ihrer Sicherheit) stellen.

Rolle der Lehrenden?

Die Digitalisierung wird zunächst besonders relevant in den Teilprozessen, die dem eigentlichen *Lehren* vor- bzw. nachgelagert sind: bei Studienwahl und -beratung, der Kompetenzdiagnose und -anerkennung, bei allen Verwaltungs- und Managementprozessen, der Studienorganisation und Studiengangentwicklung ebenso wie dem Prüfungsmanagement und der Prüfungsdurchführung. Doch auch bei der eigentlichen Lehre wird eine Verschiebung der Aufgaben zu beobachten sein, wenn zusehends auf „smarte" Materialien und hoch entwickelte Werkzeuge zugegriffen werden kann. Die Lehrenden werden sich dann verstärkt ihrer neuen Rolle widmen und die Studierenden besser beraten, betreuen und in ihrem Lernfortschritt unterstützten können.

Zunehmend werden dabei Agenturen international tätig, die für bestimmte Teilleistungen Serviceangebote entwickeln. Eine Online-Tutorin aus Indien im Fach „Statistik 1" wird dabei günstiger sein als eine Tutorin, die in New York City beheimatet ist. Hochschulen werden bestimmte Dienstleistungen möglicherweise zukaufen, um ein kosteneffizientes Paket für ihr Angebot zu schnüren. Anders als vielfach vermutet, wird die persönliche Betreuung durch die Digitalisierung also nicht obsolet, allerdings konfiguriert sich Bildungsarbeit in ihren Teilprozessen anders. Es werden mehr und neue Akteure an der Umsetzung beteiligt sein.

8.3 Lernende als Zielgruppe

Das Lernangebot richtet sich an eine oder mehrere Zielgruppen von Lernenden, die genauer zu beschreiben sind. Diese Analysen sind bei mediengestützten Angeboten noch wichtiger als bei der Planung traditioneller Unterrichtsangebote, denn die Lernenden sind in der Regel nicht persönlich bekannt. Außerdem erfordern Änderungen des Lernangebots einen vergleichsweise hohen Aufwand, wenn festgestellt wird, dass z. B. die Voraussetzungen der Lernenden falsch analysiert oder festgelegt wurden.

Anhand welcher Merkmale sollte die Zielgruppe nun beschrieben werden? Im Folgenden werden Merkmale genannt, die für mediendidaktische Entscheidungen relevant sind. Neben der *primären* Zielgruppe, für die das Angebot geplant wird, ist es bei aufwendigeren Produktionen sinnvoll, an weitere Verwertungsmöglichkeiten zu denken. Auch für solche *sekundären* Zielgruppen können die wesentlichen Merkmale skizziert werden.

Die Zielgruppe kann zunächst anhand der in der Kommunikationsforschung üblichen soziodemografischen Daten charakterisiert werden. In vielen Fällen wird es ausreichen, eine Schätzung dieser Variablen vorzunehmen. Für Produktionen, bei denen die Zielgruppe genau definiert ist, wird dagegen empfohlen, eine Stichprobe von z. B.

50 Personen zu befragen, um genauere Angaben zu erhalten. Da das Angebot in der Regel mehrfach oder über einen längeren Zeitraum durchgeführt wird, ist der sogenannte Lebenszyklus des Angebotes bedeutsam, d. h. der Zeitraum, in dem das Angebot ohne eine vollständige Überarbeitung in etwa genutzt werden soll. Auch wenn dies teilweise schwer abzuschätzen ist, kann in der Regel von einer Nutzungsdauer von drei bis fünf Jahren ausgegangen werden. Wird das Angebot z. B. auf eine neue Generation einer Lernplattform umgestellt, dann ist eszumeist grundlegend zu überarbeiten, manchmal sogar neu zu implementieren.

Allgemeine Merkmale

Größe der Zielgruppe. Es interessiert die Anzahl der potenziellen Nutzer/innen bzw. Teilnehmenden an dem Lernangebot. Es geht an dieser Stelle nur darum, die Größenordnung der Zielgruppe in etwa abzuschätzen: Werden in dem Vorhaben voraussichtlich insgesamt (über den Lebenszyklus des Angebotes hinweg) z. B. 500, 5.000 oder 50.000 Teilnehmende angesprochen?

Geografische Verteilung der Zielgruppe. Es lassen sich folgende Fälle unterscheiden:

(a) Die Zielgruppe ist regional begrenzt (z. B. Personen aus dem Raum Duisburg). Es kann davon ausgegangen werden, dass die Zielgruppe an regelmäßigen Präsenzterminen vor Ort teilnehmen kann.

(b) Die Zielgruppe kommt aus einem größeren Einzugsbereich, zum Beispiel aus ganz Österreich. Präsenzphasen sind grundsätzlich denkbar, aber sparsam vorzusehen.

(c) Das Angebot ist international angelegt. Hier stellen sich weitere Fragen, etwa nach den Sprachen (einsprachig oder mehrsprachig), nach Zeitzonen (z. B. für die Planung von synchronen Online-Treffen) und nach der Notwendigkeit von Präsenztreffen.

Alter und Geschlecht. Das durchschnittliche Alter und seine Spanne sind anzugeben. Es interessieren insbesondere auffällige Verteilungen: Haben wir es mit eher heterogenen oder homogenen Gruppen zu tun? Werden Personen einer ganz bestimmten Altersgruppe teilnehmen? Besteht die Gruppe mehrheitlich aus Männern oder Frauen?

Höchster schulischer Abschluss. Anzugeben ist der höchste schulische Abschluss, der in der Zielgruppe im Durchschnitt vorliegt, sowie die Spanne des höchsten und niedrigsten Abschlusses, mit dem in der Zielgruppe zu rechnen ist.

Zeitliche Ressourcen. Wie viel Zeit werden die Lernenden in etwa in das Lernangebot einbringen können? Es geht an dieser Stelle um eine vage Schätzung, die für die weitere Planung wichtig ist, z. B. etwa 20 Stunden Lernzeit. Die genaue Lerndauer des Angebotes und seine Taktung werden erst später bestimmt.

Weitere Merkmale der Zielgruppe. Gibt es weitere Besonderheiten der Zielgruppe, die für die Planung hilfreich sein können? Gibt es einen hohen Anteil der Teilnehmenden, die ein Kind betreuen (Elternzeit)? Gibt es erkennbare Hürden bei der Zielgruppe? Kann man die Zielgruppe einem bestimmten Milieu zuordnen (siehe die sogenannten *Sinus-Milieus*)? Sind in der Zielgruppe Menschen mit unterschiedlichen ethnischen Hintergründen oder Migration vertreten? Sind diese Hintergründe möglicherweise auch mit verschiedenen Vorstellungen und Erwartungen über Lernen und Bildungsangebote verbunden?

Vorwissen

Es liegen zahlreiche Untersuchungen vor, die den Einfluss von Vorwissen auf das Lernen nachweisen. Es zeigt sich regelmäßig, dass das Vorwissen einen *moderierenden Effekt* auf den Lernerfolg hat: Ob eine didaktische Methode erfolgreich ist, ist vielfach davon abhängig, ob das Vorwissen der Person hoch oder niedrig ist: Ein Vorgehen, das für Anfänger besonders geeignet ist, ist für Fortgeschrittene nicht unbedingt vorteilhaft und umgekehrt (vgl. Kalyuga, 2007b):

- Für Lernende mit *niedrigerem Vorwissen* bietet sich eine sequenzielle Organisation der Lerninhalte entlang eines festgelegten Lernwegs an. Der Lernerfolg wird durch strukturierende und unterstützende Maßnahmen gesteigert. Bei komplexen Aufgaben profitieren sie etwa davon, wenn die einzelnen Elemente der Aufgabe zunächst einzeln benannt und erläutert werden. Durch Vorübungen werden sie auf die Bearbeitung komplexerer Anforderungen hingeführt.
- Lernende mit *größerem Vorwissen* profitieren mehr von Lernangeboten, die die Exploration fördern, und in denen sie sich selbstgesteuert bewegen können. Sie wollen und können selbst entscheiden, was und in welcher Reihenfolge sie bearbeiten. Besondere Maßnahmen der Lernenden zur Unterstützung durch das System wirken bei diesen Personen nicht lernförderlich, manchmal sogar hinderlich.

Eine bestimmte Aufbereitung eines Lernangebots wird demnach von Anfängern und Fortgeschrittenen anders wahrgenommen und führt zu unterschiedlichen Effekten. Es wird vom *Umkehreffekt der Expertise* gesprochen (Kalyuga, Ayres, Chandler, & Sweller, 2003): Fortgeschrittene profitieren etwa davon, wenn mehrere unterschiedlich geartete Problemstellungen in einem Text präsentiert werden, während Anfänger dies überfordert. Ein Lerntext mit hoher Redundanz wirkt sich bei Anfängern positiv aus, während Fortgeschrittene dies in ihrem Lernerfolg behindert. Dieser Effekt zeigt sich auch in einem Experiment von Leslie etal. (2012), bei dem die Lernleistung bei Fortgeschrittenen durch eine Videospur, die zusätzlich zu einem Audiobeitrag präsentiert wurde, abfiel. Nur Anfänger profitierten von dem zusätzlichen Video.

Umkehreffekt der Expertise

Ein Lernangebot ist anders aufzubereiten, wenn entweder wenige oder viele Vorkenntnisse zu einem Lerngegenstand in der Zielgruppe vorliegen. Ein stärker didaktisiertes Angebot wirkt sich bei Anfängern positiv, bei Fortgeschrittenen dagegen negativ auf den Lernerfolg aus.

Exkurs: Identifikation von Vorwissen

Dass ein Lernangebot anders zu gestalten ist, wenn es für Menschen mit hohem oder niedrigem Vorwissen geplant wird, ist hinreichend belegt. Doch wie lässt sich in der Praxis bestimmen, ob eine bestimmte Zielgruppe viel oder wenig Vorkenntnisse hat?

Tabelle 28: Didaktische Gestaltungsmerkmale in Abhängigkeit von "Vorwissen"

wenig Vorwissen →	**viel Vorwissen**
hohe Redundanz in der Darstellung der Lehrinhalte	geringe Redundanz in der Darstellung der Lehrinhalte
Lehrinhalte schrittweise einführen	Lehrinhalte in freier Folge anbieten
Lehrinhalte an konkreten Beispielen erläutern	Lehrinhalte in abstrakten Konzepten darstellen
zusätzlich zu Text auch Audio- oder Videoinformation anbieten	Lehrinhalte in erster Linie als Text (ggf. mit Bild) erläutern
Problemstellungen vorgeben, von einfachen zu komplexeren Problemen voranschreiten	verschiedene Problemstellungen unterschiedlicher Komplexität zur Auswahl geben
komplexe Probleme in Teilaufgaben zergliedern	komplexe Probleme als Ganzes präsentieren
vor der Bearbeitung komplexer Problemen zunächst Teilfertigkeiten einüben	unmittelbar mit komplexen Problemen konfrontieren, Teilfertigkeiten im Laufe der Bearbeitung weiter vertiefen
ausführliche Hinweise zur Aufgabenbearbeitung geben	keine weiteren Hinweise zur Aufgabenbearbeitung geben
vor Fallstricken warnen, auf mögliche Hürden hinweisen	aus eigenen Fehlern lernen lassen

In der Forschung finden wir zumeist das folgende Verfahren: Die Vorkenntnisse werden in einem Vortest geprüft und die Personen werden am Median in die Gruppe der Lernenden mit hohen und in die Gruppe mit niedrigen Vorkenntnissen aufgeteilt. Damit können die Lernleistungen in den beiden Gruppen mit unterschiedlichen Vorkenntnissen untersucht werden. Bei der mediendidaktischen Analyse geht es aber darum, das Vorwissen der künftigen Zielgruppe im Ganzen zu bestimmen, um ein didaktisches Konzept zu erarbeiten: Wie soll festgelegt werden, ob eine Zielgruppe *viele* oder *wenige* Vorkenntnisse aufweisen wird? Wann sprechen wir von „viel“, wann von „wenig“ Vorwissen?

Es besteht ein Dilemma: Auf der einen Seite liegen viele abgesicherte Erkenntnisse vor, die die Bedeutung der Vorkenntnisse für die mediendidaktische Konzeption aufzeigen. Doch auf der anderen Seite stellt sich die Frage, anhand welcher Kriterien und mit welcher Vorgehensweise das Vorwissen der künftigen Zielgruppe in einem konkreten Fall als „hoch" oder „niedrig" eingestuft werden kann.

In der Praxis finden wir das folgende Vorgehen: Bei der Erarbeitung einer mediendidaktischen Konzeption werden die Vorkenntnisse, die für ein Lernangebot vorausgesetzt werden, a priori *festgelegt*. Auf Grundlage vorliegender Informationen definieren wir das Vorwissen der Zielgruppe, das wir für das Lernangebot erwarten. Wenn wir davon ausgehen, dass grundlegende Begriffe bekannt sind, wird das Vorwissen der Zielgruppe als „hoch" beschrieben. Sind grundlegende Begriffe dagegen unbekannt, wird das Vorwissen der Zielgruppe als „niedrig" festgelegt.

Die erwarteten Vorkenntnisse werden dann am Anfang einer Lerneinheit benannt, damit die Lernenden sich darauf einstellen können. Auch kann vor der Lerneinheit in einem Test geprüft werden, ob die Eingangsvoraussetzungen vorliegen, um ein späteres Scheitern auszuschließen. In Abhängigkeit von einem solchen Vortest könnte das Programm auch in unterschiedliche Versionen für Anfänger und Fortgeschrittene verzweigen, die dann die entsprechenden Lerninhalte mit unterschiedlichen didaktischen Konzepten darbieten (s. Tabelle 28). Die Umsetzung dieser Lösung ist allerdings mit hohen Aufwänden verbunden, die mit der Konzeption und Entwicklung eines solch differenzierten Angebotes einhergehen.

Ideal wäre es, wenn das System den Wissensstand *während der Bearbeitung* des Lernmaterials feststellen und das Lernangebot entsprechend anpassen könnte. Genau das ist die Idee eines adaptiven Lernsystems, das in seiner Entwicklung jedoch nochmals aufwendiger ist. Das Angebot muss zum einen für die unterschiedlichen Expertiselevel verschieden aufbereitete Lerninhalte vorhalten. Es muss zum anderen auch ein Mechanismus implementiert sein, der den Kenntnisstand während der Bearbeitung erfassen kann (s. Kapitel 10.2.6). Liegt beides vor, kann der Lerninhalt in Abhängigkeit des erreichten Wissensstandes unterschiedlich präsentiert werden: Zunächst würde es eher der linken Spalte „wenig Vorwissen" in Tabelle 28 folgen; mit zunehmender Expertise würde das Angebot immer mehr der rechten Spalte „viel Vorwissen" entsprechen.

Lernmotivation

Bei der Motivation interessiert weniger, *ob* die Lernenden motiviert sind, sondern *wodurch* sie zum Lernen motiviert sind. Hierbei erweist sich vor allem die Unterscheidung zwischen *intrinsischer* und *extrinsischer* Motivation als relevant (vgl. Heckhausen & Heckhausen, 2010):

- Intrinsisch motivierte Personen lernen aus Interesse an dem Lerngegenstand selbst oder aus Spaß an der Beschäftigung mit dem Lerngegenstand (sogenannte Vollzugsanreize).
- Extrinsisch motivierte Personen lernen, um ein bestimmtes Ziel zu erreichen, wie z. B. der Erwerb eines Zertifikats oder Diploms, Erhalten des Arbeitsplatzes, betrieblicher Aufstieg, erhöhter Status, Anerkennung von Freunden usw.

Personen, die intrinsisch motiviert sind, benötigen selten zusätzliche Anreize, um zu Lernaktivitäten angeregt zu werden. Nicht selten verbringen sie viele Stunden damit, sich mit einem Gegenstand auseinanderzusetzen, sie tauchen in die Welt des Wissens ein („Flusserleben"). Zu bedenken ist allerdings, dass diese Beschäftigung nicht unbedingt dazu führt, dass bestimmte gesellschaftlich erwünschte oder persönliche Ziele erreicht werden, wie z. B. ein Berufs- oder Studienabschluss.

Überwiegt die *intrinsische Motivation,* sollte das Lernangebot:

- ein Eintauchen in eine Lernwelt mit möglichst umfangreichen Informationen ermöglichen („Immersion"),
- den Lernenden eine weitgehende Kontrolle über Lernwege überlassen,
- den Lernenden Möglichkeiten geben, die Darstellung der Lerninhalte zu beeinflussen,
- Tests und Rückmeldungen zum Lernfortschritt nur auf Anforderung durchführen und
- mit abwechslungsreichen medialen Umsetzungen die Neugier aufrechterhalten.

Bei *extrinsischer Motivation* stehen die Ergebnisse und Folgen und damit die Ziele der Person im Vordergrund. Die Durchführung der Lernaktivitäten selbst wird von extrinsisch motivierten Personen möglicherweise als anstrengender erlebt. Zugleich sind bei extrinsischer Motivation die Lernaktivitäten eher geplant und Rückmeldungen zum Lernfortschritt eher erwünscht als bei intrinsischer Motivation.

Überwiegt die *extrinsische Motivation,* kann es hilfreich sein:

- beim Einstieg motivierende Maßnahmen vorzusehen,
- die Aufmerksamkeit auf Ziele des Lernens zu lenken,
- den Lehrstoff in definierte, klar überschaubare Einheiten einzuteilen,
- häufiger Pausen vorzusehen,
- die Form der Darstellung möglichst konsistent zu halten,
- Tests anzukündigen und im Anschluss der Lerneinheiten durchzuführen und
- den Lernfortschritt regelmäßig zurückzumelden.

Ein Problem kann auftauchen, wenn eine Anwendung, die für überwiegend extrinsisch motivierte Personen aufbereitet wurde, von einer Gruppe vornehmlich intrinsisch Motivierter bearbeitet wird. Im schlimmsten Fall kann dies die intrinsische Motivation reduzieren: Die Personen verlieren möglicherweise den Spaß am Lernen, weil sie den Eindruck haben, die Kontrolle über ihre Lernaktivitäten zu verlieren, wenn sie z. B. mit Tests konfrontiert werden und Lerndefizite feststellen müssen.

Einstellungen und Erfahrungen

Wie lassen sich die Einstellungen und Erfahrungen der Zielgruppe beschreiben? Einstellungen können sich auf den Lerngegenstand, das Lernen mit dem digitalen Lernangebot oder bestimmte Lernformen beziehen. Sind die Lernenden gewohnt, „belehrt" zu werden, oder erwarten sie eher selbstgesteuerte und soziale Lernangebote? Haben sie gute Erfahrung mit digitalen Lernangeboten gemacht?

Lernorte und technische Ausstattung

Wo und wie wird mit dem Angebot gelernt? Wird das digitale Lernangebot primär zu Hause genutzt, am Arbeitsplatz oder unterwegs? Ein Aspekt ist der technischen Ausstattung ist dabei der Netzzugang am Lernort und inwiefern dieser für das Lernen genutzt werden kann. Zu beachten ist, dass an einigen Arbeitsstätten ein Internetzugang existiert, der für manche Plattformen oder Anwendungen gesperrt ist. Auch stellt sich die Frage, ob Audio und Video wiedergegeben werden kann oder eine Webcam vorhanden ist oder angeschlossen werden kann.

Vorgehen bei der Zielgruppenanalyse

Für die Erarbeitung der Konzeption ist die Zielgruppe genau zu beschreiben. Dies erfolgt entweder durch eine Befragung von Personen aus der Zielgruppe, etwa mithilfe eines Online-Fragebogensbeziehungsweise in Interviews mit Expertinnen und Experten aus dem Umfeld, oder durch Setzung, indem die Merkmale der Zielgruppe festgelegt werden. Die erste Variante wird man wählen, wenn die Zielgruppe bekannt ist, wie beispielsweise bei der Entwicklung einer Maßnahme in der betrieblichen Bildungsarbeit. Die zweite Variante wird vorgezogen bei einem *dispersen Publikum*, wenn die Zielgruppe also eher vage ist, wie etwa bei einem Verlagsprodukt, das auf dem Markt angeboten wird.

Eine interessante Variante zur Analyse der Zielgruppe sind darüber hinaus *Personas*: Beschreibungen von Personen, die in der Zielgruppe anzutreffen sein könnten. *Personas* beschreiben *fiktive* Fälle, die Typen von Lernenden in der Zielgruppe aufzeigen. Sie tragen dazu bei, dass die Zielgruppe „ein Gesicht bekommt". Die konkrete Beschreibung von Personen ermöglicht einen Einblick in die Erwartungen, Ziele und Verhaltensweisen der Nutzergruppen. Sie verbinden objektive Daten (z. B. über die Zusammensetzung der Zielgruppe) mit subjektiven Eindrücken (z. B. über typische Lerngewohnheiten, persönliche Interessen usw.). In der Regel werden mehrere (typisch drei bis sieben) *Personas* skizziert, um die Verschiedenheit der Lernenden in der Zielgruppe sichtbar werden zu lassen. Für spätere Tests des Lernangebots können passende Probanden im Hinblick auf ihre Übereinstimmung mit einem der Profile ausgewählt werden.

Personas (Beispiel)

Hans, 38 Jahre, Lehrer (Mathematik/Musik) an einer Gesamtschule im Ruhrgebiet, verheiratet, keine Kinder

Hans beschäftigt sich schon lange mit Computern und betreut die Computerräume der Schule. Hans möchte sich zum Thema *Digitale Medien und Lernen* weiterbilden, einfach weil es ihn interessiert. Ein zusätzlicher akademischer Abschluss ist für ihn nicht wichtig. In seiner Freizeit interessiert er sich für Neue Musik; er komponiert mit Leidenschaft und betreut den Schulchor. Im Urlaub fährt er am liebsten nach Skandinavien. Das Internet nutzt Hans vor allem für E-Mails und Online-Banking. Die schulische Lernplattform nutzt er kaum. Er ist neugierig, aber auch unsicher, wie er mit einem Online-Weiterbildungsangebot zurechtkommt.

Das Konzept der *Personas* im Bereich der Softwareentwicklung geht auf ALAN COOPER (2004) zurück. Er schlägt dabei vor, die Nutzer/innen von der Analyse explizit auszuschließen, sie also *nicht* zu analysieren oder zu befragen, sondern durch das Entwicklungsteam zu definieren. Dieses Vorgehen ist allerdings umstritten, weil es schwer vereinbar ist mit partizipatorischen Ansätzen der Nutzerbeteiligung.

8.4 Ansprüche identifizieren

Wir haben verschiedene Konstellationen von Akteuren kennengelernt, in denen mediengestützte Lernangebote entwickelt werden. Es sollte deutlich geworden sein, dass bei der Konzeption mediengestützter Lernangebote in der Regel mehr Akteure als bei der Planung konventionellen Unterrichts beteiligt sind. Dabei bezieht sich der Begriff *Akteur* sowohl auf Personen als auch auf Institutionen und Anspruchsgruppen. Es können primäre, periphere, intermediäre und abstrakte Akteure unterschieden werden.

Im Unterricht ist die Lehrperson ein *primärer Akteur*, deren Planung sich in erster Linie an den Lernenden ausrichten wird. Wenn es um die Organisation Schule geht, können weitere Akteure identifiziert werden, wie z. B. das Kollegium, die Schulleitung oder die Eltern ebenso wie gesellschaftliche Anforderungen, die von außerhalb an die Organisation gestellt werden, wie z. B. Lehrpläne, Bildungsstandards oder rechtliche Rahmenbedingungen. Schulbuchverlage und private oder öffentliche Medienanbieter (wie Rundfunksender, Landesmedienanstalten usw.) werden schließlich als *intermediäre* Akteure bezeichnet, die auf der Grundlage von Anforderungen anderer Akteure bestimmte Bildungsangebote, Lernmedien oder digitale Werkzeuge bereithalten bzw. koordinieren. Darüber hinaus ließe sich eine Vielzahl weiterer *peripherer* Akteure benennen, wie z. B. politische Parteien, Gewerkschaften, Verbände oder Kirchen, die in unterschiedlicher Weise Einfluss auf die Bildungslandschaft nehmen.

Gerade im Kontext betrieblicher Bildungsarbeit ist es wichtig, die Anspruchsgruppen (*Stakeholder*) und ihre Interessen, Motive und Befürchtungen zu einem Vorhaben zu analysieren. Auf den ersten Blick erscheint dies einfach: Es gibt z. B. einen Auftraggeber, die Lernenden, das Lehrpersonal und ein Entwicklungsteam. Doch bei genauerem Hinsehen können wir in der Regel weitere Anspruchsgruppen benennen, deren Ansprüche an das Projekteventuell erst später sichtbar werden und die Projektarbeit belasten können, wenn diese Ansprüche nicht hinreichend berücksichtigt worden sind. Es geht nicht darum, ob die Ansprüche bestimmter Personen oder Gruppen gerechtfertigt sind oder nicht, sondern darum, die in einer organisatorischen Realität geltenden bzw. erkennbaren Ansprüche von Gruppen in der Macht- und Mikropolitik zu erkennen. Dabei stellt sich die Frage: Wie können die explizit geäußerten oder vermuteten Hoffnungen oder Sorgen der Gruppen erfasst und beschrieben werden? Sie sind zum Teil nicht ohne weiteres erkennbar, sondern werden möglicherweise erst in späteren Stadien der Innovationsvorhaben wahrnehmbar.

Abstrakte Ansprüche

Neben Ansprüchen, die durch Personen repräsentiert sind, können weitere *abstrakte Ansprüche* identifiziert werden. KRAEMER (2005) verweist etwa auf den *Datenschutz* als Stakeholder. Interessen des Datenschutzes können durch Personen vertreten sein (Datenschutzbeauftragte/r), sie können aber auch unabhängig von konkreten Personen als Anspruch formuliert sein (z. B. in einem Leitbild oder in Betriebsvereinbarungen). Abstrakte Ansprüche werden oft übersehen, weil sie regelmäßig nicht durch Personen repräsentiert sind, die ihre Interessen im Projektablauf artikulieren. Zugleich gibt es Mischformen: Das Mitglied eines Betriebsrates verkörpert als abstrakten Anspruch die Vertretung von Interessen der Mitarbeitenden und ist gleichzeitig als konkrete Person mit individuellen Einschätzungen und Motivlagen involviert. Gemeinsam sind abstrakte Anspruchsgruppen und ihre Repräsentanten darin bestrebt, Informationen über das Projekt in unterschiedlichen Stadien zu erhalten, ihre Interessen und Ziele in das Projekt einzubringen und somit Einfluss auf das Projekt zu nehmen.

Stakeholder

Im Folgenden werden typische organisatorische Einheiten oder Personen(gruppen) benannt, die im Rahmen der betrieblichen Bildungsarbeit berücksichtigt werden können (s.a. Back, 2005):

- Die Unternehmensleitung,
- die Vertretung von Mitarbeitenden, Personalrat/Betriebsrat,
- die Lernenden und ihre Kolleg/innen im Umfeld der Abteilung,
- die Vorgesetzten der Fachabteilungen, mit denen das Vorhaben realisiert wird,
- die Abteilung für Personalentwicklung bzw. Bildungsabteilung,
- die Ausbilder und Ausbilderinnen, Dozierende, Coaches usw.,

- die IT-Abteilung,
- andere einzelne Personen, die besondere Interessen an der Umsetzung haben,
- andere Einheiten der Organisation, die mit dem gleichen Lernthema befasst sind,
- externe Partner bei Entwicklung und Betrieb des Lernangebots.

Abstrakte Ansprüche können sich ableiten aus

- betrieblichen Rahmenvorgaben (Leitbilder, Betriebsvereinbarungen),
- rechtlichen Regelungen (Datenschutz, Urheberrecht usw.),
- Bedingungen und Erfordernissen des Arbeitsmarktes oder
- gesellschaftlichen Ansprüchen (Erwartungen an Gerechtigkeit oder Fairness).

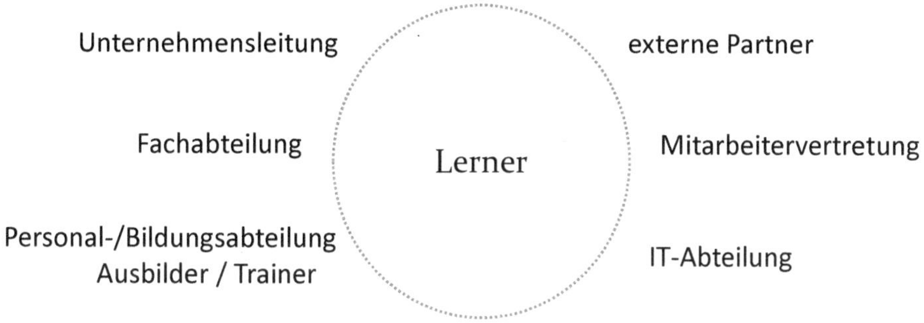

Abbildung 39: Stakeholder in der betrieblichen Bildungsarbeit

Leicht werden in einem Vorhaben bestimmte Anspruchsgruppen bei der Analyse übersehen. Anhand der folgenden Fragen lässt sich prüfen, ob eine bestimmte Person oder Gruppe als Stakeholder in der Planung berücksichtigt werden sollte:

- Liegt eine Berichtspflicht gegenüber der Person/Gruppe vor?
- Ist erkennbar, dass die Person/Gruppe den Erfolg des Vorhabens maßgeblich beeinflussen kann/wird?
- Sind weitere rechtliche, organisatorische oder sonstige Ansprüche erkennbar, die für den Erfolg des Vorhabens wesentlich sind?

Komplizierter sind Vorhaben in Organisationen, bei denen mehrere Abteilungen involviert sind, neben der Fachabteilung z. B. eine Personal- und eine Bildungsabteilung und eine IT-Abteilung. Hier können die Sichten der *Stakeholder* analysiert werden, etwa um mögliche Konflikte zu erkennen. Mögliche Fragen für ein Interview oder einen Fragebogen finden sich im Folgenden:

Offene Fragen:

- Was verbinden Sie mit dem Vorhaben?
- Worin sehen Sie die größten Chancen in dem Vorhaben?
- Was erwarten Sie von dem Vorhaben?
- Was müsste das Vorhaben leisten, um es aus Ihrer Sicht als „erfolgreich" bewerten zu können?

- Was sind die größten Nachteile des Vorhabens?
- Welche Hürden sehen Sie, die den Erfolg des Vorhabens wesentlich behindern könnten?
- Welche Voraussetzungen müssten aus Ihrer Sicht gegeben sein, damit das Vorhaben erfolgreich sein kann?

Rating-Fragen:

- Wie stehen Sie insgesamt zu dem Vorhaben? (sehr negativ – sehr positiv)
- Wie schätzen Sie die Stimmung in Ihrer Abteilung oder Organisation gegenüber dem Projekt ein? (sehr negativ – sehr positiv)
- Wie hoch erscheint Ihnen die Unterstützung des Vorhabens in Ihrer Abteilung oder Organisation? (sehr hoch – sehr gering)
- Bitte bewerten Sie die folgenden möglichen Effekte des Vorhabens (sehr wichtig – gar nicht wichtig):
  - Erwerb neuen Wissens
  - Erwerb neuer Fertigkeiten
  - Entwicklung von Kompetenzen
  - Bildung der Persönlichkeit
  - bessere Leistung
  - höhere Motivation
  - bessere Identifikation mit der Organisation
  - positives Arbeitsklima
- Wie hoch sind aus Ihrer Sicht die Chancen, dass das Vorhaben erfolgreich abgeschlossen werden kann? (sehr wahrscheinlich – sehr unwahrscheinlich)

8.5 Von Nutzenden zu Beteiligten

Der Begriff *Zielgruppe* legt eine gewisse Ferne zu den Menschen nahe, für die Lernangebote entwickelt werden. Der Begriff stammt aus dem Kontext der Massenmedien: Es wird von der Zielgruppe einer Zeitschrift oder eines Radiosenders gesprochen. Bestimmte Formate im Fernsehen werden für Zielgruppen entwickelt und auch Werbekampagnen richten sich an ganz bestimmte Zielgruppen. Damit ist die Erkenntnis verbunden, dass Kommunikation nur erfolgreich ist, wenn die Rezipienten und Rezipientinnen einer Nachricht bekannt und ihre Merkmale möglichst detailliert analysiert worden sind.

Bei mediengestützten Lernangeboten geht es jedoch nicht bloß um *Rezipienten*, die ein fertiges Medienprodukt konsumieren. Lernen setzt *immer* voraus, dass die Lernenden ein Angebot tatsächlich als solches wahrnehmen, es akzeptieren und als *Lernangebot* aktiv nutzen. Sie sind also nicht bloß Abnehmer des Mediums, sondern letztlich entscheiden die Lernenden selbst, ob in der Mediennutzung ein Lernen stattfindet: Die eigentliche Qualität des Lernangebots entfaltet sich nur in der (Art der) Nutzung.

Damit stellt sich die Frage, ob und wie die Lernenden in den Planungs- und Entwicklungsprozess einbezogen werden können, um die Akzeptanz und Nutzung des Angebots zu erhöhen und darüber hinaus die angestrebte Qualität der Nutzung für einen *Lernerfolg* sicherzustellen. Bei der Softwareentwicklung wird etwa von *partizipativer Systemgestaltung* gesprochen. Gemeint sind damit Verfahren, die Nutzende bei der Konzeption und Entwicklung aktiv einbeziehen. Zu unterscheiden sind reaktive und partizipative Verfahren.

Reaktive Ansätze

Bei reaktiven Ansätzen werden Personen aus der Zielgruppe bei der Nutzung von Angeboten beobachtet und befragt. Beispiele hierfür sind:

- Leser und Leserinnen von Zeitungen werden nach ihren Lesegewohnheiten befragt und danach, welche Teile der Zeitung sie besonders interessieren.
- Die Reichweite von Fernsehsendungen wird mithilfe von Geräten erfasst, die in Haushalten registrieren, wer wann wie lange einen bestimmten Fernsehkanal einschaltet. Damit wird die Einschaltquote von Fernsehsendungen berechnet.
- Potenziellen Nutzern oder Nutzerinnen wird der Prototyp eines Lernprogramms vorgestellt und sie werden befragt, wie sie die Anwendung einschätzen. Auf diese Weise wird versucht, die Akzeptanz von neuen Anwendungen abzuschätzen.
- Mithilfe von Blickbewegungsanalysen wird festgestellt, welche Elemente einer Seite wie intensiv und in welcher Reihenfolge wahrgenommen werden. Ziel solcher Usability-Studien ist es festzustellen, ob die Rezipienten wesentliche Informationen erkennen und sich in der Anwendung orientieren können.
- Durch die Auswertung von Logfiles wird analysiert, welche Seiten eines internetbasierten Schulungsprogramms wie oft aufgerufen werden. Damit lässt sich unter anderem eruieren, wie die Anwendung bearbeitet wurde. Hieraus lassen sich Rückschlüsse zur Verbesserung der Benutzeroberfläche und -führung ziehen.

Diese Verfahren sind typische Methoden zur Evaluation von Lernangeboten. Mit diesen lässt sich feststellen, wie Nutzende auf ein Medium reagieren bzw. an welchen Stellen ein Verbesserungsbedarf besteht. Sie finden Einsatz in allen Phasen des *Lebenszyklus* eines Produktes: Von ersten Konzepten, die Entwicklung und Testung von Prototypen bis hin zu Usability-Tests von marktfähigen Produkten und ihrer Analyse im Feld werden solche Untersuchungen durchgeführt. Sie werden immer mit dem Ziel durchgeführt zu prüfen, ob das Produkt den Bedürfnissen und Erwartungen entspricht und geeignet ist, den angestrebten Lernzuwachs zu ermöglichen.

Bei der Erhebung sind subjektive und objektive Daten der Nutzenden zu unterscheiden. *Subjektive* Daten beziehen sich auf Aussagen der Nutzenden, ihre Einschätzungen und Bewertungen. *Objektive* Daten erfassen das Nutzungsverhalten, etwa die Verweildauer auf bestimmten Seiten, die Lernpfade oder auch Blickbewegungen.

Dabei ist zu beachten, dass subjektive und objektive Daten nicht unbedingt identische Ergebnisse liefern: Manche Anwendungen werden von Nutzenden sehr positiv erlebt und bewertet. Die Inspektion der objektiven Daten zeigt jedoch möglicherweise, dass die Anwendung schwer und nur umständlich bedienbar ist. Subjektive und objektive Daten korrelieren oft geringer als vermutet.

Subjektive und objektive Daten spielen in den verschiedenen Stadien der Nutzung eine unterschiedliche Rolle: Für eine Kaufentscheidung spielen in der Regel vor allem subjektive Einschätzungen eine Rolle, vor allem, wenn die Nutzenden wenig Zeit hatten, das Produkt kennenzulernen. Erst nach längerer Nutzungsdauer spielen die Erfahrungen im Umgang mit dem System eine Rolle.

Partizipative Ansätze

Einen Schritt weiter gehen *partizipative* Ansätze. Dabei werden nicht nur Reaktionen von Nutzenden erfasst, sondern sie werden auch in die Planungs- und Konzeptionsphasen, entweder als *beratende* oder *mitentscheidende* Instanz, eingebunden. Für den Erfolg eines Projektvorhabens kann es hilfreich sein, Lernende, Lehrende und weitere Beteiligte von Beginn an systematisch einzubeziehen. So wird die Perspektive der Personen stärker mit eingebunden und am Ende ist es wahrscheinlicher, dass das Lernangebot mehr Zustimmung erreicht und erfolgreich in einer Lernkultur verankert werden kann. Gerade bei innovativen Vorhaben empfiehlt es sich, Lernende frühzeitig einzubinden, weil der Erfolg der Maßnahme maßgeblich von der Akzeptanz der Lernenden abhängt.

Die Beteiligung geschieht in der Regel über Workshops, in denen der Stand der Planung und Umsetzung vorgestellt und mit den Beteiligten diskutiert wird. Begleitmaßnahmen zur Einführung eines digitalen Lernangebots, wie Schulungskonzepte, können mit Lernenden besprochen werden, um Bedarfe richtig abzuschätzen. Die Teilnehmenden sollen die Erfahrung machen, dass ihre Vorschläge wahrgenommen werden. Umso mehr sich die Lernenden, die Lehrenden und weitere Akteure in das Vorhaben eingebunden fühlen, das Vorhaben als ihr Projekt erleben und damit selbst zu Promotoren der Maßnahme werden, desto wahrscheinlicher ist es, dass die Einführung von ihnen getragen wird.

Neben einer solchen beratenden Funktion können Benutzende auch an Entscheidungsprozessen und mit höherer Verantwortung eingebunden werden. Dies ist etwa der Fall, wenn ausgewählte Akteure in einer Projekt-Steuergruppe (*Steering Committee*) mitwirken. Bei komplexeren Projekten zur Einführung neuer Lernformate in Organisationen werden wichtige Entscheidungen vielfach in gemischt zusammengesetzten Steuergruppen getroffen.

Darüber hinaus existieren in manchen Organisationen rechtlich festgelegte *Beteiligungsverfahren*: Es kann ein Mitspracherecht eines Betriebs- oder Personalrates vorliegen. Neue Lernverfahren können unter entsprechende Forderungen des Betriebsverfassungsgesetztes in der Privatwirtschaft bzw. des Personalvertretungsrechts in staatlichen Einrichtungen fallen. Die Vertretung von Mitarbeitenden wird zum Beispiel Wert darauf legen, dass Regelungen gefunden werden, wie die Zeiten zum Lernen während der Arbeitszeit organisiert werden, wie die Einführung begleitet wird und welcher Support bei der Durchführung bereitgestellt wird. Die Lernenden sollen bei neuen Maßnahmen nicht schlechter gestellt und zusätzliche Belastungen vermieden werden.

Beteiligte aktiv in den Planungsprozess einzubeziehen, hat weiterreichende Lerneffekte: Die aktiv Eingebundenen erfahren mehr über den Sachgegenstand, über die Bildungsarbeit, die Organisation und die Zusammenarbeit im Unternehmen. Insofern gilt Beteiligung auch als Beitrag zu einer positiven Entwicklung von Lernkultur und zur Förderung von organisationalem Lernen. In der Studie von KÖNINGS et al. (2010) veränderte sich z. B. wie Beteiligte ihr Lernen erlebten, das heißt ihre Vorstellungen über das Lernen und Lehren entwickelte sich als Folge des Beteiligungsprozesses. Teilweise zeigten sich negative Effekte bei Personen, die bei dem Entwicklungsprozess *nicht* einbezogen waren.

Inklusion

Für Alle? Das Internet wird zunehmend zu einem zentralen Informations- und Kommunikationsmedium unserer Gesellschaft. Informationen aller Art, Bildungsangebote und die Partizipation an gesellschaftlicher Kommunikation sind zunehmend primär oder nur über das Internet zugänglich. Doch manche Informationen können nicht von allen Menschen erschlossen werden, weil sie diese beispielsweise nicht gut lesen, hören oder sehen können. Dies betrifft etwa Menschen mit einer Rot-Grün-Sehschwäche (immerhin etwa 8 % der Männer in Europa) oder anderen Formen der Beeinträchtigung des Sehens oder Hörens (Birch, 2012). Es wächst das Bewusstsein, dass Informations- und Lernangebote so aufzubereiten sind, dass Menschen mit besonderen Herausforderungen nicht zusätzlich behindert werden dürfen, um an Wissen, Bildung und Kultur zu partizipieren.

Es liegen Standards vor, wie sich ein barrierefreier Zugang für Medien, etwa im Internet, realisieren lässt. Diese Standards beschreiben, wie Webseiten zu gestaltet sind, die von den meisten Menschen angemessen erfasst werden können. Es ist nicht immer einfach, alle Aspekte der „Richtlinien für barrierefreie Webinhalte“ (WCAG 2.0) bei Lernangeboten umzusetzen; sie schränken die Gestaltungsmöglichkeiten teilweise deutlich ein. Auch wenn es schwer sein wird, in jedem Online-Lernangebot alle Vorgaben immer umzusetzen, so lohnt sich eine Auseinandersetzung mit diesen Richtlinien. Sie können eine Reihe von Hinweisen für gutes Webdesign liefern, die die Zugänglichkeit eines Web-Angebots für alle verbessert.

Übung

Die wirtschaftswissenschaftliche Fakultät einer Universität möchte E-Learning nutzen, um ihren Studierenden ein flexibleres Studium zu eröffnen. Immer mehr sind Studierende berufstätig und durch andere private Verpflichtungen zeitlich gebunden. Deswegen wünschen sie sich Studienangebote, die sie zeitlich und räumlich flexibel nutzen können.

Erstellen Sie eine Liste der Akteure und Anspruchsgruppen in der Hochschule, die bei der Planung zu berücksichtigen sind. Bedenken Sie die Akteure in der Fakultät sowie in anderen Einrichtungen in der Hochschule einschließlich z. B. der zentralen Einrichtungen und der Hochschulverwaltung. Überlegen Sie, welche Rolle diese Akteure bei der Planung übernehmen.

9 Lehrinhalte und -ziele

Die didaktische Konzeption eines Lernangebots hängt wesentlich von dem angestrebten Lernziel ab. Deswegen sind die Ziele, die mit dem Lernangebot verknüpft sind, zu benennen. Dies trägt auch dazu bei, dass sich die Akteure über die angestrebten Ziele eines Vorhabens verständigen.

Einstieg

Im Veranstaltungsverzeichnis einer Fern-Hochschule finden Sie folgende Informationen zu der Online-Vorlesung **Informatik I**

Titel: Informatik I **Dozent**: Prof. Dr. Martina Meyer

Inhalte: Die Veranstaltung greift folgende Themen auf:

- Modellierung von Prozessen und Abläufen
- Datentypen und Datenstrukturen
- Kontrollstrukturen und Algorithmen
- Prinzip der Objektorientierung
- Verifikation und Effizienzanalyse von Algorithmen

Termin: Freitags, 10–12 **Raum**: GU 120

Der Beschreibung können Sie entnehmen, welche Inhalte Sie in der Lehrveranstaltung erwarten. Sie wissen aber nicht, was letztlich das Ergebnis des Lernprozesses sein soll: Sollen Sie die Inhalte danach *wiedergeben* oder *anwenden* oder gar selbst forschend Wissen in dem Feld *generieren*?

Je nach angestrebtem Lernziel wird eine bestimmte methodische Aufbereitung des Lerninhaltes erforderlich sein. Es besteht ein Unterschied, ob die Studierenden elementare Algorithmen *kennen* und *wiedergeben können* oder in vorgegebenen Beispielen elementare Algorithmen *identifizieren,* diese in einer komplexen Programmieraufgabe *anwenden* und *kreativ entwerfen können.*

https://doi.org/10.1515/9783110456837-311

Geht es z. B. darum, elementare Algorithmen *wiederzugeben*, wird es in der Regel ausreichen, wenn diese etwa am Vortrag vorgestellt und erläutert werden. Anschließend kann untersucht werden, ob die elementaren Algorithmen erinnert werden. Geprüft wird die Behaltensleistung. Dies wäre ein relativ einfacher Lernprozess, bei dem unsicher ist, ob das Wissen länger erinnert und auf neue Problemsituationen angewendet werden kann.

Oft geht es um anspruchsvollere Lernergebnisse: Die Studierenden sollen elementare Algorithmen z. B. bei komplexen Programmieraufgaben *anwenden* und *kreativ kombinieren*. Dann werden die Studierenden durch mehrfaches Durcharbeiten und Anwenden der Fertigkeit Routine erwerben müssen.

Die Beschreibung der Ziele ist deswegen eine Voraussetzung, um ein Lernangebot planen und aufbereiten zu können. Wenn vorab das erwartete Ergebnis genau benannt ist, lässt sich auch später prüfen, ob dieses Lernergebnis eingetreten ist. Die Lernenden können dann im Übrigen auch besser einschätzen, was sie erwartet und wie weit sie von dem gesetzten Lernziel entfernt sind.

Übersicht

Das folgende Kapitel beschäftigt sich mit Zielhorizonten des mediengestützten Lernens: Was wollen und können wir beim mediengestützten Lernen erreichen? Welche Ziele sind überhaupt mit mediengestützten Lernangeboten verbunden? Wie können diese beschrieben werden?

- Die **Reichweite von Lehrzielen** ist ganz unterschiedlich. Lehrziele können unterschiedlich weite Zielhorizonte implizieren.
- Die **Benennung eines Bildungsproblems** hilft, klarer zu erkennen, ob und inwieweit ein Lernangebot tatsächlich zur Problemlösung beiträgt.
- Lehrziele sind schließlich verschiedenen **Kompetenzbereichen** und **Leistungsniveaus** zuzuordnen, um ein Lernangebot planen zu können.

Lernziele

- Sie können ein Bildungsproblem identifizieren und beschreiben.
- Sie können die Reichweite unterschiedlicher Ziele, die mit dem Lernen mit Medien verbunden sind, benennen.
- Sie können Lernziele formulieren und in die Kompetenzmatrix einordnen.
- Sie verstehen die Bedeutung und zugleich auch die mögliche Problematik von Lernzielen.

9.1 Benennung des Bildungsproblems

Lernangebote können nur *Bildungs*probleme und -anliegen lösen. Für andere Arten von Problemen sind andere Arten von Problemlösungen zu finden. Deswegen stellt sich zuerst die Frage: Liegt tatsächlich ein Bildungsproblem (oder -anliegen) vor beziehungsweise worin besteht das eigentliche Bildungsproblem (oder -anliegen)?

In manchen Vorhaben wird der Einsatz von digitalen Medien und E-Learning propagiert, ohne dass benannt worden ist, welches pädagogische Anliegen damit eingelöst werden soll. Dies ist dann der Fall, wenn z. B. pauschal eine *bessere Ausstattung* mit Technik von Schulen oder Bildungszentren gefordert wird. Offen bleibt vielfach, was damit letztlich erreicht werden soll und welches Problem damit angegangen werden kann.

Beispiel 1: Eine Hochschule formuliert das Ziel, dass mindestens 50 % der Lehrveranstaltungen in den kommenden zwei Jahren mit E-Learning-Elementen unterstützt werden sollen.

Dieses Ziel mag sinnvoll sein. Doch handelt es sich um ein Bildungsproblem? Es stellt sich die Frage, welches „eigentliche" Ziel wir mit dem Einsatz von E-Learning verfolgen können oder ob sich die Maßnahme wirklich im Erreichen dieser Zielmarke erschöpft?

Ein weiteres Problem ist, dass Bildungsmaßnahmen manchmal angesetzt werden, ohne dass sicher ist, ob tatsächlich ein Bildungsproblem verantwortlich ist für z. B. ein Verhaltens- oder *Leistungsdefizit*. Für Leistungsdefizite können in einer Organisation sehr unterschiedliche Faktoren verantwortlich gemacht werden: neben Wissenslücken und mangelnden Fertigkeiten z. B. auch ungünstige Rahmenbedingungen, geringe Führungsqualitäten, Probleme in der Zusammenarbeit der Mitarbeitenden einer Abteilung, schlechte Arbeitsorganisation oder Ausstattung des Arbeitsplatzes.

Beispiel 2: Nehmen wir an, eine Verkaufsabteilung eines Unternehmens erzielt regelmäßig schlechte Absatzzahlen. Spontan wird man daran denken, das Verkaufspersonal besser zu schulen. Doch ist dies die richtige Maßnahme für das Problem?

Vielleicht sind ganz andere Gründe für den geringen Absatz verantwortlich. Würde man ohne weitere Analysen eine Weiterbildungsmaßnahme ansetzen, ohne dass ein Bildungsproblem vorliegt, wäre die Maßnahme wahrscheinlich relativ wenig erfolgreich.

Das Schema in Abbildung 40 zeigt Gründe für Leistungsdefizite im Kontext der betrieblichen Bildungsarbeit. Das Schema benennt *Können* und *Wollen* als zentrale Bedingungen für das Zustandekommen von Leistungshandeln in Organisationen.

Eine Bildungsmaßnahme wäre danach dann angebracht, wenn einer Person Wissen und Fertigkeiten fehlen, aber eine hinreichend hohe Motivation zum Handeln vorliegt (Feld D). Anders liegt der Fall, wenn die Kenntnisse, die für die Aufgabenbearbeitung erforderlich sind, vorhanden sind und ein Leistungsdefizit primär auf fehlende Motivation oder Einstellungen zurückzuführen sind. Dann ist über Anreize nachzudenken, die die Motivation erhöhen können (Feld A). Bei einer geringen Motivation oder negativen Einstellung *und* einem Mangel an Wissen und Fertigkeiten (Feld C) erscheinen andere Maßnahmen sinnvoll: Passt die Tätigkeit zu der Person? Gäbe es alternative Aufgaben für eine Person, gibt es Entwicklungsmöglichkeiten an dem Arbeitsplatz?

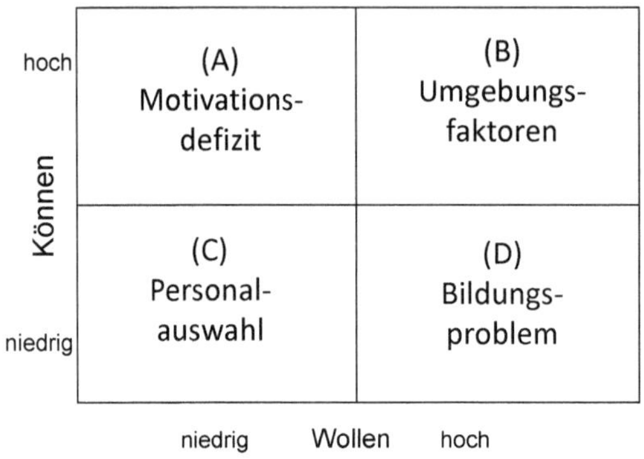

Abbildung 40: Können und Wollen als Determinanten für Leistungshandeln

Aber es gibt auch den Fall in Feld B: Die Person ist sowohl hinreichend geschult und motiviert und zeigt dennoch keine zufriedenstellende Leistung. Hier könnten Maßnahmen im Bereich der Arbeitsgestaltung ansetzen, wie etwa zur Verbesserung der Ergonomie oder anderer Umgebungsmerkmale, die sich auf die Arbeitsleistung auswirken.

Diese Analyse kann aufdecken, ob in einem konkreten Vorhaben ein Bildungsproblem vorliegt. Denn Bildungsmaßnahmen können nur Bildungsprobleme lösen. Im Kontext der betrieblichen Bildungsarbeit und Personalentwicklung wird also kritisch zu prüfen sein, ob ein Bildungsproblem vorliegt oder etwa eine ungünstige Arbeitsorganisation, ein Problem der Mitarbeiterführung, der Zusammenarbeit im Team, des Personaleinsatzes, der Unternehmenskultur, der Arbeitsplatzgestaltung und -ausstattung oder mangelnde Ressourcen.

Bildungsproblem?

Digitale Lernangebote können nur Bildungsprobleme lösen.

Liegt ein anderes Problem vor, sind andere Maßnahmen in Erwägung zu ziehen.

Die Planung eines Lernangebots beginnt immer mit der Benennung eines Bildungsproblems oder – neutraler formuliert – eines Bildungsanliegens.

9.2 Kriterien für Lernerfolg

Wenn man fragt, was das Ziel eines Lernangebots sei, so wird oft auf die Lerninhalte verwiesen, die vermittelt werden sollen: Die Lernenden sollen diesen oder jenen Stoff beherrschen. Gelernt werden soll z. B. „der Dreisatz“ in der Mathematik, eine künstlerische Maltechnik oder die Bedienung einer Maschine. Das Ziel ergibt sich scheinbar *aus der Sache* selbst. Offen bleibt: Geht es darum, das Gehörte wiedergeben zu können? Soll das Gelernte in der Praxis angewendet oder auf neue Problemsituationen übertragen werden können?

Um Ziele des Lernens zu beschreiben, reicht es nicht aus, nur die Lehrinhalte zu benennen. Um die Lerninhalte didaktisch aufbereiten zu können, müssen die Ergebnisse der Lernaktivitäten spezifiziert werden. Häufig wird Lernerfolg auf das Behalten von Fakten oder Vorgängen reduziert. Außer Acht gelassen werden dabei weitere Aspekte, wie das Verstehen von Zusammenhängen, der Aufbau kognitiver Schemata, der Erwerb von Fertigkeiten oder auch der Aufbau von Einstellungen und Werten sowie die Bildung von Persönlichkeit. Im Folgenden geht es um die genauere Beschreibung der Ergebnisse des Lernens bzw. des Lernerfolgs. Wie lassen sich die angestrebten Ergebnisse des Lernens auf der Zeitachse beschreiben? Wir betrachten zunächst unterschiedliche *lerntheoretische Positionen*, um danach verschiedene *Kriterien* für Lernerfolg zu formulieren und in ihrer *Reichweite* zu systematisieren.

Positionen

Behavioristische Ansätze fordern, beobachtbares Verhalten als Ergebnis von Lernprozessen zu beschreiben (vgl. Kapitel 4.3.1). B. F. SKINNER kritisierte, dass viele Zielbeschreibungen von Lernen sehr vage sind, zu vage, als dass Lernprozesse systematisch geplant und ausgestaltet werden könnten. ROBERT MAGER entwickelte daraufhin Vorgaben, wie *operationalsierbare Lernziele* zu beschreiben sind.

Kognitive Ansätze kritisieren diese Engführung auf beobachtbares Verhalten, weil damit die Strukturen und Prozesse, die kompetentem Handeln zugrunde liegen, nicht gezielt benannt und aufgebaut werden. Es sind kognitive Schemata aufzubauen, die die Wahrnehmung und das Handeln steuern (vgl. Kapitel 4.3.2).

Konstruktivistische Ansätze kritisieren die verkürzte Betrachtung von Lernergebnissen: Die personenbezogenen Kriterien sind auf kollektive und institutionelle Einheiten auszuweiten. Lernen ist nicht auf die kognitive Verarbeitung von Stimuli zu reduzieren, sondern ist letztlich das Ergebnis der Teilhabe an soziokultureller, medial vermittelter Interaktion. Wissen ist nicht im Kopf des Individuums *abgespeichert*, sondern wird ständig in sozialen Kontexten konstruiert. Es interessiert dann, wie mediale Lernangebote Prozesse der Wissenskonstruktion in diesen Situationen ermöglichen (vgl. Kapitel 4.3.3).

In der deutschsprachigen Didaktik steht der Begriff der *Bildung* im Vordergrund (s. Kapitel 2.3.3 über die verschiedenen Verständnisse von Bildung). *Bildung* – als Transformation – beinhaltet nicht nur die Ausbildung menschlicher Fähigkeiten, sondern sie hat auch die Lebensverhältnisse der Menschen im Blick. Sie bezieht sich damit auf die Frage, wie Lebens- und Lernwelten menschliche und gesellschaftliche Entfaltung beeinträchtigen bzw. fördern können und hat damit einen sehr langfristigen Blick auf die Bedeutung von den Ergebnissen von Lernprozessen.

Lernen wird nicht allein *in* der Person lokalisiert, sondern in dem Wechselverhältnis der Person zu ihrer Umwelt, in der die Person sich entwickelt und die sie in ihrem Handeln zugleich erzeugt. Ein solch weites Verständnis kritisiert es, wenn Bildung auf *Ausbildung* reduziert wird, und Bildung nur als Anpassung des Menschen an gesellschaftliche Erwartungen und Vorbereitung für Anforderungen, etwa des Arbeitsmarktes, verstanden würde. Prägend ist dabei die Vorstellung, dass Bildung letztlich *Selbst-Bildung* ist. Lernen kann angeregt werden, aber derart verstandene Bildung kann nicht *vermittelt* werden.

Beschreibung von Lernergebnissen

Es haben sich Standards etabliert, wie Lernziele beschrieben werden. Im Rahmen der Entwicklung des europäischen Qualifikationsrahmens für lebenslanges Lernen wurden etwa folgende Vorgaben formuliert.

Die Beschreibung von Lernergebnissen umfasst danach die folgenden Elemente:

- Die Personen, für die das Lernangebot konzipiert wird. Dabei kann eine geschlechtsneutrale Formulierung gewählt werden, falls sich das Angebot nicht nur exklusiv an Männer *oder* Frauen richtet.
- Ein Verb, das eine Tätigkeit oder Handlung benennt, die die Lernenden nach Abschluss beherrschen werden. Das Verb soll sich auf ein möglichst messbares, überprüfbares oder beobachtbares Ergebnis beziehen, z. B. die *Tn können beschreiben, Schlussfolgerungen ziehen, ausführen, bewerten, planen* usw., aber z. B. **nicht:** Die Tn *sind vertraut mit, haben sich beschäftigt mit …* .
- Eine Angabe, auf welchen Gegenstand oder Fertigkeit sich dieses Können bezieht: z. B. *Funktion von Hardwarekomponenten* erklären können, *räumliche Gegebenheiten in Handskizzen* darstellen können usw.
- Eine Aussage, wie der Lernerfolg sichtbar wird (z. B. *einen allgemeinen Überblick* über die in der Elektrotechnik gebräuchlichsten Werkstoffe und ihre Eigenschaften geben können, *unter Anwendung wissenschaftlicher Methoden ein Forschungsdesign formulieren können* usw.

Lernergebnisse sollen überprüfbar und bewertbar sein. Sie sind, soweit es geht, konkret zu beschreiben, damit die Lernenden ebenso wie die Lehrenden einschätzen können, ob ein Lernerfolg erzielt wurde. Weitere Angaben können sich darauf beziehen, unter welchen Umständen und mit welchen Hilfsmitteln welche Qualität von Leistung gezeigt werden soll.

Übersicht von Kriterien

In der Bildungspraxis kann Lernerfolg zumeist nicht auf das Behalten von Lerninhalten reduziert werden, wie sie unmittelbar nach Ende einer Lerneinheit – und in vielen Laboruntersuchungen der Lernforschung – erfasst wird. In mediendidaktischen Vorhaben im Feld stehen regelmäßig andere Lernergebnisse im Mittelpunkt: Neben *Wissen* wird über das *Verstehen, Anwenden* und *Handeln* diskutiert. Es geht um beispielsweise um Selbstregulation, strategisches Wissen oder Planungskompetenz und die Bewältigung anderer Anforderungen der Lebenswelt. Solche didaktischen Zielhorizonte machen eine differenzierte Betrachtung des Konstrukts *Lernerfolg* notwendig, die die vielen Kriterien unterschiedlicher Reichweite berücksichtigt. Von Bedeutung wären etwa

- die *Nutzung/Akzeptanz* des Lernangebots und das *Lernverhalten* (Lerndauer, -intensität, Persistenz bzw. Abbruch),
- die *erlebte Qualität* des Lernangebots (inhaltliche Qualität, formale oder ästhetische Qualität, didaktische Qualität der Informationsaufbereitung, Qualität der Kommunikation und Betreuung),
- *emotionale Bewertung* und *Lernmotivation* (Aufmerksamkeit, Interesse, Identifikation, Bindung an das Lernangebot; in kooperativen Lernszenarien sichtbar unter anderem an dem gezeigtem prosozialen Verhalten, an der Bereitschaft, Informationen auszutauschen und an Diskussionen mitzuwirken, an der Gruppenbildung und kohäsion),
- die *subjektive Zufriedenheit* der Lernenden (subjektiver Lernfortschritt, Erfahrungszuwachs, Zufriedenheit mit Kommunikationsangeboten),
- der *„objektive" Lernerfolg* bei der Anwendung an *Praxisaufgaben*, gemessen in verschiedenen zeitlichen Abständen nach der Lerneinheit,
- die *Effekte* in der Lebens- oder Arbeitswelt (z. B. subjektive Befindlichkeit, Leistungssteigerung usw.) oder
- das Verhältnis von *Kosten und Nutzen* des Bildungsangebotes.

Um die Effekte und Bedeutung des Lernangebots abzuschätzen, erfassen diese Variablen Ergebnisse des Lernprozesses in einer größeren Reichweite und Bandbreite. Dabei wären im Übrigen nicht nur die Lernenden selbst zu betrachten, sondern auch die Lehrenden und andere Akteure der Organisation.

In Untersuchungen zu Effekten von Lernangeboten ist jeweils zu überlegen, welche Kriterien als Variable herangezogen werden, um Lernerfolge zu erfassen. Zu berücksichtigen sind dabei auch Erwartungen und Perspektiven von Auftraggebenden und anderen Akteuren.

Zu bedenken ist auch, dass die Vorteile einer didaktischen Methode sich immer in bestimmten Variablen niederschlagen werden. Insofern besteht ein wechselseitiger Zusammenhang zwischen der didaktischen Konzeption und der gewählten Variable für Lernerfolg. Es kann z. B. sein, dass der Erfolg einer Maßnahme nicht sichtbar gemacht werden kann, weil die falsche Variable herangezogen wurde.

Gesprächsführung lernen

In einer Untersuchung wurden Techniken der Gesprächsführung in der Interaktion zwischen Vorgesetzten und Mitarbeitenden untersucht:

- Gruppe 1 lernte Gesprächsführung mit einem Lernprogramm am Computer. Es beinhaltete Videos, in denen Gesprächssituationen mit Schauspielern gezeigt wurden, um richtiges Gesprächsverhalten in schwierigen Situationen zu erläutern.
- Gruppe 2 erhielt eine kurze Einführung in die Grundlagen am PC und übte danach Gesprächsführung mit Rollenspielen in einem Präsenz-Training.

Anschließend erhielten die Teilnehmenden einen Test mit Fragen zum richtigen Verhalten in schwierigen Gesprächssituationen. Gruppe 1 zeigte bessere Ergebnisse als Gruppe 2.

Wie würden Sie die Ergebnisse der Untersuchung interpretieren?

Das Lernen am Computer führte hier zu deutlich besseren Lernergebnissen und zeigte damit den höheren Lernerfolg. Belegt die Untersuchung damit, dass das Lernen am Computer besser ist als das „traditionelle" Lernen im Rollenspiel in der Präsenz?

Die Autoren der Studie würden dies möglicherweise so interpretieren. Dennoch bleibt die Frage, ob nicht das Kriterium, das dem Test zugrunde gelegt wurde, genau eine Methode „bevorzugt"?

Das Lernprogramm wird gut ausgearbeitet sein und erfolgreich Wissen vermittelt haben. Das Rollenspiel, in das wir uns begeben, führt aber zu gänzlich anderen Erfahrungen und Lernergebnissen als das Durcharbeiten eines Lernprogramms. **Beide** didaktischen Methoden haben jedoch ihre Berechtigung! Beide Methoden führen zu unterschiedlichen Lernerfahrungen. Das Kriterium, das wir als Definition von Erfolg anlegen, hat wesentlichen Einfluss darauf, welche Methode sich als überlegen erweisen wird.

Zu beachten ist schließlich das Problem des *Lerntransfers*: Wenn am Ende eines Kurses ein Lernerfolg festgestellt wird, dann heißt das (leider) nicht, dass das Gelernte auch auf (andere) Anwendungssituationen übertragen werden kann: Wissen bleibt vielfach *träge*, der Erfolg in der Lernsituation ist nicht extrapolierbar auf den Erfolg in der Anwendungssituation. Wir werden diese Thematik im Kapitel über didaktische Methoden und Problemorientierung erneut aufgreifen und Maßnahmen kennenlernen, die dazu beitragen können, den Lerntransfer zu erhöhen.

Reichweite von Lernzielen

Im vorigen Kapitel wurde deutlich, dass die Ergebnisse des Lernens mit Medien ganz unterschiedliche Reichweiten beinhalten. Aus methodischer Sicht lassen sich Effekte des digitalen Lernangebots nur unmittelbar nach der Durchführung des Lernangebots begründet nachweisen: Ein Test am Ende eines Kurses prüft z. B., ob das Dargebotene wiedergegeben werden kann, verstanden wurde oder auf neue Problemstellungen angewendet werden kann. Ob sich dieses Lernergebnis auch in der Folge auf das weitere Handeln auswirken wird, lässt sich in der Regel kaum zuverlässig aufzeigen, weil viele andere Faktoren auf die weiteren Schritte Einfluss nehmen. Je weiter zeitlich entfernt der Messzeitpunkt von dem Lernprozess liegt, desto schwieriger wird es, den Effekt einer Bildungsmaßnahme nachzuweisen.

Die Effekte des Lernens können sich damit auf unterschiedliche zeitliche Horizonte beziehen. Die Effekte können entweder unmittelbar mit der Bearbeitung des Lernangebots verbunden sein, es handelt sich um mittelfristige Effekte für die Lernenden oder die Gesellschaft, oder es geht um langfristige Effekte für den Einzelnen, eine Organisation oder die Gesellschaft.

Für das Lernen mit Medien können wir damit unterscheiden:

Kurzfristige Effekte

- Das Lernangebot wird genutzt und führt zu einer intensiven Beschäftigung mit dem Lerngegenstand.
- Das Lernangebot wird akzeptiert und positiv von den Lehrenden und Lernenden während oder nach der Nutzung bewertet.
- Die Lernenden können die Lerninhalte richtig wiedergeben bzw. haben die Inhalte durchdrungen und verstanden.
- Die Lernenden können das Gelernte auf neue Aufgaben und Probleme anwenden.

Mittelfristige Effekte für die Person

- Die Lernenden können das Gelernte auf neue Anforderungen in der Lebenswelt übertragen (Lerntransfer).
- Die Lernenden zeigen bessere Leistungen im privaten oder beruflichen Feld und entwickeln neue Fähigkeiten.
- Die Lernenden sichern ihre Beschäftigungsfähigkeit in der Arbeit und auf dem Arbeitsmarkt.
- Die Lernenden partizipieren an gesellschaftlicher Kommunikation, Bildung und Kultur.
- Die Lernenden entwickeln Handlungskompetenz als Teil der individuellen Selbstentfaltung.

Mittelfristige Effekte für die Organisation

- Die Lernenden können ihre Leistung und damit die Leistung ihrer Abteilung steigern.
- Die Lernenden entwickeln neue Fähigkeiten und Kompetenzen und sichern so die Innovationsfähigkeit der Organisation.
- Die Lernenden tragen zur positiven Entwicklung des Unternehmensergebnisses bei.

Langfristige Effekte

- *Bildung* als Möglichkeit für den Einzelnen, um an gesellschaftlicher Kommunikation teilhaben zu können, zur Entwicklung von Kultur und Bildung, Wirtschaft und Technik.

Es besteht das Paradox: Bei der Konzeption des Lernangebots werden zumeist die kurzfristigen Effekte als Lernergebnisse nach Abschluss einer Lerneinheiten benannt, da sie sich methodisch gut erfassen und der Bildungsmaßnahmen gut zuordnen lassen. Aus didaktischer Sicht wollen wir jedoch auch, dass sich das Lernen möglichst nachhaltig auswirkt. Dazu haben wir Effekte mit einem mittel- oder langfristigen Horizont im Blick, die sich allerdings nur schwer methodisch begründet nachweisen lassen.

Ziele der Akteure

In verschiedenen *Konstellationen* von Akteuren stehen unterschiedliche Zielvorstellungen im Vordergrund:

- Beim *autodidaktischen* Lernen ist entscheidend, wie das Angebot durch die Lernenden wahrgenommen wird und ob sie einen Nutzen für das eigene Lernen erkennen.
- Beim Lernen mit Medien *in Bildungseinrichtungen* ist von Bedeutung, wie das Lernangebot von den Lernenden eingeschätzt wird. Für die Einrichtung ist es wichtig, dass das Angebot Akzeptanz bei den Lernenden findet. Für die Lernenden selbst sind die mittelfristigen Effekte wesentlich.
- Wird das Lernangebot im Rahmen betrieblicher *Weiterbildung* eingesetzt, sind die organisationalen Zielvorstellungen besonders zu gewichten. Aus Sicht der Organisation stellt sich die Frage eines *Return on Investment*, den das Lernangebot erbringen muss. Dieser *Return* ist oft schwer zu quantifizieren, weil der zeitliche Abstand zwischen dem Lernen und dem Zeitpunkt, in dem sich dieser Effekt zeigen kann, oft groß ist, zumal er von anderen Einflussfaktoren überlagert wird.

Reden wir über die Ziele der Lernenden oder der Lehrenden, der anbietenden Einrichtung oder die des didaktischen Designs? Im Lichte der Diskussion über den Konstruktivismus würden wir erwarten, dass Akteure unterschiedliche Ziele verfolgen (vgl. die Diskussion in Kapitel 7.6). Wenn mediengestütztes Lernen im Wesentlichen als fremdgesteuerter Prozess aufgefasst wird, sind die extern vorgegebenen *Lehrziele,* die von den Lernenden übernommen werden, maßgeblich. Eine andere Einschätzung ergibt sich, wenn Medien als *Lernangebote* betrachtet werden, die Lernende für die Konstruktion von Wissen nutzen, um ihre *Lernziele* zu verfolgen.

Somit können zunächst *Lehr-* und *Lern*ziele unterschieden werden: Das didaktische Design kann eigentlich nur *Lehrziele* benennen, also die Ziele einer lehrenden Instanz. Inwieweit diese mit *Lernzielen*, d. h. den Zielen der Lernenden, identisch sind, ist keineswegs sicher. Welche Ziele die Lernenden verfolgen, ist zunächst nicht unbedingt bekannt. Wir können zumindest nicht *a priori* davon ausgehen, dass die Ziele der Lehrenden und der Lernenden identisch sind. In der Praxis wird oft von Lernzielen gesprochen, auch wenn im Grunde Lehrziele gemeint sind.

In einem Vorhaben zur Entwicklung eines mediengestützten Lernangebots sind, wie beschrieben, eine Reihe von Akteuren beteiligt, alle mit eigenen Interessen und Zielen. Im Mittelpunkt jeder Zielanalyse steht die Benennung der Lehr- und Lernziele. Doch berücksichtigt man die Ziele der anderen Akteure nicht, wird man das Vorhaben möglicherweise nicht erfolgreich umsetzen können.

Die Erwartungen der beteiligten Akteure sind zu explizieren und auf mögliche Konflikte hin zu untersuchen. Wenn etwa eine Bildungsanbieterin lediglich die *Zufriedenheit* der Teilnehmenden prüft, wird sie kaum den Erwartungen eines betrieblichen Kunden gerecht, der einen Transfer auf die Arbeitsprozesse erhofft.

Ziele von Akteuren

Lernziele – Ziele, die die Lernenden verfolgen.

Lehrziele – Ziele, die die lehrende Instanz festlegt bzw. die bei der Planung für das Lernen festgelegt werden.

Projektziele – Ziele, die das Vorhaben verfolgt. Ziele, die erreicht werden müssen, damit das Projekt als erfolgreich zu betrachten ist.

Unternehmensziele – Ziele, die das Unternehmen mit dem Lernangebot verfolgt.

Eine realistische Zielanalyse muss die Perspektive ausweiten: Projektziele benennen Termine und Ressourcen für die Umsetzung des Vorhabens und die inhaltlichen Rahmenbedingungen und Spezifikationen. Ihre präzise Festlegung dient der reibungslosen Kommunikation mit dem Auftraggeber und innerhalb des Projektteams und trägt so zur Sicherung des Projekterfolges bei. Projekte können bereits daran scheitern, dass die Projektziele der Akteure nicht eindeutig formuliert sind und die Beteiligten sich nicht hinreichend über ihre Ziele verständigt haben. Schlecht formulierte Projektziele lassen sich unter anderem daran erkennen, dass didaktische Zielvorgaben fehlen. Die mediendidaktische Zielanalyse muss damit über die Spezifikation von Lehrzielen hinaus prüfen, inwieweit diese mit den Projektzielen der Akteure übereinstimmen.

9.3 Kompetenzen

Im Mittelpunkt der bildungspolitischen Diskussion steht der Begriff der *Kompetenz*. Im Folgenden werden zwei unterschiedliche Richtungen skizziert, wie der Kompetenzbegriff in den Bildungswissenschaften diskutiert wird: der eher domänengebundene Kompetenzbegriff aus der empirischen Lehr-Lern-Forschung und das eher fächerübergreifende Kompetenzverständnis der berufspädagogischen Diskussion.

Hintergrund

In den 1970er-Jahren wurde im Kontext der behavioristischen Lernprogramme über *operationale Lernziele* diskutiert und die Forderung, Lernziele auf *Verhaltensebene* zu beschreiben. Im Zuge der Kritik an der behavioristischen Lerntheorie war diese Forderung umstritten und konnte sich nicht durchsetzen. In den 1990er-Jahren erhielt diese Diskussion infolge der Ausrichtung von Curricula an *Kompetenzen* erneut Auftrieb. Diese Diskussion steht im Zusammenhang mit der gesellschaftlichen Erwartung, den Output staatlicher Investitionen in den Bildungssektor unter Anlage von Modellen des Qualitätsmanagements zu optimieren. Frank E. Weinert (2001, S. 27) beschreibt den Begriff der *Kompetenz* in der Tradition der empirischen Lehr-Lern-Forschung. Dort wird er verstanden als ...

> *die bei Individuen verfügbaren oder durch sie erlernbaren kognitiven Fähigkeiten und Fertigkeiten, um bestimmte Probleme zu lösen, sowie die damit verbundenen motivationalen, volitionalen und sozialen Bereitschaften und Fähigkeiten, um die Problemlösungen in variablen Situationen erfolgreich und verantwortungsvoll nutzen zu können.*

In einer Expertise für das deutsche Wissenschaftsministerium beschreiben Klieme et al. (2003) in dieser Weise Kompetenzen auch als grundlegende Handlungsanforderungen in einer *Wissensdomäne* (= Wissensgebiet). Aus Sicht der empirischen Lehr-Lern-Forschung ist die Entwicklung von Kompetenzen eng gebunden an spezifische fachliche Domänen. Durch häufige, flexible und variable Nutzung können sie sich auch zu *Schlüsselkompetenzen* entwickeln. Solche fächerübergreifende Kompetenzen bauen demnach immer auf Kompetenzen auf, die stark an Fachinhalte gebunden sind.

Kompetenztransfer?

Projekte zu managen lässt sich nicht alleine in Kursen lernen, in denen die Schrittfolge der Projektarbeit erklärt wird. Die Fertigkeiten des Projektmanagements sind einzuüben und werden immer in einem bestimmten fachlichen Zusammenhang entwickelt. Betrachten wir ein Bauvorhaben als ein Projekt, so lässt sich dabei lernen, wie ein solches Projekt abläuft. Hat die Person mehrere Häuser gebaut, wird sie entsprechende Bauvorhaben zunehmend kompetent managen können. Ist die Person damit aber ein *Projektmanager* oder eine *Projektmanagerin* – für alle Arten von Projekten?

Eine grundlegende Frage ist dabei, ob sich Fähigkeiten, die in einer Domäne erworben wurden, auf andere Domänen übertragen lassen. Die Ergebnisse der empirischen Lehr-Lern-Forschung geben eher Anlass zur Skepsis (vgl. McKeough, Lupart, & Marini, 2013): Ein solcher Transfer gelingt oft nicht. Eine erlernte Fertigkeit ist im Kontext der neuen Anforderungssituation erneut einzuüben.

Tabelle 29: Niveaustufen für das Lehren und Lernen von Sprachen

	Hören	Sprechen	Lesen	Schreiben
Elementare Sprachkenntnisse				
A1	Einfache Wörter und Sätze über vertraute Themen verstehen	sich auf einfache Art über vertraute Themen verständigen	einzelne Wörter und ganz einfache Sätze verstehen, z. B. auf Schildern und Plakaten	einfache Standardformulare, z. B. im Hotel, ausfüllen
A2	einfache Alltagsgespräche, kurze Mitteilungen verstehen	kurze einfache Gespräche in Situationen des Alltags führen	kurze einfache Texte, z. B. Anzeigen und Speisekarten, verstehen	kurze einfache Notizen und ganz einfache Briefe schreiben
Selbständiges Anwenden von Sprache				
B1	Unterhaltungen und Nachrichten verstehen, wenn langsam gesprochen wird	in einfachen zusammenhängenden Sätzen Ereignisse beschreiben und Meinungen äußern	Texte aus der Alltags- und Berufswelt verstehen	einfache Mitteilungen und Briefe schreiben
B2	im Fernsehen die meisten Sendungen und Filme verstehen (in Standardsprache)	fließend sprechen, so dass ein Gespräch mit einem Muttersprachler ohne Stocken möglich ist	Artikel und Berichte über aktuelle Fragen der Gegenwart verstehen	detaillierte Texte, z. B. Aufsätze oder Berichte, schreiben
Kompetenter Umgang mit Sprache				
C1	Unterhaltungen sowie Radio- und Fernsehsendungen relativ mühelos verstehen	sich spontan in den meisten Situationen fließend ausdrücken	komplexe Sachtexte und literarische Texte verstehen	sich schriftlich klar und gut strukturiert ausdrücken und über komplexe Sachverhalte schreiben
C2	ohne Schwierigkeiten die gesprochene Sprache verstehen	sich mühelos an allen Gesprächen und Diskussionen sicher und angemessen beteiligen	alle Texte mühelos lesen und Stilmittel wie Ironie erkennen	anspruchsvolle Briefe und komplexe Berichte erfassen und differenziert ausdrücken

Lehrpläne nennen vielfach die Lehrinhalte, die in der Schule z. B.in einer bestimmten Klassenstufe behandelt werden sollen. Bildungsstandards beschreiben dagegen, welche Kompetenzen mit dem Abschluss der Klassenstufe erwartet werden. Bildungsstandards stützen sich dabei auf Kompetenzmodelle für Wissensdomänen: Für eine Domäne werden dann (1) die Dimensionen der Kompetenz benannt und (2) für jede Kompetenz die unterschiedlichen Niveaustufen aufgezeigt.

In Tabelle 29 findet sich eine Ausarbeitung von Kompetenzen für die Wissensdomäne des Sprachenlernens, wie sie der Europarat 2001 als „Gemeinsamer Europäischer Referenzrahmen" beschlossen hat. Wir finden vier Teilkompetenzen mit mehreren Niveaustufen, die sich in Bildungsstandards ausformulieren lassen.

Die europäische Bildungspolitik verfolgt seit Längerem das Ziel, vergleichbare Bildungsabschlüsse in den Mitgliedsstaaten der EU zu etablieren. Dazu gehört z. B. der Bologna-Prozess, in dessen Rahmen die Hochschulsysteme europaweit auf den dreiphasigen Zyklus *Bachelor, Master* und Promotion umgestellt werden. Die Standardisierung der Berechnung von *Workloads* der Studierenden über das *European Credit Transfer System* (ECTS) ist ein weiterer Aspekt, der die transnationale Mobilität und den Austausch von Studierenden fördern soll.

Ähnliche Bestrebungen existieren auch in anderen Bildungssektoren. Der europäische Qualifikationsrahmen definiert acht Ausbildungsstufen für das gesamte Bildungssystem. Mit ihnen sind Levels von Kompetenzen beschrieben, mit denen ein europaweiter Vergleich aller Bildungsabschlüsse angestrebt wird. Im Rahmen der Umsetzung in nationale Qualifikationsrahmen sind die einzelnen Levels auf das Bildungssystem des Landes abzubilden. Analog zu dem ECTS des Hochschulsektors ermöglicht das europäische Leistungspunktesystem für die Berufsbildung (ECVET), Lernergebnisse des beruflichen und lebenslangen Lernens zu beschreiben, zu dokumentieren, zu vergleichen, anzuerkennen und zu übertragen. Dabei sollen gleichermaßen formale, nicht-formale und informelle Lernergebnisse Berücksichtigung finden.

9.3.1 Kompetenzmatrix

Um Lerninhalten Kompetenzen zuzuordnen, orientieren wir uns an den Überlegungen von Euler & Hahn (2007). Sie unterscheiden verschiedene Gegenstandsbereiche eines Lerninhaltes auf der einen Seite und Kompetenzarten auf verschiedenen Leistungsniveaus auf der anderen Seite.

Auf welchen Gegenstandsbereich bezieht sich der Lehrinhalt: auf einen Sachgegenstand, auf den Umgang mit anderen Menschen oder den Umgang mit sich selbst? Diese Unterscheidung folgt der Annahme, dass Menschen grundsätzlich mit drei Arten von Herausforderungen konfrontiert sind, zu denen sich entsprechende Kompetenzen herausbilden.

Sachkompetenz bezieht sich auf den Umgang des Menschen mit seiner materiellen Umwelt und symbolischen Artefakten, wie Bücher. Ziele könnten etwa lauten:

- Sprache verstehen, gebrauchen, neue Begriffe bilden,
- Fertigkeiten einüben, die im alltäglichen Leben wichtig sind,
- Strukturen und Regeln in der Umwelt erkennen,
- Wissen erlangen und weitergeben.

Bei **Sozialkompetenz** geht es um das Verhältnis des Einzelnen zu seinen Mitmenschen. Diese könnten wie folgt formuliert sein:

- die Perspektive eines anderen einnehmen,
- aufeinander aufmerksam werden und sich für andere interessieren,
- gemeinsam ein Ziel erreichen,
- Konflikte angemessen austragen.

Selbstkompetenz meint den Umgang mit sich selbst, z. B. den Umgang mit Emotionen oder mit dem eigenen Lernen. Diese könnten zum Beispiel lauten:

- Eigenständigkeit, Offenheit, Selbstbewusstsein und Selbstvertrauen entwickeln,
- eigene Gefühle wahrnehmen und leben,
- Vorlieben für etwas oder jemanden entwickeln,
- eigene Wertvorstellungen aufbauen.

Diese Überlegungen basieren auf dem anthropologischen Modell von HEINRICH ROTH (1971), das auch der Theorie der Medienbildung von NORBERT MEDER (2006, 2007) zugrunde liegt. Bildung wird danach als dreifache Relation verstanden: das Verhältnis des Einzelnen *zu den Sachen* und Sachverhalten der dinglichen Welt. Das Verhältnis des Einzelnen *zu den Anderen* in einer Gemeinschaft oder Gesellschaft. Das Verhältnis des Einzelnen *zu sich selbst im Zeitverlauf*.

Neben dem Gegenstandsbereich unterscheiden wir folgende Arten von Kompetenzen, in denen Lernen grundsätzlich unterschiedlich anzulegen ist:

Kompetenzarten

- **Wissen** über Sachen, über andere Menschen und mich.
- **Fertigkeiten** im Umgang mit Sachen, anderen Menschen oder mir selbst.
- **Einstellungen** bzw. affektive Haltungen gegenüber Sachen, anderen Menschen oder Aspekten der eigenen Person.

Wissen und Fertigkeiten gehören nach der Taxonomie von BLOOM et al. (1956) zu den *kognitiven Lernzielen*. Einstellungen, Normen und Werte sind den *affektiven Lernzielen* zuzuordnen. Die dritte Kategorie, *psychomotorische Lernziele,* bezieht sich auf körperliche Bewegungsabläufe (z. B. Handball spielen).

Unterschätzt werden oft Einstellungen und Sozial- oder Selbstkompetenzen. Die mediendidaktische Konzeption formuliert häufig Ziele zu Wissen und Fertigkeiten; andere Kompetenzen werden übersehen. Zu bedenken ist jedoch, dass ein Lernangebot nur solche Ziele zuverlässig erreichen kann, die auch benannt sind. Eine vollständige Beschreibung von Kompetenzen umfasst damit möglichst sowohl Wissen, Fertigkeiten als auch Einstellungen.

Tabelle 30: Kompetenzmatrix

– Komplexität +

Wissen	Fertigkeiten	Einstellungen
z. B. etwas wiedergeben, erinnern, darstellen, skizzieren, zuordnen, z. B. Zusammenhänge verstehen, Konzepte miteinander in Beziehung setzen, erklären, deuten	z. B. (an)fertigen, produzieren, erzeugen, verrichten, (um-) formen, konstruieren	z. B. sich interessieren, sich zuwenden
z. B. Wissen anwenden auf neue Sachverhalte, z. B. einen Text oder Gegenstand analysieren	z. B. klären, interpretieren, artikulieren, Feedback geben, (aus) prägen	z. B. tolerieren, respektieren, akzeptieren, billigen, vertrauen, sich verständigen, durchsetzen, anpassen
z. B. etwas auf der Grundlage von Maßstäben und Kriterien bewerten, beurteilen, Stellung nehmen z.B. etwas Neues kreieren, eine Erfindung machen	z. B. Strategien einsetzen, in Routinen überführen	z. B. sich einlassen, sich begeistern, überzeugt sein

Zu den Kompetenzen werden im Folgenden unterschiedliche *Leistungsniveaus* unterschieden: Welches Level an Wissen, Fertigkeiten und Einstellungen soll letztlich erreicht und von dem Lernangebot eingelöst werden?

9.3.2 Wissen

Welches Niveau wollen wir für den Bereich „Wissen" erreichen? Die folgenden Überlegungen gehen auf Arbeiten von Bloom u. a. (1956) zurück, die von Anderson & Krathwohl (2001) überarbeitet wurden. Für die Dimension „Wissen" können danach die folgenden Leistungsniveaus angegeben werden, die das Ergebnis eines Lernprozesses beschreiben.

1. Erinnern
   - wiedererkennen (z. B. aus einer Liste von Orten die Hauptstadt Spaniens richtig erkennen können)
   - wiedergeben (z. B. die Kantone der Schweiz auswendig wiedergeben können)
2. Verstehen
   - interpretieren (z. B. vorliegende historische Reden paraphrasieren)
   - Beispiele finden (z. B. für verschiedene Stile der Malerei)
   - klassifizieren (z. B. Krankheitsfälle bestimmten Krankheitsbildern zuordnen)
   - zusammenfassen (z. B. zentrale Aussagen eines Filmdokuments herausarbeiten)
   - Schlussfolgerungen ziehen (z. B. aus komplexen Tabellen Aussagen ableiten)
   - vergleichen (z. B. historische Ereignisse mit der heutigen Situation in Beziehung setzen)
   - erklären (z. B. die Hintergründe für den Ausbruch des 1. Weltkriegs erläutern)
3. Anwenden
   - ausführen (z. B. Ableitung von Funktionen)
   - implementieren (z. B. Situationen finden, in denen das Zweite Newtonsche Gesetz anzuwenden ist)
4. Analysieren

Gegenstand in Bestandteile zerlegen und erkennen, wie diese zusammengehören bzw. zusammenwirken)

   - Unterschiede erkennen (z. B. zwischen Musikstücken unterschiedlicher Epochen)
   - Hintergründe erkennen (z. B. die politische Richtung eines Autors bestimmen)
5. Beurteilen (anhand von Kriterien und Standards)
   - prüfen (z. B. ob Schlussfolgerungen, die eine Autorin aus erhobenen Daten zieht, gerechtfertigt sind)
   - kritisieren (z. B. welche von zwei Methoden für die Bearbeitung einer bestimmten Fragestellung angemessen ist)
6. Erzeugen (Elemente zu etwas Neuem zusammenfügen)
   - generieren (z. B. von Hypothesen zur Erklärung eines Phänomens)
   - planen (z. B. einer wissenschaftlichen Veröffentlichung über ein Forschungsergebnis)
   - produzieren (z. B. eines neuartigen Geräts aus vorliegenden Komponenten)

Warum höhere Leistungsniveaus?

Die unterschiedlichen Leistungsniveaus sind für die didaktische Planung sehr wichtig, denn die weitere didaktische Aufbereitung hängt davon ab, welches Leistungsniveau angestrebt wird. Dabei gilt, dass ein höheres Leistungsniveau aufwendiger in der Vermittlung ist und auch mehr Aufwand für die didaktische Aufbereitung benötigt. Mit einem höheren Leistungsniveau sind jedoch folgende Vorteile verbunden:

- Ein höheres Leistungsniveau ist einem niedrigerem vorzuziehen, weil das Gelernte nachhaltiger gelernt werden sollte und besser auf neue Situationen anwendbar ist.
- Ein höheres Leistungsniveau schließt das untere mit ein, d. h. wenn ein höheres Leistungsniveau erreicht wird, kann davon ausgegangen werden, dass die darunterliegenden Leistungsniveaus ebenfalls beherrscht werden.

Es besteht die Herausforderung, das richtige Leistungsniveau von „Wissen" festzulegen. Denn es macht einen Unterschied, ob die Lernenden in der Lage sein sollen, (a) Automarken zu kennen, (b) Autos einer Marke zusammenzubauen oder (c) einen neuartigen Antrieb für Autos zu erfinden. Es ist offensichtlich, dass mit diesen Lernzielformulierungen ganz unterschiedliche Horizonte und damit letztlich auch Aufwände für die Konzeption und Entwicklung eines digitalen Lernangebots verbunden sind. Bereits kleine Unterschiede in der Formulierung eines Lernzieles können die Komplexität eines Vorhabens maßgeblich verändern. Damit wird auch deutlich, warum es so wichtig ist, sich über die genaue Formulierung mit dem Auftraggeber zu verständigen.

9.3.3 Fertigkeiten

Der Erwerb von Fertigkeiten erfordert das häufige und regelmäßige Üben. Fertigkeiten sind z. B. mathematische Operationen, wie die Addition von Zahlen, oder sie beziehen sich auf das Beherrschen von Prozeduren, wie das Zubereiten von Kaffee oder das Autofahren. Fitts & Posner (1967) beschrieben, wie Fertigkeiten gelernt werden, in folgenden drei Stadien:

1. Kognitive Phase

Die einzelnen Bestandteile der Prozedur sind bekannt, sie können als deklaratives Wissen abgerufen werden.

> Beispiel Autofahren: Die Person kann die Pedale richtig benennen und kann den Ablauf des Anfahrens verbal erläutern. Sie weiß: „zunächst die Kupplung durchdrücken, dann den ersten Gang einlegen".

2. Assoziative Phase

Die Schritte der Prozedur sind kognitiv präsent und mit den einzelnen Schritten der Fertigkeit assoziiert. Die einzelnen Schritte können verbal benannt und ausgeführt werden.

Beispiel Autofahren: Die Person weiß, „zunächst die Kupplung durchdrücken, dann den ersten Gang einlegen" und kann diese Schritte richtig ausführen.

3. Autonome Phase

Die Schritte der Prozedur sind weitgehend automatisiert. Ihre Ausführung erfordert nicht mehr, den Ablauf kognitiv präsent zu haben und die Schritte zu benennen. Das Arbeitsgedächtnis wird damit entlastet.

Beispiel Autofahren: Die Person kann die Prozedur des Anfahrens automatisch ausführen, auch ohne sich jedes Mal die einzelnen Schritte des Ablaufs vergegenwärtigen zu müssen.

Wissenstypen

Deklaratives Wissen beinhaltet *Wissen über* Sachverhalte, z. B. das Faktum, dass es vier Grundrechenarten gibt.

Prozedurales Wissen beinhaltet *Fertigkeiten, wie* etwas abläuft oder funktioniert, z. B. die Fertigkeit, die vier Grundrechenarten auf den Zahlenraum bis 1.000 anwenden zu können.

Um Fertigkeiten zu erwerben, wird zumeist deklaratives Wissen in prozedurales Wissen überführt. Wir sprechen von der *Prozeduralisierung* von Wissen. *Deklaratives* Wissen kann – im günstigsten Fall – durch Präsentation und Erläuterung vermittelt werden. Durch mehrfaches Üben wird das Wissen besser eingeprägt und mit anderen Wissensbeständen verknüpft. Für den Erwerb *prozeduralen* Wissens ist das wiederholte Üben essenziell, das heißt es sind in jedem Fall mehrere Durchgänge des Anwendens, auch mit ganz unterschiedlichen Beispielen, erforderlich, bis eine Fertigkeit erworben wird. Die Möglichkeit zum wiederholten Üben fehlt in vielen Lernkontexten. Dies macht es schwer, Fertigkeiten zuverlässig aufzubauen. Abhängig vom angestrebten Leistungsniveau sind mehrfach wiederholte Übungen für die Kompetenzentwicklung zwingend erforderlich.

Viele Lerninhalte können grundsätzlich *sowohl* dem deklarativen *als auch* dem prozeduralen Wissen (Fertigkeiten) zugeordnet werden. Der Lerninhalt „Grundrechenarten" in der Mathematik beinhaltet deklaratives wie prozedurales Wissen. Es ist die *didaktische Entscheidung* zu treffen, ob die Lernenden z. B. die Grundrechenarten *benennen* (Wissen) oder aber *anwenden* sollen (Fertigkeit). Der Erwerb von Fertigkeiten ist dabei in aller Regel aufwendiger als das Erlernen von deklarativem Wissen und erfordert in jedem Fall mehrere Übungsdurchgänge.

Wissen anwenden oder Fertigkeit einüben?

Bei der Formulierung von Lernzielen besteht oft die Unsicherheit, ob es sich um die Anwendung von Wissen handelt oder um eine Fertigkeit. Vor allem bei den Leistungsniveaus „Anwenden", „Analysieren", „Beurteilen" oder „Erzeugen" im Kompetenzbereich Wissen ist oftmals nicht klar, ob es sich um Wissen oder nicht doch um eine Fertigkeit handelt. Die Entscheidung kann nicht immer eindeutig getroffen werden.

Eine Fertigkeit erkennen wir daran, dass sie aus mehreren Schritten besteht, deren Ausführung (nur) durch intensives und mehrfach wiederholtes Üben zu erlernen ist (Beispiel: Autofahren). Bei Fertigkeiten steht immer das *übende* Element im Vordergrund! Bei Wissen wird dagegen die intellektuelle Auseinandersetzung betont: Es geht darum, in der Auseinandersetzung mit Wissen Zusammenhänge zu verstehen, Bezüge herzustellen oder komplexe Begriffe einzuordnen: ein *tieferes Verständnis* des Gegenstandes herzustellen.

Beispiel: Die Prinzipien der Gewaltenteilung in einer Demokratie (zwischen Legislative, Exekutive und Judikative) in der Verfassung eines Landes zu entdecken, ist eine Anwendung von Wissen. Es geht darum, dass die Lernenden verstehen, was Gewaltenteilung bedeutet und wie sie in einer Verfassung niedergeschrieben ist. Es geht nicht um eine bestimmte Abfolge von Schritten, die hierbei eingeübt wird.

9.3.4 Einstellungen

Für Einstellungen legten KRATHWOHL u. a. (1975) eine Taxonomie der Lernziele vor. Sie beschreibt einen fortschreitenden Prozess der Internalisierung von Einstellungen, Werten und Normen, vom Beachten über das Begeistern bis hin zur Integration. Der erste Schritt besteht darin, aufmerksam zu werden, zu beachten und hinzuhören. Es ist ein weiter Weg bis zur vollständigen Übernahme von Werten und Normen:

1. Aufmerksam werden

Die Person ist bereit, sich mit neuen Sichten, Perspektiven, Normen oder Werten auseinanderzusetzen (*Beispiele*: zuhören, Interesse zeigen, wertschätzen).

2. Reagieren

Die Person beschäftigt sich freiwillig mit bestimmten kontroversen Themen; sie beteiligt sich aktiv an Gruppendiskussionen und bringt sich argumentativ ein (*Beispiele*: unterstützen, teilnehmen, praktizieren, kooperieren, integrieren).

3. Werten

Die Person erkennt die Bedeutung eines Wertes und beginnt, sich und die Umwelt aus Sicht des Wertes wahrzunehmen (*Beispiele*: infrage stellen, sich einstellen auf, berücksichtigen).

4. Werte übernehmen

Die Person beginnt, Werte in das eigene Wertesystem zu übernehmen. Es bestehen möglicherweise auch Konflikte zu anderen Werten der Person (*Beispiele*: differenzieren, beurteilen, bestreiten, organisieren).

5. Werte leben

Die Person besitzt ein stabiles Wertesystem von Überzeugungen, Meinungen und Haltungen, die das Verhalten vorhersehbar und konsequent steuern (*Beispiele:* anerkennen, akzeptieren, beantworten, lösen).

Die beiden höchsten Stufen wird ein mediengestütztes Lernangebot für sich alleine kaum erreichen können; dies wären längerfristige Bildungsziele, etwa einer Bildungseinrichtung. Die unteren Leistungsniveaus können jedoch gerade beim Lernen mit Medien wichtig sein. Denn Medien sprechen über Bilder und Töne die emotionale Seite des Rezipienten besonders an. Oft werden affektive Lernziele mitgedacht oder erwartet, ohne dass diese explizit formuliert werden. Es ist also zu überlegen, ob und inwieweit das Lernangebot auch affektive Ziele verfolgt. Zugleich ist zu beachten, dass das richtige Niveau ausgewählt und keine unrealistische Zielformulierung gewählt wird, die sich in einem Vorhaben nicht einlösen lässt.

9.3.5 Lernziele formulieren

Die Beschreibung eines Lernzieles beinhaltet zumindest folgende Bestandteile. Sie benennt ...

- a) die Personen, die etwas lernen,
- b) eine Handlung, die als Ergebnis des Lernprozesses beherrscht werden soll und
- c) den Gegenstand, auf den sich die Handlung bezieht.

Akteur	Handlung	Gegenstand
Die Teilnehmenden	*können Fehler identifizieren*	*in einem Schaltplan*

Die Beschreibung des Lernzieles kann darüber hinaus beinhalten ...

- einen Gütemaßstab, der bei der Ausführung der Handlung erwartet wird (z. B. können 9 von 10 Fehlern in 60 Sekunden identifizieren), und
- die Rahmenbedingungen, unter denen die Leistung zu erbringen ist (z. B. unter freiem Himmel und ohne weitere Hilfsmittel).

Die Lernziele ordnen wir in dreifacher Hinsicht:

- Auf welchen Gegenstand bezieht sich das Lernziel (Sach-, Sozial- oder Selbstkompetenz)?
- Geht es um Wissen, Fertigkeiten oder Einstellungen?

– Welches Leistungsniveau wird jeweils angestrebt?

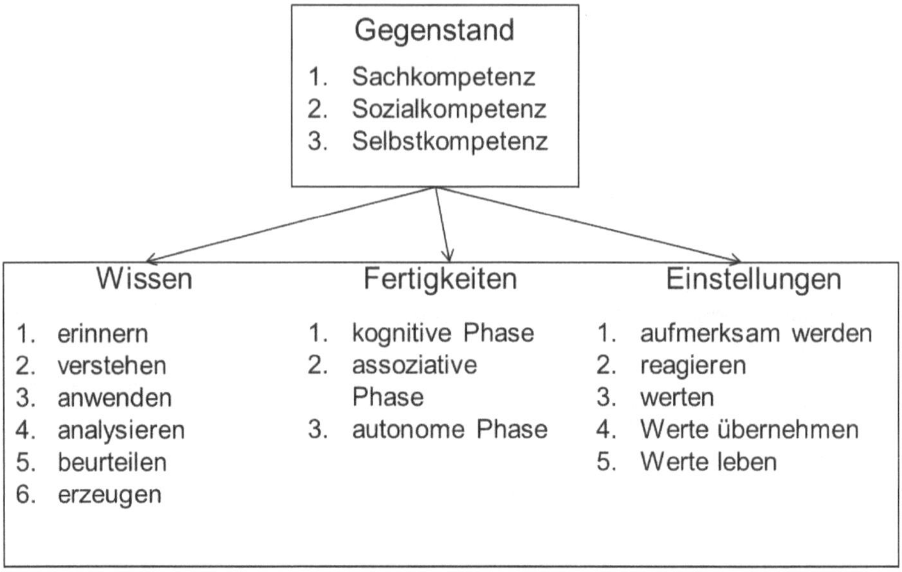

9.3.6 Von der Kompetenz zur Performanz zur Kompetenz

Digitale Lernangebote wollen einen Beitrag liefern, Kompetenzen zu entwickeln, die sich in Wissen, Fertigkeiten und Einstellungen untergliedern lassen. Kompetenz ist dabei nicht identisch mit Performanz: Ich weiß, wie etwas funktioniert, ich beherrsche auch ein bestimmtes Vorgehen. Das heißt aber nicht, dass ich dieses Wissen und diese Fertigkeit in einem bestimmten Kontext zuverlässig werde anwenden können.

Das Problem des Lerntransfers ist nicht trivial und ist in der Lehr-Lern-Forschung intensiv untersucht worden. Viele Lernangebote, die nicht didaktisch aufbereitet wurden, erzielen keine nachhaltigen Lerneffekte, das bedeutet das Gelernte wird schnell vergessen und kann in neue Anwendungssituationen nicht eingebracht werden. In den nächsten Kapiteln werden die Methoden der didaktischen Aufbereitung vorgestellt, die dazu beitragen sollen, dass das Lernen zu nachhaltigeren Effekten führt.

Grundsätzlich kann der Übergang von der Lernsituation in die Lebens- oder Arbeitswelt durch weitere Maßnahmen unterstützt werden:

– Die Realsituation kann nachgestellt werden, z. B. mit Schauspielern, die einen Patienten spielen (in der Ausbildung von Ärzten und Ärztinnen) oder in einer Übungsfirma, in der verschiedene Rollen und Abläufe nachgebildet sind (in der Ausbildung für kaufmännische Berufe). Die Simulation der Anwendungssituation lässt sich dabei nur teilweise digital abbilden, wenn es um die Performanz geht.

– Die Realsituation kann in ihrer Komplexität reduziert und der Prozess des Einlernens kann strukturiert werden, z. B. in einem Trainee-Programm, in dem die Einsteiger in die verschiedenen Anforderungen und Kontexte schrittweise eingeführt werden. Dabei können digitale Systeme unterstützen, indem Informationen für den Einstieg bereitgestellt werden, und der Austausch unter den Einsteigenden unterstützt wird.

Wir bringen Kompetenzen, die wir z. B. in Bildungsangeboten oder anders biografisch erworben haben, bei der Bewältigung von Anforderungen der Lebenswelt ein. Gleichzeitig können wir in der handelnden Auseinandersetzung mit der Umwelt Kompetenzen entwickeln. Dabei gibt es Umwelten, die mehr, und Umwelten, die weniger lernförderlich angelegt sind. Arbeitsplätze mit stark repetitiven Arbeitsabläufen und einem hohen Grad an Routinen bieten weniger Lern- und Entwicklungsmöglichkeiten als vielfältige Arbeitsplätze mit hoher Abwechslung und Verantwortung.

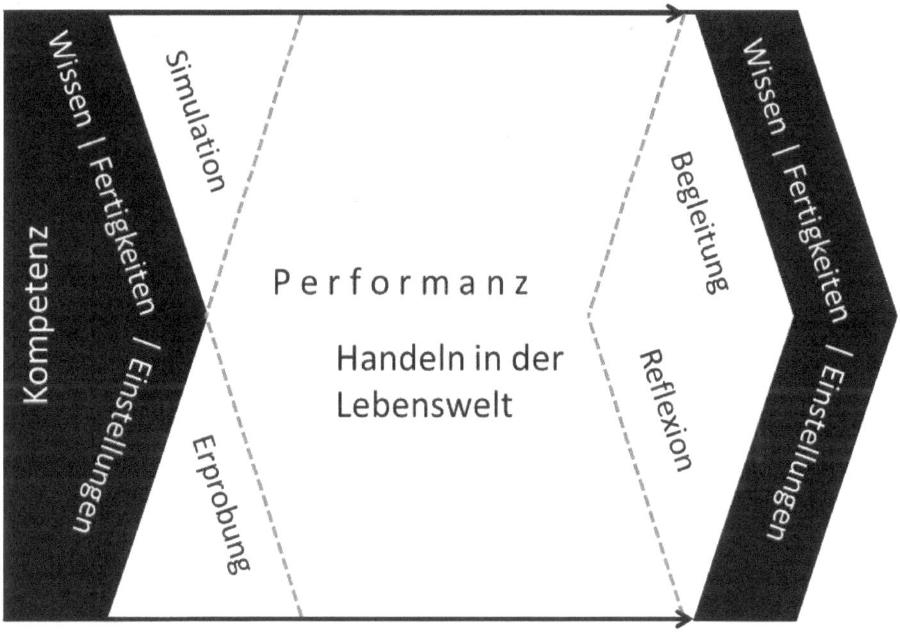

Abbildung 41: Verschränkung von Kompetenz und Performanz

Die Entwicklung von Kompetenz im Handeln in der Lebenswelt kann dabei auf folgende Weise unterstützt werden:

– Durch die Reflexion des Handelns in der Lebens- und Arbeitswelt entstehen Einsichten, die z. B. in Qualitätszirkeln (am Arbeitsplatz) oder in Gesprächen mit Anderen in der Freizeit geteilt werden können. In Weblogs lassen sich Erfahrungen dokumentieren und Anderen zur Verfügung stellen.

- Durch verschiedene Maßnahmen der Begleitung kann die Kompetenzentwicklung im Handeln in der Lebens- und Arbeitswelt begleitet werden. Dazu gehören z. B. das Mentoring oder Coaching, bei dem Menschen unterstützt werden, ihre Erfahrungen auszuwerten und besser zu nutzen. Diese Angebote werden zusehends auch mit digitaler Unterstützung durchgeführt.

Kompetenzen sind als Potenziale zu verstehen. Sie setzen sich nie unmittelbar in Performanz um. Ob und welches Verhalten gezeigt wird, hängt von einer Reihe und Vielzahl von Faktoren ab, die in der Person und in der Umwelt liegen können. Gleichzeitig beinhaltet die Performanz auch immer die Chance, weitere Kompetenzen zu entwickeln, wenn wir Erfahrungen aus der Praxis reflektieren. Auch diese Umsetzung geschieht nicht automatisch: Zum einen muss eine handelnde Auseinandersetzung mit der Umwelt möglich sein, die Lern- und Entwicklungschancen eröffnet, denn nicht jede Umwelt bietet gleichermaßen die Möglichkeit zur Kompetenzentwicklung. Zum anderen ist das eigene Handeln zu reflektieren, das heißt die Person muss sich über ihre Erfahrungen bewusst werden und über kognitive Schemata verfügen, um diese Erfahrungen auszuwerten. Dabei kann eine begleitende Unterstützung, etwa von Coaches oder Mentoren (am Arbeitsplatz), von Freunden und Familie (in der Freizeit) hilfreich sein.

Übung 1

Klassifizieren Sie folgende Lehrziele:

1. Tn können ein Werkstück in eine CNC-Maschine einlegen und ein vorliegendes Bearbeitungsprogramm starten.
2. Tn können ein Programm für die Bearbeitung von Werkstücken an einer CNC-Maschine entwickeln, testen und ausführen.
3. Tn planen ihr Vorgehen bei der Softwareentwicklung in Gruppen und können ihr Vorgehen im Hinblick auf Stärken und Schwächen reflektieren.
4. Tn können Materialien, die von einer CNC-Maschine bearbeitet werden, benennen und anhand von Fotos oder realen Mustern unterscheiden.
5. Tn können ihre selbst erstellten Werkstücke angemessen beurteilen.
6. Tn können in Gruppen ein fehlerhaftes Schaltnetz analysieren und reparieren.
7. Tn können berechnen, wie viel Material zur Erstellung eines bestimmten Werkstückes erforderlich ist.
8. Tn können die eigene Leistung wertschätzen.
9. Tn können bearbeitete Werkstücke anhand von Qualitätsmaßstäben beurteilen.
10. Tn sollen den Unterschied zwischen verschiedenen Programmiersprachen zur Programmierung von CNC-Maschinen verstehen.
11. Tn sind in der Lage, das Vorgehen zur Erstellung eines komplexeren Werkstücks gemeinsam mit Anderen zu planen.
12. Tn können die Bestandteile einer CNC-Maschine identifizieren und benennen.
13. Tn können eine CNC-Maschine in Einzelbestandteile auseinandernehmen, reinigen und zusammensetzen.
14. Tn können ihr Werkstück sowie das Vorgehen zur Erstellung in einem Kurzvortrag präsentieren.
15. Tn können Arten, Eigenschaften und Anwendungen von Werkstoffen in der Elektrotechnik benennen.
16. Tn kennen Maßnahmen zum Schutz von Mensch und Umwelt beim Umgang mit Werk- und Hilfsstoffen und haben diese Maßnahmen für ihr eigenes Handeln verinnerlicht.
17. Tn können Schaltungen der Signal-, Steuerungs- und Meldetechnik entwerfen, aufbauen und ihre Funktion überprüfen.

Übung 2

Die Firma Holz GmbH ist ein mittelständisches Unternehmen im Schwarzwald, das angeliefertes Holz in allen Varianten bearbeitet. In der Vergangenheit sind mehrfach schwerere Unfälle aufgrund nicht eingehaltener Sicherheitsvorkehrungen eingetreten. Die Firma möchte die Mitarbeitenden über Vorschriften und Hinweise zur Sicherheit im Betrieb bzw. bei der Holzbearbeitung mithilfe eines internetbasierten

Trainingsprogramms informieren bzw. schulen. Bitte nennen Sie Lehrziele des Lernprogramms sowie Kriterien zur Bestimmung des Lernerfolges.

Übung 3

Bitte diskutieren Sie, inwiefern in den folgenden Beispielen ein Bildungsproblem vorliegt, das mit Lernangeboten gelöst werden kann, oder welche anderen Ansatzpunkte und Maßnahmen für Veränderungen zu bedenken sein könnten:

- Die Firma Spitzer GmbH stellt seit Generationen hochwertige Bleistiftspitzer her. Nach Umstellung der bisherigen Produktionsverfahren auf eine neue digital gesteuerte Maschine hat sich der Anteil der fehlerhaften Spitzer dramatisch erhöht. Waren früher unter 1 % der gefertigten Spitzer fehlerhaft, so hat sich der Ausschuss bei dem neuen Verfahren auf mehr als 5 % erhöht, an einzelnen Tagen ist er auf 7 % gestiegen. Der Abteilungsleiter will zusätzliche Schulungen für die Mitarbeiter/innen durchführen.
- Die Evaluation von Lehrveranstaltungen im Fach *Mediävistik* an der Universität Nordrhein zeigt unterdurchschnittliche Bewertungen seitens der Studierenden. Der Studiendekan lädt die Dozierenden des Fachs ein und fordert sie auf, an hochschuldidaktischer Fortbildung teilzunehmen.
- Die Telefon-Hotline des Netzbetreibers *Pelefon* soll künftig nicht nur Festnetzkunden betreuen, sondern auch Support für Mobiltelefonkunden bieten. Es soll ein Trainingsprogramm aufgesetzt werden, um die Mitarbeitenden auf die neuen Anforderungen vorzubereiten.

Übung 4

Erläutern Sie, warum die folgenden Zielformulierungen als Ausgangspunkt für die Entwicklung eines Lernangebots wenig geeignet sind. Formulieren Sie für jedes Beispiel ein Lehrziel, das in einem beobachtbaren Verhalten sichtbar wird und prüfbar ist:

- Wir wollen das Selbstbewusstsein der Lernenden stärken.
- Jugendliche sollen einen bewussten Umgang mit dem Computer und dem Internet entwickeln.
- 50 % der Lernangebote unserer Bildungseinrichtung sollen in zwei Jahren mit Einsatz von digitalen Medien unterstützt werden.
- Die Lernenden sollen sich mit der Geschichte des Faschismus auseinandersetzen.
- Die Auszubildenden sollen zu verantwortungsvollem Handeln in Werkstatt und Betrieb angeleitet werden.
- Wir wollen, dass sich die Mitarbeitenden mit ihrem Unternehmen identifizieren.
- Die Mitarbeitenden sollen zu mehr sportlicher Aktivität ermutigt werden.
- Die Führungskompetenz der Gruppenleiter/innen soll entwickelt werden.

10 Methoden: Exposition und Exploration

Lerninhalte vermitteln sich nicht alleine durch ihre Präsentation. Sie sind mit einer didaktischen Methode aufzubereiten, damit Lernprozesse zuverlässig angeregt werden. *Didaktische Methoden* beschreiben, wie aus Lerninhalten Lernangebote werden. Im folgenden Kapitel geht es zunächst um *expositorische* und *explorative* Ansätze. In einem weiteren Kapitel werden dann *problemorientierte* und *kooperative* Ansätze thematisiert.

Einstieg

Ein Entwicklungsteam plant ein Lernangebot im Rahmen der innerbetrieblichen Weiterbildung. Ein Unternehmen, das deutschlandweit mehrere Krankenhäuser betreibt, will ein neues, umfassendes Qualitätsmanagement (QM) für seine Dienstleistungen einführen. Es soll ein mediengestütztes Angebot entwickelt werden, das zusätzlich zu Schulungsmaßnahmen aufgesetzt wird und die wesentlichen Inhalte des QM-Systems erläutert. Die Lehrziele beziehen sich zum einen auf die Kenntnisse der Begriffe und Abläufe des QM-Systems, zum anderen aber auch auf ein tiefergehendes Verständnis der Wichtigkeit des QM-Systems für das Unternehmen. Das Medium soll die Bedeutung und Relevanz auch emotional verankern helfen. Es entwickelt sich folgender Dialog zwischen zwei Mitgliedern des Entwicklungsteams.

Die Psychologin meint: „Der Lernstoff muss möglichst systematisch aufbereitet und präsentiert werden. Alles andere überlastet die Lernenden unnötig. Wir werden viele Aufgaben formulieren müssen, um festzustellen, ob die Lernenden die Inhalte verstehen und anwenden können. Wir müssen sicherstellen, dass der Lernstoff am Ende tatsächlich von allen beherrscht wird! Deswegen sollten wir eine Struktur finden, um das Lernangebot möglichst optimal an den Lernstand anpassen zu können."

Die Pädagogin kontert: „Das sehe ich anders. Wir müssen die Menschen emotional ansprechen und für die Sache motivieren! Es geht hier nicht um kleinteilige Informationsvermittlung, sondern um ein Verständnis des Ganzen. Das Lernangebot sollte Einsicht geben in die Bedeutung und Relevanz des QM-Gedankens, und dafür eignen sich nur Ansätze, die die Inhalte viel umfassender präsentieren. Ein kleinschrittiges

https://doi.org/10.1515/9783110456837-337

Vorgehen wird scheitern und lehne ich grundsätzlich ab. Unsere Mitarbeiter werden danach alle Fakten brav wiedergeben können, doch verstanden haben sie nichts!"

Die hier skizzierte Kontroverse verweist auf typische Fragen und Entscheidungen, wie sie in der täglichen Praxis eines Mediendidaktikers bzw. einer Mediendidaktikerin anfallen: Was ist letztlich das richtige didaktische Vorgehen für ein konkretes Problem?

Das Beispiel zeigt, dass sich die kontroversen Positionen fachlich durchaus begründen lassen. Teilweise hängt es von der eigenen beruflichen Sozialisation und der Rolle im Entwicklungsteam ab, zu welcher Position eine Person neigt. Allgemein lässt sich nicht entscheiden, welche der Positionen richtig oder falsch ist.

In diesem Buch wird diese Frage aus der Sicht des Pragmatismus beantwortet: Das Vorgehen sollte von angestrebten Lehrzielen und Lernprozessen abhängig gemacht werden. Methodische Arrangements fördern unterschiedliche Lernprozesse und lassen damit unterschiedliche Lehrziele verfolgen. Insofern wären beide oben angedeutete Lösungen denkbar. Sie verfolgen einfach andere pädagogische Zielvorstellungen, die es zu explizieren gilt und über die sich die Akteure verständigen müssen.

Übersicht

Im Folgenden werden zunächst die verschiedenen Ebenen der Aussagen von Didaktik beschrieben. Danach geht es um die **methodische Aufbereitung** von Lerninhalten: Was heißt *methodische Aufbereitung* und warum ist dies ein zentraler Schritt bei der Entwicklung eines Lernangebots? Im Weiteren werden verschiedene didaktische Methoden vorgestellt und ihre Umsetzung beim Lernen mit Medien erläutert. Dabei werden in diesem Kapitel **expositorische** und **explorative Ansätze** behandelt. In einem weiteren Kapitel wird es um **problemorientierte Methoden** gehen.

Lernziele

- Sie können die Bedeutung der didaktischen Transformation von Lerninhalten zu Lernangeboten erläutern.
- Sie kennen Prinzipien von expositorischen und explorativen Methoden und können diese anhand von Beispielen beim Lernen mit Medien in ihren Möglichkeiten erläutern.
- Sie können die besonderen Vorzüge der jeweiligen Methoden darstellen und erläutern, wann diese geeignet erscheinen.
- Sie können Kriterien für die Auswahl einer didaktischen Methode bei der Planung eines mediengestützten Lernangebots anwenden.

10.1 Lerninhalte methodisch aufbereiten

Das Handeln von Lehrenden und didaktischen Designerinnen und Designern wird von impliziten Theorien geleitet, wie Wissen erworben und vermittelt wird. Im Folgenden werden wir zwei Vorstellungen kennenlernen, die sich in ihren Implikationen wesentlich unterscheiden.

Lehren als Wissensübertragung

Weit verbreitet ist die folgende Vorstellung: Lehren bedeutet, Informationen aus dem Kopf einer Lehrenden (etwa über Sprache und/oder mithilfe eines technischen Mediums) in den Kopf des Lernenden zu übertragen. Ist der Lernende hinreichend wach und aufmerksam, wird er diese Informationen speichern und – sind diese hinreichend gespeichert – wird sie später erinnern und wiedergeben können.

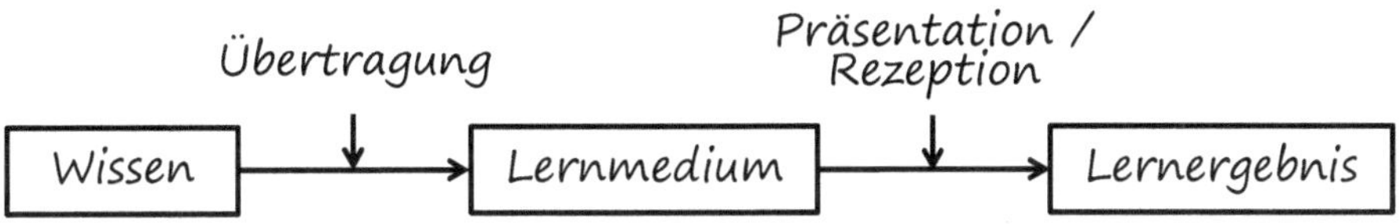

Abbildung 42: Implizite Theorie des Lehrens als Wissensübertragung

Dieses (falsche) Bild von Lehren und Lernen wird auch als *naive Abbildtheorie des Wissens* bezeichnet: Wissen wird auf einem Medium abgebildet. Von dort wird es von dem Lernenden aufgenommen und im Gedächtnis gespeichert.

Diese Vorstellung ähnelt dem Modell der Informationsverarbeitung des Computers. Die klassische Informationstheorie nach SHANNON & WEAVER (1949) beschreibt den Vorgang auf genau diese Weise, nämlich als Übertragung von Informationen zwischen einem Sender und einem Empfänger. Der Sender codiert die Informationen, der Empfänger decodiert sie. Die Übertragung funktioniert nur, wenn beide den gleichen Code verwenden und sie nicht durch Störungen beeinträchtigt wird.

Das Modell beschreibt, wie technische Systeme Informationen austauschen; es unterliegt vielfach auch der Selbstsicht der Menschen, wie KÄTHE MEYER-DRAWE (2007) eindrücklich beschreibt: Der digitale Computer, als dominante Technologie der Zeit, prägt unsere eigenen Vorstellungen über psychische Funktionen, z. B. wie unsere Wahrnehmung, das Denken und Lernen funktionieren. Angesichts der erlebten Macht des Computers in seiner Lebenswelt erklärt der Mensch sich selbst unter Rückgriff auf Konzepte der Computertechnologie. Um zu erklären, wie (menschliche) Wahrnehmung, Denken oder Lernen funktionieren, greifen wir auf Modelle zurück, die der Welt des Computers entstammen. Der Computer, von Menschen geschaffen, wirkt so zurück auf die Selbstsicht der Menschen. Doch diese Selbst-Konstruktion psychischer Funktionen, die sich am Modell des Computers orientiert, greift zu kurz, um die Aktivität des Lernens zu beschreiben.

Es bleibt demnach der Unterschied: Wenn wir im Kontext des Lehrens und Lernens von *Wissensvermittlung* sprechen, dann ist dies etwas anderes als der Fluss von Daten zwischen einem Sender und Empfänger. Wenn Wissen in ein Medium eingeschrieben wird, verändert sich dessen Bedeutung. Das Wissen einer Expertin ist etwas anderes als die schriftliche Niederlegung des Wissens und seine Speicherung in einem digitalen Medium. Schließlich erzeugt die Person, die den Text wahrnimmt, ihre ganz eigene Wirklichkeit bei dessen Rezeption. Sie muss den Text – auf Grundlage ihres bisherigen Weltverständnisses – rekonstruieren, um ihn zu verstehen und in ihre kognitiven Schemata aufzunehmen, damit überhaupt so etwas wie Lernen stattfinden kann.

Damit wird deutlich: *Wissen* wird nicht einfach transportiert, sondern in allen Schritten der Kommunikation mehrfach und immer wieder rekonstruiert. Wenn man bedenkt, wie viele Brüche in der Kette der Wissens(re)konstruktionen stattfinden, dann wird klar, wie unsicher *Lernen* gerade bei mediengestützten Verfahren sein kann.

Lehren als didaktische Transformation

Anders als die Vorstellung von *Lehren als Wissensübertragung* geht die Mediendidaktik davon aus, dass Wissen methodisch aufzubereiten ist, um bestimmte Lernprozesse anzuregen. Dieser Vorgang wird *didaktische Transformation* genannt: Um ein Lernangebot zu entwickeln, ist es immer erforderlich, Wissen *aufzubereiten*. Je nach den angestrebten Lernprozessen muss die Aufbereitung anders angelegt sein. Es kann hinreichend sein, den Lernenden Texte und Grafiken zu präsentieren; zumeist wird es notwendig sein, Übungsbeispiele zu integrieren oder interaktive Anwendungen vorzusehen, an denen die Lernenden aktiv handelnd mit dem Lerngegenstand operieren. Manchmal ist es empfehlenswert, die Lernenden stark durch das Programm zu leiten, in anderen Fällen ist eine stärkere Selbststeuerung sinnvoll. Um die richtige Entscheidung zu treffen, sind Analysen, insbesondere der Lehrinhalte und -ziele, der Zielgruppe und der Lernsituation erforderlich.

Wenn von *Lernangeboten* (statt z. B. von Lernprogrammen) gesprochen wird, soll deutlich werden: Das Medium *transportiert* kein Wissen von einer lehrenden zu einer lernenden Instanz, es kann Lernprozesse nur anregen. Dieser scheinbar kleine Unterschied hat Konsequenzen für die Konzeption von Lernmedien. Da wir nur *Angebote* für das Lernen produzieren können, ist genau zu prüfen, unter welchen Bedingungen diese zu Lernerfolgen führen. Mediengestützte Lernangebote sind Teil einer gestalteten Umwelt, die zu bestimmten Aktivitäten auffordern. Durch die Gestaltung der Umwelt werden *Affordanzen* geschaffen, die Lernaktivitäten und -ergebnisse wahrscheinlich machen, sie aber nicht automatisch erzielen.

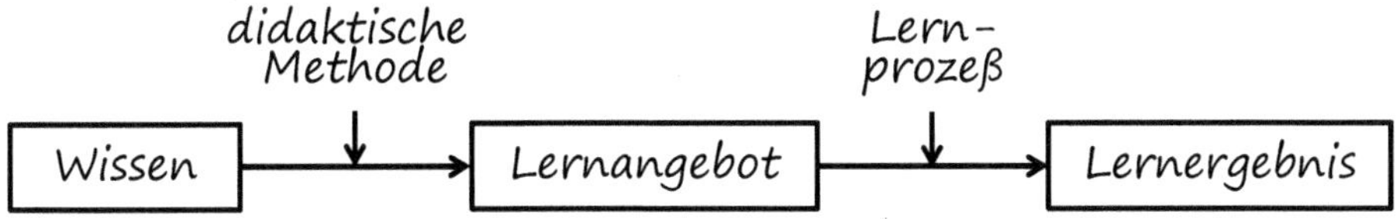

Abbildung 43: Didaktische Transformation von Wissen für Lernangebote

Didaktische Methoden machen Aussagen darüber, wie Lerninhalte aufbereitet werden können, um Lernprozesse anzuregen und bestimmte Lernergebnisse zu erreichen. Sie basieren auf der Erkenntnis, dass es notwendig ist, Lerngegenstände *methodisch* aufzubereiten. Ein Lerngegenstand entsteht erst durch Anwendung einer bestimmten Methode zu einem – didaktisch begründeten – *Lernangebot*: So wird beispielsweise aus einem Lexikonartikel zu einem bestimmten Thema erst dann ein Lernangebot, wenn er für eine bestimmte Zielgruppe und eine Lernsituation aufbereitet wird. Inwieweit dabei nun Visualisierungen, Fallbeispiele, Übungsaufgaben, Simulationen oder Arbeitsanweisungen für Einzel- oder Gruppenarbeiten zum Einsatz kommen, ist das Ergebnis der didaktischen Aufbereitung des Lernangebots und den damit zusammenhängenden didaktischen Entscheidungen.

Didaktische Transformation

- Beim Lehren wird Wissen nicht von einer Lehrperson zu den Lernenden „transportiert". Um Lernprozesse gezielt anzuregen, ist Wissen methodisch aufzubereiten.
- Medien „transportieren" kein Wissen. Medien sind Angebote, die Lernprozesse anregen.
- Didaktische Transformation bezieht sich auf die Aufbereitung von *Lerninhalten* zu einem *Lernangebot* unter Nutzung einer *didaktischen Methode*.

Jede didaktische Theorie geht davon aus, dass Wissensvermittlung einer methodischen Aufbereitung des Lerninhaltes bedarf. Vielfach bleibt Wissen dennoch *träge* und lässt sich nicht anwenden. Deswegen ist ein wesentliches Ziel der didaktischen Aufbereitung, möglichst nachhaltiges Lernen zu erreichen, das sich langfristig in vielen Situationen anwenden lässt.

Ansätze, wie Lerninhalte didaktisch aufbereitet werden können, gibt es viele. Untersucht man die Vielzahl der Ansätze, so sind diese schwer zu systematisieren und voneinander abzugrenzen (vgl. K.-H. Flechsig, 1996; Weidenmann, 2008; Peterßen, 2009; Häfele & Maier-Häfele, 2010). Auch unterscheiden sie sich in ihrer Komplexität und Reichweite (vgl. Baumgartner, 2011): von umfassenden pädagogischen Systemen und Bildungstheorien über didaktische Modelle mittlerer Reichweite bis hin zu Tipps zur Gestaltung einzelner (Online-)Lerneinheiten.

Ausblick

In diesem Kapitel werden die didaktischen Methoden der *Exposition* und *Exploration* erläutert. Sie finden beim Lernen mit Medien vielfach Anwendung und sind intensiv untersucht worden. *Problemorientierte* Methoden gehen insbesondere auf die Frage ein, wie der Transfer des Lernens gefördert werden kann; diese Methoden werden im folgenden Kapitel aufgegriffen.

Expositorische Methoden
Prinzip: Systematische Präsentation von Lehrinhalten entlang eines Lernpfades
Chance: Fachwissen systematisch vermitteln
Herausforderung: Wie können Lernprozesse intensiviert werden, etwa durch Beispiele und Übungen?
Exploratives Lernen
Prinzip: Konstruktion eines Lernpfades durch Lernende
Chance: Lernen auf der Basis von Neugier und Interesse anregen
Herausforderung: Wie können Lernangebote angelegt werden, um Neugier und Interesse gezielt anzuregen?
Problemorientierte Methoden
Prinzip: (gemeinsames) Lernen mit Fällen, Projekten, Simulationen und spielerischen Elementen
Chance: Kompetenzen im Umgang mit komplexen Problemen entwickeln
Herausforderung: Wie kann beim Lernen mit Problemen Wissen aufgebaut werden, das verallgemeinerbar und übertragbar ist?

10.2 Expositorische Methoden

Expositorische (= darbietende) *Methoden* beziehen sich auf Lernangebote, bei denen die Präsentation von Inhalten im Vordergrund steht, sei es durch Text, Audio oder Video. In der Regel impliziert dies eine stärkere Steuerung des Lernenden, etwa durch eine vorgegebene Sachstruktur und Lernwege. Die Aktivität des Lernenden besteht zunächst in der Rezeption des angebotenen Lernmaterials.

Diese Art der Aufbereitung macht faktisch den *größten* Anteil aller (auch medialer) Lernangebote aus. Auch *schulischer Unterricht* folgt zu einem überwiegenden Teil –

unabhängig von Fach und Schulform – solch darbietenden Verfahren. HAGE et al. (1985) hatten das Methodenrepertoire im Unterricht untersucht: 75 % der Zeit waren mit Methoden des Frontalunterrichts, des Lehrvortrags und des Unterrichtsgespräches ausgefüllt. Die Dominanz der Lehrperson wird insbesondere in hohen Redeanteilen empirisch erfassbar. Neuere Untersuchungen von JÜRGEN WIECHMANN (2004) geben Hinweise darauf, dass sich der Anteil der von Lehrenden gesteuerten Aktivitäten über die Jahre verringert hat. Auch die Befragung von CORNELIA AREND (2010) zeigt, dass die Schüler/innen bis zu einem gewissen Ausmaß Methodenvielfalt erleben.

Expositorischen Verfahren stellte DAVID PAUL AUSUBEL *explorative* Lernverfahren gegenüber, bei denen die Lernaktivitäten von den Lernenden gesteuert werden. Er plädierte für didaktische Ansätze, die ihnen mehr Freiräume geben, um selbst Wege zu finden, Fehler zu machen und durch deren Reflexion zu lernen. Diese Verfahren und ihre Umsetzung beim Lernen mit Medien werden in Kapitel 10.3 erläutert.

Die Bedeutung expositorischer Methoden ist in der pädagogischen Diskussion weiterhin umstritten. Die starke Steuerung in expositorischen Verfahren wird als pädagogisch teilweise weniger wertvoll bewertet. Die empirische Lehr-Lern-Forschung zeigt dagegen, dass eine gezielte und dosierte Steuerung des Lernprozesses den Lernerfolg regelmäßig positiv beeinflusst (Hattie, 2009; vgl. Helmke, 2010). In diesem Umfeld ist das Konzept der *direkten Instruktion* entstanden, das im Folgenden erläutert wird.

10.2.1 Direkte Instruktion

ROSENSHINE & STEVENS (1986) werteten Untersuchungen zu Merkmalen erfolgreichen Unterrichts aus. Sie konnten zentrale Prinzipien für erfolgreichen Unterricht identifizieren. Unterricht, der diesen Prinzipien folgt, wird *Direct Instruction* genannt, weil ein hoher Grad der Strukturierung durch die lehrende Instanz vorliegt (vgl. Barak Rosenshine, 1995).

Direkte Instruktion

- **Wiederholung**. Der Unterricht beginnt mit einer kurzen Wiederholung, knüpft an bereits Gelerntes an und aktiviert Vorwissen. Lehrende und Lernende können prüfen, ob die Voraussetzungen vorliegen.
- **Präsentation**. Die Lehrziele werden kurz benannt. Die Lehrinhalte werden *in kleinen Schritten* zügig und mit Beispielen präsentiert, auf die immer Aktivitäten der Lernenden folgen. Regelmäßige Fragen prüfen, ob die Lernenden den Inhalten folgen können.

- **Gestützte Übung**. Die Lernenden üben alle, alleine und häufig (*seat work*). Sie werden vor allem am Anfang bei den Übungen betreut. Die Aufgaben werden so gestellt bzw. so lange geübt, bis mindestens 80 % aller Antworten richtig sind.
- **Korrektur und Rückmeldung**. Rückmeldungen und Verbesserungshinweise erfolgen unmittelbar.
- **Selbständiges Anwenden.** Es werden Lernaufgaben für selbstständiges Arbeiten formuliert. Die Bearbeitung der Lernaufgaben wird kontrolliert.
- **Regelmäßige Übungen und Tests.** Die Lerninhalte werden auch nach bestimmten Abständen erneut bearbeitet und angewendet.

Direkte Instruktion zeichnet sich damit u. a. durch *Präsentationen* in kleinen Schritten aus, die sich regelmäßig mit Aktivitäten der Lernenden abwechseln, auf die Rückmeldungen erfolgen. *Direkte Instruktion* beschränkt sich nicht auf Vorträge, Präsentationen oder Vorlesungen. Zentrales Element ist die *mentale Aktivität* aller Lernenden!

Viele dieser Elemente hatte bereits Skinner beschrieben und für die Gestaltung von Lernangeboten gefordert. *Direkte Instruktion* wird deswegen teilweise auch als „behavioristisch" bezeichnet und damit vermeintlich abgewertet. Es bleibt jedoch das Ergebnis, dass solch strukturierende Elemente das Lernen vor allem bei Lernenden mit wenig Vorwissen fördert.

Direkte Instruktion kann auch beim Lernen mit Medien angewendet werden, und zwar vor allem bei hierarchisch strukturierten Lerninhalten, z. B. beim Erlernen von Grammatik, in der Mathematik und den Naturwissenschaften ebenso wie beim Üben von Regeln, z. B. der Anwendung von Formeln oder den Prinzipien der Maschinenwartung. Weniger geeignet ist sie bei nicht hierarchisch strukturierten Lerninhalten und komplexen Lernzielen, wie der Analyse von Literatur, Musik oder bildender Kunst, der Diskussion sozialer oder ethischer Fragen oder der Entwicklung kreativer Fähigkeiten.

Exposition

Expositorische („darbietende") Methoden sind ein Bestandteil von fast allen Lernangeboten. Sie sind nicht grundsätzlich besser oder schlechter als andere Varianten. Allerdings sind darbietende Methoden oft schlecht umgesetzt oder auf einzelne Bestandteile wie Texte oder Vorträge reduziert. Es geht also darum, die Methode in ihren vielfältigen Möglichkeiten auszugestalten und ihren Anteil in einem Lernangebot angemessen zu gewichten.

In einem Sammelband von Tobias & Duffy (2009) sind die kontroversen Sichten zur *direkten Instruktion* dokumentiert. Die Diskussion macht deutlich, dass diese Befunde auch im Rahmen einer konstruktivistischen Sicht auf Didaktik zu berücksichtigen sind.

Gleichwohl sind auch die Grenzen von *direkter Instruktion* zu erkennen, denn sie ist nicht für alle Lerninhalte und nicht für alle Lernziele geeignet.

10.2.2 Induktion und Deduktion

Ein wesentlicher Aspekt expositorischer Verfahren ist die Sequenzierung des Lernangebots. Im Folgenden werden zwei grundlegende Prinzipien vorgestellt, die bei expositorischen Verfahren zum Einsatz kommen: Induktion und Deduktion.

Lerninhalte umfassen *abstrakte Informationen*, etwa die Erläuterung von Konzepten, Begriffen oder Prozeduren. Um diese zu erläutern und verständlich zu machen, können *konkrete Informationen* helfen, etwa die Darstellung von Beispielen, Fällen oder Ereignissen. Das Lernangebot sollte Allgemeines und Konkretes gleichermaßen beinhalten und miteinander verbinden: Am konkreten Beispiel lassen sich allgemeine Gesetzmäßigkeiten aufzeigen, und allgemeine Konzepte können am konkreten Fall angewendet werden.

Es gibt nun zwei Möglichkeiten für die Anordnung abstrakter und konkreter Informationen in einem Lernangebot: Im Lernangebot kann zunächst die allgemeine, abstrakte Information eingeführt und danach mit konkreten Informationen erläutert werden: Dieses Vorgehen *vom Allgemeinen zum Besonderen* nennt sich **Deduktion**. Bei der **Induktion** wird dagegen von der konkreten Information ausgegangen, z. B. einer Beobachtung oder einem Experiment, und davon wird ein allgemeines Gesetz oder Prinzip abgeleitet: *vom Besonderen zum Allgemeinen.*

Beispiel für Deduktion

Für das Fach „Arbeitsrecht" werden die Merkmale eines gültigen Arbeitsvertrages mit Verweis auf die relevanten Gesetze und Gerichtsurteile in einem Screencast erklärt. Danach werden Beispiele (Ausschnitte) aus Arbeitsverträgen vorgestellt und die Lernenden sollen gültige und nicht-gültige Formulierungen identifizieren.

In digitalen Lernangeboten finden wir oft deduktive Vorgehensweisen, bei denen zunächst abstrakte Informationen präsentiert und danach mit konkreten Beispielen unterfüttert werden.

Beispiel für Induktion

Für das Fach Physik werden in einer Simulation unterschiedliche Widerstände in einem Schaltkreis eingesetzt. Angezeigt werden die Änderungen in der Spannung und im Strom. Mit den Ergebnissen wird dann das Ohmsche Gesetz abgeleitet.

Induktive und deduktive Abfolgen sind gleichermaßen geeignet, um komplexe Sachverhalte einzuführen; ihre Auswahl hängt vor allem vom Lerngegenstand ab. Beide fordern die kognitive Auseinandersetzung und das aktive Handeln der Lernenden.

10.2.3 Instruktionale Ereignisse (Gagné)

Das Modell von Robert Gagné (1985, ursprünglich: 1965) beschreibt Lehren und Lernen als Folge von *neun instruktionalen Ereignissen*, die bei einem erfolgreichen Lernen stattfinden sollten, ganz unabhängig vom Lerngegenstand oder den Lernzielen. Die Schritte müssen dabei nicht unbedingt durch eine lehrende Instanz angeleitet werden. Verfügen die Lernenden über hinreichende Kompetenz, können sie diese Schritte auch selbst ausführen.

Im Wesentlichen schlägt das Modell ein deduktives Vorgehen *vom Allgemeinen zum Besonderen* vor (s. Tabelle 31): Zunächst werden Lehrinhalte präsentiert, anschließend werden diese vertieft, mit Beispielen erläutert und an konkretem Material eingeübt.

Tabelle 31: Instruktionale Ereignisse (nach Gagné, 1985)

	Aktivität der Umwelt	**Aktivität des Lernenden**
1	Aufmerksamkeit einfordern	Konzentration mobilisieren
2	Lehrziele mitteilen	realistische Erwartung über Lernergebnis aufbauen
3	an Vorwissen anknüpfen	Langzeitgedächtnis aktivieren
4	Lernmaterial präsentieren	Lernmaterial wahrnehmen
5	Lernhilfen anbieten	Übernahme in Langzeitgedächtnis durch semantische Enkodierung fördern
6	Gelerntes anwenden	Rückschlüsse auf Lernergebnis ermöglichen
7	Rückmeldung geben	diagnostische Information und Verstärkung geben
8	Leistung testen	Hinweise zur Verfügung haben, die bei der Erinnerung benötigt werden
9	Behaltensleistung und Lerntransfer fördern	Leistung in neuen Situationen erproben

Lernhilfen beziehen sich auf alle Maßnahmen, die sich günstig auf die Speicherung und Organisation des Materials beziehen und dazu beitragen, dass dieses besser erinnert werden kann (z. B. Merksätze oder „Eselsbrücken", Grafiken wie Skizzen oder Flussdiagramme, humoristische Illustrationen und manches mehr).

Der Lerntransfer soll angeregt werden, indem abschließend reale Beispiele vorgestellt werden oder auf solche Anwendungsfälle verwiesen wird. Der Lerntransfer wird damit als zusätzliches, auf die eigentliche Aneignungsphase folgendes Problem gesehen. Andere Ansätze fordern dagegen, dass der Anwendungskontext bereits bei der Darbietung und Aneignung berücksichtigt werden sollte.

Die Aktivitäten der lehrenden Instanz korrespondieren dabei jeweils mit Aktivitäten aufseiten des Lernenden. Die *Lernenden* müssen diese Aktivität vollziehen; die Aktivitäten der *Lehrenden* (also auch eines Mediums) sind nur insofern notwendig, als sie korrespondierende Aktivitäten der Lernenden motivieren beziehungsweise sicherstellen. Das Modell ist durch den seinerzeit vorherrschenden *behavioristischen Ansatz* des Lernens geprägt, so dass es von einer eher starren Folge von Lehr-Lernaktivitäten ausgeht und die Bedeutung sozialer Prozesse vernachlässigt. Entscheidend erscheint jedoch die Kritik, dass das Modell – unabhängig von den Rahmenbedingungen wie z. B. der Art der Lehrziele und Zielgruppe – immer dasselbe Vorgehen vorschlägt.

Bereits in den 1970er-Jahren begann GAGNÉ, das Modell auf computergestütztes Lernen anzuwenden, und es wird bis heute dazu herangezogen. Kreativität ist gefordert, wenn es um die Umsetzung geht, z. B. stellt sich die Frage, wie *Aufmerksamkeit* hergestellt werden kann. Vorgeschlagen werden etwa *Eyecatcher,* wie Videoclips oder interessante Grafiken auch humoristischer Art. Sie sollten auf das Lehrmaterial hinführen, etwa indem ein konkreter Fall oder ein Ereignis vorgestellt wird. Damit kann verdeutlicht werden, welcher *Nutzen* in dem Lehrinhalt besteht. Eine Steigerung der Aufmerksamkeit nur durch visuelle Effekte erscheint seltener sinnvoll, weil zum einen falsche Erwartungen aufgebaut werden, die sich zum anderen schnell verbrauchen können.

10.2.4 Das 3-2-1-Modell für expositorische Lernangebote

Das Modell von GAGNÉ liefert einen Rahmen für den Aufbau eines expositorischen Lernangebots. Es gibt aber keine Hinweise oder Kriterien, wann welche Elemente *zwingend* sind und wann auf diese verzichtet werden kann. Deswegen erweiterte KERRES (2001) das Modell von GAGNÉ; die „instruktionalen Ereignisse" werden in drei Gruppen aufgeteilt. Beschrieben wird, welche Elemente zwingend und welche Elemente unterstützend sind. Auf diese Weise lassen sich die *Instruktionalen Ereignisse* gewichten und genauere Entscheidungen für die Konzeption eines digitalen Lernangebots treffen. EBNER et al. (2005; 2003) stellen ein Beispiel vor, wie sich das Modell im Hochschulbereich anwenden lässt.

3er-Element

Ein didaktisch aufbereitetes (expositorisches) Lernangebot besteht zwingend aus *drei Basiselementen*:

- Eine grundlegende *Lerninformation* bzw. Verständigung über die Lehrinhalte (Um was geht es hier?),
- die Präsentation unterschiedlich gearteter *Lernmaterialien* zur Anregung von Lernprozessen sowie
- die Anleitung zu bestimmten Lernaktivitäten durch *Lernaufgaben*.

Warum werden *Lerninformation* und *Lernaufgabe* als zwingend für ein Lernangebot erachtet? Reicht bei hinreichend intelligenten und/oder motivierten Lernenden nicht letztlich die *Präsentation* von Materialien aus (Lehrtexte, Videos, Multimedia)? Die Lernenden sollen die *passenden* Lernmaterialien finden. Lerninformationen dienen der Orientierung der Lernenden, damit sie wissen, ob das Material dem entspricht, was sie lernen wollen oder sollen.

Diese Metainformationen sind anhand vorgegebener Deskriptoren bereitzustellen, wie z. B. die erwarteten Vorkenntnisse, die benötigte Lernzeit, die angewendete Lehrmethode, die Lerninhalte und -ziele. Solche „Informationen über Informationen" werden nicht von allen Lernern immer abgerufen; sie sind jedoch ein wesentliches Merkmal eines *didaktisch aufbereiteten* Lernangebots. Durch eine Standardisierung dieser Deskriptoren können diese Angebote auch über verschiedene Anbieter hinweg zusammengeführt werden. Sie dienen letztlich dazu, dass die Lernangebote von Lehrenden und Lernenden leichter gefunden werden.

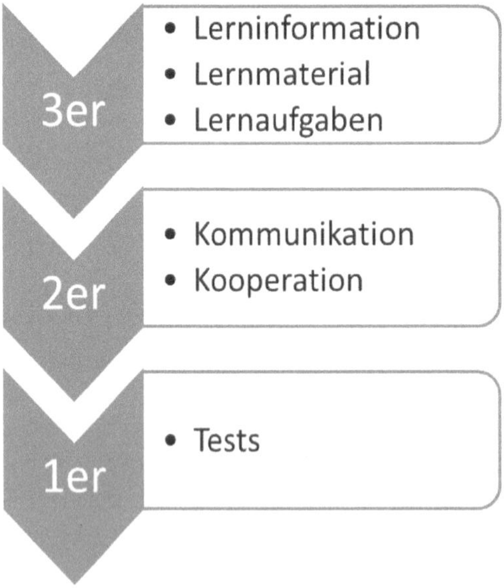

Abbildung 44: 3-2-1 Modell für expositorische Lernangebote

Lernen wird nur erfolgreich sein, wenn bestimmte Lernprozesse aktiviert werden. Das Lernmaterial kann diese Lernprozesse anregen; die *Lernaufgaben* sollten jedoch den Vollzug einer bestimmten Lernerfahrung sicherstellen. Viele Hausaufgaben, wie wir sie aus der Schule kennen, lösen diese Forderung nicht ein. Im schulischen Kontext dienen *Hausaufgaben* der Einübung oder Anwendung von gelernten Kenntnissen und Prozeduren. Lernaufgaben setzen früher an und machen die zu vermittelnden Inhalte erfahrbar. Denn beim mediengestützten Lernen ist damit zu rechnen, dass die Bearbeitung des Mediums in vielen Fällen oberflächlich bleibt. Leicht stellt sich – bei einem Überfliegen der Lernmaterialien – die Illusion ein, den Lernstoff bearbeitet zu haben, auch wenn keine intensivere Auseinandersetzung stattgefunden hat. Die Lernaufgaben dienen jedoch *nicht* der Lernerfolgskontrolle oder der Überprüfung des Lernerfolgs (wie in der *programmierten Unterweisung* nach SKINNER). Durch die Bearbeitung der Aufgabe wird vielmehr der angestrebte Lernprozess *vollzogen*!

Ein didaktisch aufbereitetes Lernangebot zeichnet sich demnach durch Lernaufgaben aus, die bestimmte Lernprozesse auszulösen vermögen. Konventionelle Lernaufgaben bestehen in der Regel aus textlich formulierten Anleitungen zu bestimmten Aktivitäten (*Assignments*). Welche Aktivitäten dabei infrage kommen, hängt auch davon ab, wie die Aktivitäten ausgewertet werden sollen, um daraus ggf. eine Rückmeldung abzuleiten. Bei einer automatisierten Auswertung muss die Art der Eingaben so eingeschränkt werden, dass die Auswertung mit vertretbarem Aufwand vorgenommen werden kann.

Bei computerisierten Auswertungsverfahren, die eine sofortige Rückmeldung ermöglichen, reduziert sich die Aktivität der Lernenden auf die Auswahl von Antwortalternativen. Auch mit gut formulierten Multiple-Choice-Aufgaben kann eine intensive Auseinandersetzung mit dem Lerninhalt angeregt werden. Sie animieren also keineswegs nur zum Raten. Allerdings bleibt die Art der Lernaktivitäten eingeschränkt. Hinzu kommt, dass die Lernenden deutlich anders und mehr motiviert sind, wenn sie wissen, dass eine andere Person und keine Maschine ihre Antworten auswerten. Aus diesem Grund bietet es sich an, dass Tutorinnen und Tutoren Rückmeldungen zu Einreichungen geben. Dieses 3er-Element wird als *notwendiger* Bestandteil von didaktisch aufbereiteten Lernangeboten aufgefasst.

2er-Element

Kommunikation und *Kooperation* können zusätzlich zu den drei Basiselementen als weitere Elemente vorgesehen werden. Sie können sich auf die Zusammenarbeit zwischen Lernenden oder mit einer betreuenden Instanz beziehen. Der Übergang zwischen kommunikativen und kooperativen Lernaktivitäten ist dabei fließend. Bei der Kooperation steht das gemeinsame Erstellen und Bearbeiten eines Produktes (wie z. B. eines Software-Programms) im Vordergrund, bei der Kommunikation geht es um den persönlichen Austausch, ohne dass gemeinsam an Dokumenten gearbeitet wird bzw. ein digitales Artefakt entsteht.

Diese beiden Elemente sind in einem Lernangebot *nicht* zwingend notwendig. Bei einer schlechten Planung von Kommunikations- und Kooperationselementen werden sie von den Lernenden oftmals *nicht* genutzt und entsprechende Plattformen, Internetforen oder Konferenzräume bleiben leer. Es ist vor allem von dem gegebenen Lehrziel und den individuellen Lernzielen abhängig, inwieweit diese Elemente in das Lernangebot eingebracht werden sollten. Kommunikation und Kooperation dienen letztlich einzig dazu, die Lehr- und Lernziele zu erreichen.

Um Methoden- oder Sozialkompetenzen zu entwickeln, sind Kommunikation und Kooperation erforderlich: Es soll gelernt werden, im Team zu arbeiten, sich auszudrücken, auf Andere einzugehen und so weiter. In der Regel stehen aber weitere inhaltliche Lehrziele im Vordergrund, deren Erreichung durch Kommunikation und Kooperation unterstützt werden sollen. Geht es beispielsweise um die Aneignung von Fakten, so sind kommunikative Lernaktivitäten wenig hilfreich. Das Verständnis komplexer theoretischer Zusammenhänge und kontroverser wissenschaftlicher Positionen dagegen erfordert in der Regel, diese *im Diskurs* nachvollziehen zu können.

1er-Element

Tests können als weiteres – fakultatives – Element eines expositorischen Lernangebots aufgenommen werden, wenn es für den Lernprozess hilfreich ist. Das Modell von ROBERT GAGNÉ legte besonderen Wert auf das Prüfen und Rückmelden von Lernergebnissen und -erfolgen. In der Tradition behavioristischer Lerntheorien schien es ein wesentliches Merkmal von Lernprogrammen zu sein, den Lernfortschritt durch Tests laufend zu prüfen und den Fortgang des Programms von dem erreichten Wissenstand abhängig zu machen. Regelmäßige Tests werden jedoch von den Lernenden vielfach nicht akzeptiert. Mit der Abkehr von behavioristischen Lerntheorien und der zunehmenden Bedeutung kognitiver und konstruktivistischer Ansätze des Lernens ist auch die Bedeutung von Lerntests grundsätzlich infrage gestellt worden. Hinzu kommt, dass gute Lerntests aufwendig zu entwickeln sind. Deswegen wird auf entsprechende Elemente in Lernmedien häufig verzichtet. Gleichzeitig gewinnen Evaluation, Benchmarking und Zertifizierung an Bedeutung. Es ist also im Einzelfall zu prüfen, inwieweit auf solche Elemente verzichtet werden kann und wie sie möglicherweise zu gestalten sind.

Ob dieses Element erforderlich ist, lässt sich auf der Grundlage von Analysen der Rahmenbedingungen ableiten: Dient die Rückmeldung der Selbsteinschätzung oder der Zertifizierung? Dient das Lernen der Vorbereitung auf eine genau umrissene Prüfung? Überwiegt extrinsische gegenüber intrinsischer Motivation?

Zu entscheiden ist dann: Werden die Prüffragen zur Selbstkontrolle angeboten? Wie erfolgt die Rückmeldung? Wer gibt Feedback und wie werden die Tutorinnen und Tutoren ausgebildet? Letztlich ist es auch eine Frage des Verhältnisses von Kosten und Nutzen, ob und welche dieser Elemente als Präsenz- oder Online-Variante realisiert werden können.

Entscheidungsfindung

Welche Kombination der didaktischen Elemente im Einzelnen zu wählen ist, hängt von den Bedingungen des didaktischen Feldes ab. Es ist zu untersuchen, welche Bedeutung der interpersonellen Kommunikation in dem angestrebten Szenario zukommt, das heißt welche Qualitäten von Kommunikation für notwendig erachtet werden, um bestimmte Lehrziele und weitergehende Projektziele zu erreichen. Bildungsangebote dienen – gerade in Organisationen – nicht nur der Vermittlung von *Sachwissen*, sondern unterstützen die *Sozialisation* des Einzelnen und die *Identitätsbildung* von Organisationen als Ganzes. Kommunikation baut Bindungen zwischen den Menschen einer Organisation auf und bindet Personen an die Organisation, sie erhöht die Identifikation von Mitarbeitenden mit dem Ganzen und vermittelt informelle Regeln („ungeschriebene Gesetze"), Mythen und Gebräuche, die die Identität der Organisation ausmachen.

Das 3-2-1-Modell für expositorische Lernangebote

Folgende Fragen prüfen, ob die erforderlichen Elemente vorliegen:

3er-Element: Sind Lerninformationen verfügbar, die Orientierung über das Lernmaterial liefern? Regen die Lernmaterialien die Lernprozesse zuverlässig an? Sind Lernaufgaben vorhanden, die die Aktivierung der Lernenden sicherstellen?

2er-Element: Sind Kommunikation und Kooperation erforderlich, um das Lehrziel zu erreichen? (Wie) Wird Kommunikation angeregt und organisiert: Unter den Lernenden, zwischen Lernenden und Tutorinnen und Tutoren? Wie werden Kommunikation und Kooperation unterstützt?

1er-Element: Bieten Tests hinreichende Rückmeldung, auch zur Orientierung über weitere mögliche oder notwendige Lernschritte, mit Verweis auf weitere Lernangebote?

10.2.5 Kognitive Meisterlehre

Ein expositorisch aufbereitetes Lernangebot präsentiert Expertenwissen. Doch wäre es nicht lehrreicher, einer erfahrenen Person bei ihrer Tätigkeit zuzusehen, sie vor Ort zu besuchen und zu erleben, wie sie sich in ihrer Umwelt im Alltag verhält, wie sie ihre eigene Arbeit plant, kommentiert und bewertet?

LAVE & WENGER (1991) haben das Lernen von Auszubildenden beim Erlernen eines Handwerks in Werkstätten als *periphere Partizipation* aufgezeigt. Der Auszubildende beobachtet den Meister vor Ort und lernt durch Teilhabe, wie er sein Handwerk verrichtet. Die *kognitive Meisterlehre* greift diese Prinzipien auf. Statt handwerklicher Fertigkeiten geht es ihr um kognitive Fertigkeiten (nach Collins, Brown & Newman, 1989).

Dieser Ansatz wurde auf das Lernen mit Medien übertragen, bei dem authentische Informationen mit Videos präsentiert und die Lernenden mit Problemstellungen aus der Praxis konfrontiert werden. Dabei ist zu bedenken, dass LAVE & WENGER das Lernen durch Beobachten *in situ* analysiert hatten: Die Auszubildenden beobachten ihren Meister an seinem Arbeitsplatz vor Ort. Es bleibt die Frage, inwieweit diese Qualität erhalten bleibt, wenn man es in ein Klassenzimmer bzw. auf ein Medium überträgt. Dem entgegen können bei Medien allerdings auch Elemente eingebracht werden, die im natürlichen Kontext nicht existieren, z. B. kann der Lernende bei Videos den Ablauf mehrfach wiederholen, stoppen und zurückspulen, kommentieren und mit Anderen diskutieren.

Kognitive Meisterlehre

- **Modellieren**: Das Lernmedium beschreibt das richtige Vorgehen, z. B. anhand der Videoaufzeichnung einer Expertin, die ihr Vorgehen verbalisiert.
- **Coaching**: Der Lernende führt die Prozedur aus. Das System wertet das Vorgehen aus und gibt Rückmeldung.
- **Ausblenden**: Das System stellt fest, wie gut der Lernende das Vorgehen beherrscht. Je besser der Lernende wird, umso weniger Rückmeldungen gibt das System.
- **Hilfestellungen**: Für bestimmte Teilprobleme, die erfahrungsgemäß besonders schwierig sind, wird gezielt Unterstützung angeboten.
- **Artikulation**: Der Lernende notiert seine Erkenntnisse.
- **Reflexion**: Der Lernende analysiert sein Vorgehen und vergleicht sie mit anderen Lösungsalternativen.

10.2.6 Adaptivität und Learning Analytics

Allen expositorischen Ansätzen liegt die Annahme zugrunde, dass der Lehr-Lern-Prozess entlang eines festgelegten Pfades organisiert sein sollte. Sie beschreiben, wie Lerninhalte entlang einer Sequenz angeordnet werden. Doch die „gute Lehrkraft" zeichnet sich gerade dadurch aus, dass sie ihren geplanten Unterricht in der Situation spontan anpassen kann; sei es, dass sie auf Störungen eingeht oder die Schwierigkeit der Darstellung anpasst, wenn sie merkt, dass die präsentierten Inhalte zu leicht oder zu schwer sind. Die Lehrkraft wird bei hinreichender Empathie und genügend Erfahrung relativ leicht erkennen, wann es notwendig ist, ihren Plan zu ändern. Zugleich bleibt im Präsenzunterricht die Herausforderung, den Unterricht auf die Unterschiede der Lernenden in einem Gruppenverband anzupassen. Eine solche Individualisierung kann etwa durch bestimmte methodische Arrangements wie Einzelarbeit oder Stationenlernen angestrebt werden (die wesentlich auf Medien beruhen, um die Differenzierung zu ermöglichen).

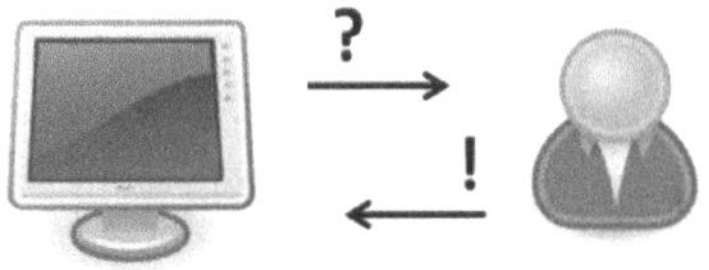

Abbildung 45: Interaktivität als Sequenz von Fragen und Antworten

Es war bereits ein zentrales Anliegen von B. F. Skinner, das Lernen durch den Computer zu individualisieren, da ein Unterricht im Gruppenverband – seiner Beobachtung nach – dem Einzelnen nicht gerecht wird. In einem digitalen Lernangebot ist es allerdings schwieriger, Probleme von Lernenden im Umgang mit dem Lernstoff zu identifizieren. Dafür lässt sich der Lernweg relativ einfach flexibel an den Einzelnen anpassen, wenn genügend Materialien und Varianten hinterlegt sind.

Der Lehr-Lern-Prozess sollte nach Skinner als ein Regelkreislauf verstanden werden, in dem der Lehrstoff an den regelmäßig zu erfassenden Lernstand anzupassen ist, so wie die Wärmezufuhr bei einer Heizung durch Messwerte von Thermostaten geregelt wird (s. Kapitel 4.3 zu „Behaviorismus“, in dem das Vorgehen beschrieben ist).

Ein Computer verfügt nun aber zunächst über keine entsprechende Sensorik, um Lernzustände bei den Lernenden laufend zu messen. Deswegen organisierte Skinner den Lehr-Lern-Prozess als einfache Feedback-Schleifen. Das Grundprinzip, das bis heute verwendet wird, lautet: Der Computer präsentiert Lerninhalte und fordert die Lernenden zu einer Reaktion heraus. Aus dieser Reaktion versucht der Computer, Rückschlüsse über den Lernzustand zu ziehen.

Bei einfachen Lernprogrammen reduziert sich diese Interaktivität auf Multiple-Choice-Fragen, die richtig zu beantworten sind. In neueren Systemen ist dieser Mechanismus weiter verfeinert worden. In künstlich-intelligenten tutoriellen Systemen wurde der Lernstatus erfasst, indem die Lernenden bei der Bearbeitung komplexer Aufgaben vom System beobachtet wurden. Man erfasste nicht mehr nur, ob die Person richtige oder falsche Lösungen liefert, sondern versuchte auch den Typ von Fehlern zu identifizieren, um das weitere Lernangebot entsprechend anzupassen. So sollten beispielsweise Flüchtigkeits- oder Rechenfehler von grundlegenden Verständnisfehlern unterschieden werden. In Kapitel 4.3 über „intelligente tutorielle Systeme“ sind allerdings auch die Grenzen des Ansatzes beschrieben, der sich nur bei ausgewählten Lehrinhalten (und aufwendig) implementieren lässt.

Im Internet ebenso wie auf einem physikalischen Hochschulcampus, Schul- oder Betriebsgelände hinterlassen alle Aktivitäten Spuren, die ausgewertet werden können, um Rückschlüsse auf den Lernprozess zu ziehen. Dabei können Daten aus verschiedenen Systemen zusammengeführt werden, etwa Personendaten aus einer Teilnehmerverwaltung, Belegungsdaten aus einem Kursverwaltungssystem, Nutzungsdaten aus einem Lernmanagementsystem, Informationen aus Portfolio- oder Prüfungssystemen, in denen Leistungsergebnisse und Noten hinterlegt sind, aber auch Bewegungs- und Zugangsdaten zu z. B. Bibliotheken oder Hörsälen, die durch RFID-Chips oder WLAN-Zugriffe von mobilen Telefonen entstehen, bis hin zu Informationen zur Nutzungshäufigkeit von Online-Zeitschriften oder digitalen Werkzeugen zur Gruppenarbeit. Diese Daten lassen sich abgleichen mit Profilen in sozialen Netzwerken, aus denen soziale Kontakte und Freundschaften der Lernenden ausgelesen und persönliche Interessen, sexuelle Vorlieben, Freizeitaktivitäten oder politische Ansichten erschlossen werden können. Dabei können große Mengen an Daten entstehen (*Big Data*), die ein Profil des Lernverhaltens *On-campus* und *Off-campus* ergeben, das mit weiteren persönlichen Daten verknüpft werden kann. Es entstehen dabei Datensets, die in diesem Umfang zuvor niemals automatisch erfasst werden konnten.

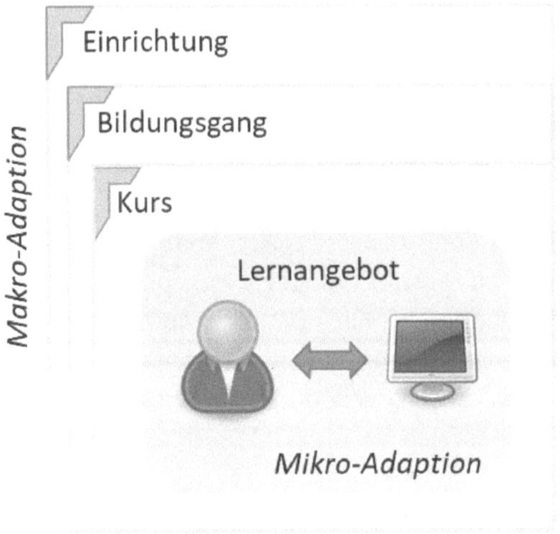

Abbildung 46: Adaption von Lernangeboten

Eine derart weitreichende Erfassung von Verhaltensdaten wird in der internationalen Diskussion offensichtlich unterschiedlich bewertet. Von den Befürwortern wird regelmäßig darauf verwiesen, dass diese Datensammlung alleine zum Wohl der Lernenden geschehe, für die Lernangebote optimiert werden sollen (Siemens, 2013). Besonders in der deutschsprachigen Diskussion werden dagegen kritische Fragen zum Datenschutz aufgeworfen. Bislang erscheint keineswegs belegt, dass die umfängliche Sammlung und Zusammenführung von Daten einen wesentlichen Beitrag leistet, um Lernprozesse besser zu gestalten als Beratungs- und Unterstützungsangebote, die ohne solche Daten auskommen. Es sind in jedem Falle Lösungen zu finden, die gesetzlich geregelte Rechte von Lernenden und Lehrenden einhalten (Pardo & Siemens, 2014; Slade & Prinsloo, 2013; Greller & Drachsler, 2012a). Dies geschieht z. B. durch die Anonymisierung bzw. Pseudonymisierung von Verhaltensspuren, um den Bezug zu einer konkreten Person zu entfernen. Dann können Daten, die im Lernprozess entstehen, grundsätzlich genutzt werden für die Analyse und Gestaltung

- des laufenden Lehr-Lernprozesses („Mikro-Adaption“) und
- des Lern- bzw. Bildungsangebotes im Ganzen („Makro-Adaption“).

Mikro-Adaption

Auf Grundlage eines Vergleichs mit anderen Lernenden kann z. B. festgestellt werden, welche Lernpfade sich in der Vergangenheit als besonders erfolgreich erwiesen haben. Diese können dann fest vorgegeben oder dem Lernenden als Vorschlag präsentiert werden. So wie ein Online-Shop auf Grundlage bisheriger Einkäufe Produktempfehlungen gibt, kann ein entsprechender *Recommender* Vorschläge für Lerninhalte oder Lernaktivitäten präsentieren (Drachsler, Verbert, Santos, & Manouselis, 2015).

Auf Grundlage von Forschungsergebnissen bietet es sich etwa an, die Unterstützung der Lernenden durch das System mit zunehmender Expertise zu reduzieren (vgl.

Leutner, 1992). Für Anfänger sollten z. B. möglichst ausgearbeitete Beispiellösungen vorliegen, für Fortgeschrittene vermehrt selbst zu bearbeitende Übungsaufgaben und zunehmend komplexere Probleme (vgl. Kapitel 4.3.2). Schwierig ist dabei insbesondere, wie sich während der Bearbeitung des Lernangebots das Expertiselevel erfassen lässt. SLAVA KALYUGA (2007a) beschreibt ein Vorgehen, bei dem der Computer die Bearbeitungsschritte einer Person analysiert. Auf diese Weise kann auf das Niveau der Expertise geschlossen werden. Dies gelingt aber regelmäßig nur in gut definierten Sachgebieten mit einer hierarchischen Sachlogik, wie der Mathematik.

Ein Beispiel für Mikro-Adaption

Nehmen wir an, es liegen Logfiles von Lernenden auf einer Lernplattform vor. Auf der Grundlage von Forschungsergebnissen wird die Hypothese formuliert, dass ein Zusammenhang zwischen Vorwissen und Lernerfolg besteht (vgl. etwa N. M. Seel & Ifenthaler, 2009; R. C. Clark & Mayer, 2016). Uns interessiert, welche weiteren Variablen einen moderierenden Einfluss auf diesen Zusammenhang haben.

Es zeigt sich eine signifikante Korrelation zwischen Vorwissen und Lernerfolg, die moderiert wird von der Häufigkeit, mit der Beispiele und Übungen – zusätzlich zu abstrakten Wissensinhalten – aufgerufen wurden. Demnach profitieren Personen mit niedrigem Vorwissen von Beispielen und Übungen mehr als Personen mit hohem Vorwissen.

Wenn nun eine Person mit niedrigem Vorwissen das Lernangebot nutzt, können wir einstellen, dass nach einer bestimmten Anzahl von aufgerufenen Seiten, in denen abstrakte Informationen präsentiert worden sind, auf eine Seite mit einem Beispiel verzweigt wird.

In dem vorliegenden Beispiel haben wir eine Fragestellung abgeleitet auf der Grundlage vorliegender Forschungsergebnisse. Doch die Diskussion über *Learning Analytics* bezieht sich vor allem auf große Datenbestände, in denen Algorithmen selbstständig Muster identifizieren (vgl. Aggarwal & Zhai, 2012). So können auch vergleichsweise abstrus erscheinende Zusammenhänge in den Datenbeständen identifiziert werden: Vielleicht zeigen sich Zusammenhänge zwischen bestimmten Konfigurationen aus Körpergröße, Religionszugehörigkeit, Ethnie und bestimmten Lernparametern ... Würden wir wollen, dass solche Zusammenhänge den Lernprozess regeln? Darüber hinaus besteht das Problem, dass (kommerzielle) Lernplattformbetreiber ihre Algorithmen zur „Optimierung der Lernerfahrung" in der Regel nicht bekannt geben, sondern – wie Betreiber von Suchmaschinen – als Geschäftsgeheimnis betrachten, so dass sie sich einer Diskussion, z. B. über die systematische Benachteiligung oder Stigmatisierung bestimmter Teilgruppen, entziehen.

Bislang ist noch nicht erkennbar, ob und wie *Learning Analytics* zur Steigerung der didaktischen Qualität von Lernangeboten beiträgt. Auch beruht die „Optimierung" immer auf der retrospektiven Analyse von Datensets und setzt das fort, was sich in der Vergangenheit in der Masse bewährt hat. Entgegen der Hoffnung einer Individualisierung geht sie immer von Durchschnittswerten von Lerngruppen (ggf. von Teilgruppen) aus, die immer in einem bestimmten Kontext erhoben wurden (Ifenthaler & Widanapathirana, 2014). Wenn wir nicht nur das Training von Fertigkeiten optimieren wollen, sondern einen weiterreichenden Bildungsbegriff anlegen, dann kann die Engführung dieser Forschungsrichtung hinterfragt werden, die Vorhandenes fortschreibt.

Makro-Adaption

Die Verhaltensdaten können auch jenseits des Lehr-Lern-Prozesses für weitere pädagogische Analysen genutzt werden. Gesprochen wird hier auch von *Educational Data Mining*. Je nach institutionellem Kontext wird man etwa folgende Ziele verfolgen können:

- Individuelle Beratung von Lernenden mit dem Ziel, Lernverhalten zu reflektieren und Ziele zu definieren bzw. zu vereinbaren, zum Beispiel: Welche Teile des Lernangebots werde ich bis zu welchem Termin durchgearbeitet haben?
- Die Reflexion von Lehr-Lern-Prozessen in einer Lerngruppe: Woran liegt es, dass sich die Lernintensität im Kurs in den letzten Wochen verschlechtert hat?
- Die Identifikation von Schwächen eines Produktes mit dem Ziel der Verbesserung der Qualität des Lernangebots: An welchen Stellen des Programms brechen Lernende am häufigsten ab?
- Identifikation von Problemfällen bei Lernenden mit dem Ziel, das Durchhalten (*Retention*) zu fördern und Abbruch (Drop-out) zu reduzieren: Welche Studiere sind besonders gefährdet, das Studium abzubrechen?
- Analyse des Verhaltens von Teilgruppen: Wie kommen diese im Studienverlauf zurecht? Welche zusätzlichen Unterstützungsangebote könnten sinnvoll sein?
- Die Erhebung von Qualitätsindikatoren auf der Ebene einer Lerngruppe, eines Kurses, eines Jahrgangs oder einer Kohorte, die gemeinsam lernen: Wie gut lernt ein Kurs im Vergleich zu anderen?
- Die Erhebung von Qualitätsindikatoren für Lehrende: Wie häufig und schnell reagieren Lehrende auf Nachrichten von Anderen?
- Die Auswertung auf der Ebene eines Studienprogramms, wie z. B. ein Bachelor-Programm, ein Ausbildungsgang oder das Berufsgrundschuljahr am Berufskolleg, die mehrere Kohorten umfassen: Wie verändern sich über die Zeit Indikatoren von Lernintensität und Lernerfolg?
- Die Auswertung auf der Ebene einer Einrichtung, wie z. B. einer Hochschule oder Weiterbildungseinrichtung, die ihre Angebote vergleichen: Welche Angebote sollten genauer analysiert oder überarbeitet werden?

Ein Beispiel für Makro-Adaption

DAUD et al. (2017) untersuchten, welche Faktoren den Studienerfolg an pakistanischen Universitäten vorhersagen können. Sie erfassten unter anderem die finanzielle Situation der Eltern und ihrer studierenden Kinder umfänglich, etwa die Höhe der Mietkosten, der Wasser- und Stromrechnungen und des Renovierungsbedarfs der Wohnung der Eltern. Dabei erwiesen sich bestimmte Konfigurationen von familiären Bedingungen als prognostisch valide, um den Studienerfolg der Kinder vorherzusagen. Aus den Korrelationen folgerten sie im konkreten Fall, dass die Zulassung zu einem Studium wenig sinnvoll ist, wenn das Haus der Eltern zu viele Reparaturen verlangt und das Einkommen der Eltern niedrig ist, da die Studierenden dann zu viel Zeit abseits des Studiums verbringen müssten (S. 420).

Ein Anliegen, das in der Forschung zu *Learning Analytics* verfolgt wird, ist das Ziel, Lernende zu identifizieren, die in der Gefahr stehen, ein Bildungsangebot ohne Erfolg abzubrechen (*at risk students*). In dem skizzierten Beispiel für eine Makro-Adaption von DAUD et al. (2017) wird deutlich, dass entsprechende Ansätze durchaus kritisch bewertet werden können: Sie konnten Merkmale der häuslichen Situation von Studierenden (in Pakistan) identifizieren, die einen Studienabbruch wahrscheinlich machten (z. B: der Renovierungsbedarf des elterlichen Hauses). Es bleibt die Frage, ob die entsprechenden Personen deswegen tatsächlich vom Studium abgehalten werden sollten, oder ob Maßnahmen zu ergreifen wären, die dazu beitragen, diesen Abbruch zu verhindern.

SLATER et al. (2016) skizzieren ein Berechnungsmodell an einer Hochschule, das mit 75-prozentiger Sicherheit vorhersagen kann, wer ein Studium abbricht. Eine hohe Wahrscheinlichkeit für einen Studienabbruch besteht etwa, wenn im dritten Semester Lerninhalte von Pflichtkursen des ersten Semesters noch nicht bearbeitet worden sind. Hier könnte ein Mentoring-Programm ansetzen, dass diese Studierende gezielt anspricht, um einen solchen Abbruch zu verhindern. SLATER et al. (2016) berichten von Hochschulen, die auf diese Weise ihre Rückmelderate deutlich verbessern konnten.

Es kann hinterfragt werden, welche Rolle die „Abbruchvermeidung“ hat und wie mit einem drohenden Abbruch umzugehen ist. Sollten „abbruch-gefährdete Lernende“ von einem Studium abgehalten werden oder mehr Unterstützung im Lernprozess erhalten? *Learning Analytics* ist gleichermaßen an Zielkategorien zu binden, um zu hinterfragen, wie bestimmte Variable Lernprozesse regulieren, und es ist zu entscheiden, ob es wünschenswert ist, dass eine bestimmte Regulierung stattfindet. Es erscheint nicht zielführend, wenn mit *Learning Analytics* eine *Black Box* entsteht, bei der die Lernprozessregulierung einem nicht-hinterfragten bzw. nicht-hinterfragbaren Algorithmus überlassen bleibt.

Zusammenfassung

Expositorische Verfahren führen Lerninhalte systematisch ein. Das Grundprinzip expositorischer Verfahren beruht auf folgenden Elementen:

- Die Darstellung von Lerninhalten steht im Vordergrund. Die Lernenden bewegen sich entlang eines definierten Lernpfades durch das Angebot.
- Die Präsentation beinhaltet sowohl allgemeine Aussagen (Einführung von Konzepten, Definitionen usw.) als auch konkrete Beispiele. Dabei kann induktiv oder deduktiv vorgegangen werden.
- Neben der Präsentation von Wissen sind Lernaktivitäten vorzusehen, mit denen die Inhalte angewendet und geübt werden.

Auf der Grundlage vorliegender Forschungsergebnisse – insbesondere zur *direkten Instruktion* – sollten sich folgende Aspekte positiv auf den Lernerfolg auswirken:

- Lernprozess *vorbereiten und einführen* (d. h. Lernmotivation und Aufmerksamkeit sind sicherzustellen, etwa durch Anknüpfen an konkrete Beispiele, Verweis auf bereits Erlerntes, Aufbau angemessener Erwartungen etwa durch Nennen von Lehrzielen, Überprüfen von Vorkenntnissen, Einordnen in übergeordnete Lehrpläne/-ziele, Vorstellen der Kursübersicht);
- *Aktivität* der Lernenden sicherstellen (d. h. die reine *Präsentation* von Informationen reicht nicht aus: Es sind Angebote vorzusehen, die *Aktivitäten* des Lerners erfordern);
- *Lernzeit* optimieren (d. h. einfache Navigation, um Orientierung sicherzustellen; Informationseinheiten wechseln sich mit Aktivitäten der Lernenden ab);
- *Lernfortschritt* erfassen und rückmelden (d. h. regelmäßig Selbsttests einbauen und möglichst unmittelbar Rückmeldung geben).

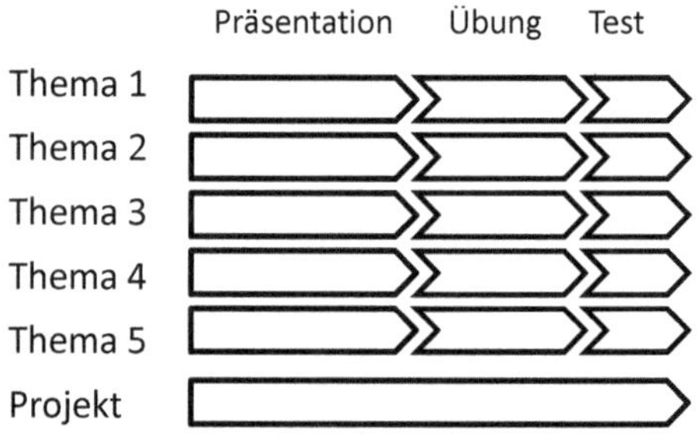

Abbildung 47: Themenzentriertes Vorgehen

Die Abbildung 47 zeigt, wie der Lernprozess in einem expositorischen Lernangebot über einzelne Themen oder Kapitel *vom Einfachen zum Komplexen* fortschreitet. Der Aufbau der einzelnen Kapitel erfolgt konsistent, damit die Lernenden sich schnell zurechtfinden. Am Schluss kann eine Integration des Wissens in einen größeren Anwendungsfall stattfinden. Dieser Aufbau des Lernangebotes entspricht einem themenzentrierten Vorgehen. Der daraus resultierende Haupt-Lernpfad durch das Lernangebot wird im didaktischen Konzept beschrieben.

10.3 Exploratives Lernen

Statt Lerninhalte in einer zeitlich festgelegten, strikten Abfolge zu präsentieren, können diese – gerade bei mediengestützten Varianten – auch für einen wahlfreien Zugriff angeboten werden. Die Inhalte werden dazu in mehr oder weniger großen Einheiten aufbereitet, die durch Links verknüpft sind. Die Lernenden können dann den Pfad durch das Lernangebot selbst wählen. In solchen Lernumwelten wird exploratives (= entdeckendes) Lernen möglich, welches vielfach weniger langweilig erlebt wird und oftmals mit großem Engagement erfolgt. Doch stellt sich die Frage, ob es auch zu gleichen Lernergebnissen führt wie die methodische Aufbereitung einer Exposition.

10.3.1 Merkmale explorativen Lernens

Exploratives Lernen lässt sich durch folgende Merkmale charakterisieren:

- Die Person steckt sich ein Lernziel: Sie möchte etwas wissen oder können.
- Die Person initiiert verschiedenartige Handlungen, um dieses selbst gesteckte Ziel zu erreichen: Sie entscheidet, welche Lernaktivitäten in welcher Sequenz auszuführen sind.
- Das Lernen vollzieht sich dabei nicht als linearer Prozess von einer Thematik bzw. Schwierigkeitsstufe zur nächsten, sondern eher spiralförmig: Die Person tastet sich in verschiedene Richtungen weiter, sie kann sich in Sackgassen begeben, bevor sie an eine frühere Stelle zurückkehrt usw.
- Der Vollzug dieser Aktivitäten wird als befriedigend erlebt (und nicht nur das Handlungsergebnis).

Wesentliche Momente der Instruktion treten bei Lernangeboten, die zur Exploration anregen wollen, zurück. Die zeitliche Strukturierung des Lernprozesses in eine vorgegebene Lernsequenz kann entfallen, nicht jedoch die logische Strukturierung des Lernangebots. Wichtiger werden hier Maßnahmen, die die Orientierung des Lerners in der Lernumgebung unterstützen, damit die Lernenden sich jederzeit zurechtfinden und der gewählte Lernweg zum Lernerfolg führt.

Um Hinweise auf die Gestaltung solcher Lernangebote abzuleiten, wurde das Verhalten von Personen untersucht, die sich *selbstständig* mit einem Lerngegenstand beschäftigen. Dabei fällt zunächst eines auf: Die Auseinandersetzung mit dem Lerngegenstand vollzieht sich *nicht* in Form eines strikt schrittweisen Durcharbeitens des Lernangebots mit einem linearen Zuwachs an Kenntnissen, wie es in sequenziellen Modellen des Lehrens - zumindest implizit - angenommen wird. Selbst wenn eine Person ihren Lernprozess sehr genau plant, wird sie typischerweise zwischen verschiedenen Teilanforderungen hin und her springen. Stößt sie bei einer Frage auf Schwierigkeiten, wendet sie sich z. B. einer anderen Thematik zu und kommt zu einem späteren Zeitpunkt auf diesen Aspekt zurück.

linear versus nicht-linear

Wie lesen Sie dieses Buch? Lesen Sie es Seite für Seite oder springen Sie zwischen Abschnitten und Kapiteln hin und her? Überschlagen Sie Seiten, die Sie bereits kennen oder gehen Sie zurück auf Seiten, um etwas erneut nachzulesen? Schlagen Sie Inhalte, die Sie gerade besonders interessieren, im Inhaltsverzeichnis oder Index nach?

Lernende, die sich intensiv mit dem Lerngegenstand auseinandersetzen, bearbeiten Lernmaterialien oftmals *nicht-linear*. Sie springen zwischen Seiten und Kapiteln, um Inhalte zu erkunden.

Ein *Buch* kann – Seite für Seite – linear gelesen werden; es kann (trotz seiner technischen Anlage als lineares Medium) explorativ rezipiert werden. Durch bestimmte Hilfsmittel, durch Verzeichnisse und Verweise im Text, wird die nicht-lineare Erschließung unterstützt.

Computer sind dagegen in ihrer technischen Anlage nicht-lineare Medien; eine Computeranwendung kann trotzdem so programmiert werden, dass die Lerninhalte strikt sequenziell zu bearbeiten sind und eine lineare Nutzung entsteht.

Es ist also zu unterscheiden zwischen der technischen Anlage und der Gestaltung des Mediums für eine lineare oder nicht-lineare Nutzung eines Lernangebots.

Bei der Anfertigung eines Referates wird man eine erste Gliederung entwerfen, und dann mit der Ausarbeitung eines Unterpunktes in der Gliederung anfangen, vermutlich nicht mit der Einleitung. Sind einige Abschnitte verfasst, wird man zu dem Gliederungsentwurf zurückkehren, und festzustellen, dass einige Veränderungen vorgenommen werden müssen. Bei der Bearbeitung fallen weitere Unterpunkte an, die in die Gliederung eingearbeitet werden.

Gerade bei Lerngegenständen, die für die Person schwierig zu erfassen sind, ist ein derart *spiralförmiges* Vorgehen typisch. Eine strikt sequenzielle Anlage der Lernaktivitäten, wie sie teilweise empfohlen wird, entspricht nicht dem selbstständigen Lernverhalten bei der Erarbeitung komplexer Themen. Strikt sequenziell gehen Lernende im Grunde nur vor, wenn ein Inhalt bereits bekannt ist und Lernstoff repetiert wird. Dies ist z. B. im Rahmen einer Klausurvorbereitung denkbar, in der ein Lernstoff aufgearbeitet wird.

Das beschriebene Vorgehen entspricht David Ausubels Konzept eines *Spiralcurriculums*. Die didaktische Aufbereitung orientiert sich an dem Vorgehen des selbstständigen Lernens. Statt die Inhalte in thematisch abgeschlossenen Kapiteln Schritt für Schritt zu präsentieren, werden sie in Schleifen zunehmender Komplexität mehrfach angesprochen und zusammengeführt.

Auch wird von Ausubel bezweifelt, dass Lernzuwachs als stetige Funktion über die Zeit einzuschätzen ist. Stattdessen wird betont, dass Lernzuwachs nicht immer schrittweise kumuliert. Komplexes Lernen zeichnet sich gerade durch Sackgassen und Rückschläge, qualitativ neue Einschätzungen und Sichtweisen durch wiederholtes Bearbeiten usw., also durch Nicht-Linearität, aus. Gleichwohl erfordern solche explorativen Lernangebote eine logische Strukturierung der dargebotenen Information, damit die Orientierung nicht verloren geht.

Explorative Lernangebote gehen demnach davon aus, dass die Sequenzialisierung des Lernangebots am besten durch den Lernenden selbst erfolgt: Der Lernende erzeugt die Sequenz des Lernangebots und wählt seinen Lernweg selbstständig (s. a. die Diskussion zu MARIA MONTESSORI: Kapitel 1.3.2).

Hintergrund

Die Erkenntnis, dass Selbststeuerung und eigenständige Exploration für das Lernen wichtig sind, ist keineswegs neu. So war die Forderung nach *Selbsttätigkeit* ein beherrschendes Thema der Reformpädagogik zu Beginn des 20. Jahrhunderts. Durch Förderung der Eigenaktivität der Lernenden sollte ein neues Verständnis von Schule und Unterricht geschaffen werden, das sich von der so bezeichneten traditionellen Buchschule abhebt. Die Dimension Selbst- versus Fremdkontrolle beim Lernen ist in der Vergangenheit unterschiedlich bewertet worden. Ob man sich für mehr oder weniger Selbst- oder Fremdkontrolle entscheidet, hängt nicht zuletzt mit grundsätzlichen Vorstellungen über Erziehung und Lernen zusammen.

Es bleibt die Frage: Können solche explorativen Lernprozesse aber überhaupt als Folge didaktischer Planung „hergestellt" werden? Didaktische Planung und exploratives Lernen scheinen sich zu widersprechen. Die menschliche Fähigkeit zur Exploration der Umwelt ist jedoch ein *Potenzial*, das je nach situativen Umweltfaktoren mehr oder weniger gut *angeregt* wird. Um genau diesen Aspekt geht es dem didaktischen Design im Hinblick auf exploratives Lernen: Wie können möglichst günstige Bedingungen geschaffen werden, um solche Lernprozesse anzuregen? Das didaktische Design soll Rahmenbedingungen beschreiben, die solche Lernprozesse ermöglichen.

Es ist eine Lernumgebung zu schaffen, die einen *definierten* Anregungsgehalt aufweist, um solche Lernprozesse zu initiieren. Als Beispiel kann auf Lernangebote verwiesen werden, die nach Prinzipien von MARIA MONTESSORI gestaltet werden (vgl. Kapitel 1.3.2): Lernende sollen dabei zu eigenständiger Aktivität angeregt werden. Sie werden in der *Freiarbeit* jedoch keineswegs wahllos beliebigen Umweltreizen überlassen; die Lernumwelt wird vielmehr so gestaltet, dass sie zu bestimmten Lernhandlungen anregt. Dies umfasst Spiel- und Arbeitsmaterialien sowie Medien, die geeignet sind, über die sinnliche Erfahrung definierte Lernprozesse in Gang zu setzen (Zählbretter, Perlenschnüre, Riechkästchen usw.).

Mit diesem Verständnis von Lehren, das die Gestaltung von Lernumwelt inkludiert, verändert sich die Rolle der lehrenden Instanz. Obwohl Interaktionen weiterhin geplant und auch gelenkt werden, tritt die lehrende Instanz während des Lernprozesses in den Hintergrund und überlässt den Lernenden die Initiative. Dabei handelt es sich um eine absichtliche, pädagogische Entscheidung, die nicht mit Passivität verwechselt werden darf. Doch es stellt sich auch eine Reihe nicht einfach zu beantwortender Fragen: Wie kann ein einheitliches Curriculum für alle Lernenden erstellt werden? Wie kann garantiert werden, dass ein bestimmter Lernerfolg erreicht wird? Wie sollen Lernerfolgskontrollen stattfinden, wenn alle Lernenden sich mit etwas anderem beschäftigt haben? Was ist zu unternehmen, wenn das Interesse der Lernenden nicht geweckt werden kann?

10.3.2 Bedingungen der Exploration

Exploratives Lernen basiert auf dem menschlichen Neugiermotiv. Es wird durch *neue, überraschende, inkongruente* oder *komplexe* Informationen bzw. Situationen aktiviert. Personen unterscheiden sich in der Ausprägung ihres Neugiermotivs: Menschen mit einer hohen Ausprägung schätzen derartige Situationen und suchen sie auf. Menschen mit niedriger Ausprägung vermeiden sie und bevorzugen bekannte Situationen mit wenigen Überraschungen.

Das konkrete Verhalten von Menschen mit hohem oder niedrigem Neugiermotiv ist unterschiedlich. Nicht alle Personen mit einer hohen Ausprägung des Neugiermotivs sind Fernreisende und Weltenbummler. Es kann sich auch in der begeisterten Auseinandersetzung mit Literatur, Film oder Ähnlichem ausdrücken oder in einem besonderen Interesse an anderen Menschen. Die Bedeutung des Neugiermotivs ist vor allem in der kindlichen Entwicklungsphase untersucht worden; es ist jedoch offensichtlich, dass dieses Motiv in der gesamten Lebensperspektive von Bedeutung ist. Es ist gerade die selbstvergessene und andauernde Auseinandersetzung mit einem Gegenstand, die das explorative Lernen mit Medien charakterisiert und in der Geschichte der Pädagogik immer wieder zu der Forderung geführt hat, derartige Lernprozesse gezielt zu fördern.

Hemmnisse für Exploration

Exploratives Lernen bietet sich an, um Verantwortlichkeit bei den Lernenden zu stärken und intrinsische Motivation zu fördern. Allerdings existieren verschiedene *Hemmnisse*.

Subjektive Theorien. Viele Lernende glauben, wie auch manche Lehrende, dass Lernen ein Vorgang ist, der einer „Unterweisung" bedarf. Sie hängen dem in Kapitel 10.1 beschriebenen Modell der Wissensübertragung an. Auf der Basis dieser Vorstellung kann exploratives Lernen kaum erfolgreich werden. VERMUNT & VAN RIJSWIJK (1988) haben die subjektiven Theorien über das Lernen bei Studierenden untersucht. Sie fanden drei unterschiedliche Auffassungen: Häufig anzutreffen ist ein *reproduktives Verständnis von* Lernen: Lernen wird als Kopiervorgang von Gesagtem oder Geschriebenem in das Gedächtnis verstanden. Eine andere subjektive Theorie des Lernens sieht vor allem den *Nutzen* des Gelernten: Lernen ist ein Vorgang, um später etwas wiedergeben zu können. Ein drittes Verständnis schließlich legt – vergleichsweise selten – den Schwerpunkt auf die eigenständige Auseinandersetzung und *Konstruktion* von Wissen.

Lehrende wie Lernende halten an ihren Vorstellungen über das Lehren und Lernen fest, die sie über viele Jahre aufgebaut und – etwa durch institutionelle Prüfungspraxen – verfestigt haben. Sie erkennen keinen Grund, diese zu verändern. Damit werden Lernsituationen bevorzugt, in denen selbstständiges Lernen *nicht* erforderlich ist.

Fertigkeiten zur Selbstkontrolle. Hieraus ergibt sich, dass die Fähigkeit oft gering ausgeprägt ist, den eigenen Lernfortschritt beim selbstgesteuerten Lernen mit Medien zu überwachen. Dies ist für alle Formen des mediengestützten Lernens, auch im Fernstudium, ein besonderes Hindernis. Damit wird deutlich, dass exploratives Lernen keineswegs zuverlässig zum Lernerfolg führt. Folglich sind bei explorativen Lernangeboten besondere Überlegungen anzustrengen, wie ein Lernerfolg gesichert werden kann. SIMONS (1992; Simons & de Jong, 1991) hat hierzu Prinzipien vorgestellt, die sich auf mediengestütztes Lernen übertragen lassen:

- Subjektive Lernvorstellungen ansprechen: Lernende motivieren, subjektive Theorien des Lernens zu reflektieren;
- selbstständiges Lernen schrittweise einführen, um Lernende an exploratives Lernen zu gewöhnen;
- Prozess statt Ergebnis betonen: Lernaktivitäten und -prozesse stärker hervorheben statt nur die Lernergebnisse;
- Nützlichkeit betonen: Nutzen des Lernergebnisses und der explorativen Lernstrategie bewusstmachen;
- Selbstdiagnose fördern: hinweisen, dass der Lernprozess selbst zu überwachen ist.

Exploratives Lernen mit Medien

PETER PETERSEN (1884–1952) beschäftigte sich – ähnlich wie MARIA MONTESSORI – mit der Gestaltung von *Arbeitsmitteln* für das Lernen, mit denen das eigenständige Erarbeiten von Lehrinhalten möglich wird (Petersen, 1963). Dazu gehören Spiele und Rätsel, Einzelarbeitsanweisungen, wie Arbeits- und Übungskarten, die zur Erarbeitung, Festigung und Vertiefung von Lehrstoff eingesetzt werden, Arbeitshefte, die einen zusammenhängenden Lehrgang beinhalten sowie Arbeits- und Ordnungskästen, vor allem zum Nachschlagen oder Nacharbeiten.

Bei der didaktischen Aufbereitung dieser Arbeitsmittel sollten folgende Aspekte berücksichtigt werden:

- Das Medium lädt ein, sich mit ihm zu beschäftigen.
- Es ist sofort zu erkennen, was mit dem Medium zu tun ist.

- Es lässt sich selbst erkennen, ob das Medium richtig verwendet wird.
- Das Medium regt zur mehrfachen Wiederholung an.
- Das Medium motiviert, sich mit weiterführenden, vertiefenden Medien zu beschäftigen.
- Das Medium vermittelt eine „wertvolle Arbeitshaltung".

PETERSENS Kriterien lassen sich unmittelbar auf digitale Medien anwenden: Sie sollten nicht nur äußerlich attraktiv gestaltet sein; wesentlich ist vielmehr, dass sie zu *bestimmten Lernaktivitäten* motivieren. Es muss darüber hinaus möglichst leicht ersichtlich sein, um *was* es geht (das Thema), aber auch, *wie* das System zu nutzen ist. Das Lernmedium soll *Wiederholungen* anbieten; dazu müssen verschiedene Aufgaben mit unterschiedlichen Schwierigkeitsgraden vorliegen. Interessant ist auch die Forderung nach der *Weiterführung:* Das Medium sollte Verweise zu anderen Lernangeboten beinhalten und so zu Vertiefungen motivieren. Die *wertvolle Arbeitshaltung* – heute als *metakognitive Fertigkeit* diskutiert – meint insbesondere, wie das Lernen mit dem Medium grundlegende Fähigkeiten zum Lernen schult. *Fehler* werden dabei als pädagogisch wertvolle Erfahrungen akzeptiert und sollen nicht durch geschickte Konstruktion von *programmiertem Unterricht* vermieden werden. Zugleich forderte PETERSEN, dass das Arbeitsmittel den Lernfortschritt auch kontrollieren und Rückmeldung geben sollte.

Heutige Varianten explorativer Lernangebote basieren auf dem Hypertext-Ansatz oder auf Simulationen und virtuellen Welten in digitalen Computerspielen. Der Lernweg ist bei diesen Lernangebote nicht mehr fest vorgegeben: Informationen können wahlfrei durch die Lernenden selbst abgerufen werden; der Lernpfad entsteht durch die Lernenden. Dennoch ist das Lernangebot so zu strukturieren, dass der Lernprozess unterstützt wird. Spiele sind beispielsweise in Levels zunehmender Schwierigkeit organisiert. In Simulationen werden in der Regel Aufgaben zunehmender Komplexität präsentiert. Auch für Hypertexte ist zunächst eine *sachlogische Strukturierung* des Lehrinhaltes vorzunehmen.

Zusätzliche Maßnahmen unterstützen die Orientierung der Benutzenden in diesen Welten beim Abruf der Informationen, beim *Browsen* durch ein Online-Angebot. Die Gestaltung des Benutzungsinterface ist bei diesen explorativen Varianten deswegen Bestandteil der didaktischen Konzeption. Darüber hinaus wird ein Lernweg bei explorativen Lernangeboten in vielen Fällen zwar nicht *vorgegeben*, doch zumeist wird ein Lernweg *empfohlen*.

10.3.3 Hypertext als didaktisches Medium

Lernangebote können bei digitalen Medien anders strukturiert werden als bei linearen Medien, wie den Seiten eines Buches, oder wie bei der analogen Audio- oder Videotechnik, die Tonbänder oder Filmstreifen nutzte. Diese erforderten - technisch bedingt – eine *sequenzielle* Speicherung und den Abruf von Information, und dies legt eine expositorische Aufbereitung von Lerninhalten nahe. Bei Medien, bei denen *wahlfrei* auf die Information zugegriffen und damit zwischen Informationen gesprungen werden kann, ist die Implementation *explorativer* Lernangebote dagegen naheliegend. Sind die Informationen nicht in einer linearen Folge organisiert, sondern, wie im Internet, durch Verweise miteinander verknüpft und damit wahlfrei zugreifbar, sprechen wir von einer *hypertextuellen* Organisation von Information. Damit wird es möglich, Informationen so zu organisieren, dass ein freies Bewegen durch einen großen Korpus von Informationseinheiten möglich wird, der zu Exploration einlädt.

Erste konzeptuelle Überlegungen zu hypertextartigen Informationssystemen als Lernmedien liegen einige Zeit zurück. Die Idee ist einfach: Informationen werden in einzelne Informationseinheiten unterteilt und untereinander verknüpft. Aus einem langen Textdokument wird so ein *Hypertext*, bei dem zu einzelnen Teilen des Dokumentes unmittelbar verzweigt werden kann. Informationen brauchen nicht mehr sequenziell durchgearbeitet zu werden, um eine bestimmte Information zu erreichen, die von Interesse ist. Obwohl ursprünglich nicht als Entwicklungswerkzeug für Lernmedien gedacht, ist dieser Hypertext-Ansatz für die Entwicklung von Lernangeboten häufig angewendet worden. Die schnelle Verbreitung von Hypertext-Anwendungen seit Anfang der 1990er-Jahre – zunächst über lokale Datenträger, dann über das Internet – hat das explorative Lernen mit digitalen Medien erheblich befördert.

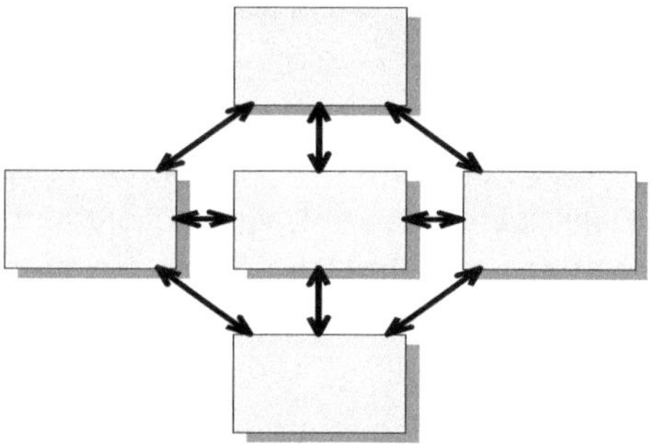

Abbildung 48: Verknüpfungen in Hypertexten

Bei der Konzeption eines hypertextuell organisierten Lernangebots wird wie folgt vorgegangen:

- Ein Sachverhalt wird in Informationseinheiten untergliedert (*Chunks*). Jede Informationseinheit sollte in sich abgeschlossen und verständlich sein. Die Größe einer Informationseinheit ist systembedingt. Üblicherweise umfasst eine Informationseinheit die auf einer Bildschirmseite darstellbare Information.
- Es werden Zusammenhänge zwischen einzelnen Informationseinheiten definiert (*links*). Diese Verknüpfungen besagen, dass etwas (ein Teil einer Informationseinheit, z. B. ein Ausschnitt aus einer Grafik) irgendwie mit etwas anderem (z. B. einer Melodie) zusammenhängt. Es werden also assoziative Verknüpfungen von Informationselementen vorgenommen; es wird nicht festgelegt, in welcher Beziehung die Informationen zueinander stehen oder warum die Informationen zusammenhängen.

Didaktische Anwendung von Hypertext

Welche Arten von Lerninhalten sind für ein solch exploratives Lernen in Hypertexten geeignet? Untersucht man gelungene Anwendungen, so finden sich z. B. *Reise-* und *Städte-Informationssysteme,* bei denen man von Thema zu Thema gleiten kann und je nach Interessensgebiet Informationen zu bestimmten Themengebieten abruft, oder *Online-Hilfesysteme*, die im Hintergrund eines Programms laufen und kontextsensitiv Hilfe zu bestimmten Themen anbieten. Die einzelnen Informationseinheiten sind in der Regel *gleichrangig*, z. B. wenn es in einem Hilfesystem zu Computeranwendungen um Informationen zur Druckersteuerung, zur Bildschirmausgabe oder zur Tastatur geht.

Die Strukturierung von Lehrinhalten als Hypertext bietet sich folglich am ehesten unter einer der folgenden Bedingungen an:

- Die sachlogische Struktur der Information beinhaltet wenige Ordnungskriterien (z. B. Über- bzw. Unterordnungen).
- Den Lernenden sind die Ordnungskriterien bekannt (z. B. Fortgeschrittene).
- Das Lernangebot wird inkrementell (eventuell unter Beteiligung mehrerer Autoren) entwickelt, d. h. zu Beginn liegt nur eine vage Konzeption des Informationssystems vor, die sich im Laufe der Zeit verfeinert.

Es stellt sich jedoch die grundsätzliche Frage, ob derartige Hypertext-Systeme nun überhaupt *Lernangebote* darstellen. Handelt es sich nicht bloß um *Informationssysteme*? Fehlt ihnen nicht jede Form einer didaktischen Aufbereitung und zielgerichteten didaktischen Strategie?

Eine Person steht einem mehr oder weniger großen Wissensuniversum gegenüber, in dem sie stöbern (*browsen*), ihrer Neugier freien Lauf lassen und bestimmte Inhalte vertiefen, andere übergehen kann. Sie *konstruiert* ihr Lernangebot, wie es sie interessiert, und zwar ohne Vorgaben einer lehrenden Instanz zu folgen. Die Gegenfrage einer konstruktivistischen Position des Wissenserwerbs könnte also lauten: Benötigt computergestütztes Lernen überhaupt weitere instruktionale Elemente? Behindert Instruktion dann nicht die selbstgesteuerte Aneignung von Wissen, wie es im Internet möglich ist?

Lange orientierte sich das didaktische Design an *expositorischen* Modellen der Aufbereitung von digitalen Lernangeboten, bei dem alle Lehr- und Lernschritte detailliert festgelegt worden sind. Der - zunächst überraschende - Erfolg von Hypertext für Lehr- und Lernanwendungen trug dazu bei, dieses Vorgehen infrage zu stellen. Immer häufiger sind offene Lernangebote – gerade im Internet – realisiert worden, die exploratives Lernen unterstützen. Auch werden *expositorische* und *explorative* Varianten kombiniert, die das Lernangebot entlang eines Hauptlernpfades organisieren und zugleich Verzweigungsmöglichkeiten anbieten, um Neugier anzuregen und Zufallsfunde zu ermöglichen.

Gestaltung von Hypertext

Anders als in zeitbasierten, analogen Medien können Informationen in digitalen Medien wahlfrei abgerufen werden. Im Internet klicken wir auf einen Link, der uns von einer Seite auf eine andere bringt.

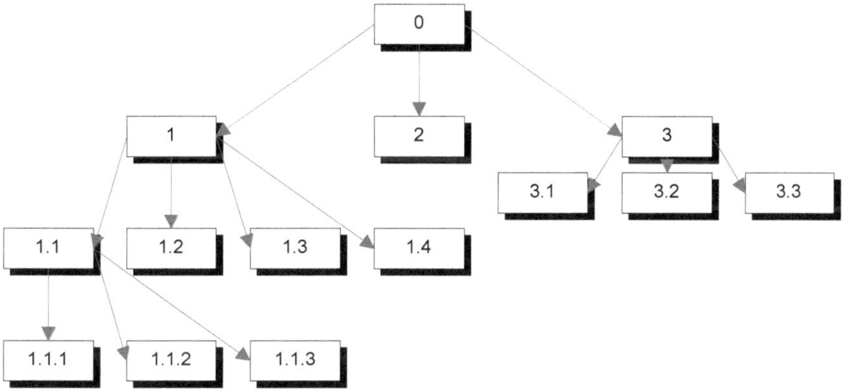

Abbildung 49: Unausgewogener Hierarchiebaum

Bei der didaktischen Konzeption von hypertextuell organisierten Lernangeboten, die zu explorativem Lernen einladen, sollten folgende Fehler vermieden werden:

Zu *tiefe* Auslegung der Hierarchie

Die Tiefe des Hierarchiebaumes beschreibt die durchschnittliche Anzahl der Informationselemente, die hierarchisch organisiert sind. Sind Hierarchiebäume zu *tief* ausgelegt, wird das Informationsangebot als linear erlebt, da auf die einzelnen Informationselemente erst nach Abruf einer Reihe von Seiten zugegriffen werden kann.

Eine Vergrößerung der Tiefe erschwert immer die Zugreifbarkeit der Information. Deswegen ist zu prüfen, ob nicht inhaltlich zusammenhängende Informationen auf einer Ebene zusammengefasst werden können.

Zu *flache* Auslegung der Hierarchie

Die Breite des Hierarchiebaumes beschreibt, wie viele Informationselemente auf einer Ebene abrufbar sind. Drei Informationselemente sollten nicht unterschritten werden, also von einem Element verzweigen (im Durchschnitt) mindestens drei weitere Elemente (ohne Verzweigungselemente wie Vorwärts- und Rückwärtssprünge usw.).

Unausgewogene Äste des Hierarchiebaumes

Die Informationseinheiten sollten innerhalb eines Hierarchiebaumes ausgewogen verteilt sein. Für den Aufbau eines mentalen Modells der Anwendung ist es ungünstig, wenn ein Ast sehr viele Einheiten, ein anderer Ast dagegen sehr wenige Einheiten umfasst (vgl. Abbildung 49). In diesem Fall sollte darüber nachgedacht werden, den Aufbau anders zu organisieren.

Verweise im Internet

Das *World Wide Web* (WWW) hat die Idee des Hypertexts ins Internet gebracht. Es macht Dokumente verfügbar, die auf der *Seitenbeschreibungssprache* HTML (*Hypertext Markup Language*) basieren. In einem solchen Dokument können Verweise auf Stellen innerhalb eines Dokuments und auf andere Dokumente, sei es auf dem selben Server oder auf anderen Servern, erzeugt werden. Im Folgenden findet sich ein Beispiel in der Seitenbeschreibungssprache HTML:

```
<head>
<title>Veranstaltungsangebot</title>
</head>
<body>
<h1>Veranstaltungen</h1>
<p>
<a href="pros01.html">Grundlagen der Mediendidaktik</a><br>
<a href="hs01.html">Konzeption medialer Lernangebote </a>
</p>
</body>
</html>
```

Dieser Code erzeugt folgende Ausgabe, wenn er in einem Internetbrowser angezeigt wird:

Veranstaltungen

<u>Grundlagen der Mediendidaktik</u>

<u>Konzeption medialer Lernangebote</u>

Die unterstrichenen Textstellen zeigen einen Verweis (*Link*) an, über den weitere Informationen abgerufen werden können. Der Browser fordert dann das mit diesem Link verknüpfte Dokument (in diesem Fall von demselben Server) an. Es wird deutlich, wie einfach solche Verweise erzeugt werden können. In der Praxis hat dies jedoch auch den Nachteil, dass viele Links im Internet „tot“ sind, d. h. sie verzweigen auf Dokumente, die ihren Namen verändert haben, an einen anderen Ort verschoben oder gelöscht wurden. Dies erschwert die Entwicklung von offenen Lernangeboten, die die vielen vorliegenden Ressourcen im Internet nutzen wollen. Bei Verweisen muss immer wieder geprüft werden, ob die angegebenen Dokumente, auf die die Verweise zeigen, noch existieren.

Förderung von Orientierung

Mehr als expositorische Verfahren erfordern explorativ aufbereitete Lernangebote Maßnahmen, die sicherstellen, dass sich die Lernenden im Medium orientieren können: In einem Buch kann ich haptisch erfahren, wo ich mich befinde. Ich kann erkennen, dass ich mich am Anfang des Buches befinde oder es fast bis zum Ende gelesen habe. Ich kann durch Seitenzahlen erkennen, wo ich mich aktuell befinde und mir mit Markierungen („Eselsohr") eine Stelle merken.

Wie kann die Orientierung bei hypertextuell organisierten Lernangeboten durch gestalterische Maßnahmen gefördert werden? Es sollte verhindert werden, dass sich die Lernenden in einer explorativen Umgebung nicht zurechtfinden und die Orientierung verlieren: Die Person sollte immer wiesen, wo sie sich in dem Informationsuniversum befindet und wie sie zu einem bestimmten Thema zurückgelangt.

Inhaltliche Orientierungselemente

Lost in Hyperspace? Wie können wir – gerade bei explorativen Lernangeboten – die Orientierung der Lernenden unterstützen? David Ausubel entwickelte den *Advance Organizer*, der den Einstieg vereinfacht.

Für Lehrtexte hatte David Ausubel in den 1960er-Jahren ein Orientierungselement entwickelt, das sich sehr gut auch bei digitalen Lernmedien einsetzen lässt: Gemeint sind die sogenannten *Advance Organizers*. Vor dem eigentlichen Lehrtext geben sie eine Orientierung zu dem nachfolgenden Text. Gemeint ist *keine* Kurzfassung des folgenden Textes, wie z. B. bei einem Abstract. *Advance Organizers* erwähnen vielmehr wichtige Konzepte des folgenden Textes und führen zu diesem hin.

Solche hinführenden Elemente bieten mehrere Vorteile: Sie erhöhen die Orientierung, da die Lernenden schnell erfassen, worum es im folgenden Kapitel geht. Sie sollen Interesse wecken und zum Weiterlesen einladen. Aus gedächtnispsychologischer Sicht ist darüber hinaus von Vorteil, dass die wesentlichen Konzepte im Gedächtnis bereits aktiviert sind und der folgende Text dadurch besser aufgenommen werden kann.

Über den *Advance Organizer* hinaus lässt sich eine solche Orientierung auf eine der folgenden Arten erreichen:

- **Gliederung**: Der gesamte Lehrstoff des Kurses wird in Form einer Gliederung aufgeführt und das Kapitel oder der Abschnitt, der im Folgenden bearbeitet werden kann, wird hervorgehoben. So lässt sich das Teilgebiet besser in die Gesamtstruktur des Lehrgebietes einordnen.
- **Auszug**: Nicht nur die Überschriften, wie bei der Gliederung, sondern die Essenz der Abschnitte, etwa in Form von Merksätzen, werden aufgeführt.
- **Zusammenfassung**: In drei bis vier Sätzen wird der Inhalt des Kapitels wiedergegeben.

- **Begriffe**: Zur Hinführung auf das Kapitel werden nur wesentliche Begriffe genannt, die anschließend näher bearbeitet werden. Die Beziehung der Begriffe untereinander lässt sich auch als *Concept Map* darstellen.

Alle Varianten tragen dazu bei, dass die Lernenden vor Bearbeitung des eigentlichen Lernmaterials besser orientiert sind. Neben einer besseren Orientierung im Medium tragen diese Elemente auch nachweislich dazu bei, dass der Lernerfolg bei der Bearbeitung des eigentlichen Lernmaterials steigt.

Bei komplexeren Anwendungen sollte sichtbar sein, wo die Person momentan steht: Habe ich bereits die Hälfte des Materials durchgearbeitet? Wie umfangreich ist dieses Kapitel? Welche weiterführenden Materialien stehen mir hier zur Verfügung usw.?

Beim konventionellen Lehrbuch besteht ein wesentlicher Vorteil gegenüber digitalen Lernangeboten: Beim Lesen eines Buches ist mir die aktuelle Position innerhalb des Werkes jederzeit bewusst und unmittelbar feststellbar. Ich merke, ob ich mich in der Mitte oder am Ende eines Buches befinde. Dieses Gefühl geht bei digitalen Anwendungen weitgehend verloren. Ich kann nicht unmittelbar erkennen, wie weit ich beim Durcharbeiten der Inhalte eines Lernprogramms auf einer DVD oder im Internet fortgeschritten bin. Diese Information über den Fortschritt und den eigenen Bearbeitungsstand ist für das Lernen jedoch wichtig. Günstig sind entsprechende grafische Elemente, die den Fortschritt und die relative Position anzeigen.

Lesezeichen und Pfadverfolgung, Pfadvorgaben

Bei *Lesezeichen* wird die Möglichkeit gegeben, Informationseinheiten zu markieren, um diese später leichter wiederzufinden. Ebenso hilfreich kann die Pfadverfolgung sein, bei der festgehalten wird, welche Informationen bereits abgerufen wurden. Anschließend kann der Pfad entweder zurückverfolgt werden oder es wird eine Bildschirmseite angeboten, auf der die zuletzt besuchten Informationseinheiten zusammengestellt sind.

Bei der Vorgabe von Default-Lernwegen wird ein Pfad durch das System empfohlen. Die *Pfadvorgabe* sollte garantieren, dass die wichtigsten Informationen präsentiert und die Lernenden zuverlässig zu bestimmten Ausgangs- und Verzweigungspunkten geführt werden.

Bei Informationssystemen mit didaktischer Ausrichtung empfehlen sich Pfadvorgaben. Diese Vorgaben können auch auf unterschiedliche Zielgruppen zugeschnitten sein, indem zum Beispiel am Anfang abgefragt wird, wie viel Erfahrung die Person mitbringt und ob sie sich eher als Anfänger oder Fortgeschrittene einschätzt. Außerdem kann sich das System mit der *Pfadverfolgung* merken, welche Informationen bereits bearbeitet wurden und diese Abschnitte bei einer späteren Bearbeitung abhaken, auslassen oder nachfragen, ob die Informationseinheiten oder Kapitel nochmals präsentiert werden sollen.

Mentale Repräsentation

Wie sind hyperstrukturierte Interaktionsräume bei Lernenden kognitiv repräsentiert? In der Nutzung von Hypertext-Anwendungen besteht für die Lernenden folgende Herausforderung: Sie wählen – aus den vielen möglichen Pfaden – *einen* Pfad durch die Anwendung. Dabei entsteht ein mentales Modell der Anwendung, die sich dem Lernenden zunächst als eine Menge von Seiten bzw. Informationseinheiten darstellt, geordnet in der zeitlichen Folge des Abrufs. Um die *netzartige* Struktur des Interaktionsraumes zu erfassen, der der Anwendung zugrunde liegt, ist eine kognitive Reorganisationsleistung erforderlich: Die Person muss von der Struktur des *Abrufs* der Seiten abstrahieren.

Reiseführer Griechenland

MATHIAS RICH (1995) untersuchte die mentale Repräsentation der interaktiven Anwendung *Reiseführer Griechenland* mit Informationsseiten über die Natur und Kultur des Landes, die untereinander stark vernetzt sind. Die Benutzereingaben wurden mithilfe einer Tracking-Software aufgezeichnet, um die Wege der User zu verfolgen. Nach ca. 15 Minuten eigenständigen Explorierens wurden zehn Karten mit Bildschirmseiten des Reiseführers vorgelegt. Die Personen sollten die Seiten so anordnen, wie sie der Struktur des Reiseführers ihrer Meinung nach am ehesten entspricht. Mit Streifen sollten sie darüber hinaus die Verknüpfung der Seiten darstellen. Zu Beginn erhielten die Teilnehmenden einen Fragebogen zu Erfahrungen mit und Einstellungen zu Computern.

Obgleich alle Personen die gleiche Anwendung bearbeiteten, bildeten manche die Anwendung als eher lineare Folge von Seiten ab, andere konnten die Vernetzung der Seiten gut wiedergeben. Berechnet wurde der Vernetzungsgrad des mentalen Modells. Er drückt aus, wie gut die Vernetzung der Informationseinheiten (*Chunks*) des Hypertextes von einer Person erfasst wurde. Wurde von einer Informationseinheit lediglich eine Verknüpfung zu einer weiteren Informationseinheit rekonstruiert, so wurde ein lineares Modell der vernetzten Anwendung gebildet, d. h. die vernetzte Struktur der Informationseinheiten ist nicht rekonstruiert worden.

Die Fähigkeit, die Vernetzung von Informationseinheiten in einem Hypertext zu erfassen, hängt mit Vorerfahrungen zusammen. Erfahrene Benutzer machen auch weniger Fehler bei der Verknüpfung der Informationseinheiten. Da die Teilnehmenden etwa die gleiche Zeit mit der Anwendung verbrachten, bedeutet dies, dass sich Vorerfahrungen günstig auf das Bilden eines vernetzten mentalen Modells auswirken. Erfahrene Benutzer können aus dem linearen Durcharbeiten der Informationseinheiten die Vernetzung der Informationseinheiten leichter erfassen. Dies bedeutet auch, dass Anfänger mehr Schwierigkeiten haben, mit stark vernetzten, hypertextuell strukturierten Lernangeboten umzugehen: Sie werden mental eine eher lineare Repräsentation der Anwendung abbilden.

Entscheidungskriterien

Die didaktische Konzeption benennt, ob und wie das Medium den Lernprozess zeitlich strukturiert und welche Möglichkeiten zur eigenständigen Exploration angeboten werden: Soll die Bearbeitung anhand eines vorgegebenen Lernwegs *linear* durchlaufen werden oder sollen sich die Lernenden in einem eher *offenen Interaktionsraum*, in dem Informationseinheiten in ihrer logischen Struktur vernetzt sind, explorativ bewegen?

Die vorliegenden Befunde machen deutlich, dass keine der beiden Alternativen grundsätzlich vorzuziehen ist. KARICH, BURN & MAKI (2014) führten eine Metaanalyse durch, um die Effekte einer entsprechenden methodischen Anlage eines mediengestützten Lernangebots zu untersuchen. Nach der Auswertung von Untersuchungen stellten sie fest, dass eine stärkere Steuerung des Ablaufes durch die Lernenden nicht zu einer systematischen Steigerung des Lernerfolges führt. Insofern sind Exploration oder Exposition nicht immer vorteilhaft, sondern die Wahl ist von didaktischen Kriterien abhängig zu machen. In Tabelle 32 sind Bedingungen benannt, die eher für die eine oder die andere Variante sprechen.

Tabelle 32: Exposition versus Exploration

	Exposition	**Exploration**
1. Lehrstoff	hierarchisch gegliedert	flach gegliedert
2. Lernsituation	formell	informell
3. Zielgruppe	homogen	inhomogen, dispers
4. Lerngewohnheit	unselbstständig	selbstständig
5. Motivation	extrinsisch	intrinsisch
6. Vorwissen	niedrig	hoch

Die Entscheidungskriterien für eine expositorische oder explorative Aufbereitung wären im Einzelnen:

- Bei einem Lehrstoff, der hierarchisch gegliedert ist, bauen die einzelnen Informationseinheiten aufeinander auf (Beispiel: Geometrie). Hier bietet sich ein eher linearer Aufbau des Interaktionsraums mit sequenziell angeordneten Lernangeboten im Sinne der Exposition an.
- Ist das Lernangebot Teil eines formellen Lehrgangs oder zielt die Lernaktivität auf das Bestehen einer bestimmten Prüfung ab, wäre eine lineare Struktur des Lernschrittes vorzuziehen.

- Für eine stärkere Sequenzialisierung und lineare Struktur spricht ebenfalls, wenn die Zielgruppe relativ bekannt und im Hinblick auf soziodemografische und lernpsychologisch relevante Merkmale (Vorkenntnisse, Lernmotivation) homogen ist.
- Für Lernende, die es bevorzugen bzw. gewohnt sind, selbstständig zu lernen, bietet sich eher eine Lernumgebung mit logisch strukturierten Informationseinheiten an, in denen sie ihren Lernweg explorativ auswählen können.
- Bei Vorliegen intrinsischer Motivation empfiehlt es sich, die Informationselemente eher hypertextuell aufzubereiten und in einer offeneren Struktur anzubieten, um exploratives Lernen im wahlfreien Zugriff zu ermöglichen.
- Wenn grundlegende Begriffe und Prozeduren des Sachgebiets der Zielgruppe bekannt sind, ist ebenso ein offenerer Interaktionsraum zu schaffen, in dem die Lernenden Informationen explorativ auswählen können.

Übung

Exposition oder Exploration? Für welche Variante würden Sie sich in den folgenden fiktiven Fällen entscheiden? Die Entscheidung ist nicht immer eindeutig. Es kommt auf Ihre Begründung an. Nutzen Sie bitte die Entscheidungskriterien in Tabelle 32.

1. Online-Training für Open Office
2. Übungen zur Differential- und Integralrechnung als Vorbereitung auf die Abiturprüfung
3. Mediterrane Küche: Antipasti selbst gemacht – Die Website für Hobbyköche
4. Benimmschule Fernost: Trainingsprogramm zum interkulturellen Verhalten für unsere Führungskräfte
5. Hintergrundwissen zum interreligiösen Dialog: Grundlagen der Weltreligionen – Infoportal der Stiftung Weltethos
6. Online-Begleitkurs zur IHK-Abschlussprüfung: Geprüfte/r Bilanzbuchhalter/in
7. Spanisch Online: Anfängerkurs für die Urlaubsvorbereitung
8. Website-Angebot zur Karriereberatung für High Potentials: Tipps für den Führungsnachwuchs von morgen
9. DNA-Analyse im Labor: Das Vorgehen *Schritt für Schritt*
10. Sicherheitstraining: Online-Schulung zur Einhaltung von Sicherheitsvorschriften in Werkstätten

11 Methoden: Problemorientierung

Für das Leben lernen.

Das Problem des Lerntransfers wurde mehrfach angesprochen. Gelerntes wird schnell vergessen und kann oft nicht übertragen werden auf neue Situationen. In diesem Kapitel geht es einen didaktischen Ansatz, der dazu eine Lösung anbietet.

Einstieg

Eine Bildungsmaßnahme wird darauf angelegt sein, eine Prüfung zu bestehen. In der Prüfung sind z. B. Informationen, die zuvor präsentiert wurden, wiederzugeben oder anzuwenden. Wurde die Prüfung bestanden, dann ist die Bildungsmaßnahme erfolgreich abgeschlossen worden. Ob dieses Wissen später in eine andere Situation eingebracht werden kann, bleibt unsicher.

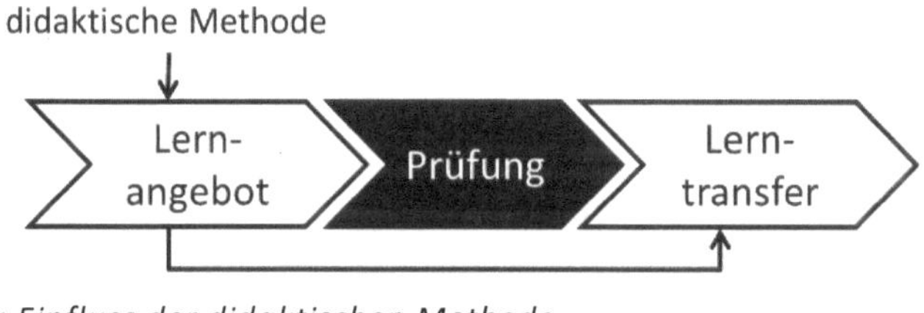

Abbildung 50: Einfluss der didaktischen Methode

Ob nachhaltig gelernt wurde, wird erst sehr viel später erkennbar, und hängt damit zusammen, wie der Lehr-/Lernstoff dargeboten wurde. Wie kann aber ein Lernangebot gezielt aufbereitet werden, wenn es darum geht zu lernen, wie Probleme jenseits der Lernsituation bewältigt werden können?

Übersicht

Das Kapitel beschreibt *problembasierte* Lehr-Lern-Methoden. Dabei wird auf das Lernen mit Ankern, Fällen und Projekten ebenso eingegangen wie auf das Lernen in Computersimulationen und digitalen Spielen. Außerdem werden Ansätze des kooperativen Lernens vorgestellt. Sie ermöglichen ein nachhaltiges Lernen, um Kompeten-

https://doi.org/10.1515/9783110456837-375

zen aufzubauen, mit denen komplexe Problemstellungen der Lebens- und Arbeitswelt bewältigt werden können.

Lernziele

- Sie kennen zentrale Merkmale des problembasierten Lernens und können erläutern, was die Unterschiede zu traditionellen didaktischen Ansätzen ausmacht.
- Sie können die Merkmale des problembasierten Lernens beim Lernen mit Ankern, Fällen und Projekten erläutern.
- Sie kennen die Möglichkeiten und die Herausforderungen, die sich beim Lernen in Computersimulationen und digitalen Spielwelten ergeben.
- Sie können die Möglichkeiten des kooperativen Lernens erläutern und die Bedingungen erklären, unter denen kooperatives Lernen gelingt.

11.1 Problembasierte Methoden

Traditionelle Methoden der Aufbereitung von Lerninhalten sind mit einer Reihe von typischen Schwierigkeiten verbunden:

- Wenn die Präsentation von Lerninhalten überwiegt, werden die Lernenden nicht hinreichend aktiv. Sie werden nicht genügend zu konkreten Lernaktivitäten angeregt.
- Herrschen rezeptive Lernformen vor, wird das Gelernte nur kurzfristig behalten. Der Transfer auf Anwendungssituationen gelingt nicht hinreichend.
- Wenn die Lerninhalte in kleinen Schritten dargestellt werden, fällt es schwer, das Wissen auf komplexe Probleme anzuwenden, wie sie in der Praxis vorkommen.

Diese Herausforderungen werden im Folgenden näher erläutert und es werden zwei grundlegende Ansätze skizziert, damit umzugehen.

Träges Wissen und Lerntransfer

Gelerntes lässt sich oftmals nicht hinreichend auf eine Anwendungssituation anwenden. Die didaktische Aufbereitung der Lerninhalte trägt dazu bei, dass ein Lerntransfer möglich wird. So steuert ein reines Auswendiglernen kaum etwas zum nachhaltigen Lernen bei. Um den Lerntransfer zu erhöhen, können zwei unterschiedliche Strategien verfolgt werden: Das Lernen kann an den Ort der Praxis verlagert werden, oder die Praxis wird in die Lernsituation eingebracht. Beiden Ansätzen geht es darum, die Orte und Kontexte des Lernens und der Anwendung zu verknüpfen.

Ansätze des **in-situ-Lernens** schlagen vor, das Lernen in die Praxis zu verlagern, um sich der Anwendungssituation zu nähern: durch Exkursionen, durch implizites und inzidentelles Lernen im Praktikum oder durch die Beobachtung von Expertinnen und

Experten beim *on-the-job-Training*. Das Lernen vor Ort kann dabei auch unterstützt werden, indem die Lernenden mit Anforderungen der Praxis konfrontiert werden, die gezielt vereinfacht worden sind.

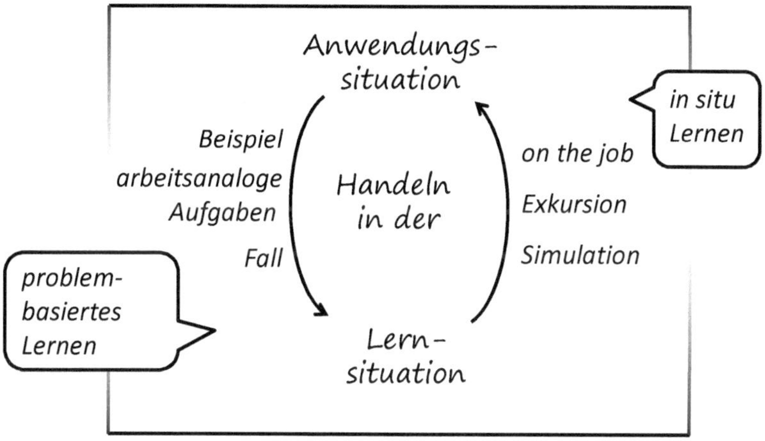

Abbildung 51: Verknüpfung von Anwendungs- und Lernsituation

Eine solche Annäherung an Praxis fördert die Sozialisation des Lernenden, die Einfindung in einem Praxisumfeld und trägt dazu bei, den Habitus einer *Profession* auszubilden: Es lässt sich kaum erklären und im Seminarraum trainieren, was den Habitus eines Arztes oder einer Rechtsanwältin ausmacht. Erfahren lässt sich dies am besten in der Teilhabe an sozialer Praxis.

Das in-situ-Lernen ist nur begrenzt tauglich, um die vielfältigen Qualifikationen, die in Bildungsmaßnahmen zu vermitteln sind, tatsächlich vor Ort zu vermitteln. Deswegen wollen **problembasierte Ansätze** den Lerntransfer fördern, indem Problemstellungen aus der Anwendungspraxis *in die Lernsituation* eingebracht werden.

Problembasierte Methoden können als ein Oberbegriff für didaktische Ansätze verstanden werden, die die Routinen des rein präsentierenden Unterrichts aufzubrechen versuchen. Statt der Rezeption von dargebotenen Lerninhalten steht die Auseinandersetzung des Lernenden mit einem *Problem* im Vordergrund, das aus einer lebensweltlichen Anwendungssituation und nicht aus einem Fachkanon abgeleitet ist. Lernen geschieht im Vollzug der Problemlösung und in der *Wissensaneignung* von vorgestelltem Wissen.

Lernen mit Fällen oder Simulationen sind Methoden, bei denen das Medium eine Nähe zur Anwendungssituation herstellen kann: Datenmaterialien, Informationen und Originaldokumente können zur Verfügung gestellt oder recherchiert werden. Text-, Bild- und Tonmaterial, kurze Videosequenzen von Interviews mit Beteiligten sowie Aufnahmen aus der Arbeitsumgebung des Arztes, der Anwältin oder eines Unternehmers können eine hohe Eindringlichkeit der Falldarstellung erzielen. Dies ist gerade für Personen mit niedrigem Vorwissen von Bedeutung, die sich in Fälle und einen Kontext noch schwer einfinden können.

Im Folgenden werden Ansätze der problembasierten Aufbereitung bei digitalen Lernangeboten näher erläutert. Es wird dabei immer von Problemen der Anwendungssituation ausgegangen und nicht von der Struktur des Fachgebiets.

Was ist ein Problem?

Nicht jedes Problem, das wir umgangssprachlich so nennen, ist im Sinne der *problemorientierten Methoden* als solches einzuschätzen. Zumeist handelt es sich um Aufgaben, wenn sie mit Methoden zu bewältigen sind, die der Person bekannt sind. Bei solchen Aufgaben sind Ausgangs- und Zielzustand eindeutig beschrieben und es ist grundsätzlich bekannt, wie das Ziel erreicht werden kann. In der Lebenswelt sind wir jedoch oft mit wesentlich weniger klar definierten Anforderungen konfrontiert. DIETRICH DÖRNER (1979) nennt fünf Merkmale, die *komplexe Probleme* auszeichnen:

- Bei der Problemlösung sind *mehrere* Variablen zu berücksichtigen.
- Die Variablen sind keine unabhängigen Größen, sondern *miteinander vernetzt.*
- Die Variablen und ihre Zusammenhänge sind *nicht alle bekannt*.
- Das Zusammenspiel der Variablen unterliegt einer *Eigendynamik*, d. h. sie interagieren auch ohne Einwirken der Person.
- Das Problem ist *schlecht definiert*: Der Anfangs- und Zielzustand oder die möglichen Lösungsalternativen sind nicht klar erkennbar.

Das Anwenden von Formeln in der Mathematik – wie in dem Fallbeispiel im Einstieg des Kapitels – würde etwa keine problembasierten Methoden erforderlich machen. Doch im Studium der naturwissenschaftlichen Fächer stehen die Studierenden vor komplexeren Fragestellungen, bei denen die oben genannten Kriterien eines Problems gegeben sind. Spätestens im Beruf werden die Absolventen und Absolventinnen mit Herausforderungen konfrontiert, bei denen viele Variable zu berücksichtigen sind, die teilweise (auch in ihrem Zusammenspiel) unbekannt sind.

„Problemlösen ist eine Lebensform und dient der Lebensbewältigung“, schreibt KURT REUSSER (2005) und verweist damit auf die pädagogische Relevanz des Umgangs mit Problemen. Das Lernen mit Problemen ist nicht nur eine Methode zum Wissenserwerb, sondern zugleich als ein Bildungsziel einzuordnen:

> *„Die Fähigkeit zum problemorientierten Lernen und damit zum produktiven Umgang mit Problemen ist eine zentrale, zu kultivierende Ressource des lebenslangen Lernens und die Arbeit an Problemen, sei es als Mittel oder Zweck, eine zentrale Aufgabe der Didaktik.“ (Reusser, 2005, S. 163/4)*

Die Anfänge des problembasierten Lernens gehen zurück auf einen Ansatz, der in den 1970er-Jahren für die Ausbildung in der Medizin an der kanadischen McMaster-University entwickelt worden ist und dem erkennbar das Stufenmodell von JOHN DE-

WEY zugrunde liegt. Das Lernen – als *Inquiry-Prozess* angelegt – wird betreut und findet abwechselnd in Einzelarbeit und kleinen Gruppen statt.

Varianten des problembasierten Lernens

Problembasiertes Lernen (PBL) findet zunehmend Beachtung und findet sich heute in vielen Varianten unterschiedlicher Reichweite:

Problembasierte Curricula. Es gibt ganze Curricula (etwa in der Medizin), die einen problembasierten Ansatz konsequent auf die Lehrinhalte umsetzen. Die Umsetzung bleibt anspruchsvoll und ist mit erheblichen Ressourcen verbunden. Zugleich werden hier die Potenziale des PBL am deutlichsten eingelöst, da die Lernkultur einer ganzen Einrichtung beeinflusst werden kann.

Problembasierte Methoden. Methoden des problemorientierten Lernens lassen sich in Kursen in unterschiedlicher Form und Extension finden. Wesentlich für diese Methoden ist der *generative Charakter* des Problemlösens. Die Lernenden werden mit einem Problem konfrontiert und erzeugen selbst eine Lösung.

Problembasierte Lernaufgaben. Es wird teilweise auch von *Problemlöseaufgaben* gesprochen, bei denen eine zuvor erlernte Problemlösung anzuwenden ist. Hier steht der *reproduktive Charakter* der Anwendung von Algorithmen der Problemlösung im Vordergrund. Es bleibt die Frage, inwieweit bei solchen Übungsaufgaben bereits von problembasiertem Lernen gesprochen werden kann.

Merkmale des problembasierten Lernens

Typische Merkmale von Methoden des problembasierten Lernens sind:

- Die Lernenden erhalten einen Auftrag („Mission") und es wird eine Struktur („Meilensteine") vorgegeben, wie der Auftrag abzuarbeiten ist und was als Ergebnis erwartet wird.
- Die Lernenden analysieren das Problem und planen ihr Vorgehen.
- Die Lernenden studieren vorliegendes Material und suchen weitere Informationen im Selbststudium.
- Die Lernenden arbeiten möglichst in Gruppen und tauschen ihre Ergebnisse aus.
- Die Lernenden präsentieren die Problemlösung.
- Die Lernenden reflektieren ihr Vorgehen.

Eine problembasierte Methode ist daran zu erkennen, dass die Lernenden *zu Beginn* der Lerneinheit mit einem Problem konfrontiert werden. Das Problem dient folglich nicht der *Veranschaulichung* oder der *Anwendung* eines zuvor bereits präsentierten Wissens, sondern strukturiert den Lernprozess.

Problembasierte Methoden organisieren das Lernen oft in Kleingruppen mit tutorieller Betreuung. Es ist umstritten, ob die Gruppenarbeit tatsächlich zwingendes Element einer solchen Methode ist. WALKER & LEARY (2009) berichten, dass in 201 ausgewerteten Publikationen 41 Arbeiten keine Interaktion in Kleingruppen vorsahen.

Computerbasierte Ansätze des PBL werden zumeist in Einzelarbeit ausgeführt, das heißt die Lernenden werden mit dem Problem konfrontiert und bearbeiten dieses alleine am Computer.

Inhaltlich gibt es eine hohe Übereinstimmung mit dem Begriff der Handlungsorientierung, wie er in der berufspädagogischen Diskussion Verwendung findet (vgl. Dobischat & Düsseldorff, 2010): Lernen sollte sich danach am Phasenmodell einer *vollständigen Handlung* ausrichten. Sie enthält die Analyse einer Situation, die Entwicklung von Handlungsalternativen sowie die Durchführung und Reflexion der Handlung.

Effekte des problembasierten Lernens

Ist ein Ansatz des problembasierten Lernens besser als das Lernen über Vorlesungen? Zu dieser Frage sind in den letzten Jahrzehnten viele Untersuchungen im Hochschulbereich, und hier vor allem in der Medizin, durchgeführt worden. Metaanalysen dieser Untersuchungen liegen von NANDI ET AL. (2000), DOCHY ET AL. (2003), GIJBELS ET AL. (2005), WALKER & LEARY (2009) und SCHMIDT ET AL. (2011) vor. Sie kommen über die Jahre hinweg regelmäßig zu den gleichen Ergebnissen (zur Methodik der Metaanalysen s. Kapitel 3.1):

- Studierende wie Lehrende entwickeln in PBL-Curricula mehr Spaß am Lernen und Lehren.
- Studierende in PBL-Curricula erzielen schlechtere Noten im Bereich des Grundlagenwissens. Diese Effekte verringern sich mit der Dauer der Ausbildung.
- Bei klinischen Prüfungen und dem Test von (z. B. Diagnose-)Fertigkeiten schneiden sie genauso gut wie in traditionellen Studiengängen oder sogar besser ab als diese Gruppe.
- Studierende beenden ihr Studium in PBL-Curricula früher und brechen ihr Studium seltener ab.
- Die Schwankungen zwischen den Studien sind groß und verweisen auf Einflüsse weiterer Moderatorvariablen, die die Stärke des Effektes wesentlich beeinflussen.

GIJBELS et al. (2009) berechneten in einer Metaanalyse die Effektstärken von Untersuchungen zu PBL-Curricula für unterschiedliche Arten von Wissen (zu Metaanalysen vgl. Kapitel 3.1). Bei rein deklarativem Wissen zeigt sich eine mittlere gewichtete Effektstärke von d=0,068 und damit ein sehr kleiner Vorteil von PBL-Curricula. Wurden in Untersuchungen Konzepte, Prozeduren *und* Prinzipien erfasst, ergibt sich dagegen ein deutlicher Vorteil des PBL-Curriculums, der durch eine Effektstärke von d=0,795 angezeigt wird. Bei der Anwendung von Wissen ist das PBL-Curriculum ebenfalls im Vorteil, was in einer Effektstärke von d=0,339 sichtbar wird.

WALKER & LEARY (2009) inkludieren in ihrer Metaanalyse weitere, neuere Untersuchungen und kommen zu ähnlichen, allerdings schwächeren Ergebnissen: Bei (nur) konzeptuellem Wissen ist die Effektstärke d=-0,043, für das Wissen über Konzepte,

Prozeduren und Prinzipien beträgt sie d=0,205 und schließlich bei der Anwendung von Wissen d=0,334. HUNG (2011) problematisiert, dass in den vielen Untersuchungen ganz unterschiedliche Verständnisse von PBL vorliegen. Insofern bleibt die Frage, inwieweit das Label PBL als Merkmal zur Definition und Unterscheidung hinreichend ist, um Studien vergleichen zu können.

Wissensvermittlung beim problembasierten Lernen

Beim problembasierten Lernen wird der Umgang mit Fällen und komplexen Herausforderungen erlernt. PBL-Ansätze erzielen gute Ergebnisse, wenn es um den Aufbau von Fertigkeiten im Umgang mit komplexen Problemen geht. Bei deklarativem Wissen und einfachen Fertigkeiten können traditionelle Ansätze dem PBL dagegen überlegen sein (vgl. Hung, Jonassen & Liu, 2007).

In der Untersuchung von MANDL & GRÄSEL (2000) zeigte das Lernen mit Fällen in der Ausbildung von Medizinstudierenden *schlechtere* Lernergebnisse. Sie führen diese auf die Komplexität der Fälle zurück, die es den Lernenden (zu) schwer machte, sich die deklarativen Wissensinhalte zu erschließen. Vorgeschlagen wird deswegen, die Fallbearbeitung mit einer stärker instruktionalen Komponente zu kombinieren: Die Unterstützung durch eine Wissenskomponente soll zu Beginn der Fallbearbeitung angeboten werden und sich mit der Zeit ausblenden.

In dem Artikel mit dem programmatischen Titel „*Why minimal guidance during instruction does not work*" kritisieren KIRSCHNER, SWELLER & CLARK (2006) die ihres Erachtens nach geringe didaktische Effektivität und Effizienz problembasierter Lernangebote und fordern nachdrücklich *mehr* instruktionale Elemente in problembasierten Lernangeboten.

Anders ausgedrückt: Problembasierte Ansätze haben genau dann Vorteile, wenn es nicht um den Erwerb von deklarativem Wissen geht, sondern um die Kompetenz im Umgang mit komplexen Herausforderungen. PBL kann damit bestimmte didaktische Ziele verfolgen, die andere Ansätze nicht erreichen. PBL eröffnet andere Lernerfahrungen und führt damit zu anderen Lernergebnissen.

11.1.1 Strukturiertes problembasiertes Lernen

Eine didaktische Aufbereitung, die problembasierten Ansätzen folgt, hat Vor- und Nachteile. Je nachdem, welches Lehrziel verfolgt wird, wird man sich für oder gegen einen solchen Ansatz entscheiden. Um die Chancen des problembasierten Ansatzes auf mehr Kontexten zu erweitern, wurden Modelle entwickelt, die seine Nachteile und Limitationen beseitigen.

Die Schwierigkeit bei einem „reinen" PBL-Ansatz besteht darin, dass einfache Teilfertigkeiten, die für die Bewältigung eines komplexen Problems eigentlich erforderlich sind, nicht zuvor gelernt worden sind, und deswegen das gestellte komplexe Problem nicht zufriedenstellend bearbeitet werden kann. Auch das erforderliche deklarative Wissen steht möglicherweise nicht zum richtigen Zeitpunkt zur Verfügung.

> *Beispiel. Die Schüler/innen übernehmen die Aufgabe, ein Beet im Schulgarten zu bepflanzen – eine komplexe Herausforderung. Sie möchten ein Beet mit Nutzpflanzen anlegen und besorgen sich Werkzeuge und Pflanzen. Haben sie sich zuvor hinreichend Wissen angeeignet über die Eigenarten der Pflanzen und verfügen sie über hinreichend Erfahrung in den Teilfertigkeiten?*

Welche Vorgehen gibt es nun, um das Erlernen von solchen Teilfertigkeiten (*Part-task*) und von deklarativem Wissen beim Lernen mit komplexen Problemen (*Whole-task*) zu integrieren? Denn beides ist letztlich notwendig, um komplexe Probleme erfolgreich bewältigen zu können. Problembasierte Ansätze konfrontieren die Lernenden mit einer komplexen Aufgabe. Sie vernachlässigen oft, wie jene grundlegenden Fertigkeiten und Wissensbestände erworben werden, die für die Lösung der komplexen Probleme vorauszusetzen sind. Sie verführen zu einem Vorgehen nach *Versuch und Irrtum*, das wenig effizient ist und in sich die Gefahr birgt, dass Lernende mit wenig Vorwissen frühzeitig aufgeben.

David Merrill (2002) und Jeroen van Merriënboer (2007) empfehlen auf dem Hintergrund dieser Überlegungen ein strukturiertes Vorgehen, bei dem Teilfertigkeiten und Wissen bei der Problembearbeitung integriert werden (siehe auch die weiteren Ausführungen zu dem 4C/ID-Modell auf Seite 236). Die Autoren beschreiben dies als ein Wechselspiel des Lernens von *Whole-task* und *Part-task*. Dabei sollten mehrere, „ganze" Probleme zunehmender Komplexität vorgestellt werden, die jeweils mehrere Teilfertigkeiten und Wissenselemente zusammenführen. Am Anfang bietet es sich an, eine ausgearbeitete Beispiellösung (*Worked Example*) zu präsentieren und zu erläutern, um welche Art von Problemen es im Folgenden gehen wird.

Die Abbildung 52 zeigt die mögliche Struktur des Vorgehens, bei dem sich die Ebenen abwechseln: Der Kurs besteht aus mehreren Problemen zunehmender Komplexität. Mit jedem Problem sind bestimmte Themen und das Training bestimmter Teilfertigkeiten verbunden. Die bereits bearbeiteten Aspekte werden in den zunehmend komplexer werdenden Problemen aufgegriffen und dadurch gefestigt.

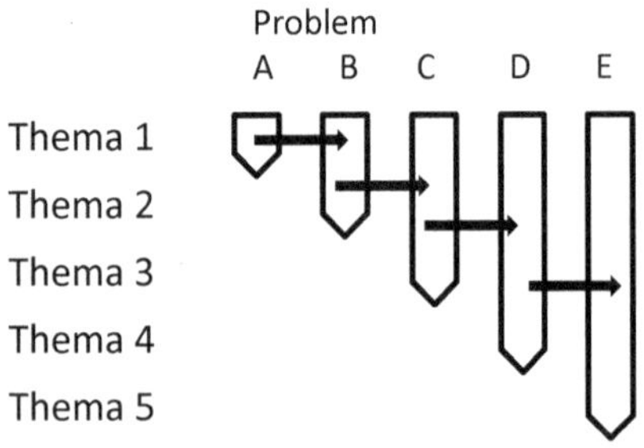

Abbildung 52: Problembasiertes Curriculum

11.1.2 Lernen mit Ankern

Als ein weiteres Beispiel für einen strukturierten problembasierten Ansatz wird im Folgenden das Lernen mit Ankern erläutert. Es wurde im schulischen Kontext entwickelt und ist gerade beim Einsatz von Medien interessant. Bei *Ankern* handelt es sich um *fiktive Geschichten*, die den Lernenden einen motivierenden Einstieg bieten.

Die Arbeitsgruppe um JOHN BRANSFORD an der Vanderbilt University, Nashville, stand vor der Aufgabe, ein Lernprogramm zur Mathematik für Problemschüler/innen mit niedriger Lernmotivation zu entwickeln. Um die Schüler/innen zum Unterrichtsbesuch zu motivieren, nutzten sie bekannte Videoepisoden als Einstieg, z. B. *Indiana Jones*, wie er im südamerikanischen Dschungel eine goldene Statue sucht. Nach Betrachten eines 12-minütigen Filmausschnitts erhielten die Schüler/innen die Aufgabe, eine Reise zu planen, um einige der Gegenstände zu retten, die Indiana Jones im Dschungel hinterlassen hatte. Auf der Grundlage von Maßangaben aus dem Film sind verschiedene Berechnungen anzustellen.

Auf dem Hintergrund dieser Erfahrungen wurde Anfang der 1990er-Jahren die *Jasper Woodbury Series* erstellt, eine Folge von interaktiven Bildplatten, die über analoge Bildplattenspieler (und damit auch ohne PC) wiedergegeben wurden. Insgesamt handelt es sich um 12 Episoden à 15 Minuten, in denen der Hauptdarsteller *Jasper* mit verschiedenen Problemen zu den Themen Routenplanung, Geldgeschäfte, Geometrie und Algebra konfrontiert ist. Ein Beispiel:

> *Jasper hat einen Ausflug über den See mit seinem neuen Boot gemacht. Langsam wird es spät, doch das Boot hat kein Licht. Jasper muss nach Hause kommen, bevor es dunkel wird. Der Tank ist allerdings schon fast leer und Japser überlegt, ob er noch Diesel kaufen muss und dann merkt er, dass er nur noch wenig Geld dabei hat.*
> *Wird Jasper es schaffen, rechtzeitig nach Hause zu kommen mit seinem Boot? Hat er noch Zeit zu tanken? Wie dringend muss er tanken? Aber hat er überhaupt genug Geld zum Tanken? Eine verzwickte Situation …*

Die Serie wurde weltweit erfolgreich eingesetzt und führte zur Produktion einer Reihe weiterer Lernmedien zu Themen der Naturwissenschaften. Zusammengefasst lässt sich das Lernen mit Ankern (*Anchored Instruction*) wie folgt beschreiben:

- Der Anker basiert auf kurzen Geschichten, die im Videoformat präsentiert werden.
- Es wird ein Problem aufgeworfen, das sich aus der Geschichte ergibt und dazu anregt, eine Problemlösung zu generieren.
- Die Geschichte enthält alle Informationen, die für die Lösung des Problems benötigt werden.
- Die Geschichte enthält relevante wie auch irrelevante Informationen: Die Lernenden lernen, relevante und irrelevante Informationen zu unterscheiden.

- Die Lernenden arbeiten gemeinsam an einer Problemlösung.
- Zu jedem Thema existieren mehrere unterschiedliche Episoden, um die Fertigkeiten in Routinen zu überführen, vom Kontext zu lösen und Transfer zu fördern.

Der Einsatz solcher Anker wirkt sich positiv auf die Motivation und den Lerneffekt aus (vgl. Bransford, Sherwood, Hasselbring, Kinzer, & Williams, 1990). Über die Motivation hinaus hilft der Anker, den Lernprozess zu organisieren und Wissen leichter abrufbar zu machen. Es bleibt die Frage, inwiefern hier tatsächlich ein Ansatz umgesetzt wurde, der die Bearbeitung eines komplexen (authentischen?) Problems in den Mittelpunkt des Lernens stellt.

Lernen mit Ankern = problembasiertes Lernen?

In den Episoden der *Jasper Woodbury Series* ging es darum, Schüler/innen mit spannenden Abenteuergeschichten zum Schulbesuch zu animieren. Allerdings werden wenige der Schüler/innen in ihrer Lebenswelt jemals vor dem Problem stehen, dass sie mit ihrem Boot abends nach Hause kommen wollen und nicht mehr genügend Diesel an Bord haben ... Insofern könnte kritisiert werden, dass das Problem, mit dem die Lernenden konfrontiert wurden, künstlich erzeugt und nicht aus der Lebenswelt abgeleitet ist.

Es stellt sich die grundsätzliche und weiterhin diskutierte Frage, ob die Geschichte der (künftigen) Lebenswelt der Lernenden entnommen sein muss, um Lerntransfer zu unterstützen? Reicht es nicht aus, wenn die mit dem Anker verbundenen *kognitiven Operationen* vollzogen werden, also z. B. die erforderlichen mathematischen Prozeduren? Gerade für Schüler/innen erscheinen fiktive Geschichten manchmal besser geeignet als ausgearbeitete Fälle mit hohem Praxisbezug.

KURT REUSSER (2005) unterscheidet die Oberflächen- und Tiefenstruktur des *Problems*: Letztlich kommt es seines Erachtens darauf an, dass ein Anker die *Tiefenstruktur* eines allgemeinen Problems angemessen repräsentiert. Die Oberflächenmerkmale, in die der Fall eingebunden ist, die *Cover-Story*, wären dagegen vergleichsweise wenig bedeutend für den Lernerfolg.

11.1.3 Lernen mit Fällen

Das Lernen mit Fällen – als Variante des problembasierten Lernens – reduziert sich *nicht* darauf, dass in einem Text Beispiele eingestreut sind oder in Übungen Bezug genommen wird auf Beispiele. Fallbasiertes Lernen meint, dass sich eine gesamte Lernsequenz auf die Bearbeitung (eines Teils) eines Falls stützt: *Das Lernen vollzieht sich in der Fallbearbeitung*!

Wie sind solche Fälle aufzubereiten? Sollten die Fälle eher reduziert werden oder sind komplexe lebensnahe Ausarbeitungen (z. B. mit Videomaterial) wichtig? Ist die *ganze* Sequenz erforderlich oder können auch Teile des Falls isoliert bearbeitet werden?

In der Praxis des mediengestützten Lernens werden Fälle zumeist – auch aus Zeitgründen – reduziert: Die Lernenden sollen sich auf bestimmte Teile eines Falls konzentrieren, aus dem bestimmte Lerninhalte vermittelt werden. Der Fall wird genutzt, um genau diese Details zu erläutern, herauszustellen und erfahrbar zu machen. Der Fall hilft auch als ein *Anker* für das Lernen: Ich erinnere mich vielleicht leichter an den Fall Xaver P. (den Mann mit der Trümmerfraktur) als die Darstellung des Falls, wie er auf Seite 146 im Lehrbuch der klinischen Medizin beschrieben ist.

Hintergrund

Fallbasiertes Lernen ist in den Fachgebieten erprobt, in denen sich auch die berufliche Tätigkeit auf Fälle bezieht, deren Abläufe eine wiederkehrende Struktur beinhalten. Dies trifft eher auf Professionen wie ärztliche oder juristische Tätigkeiten zu als etwa in der Chemie oder im Bereich der Ingenieurwissenschaften. Die Methode des fallbasierten Lernens wurde insbesondere bekannt durch die *Case Studies*, die an der Harvard Graduate School – in der juristischen Fakultät 1870 und in der Business und Medical School 1908 – eingeführt wurden. Ein großer Teil des Unterrichts erfolgt dabei entlang der Bearbeitung von zunehmend komplexer werdenden Fällen mit einem hohen Praxisbezug. Das Wissen wird nicht entlang der Logik der Fachdisziplin eingeführt. Es wird vielmehr das für die Bearbeitung eines konkreten Falls notwendige Wissen vom Dozierenden präsentiert oder von den Studierenden selbstständig erarbeitet. Die vorgelegten Fälle selbst unterliegen dabei einem systematischen Aufbau und die Dozierenden sind angehalten, die Bearbeitung durch bestimmte Fragetechniken zu unterstützen.

Fallbasiertes Lernen kann in unterschiedlicher Weise realisiert werden (vgl. Kaiser & Kaminski, 2011; Kolodner, Owensby, & Guzdial, 2004):

- *Case Studies* basieren auf Falldarstellungen, in denen eine Reihe von Unterlagen mitgeliefert werden, z. B. Datenmaterial, Quellen, Statistiken, verschriftete Interviews oder auch eine Anamnese, Röntgenbilder, Ergebnisse von Untersuchungen (in der Medizin) usw. In den *Harvard Business Cases* sind in der Regel alle zur Lösung benötigten Informationen in der Fallbeschreibung enthalten. Gelernt werden soll eine Diagnose zu erstellen, eine Entscheidung zu treffen und eine Problemlösung zu erarbeiten.
- Es werden Ausschnitte aus einem Fall mit der Aufgabe präsentiert, die fehlenden Informationen zu benennen und dann zu beschreiben, wie die Informationen beschafft werden sollen. Die Aufgabe zielt vor allem auf Methoden der Informationssuche ab.
- Es werden abgeschlossene Fälle einschließlich der Lösung präsentiert mit der Aufgabe, das Vorgehen mit eigenen Worten zu wiederholen, zu kommentieren oder ggf. fehlerhafte Schritte oder Entscheidungen zu identifizieren.

- Es werden mehrere Fälle mit unterschiedlichen Vorgehensweisen vorgestellt und es soll entschieden werden, welches Vorgehen in einem konkreten Fall am geeignetsten erscheint.
- Es sollen Erfahrungen aus vorliegenden Fällen ausgewertet und auf einen neuen Fall angewendet werden.
- Es soll erarbeitet werden, warum vorliegende Fälle erfolgreich waren oder gescheitert sind.
- Eine eigene Erfahrung soll in ein Fallschema übertragen werden.
- Ein vorliegender Fall soll im Lichte neuer Erfahrungen und Ergebnisse bewertet werden.

In der Beschäftigung mit Fällen werden Prozeduren erlernt. Neben der fachlichen Kompetenz geht es auch um Kompetenzen des Argumentierens und der Bearbeitung eines Falls in einem Team sowie der überzeugenden Präsentation einer Lösung. Das Lernen mit Fällen eignet sich gut für eine Bearbeitung mit Anderen. Hierdurch können verschiedene Sichten eingebracht werden, die insbesondere bei der Generierung und Bewertung von alternativen Lösungen helfen.

In der juristischen Ausbildung ist das Lernen mit Fällen lange etabliert, in der Betriebswirtschaft und der Medizin ist die Verbreitung unterschiedlich. Ausschlaggebend ist vielfach, wie Prüfungen gestaltet sind. Wenn diese in der Abfrage fachlicher Fakten und Zusammenhänge bestehen, lässt sich fallbasiertes Lernen kaum etablieren. So basierten Prüfungsverfahren in der Ausbildung von Ärzten lange Zeit alleine auf Auswahlfragen, die von Computern ausgewertet wurden. Um fallbasiert prüfen zu können, sind dagegen z. B. in der Medizin Prüfungen eingeführt worden, bei denen „echte Menschen" zu interviewen sind. Sie berichten über bestimmte Symptome und die angehenden Ärzte sollen das Krankheitsbild erfassen.

In den Fachdisziplinen haben sich unterschiedliche Traditionen entwickelt, die auch mit der Berufstätigkeit selbst zusammenhängen. Die betriebswirtschaftlichen Fälle sind zumeist als Gruppenarbeit angelegt. Juristische Fälle werden zumeist alleine bearbeitet. Die betriebswirtschaftlichen und juristischen Fälle liegen überwiegend als Textdokumente vor. In der Betriebswirtschaft finden sich auch computergestützte Unternehmensplanspiele, in denen die Fallbearbeitung eine dynamische Komponente erhält: Hier ist der Fall in zeitliche Segmente eingeteilt, in denen jeweils bestimmte Aktivitäten auszuführen sind. Zu manchen Zeitpunkten können so unerwartete Ereignisse und Veränderungen eintreten (z. B. Kurssturz an der Börse), auf die die „Spieler" dann reagieren müssen. In der Medizin finden sich viele digitale Falldarstellungen, auch weil das Ausgangsmaterial, z. B. Ergebnisse von Untersuchungen, Laborbefunde, Röntgenbilder etc. vielfältig ist und sich gut als multimediales Material digital darstellen lässt.

Vorgehen der Fallbearbeitung

Das *fallbasierte Lernen* erfolgt anhand einer bestimmten Systematik. Personen mit hoher Expertise können mit *ganzen Fällen* konfrontiert werden. Sie sind in der Lage, die Informationen zu strukturieren und zu gewichten. Sie können sofort wichtige und unwichtige Informationen unterscheiden und wissen, in welcher Reihenfolge sie die Informationen aufnehmen und bewerten müssen. In kasuistischen Fallseminaren werden solche Einzelfälle mit Fortgeschrittenen sowie Kollegen und Kolleginnen diskutiert. Es wird davon ausgegangen, dass die grundlegenden Kenntnisse vorliegen, um den Fall einordnen zu können.

Soll die Arbeit mit Fällen dagegen als didaktische Methode bei Personen mit niedrigem Vorwissen (in der Ausbildung oder im Studium) eingesetzt werden, ist eine weitere didaktische Aufbereitung dringend empfohlen. Zwei Schritte sind dazu notwendig:

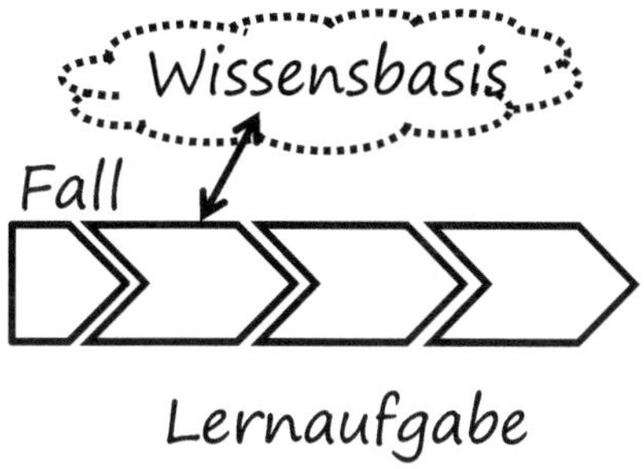

Abbildung 53: Fallbasiertes Lernen

- Die Fälle sind inhaltlich zu reduzieren: Sie können in ihrer Komplexität vereinfacht werden („Anfängerfälle“) oder der Fall reduziert sich auf einen Ausschnitt des gesamten Falls (z. B. „Erstkontakt“). Für fallbasiertes Lernen sind immer mehrere Fälle unterschiedlicher Komplexität notwendig, in denen bestimmte Themen und Problemstellungen gut sichtbar werden.
- Es ist eine bestimmte Vorgehensweise der Fallbearbeitung vorzugeben. Die Lernenden sollen an idealtypische Prozeduren der Fallbearbeitung herangeführt werden. Auch hier werden angesichts der Komplexität bestimmte Ausschnitte schrittweise in getrennten Lerneinheiten bearbeitet, z. B. zuerst die Diagnose planen, mehrere Diagnosealternativen nennen und bewerten, danach Therapieplan erstellen.

Ein grundlegendes Element der Didaktisierung des fallbasierten Lernens besteht in der Verzahnung der Fallbearbeitung mit einer Wissensbasis. Denn die Lernenden benötigen in der Fallbearbeitung ein bestimmtes *deklaratives Wissen*. Die Lernenden sollten auf eine solche Wissensbasis während der Fallbearbeitung zugreifen können. Dort werden Sachverhalte erläutert, wie z. B. die Wirkung von Präparaten oder Erläuterungen zu diagnostischen Verfahren und Apparaten, Produktinformationen oder juristische Bestimmungen, Verfahrensordnungen und Gesetzestexte.

Der Ablauf des fallbasierten Lernens funktioniert dann wie folgt:

- Die Lernenden werden mit dem *Fall* konfrontiert. Sie beschäftigen sich mit Aspekten des Falls.

- Sie bearbeiten eine *Lernaufgabe*, die in der Regel in mehrere Schritte aufgeteilt ist und die sich auf einen oder mehrere Aspekte der zu erlernenden Prozedur bezieht.
- Um die Aufgabe zu lösen, greifen sie ggf. auf Informationen aus weiterführenden Materialien einer *Wissensbasis* zu.
- Die Bearbeitung kann alleine oder gemeinsam in einer Gruppe erfolgen.

Die Bearbeitung des Falls findet in einer Folge von Arbeitsschritten statt: Das Lernprogramm kann eine strikte Folge von Arbeitsschritten vorgeben oder es präsentiert eine Oberfläche, in der der Lernende relativ offen bestimmte Informationen abrufen kann. Das Lernen läuft weniger sequenziell ab als bei einem darstellenden Unterricht: Die Rezeption der Falldarstellung wechselt sich mit der Bearbeitung der Lernaufgabe ab, zu deren Lösung auf Materialien einer Wissensbasis zuzugreifen ist.

Beispiel: Falldatenbank CASUS

Im Rahmen der klinischen Ausbildung der Medizin wurde das fallbasierte Autorensystem CASUS an der Universität München entwickelt. Es wird bereits an über 100 Hochschulen genutzt und beinhaltet eine Datenbank mit Fällen aus der Human- wie auch Tiermedizin.

Beispiel aus CASUS

1. Schritt

Zu Ihrer heutigen Sprechstunde findet sich Frau Mittermeier ein. Es handelt sich um eine langjährige, 35-jährige Patientin, die Sie in regelmäßigen Abständen aufsucht. Sie begrüßen die Patientin und fragen nach dem aktuellen Anlass Ihres Besuchs. Frau Mittermeier antwortet:

Guten Tag Herr Doktor, ich bräuchte mal wieder meine Tabletten. Allerdings haben sie bei meinem letzten Anfall nicht mehr so gut gewirkt. Mehrere Tage lang ging es mir richtig schlecht. Diese Kopfschmerzen, dazu die Übelkeit und die Lichtempfindlichkeit. Da war ich zu nichts mehr zu gebrauchen, mein Mann musste sich die ganze Zeit alleine um die Kinder kümmern.

Aufgabe: Welche chronische Erkrankung vermuten Sie bei Frau Mittermeier?

2. Schritt

Frau Mittermeier ist Ihnen nun als langjährige Patientin mit Migräne wohlbekannt. Trotzdem sollte sich beim Leitsymptom Kopfschmerz die Diagnosestellung zum einen auf die Anamnese stützen, zum anderen auf den klinischen Untersuchungsbefund. Entscheidend ist hier die Differenzierung zwischen primären und sekundären Kopfschmerzformen. Der sekundäre Kopfschmerz ist Symptom einer anderen zugrundeliegenden Läsion wie z. B. Tumor, Trauma, Blutung oder Entzündung.

Aufgabe: Welche Untersuchungen führen Sie bei dem Beschwerdebild Kopfschmerzen zunächst durch?

3. Schritt

Wie fahren Sie bei Frau Mittermeier fort?

Die Fälle unterliegen alle dem gleichen Aufbau. Eine Reihe von Arbeitsschritten ist linear abzuarbeiten. Neben Auswahlfragen, die automatisiert ausgewertet werden, gibt es offene Antwortfelder, die per Selbstkontrolle mit einer vorgegeben Antwort verglichen werden können. In den Ablauf können Wissenseinheiten eingebaut werden. Eine weitere Verzahnung mit einer getrennten Wissensbasis liegt hier nicht vor. Das folgende Beispiel aus CASUS besteht aus mehreren Schritten, die sequenziell vom Lernenden bearbeitet werden.

Der ideale Fall?

Welche Art von Fällen und welche Art von Fallbearbeitung sind für den Lernerfolg besonders vorteilhaft? Umstritten ist, wie komplex der *ideale* Fall im Rahmen des fallbasierten Lernens sein sollte. Aktuell werden zwei unterschiedliche Varianten diskutiert:

a) Bei *Problemlöseaufgaben* ist die Lösung durch den Lerner selbst zu finden. Er soll das Problem analysieren und eine Lösung entwickeln. Dies ist die übliche Vorgehensweise, wie sie im Rahmen der problemorientierten Methoden diskutiert wird.

> *Aus Sicht des problembasierten Lernens sollte der Fall komplex sein und Freiraum für explorative Aktivitäten bieten, auch um aus Fehlern zu lernen. Anspruchsvolle (oder sogar spektakuläre) Fälle, wie sie in der Praxis vorkommen, sind für die Lernenden zumeist motivierender. Betrachten wir das Lernen mit Fällen aus Sicht von John Deweys „Pattern of Inquiry“, dann sollte der Fall persönliche Erfahrungen ermöglichen, auch mit den Schwierigkeiten im Umgang mit Komplexität. Eine starke Reduktion des Falls würde genau diese Erfahrungs- und Reflexionsmöglichkeiten einengen, die Dewey im Inquiry-Prozess für wertvoll hält.*

b) Bei *ausgearbeiteten Lösungsbeispielen* (*Worked Examples*) wird nach der Darstellung des Falls die richtige Lösung Schritt für Schritt erläutert. Die Lernenden verfolgen eine bereits ausgearbeitete Lösung für ein konkretes Beispiel.

> *„Aus Sicht der Theorie der kognitiven Beanspruchung sollten eher reduzierte Falldarstellungen beim Lernen zum Einsatz kommen. Besonders eignen sich ausgearbeitete Lösungsbeispiele, in denen die Lösung eines Falls bereits vorliegt und die Lernenden das richtige Vorgehen schrittweise verfolgen können. Eine Reihe von Untersuchungen belegen die Vorzüge des Ansatzes. Danach belastet das Lernen mit ausgearbeiteten Lösungsbeispielen das Arbeitsgedächtnis der Lernenden weniger als das selbstständige Erarbeiten einer Problemlöseaufgabe. Zur Aktivierung erweist es sich als günstig, wenn die Lernenden aufgefordert werden, die*

dargestellten Lösungsschritte selbst zu erläutern, um sie so mental nachzuvollziehen" (Renkl, 2002).

Stark et al. (2000) kombinierten ausgearbeitete Lösungsbeispiele mit Problemlöseaufgaben. Diese Kombination erwies sich als vorteilhaft. In der Untersuchung von Kalyuga et al. (2001) zeigte sich ein Interaktionseffekt: Anfänger erzielten mit ausgearbeiteten Lösungsbeispielen und Fortgeschrittene mit Problemlöseaufgaben bessere Ergebnisse.

Auch hier ist zu bedenken: Ausgearbeitete Lösungsbeispiele oder komplexe Problemlöseaufgaben beinhalten *andere* Lern- und Erfahrungsmöglichkeiten. Sie sind für jeweils unterschiedliche Lerngruppen geeignet und sie führen zu *anderen* Lernergebnissen! Es überrascht nicht, dass die Kombination verschiedener methodisch aufbereiteter Lernangebote Vorteile hat und Anfänger von anderen Angeboten profitieren als Fortgeschrittene. John Sweller (2010) erläutert, dass die externe Unterstützung mit zunehmender Expertise abgebaut und die Fälle zunehmend komplexer werden sollten.

Potenziale

Das Lernen mit Fällen bietet sich besonders in Fachgebieten an, in denen auch in der Praxis mit Fällen umgegangen wird und die Fälle einen gewissen Grad der Standardisierung in ihrer Struktur und ihren Abläufen aufweisen. Diese Situation existiert etwa im Bereich der Medizin oder der Rechtswissenschaft. Es ist von Vorteil, wenn die Lernenden grundlegende Konzepte und Vorgehensweisen kennen und bereits Kontakt mit dem Praxisfeld hatten. Ansonsten fällt es den Lernenden schwer, sich auf die Fallbearbeitung einzulassen. Zu oft müssen sie auf Informationen aus der Wissensbasis zurückgreifen.

Die verfügbaren Lernprogramme zu fallbasiertem Lernen beinhalten zumeist Text- und Bildmaterialien; sie sind in der Regel eher wenig multimedial aufbereitet, zum Teil auch, weil rechtliche Gründe der Verwendung authentischen Videomaterials Grenzen setzen. Sie nutzen insofern vergleichsweise wenige Möglichkeiten zur Einbindung vielfältiger Hinweisreize aus dem Anwendungskontext. Allerdings ist die Qualität des Lernangebots nicht vom Grad der multimedialen Aufbereitung abhängig, sondern davon, ob der Fall dazu beiträgt, sich intensiv mit dem Gegenstand auseinanderzusetzen und zur Diskussion mit anderen Lernenden anregt.

Eine stark sequenziell angelegte Struktur der Fallbearbeitung mit zunehmend komplexeren Fällen eignet sich insbesondere für den Einstieg. Sie bildet die Arbeitsweise in der Praxis aber nur begrenzt ab. Ein Arzt entscheidet intuitiv, welche Abfolge von Schritten zu bearbeiten ist, welche Reihenfolge von Fragen und Untersuchungen sinnvoll ist. Für Fortgeschrittene ist eine Oberfläche zielführend, die einen wahlfreien Zugriff auf verschiedene Werkzeuge, Daten und Informationen zulässt.

Zusammenfassend können folgende Vor- und Nachteile des fallbasierten Lernens genannt werden.

Vorteile des fallbasierten Lernens

- Das Arbeiten mit Fällen kann eine tiefere Auseinandersetzung mit dem Lerngegenstand fördern als eine rein darbietende Präsentation. Es verhindert oberflächliches Aneignen von Fakten. Gelernt werden können vor allem Prozeduren des Erfassens von Informationen, der Identifikation von Problemen, der Informationssuche sowie das Erarbeiten und Bewerten von Problemlösungen.
- Offen formulierte Problemstellungen unterstützen selbstständiges Arbeiten und Kreativität.
- Der Lerntransfer auf den Anwendungskontext wird unterstützt.
- Es entsteht eine hohe Motivation aufseiten der Lernenden.
- Die Bearbeitung in Gruppen ist möglich. Dadurch werden auch Fähigkeiten des Arbeitens im Team erworben.

Nachteile des fallbasierten Lernens

- Die Lernenden müssen bereit sein, sich auf die intensivere Arbeit mit Fällen einzulassen. In vielen Kontexten sind sie es gewohnt, rezeptiv zu lernen. Die Einführung des fallbasierten Lernens erfordert ein wesentliches Umdenken.
- Die Fallbeschreibungen gehen von der Annahme aus, dass Informationen vollständig (und zutreffend) vorliegen. Die Praxis ist dagegen oftmals durch *unsichere* Informationslagen gekennzeichnet: Informationen liegen typischerweise *nicht* so vollständig (aufbereitet) vor, wie es Fallstudien suggerieren.
- Es bleibt unsicher, ob und wie Erkenntnisse aus Fallstudien übertragbar sind.
- Es wird ein letztlich kleiner Teil des Problemlösungsprozesses nachgebildet, die Herausforderung der Umsetzung bleibt ausgeblendet.
- Es bleibt bei „als-ob"-Entscheidungen, die (z. B. ethischen) Implikationen der Konsequenzen realer Handlungen werden nicht erfahrbar.
- Fälle beziehen sich oft auf besonders „spannende" Konstellationen. Die Lösung von Alltagsproblemen wird vernachlässigt.
- Fakten können sich im Entscheidungsprozess ändern. Die Falldarstellungen gehen davon aus, dass Informationen statisch sind. Komplexe Fälle sind dagegen vielfach in einer dynamischen Umwelt angesiedelt, in denen sich die Datenlage ständig verändern kann.
- Das fallbasierte Lernen fällt gerade Anfängern ohne erste praktische Erfahrungen vor Ort schwer. Sie können sich in die Fälle teilweise nur mit Mühe einfühlen. Ihnen fehlt das Gespür für die sozialen und institutionellen Rahmenbedingungen, in denen die Fälle eingebettet sind. Diese lassen sich kaum verbalisieren bzw. visualisieren. Sie können nur durch Teilhabe an der Praxis erfahren werden.

- Mit der erfolgreichen Bearbeitung von Fallstudien entsteht die *Illusion* von Kompetenz. Fälle sind jedoch immer nur ein vereinfachtes Abbild beruflicher Praxis.

11.1.4 Lernen in Projekten

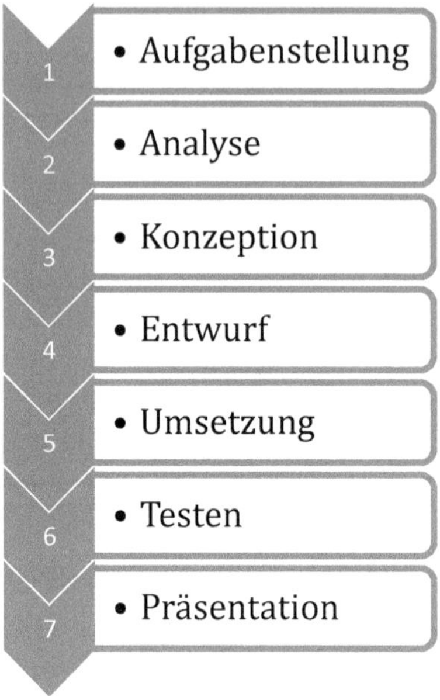

Abbildung 54: Phasen der Projektarbeit

Beim Lernen in Projekten vollzieht sich das Lernen in der Erstellung von Artefakten. Die Projektmethode ist ein etabliertes Verfahren, das in der beruflichen Bildung, an allgemeinbildenden Schulen (Projektwochen) und Hochschulen (Projektstudium) eingesetzt wird. In der beruflichen Ausbildung bedeutet diese Methode, dass nicht nur eine isolierte Tätigkeit geübt wird, sondern auch die dazugehörigen kognitiven (z. B. planerischen) Fertigkeiten ebenso wie sozial-kommunikative (z. B. Abstimmung der Teilaufgaben in der Gruppe) und affektive (z. B. Umgehen mit Rückschlägen) Kompetenzen.

Die Projektarbeit wird in Phasen organisiert, die der Bearbeitung in authentischen Umgebungen entspricht. Jedes Arbeiten in einem Projekt kann Lernerfahrungen beinhalten. Von einem problembasierten Ansatz des Projektlernens sprechen wir jedoch nur,

- wenn die Projektbearbeitung auf ein bestimmtes Lernziel ausgerichtet und in bestimmter Weise vorgegeben ist,
- wenn sich der Lernprozess durch die Projektbearbeitung konstituiert (und nicht nur etwas zuvor Gelerntes im Projekt angewendet wird),
- wenn die Lernenden in der Projektarbeit mit zentralen Themen und Fragestellungen des Fachs konfrontiert werden (also nicht nur Teilaspekte einüben),
- wenn ein Artefakt mit Produktcharakter entsteht, so wie es in einem Praxisfeld außerhalb des Lernkontextes auch anzutreffen ist oder anzutreffen sein könnte.

Damit wird deutlich, dass das Vorgehen nahe an dem *Inquiry-Prozess* des Lernens nach Dewey gestaltet werden kann: Der Arbeitsauftrag eines Projekts unterscheidet sich von einer einfachen Lernaufgabe durch die Komplexität und den Umfang. Das Projekt setzt das gesamte Vorhaben um und orientiert sich an typischen Anforderungen und Rahmenbedingungen der Praxis. Die Aufgabe muss von den Lernenden als Herausforderung erlebt werden. Es wird teilweise Wert darauf gelegt, dass das Projekt ein *echtes* Vorhaben ist, das für Anforderungen eines „wirklichen" Kunden realisiert wird. Damit wird die Ernsthaftigkeit des Vorhabens betont. Zugleich gibt es hinreichend Beispiele für projektbasiertes Lernen, das nicht im Kundenauftrag erfolgt, und auch die avisierten Lernziele erreicht.

Die Bearbeitung der Schritte erfolgt unter Betreuung einer lehrenden Instanz, es erfolgt eine Rückmeldung zu den Einzelschritten. Die Reflexion und Auswertung der Schritte oder des gesamten Vorhabens, alleine oder in einer Gruppe, ist ein wichtiger Bestandteil des Lernprozesses.

In einer Untersuchung von WAKS & SABAG (2004) zeigte eine Gruppe mit Lernenden, die traditionelle Übungen in einem Elektroniklabor erhielten, bessere Lernergebnisse als eine andere Gruppe, die in Projekten arbeitete. Zu beachten ist, dass das Lernen in Projekten größere Zeitfenster benötigt und sich somit nicht einfach in bestehende Rahmen integrieren lässt (Blomhøj & Kjeldsen, 2008).

Die Komplexität des Arbeitsauftrags stellt hohe Anforderungen an die Lernenden, aber auch an die Betreuung und die didaktische Strukturierung des Lernangebots bzw. der Lernumgebung. Entsprechende Untersuchungen zeigen, dass der Lernerfolg in einer solchen Konstellation nicht immer wie erhofft eintritt. Er hängt davon ab, ob die Lernenden sich auf das Vorhaben einlassen und hinreichend aktiv über einen längeren Zeitraum an dem Vorhaben mitwirken. Er hängt auch davon ab, ob eine angemessene Unterstützung vorliegt. Die meisten Untersuchungen wurden im Übrigen im natur- und ingenieurwissenschaftlichen Kontext durchgeführt, wo Projektarbeiten eine längere Tradition haben.

Die Konfrontation mit einem komplexen Projekt kann jedoch Lerneffekte erzielen, die in anderen traditionellen Ansätzen schwierig zu vermitteln sind: z. B. die Aktivierung der Lernenden über längere Zeiträume, die Entwicklung von Selbstbewusstsein oder eine positive Einstellung zum Lerngegenstand. ROGERS et al. (2010) fanden, dass die Lernkonzepte und das professionelle Selbstverständnis der Lehrenden eine wichtige Voraussetzung für den Erfolg projektbasierter Ansätze darstellen (s.a. Karaman & Celik, 2007). BENNETT & ARMSTRONG (2011) verweisen darauf, dass Prüfungen auf diese Art des Lernens angepasst werden müssen, ansonsten können entsprechende Ansätze in der Praxis nicht erfolgreich durchgesetzt werden (s.a. Mandl & Reinmann-Rothmeier, 1998).

Pädagogische Unterstützung

Die Unterstützung des Lernens in Projekten kann durch eine Person erfolgen, die den Fortschritt der Lernenden im System überwacht, oder durch das System selbst. Die Unterstützung sollte sich dabei möglichst wenig aufdrängen, sondern von den Lernenden aufgerufen oder angefordert werden, wenn sie auf eine Hürde stoßen oder selbst nicht weiterkommen.

COLLINS et al. (1989) beschreiben *Scaffolding* (= Einrüsten) als eine pädagogische Maßnahme, bei der das System so wenig Unterstützung wie möglich und zugleich so viel Unterstützung wie notwendig bietet. Neben den Hilfestellungen, die eine Lehrkraft dem Einzelnen oder einer Gruppe geben kann, sind hier besonders Maßnahmen interessant, die durch das Lernsystem gegeben werden können. Je nach Niveau der Expertise sollten die Hilfestellungen mit der Zeit ausgeblendet werden.

In ähnlicher Weise dient das *Coaching* der individuellen Rückmeldung über den Fortschritt der Projektbearbeitung. Die Projektbearbeitung kann durch technische Funktionen des Systems unterstützt werden, indem z. B. bei Verzögerungen Erinnerungen geschickt werden, die auf den Zeitplan verweisen. Eine wichtige Funktion ist auch das *Peer Coaching*: Im Austausch mit Anderen kann das Vorgehen geplant und reflektiert werden.

Werkzeuge für das Projektlernen

Das Lernen mit Projekten kann durch verschiedene Softwarewerkzeuge wesentlich unterstützt werden. Zum einen können typische Anwendungen für das Projektmanagement und das gemeinsame Arbeiten an Dokumenten, wie sie in der Praxis zum Einsatz kommen, erlernt werden. Zum anderen erzeugt das Arbeiten mit den entsprechenden Werkzeugen digitale Artefakte und Spuren, die Grundlage für die Auswertung und gemeinsame Reflexion sein können: Wie haben wir zusammengearbeitet? Wo entstanden Probleme? Wie könnten wir die Zusammenarbeit verbessern?

Laffey et al. (1998) beschreiben die vielfältigen Ansatzpunkte und Möglichkeiten eines computergestützten Support-Systems für das projektbasierte Lernen. Ein konkretes Anwendungsbeispiel findet sich bei Meyer et al. (2009): Sie realisierten ein E-Portfolio, in dem die Lernenden regelmäßig – begleitend zu ihrer Projektarbeit – ihre Schritte dokumentieren und reflektieren. Eine soziale Komponente weist der Entwurf von Michel & Lavoué (2011) auf, bei dem das Teilen von Erfahrungen betont wird.

In der Untersuchung von Chu et al. (2009) ging es um Projekte im Kontext der Botanik. In der Projektarbeit im Feld erhielten die Lernenden speziell zugeschnittene Informationen, je nach Position ihres mobilen Endgerätes, und konnten so das Projekt besser bearbeiten als Lernende, die die Information lediglich am PC abrufen konnten.

Authentische Lernmedien?

In der Diskussion über problemorientierte Ansätze und Lerntransfer wird oft gefordert, Lernaufgaben und -materialien sollten möglichst *authentisch* sein, damit das Gelernte besser angewendet werden kann. Zunächst entspricht dies der Überlegung, die auf Thorndike zurückgeht, wonach die *Ähnlichkeit* von Lern- und Anwendungssituationen den Transfer des Gelernten auf den Anwendungskontext erhöht.

Strobel et al. (2013) zeigen auf, wie sehr der Begriff in wissenschaftlichen Publikationen an Popularität gewonnen hat. Bei genauerem Hinsehen ist die Forderung nach Authentizität in didaktischen Kontexten jedoch problematisch (s.a. John R. Anderson, Reder, & Simon, 1996). *Authentizität* lässt sich nämlich erstaunlich schwer bestimmen und erscheint als Bewertungskriterium für Lernmaterial wenig geeignet. Im Folgenden sind einige Gedanken skizziert, die das Problem verdeutlichen.

Nehmen wir ein Beispiel: Wenn eine Englischlehrerin einen Text aus einer englischsprachigen Online-Zeitung über eine Sitzung des britischen Parlaments im Unterricht des 7. Jahrgangs einstellt, so gilt dies als Beispiel für ein authentisches Lernmaterial. Ist dies tatsächlich ein „authentisches" Dokument, das den Transfer fördert?

Zunächst ist der Zeitungsbericht vermutlich kein authentisches Zeugnis des Autors. Inwieweit der Redakteur die Sitzung des Parlaments tatsächlich „authentisch" miterlebt hat, ist fraglich. Die englische Zeitung ist auch kein authentisches Material aus der Lebens- oder späteren Berufswelt der Lernenden. Es geht der Lehrerin z. B. darum, Genres von Beiträgen in Tageszeitungen vorzustellen. Sie nutzt die Tageszeitung also gezielt, um ein bestimmtes Lehrziel zu erreichen.

Nun könnte man – zutreffend – einwenden, die Tageszeitung sei ein authentisches Lernmaterial, weil sie nicht mit einer pädagogischen Intention für Lernzwecke hergestellt wurde. Allerdings wird jedes Medium, Material oder Artefakt didaktisiert, sobald es in ein Lernangebot mit einer didaktischen Intention eingebracht wird. Denn das Material ist nicht *einfach so* in der Lernumwelt zugegen. Dadurch, dass die Lehrperson *dieses* Material *zu diesem Zeitpunkt* in den Unterricht einbringt, ist es bereits didaktisiert worden. Es erscheint dabei wenig relevant, ob die Herstellung des Gegenstands ursprünglich didaktisch motiviert war oder nicht.

Lässt sich überhaupt eine Differenz zwischen authentischen und nicht-authentischen Lernmedien und -welten begründen? Für Lernende ist gerade die *Lernwelt* hochgradig authentisch, wenn sie beispielsweise vor einer Klausur stehen und um ihre Zukunft fürchten. Als Lehrende streben wir geradezu an, die Lernwelt als „lebendigen Lebensraum" auszugestalten.

Es ließe sich auch einfach definieren: Authentisch ist alle Umwelt außerhalb der Schule. Alle Lernkontexte in Bildungseinrichtungen wären dann per se nicht-authentische Erfahrungswelten. Auch die Pflanzen im Kräutergarten der Schule sind insofern nicht *authentisch*, sondern didaktisiert: Sie wurden angepflanzt einzig mit dem Ziel, dass sie sinnlich erfahren, angefasst und gerochen werden können. Die Kirschen, die der Lehrer in die Schule mitbringt, sind haptisch erfahrbar. Sie dienen aber (vielleicht) einzig dazu, die Zubereitung eines Kirschkuchens zu vermitteln. Die Didaktisierung erfolgt dadurch, dass bestimmte Gegenstände und Medien in die Lernwelt eingebracht werden und andere nicht.

Die „Authentizität" von Lernangeboten ist schwieriger zu definieren als gedacht und auch wenig hilfreich zur Bewertung von Lernangeboten. Der Begriff findet sich häufig in Beiträgen mit einem konstruktivistischen Hintergrund. Doch gerade aus konstruktivistischer Sicht erscheint eine Trennung von Welten nach dem Grad von Authentizität nicht tragfähig.

Es bleibt zu überlegen, wie der Zugang zu abstrakten Sachverhalten eröffnet und die Anwendung von Wissen sowie der Lerntransfer gefördert werden kann. Dies geschieht nicht einfach durch scheinbar *authentische* Materialien, sondern durch vielfältige Lernangebote, die zum Denken anregen, Neugier wecken und zum Handeln auffordern. Alle Materialien, die dazu geeignet sind, solche Lernprozesse anzuregen, sollten wir nutzen.

Zusammenfassung

Problembasierte Methoden sind nicht *a priori* besser als expositorische Methoden. Sie eröffnen allerdings *andere* Lehrziele. Sie vermitteln den Umgang mit komplexen Lernmaterialien, mit ungewissen, komplexen und dynamischen Problemsituationen, die auch längere Zeiträume der Bearbeitung erfordern. Die Lernenden erwerben dabei auch Kompetenzen in der Selbstorganisation und in der Strukturierung zeitlich anspruchsvoller Vorhaben, auch in der Zusammenarbeit mit Anderen.

Es zeigt sich, dass Problemlöseaufgaben, bei denen das Ziel nicht eng vorgegeben ist, zu besseren Lernleistungen führen. Der Transfer auf neue Anwendungssituationen gelingt besser, wenn mehrere Lernaufgaben bearbeitet werden, die unterschiedlich angelegt sind (hohe Variabilität).

Aus Sicht der Theorie der kognitiven Beanspruchung wird darauf verwiesen, dass problembasierte Methoden für den reinen Wissenserwerb nicht optimal sind. Wenn der Erwerb deklarativen Wissens im engeren Sinne im Vordergrund steht, führen stärker strukturierte Varianten (*Direct Instruction*) regelmäßig zu besseren Lernergebnissen. Es bleibt also eine Frage der Lehrziele, welche didaktische Methode hierbei vorzuziehen ist.

Die langjährigen Erfahrungen in der Bildungspraxis, insbesondere mit der Projektmethode, zeigen auch die Schwierigkeiten entsprechender Ansätze: So kritisiert ANDREAS SCHELTEN (1987) den leichtfertigen Gebrauch des Begriffs *Projektmethode*. Oftmals wird die Produktion jedes Werkstücks, das in der Lehrlingsausbildung hergestellt wird, als Projekt bezeichnet, solange es kein Wegwerfprodukt darstellt, sondern in irgendeiner Form verwertbar ist (oder wäre). Damit reduziert sich die Lebensnähe auf die *Verwertbarkeit* eines (Übungs-)Produktes oder Lernergebnisses. Dies ist in der Berufsausbildung sicherlich ein wesentliches Merkmal von Authentizität. Für den Lernfortschritt wichtiger erscheinen jedoch die *Ganzheitlichkeit* des Herstellungsprozesses sowie die *Selbstorganisation* bzw. *kooperative* Koordination des Lern- und Arbeitsprozesses. Diese Kritik gilt in ähnlicher Weise auch für andere Ansätze des problembasierten Lernens.

Manche Hoffnungen, die mit der Projektmethode verbunden werden, sind zu relativieren: Werden Lernende mit einem „echten" Projekt konfrontiert, garantiert das für sich keineswegs dauerhafte Motivation und Lernerfolg. Voraussetzung dazu ist eine Lernumgebung, die individuelle oder soziale Lernaktivitäten zunehmender Komplexität unterstützt. Die Verfügbarkeit von Lernmedien und -materialien ist für diese Ansätze deswegen besonders wichtig. Es sind speziell aufbereitete Medien für den Einsatz in der Projektmethode notwendig. Sie dienen vor allem dazu, den Lern- und Bearbeitungsprozess entlang eines Pfades zunehmender Schwierigkeiten zu organisieren. Denn gerade die Planung und Steuerung des eigenen Vorgehens fällt den Lernenden (alleine oder in der Gruppe) zunächst schwer.

11.2 Computersimulationen

Prozesse und Abläufe können in eine digitale Simulation überführt werden. In diesem Rahmen können vielfältige Lernprozesse angeregt werden. Bei der Computersimulation nähern sich die Lern- und Anwendungssituation einander an. Der Prozess der Bildung von Modellen, die einer Simulation zugrunde liegen, kann bereits als ein Lernprozess beschrieben werden. Der Aufbau und die Implementation von Simulationen sind bereits lehrreich und erfordern tiefergehendes konzeptuelles und prozedurales Wissen. Das Arbeiten in und mit solchen simulierten Umgebungen kann ebenfalls grundlegende Erkenntnisse über den Lerngegenstand vermitteln.

Simuliert werden können *technische* Systeme, wie z. B. Maschinen oder Anlagen, *natürliche* Systeme, wie z. B. ein See oder Erdbewegungen, und auch *soziale* Systeme, wie z. B. ein Unternehmen, ein Staatswesen oder die Interaktion zwischen Menschen. Die Person ist mit einer *Story* (z. B. einem simulierten Staatswesen) konfrontiert, in der sie in einer *Rolle* (z. B. als Staatspräsident) eine Reihe von *Handlungsoptionen* hat. Dabei übernimmt sie die Aufgabe (*Mission*), ein bestimmtes Ziel durch geschickte Regelung des Systems zu erreichen (z. B. hohe Lebensqualität der Bürger). Im Folgenden werden mehrere Beispiele erläutert:

- Der Flugsimulator als Beispiel für die Simulation technischer Anlagen,
- das Planspiel als Beispiel für die Simulation ökonomischer Vorgänge,
- virtuelle Labore in verschiedenen Varianten, als Beispiele für natur- oder ingenieurwissenschaftlichen Lehrinhalte.

Flugsimulator. In Flugsimulatoren wird z. B. geübt, ein Fluggerät von einem Ort zu einem anderen zu manövrieren. Es gilt, das Flugzeug zu steuern. Es ist zum Beispiel aber auch abzuschätzen, wie man mit einer gegebenen Menge an Treibstoff durch Anpassung der Geschwindigkeit zuverlässig das Ziel erreicht.

Die Veränderung von Input-Variablen durch Eingaben eines Benutzers zeigt Wirkungen auf Output-Variablen, die nicht direkt beeinflussbar sind. Manche der Zusammenhänge zwischen Input und Output sind offensichtlich und unmittelbar sichtbar: z. B. das Bewegen des Steuerknüppels. Andere Zusammenhänge sind nicht auf den ersten Blick ersichtlich, wirken sich aber entweder über Moderatorvariablen oder zeitverzögert auf den Output aus, z. B. die Geschwindigkeit und Beschleunigung des Fluggeräts auf die Tankfüllung. Auch *exogene* Variablen, die von außen wirken, sind zu berücksichtigen, z. B. Wetterverhältnisse, die auf das Verhalten des Systems als Ganzes oder auf einzelne Variablen wirken, ohne dass sie vom Benutzer beeinflusst werden können. Bei Computersimulationen ist ein Funktionsmodell eines erdachten oder nachgebildeten Realitätsausschnitts zu erstellen, das die Beziehung dieser Variablen beschreibt.

Planspiel. In einem betriebswirtschaftlichen Planspiel wird ein Szenario präsentiert mit einer Beschreibung eines Ausgangsproblems und der Ziele. Planspiele werden in Gruppen ausgeführt. Die Teilnehmenden erhalten genaue Instruktionen über die Handlungsoptionen und -ziele. Es gibt Regeln für die Interaktion und den Teilnehmenden werden zumeist unterschiedliche Rollen und Ressourcen zugewiesen. Zumeist wird in mehreren *Perioden* gespielt, in denen jeweils spezifische Ereignisse eintreten können und Entscheidungen zu treffen sind. Durch die Verteilung der Rollen kann das Szenario Wettbewerbscharakter erhalten, etwa wenn die Teilnehmenden in einer Marktsimulation als Wettbewerber agieren. Kern (2003) beschreibt die Möglichkeiten der verteilten Nutzung im Internet.

Planspiele haben sich in beruflichen Trainingsmaßnahmen etabliert, aber auch als diagnostisches Instrument bei Personalauswahlentscheidungen. Das deutsche Bundesinstitut für Berufsbildung führt über 500 Planspiele auf (Blötz, 2008). Dieser weiten Nutzung in der Praxis steht eine eher geringe Forschungsintensität gegenüber. Insofern ist wenig bekannt, welche Elemente von Planspielen sich wie auswirken (von Ameln & Kramer, 2007; Kriz, 2009).

Aus pädagogischer Sicht ist schließlich immer zu bedenken, dass sich das Agieren eines (erfolgreichen) Unternehmens nicht vollständig in Algorithmen abbilden lässt. Bei manchem Planspiel ist auch mit einem paradoxen Effekt zu rechnen: Erfahrene Manager schneiden zum Teil schlechter ab als Anfänger. Der Experte wird z. B. durch die Begrifflichkeit an etwas erinnert, das ihm bekannt vorkommt und nimmt deswegen Zusammenhänge an, die in der Computersimulation aber *nicht* implementiert sind. Insofern korreliert das Abschneiden in einem Planspiel nicht unbedingt mit dem Expertiselevel der Personen.

Für Planspiele sprechen auch der Erwerb außerfachlicher Kompetenzen, etwa die Fähigkeit zur Antizipation (K.-H. Flechsig, 2009) und zum Verstehen der Dynamik vernetzter Systeme (K. Dörner u. a., 1983). Sie werden darüber hinaus zur Teamentwicklung eingesetzt und begleiten die Organisationsentwicklung (von Ameln & Kramer, 2007).

Wesentlich für den Lernprozess ist nicht nur die Erfahrung *im* Planspiel, sondern auch die Auswertung der Erfahrungen im *Debriefing*. Die Bedeutung der Auswertung wird oft unterschätzt und es verbleibt nicht genügend Zeit für die Reflexion. Doch es kann behauptet werden, dass in vielen Fällen die wichtigsten Erkenntnisse in der Auswertung stattfinden und nicht unbedingt in der Durchführung des Planspiels selbst.

Die Durchführung von Planspielen gilt als anspruchsvoll. Willy Kriz (2009) verweist zum einen auf den hohen zeitlichen Aufwand für die Durchführung eines gesamten Planspieles. Für die Vorbereitung und Nachbereitung eines Planspiels mit den Lernenden sind jeweils 30 % der Lernzeit einzurechnen (von Ameln & Kramer, 2007). Sie erfolgt in der Regel in einem synchronen Treffen, *face-to-face* oder *online*. Das Planspiel selbst kann verteilt im Netz durchgeführt werden. Zum anderen reagieren die Teilnehmenden sehr unterschiedlich auf Planspiele. Es kann sich eine Gruppendynamik entwickeln, die möglicherweise mit dem Ziel des Wissenserwerbs konfligiert.

Virtuelle Experimente. In virtuellen Experimenten werden Versuchsanordnungen nachgebildet, die ansonsten in einem realen Labor durchgeführt werden. Mit dem *Virtual Frog* können Lernende beispielsweise einen nachgebildeten Frosch sezieren, ohne die ethischen Bedenken eines tausendfach durchgeführten Anfängerexperiments. Der „virtuelle Frosch" bietet viele Vorteile: Das Experiment kann mehrfach und immer wieder durchgeführt werden; zu den einzelnen Schritten können detaillierte Informationen gegeben werden; Fehler in der Ausführung können sofort kommentiert werden. Dennoch fehlt das sensorische Erleben des echten Experiments. Die vorliegenden Vergleichsstudien sind nicht eindeutig, inwieweit der virtuelle den realen Frosch ersetzen kann (Cross & Cross, 2004).

Steuerung von Experimenten. Die Planung von Experimenten ebenso wie die Auswertung von Daten geschehen zunehmend am Computer. Ein Experimentalaufbau mit diversen Messgeräten wird von einem Computerprogramm gesteuert und die dabei anfallenden Daten direkt in den Computer eingelesen und ausgewertet. Auch kann der Computer bestimmte Größen und Messgeräte simulieren.

Mit LabVIEW werden Anforderungen der Forschungspraxis ebenso wie didaktische Ansätze des *forschenden Lernens* unterstützt. In Projekten können die Lernenden ein Experiment planen, durchführen und auswerten, sei es mit realen oder simulierten Geräten. Sie lernen zugleich ein Werkzeug kennen, wie es in der Forschung tatsächlich Einsatz findet (vgl. Bishop, 2009).

Es bleibt die Frage, wie das Lernen mit den komplexen Systemen unterstützt werden kann. In der Regel wird davon ausgegangen, dass die Anleitung zur Nutzung im Unterricht *face-to-face* erfolgt. Auch die Auswertung der Experimente findet zumeist traditionell statt. Didaktisch interessant ist eine Unterstützung durch ein intelligenttutorielles System, das das Verhalten der Lernenden während der Arbeit mit dem System auswertet und gezielte Hinweise gibt (Abu-aisheh & Farahmand, 2010).

Entfernte Labore. Aufwendige Anlagen, wie z. B. ein Robotik-Labor im Maschinenbau, können über das Internet von Studierenden gesteuert werden. Solche Anlagen verfügen über digitale Interfaces, über die die Anlage – auch über das Internet – gesteuert werden kann. Per Kamera lässt sich verfolgen, wie sich Eingaben des Lernenden auf das System auswirken. Diese *ferngesteuerten Labore* können rund um die Uhr genutzt werden. Es bleibt der Aufwand, die Lernenden entsprechend einzuweisen und zu betreuen. BAUER et al. (2008) geben einen Überblick über entfernte Labore im Studium der Elektrotechnik.

Modellbildungssysteme. Unsere natürliche und soziale Umwelt verstehen wir zunehmend als komplex vernetzte dynamische Systeme. Um die Eigenschaften solcher Systeme zu erlernen, eignen sich Modellbildungssysteme. Die Lernenden erzeugen interaktive Anwendungen, die bestimmte Phänomene oder Funktionen der Umwelt simulieren. Sie bilden damit z. B. Wachstumsfunktionen in der Ökologie oder ökonomische Modelle für wirtschaftliche Entwicklungen nach. Der Computer wird zu einem virtuellen Labor, mit dem die Lernenden Modelle der Umwelt entwickeln und in ihren Auswirkungen erfahren.

Entwicklung

Bei Computersimulationen wird ein Anwendungskontext auf dem Computer für Lehr-Lern-Zwecke nachgebildet. Der Flugsimulator versucht nachzubilden, wie ein reales Cockpit aufgebaut ist. Der Aufwand hierfür kann beträchtlich sein: Auf dem Bildschirm wird zum Beispiel fotorealistisch dargestellt, wie der Ausblick aus dem Fenster eines Cockpits aussieht; bei professionellen Systemen, wie sie in der Ausbildung von Piloten zum Einsatz kommen, werden auch die Bewegungen des Flugzeuges (einschließlich der Neigung und den Geräuschen) nachgebildet. Dazu wird das gesamte Cockpit physisch nachgebaut und auf einer Plattform montiert, die sich auf allen Achsen bewegt. Für die Benutzenden entsteht ein hoher Grad an Realitätsempfinden (*Immersion*).

Zunächst wäre davon auszugehen, dass mit einem Trainingssystem (nur dann) gelernt werden kann, wenn es das in der Praxis anzuwendende System tatsächlich angemessen nachbildet. Dies ist auch der Grund, warum die Computersimulation in solchen Bereichen Einsatz findet, in denen es grundsätzlich möglich ist, ein reales Objekt oder einen Kontext mit mathematischen Funktionsgleichungen zu beschreiben, wie z. B. bei Geräten und technischen Systemen.

TON DE JONG (2011) erläutert dagegen, dass es vorzuziehen sei, ein Trainingssystem in seinen Funktionen und Anforderungen für den Lernenden zu vereinfachen. Das System sollte die Realität also gerade nicht möglichst genau abbilden. Es wird dann mit

Computersimulationen erfolgreich gelernt, wenn die Komplexität des Systems – je nach Expertiselevel der Lernenden – gezielt didaktisch reduziert wird.

Auf der einen Seite steht damit die Überlegung, dass das Trainingssystem die reale Anwendungssituation möglichst gut nachbilden sollte, um die Praxis einüben zu können. Dies ist teilweise schwierig oder nur mit hohem Aufwand einzulösen. Dem steht die Erkenntnis gegenüber, dass gerade die Reduktion des Trainingssystems für das Lernen zielführend sein kann.

Computersimulationen für Trainingszwecke gehen deswegen teilweise einen anderen Weg: Sie basieren auf einer ausgedachten Welt, in der die Lernenden bestimmte Aufgaben oder „Missionen" lösen sollen. Hier bestehen Übergänge zu Ansätzen des *Game Based Learning*, in denen die Lernenden in einer fremden Welt Missionen erfüllen und Punkte sammeln. Die Lernenden sollen dabei klar erkennen, dass es sich um eine erdachte Welt handelt, in der manche Dinge anders funktionieren als in der Realität. Absichtlich wird eine *unbekannte* Welt präsentiert, denn damit reduziert sich die Gefahr, dass das implementierte Modell mit dem Erfahrungswissen verglichen wird. Im Vordergrund steht nicht das Lernen konkreter Inhalte der Simulation, sondern das Umgehen mit einem solchen komplex vernetzten System. Es soll gelernt werden, wie man das Zusammenwirken vielfach rückgekoppelter Variablen über die Zeit durchschaut und durch geschicktes Beeinflussen in eine positive Richtung lenkt.

Die Lohausen-Studie von DÖRNER et al. (1983) hat deutlich gemacht, wie schwer es fällt, angemessene Entscheidungen in solchen Systemen zu fällen. Die Autoren haben das Leben einer (erdachten) Stadt in einer Simulation dargestellt. In der Funktion eines (mächtigen) Bürgermeisters ist das Leben der Stadt zu organisieren. Es gilt, die Lebensqualität der Menschen positiv zu beeinflussen. Dabei ist das Zusammenwirken mehrerer Variablen wie Arbeitsplätze, Umweltverschmutzung, Investitionen usw. zu berücksichtigen, die in komplexer Weise miteinander verwoben sind.

Theoretische Einordnung

Wie können Lernprozesse in Computersimulationen beschrieben werden? Es hängt von der Art der Aufgabe ab, die der Lernende zu bewältigen hat. WERNER SESINK (2005) unterscheidet zwischen *rekonstruktiven Simulationen*, in denen Wirklichkeit im Modell abgebildet wird, und *konstruktiven Simulationen*, in denen die Lernenden selbst einen Entwurf eines Realitätsausschnitts implementieren: „In rekonstruktiven Simulationen reflektiert sich das Subjekt als erkennendes; in konstruktiven Simulationen als gestaltendes." Er benennt ein Kriterium, an dem sich die Qualität des Lernangebots entscheidet:

> *„In beiden Fällen ist zu beachten, dass die Aktion im virtuellen Raum allein keine bildende Qualität aufweisen kann: der Gebrauch von Simulationen schließt die Anwender in ein geschlossenes formales System ein, in dem sie mit nichts konfrontiert sind als mit den freien Setzungen seiner Konstrukteure. Weder die er-*

kennende noch die gestaltende Begegnung mit Wirklichkeit ist in ihrer Immanenz möglich. Erst der Durchgang durch die Differenz von Simulation und Simuliertem, sei es bei der eigenen Konstruktion einer Simulation, sei es bei deren theoretischer oder praktischer Inbezugsetzung zur leibhaftig erfahrenen Wirklichkeit, impliziert eigene Theoriebildung bzw. Entwicklung von praktischer Verantwortungsfähigkeit." (Sesink, 2005)

Das Potenzial bildender Erfahrung in entsprechenden Welten kann anhand von folgenden Beispielen diskutiert werden:

Beispiel 1: In einem Flugsimulator erhalten die Lernenden die Aufgabe, das Fluggerät möglichst entlang einer vorgegebenen Linie zu halten und nicht vom Kurs abzuweichen, auch wenn Gegenwind und Turbulenzen eintreten. Es geht um prozedurales Wissen der Bedienelemente und der Steuerung des Flugzeugs. Das Lernen kann durch *Versuch und Irrtum* erfolgen. Es erfolgt eine sofortige Rückmeldung (z. B. durch Absturz des Flugzeuges). Weitergehende instruktionale Elemente fehlen.

Beispiel 2: In einem Unternehmensplanspiel sind Investitionsentscheidungen zu treffen. Vor jeder Entscheidung werden die Lernenden aufgefordert, ihre Alternativen zu nennen und zu bewerten. Nach der Entscheidung für eine Investitionsalternative erhalten sie eine Rückmeldung über die Effekte auf mehrere betriebswirtschaftliche Kenngrößen. Sie werden aufgefordert, ihre Alternativen rückblickend erneut zu bewerten. Dieses Vorgehen kann als *Scaffolding* beschrieben werden: Das System leitet zunächst zur Planung und Reflexion des Vorgehens an und zieht sich dabei mit steigender Expertise zurück. Die Lernenden entwickeln ein Verständnis des Zusammenhangs von ökonomischen Größen.

Beispiel 3: Die Lernenden erhalten die Aufgabe, in einem simulierten elektrischen Schaltkreis Möglichkeiten zu erkennen, wie dort Energie gespart werden kann, und sollen diese mit den zur Verfügung stehenden Bauteilen in der Simulation erproben. Sie können sofort erkennen, wie sich der Stromverbrauch ändert. Das System erfordert detaillierte Kenntnisse über das Themengebiet; durch *Versuch und Irrtum* sind keine Problemlösungen möglich.

Bildende Qualität?

Die hier aufgeführten Beispiele können unterschiedlich bewertet werden:

- Welchem der Beispiele könnte eine bildende Erfahrung zugeschrieben werden?
- Wie könnten die Szenarien ausgestaltet werden, um eine bildende Erfahrung zu ermöglichen?
- Wie schätzen Sie das Kriterium ein, das hierfür eine „bildende Erfahrung" herangezogen wird?

Beispiel 4: In einem Aquarium leben Fische, Pflanzen und Algen. Die Anzahl der Fische hat Einfluss auf die Pflanzen- und Algenentwicklung. Es gilt, die Zusammenhänge in einem Modellbildungssystem nachzubilden und die Verläufe zu dokumentieren. Die Lernenden erfahren die Komplexität der Zusammenhänge in dynamischen Systemen. Sie lernen, wie man solche Funktionen in Modellbildungssystemen abbilden kann und wie kleine Änderungen von Parametern das Verhalten von dynamischen Systemen wesentlich beeinflussen können.

Didaktische Anforderungen

In einer Computersimulation lassen sich einfache psychomotorische Koordinationsanforderungen, auch per *Versuch und Irrtum,* lernen. Wenn es um konzeptuelles oder prozedurales Wissen geht, ist die Simulation jedoch mit instruktionalen Elementen zu implementieren. Die kognitive Beanspruchung – gerade für Anfänger – wird unterschätzt und zumeist nicht durch die Motivation, mit dem System zu lernen, kompensiert. Ton De Jong (2011) macht deutlich, dass eine Computersimulation didaktisch aufzubereiten ist, um den Lernprozess zielgerichtet zu unterstützen. Dies kann durch eine Reihe von Möglichkeiten geschehen:

- Am Anfang werden grundlegende Informationen gegeben und die Funktionen erklärt.
- Es werden zunächst Aufzeichnungen von Beispieldurchläufen von Experten eingespielt. Die Experten verbalisieren dabei ihr Vorgehen (lautes Denken).
- Die Lernenden überlegen ihr Vorgehen und ob sie über das Wissen verfügen, das sie bei der Bearbeitung benötigen werden.
- Während der Bedienung wird eine Wissensdatenbank bereitgestellt, in der Informationen über die Systemfunktionen abgerufen werden können.
- Die Bearbeitung wird in einzelne Phasen segmentiert, die einzeln eingeführt werden.
- Nach einer Phase werden die Lernenden aufgefordert, ihr Vorgehen selbst zu kommentieren oder zu bewerten. Die eigene Einschätzung kann mit der Systemauswertung verglichen werden.
- Während der Bedienung wird das Verhalten des Lerners ausgewertet und es wird eingegriffen, wenn die Bedienung schlecht oder falsch abläuft.

Weitere Anforderungen ergeben sich, wenn das System auf die Modellbildung abzielt und die Lernenden verstehen sollen, welchen Funktionsprinzipien ein System folgt: In einem ökonomischen System soll z. B. der Einfluss der Geldmenge auf Inflation verstanden werden. Hierzu sollen die Lernenden angeleitet werden, Hypothesen über den Zusammenhang ökonomischer Größen aufzustellen und zu prüfen. Das System sollte die geprüften Zusammenhänge möglichst visualisieren und das Zusammenspiel der Variablen unmittelbar sichtbar machen können.

11.3 Spielerisches Lernen

Spielen ist eine freiwillige Aktivität, die um ihrer selbst willen und nicht gezielt zur Erreichung bestimmter Lehr- oder Lernziele ausgeführt wird. Gleichwohl lernen wir beim Spielen mit zum Teil komplexen Szenarien umzugehen. Man denke nur an das taktische und strategische Denken beim Schachspiel, das nur durch mehrfaches Üben entwickelt wird.

Im Folgenden wird der Frage nachgegangen, unter welchen Bedingungen Lernen im Spiel stattfindet bzw. stattfinden kann. Damit verbunden ist die durchaus kritische Frage, inwiefern eine gezielte Instrumentalisierung des Spiels für didaktische Zwecke tatsächlich möglich ist.

In jeder Spielhandlung findet Lernen statt. Das Lernen ist dabei in den Spielfluss eingebettet; es findet beiläufig und ohne intendierte Anstrengung statt. Welche Lernprozesse sind hierbei zu beobachten? Lässt sich so erlerntes Wissen auch auf Anwendungskontexte *außerhalb* des Spiels übertragen? Ist ein Schachmeister auch ein vorausschauender Stratege in Alltagssituationen? Ist ein erfolgreiches Teammitglied in einer Internet-Spielwelt, wie z. B. in *World of Warcraft*, auch ein guter Teamplayer im Job?

Beim Spielen wird zweifellos viel gelernt. Doch aus Sicht der Forschung zum Lerntransfer erscheint es wenig wahrscheinlich, dass Erfahrungen aus der Spielwelt unmittelbar in andere Situationen eingebracht werden können. Solche Kompetenzen sind kontextgebunden und nicht „generisch" in beliebigen Situationen verfügbar (Mähler & Stern, 2006).

Das Erlernen von Spielen

Spielen erfordert immer, eine Spielidee zu verstehen, Informationen über Spielelemente, -abläufe und -ziele aufzunehmen und zu lernen, ein zum Teil mehr oder weniger komplexes Regelwerk (auch: in einer sozialen Gruppe) in der Spielhandlung zügig umzusetzen. Spielen kann als ein anspruchsvoller Lernprozess betrachtet werden. Es werden meist viele Durchgänge benötigt, bis ein Spiel beherrscht wird; manche sind über Jahre und Jahrzehnte zu spielen, bevor sich „Meisterschaft" einstellt. Der Umgang mit digitalen Spielwelten erfordert in der Regel einen längeren Lernprozess, der entlang der Dimension vom Anfänger über den Fortgeschrittenen zum Experten beschrieben werden kann. Nach Behr, Klimmt & Vorderer (2008) ist der Unterhaltungswert von Spielen eng mit *leistungsorientiertem* Verhalten, dem Wettbewerb um einen Standard, verbunden. Mittelschwere Spielsituationen werden als unterhaltsam erlebt. Dies sind genau solche Anforderungssituationen, die in der Motivationspsychologie als günstig für den Erwerb von Kompetenzen nachgewiesen wurden. Zugleich wird das Spiel gerade *nicht* als Lernsituation erlebt.

Garris et al. (2002) beschreiben das Erlernen von Spielen als einen Zyklus aus Verhalten des Spielers, Rückmeldung und Bewertung des Spiels mit erneuter Zielsetzung. Der Kompetenzerwerb geschieht in einem mehrfachen Durchlauf dieses Spielzyklus. Die Person führt einen Spielzug aus und erhält eine Reaktion. Sie bewertet die Situation und entscheidet sich für einen weiteren Spielzug. Dabei ist bei digitalen Spielwelten das Set der Regeln, nach denen das Spiel funktioniert, keineswegs von Beginn an vollständig bekannt. Die Person erlernt im Umgang mit dem Spiel, was wo wie zu tun ist bzw. getan werden kann. Dabei entwickelt sie ein zunehmend komplexeres Bild von der Spielwelt und baut eine zunehmend verästelte, mentale Karte der Anwendung auf.

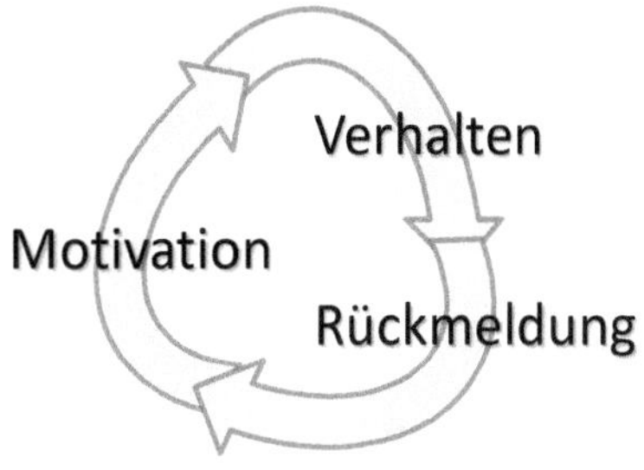

Abbildung 55: Der Spielzyklus

In digitalen Spielwelten mit hoher Spieldynamik erinnert der Spielzyklus damit zunächst an das Prinzip der *operanten Konditionierung* (vgl. Kapitel 4.3): Die Person probiert etwas aus, sie tastet mit der Maus über die Oberfläche und klickt auf Gegenstände: Sie „emittiert" ein Verhalten. Ähnlich wie die Taube in der *Skinner-Box* versucht sie, eine Belohnung zu erhalten. Das Verhalten der Person wird durch Rückmeldungen des Systems geregelt. Gerade bei digitalen Spielwelten, die auf Schnelligkeit angelegt sind, mit Spielzyklen von nur wenigen Sekunden, ist ein Vorgehen nach *Versuch und Irrtum*, also ohne intensive mentale Planung und Auswertung von Spielzügen, eine typische und über gewisse Strecken durchaus adäquate Spielstrategie. An bestimmten Stellen des Spielverlaufs wird jedoch, wenn diese Strategie nicht weiterhilft, eine mehr oder weniger intensive Auseinandersetzung mit dem Spielverlauf und eine Reflexion des eigenen Vorgehens stattfinden, wie Bopp (2008) beschrieben hat. Diese Situationen werden eher als Einschnitt im Spielfluss erlebt, als ein Zustand, den die Spielenden schnell verlassen möchten: Sie möchten weiterspielen.

Es zeigt sich, dass *Versuch und Irrtum* für die Spielbewältigung in der Regel nicht hinreichend ist und Spielende demotivieren kann. Aus diesem Grund können in Spielwelten unterschiedliche Lernhilfen eingebaut werden, um den Lernprozess zu unterstützen (vgl. Bopp, 2005):

- Tutorials erläutern die Grundlagen der Spielmechanik. Sie sind – als Lernhilfe – im Grunde aufgebaut wie ein Lehrbuch.
- In Internet-Foren finden sich Hinweise darauf, wie bestimmte Spielsituationen zu bewältigen sind, und andere Spieler können um Hilfe gefragt werden.
- Einführungsmissionen zeigen in einer vereinfachten und reduzierten Spielumgebung, wie das Spiel funktioniert.

Eine Grundregel des *Game Design* lautet, dass ein Spiel möglichst schnell spielbar sein muss. Je länger die erforderliche Einweisung dauert, je höher ist die Gefahr des Abspringens: Spieler meiden längere *Belehrungen*. Die Person muss also zunächst die Spielidee schnell verstehen. Sie muss die Bestandteile und Regeln des Spiels kennen (deklaratives Wissen). Im Spielzyklus wendet sie dieses Wissen dann an. Sie verfeinert das Wissen mit jedem Spielzyklus, in dem Aufgaben und Missionen zu erfüllen sind. Es entsteht prozedurales Wissen, das zunehmend in Routinen überführt wird.

Ein wichtiges Element, das zugleich auch Spaß vermittelt, ist dabei das Ausprobierenkönnen: Ich muss zuvor nicht alles wissen, ich kann bestimmte Spielzüge ausprobieren und erhalte eine Rückmeldung von System. In digitalen Spielwelten mit hoher Komplexität sind die Regeln dabei zumeist nicht (vollständig) bekannt. Die Person weitet in vielen Runden ihr Wissen immer mehr aus. Je mehr Wissen die Person erwirbt, umso erfolgreicher kann sie sich in der Welt bewegen und steht vor zunehmend schwerer werdenden Herausforderungen, die ihre Kompetenz unter Beweis stellen. Dieses positive Gefühl des Erlebens zunehmender Kompetenz ist eine wesentliche Motivationsquelle, wie Behr, Klimmt & Vorderer (2008) aufzeigen.

In komplexen Spielwelten geht es nicht nur darum, zuvor benannte Regeln des Spiels *anzuwenden*, also deklaratives Wissen in prozedurales Wissen zu überführen. In der Interaktion mit dem System wird auch Wissen generiert. Die Logik, die der Programmierung des Spiels zugrunde liegt, ist für den Spieler verborgen; sie ist *im* Spielen zu rekonstruieren. Vielfach ist dieses Wissen, das im Spielen implizit erworben wird, nur schwer von der Person in Worte zu fassen. Die Person weiß, wie sie bestimmte Situationen zu meistern hat, kann dies aber kaum explizit formulieren.

Das Wissen, das die Person in solchen Spielwelten erwirbt, kann als eine Sammlung von *Skripts* (Schank & Abelson, 1977) betrachtet werden. In einem Skript ist das Wissen abgelegt, wie bestimmte Typen von Situationen zu bewältigen sind, was dort zu beachten ist und in welcher Reihenfolge Handlungen auszuführen sind, um Probleme zu lösen. Dieses Wissen wird durch mehrfache Anwendung in Routinen überführt; es wird dann automatisch abgerufen, sobald eine Situation einem bestimmten Skript zugeordnet wird.

Expertise zeichnet sich dadurch aus, dass die Person über differenzierte Skripte für verschiedenartige Situationsanforderungen verfügt, dass sie diese in ihr Verhaltensrepertoire integriert hat und flexibel abrufen kann. Bei komplexen Spielwelten, in denen es Probleme zu lösen gilt, muss die Person also zum einen Regelwissen aus Skripten *anwenden*, zum anderen muss sie in Situationen, in denen das bisherige Wissen versagt, neues Wissen und neue Skripte *generieren*.

Nach Behr, Klimmt & Vorderer (2008) entsteht Spielspaß, wenn die Person sich in Spielwelten *mittlerer Schwierigkeit* bewegt. Wird das Spiel als zu leicht oder zu schwer erlebt, bestärkt das die Tendenz, ein Spiel abzubrechen. Deswegen muss das Level-Design sich jeweils an den Stand der Spielenden anpassen. Auch hier besteht eine Parallele zu Lern- und Leistungsmotivation, denn bei der Bearbeitung von (Lern-)Aufgaben stellt sich ein Gefühl von Stolz über die erbrachte Leistung ebenfalls bei mittelschweren Aufgaben ein. Das *Prinzip der Passung* beschreibt, wie die Schwierigkeit von Aufgaben an das Leistungsniveau des Lernenden angepasst werden sollte (Heckhausen & Heckhausen, 2010).

Explizites Lernen in Spielen

In der Lernpsychologie wird zwischen explizitem und implizitem bzw. inzidentellem Lernen unterschieden. *Explizites* Lernen bezieht sich auf Aneignungsprozesse im Rahmen absichtsvoller bzw. zielgerichteter Lernhandlungen, das heißt die Person weiß, dass sie lernt. Bei *implizitem* bzw. *inzidentellem* Lernen findet der Aneignungsprozess beiläufig statt, das heißt die Person lernt, während sie eine andere Aktivität ausführt. In Versuchen zum *impliziten* Lernen wurde etwa die Rezeption von Stimuli untersucht, die unterhalb der Wahrnehmungsschwelle und außerhalb des Aufmerksamkeitsfokus oder mit Maskierung durch einen anderen Stimulus präsentiert werden. *Inzidentelles* Lernen ist ein Lernvorgang, den die Person als solchen nicht bewusst vollzieht.

Christoph Klimmt (2006) unterscheidet zwischen *problemlösendem* und *explorativem* Handeln im Spiel. Exploratives Handeln kommt (erst) zum Einsatz, wenn zusätzliche Informationen oder Objekte benötigt werden, um bestimmte Probleme (Missionen usw.) bewältigen zu können. Der Zustand der Problemlösung beinhaltet dagegen das Eintauchen in die Spielwelt. Solange sich die Person subjektiv in der Spielwelt bewegt, findet *implizites bzw. inzidentelles Lernen* im Spielzyklus statt. Nur wenn die Person nicht weiterkommt, wechselt sie zu einem Skript des *expliziten Lernens* und zwar nur so lange wie nötig, um wieder in die Spielwelt eintauchen und dort das neue Wissen zur Lösung des Problems anwenden zu können. Eine Spielwelt, die lange Phasen des expliziten Lernens fordert, verliert an Attraktivität (vgl. Wolling, Quandt, & Wimmer, 2008).

Damit wird die Problematik des *expliziten Lernens* im Spielen deutlich: Der Modus gefährdet den Spielspaß und gefährdet die Persistenz. Mathias Bopp (2005) schlägt deswegen Maßnahmen eines *didaktisch-immersiven* Spieldesigns vor, mit dem sich die Notwendigkeit eines Umschaltens in den Modus expliziten Lernens reduzieren lassen könnte. Es lassen sich Lernhilfen innerhalb der Spielwelt anbieten, ohne dass der Spieler subjektiv in den Modus des expliziten Lernens umschalten muss: Die Person bleibt im Spiel. Er nennt folgende Möglichkeiten, um Lernprozesse in der Spielumgebung zu unterstützen:

- Objekte können so gestaltet werden, dass sie einen Aufforderungscharakter für bestimmte Handlungen hervorrufen. So wird ein Objekt, das sich bewegt oder verändert, relativ wahrscheinlich angeklickt. Wenn das System also feststellt, dass die Person an einer bestimmten Stelle nicht weiterkommt, kann das Objekt etwa durch Bewegung oder Farbveränderung „auf sich aufmerksam machen“.

Ungünstig wäre dagegen eine Belehrung über ein Pop-up-Fenster, das die Person auf eine bestimmte Handlung hinweist.

- Das Level-Design legt bestimmte Stufen steigender Schwierigkeit im System fest, die jeweils durchlaufen werden müssen, bevor die nächste Stufe erreicht werden kann. Hierbei kommen bekannte motivationspsychologische Ansätze und Prinzipien zur Anwendung, wie das *Prinzip der Passung* (Heckhausen), das *Mastery Learning* (Bloom) oder das *Scaffolding* (Vygotsky). Die Person wird behutsam in immer schwierigere Situationen geleitet und entwickelt dabei immer mehr Kompetenzen.
- In Spielwelten kann die Person anderen Mitspielenden oder auch *non-player characters* (NPCs) begegnen: Avatare, die wie Mitspieler agieren, aber vom System gesteuert werden. Die Person kann etwa beobachten, wie andere Spieler oder NPCs bestimmte Situationen meistern, oder ein NPC kann dem Spieler gezielt Hinweise geben, ohne dass diese vom Spieler in der Regel als pädagogisch konnotiert erlebt werden: „Schau doch mal *hinter* das Haus ...".

Das Erlernen des Spiels kann durch ein solches didaktisch-immersives Spieldesign gut angeregt werden. Hierbei findet inzidentelles und implizites Lernen statt. Dies ist jedoch bei der Vermittlung deklarativen und prozeduralen Wissens, das sich auf Inhalte *jenseits* des Spiels bezieht, konzeptuell wesentlich schwieriger zu realisieren. So lassen sich viele schulische Lerninhalte nur schwer in den Rahmen eines solch immersiven Spieldesigns einbringen. Es ist dann auf Varianten zurückzugreifen, bei denen thematische Lernaufgaben in den Spielverlauf eingebettet werden.

Die Aufgaben können inhaltlich *eng* an die Spielhandlung anknüpfen. So ist etwa in einem Lernspiel zur Physik der richtige Widerstand in einen Schaltplan einzulegen, damit ein Stromkreis geschlossen und ein Fahrstuhl in Betrieb genommen werden kann. Oder es ist zu berechnen, welche Zugkraft bei einem Flaschenzug zu wählen ist, damit ein Gegenstand definierten Gewichts vom Boden aufgehoben werden kann.

Die Aufgaben können inhaltlich auch *unabhängig* von der Spielhandlung sein. Bei einem Abenteuer im Weltall kann etwa ein Tor nur geöffnet werden, wenn in einem Text Adjektive und Verben richtig identifiziert werden. Die Aufgabe ist lediglich ein Hindernis, das es zu überwinden gilt, um im Spielverlauf weiterzukommen; sie ist nicht inhaltlich mit der Spielhandlung verbunden. In der Regel versuchen die Lernenden, solche Aufgaben zunächst durch Ausprobieren und *Versuch und Irrtum* zu lösen. Wenn diese Strategie nicht erfolgreich ist, muss die Person sich intensiver mit dem Gegenstand auseinandersetzen. Sie muss beispielsweise auf einen getrennten Wissensteil zugreifen, der die Informationen beinhaltet, die die Person zur Lösung der gestellten Aufgabe benötigt.

Game Based Learning

Aus den dargestellten Überlegungen ergeben sich grundsätzlich zwei Möglichkeiten, um Lernen und Spielen beim *Game Based Learning* zu kombinieren. Beide Gestaltungsoptionen haben ihre Vor- und Nachteile, die im Folgenden beschrieben werden.

Die Spielwelt nähert sich der Lernsituation an.

Um sicherzustellen, dass ein Lerntransfer möglich wird, wird das Spiel dem Anwendungskontext angenähert: Das Spiel rückt dann in die Nähe einer *Simulation*. Bei Wirtschaftsplanspielen oder Simulatoren für technische Anlagen, wie z. B. für die Pilotenausbildung, wird die Spielwelt zusehends zum ernsthaften Training für eine Realsituation – freilich in einem geschützten *spielerischen Raum*. Das Spiel wird damit zu einer Trainingsumgebung, die so angelegt ist, dass Wissensbestände und Fertigkeiten gezielt erworben werden.

Lernaufgaben werden in die Spielwelt eingebettet.

Die andere Variante besteht darin, *Lernaufgaben in die Spielwelt einzubetten*. Auf diese Weise bleibt die spielerische Anlage der Umgebung stärker erhalten. Die Person muss, wie in Spielwelten üblich, an bestimmten Stellen des Spielverlaufs Aufgaben und Missionen erfüllen, um im Spielverlauf weiterzukommen: Sie muss Objekte einsammeln, Fragen beantworten, knifflige Tests lösen. An dieser Stelle setzt das *Game Based Learning* ein und koppelt den Spielverlauf mit inhaltlich angelegten Informationen und Fragen. Zur Beantwortung der Fragen ist Wissen erforderlich, das sich – jenseits der Spielhandlung – auf curriculare Inhalte beziehen. Die Motivation, die Aufgaben zu lösen und dazu das notwendige Wissen zu suchen, besteht darin, in der Spielhandlung weiterzukommen.

Die Lernhandlung kann auf diese Weise in die Spielhandlung eingebettet werden; es bleibt das Problem, inwiefern die Person Lernen als „Strafe" erlebt und es nur widerwillig in Kauf nimmt, um sich möglichst schnell wieder dem eigentlichen Spiel zuwenden zu können.

Spielerische Elemente (Gamification)

Punkte sammeln, in einer Bestenliste oben stehen, Sternchen oder Ehrentitel erlangen, zum Premium-Mitglied aufsteigen und Privilegien genießen – das sind alles Elemente, wie wir sie von Spielen kennen, die auch in Lernanwendungen eingebaut werden können. Sie machen Spaß und motivieren zum Weitermachen.

Game Based Learning koppelt das Lernen mit einer kompletten Spielhandlung – ein aufwendiger Ansatz, der nicht immer gelingt. *Gamification* baut dagegen Spielelemente in eine Lernanwendung ein, ohne dass die Lernanwendung selbst komplett als Spiel konzipiert wird. Dies ist konzeptuell einfacher zu realisieren und kann dennoch den Lernprozess fördern. Dies gilt insbesondere für kürzere Lerneinheiten.

Bei spielerischen Elementen geht es immer darum, Lernfortschritte und -leistungen des Einzelnen (auch Anderen gegenüber) sichtbar zu machen und zu honorieren. Spielerische Elemente spornen zum Weitermachen an und motivieren damit auf einfache Weise, sich mit Inhalten auseinanderzusetzen und Aufgaben zu lösen.

Dabei sind die Anreize so zu setzen, dass sie sich auf die angestrebten Lernergebnisse tatsächlich positiv auswirken. Es ist zu bedenken, dass die Aufmerksamkeit der Lernenden möglicherweise auf periphere Aspekte der Anwendung gelenkt wird, wie z. B. das Sammeln von Punkten, und die Lerninhalte nicht mehr intensiv genug verarbeitet werden. Im Übrigen sind dabei Vorgaben des Datenschutzes zu beachten, wonach Lernaktivitäten nicht einfach erfasst und Anderen zugänglich gemacht werden dürfen.

Gehen wir davon aus, dass für die Lösung von Aufgaben Punkte vergeben werden und damit der Anreiz gesetzt werden soll, Punkte zu sammeln. Doch wie regen wir dazu an, Punkte zu sammeln? Die bisher erreichte Leistung des Einzelnen ist mit irgendeinem Wert zu vergleichen. In der Lernpsychologie wird von der *Bezugsnorm* gesprochen, die bei jeder Leistungsbewertung herangezogen wird. Je nachdem, *welche* Bezugsnorm gewählt wird, kann der Lernprozess gefördert, aber auch behindert werden.

Welche Messlatte legen wir an, wenn wir die Leistung bewerten? Wir haben grundsätzlich drei Möglichkeiten: Die Leistung kann mit der Leistung Anderer, mit der eigenen Leistung oder anhand eines sachlichen Kriteriums verglichen werden.

Soziale Bezugsnorm

Die Punkte der Person werden mit den erreichten Punkten anderer Lerner verglichen, z. B.: „Du bist auf Platz 12 der Bestenliste!“ Die soziale Bezugsnorm regt den Wettbewerb zwischen den Lernenden an und damit ein elementares Bedürfnis, besser sein zu wollen als andere. In der Bestenliste weit oben zu stehen ist damit ein Anreiz und kann dazu motivieren, sich besonders anzustrengen und Punkte zu sammeln.

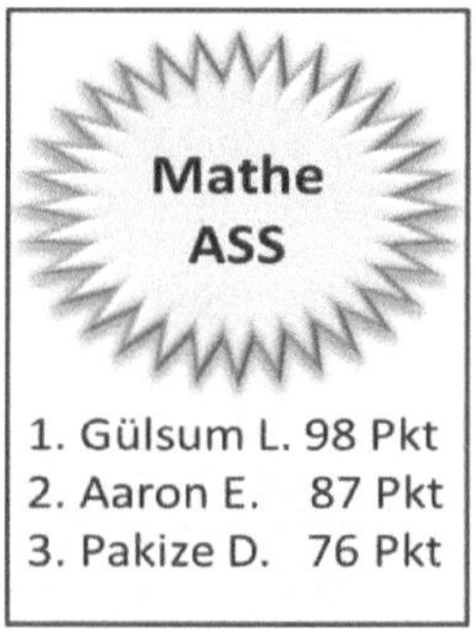

Abbildung 56: Soziale Bezugsnorm

Diese Bezugsnorm wird sehr häufig in Spielen angelegt, wenn Leistungen bewertet werden – auch zum Beispiel in der Schule. Gleichwohl bringt sie viele Probleme mit sich, die in der motivationspsychologischen Forschung nachdrücklich aufgezeigt worden sind. In einem sozialen Vergleich fühlen sich die Lernenden mit schwachen Lernleistungen regelmäßig demotiviert; sie sehen wenig Chancen, ihre schlechte Position auszugleichen. Die Lernenden mit sehr guten Leistungen fühlen sich zwar gut, sie werden aber ebenfalls kaum dazu angeregt, sich weiter anzustrengen. Lediglich für die mittlere Leistungsgruppe kann die soziale Bezugsnorm motivierend sein, allerdings kann es auch für diese

Gruppe schwer sein, die eigene Verbesserung – als Folge der eigenen Anstrengung – zu erkennen.

Es bleibt im Übrigen die Frage, ob der Konkurrenzcharakter, etwa durch eine Bestenliste, pädagogisch angemessen ist, vor allem wenn gleichzeitig mit kooperativen Lernaufgaben versucht wird, die Lernenden zur Zusammenarbeit zu motivieren.

Individuelle Bezugsnorm

Bei einer individuellen Bezugsnorm wird mitgeteilt, ob sich die Leistung des Lernenden verbessert hat, d. h. der Maßstab zur Bewertung der Leistung ist die eigene Leistung der Person. Beispiel: „Du hast deine Punktzahl in diesem Durchgang um 10 % verbessern können!“

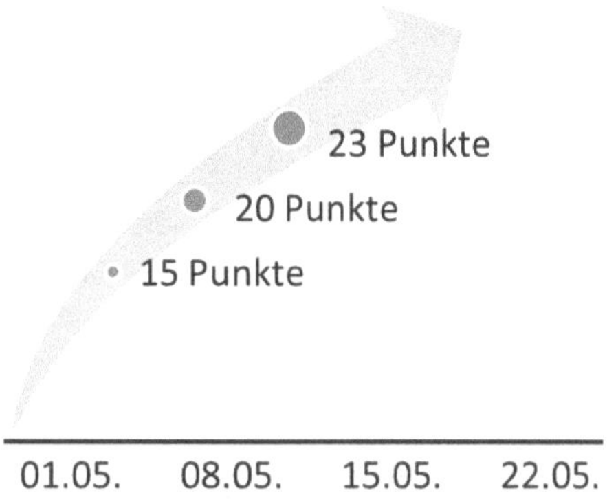

Abbildung 57: Individuelle Bezugsnorm

Aus lernpsychologischer Sicht spornt die individuelle Bezugsnorm in vielen Fällen dazu an, sich weiter anzustrengen. Vor allem ist sie *für alle Leistungsgruppen* motivierend: für Leistungsstarke wie für Leistungsschwache. Sie fordert die Person auf, sich anzustrengen und die eigene Leistung zu verbessern, ganz unabhängig davon, wie die Leistung der anderen Personen in einer – ohnehin zumeist zufälligen – Vergleichsgruppe ausfällt.

Bei der individuellen Bezugsnorm wird zumeist die Zeitachse zur Darstellung gewählt, um die Entwicklung des individuellen Leistungsstandes über die Zeit hervorzuheben. Günstig ist es, wenn die Punktzahlen so berechnet werden (können), dass sich der Lernfortschritt akkumuliert, d. h. sich über die Zeit erhöht.

Sachliche Bezugsnorm

Bei der sachlichen Bezugsnorm wird ein Kriterium gesetzt, anhand dessen die Leistung beurteilt wird. Beispiel: „Sie haben 72 % der Fragen richtig beantwortet. Es müssen 95 % der Fragen richtig beantwortet werden, um das Zertifikat zu erhalten.“ Die sachliche Bezugsnorm ist aus motivationspsychologischer Sicht – wie die individuelle Bezugsnorm – dem sozialen Vergleich regelmäßig vorzuziehen, und zwar immer dann, wenn ein sachliches Kriterium vorliegt, das (auch) für die Lernenden nachvollziehbar ist.

Nehmen wir als Beispiel ein Lernprogramm zur Vorbereitung auf die Führerscheinprüfung. Eine soziale Bezugsnorm erscheint offensichtlich nicht zielführend: Es ist unwichtig, ob ich im Vergleich zu anderen zu den zehn Besten gehöre. Ich möchte wissen, ob ich über hinreichendes Wissen verfüge, um die theoretische Prüfung bestehen zu können.

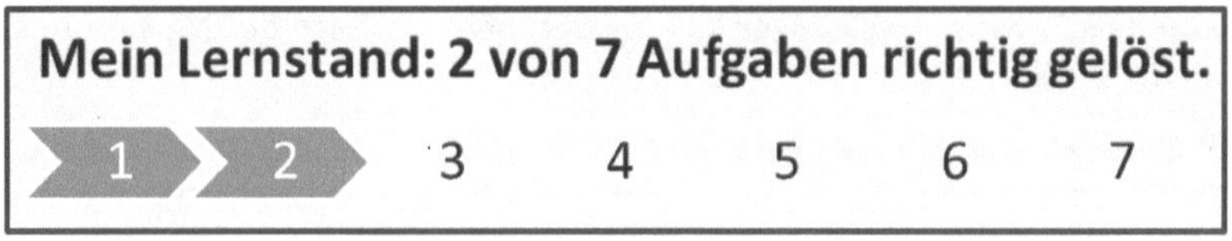

Abbildung 58: Sachliche Bezugsnorm

Auch die individuelle Bezugsnorm wäre nicht zielführend: Es ist nicht hinreichend zu wissen, dass ich mich verbessert habe. Bei der sachlichen Bezugsnorm geht es darum, dass das erforderliche Regelwerk, das für das Bestehen der Führerscheinprüfung erforderlich ist, beherrscht wird, nicht mehr und nicht weniger. Das bedeutet auch, dass bei Erreichen des Kriteriums kein Grund mehr besteht, sich weiter mit dem Lerninhalt zu beschäftigen. Im Fall der Führerscheinprüfung erscheint dies angemessen. Bei anderen Lerngegenständen, bei denen kein offensichtliches Erfolgskriterium existiert, zum Beispiel im Kontext des informellen Lernens, erscheint es deswegen ungünstig, wenn die Person die Auseinandersetzung bei Erreichen eines (zumeist beliebigen) Kriteriums mit dem Lerngegenstand abbricht.

Bezugsnormen

Bei der Rückmeldung können drei Maßstäbe für die Bewertung einer Leistung angelegt werden:

- Soziale Bezugsnorm: Die Leistung wird mit der Leistung Anderer verglichen.
- Individuelle Bezugsnorm: Die Leistung wird mit der eigenen Leistung verglichen.
- Sachliche Bezugsnorm: Die Leistung wird mit einem sachlichen Kriterium verglichen.

Spielen + Lernen?

In manchen, kommerziell verfügbaren Lernspielen ist das didaktische Konzept eher nachrangig; die Lernziele sind nicht expliziert oder nicht auf spezifische Kompetenzen ausgerichtet. Entsprechend sind die Lernpotenziale solcher Produkte schwierig zu beurteilen. Die Kombination von Spielen und Lernen tut in solchen Fällen beidem nicht gut: Das Spiel verliert an Unterhaltungswert und dennoch wird wenig gelernt.

Zunehmend werden Spielwelten für Schüler und Schülerinnen verfügbar, die verschiedenartige Lernaufgaben beinhalten, die in den Spielverlauf eingebettet sind und die sich auf schulische Curricula beziehen. Weitere Analysen werden untersuchen müssen, inwiefern hier tatsächlich hinreichend Anreize für eine intensive Beschäftigung mit den Lerninhalten gegeben sind und wie intensiv diese genutzt werden.

Es bleibt problematisch, explizites Lernen im Spiel zu *verstecken*. Spielende, die das Gefühl haben, aus der Spielwelt geholt zu werden, um eine Lernaufgabe bearbeiten „zu müssen", neigen zu Ausweichstrategien, um schnell wieder in die eigentliche

Spielwelt zurück zu gelangen. Die Gefahr besteht, dass die Auseinandersetzung mit den Lerninhalten marginal bleibt.

Auf der Basis von Blickbewegungsanalysen konnten FILSECKER et al. (2011) aufzeigen, dass in einem solchen Lernspiel die Rezeption von lernrelevanten Inhalten eher *gemieden* wird. Entsprechende Inhaltsseiten der Wissensbasis werden eher oberflächlich nach Lösungshinweisen abgetastet, die dann schnell verwertet werden, um in den Spielverlauf zurückzukehren. Die Auswertungen zeigen, dass Personen die Aufnahme von Wissen in einem expliziten Lernmodus eher zu reduzieren versuchen, um möglichst zügig wieder in einen *Spielmodus* wechseln zu können.

Konzeptuell und technisch einfacher ist es, *spielerische Elemente* in Lernangebote einzubringen. Werden Lernfortschritte sichtbar gemacht, kann der Ehrgeiz angespornt werden, sich verbessern zu wollen oder ein bestimmtes Kriterium von Lernerfolg zu erreichen. Der Vergleich mit Anderen, der oft bei Ansätzen einer solchen *Gamification* zum Einsatz kommt, kann kurzfristig stark motivieren; er erscheint für das Erreichen komplexerer Lernziele dagegen eher ungünstig.

Wie sich darüber hinaus Spielen und Lernen in Lernanwendungen zuverlässig verbinden lassen, kann damit bislang vergleichsweise wenig zuverlässig beschrieben werden. Es liegen nur wenige Anwendungen vor, denen diese Kombination überzeugend gelungen ist. Insofern erscheint es bislang berechtigt, die Potenziale des *Game Based Learning* eher zurückhaltend einzuschätzen. Es wird weiterer Entwicklungsarbeiten und Studien bedürfen, um diese – an sich faszinierenden – Möglichkeiten weiter auszuloten.

11.4 Kooperation und Kollaboration

Das Lernen mit komplexen Problemen findet vielfach in Gruppen gemeinsam mit anderen statt. Durch den Austausch unterschiedlicher Perspektiven, die Koordination von Aktivitäten und kollaboratives Arbeiten an Artefakten können die Lernenden einen anderen Zugang zu Wissen erfahren und ihre Sichten erweitern.

In Kapitel 6.2 wurden bereits grundlegende soziale Prozesse beim Lernen mit Anderen erläutert. Im Folgenden geht es um Kooperation und Kollaboration beim problemorientierten Lernen, und wie diese gestaltet werden können.

11.4.1 Wissensgemeinschaften

SCARDAMALIA & BEREITER (1994) analysierten schulische Lernprozesse und verglichen sie mit Prozessen wissenschaftlicher Erkenntnisfindung. Sie suchten nach neuen Wegen, um die Auseinandersetzung mit Wissen zu fördern: In einer *Wissensgemeinschaft*, so ihr Ansatz, sollten die Lernenden angeleitet werden, sich mit Fragen gemeinsam auseinanderzusetzen. Um diesen Prozess – wie in der Wissenschaft – methodisch zu strukturieren, wird der Auseinandersetzung mit den Inhalten ein allgemeines Vorgehen unterlegt.

Die Zusammenarbeit der Lernenden wird dabei technisch durch die Software **CSILE** (*Computer Supported Intentional Learning Environment*) in einem lokalen Netzwerk unterstützt. Die Lernenden erstellen im System Notizkarten, auf denen Wissen wiedergegeben und der eigene Lernprozess in den verschiedenen Phasen reflektiert wird. Eine Notizkarte enthält Felder, die die Auseinandersetzung des Lernenden unterstützt, (vgl. Scardamalia & Bereiter, 1994).

CSILE: Eine lernende Wissensgemeinschaft

CSILE ist eine Computeranwendung, die in einem lokalen Netz läuft. Die Lernenden wählen aus einem vorgegebenen Set eine Frage aus, die sie bearbeiten wollen. Durch die gemeinsame Arbeit an den Fragen entwickelt sich eine geteilte digitale Wissensbasis. Die Schülerin Lisa wählt die (digitale) Karte „Das ist mein Problem:" und gibt eine Antwort ein. Weitere Karten folgen, die auch von anderen Schülerinnen beantwortet werden. Sie zeigen, wie die Schülerinnen sich mit dem Thema beschäftigen.

P r o t o k o l l (Auszug)

Das ist mein Problem: Wie entsteht Schwerkraft? (Lisa)

Das ist meine Theorie: Schwerkraft ist wichtig, sonst würde alles wegfliegen. Sie kommt aus dem Erdmittelpunkt heraus und zieht alles an, was leichter ist. (Lisa)

Das ist meine Theorie: In der Erde ist ein großer Magnet, der alles anzieht, was sonst wegfliegen würde. (Carol)

Das will ich verstehen: Haben andere Planeten auch Schwerkraft? (Carol)

Dazu habe ich neue Informationen: Ich habe gelesen, dass andere Planeten auch Schwerkraft haben. Sie ist aber meistens kleiner als bei uns. Irgendwie hängt es wohl mit der Größe des Planeten zusammen. (Lisa)

Meine Theorie: Ich meine, größere Planeten haben einen größeren Umfang und sind schwerer. Sie können die Sache mehr anziehen. (Carol)

usw.

Alle Aktivitäten werden im Netzwerk dokumentiert und stehen der Gruppe zur Verfügung. Statt vorgegebener Lernmaterialien stellt das System eine *Arbeitsumgebung* zur Verfügung, mit der die Lernenden Fragestellungen systematisch bearbeiten, ihre Arbeitsschritte dokumentieren, reflektieren und anderen zur Verfügung stellen.

Die *lernende Wissensgemeinschaft* mit CSILE basiert auf folgenden Überlegungen:

– Ausgangspunkt des Lernens sind Probleme, die eine tiefe Auseinandersetzung fördern. Die Lernenden werden angeleitet, sich selbst Fragen zu stellen und Probleme zu bearbeiten, die sich aus ihrem Umfeld ergeben. Sie explizieren, was sie beschäftigt. Sie wählen die Karte aus: „Das möchte ich wissen". Die Lernenden werden unterstützt durch ein System, das die Schritte der gemeinsamen Wissenserstellung und -bearbeitung unterstützt.

- Im Mittelpunkt steht der Aufbau eines geteilten Wissens, das von den Lernenden initiiert wird und der Gruppe zur Verfügung steht. Die Initiative zum Lernen soll von den Lernenden ausgehen. Die Lernenden befragen die Lehrenden und nicht umgekehrt. Die Lernenden organisieren sich in Gruppen und tauschen sich wechselseitig aus. Alle Formen der Kommunikation werden integriert: der mündliche Austausch *face-to-face* ebenso wie die Arbeit an schriftlichen Dokumenten im System.
- Das System orientiert sich an der Arbeitsweise einer *Scientific Community*. Ergebnisse des Forschungsprozesses der Lernenden werden zur Begutachtung eingestellt. Sie können kommentiert, bewertet und freigeschaltet werden. Im Laufe der Zeit entsteht eine kumulative Wissensbasis, die der Gruppe zur Verfügung steht. Vorhaben der anderen Lernenden können hier andocken bzw. sich mit der Wissensbasis verlinken.

Die Arbeiten von SCARDAMALIA & BEREITER zu Wissensgemeinschaften in den 1990er-Jahren waren wegweisend für kooperative Ansätze der Computernutzung: Der Computer wird beim Lernen nicht mehr zur *Wiedergabe* von Informationen genutzt, sondern als *Werkzeug zur gemeinsamen Wissenskonstruktion*.

Der Prozess der kollaborativen Wissenserzeugung basiert dabei auf *Schablonen*, mit denen die Lernenden sich Wissen erarbeiten. Bei CSILE folgt die Wissenserarbeitung und Kommentierung immer einer vorgegebenen Struktur. Diese Struktur ersetzt bzw. simuliert ein Unterrichtsgespräch und erschien SCARDAMALIA & BEREITER als eine wesentliche Voraussetzung dafür, dass kooperative Wissenserarbeitung gelingen kann. Wissen lässt sich auf diese Weise auch leichter semantisch erschließen und weiterverarbeiten als einfache Links, wie sie im *World Wide Web* genutzt werden.

Die heutigen Ansätze zu Wissensgemeinschaften nutzen für die Kollaboration zumeist *Wikis*, in denen Lernende Informationen unstrukturiert eingeben. Auch Kommentare oder Schlagworte (*tags*) werden in aktuellen Community-Plattformen *unstrukturiert* eingegeben. Der Ansatz der Wissensgemeinschaften erzielte hohe Aufmerksamkeit in Wissenschaft und Praxis. Ein wesentliches Element des ursprünglichen Ansatzes, die Strukturierung der kollaborativen Wissenserzeugung durch *digitale Schablonen*, hat sich dabei allerdings nicht durchgesetzt.

11.4.2 Merkmale des kooperativen Lernens

(Wann) Hat das kooperative Lernen Vorteile? In verschiedenen Studien wurde aufgezeigt, dass das Lernen mit Anderen bestimmte Vorzüge gegenüber dem individuellen Lernen aufweist und zu einer Steigerung des Lernerfolgs führen kann (vgl. die Metaanalyse von Lou, Abrami, & Apollonia, 2001). Es bleibt die Frage, wann technologieunterstützte Gruppenarbeit tatsächlich *pädagogisch wünschenswert* ist und unter *welchen Bedingungen* Gruppenarbeit die erwünschten Ergebnisse ermöglicht.

Computer Supported Cooperative Learning (CSCL) bietet eine technologische Unterstützung der didaktischen Methode des Lernens in Gruppen und beinhaltet keinen eigenständigen, gar neuen didaktischen Ansatz. Die Entscheidung für oder gegen Gruppenarbeit *und* CSCL beruht auf den Fragen, ob für die Erreichung der Lehrziele das Lernen in Gruppen sinnvoll ist, und eine technologiebasierte Variante Vorteile bietet, um den Austausch in der Gruppe zu fördern. Digitale Werkzeuge, die die Arbeit von Gruppen unterstützen, sind damit nicht in jedem didaktischen Szenario sinnvoll; sie bieten vielmehr spezifische Lösungen für bestimmte didaktische Settings.

Beispiel: Gruppenpuzzle

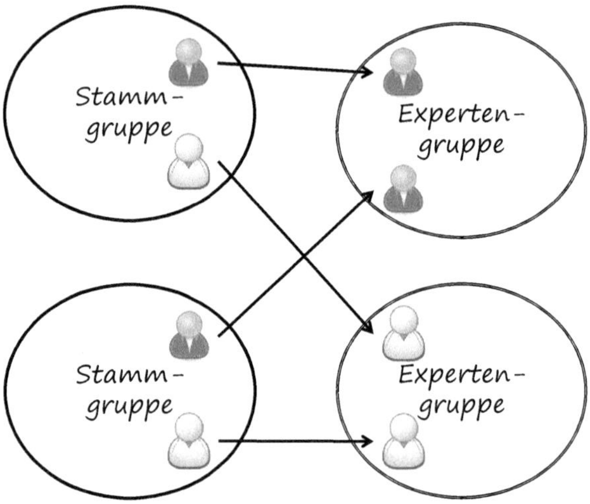

Abbildung 59: Aufbau des Gruppenpuzzles

Ein Thema ist in 4–5 Teilgebiete zu untergliedern und für jedes Teilgebiet ist ein Selbstlernmaterial zu erstellen.

Die Lernenden werden in gleich große Gruppen (Stammgruppen) mit je mindestens vier Teilnehmenden aufgeteilt. Jedes Mitglied der Stammgruppe erhält die Materialien für eines der Teilgebiete und bearbeitet diese in Einzelarbeit. Nach einer festgelegten Zeit trennen sich die Gruppen. Die Lernenden, die das gleiche Teilgebiet bearbeitet haben, treffen sich nun in ihrer Expertengruppe. In dieser besprechen sie das zuvor Bearbeitete und erörtern offene Fragen. Sie planen in jeder Expertengruppe, wie sie den Anderen das Thema am besten vermitteln. Danach kehren sie in die Stammgruppe zurück und „unterrichten" reihum die anderen Mitglieder der Gruppe.

Die meisten kooperativen Methoden sind gleichermaßen im Präsenzunterricht wie auch in digitalen Formaten umsetzbar. Allerdings ist zu prüfen, welche Vor- und Nachteile sich in den verschiedenen Formaten zeigen. Andreas u. a. (2010) erprobten das Gruppenpuzzle erfolgreich in einer Lernumgebung mit Avataren. Im Folgenden werden Begründungen und Hindernisse für kooperatives Lernen in digitalen Lernangeboten beschrieben.

Gründe für kooperatives Lernen

Der Begriff *kooperatives Lernen* umfasst eine ganze Fülle von didaktischen Arrangements, die zunächst dadurch charakterisiert sind, dass zumindest zwei Personen gemeinsam an einer Lernaufgabe arbeiten. Kooperatives Lernen kann in nahezu allen Varianten von organisierten Lernarrangements Einsatz finden, nicht nur in Onlinekursen oder Projektarbeiten, sondern auch als Element in einer Vorlesung oder in Präsenzseminaren. Es ist jedoch grundsätzlich von den Lehrzielen abhängig, ob kooperative Methoden sinnvoll einzuplanen sind. So bleibt auch für Anwendungen, die das kooperative Lernen unterstützen, kritisch zu fragen, warum und wann Kooperation sinnvoll erscheint.

Kooperatives Lernen kann eingesetzt werden, um folgende Lehrziele zu verfolgen:

- Lernende sollen ihre Meinung formulieren und diese angemessen in einer Diskussion mit Anderen artikulieren können.
- Lernende sollen Anderen zuhören und auf deren Argumente eingehen können. Sie sollen Argumente und Sichtweisen von Anderen bei (Re-)Formulierung der eigenen Position berücksichtigen können.
- Lernende sollen erfahren und akzeptieren, dass es zu komplexen Sachverhalten unterschiedliche Sichtweisen und Positionen geben kann.
- Lernende sollen erfahren, dass es richtig und notwendig sein kann, seine eigene Sichtweise zu relativieren.
- Lernende sollen erfahren, wie bei unterschiedlichen Positionen eine gemeinsame Position entwickelt und formuliert werden kann.
- Lernende sollen erfahren, wie man komplexe Sachverhalte in einer Gruppe arbeitsteilig bearbeitet und zu einem Ergebnis zusammenführt.
- Lernende sollen erleben, dass das gemeinsame Bearbeiten von Fragen in Gruppen einen Gewinn darstellt.
- Lernende sollen erfahren, dass es gut und wichtig ist, sein Wissen an Andere weiterzugeben und im Gegenzug von dem Wissen Anderer zu profitieren.

Diese (keineswegs erschöpfende) Liste möglicher Lehrziele bezieht sich damit sowohl auf inhaltliche als auch auf methodische und sozio-emotionale Lehrziele.

Hindernisse für kooperatives Lernen

Auch wenn das Lernen mit Anderen positive Erfahrungen vermitteln kann, ist zu berücksichtigen, dass eine Reihe weiterer *Hindernisse* für kooperatives Lernen besteht. So kann seitens der Lernenden nicht von einer natürlichen Motivation zur Kooperation mit Anderen ausgegangen werden. Kooperation wird vielfach als aufwändig und wenig hilfreich erlebt. Dies trifft vor allem zu, wenn letztlich der Wissenszuwachs des Einzelnen in Prüfungen bewertet wird. In der Regel sind Lernende es gewohnt, sich

Lernstoff als Individuen anzueignen. Der Aufwand, gemeinsam mit Anderen zu lernen, wird zunächst vielfach negativ bewertet und der Nutzen kooperativer Lernarrangements wird nicht wahrgenommen. Erfahrungen mit schlecht konzipierten Gruppenarbeiten bestärken solche negativen Vorannahmen.

Die Zielgruppenanalyse kann etwa ergeben, dass es vorteilhafter ist, auf gemeinsame Lernaktivitäten zu verzichten, etwa weil die Lernenden hierzu nicht motiviert sind bzw. hierfür nicht motivierbar erscheinen. Bei dem Ansatz des *learning on demand* etwa sind die Lernprozesse des Einzelnen auf üblicherweise kleine Lerneinheiten ausgerichtet, mit denen eine Person ihre Lernbedürfnisse *ad hoc* befriedigen möchte bzw. kann. Die immer mit Zeitanforderungen verbundenen und oft mühsamen Prozesse der Gruppenbildung und -koordination lassen zunächst keinen unmittelbaren *Nutzen* für die Lernenden erkennen.

Auch Lehrende sind gegenüber Gruppenarbeit vielfach skeptisch, sie befürchten etwa negative Konsequenzen für den Unterricht und die Disziplin im Klassenraum, sinkende Leistungen und eine geringere Anerkennung unter Kolleginnen und Kollegen. Darüber hinaus wird darauf verwiesen, dass Gruppenunterricht mehr Lernzeit als konventioneller Frontalunterricht erforderlich machen kann. Gleichzeitig vermittelt (erfolgreiche) Gruppenarbeit wichtige Kompetenzen, die durch bloße Präsentation und Rezeption, etwa im Vortrag, per Text oder multimedialer Präsentation, nicht erreicht werden können.

Die empirische Forschung zu Effekten kooperativen Lernens (vor allem in der Schule) zeigt, dass das Lernen in Gruppen mit positiven Effekten verbunden sein kann (höhere Produktivität, besseres psychisches Wohlbefinden und Selbstwertgefühl, positive Einstellung zur Gruppenarbeit). Diese Vorzüge treten aber nicht grundsätzlich, sondern nur unter bestimmten Rahmenbedingungen ein (vgl. Webb & Palinscar, 1996; Antil, Jenkins, Wayne, & Vadasy, 1998).

11.4.3 Kooperative Lernaufgaben

Gemeinsam bearbeitete Lernaufgaben lassen sich anhand unterschiedlicher Kriterien und Dimensionen unterscheiden. Um eine geeignete Lernaufgabe auswählen zu können ist relevant, wie die Leistung des Einzelnen zum Ergebnis der Gruppenarbeit beiträgt. Unterschieden werden können nach Steiner (1972):

- *Additive* Gruppenaufgaben: Die Leistung der Gruppe kommt durch die Summe aller Beiträge zustande (z. B. Brainstorming);
- *kompensatorische* Gruppenaufgaben: In die Leistung der Gruppe fließen alle Beiträge der Mitglieder ein (z. B. Schätzaufgaben);
- *disjunktive* Gruppenaufgaben: Die Leistung der Gruppe ist durch die Leistung eines Einzelnen bestimmt (z. B. Denksportaufgaben);

- *konjunktive* Gruppenarbeiten: Alle Mitglieder der Gruppe tragen wesentlich zur Leistung der Gruppe bei; auf keinen kann verzichtet werden (z. B. gemeinsames Musizieren oder Rollenspiel).

Welche der Aufgabentypen ist für die Gruppenarbeit mit Medien geeignet? Es ist leicht nachzuvollziehen, dass disjunktive Lernaufgaben für die Bearbeitung in einer Gruppe am wenigsten geeignet sind. Leider ist dieser – für die Einzelarbeit geeignete – Aufgabentyp auch bei Gruppenarbeiten häufig anzutreffen. Es gibt dabei für die Gruppenmitglieder keinen erkennbaren Grund, sich als Gruppe zu konstituieren. Ideal ist dagegen die konjunktive Gruppenarbeit, weil hier unmittelbar ersichtlich ist, dass jeder für die Lösung benötigt wird. Häufiger, weil leichter zu realisieren, finden sich additive und kompensatorische Aufgaben, die ebenfalls für die Gruppenarbeit geeignet sind.

Im Folgenden finden sich weitere Forderungen an Lernaufgaben, die in Gruppen bearbeitet werden (aus Petschenka, Ojstersek & Kerres, 2004):

- Die zu bearbeitende Lernaufgabe geht über die Suche und Aneignung von Wissen hinaus; sie ist vielmehr auf das Verstehen komplexer Problemstellungen oder Konstellationen ausgerichtet. (Negativbeispiel: Die Lerngruppe soll die Geburtsdaten der Musikerfamilie Bach finden und auf einer Netzseite präsentieren.)
- Bei einer Aufgabenbearbeitung in der Gruppe arbeitet die Gruppe gemeinsam an dem Ergebnis. Das Ergebnis ist nur erreichbar, wenn alle Teilnehmenden etwas dazu beitragen. (Negativbeispiel: Es wird ein Text verteilt und jeder soll seine Meinung dazu in einem Blogeintrag formulieren.)
- Die Aufgabe ermöglicht eine arbeitsteilige Bearbeitung, d. h., sie sollte in unterschiedliche Arbeitspakete aufgeteilt werden können. (Negativbeispiel: Es ist ein Experiment durchzuführen, das nur von einer Person bedient werden kann bzw. muss.)
- Die Aufgabe ist nicht additiv arbeitsteilig bearbeitbar, d. h. das Ergebnis der Gruppenarbeit darf nicht durch bloßes Zusammenfügen bzw. Zusammentragen von Einzelergebnissen zustande kommen, sondern nur durch eine gemeinsame Bearbeitung. (Negativbeispiel: Ein Gruppenreferat, bei dem die zu präsentierende Literatur durch die Studierenden „aufgeteilt" wird.)
- Die Aufgabenbearbeitung ermöglicht den Blick auf unterschiedliche Positionen oder Sichtweisen einer Fragestellung. Dies kann etwa in einem Rollenspiel im Netz mit verteilten Rollen erfolgen. (Negativbeispiel: Ein Text stellt verschiedene Sichten dar, die die Teilnehmenden kommentieren sollen.)
- Es ist wichtig, die Aufgabe erfolgreich abzuschließen. (Negativbeispiel: Während eines Kurses wird Gruppenarbeit gefordert, die gesamte Prüfungsleistung des Kurses bezieht sich auf einen Wissenstest.)

- Lernen in Gruppen ist in der Lernkultur etabliert, und wird auch von den anderen Lehrkräften der Institution angewendet. (Negativbeispiel: Einige Dozierende der Einrichtung lehnen Gruppenarbeit als Zeitverschwendung ab.)

Die Qualität der Lernaufgabe entscheidet letztlich, ob ein gruppenbasiertes Lernszenario – so es sich grundsätzlich für eine Gruppenarbeit eignet – die erwünschten Erfolge möglich macht. Ausschlaggebend bleibt, ob die Lernenden die gemeinsame Bearbeitung als zusätzlichen Wert erfahren: Nehmen sie wahr, dass es sich für ihren eigenen Lernfortschritt *gelohnt* hat, an der Gruppenarbeit teilzunehmen? Gerade zu Beginn eines Kurses oder längeren Lehrgangs ist es wichtig, dass eine Gruppenarbeit von den Betroffenen in dieser Weise positiv erlebt wird. Ansonsten sinkt die Bereitschaft, an der Gruppe weiter mitzuwirken, rapide.

Wenn die Leistung der Lernenden individuell bewertet wird, dient das gemeinsame Lernen nur dazu, eine individuelle Prüfung zu bestehen. Dann muss für den Einzelnen erlebbar werden, dass das Lernen in der Gruppe einen Vorteil für den individuellen Lernfortschritt mit sich bringt. Aus diesem Grund ist die Lernsituation so zu gestalten, dass für den Lernenden der Grund und der Nutzen für eine Kooperation mit anderen tatsächlich erfahrbar werden.

Perspektiven

Bei einer gut begründeten mediendidaktischen Konzeption sind gemeinsam bearbeitete Lernaufgaben eine wichtige didaktische Methode, die von Technologieunterstützung durch digitale Werkzeuge profitiert. Für die Gestaltung von synchronen und asynchronen Elementen eines Lernarrangements steht eine Fülle von Werkzeugen zur Verfügung (z. B. Wikis, Blogs, Onlinekonferenzen, Groupware-Anwendungen oder Internetforen). Sie unterstützen sowohl die lokale Gruppenarbeit mit digitalen Medien *vor Ort* – etwa in einem Veranstaltungsraum – als auch die verteilte Gruppenarbeit über das Netz.

Zunehmend rücken auch informelle Formen des Lernens in den Fokus. Gemeint ist der Wissensaustausch über soziale Medien, wie Foren oder (Micro-)Blogs, bei dem sich Menschen über unterschiedliche Themen, Interessen und Probleme in der Freizeit oder auch in einem beruflichen Kontext austauschen und dabei ohne den Rahmen eines organisierten Bildungsangebotes lernen. Die Beteiligten würden diesen Vorgang vermutlich vielfach nicht einmal als *Lernen* bezeichnen.

Die Perspektive des Wissensaustausches und Lernens auf solchen sozialen Plattformen des informellen Lernens im Internet ist auch für das computerbasierte Lernen vielversprechend. Allerdings findet Wissensaustausch auf solchen Plattformen ebenfalls nur unter bestimmten Bedingungen statt und vielen Plattformen gelingt es nicht, eine lebendige Community zu etablieren. Solche Plattformen und Communities können geplante und organisierte Bildungsangebote, die beispielsweise kooperative

Lernformen systematisch einbinden, nicht ersetzen, aber sie werden auch im Rahmen der Bildungsarbeit künftig vermehrt an Bedeutung gewinnen.

Kriterien

Bei der Ausarbeitung einer mediendidaktischen Konzeption eines digitalen Lernangebotes sind folgende didaktische Entscheidungen zu treffen, die sich auf die soziale Ausgestaltung des Arrangements und die Auswahl der Kooperationswerkzeuge beziehen.

Ziel: Welches Ziel verfolgt die Gruppenarbeit?

Es kann unterschieden werden zwischen ...

- dem bloß *informellen Austausch* zwischen Lernenden, bei dem sich Lernende über persönliche Dinge austauschen und untereinander bei Fragen helfen,
- der *Kooperation* bei der Bearbeitung vorgegebener Lernaufgaben und
- einer weitergehenden Zusammenarbeit in längerfristigen Gruppen, die sich selbst organisieren (etwa im Sinne von Lerngemeinschaften, Arbeitsgruppen usw.).

In vielen Fällen wird in didaktisch organisierten Arrangements die mittlere Variante vorgesehen. Es hängt vor allem von dem Lehrziel ab, welches Niveau die Kommunikation in Gruppen erreichen soll.

Zusammensetzung der Gruppe: Wie homogen oder heterogen soll die Lerngruppe zusammengesetzt sein?

Bei einer *homogen* zusammengesetzten Gruppe (z. B. Mathematiklehrer/innen an Gymnasien) sollte die Verständigung einfacher funktionieren als in einer heterogenen Gruppe, da die Teilnehmenden über einen ähnlichen Erfahrungshintergrund und Kenntnisstand verfügen. Wenn es allerdings darum geht, eine Aufgabe zu bearbeiten, in der möglichst unterschiedliche Sichten und Kompetenzen erforderlich sind, wäre eine eher heterogene Zusammensetzung vorteilhaft (s. a. Creß & Hesse, 2003). Dascalu et al. (2013) stellen einen Algorithmus vor, nach dem Lernende automatisch auf Gruppen verteilt werden mit dem Ziel, eine möglichst hohe Diversität *innerhalb* einer Gruppe zu erzielen und gleichzeitig die Personen mit ähnlichen Interessen in einer Gruppe zu versammeln.

Gruppenbildung: Wie soll die Gruppenbildung erfolgen?

Das Prinzip der Gruppenbildung sollte zuvor genau überlegt sein und in Abhängigkeit von dem verfolgten Ziel der Gruppenarbeit und vom Ausmaß der erforderlichen Heterogenität oder Homogenität der Gruppenzusammensetzung abhängig gemacht werden. Sie kann per Zufall oder Zuordnung, nach Interessen oder Sympathie erfolgen. Die Zusammensetzung nach gleichen Interessen oder Sympathien kann eine gute Voraussetzung für CSCL sein. Wenn die Gefahr einer zu großen Homogenität der Gruppenzusammensetzung besteht, sollte hiervon abgewichen werden. Dann kann etwa aufgrund von Kriterien eine (Selbst-)Zuordnung erfolgen, z. B.: Jede Gruppe hat eine Person mit betriebswirtschaftlichem und eine Person mit technischem Hintergrund. In jeder Gruppe sind mindestens zwei weibliche und zwei männliche Teilnehmende.

Gruppengröße: Welche Größe wird die Lerngruppe haben?

Zur Frage der optimalen Gruppengröße liegen unterschiedliche Einschätzungen und Erfahrungen vor. Berichtet wird von erfolgreichen Lerngruppen in Tandems, mit vier oder einhundert oder mehreren hundert Teilnehmenden. Es hängt von der Intensität der tatsächlich in der Gruppe zu leistenden Interaktion zwischen Lernenden untereinander und mit dem Tutor/der Tutorin ab, wie groß eine Lerngruppe sein sollte. Zu berücksichtigen ist, wie wichtig es für die Zielerreichung ist, dass die Personen untereinander ein Gefühl des Sich-Kennens entwickeln. Grundsätzlich scheinen für CSCL keine anderen Werte zu gelten als für konventionelle Gruppenarbeit (vgl. Lou u. a., 2001).

Arbeitsmodus: Soll die Gruppe bei der Bearbeitung der Lernaufgabe zeitgleich oder zeitversetzt zusammenarbeiten?

Beide Varianten haben, z. B. je nach Art der zu bewältigenden Aufgabe, der Phase der Gruppenarbeit oder der Zusammensetzung der Gruppe, ihre Vorteile (vgl. Schwabe, 2001). Aus mediendidaktischer Sicht hat die *zeitversetzte* Zusammenarbeit beim verteilten Lernen im Netz einen hohen Stellenwert, da die damit verbundene zeitliche Flexibilität für viele Lernende einen wesentlichen Vorteil darstellt. Der subjektiv erlebte Aufwand für die Teilnahme an synchroner Kommunikation ist – für viele Zielgruppen – in der Regel hoch.

Lernaufgabe: Welche Aufgabe soll die Gruppe bearbeiten?

Grundsätzlich erscheint es vorteilhaft, die Tätigkeit der Gruppe durch eine Lernaufgabe zu strukturieren. In einem Online-Setting sind an die Präzision der Aufgabenformulierung deutlich höhere Anforderungen zu stellen als in einer Situation *face-to-face*, in der die Lehrkraft durch die Reaktion der Lernenden unmittelbar erfahren kann, ob eine Aufgabenstellung (richtig) verstanden wurde.

Die Beschreibung einer Lernaufgabe sollte deswegen immer zumindest folgende Elemente nennen:

- die erwartete Aktivität,
- das erwartete Ergebnis,
- die typische Bearbeitungsdauer,
- die erforderlichen Materialien und (digitalen) Werkzeuge sowie
- die Voraussetzungen für die Bearbeitung.

Rollenstruktur: Ist eine bestimmte Rollenstruktur in der Gruppe für die Bearbeitung der Lernaufgabe vorteilhaft?

Wenn für die Bearbeitung der Lernaufgabe eine bestimmte Rollenstruktur in der Gruppe von Vorteil ist, sollte dies in der Lernaufgabe explizit formuliert werden (z. B.: „Bitte benennen Sie zunächst eine Person, die das Ergebnis protokolliert, und eine andere Person, die das Ergebnis vorträgt!"). Gerade in frühen Phasen der Gruppenarbeit wird diese Rollenaufteilung oft vergessen, was den erfolgreichen Abschluss der Gruppenarbeit erschwert oder gar verhindert.

Gender: Wie können günstige Voraussetzungen geschaffen werden, damit sich weibliche und männliche Personen in der Gruppenarbeit gleichermaßen einbringen können oder wollen?

Es ist günstig, wenn in jeder Lerngruppe ein möglichst ähnlich großer Anteil männlicher und weiblicher Lernender vorhanden ist oder, wenn dies nicht möglich ist, die Lerngruppen vollständig getrennt nach Geschlechtern aufgeteilt sind. Eine einzelne Frau oder ein einzelner Mann in einer ansonsten zahlenmäßig überlegenen Gruppe Andersgeschlechtlicher wird als wenig günstig bewertet (vgl. Wiesner u. a., 2003).

Betreuungsmodus: (Wie) Soll die Gruppenarbeit betreut werden?

Betreuung von Gruppenarbeit wird in organisierten Lernangeboten zunehmend als wesentliche Determinante für den Erfolg von technologiebasierter Gruppenarbeit erkannt. Je nach Setting ist die Betreuung unterschiedlich auszulegen. Das Betreuungskonzept definiert die Funktionen, Aufgaben und Arbeitsweise des Betreuungspersonals (Initiative, Reaktionszeit, Gestaltung von Rückmeldungen, Umsetzung von *Scaffolding/Fading ...).*

11.5 Wahl der didaktischen Methode

Wie findet sich nun die beste didaktische Methode? Vielfach trifft man auf die Annahme, es gäbe die *eine* beste Methode für die Aufbereitung eines digitalen Lernangebotes. Das didaktische Design geht jedoch davon aus, dass eine didaktische Methode in Abhängigkeit von Merkmalen der Lehr-Lern-Situation zu begründen ist. Die Lehr-Lern-Forschung liefert Hinweise über Vor- und Nachteile verschiedener methodischer Ansätze in bestimmten Kontexten. Konkrete Lehr-Lern-Situationen sind jedoch komplexe soziale Situationen, die von vielen Faktoren beeinflusst werden, die sich schwer isolieren lassen. Das didaktische Design muss mit diesen vielfältigen Anforderungen umgehen und eine hohe Flexibilität in den Varianten einer didaktisch-methodischen Aufbereitung eines Lernangebotes entwickeln.

Kersten Reich betont die Wichtigkeit einer reflektierten Methodenwahl und verweist damit auf die Herausforderung an das didaktische Design:

„Es erscheint aus dieser Sicht als unzureichend, Methoden relativ willkürlich aus dem großen Methodenpool auszuwählen und hierbei ohne leitende Prinzipien vorzugehen.“ (Reich 2006, S. 267)

Es ist wichtig, vielfältige Varianten für die Aufbereitung eines Lernangebotes zu kennen und die den Methoden zugrunde liegenden Prämissen zu verstehen. EWALD TERHART (1997) kommt zu dem Schluss, dass „die Frage nach der besten Lehrmethode insofern zu kurz greift, als sich die Vor- und Nachteile einer Lehrmethode nicht generell feststellen oder behaupten lassen, sondern immer nur in relativer Abhängigkeit von angestrebten Lernzielen beziehungsweise Lernzielniveaus, von den Lernvoraussetzungen und -stilen der jeweils zu unterrichtenden Schüler, von der Art der zu vermittelnden Inhalte, dem ‚Geschick‘ des Lehrers bei der praktischen Umsetzung der [...] Lehrmethode“ betrachtet werden können.

Die Suche nach den erfolgreichen didaktischen Methoden ist irreführend. Es kommt vielmehr darauf an, die Abhängigkeit der Methodenentscheidungen von anderen Parametern des didaktischen Feldes zu erkennen und auch die Rückwirkung von Methodenentscheidungen auf andere Entscheidungsfelder besser zu verstehen.

Ein erfolgreiches Lernangebot zeichnet sich im Übrigen oft dadurch aus, dass es unterschiedliche Methoden begründet zusammenführt. Ein Lernangebot, das allein auf Projekte, allein auf Vorträge oder allein auf Gruppenarbeit setzt, ist zumeist wenig effektiv, und es wird von den Lernenden oft nicht akzeptiert. Zugleich reicht aber auch ein *Methodenmix*, bei dem wahllos bestimmte Elemente aneinandergereiht werden, nicht aus. Es kommt vielmehr darauf an, für die angestrebten Lernprozesse die richtigen Methodenelemente zu finden und diese angemessen zu arrangieren.

Übung 1

Sie erhalten eine Anfrage eines Verbands von Fahrlehrern zur Konzeption eines E-Learning-Angebots für Fahrschulen. Es existieren diverse Trainings für Bestandteile des Fahrunterrichts. Insbesondere für die Vermittlung des theoretischen Wissens liegen Medien vor, die deklaratives Wissen vermitteln und auf die theoretische Prüfung vorbereiten. Darüber hinaus gibt es einfache Simulationen, die bestimmte Konstellationen im Verkehr darstellen, in denen sich der Kandidat bewähren muss.

Der Verband möchte mit einem neuen Ansatz einsteigen, der konsequent problembasiert angelegt ist. Wie könnte ein solcher Ansatz aussehen? Bitte beschreiben Sie hier einen problembasierten Ansatz und diskutieren Sie die Reichweite des Ansatzes: Was kann damit erlernt werden, was nicht?

Übung 2

In einer wissenschaftlichen Publikation lesen Sie über den Vergleich zweier didaktischer Lehr-Lern-Methoden in der Programmierausbildung an Hochschulen:

> *Projektbasierte Lernformen spielen in der Praxis der Programmierausbildung in der Informatik eine große Rolle. Dabei bearbeiten kleine Gruppen von zwei bis vier Studierenden Softwareentwicklungsaufträge, so wie sie in der Praxis auch vorkommen. Diese sind für viele Studierende oft nur unter großen Mühen zu bewältigen und die Ergebnisse sind oft nur „ausreichend". Aus der Theorie der kognitiven Beanspruchung wurde abgeleitet, dass die Bewältigung eines derart komplexen Vorhabens eine Überlastung der kognitiven Verarbeitung beinhaltet.*
> *Alternativ wurde ein mediengestütztes Lernprogramm entwickelt, um diese Probleme in den Griff zu bekommen. Dazu wurde ein komplexes Softwareentwicklungsprojekt in acht Teilprobleme zergliedert, die in einem Lernprogramm schrittweise durchgegangen werden. Für jedes Teilproblem erfolgt zunächst eine Einführung per Text. Es folgt ein Video, in dem ein Experte erklärt, wie er bei der Lösung des Teilproblems vorgeht. Die Gedanken des Experten sind mit „lautem Denken" aufgezeichnet. Die Studierenden erhalten im Anschluss online eine Lernaufgabe, in der das Vorgehen angewendet werden soll. In der folgenden Woche wird die Musterlösung in der Präsenzveranstaltung vorgestellt und die Studierenden können ihre Lösung damit vergleichen.*
> *200 Studierende des dritten Semesters des Bachelor-Studiengangs Informatik einer Universität wurden per Zufall auf die beiden Bedingungen aufgeteilt. Am Ende zeigte sich, dass den Studierenden der projektbasierten Gruppe das Lernen tendenziell besser gefallen hat und sie mehr Lernzeit investierten. Die Gruppe mit dem alternativen Übungskonzept erzielte allerdings signifikant bessere Lernergebnisse in einem Abschlusstest als die Lernenden in der projektbasierten Gruppe.*

Die Autoren ziehen den Schluss, dass projektbasierte Lernmethoden vielfach überschätzt werden und zugunsten des alternativen Übungskonzepts aufgegeben werden sollten.

Fragen:

- Wie schätzen Sie das Forschungsdesign der Studie ein?
- Wie beurteilen Sie die Ergebnisse im Licht der hier dargestellten Befunde?
- Halten Sie den Schluss, den die Autoren aus der Untersuchung ziehen, für gerechtfertigt?

Fallbeispiele

a) Bitte beschreiben Sie die Zielgruppe anhand der Kriterien aus Kapitel 8.3. Bei fehlenden Angaben machen Sie plausible Annahmen.
b) Formulieren Sie zu jedem Fall drei Lehrziele.
c) Entscheiden Sie sich für einen didaktisch-methodischen Ansatz und begründen Sie Ihre Entscheidung: Exposition oder Exploration? Ggf. mit welcher (welchem Ansatz von) Problemorientierung?
d) Im nächsten Schritt können Sie die im folgenden Kapitel erläuterten Entscheidungen zur Lernorganisation festlegen.

1 Sie planen ein Online-Kursangebot für berufstätige Lehrkräfte an allgemein- und berufsbildenden Schulen in Nordrhein-Westfalen zum Thema „Medieneinsatz im Unterricht". Das Angebot soll von interessierten Lehrpersonen individuell genutzt werden können. Die Lehrpersonen sollen u. a. verstehen, welche Potenziale Medien im Unterricht haben, welche Kriterien für die Auswahl von Medien zu beachten sind und wie der Medieneinsatz im Unterricht zu planen ist.

Besondere Herausforderungen: Die Lehrpersonen erwarten konkrete Hilfen für ihren Unterricht und sind nicht unbedingt an einer weitergehenden Reflexion und Auseinandersetzung mit Ansätzen der Mediendidaktik interessiert. Sie stehen den digitalen Medien teilweise eher skeptisch gegenüber. Sie haben kaum technische Unterstützung an ihrer Schule, die ihnen bei der Umsetzung (gerade anspruchsvoller Szenarien) helfen könnte.

2 Sie planen ein Online-Kursangebot zum Thema Business-Englisch für Sachbearbeiter/innen einer international tätigen Bank. Sie können davon ausgehen, dass die Lernenden bereits über grundlegende oder fortgeschrittene Kenntnisse verfügen, Texte in englischer Sprache zu verstehen und sich mündlich oder schriftlich grundsätzlich ausdrücken zu können. Es geht darum, spezielle Begriffe und Redewendungen aus dem Geschäftsleben bzw. der Bankenwelt sicher anwenden zu können, anspruchsvolle Korrespondenz mit ausländischen Kunden abzuwickeln und Verträge zu verstehen bzw. aufzusetzen.

Besondere Herausforderungen: Das Lernen kann nicht kursartig organisiert werden, sondern das Angebot sollte in Zeiten geringeren Arbeitsanfalls beiläufig genutzt werden.

3 Sie planen eine Maßnahme für Mitarbeitende eines internationalen Automobilunternehmens an mehreren Standorten weltweit: Es geht um eine Weiterbildung für Elektriker, die eine (neue) Montageanlage warten sollen.

Die Zielgruppe verfügt damit über die notwendigen Kenntnisse der Begriffe und Prozesse, die für das Verständnis der Anlage notwendig sind. Es geht hier um die Fertigkeit, Fehler und Probleme bei dieser speziellen Montageanlage beheben zu können.

Besondere Herausforderungen: Die Anlage ist in Werken an ca. 10 Standorten und Ländern der Welt zu finden. Vor Ort sind jeweils ca. 5-12 Personen mit der Aufgabe betraut.

4 Sie planen eine Fortbildung für Mitarbeitende eines internationalen Luftfahrtunternehmens. Es geht um ca. 3.000 Personen. Das Thema ist „Kundenorientiertes Verhalten für Kabinenpersonal".

Besondere Herausforderungen: Die Mitarbeitenden sind weltweit verteilt und sprechen nicht alle deutsch. Das reine Wissen über die Erfordernisse von kundenorientiertem Verhalten ist bekannt, dennoch sind die Mitarbeitenden immer wieder auf spezielle und schwierige Situationen im Umgang mit Kunden hinzuweisen. Dies trifft auch auf neue Anforderungen zu, wie beispielsweise den Umgang mit elektronischen Geräten. Die Abwicklung in einem de-/zentralen Schulungszentrum erscheint als zu aufwändig. Genutzt werden sollen auch Leerlaufzeiten in Flugpausen.

12 Lernorganisation

Medien erweitern das Spektrum, wie Lernen organisiert werden kann. Wir können zu beliebigen Zeiten und an beliebigen Orten lernen. Damit ergeben sich ganz neue Möglichkeiten für die didaktische Konzeption von Lernangeboten. Im Folgenden geht es deswegen um die zeitliche, räumliche und soziale Organisation digitaler Lernangebote.

Einstieg

In Bildungsinstitutionen, wie der Schule, sind die meisten Parameter der Lernorganisation festgelegt: Der Unterricht findet in einem Takt von z. B. 45 Minuten in einem Schulhaus statt, zu dem sich eine festgelegte Anzahl von Lernenden einfinden. Die didaktische Planung bezieht sich primär auf das Unterrichtsgeschehen selbst, das in diesem Rahmen auszugestalten ist. Die Entscheidungen zur Lernorganisation sind dabei vergleichsweise einfach und werden in allgemein-didaktischen Modellen zumeist als Teilproblem der didaktischen Methodik abgehandelt.

Bei mediengestützten Lernangeboten erhöht sich die Anzahl der Gestaltungsvarianten, die mit den verschiedenen Arrangements beim Lernen mit Medien verbunden sind, ganz wesentlich. Für die Mediendidaktik bestehen weitreichende Optionen der zeitlich-räumlichen und sozialen Organisation und es stellt sich die Frage, wie die beste Variante für ein gegebenes Bildungsanliegen ausfindig zu machen ist. Der Lernorganisation kommt damit in der Mediendidaktik ein besonderes Gewicht zu.

Überblick

Die Lernorganisation beschreibt die *zeitlichen, räumlichen* und *sozialen* Varianten eines mediengestützten Lernangebots und die sich daraus ergebenden Konsequenzen. Sie greift dabei auf bereits diskutierte Aspekte der didaktischen Methode zurück und prüft, wie diese am besten umgesetzt werden können.

Im Folgenden wird es um die Entscheidungen gehen:

– Welche Elemente des Lernangebots werden mediengestützt und welche *face-to-face* realisiert?

https://doi.org/10.1515/9783110456837-429

- Welche Zeitanteile werden mit welcher Art von Lernaktivitäten verbracht?
- Wie wird das Lernangebot im Ablauf zeitlich strukturiert?
- Welche Konsequenzen ergeben sich für den Aufbau von Lernangeboten und die Binnenstruktur der Lerneinheiten?

Lernziele

- Sie können erläutern, wie *face-to-face* und mediengestützte Elemente in einem hybriden Lernarrangement kombiniert werden.
- Sie kennen die Bedeutung der Lernzeit für die Planung eines Lernangebots.
- Sie können die Lernzeiten eines Lernangebots unterschiedlichen Lernaktivitäten zuordnen und in Abhängigkeit von Lehrzielen planen.
- Sie kennen den Unterschied zwischen wahlfreiem Abruf von Lernmodulen und der Taktung von Lerninhalten und können die Entscheidung zwischen diesen Alternativen begründen.
- Sie verstehen, wie die soziale Organisation von Lernangeboten zur Gruppenkommunikation und -bildung beiträgt.
- Sie können den Aufbau und die Binnenstruktur von Lernangeboten konzipieren.

12.1 Lernarrangements zusammenstellen

Eine wichtige Frage bei der Konzeption mediengestützter Lernangebote betrifft deren Verhältnis zu Präsenzanteilen. Medien erweitern das Spektrum möglicher Angebotsformen und Kommunikationsformate für Bildung: Eine neue Qualität des Lernens wird vor allem sichtbar in Szenarien, in denen eine Kombination unterschiedlicher Elemente gefunden wird. Gerade solche hybriden Lernarrangements bieten Chancen, innovative didaktische Konzepte auch unter Effizienzgesichtspunkten erfolgreich zu implementieren.

Der Begriff des *Blended Learning* ist seit etwa 2000 populär geworden, nach manchen Enttäuschungen über das computergestützte Lernen. Er hebt ab auf eine Kombination von Präsenzelementen und medienbasierten Lernangeboten. Er lässt jedoch offen, wie eine solche Kombination aussehen soll. Mit *Blended Learning* ist nämlich zumeist die Vorstellung verbunden, dass Teile des konventionellen Unterrichts ersetzt werden durch mediengestützte Verfahren, der Rest des Unterrichts aber wie bisher stattfindet. Die Konsequenzen sind vielfach absehbar negativ.

In dem folgenden Beispiel werden E-Learning-Kurse zusätzlich zu Präsenzangeboten eingeführt:

Blended?

Die Personalabteilung eines mittelständischen Unternehmens organisiert zusammen mit externen Anbietern Weiterbildungsangebote für die Mitglieder des Unternehmens. Die Angebote werden gut von den Mitarbeitenden angenommen und Bildung genießt einen hohen Stellenwert im Unternehmen. Künftig soll das Angebot stärker auf E-Learning setzen, damit die Mitarbeitenden flexibler auf Lernangebote zugreifen und ihr Wissen aus den Kursen vertiefen können. Die Personalabteilung plant, Lernprogramme zu bestimmten Themen einzukaufen bzw. zu lizenzieren, um den Mitarbeitenden zusätzlich zu den Präsenzkursen auch E-Learning im Internet anbieten zu können.

Ein solches Angebot kann positiv bei den Lernenden ankommen und das Bildungsangebot des Unternehmens bereichern. Gleichwohl fällt auf, dass das E-Learning losgelöst von den traditionellen und etablierten Formaten vorgehalten wird. Die Elemente sind weder inhaltlich noch organisatorisch miteinander verzahnt. Der mögliche Nutzen des Onlineangebots wird damit nicht optimal eingelöst.

Im folgenden Beispiel werden Teile des Präsenztrainings durch Online-Lernangebote ersetzt:

Blended?

Die Bildungsabteilung eines internationalen Konzerns steht unter Druck: Sie wurde aufgefordert, die Kosten für ihre Lernangebote deutlich zu senken. Gleichzeitig steigen die Forderungen nach Weiterbildung in allen Fachabteilungen. Um diese Situation zu bewältigen, ist der Umfang von ausgewählten Trainingsmaßnahmen, die bislang nur im Präsenzformat mit externen Trainern durchgeführt werden, um etwa die Hälfte reduziert worden. Als Ersatz hierfür sind Lernprogramme ins Netz gestellt worden, die stattdessen zu bearbeiten sind. Die Trainer sind nicht begeistert. Eine erste Evaluation zeigt, dass die Zufriedenheit der Teilnehmenden mit dem Angebot gesunken ist.

In diesem Beispiel werden aus Kostengründen traditionelle Präsenzangebote zugunsten mediengestützter Elemente reduziert. Aber auch hier findet keine Verzahnung der mediengestützten Elemente mit den Präsenzkursen statt. Die Trainer des Präsenzformats empfinden das mediengestützte Angebot als Bedrohung und werden es nicht inhaltlich in ihre Trainings einbeziehen. So bleiben die mediengestützten Elemente ein Fremdkörper und die Maßnahme gewinnt in keiner Weise durch den Medieneinsatz. Der Versuch, durch Einsatz von E-Learning Kosten zu senken, ist hier gescheitert. Letztlich führt er zu einer *Senkung* der Effizienz, da die Zufriedenheit der Teilnehmenden – und vermutlich in der Folge auch die Lernleistung – sinken wird.

Hybride Lernarrangements

Bei der Einführung mediengestützter Elemente entsteht ein *neues* Lernangebot, das Rückwirkungen auch auf die Präsenzelemente hat. Es entsteht etwas Neues, das als Ganzes neu durchzuplanen ist. In dem Ansatz der *hybriden Lernarrangements* (M. Kerres & Jechle, 1999) geht es um die Kombination unterschiedlicher medialer Formate. Typische Bestandteile von Lernangeboten in *hybriden Lernarrangements* sind in Tabelle 33 zu finden, jeweils mit Beispielen für Präsenz- und Onlinevarianten:

Tabelle 33: Bestanteile von hybriden Lernarrangements

Bestandteil	traditionelle Varianten	Varianten mit Medien
Vortrag mit Diskussion	Vortrag im Seminarraum, Hörsaal	Podcast, Video auf Abruf (Streaming), Videokonferenz
Selbstlernaktivität	Buch	interaktives Lernprogramm im Internet, Multimedia (DVD)
kooperatives Lernen	Partner- und Gruppenarbeit im Klassenraum	Videokonferenz, Groupware-basierte Kooperation
tutoriell betreutes Lernen	Mentoren-Modelle (auch: Peer-Tutoren)	Online-Coaching, Tele-Tutoring
kommunikatives Lernen	Gruppenansätze (Team-Building, Gruppenfeedback, Metakommunikation etc.)	soziale Netzwerke, Chat-Räume, Diskussionsforen
Beratung	Einzelgespräche, Informationsveranstaltungen	Beratung per E-Mail, FAQ-Liste, community-basierte Ansätze (*peer-to-peer*)
Tests, Zertifizierung	Klausur, mündliche Prüfung	computerbasiertes (adaptives) Testen

(1) Das Referieren, Vortragen oder Präsentieren mit Frage-Antwort-Sequenzen wird auch weiterhin in Bildungsangeboten einen bestimmten Stellenwert einnehmen. In konventioneller Form kann dies als Präsenzmaßnahme vor Ort organisiert werden. Lernort und Lernzeit sind dabei extern vorgegeben, und auch die Lerngeschwindigkeit kann von einzelnen Lernenden kaum den individuellen Bedürfnissen angepasst werden. Gleichwohl bestehen verschiedene mediengestützte Alternativen, wie z. B. die physische Distribution entsprechender Vorträge über Datenträger (wie CD oder

DVD) oder das Einstellen von aufgezeichneten Vorträgen ins Internet, bei der die Lernenden, anders als bei einer Präsenzveranstaltung oder bei einer Liveübertragung im Netz, den Zeitpunkt des Abrufs frei wählen können.

Die besondere Chance, wenn Menschen an einem Ort und in einem Raum zusammenkommen, besteht in der Möglichkeit zwischenmenschlicher Kommunikation, die aber gerade bei der Vortragsform in vielen Fällen eher rudimentär ist. Viele Teilnehmende schätzen bei solchen Veranstaltungen dann vor allem die – vergleichsweise knappen – Pausengespräche.

In einem *hybriden Lernarrangement* würde deswegen die bloße Wissensvermittlung in Vortragsform über längere Einheiten in einer Präsenzphase infrage gestellt. Die *Präsenz* von Menschen an einem Ort – auch mit Dozierenden – sollte anders angelegt sein und z. B. in Themen einführen, zum Lernen motivieren, das Kennenlernen fördern, die Gruppenbildung unterstützten usw., die interpersonelle Kommunikation sollte hierbei im Vordergrund stehen. Die Präsenzveranstaltungen wären dann anders anzulegen – weg von der Inhaltsvermittlung hin zu vielfältigen, strukturierten und betreuten Kommunikationsaktivitäten. (2) Die Wissensaneignung durch Selbstlernaktivitäten mit Medien bietet gegenüber Präsenzmaßnahmen eine erhöhte zeitliche und räumliche Flexibilität. Darüber hinaus besteht die Möglichkeit, die Geschwindigkeit der Bearbeitung, aber auch die Intensität der Bearbeitung von Inhalten selbst zu wählen. Dabei eröffnen nicht nur sogenannte *interaktive Medien*, wie Hypertexte auf CD-ROM oder im Internet, einen interaktiven Zugriff: Jedes Buch oder Video kann (und wird in der Regel) interaktiv bearbeitet werden, durch Vor- und Zurückblättern/-spulen, das Anbringen von „Eselsohren" und vieles mehr.

Gerade in einem hybriden Lernarrangement wird es nicht mehr zwingend nötig, alle kommunikativen Elemente des Unterrichts *in einem* Medium (z. B. Lernprogramm) abzubilden, da sie durch andere Elemente des Lernarrangements abgedeckt werden können. Ein hochgradig interaktives, computerbasiertes Lernprogramm ist im Vergleich zu der Kombination aus einem einfacheren Medium mit einer Online-Betreuung möglicherweise zu aufwändig.

(3) Soziales Lernen wird als wesentliche Voraussetzung nicht nur für den Aufbau kommunikativer, sondern auch kognitiver Kompetenzen aufgefasst. Zusammenarbeit in Gruppen fördert soziale Kompetenzen wie Gruppenorganisation und Teamfähigkeit, und der Austausch unterschiedlicher Perspektiven trägt wesentlich zu einer intensiven Auseinandersetzung mit Wissensgebieten bei, die einer besonderen geistigen Durchdringung bedürfen. Schließlich zeigen sich deutlich positive motivationale Effekte, die – über eine erhöhte Identifikation mit dem Lernangebot – mit einer erhöhten Lernintensität sowie geringerer Abbruchquote einhergehen (vgl. Lee & Choi, 2011).

In einer sozialen Lernsituation können kooperative Methoden zum Einsatz kommen, bei denen die Lernenden in Partner- und Gruppenarbeiten involviert sind. Die Nutzung von Netzen für solche Lernszenarien bietet viele Möglichkeiten. Außer E-Mail stehen Werkzeuge für die computerbasierte Gruppenarbeit (*Computer Supported Cooperative Work*) oder Online-Konferenzen zur Verfügung. Dabei sind einige Einschränkungen zu berücksichtigen, da sich die Personen über diese Medien nur bedingt persönlich näher kommen. Dies kann durch andere Elemente des hybriden Lernarrangements kompensiert werden: Gemeint ist insbesondere die Präsenzphase, die hier so zu gestalten ist, dass sich Gruppenmitglieder persönlich näher kennenlernen und grundlegende Absprachen zur Zusammenarbeit treffen können.

(4) Eine Betreuung des Lernens durch Tutorinnen und Tutoren sieht vor, dass die Lernenden Aufgaben und Übungen bearbeiten und eine Rückmeldung zu ihrer Lösung erhalten. Bei Lernprogrammen kann eine automatisierte Rückmeldung auf relativ einfache Aufgabentypen (z. B. Multiple-Choice, Lückentexte, Zuordnungsaufgaben usw.) erfolgen. Obwohl der Lerneffekt solcher Aufgabentypen unbestritten ist, sind sie bei Lernenden wie Lehrenden weniger beliebt. Das Problem ist zum einen, dass mit solchen Aufgaben kaum mehr als die Aneignung von Wissen überprüft werden kann. Zum anderen ist die subjektive Verbindlichkeit zur Bearbeitung der Aufgaben eher gering, wenn die Rückmeldung nicht von einem Menschen erfolgt. Wenn sie überhaupt vollständig bearbeitet werden, werden sie oftmals nach dem Prinzip von Versuch und Irrtum durchgeklickt.

Bei *hybriden Lernarrangements* spielt die Unterstützung und persönliche Betreuung eine wichtige Rolle. Zum Einsatz können alle Varianten asynchroner wie synchroner Kommunikation kommen. Damit kann ein höherer Grad an Verbindlichkeit und Individualität bei der Begleitung und Rückmeldung erzielt werden. Es können aber auch komplexere Aktivitätsformen wie Üben, Anwenden und Transfer begleitet werden.

(5) Soziale Lernprozesse finden in konventionellen Präsenzveranstaltungen immer statt. Selbst in reinen Vortragsveranstaltungen sehen die Teilnehmenden andere Personen, sie beobachten und vergleichen sich. Durch verschiedene Formen von Rückmeldungen und sozialer Sanktionierung werden Verhaltensweisen auf- oder abgebaut, es findet Modell- und Beobachtungslernen statt. Solche impliziten oder explizit angestoßenen Lernprozesse gehen beim mediengestützten Lernen zunächst verloren. Durch Treffen in Bildungs- oder Studienzentren können diese Prozesse ebenso initiiert werden. Der Vorteil netzgestützter Varianten liegt darin, dass die Kommunikation kurzfristiger und mit weniger Aufwand erfolgt. In günstigen Fällen finden die gleichen sozialen Lernprozesse wie in Präsenzveranstaltungen statt. Gleichwohl empfiehlt es sich, beide Varianten zu kombinieren.

(6) Lernberatung beinhaltet die Unterstützung in der Kurswahl und bei der Durchführung. Wird Lernberatung als Teil der betrieblichen Personalentwicklung aufgefasst, dann geht es eher darum, mit dem Einzelnen die individuellen und organisatorischen Qualifikationsbedürfnisse und -bedarfe zu klären und einen individuellen Plan aufzustellen.

(7) Für alle Beteiligten ist die Qualitätskontrolle und -sicherung der Lernprozesse und -ergebnisse von Bedeutung. Die Prüfung und Zertifizierung des Lernerfolgs kann für das berufliche Fortkommen wichtig sein; sie vermittelt dem Einzelnen aber auch das positive Gefühl, ein definiertes Pensum erfolgreich bewältigt zu haben. Für den Bildungsanbieter oder eine Bildungsabteilung werden solche Informationen über Lernfortschritte noch wichtiger als bei konventionellen Maßnahmen, da der mehr oder weniger valide, unmittelbare Eindruck aus einem Unterrichtsgespräch fehlt.

Hybrides Lernarrangement

Ein hybrides Lernarrangement schafft eine Verzahnung von

- Präsenz- und Onlinephasen,
- synchroner und asynchroner Kommunikation,
- rezeptiven und aktiven Lernphasen,
- selbstgesteuerten und kooperativen Lernaktivitäten und
- den erforderlichen Betreuungsangeboten (technisch, organisatorisch, fachlich, sozial).

Für die Elemente eines *hybriden Lernarrangements* ist bei der Planung festzulegen, welche mediale Umsetzung gewählt wird. Dabei ist eine Verknüpfung zwischen diesen Elementen herzustellen. Wenn ein Online-Element hinzugefügt wird, wird es in der Regel erforderlich, das Lernangebot neu zu konzipieren, da es sich auf *alle* Elemente auswirkt, also auch auf die Präsenzphasen. Die Potenziale der digitalen Medien liegen also nicht in einem bloßen *Add-on* zu bisherigen Angeboten. Es ist vielmehr erforderlich, bisherige Lernangebote mit den vielfältigen Optionen der Lernorganisation in hybriden Lernarrangements neu zusammenzusetzen.

12.2 Lernen zeitlich takten

(Wie) ist das Lernangebot zeitlich getaktet? Diese Frage stellt sich besonders bei Lernangeboten, die über das Internet angeboten und von einer Institution betreut werden. In diesen Szenarien ist zu entscheiden, ob die Lernmaterialien getaktet distribuiert werden, das heißt, in welchem zeitlichen Raster werden Lernmaterialien den Lernenden zugänglich gemacht? Werden Lernmaterialien in einem festen Raster, z. B. alle 14 Tage, versendet bzw. freigeschaltet? Können die Lernenden das Raster selbst beeinflussen? Erhalten die Lernenden unmittelbar nach Anmeldung Zugriff auf alle Materialien?

Wenn die Materialien als Hypertext für exploratives Lernen aufbereitet sind, ist es kaum möglich, diese in einem festgelegten zeitlichen Rhythmus freizugegeben, da die

Lernenden den interaktiven Zugriff auf die gesamte Informationsbasis benötigen. Bei einer expositorischen Aufbereitung ist es dagegen möglich und oft sinnvoll, die Lernangebote in einem bestimmten zeitlichen Takt zu distribuieren. Dabei kann die Taktung sehr unterschiedlich und auch flexibel angelegt sein.

Ein hybrides Lernarrangement besteht aus Online- und Präsenzphasen. Diese können *alternierend* organisiert werden, d. h. Online- und Präsenzphasen wechseln sich ab. Sie können auch *parallel* durchgeführt werden, d. h. parallel zu einer laufenden Präsenzveranstaltung werden Angebote auf einer Onlineplattform bereitgestellt.

Alternierende Durchführung

Es gibt nahezu beliebig viele Varianten, wie FTF- und Onlinephasen alternierend verknüpft werden und wie viele Phasen sich wie oft abwechseln. Eine Kick-off-Ver-an-staltung wird zu Beginn des Kurses häufig eingeplant, damit sich die Teilnehmenden kennenlernen und über den Ablauf des Kurses informiert werden. Manche Autoren (vgl. Salmon, 2000) sind der Meinung, dass Kick-off-Veranstaltungen überbewertet werden. Sie merken an, dass auf diese Weise sehr schnell einfache Wahrnehmungsstereotypen gebildet werden können: Ich bilde mir in dem kurzen persönlichen Treffen eine Meinung über eine andere Person und diese Meinung bringe ich dann in die Onlinephase mit ein. Diese Eindrucksbildung entfällt oder reduziert sich, wenn die Teilnehmenden sich lediglich online austauschen.

In den Onlinephasen findet dann die Auseinandersetzung mit den Lerninhalten statt. In ggf. weiteren Präsenzphasen sollte weniger die Wissensvermittlung im Vordergrund stehen. Sie sollten vielmehr zur Reflexion von Inhalten und der Zusammenarbeit im Allgemeinen genutzt werden. Zum Abschluss kann erneut eine Präsenzveranstaltung vorgesehen werden, zum Beispiel, um eine Prüfung durchzuführen, Rückblick zu halten, die eigenen Erfahrungen auszuwerten oder einfach um den erfolgreichen Abschluss der gemeinsamen Lernaktivitäten zu feiern.

Abbildung 60: Alternierendes Angebot

Die Gefahr besteht darin, die Präsenzveranstaltung zur Wissensvermittlung und für Unterricht zu nutzen. Bei den Präsenztreffen sollte das persönliche Kennenlernen, der Austausch über Erfahrungen und die Reflexion im Vordergrund stehen. Es kann die Anwendung von Wissen und Fertigkeiten geübt werden, gemeinsam an Fällen und Projekten gearbeitet und Lösungen von Teilnehmenden besprochen werden. Sind bei den Präsenzphasen Experten und Expertinnen anwesend, dann sollten diese nicht primär für Vorträge eingespannt werden. Sie sollten vielmehr den Lernenden bei der Übung und Anwendung ihres Wissens Rückmeldung geben, weiterführende

Informationen einbringen und Feedback zu den erarbeiteten Lösungen und Präsentationen der Teilnehmenden geben. Die Präsenzveranstaltung sollte eher den Charakter eines (echten) Workshops haben, an dem die Lernenden mit Experten und Expertinnen an Aufgabenstellungen arbeiten und Lösungen entwickeln.

Die Planung eines hybriden Lernarrangements muss ganz wesentlich an der veränderten Konzeption der *Präsenzphase* ansetzen! Die Einführung von Onlineelementen, nur als Zusatz zu vorhandenen Präsenzveranstaltungen, reicht nicht aus. Ein hybrides Lernarrangement wird nicht dadurch erfolgreich, dass Onlineelemente eingeführt werden. Vielmehr gilt es, die Präsenzphasen neu zu konzipieren und anders anzulegen. Dabei kann man auf verschiedene Widerstände stoßen. Bleibt es aber dabei, die Wissenspräsentation und -vermittlung in den Mittelpunkt der Präsenzveranstaltung zu stellen, liegt kein hybrides Lernarrangement im eigentlichen Sinne vor! Denn die Vorteile des mediengestützten Lernens kommen gerade in der individuell gesteuerten Auseinandersetzung mit Lerninhalten zum Tragen, bei der Lerntempo und Lernintensität individuell angepasst werden können.

Und die Präsenz?

In der Praxis findet sich oft folgendes Vorgehen: Zusätzlich zu den Präsenzveranstaltungen werden den Lernenden auf einer Plattform Texte zur Verfügung gestellt, die sie vor der Präsenzveranstaltung lesen sollen. Möglicherweise wird auch ein Test eingestellt, der prüft, ob die Vorkenntnisse und Voraussetzungen für die Teilnahme an der Präsenzveranstaltung vorliegen. An der Durchführung der Präsenzveranstaltung selbst ändert sich nichts: Die Dozentin trägt vor und präsentiert ihr Wissen.

Es spricht grundsätzlich nichts dagegen, dieses Vorgehen zu wählen; es löst aber einfach nicht die Potenziale eines hybriden Lernarrangements ein. Dass dieses Vorgehen in der Praxis oft anzutreffen ist, hängt mit Gewohnheiten zusammen, die schwer zu durchbrechen sind: (a) Die Teilnehmenden erwarten vielfach, dass die Experten und Expertinnen auf einer Präsenzveranstaltung ihr Wissen in Vortragsform präsentieren (auch wenn sie darüber stöhnen). (b) Die Expertinnen und Experten sind gewohnt, ihr Wissen in Vortragsform in Weiterbildungsveranstaltungen darzustellen (auch wenn sie wissen, dass dies für den Lernerfolg ungünstig ist). (c) Für das Bildungsmanagement ist diese Variante am einfachsten zu organisieren (auch wenn sie wissen, dass dies langfristig nicht effizient ist).

Um diese Erwartungen zu verändern, ist die Einführung eines hybriden Lernarrangements als eine umfassendere Lerninnovation aufzufassen, die weiterreichende Maßnahmen des Change Management erfordert. Werden diese individuellen und organisatorischen Widerstände, mit denen regelmäßig zu rechnen ist, nicht berücksichtigt, wird die Einführung neuer Lernformen und ein angestrebter Wandel von Lernkultur nicht gelingen.

Parallele Durchführung

Bei einem parallelen Angebot treffen sich die Teilnehmenden regelmäßig, zum Beispiel alle zwei Wochen, *face-to-face*. In der Zwischenzeit lesen sie Texte, die auf einer Plattform eingestellt sind. Sie arbeiten online an Lernaufgaben und können sich in Online-Konferenzen besprechen. Die Präsenzveranstaltung hat hier – anders als bei der alternierenden Organisation – eine wichtige Funktion auch für die Wissensvermittlung, sie dient aber auch der Reflexion und der Einübung von Fertigkeiten.

Die Gefahr besteht darin, dass – wie bereits beschrieben – die Präsenz- und Onlineelemente nicht hinreichend miteinander verzahnt sind und das Online-Angebot letztlich wenig genutzt wird. Die Plattform wird dann nur verwendet, um Materialien zum Download zur Verfügung zu stellen.

Eine einfache Lösung könnte darin bestehen, die Wissensvermittlung, die bislang *face-to-face* stattgefunden hat, nun 1:1 in die Online-Phase zu verlagern. Vorlesungen und Vorträge werden aufgezeichnet und im Internet bereitgestellt. Statt im Hörsaal können die Lernenden nun zeit- und ortsunabhängig lernen; das Präsenztreffen kann dann für Diskussionen und Gespräche genutzt werden.

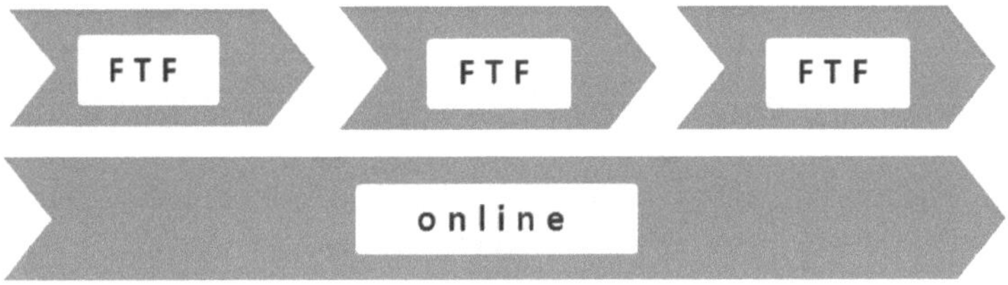

Abbildung 61: Paralleles Angebot

In der Diskussion finden sich auch Schlagworte wie *Flipped Classroom* oder *umgedrehtes Klassenzimmer*. Es scheint dabei einfach um einen Tausch der Lernorte zu gehen. Eine solche Veränderung erfordert aber, das gesamte didaktische Arrangement zu überarbeiten. Es reicht nicht aus, die Vorlesung im Internet bereitzustellen und die Präsenzphase etwa für die Bearbeitung von Hausaufgaben vorzusehen.

Hybrides Lernarrangement

Hybride Lernarrangements beschränken sich nicht darauf, Präsenz- und Onlinephasen alternierend oder additiv zu organisieren. Sie schaffen vielmehr eine neue Komposition verschiedener methodischer und medialer Optionen, bei denen die Bestandteile aufeinander bezogen sind.

Eine typische Variante der zeitlichen Organisation findet sich in Abbildung 62: Hierbei sind Präsenz- und Onlinetreffen aufeinander bezogen. Synchrone Kommunikation wird ergänzt durch den asynchronen Austausch auf einer Online-Plattform, die auf einem ersten Präsenztreffen vorgestellt worden ist.

Eine solche Kombination schafft die Basis für eine relativ enge Verzahnung von Präsenz- und Onlineelementen und verknüpft synchrone und asynchrone Kommunikation. Gleichzeitig ist zu bedenken, dass der Anteil synchroner Kommunikation in dem Konzept relativ hoch ist, und es ist zu prüfen, ob die Zielgruppe diese hohe Anzahl von Treffen einrichten können wird. Ebenso ist sicherzustellen, dass auch hinreichend Gründe und Anlässe für asynchrone Kommunikation vorgesehen werden. Auch diese sind mit den anderen Elementen zu verzahnen: Zum Beispiel wird in dem Online-Treffen eine Aufgabe vorgestellt, die in einem Blog oder Forum zu bearbeiten ist bzw. bearbeitet wurde.

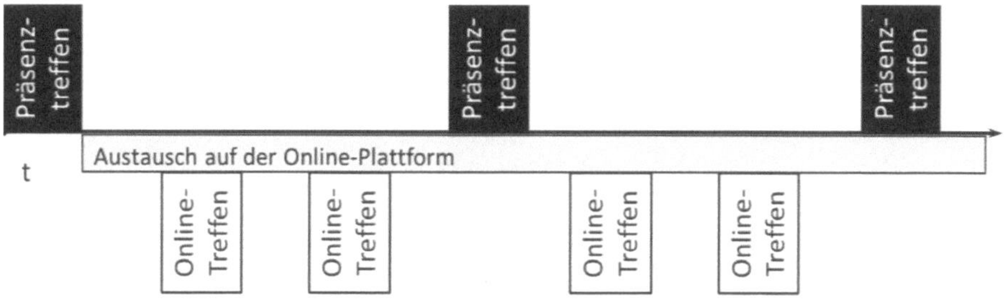

Abbildung 62: Kombination von Präsenz- und Onlinetreffen

In der betrieblichen Bildungsarbeit ist zu überlegen, wie weitere Elemente in das Arrangement inkludiert werden können, um sicherzustellen, dass das Gelernte in der Arbeitssituation angewendet werden kann und der Lerntransfer gewährleistet wird. Dies können Angebote zum Coaching oder zur Supervision sein, mit der die Person unterstützt wird, ihre Erfahrungen in ihrem beruflichen Kontext zu reflektieren.

Feste Taktung oder freier Modulabruf?

Bei der Ausstrahlung eines Lernangebots über Rundfunk und Fernsehen waren bestimmte Zeitfenster vorgegeben, zum Beispiel der erste Samstag eines Monats um 11:00 Uhr. Durch die technische Eigenschaft des Mediums ist vorgegeben, dass die Ausstrahlung zu einer bestimmten Zeit erfolgt. Bei einer Distribution über das Internet können dagegen alle Materialien eines Kurses im Internet eingestellt werden und den Lernenden (nach Freischaltung) zugänglich gemacht werden. Die Lernenden können dann diejenigen Lerninhalte abrufen, die sie interessieren und dabei auch frei wählen, wann und wie viel sie lernen möchten.

Voraussetzung ist, dass die Lernangebote nicht in strikt sequenziell zu bearbeitenden Lerneinheiten organisiert sind, sondern in Module zerlegt sind, die in einer bestimmten Zeiteinheit bearbeitet werden können. Solche eher kleinschrittigen Lernmodule werden in der Weiterbildung zunehmend nachgefragt: Die Lernenden erwarten immer mehr, dass sie maßgeschneiderte Angebote *ad hoc* im Internet abrufen können. Weniger gerne belegen sie längere Kurse, die zu einem festen Zeitpunkt in der Zukunft beginnen.

Zugleich ist zu bedenken: Die zeitliche Einteilung und Taktung von Lernangeboten ist eine zentrale Dienstleistung eines Bildungsanbieters. Die Leistung besteht darin, die Vielzahl möglicher Lehrinhalte und Lernangebote in einer Sequenz zu ordnen, in einem zeitlichen Raster zugänglich zu machen und mit Betreuungsmaßnahmen zu begleiten. Dabei kann die Taktung unterschiedlich rigide erfolgen.

(Nur) Getaktete Angebote ermöglichen das Lernen in einer Gruppe, die entlang bestimmter Themen und Aufgaben einem gemeinsamen Lernpfad folgen. Die Taktung vereinfacht auch die Betreuung der Teilnehmenden, da z. B. zu jedem Zeitpunkt bekannt ist, mit welchen Themen und Fragen sich die Lernenden gerade beschäftigen.

Die Taktung der Distribution hat damit eine Reihe von Vorteilen:

- Die Lerneinheiten sind so eingeteilt, dass sie in einer bestimmten Lernzeit abgearbeitet werden können.
- Die Taktung gibt den Lernenden eine Orientierung, um ihre eigene Lernzeit besser planen zu können.
- Die Lernenden können erkennen, ob und wie weit sie im Kurs fortgeschritten sind, ob sie mitkommen oder nachhängen.
- (Nur) Durch die Taktung kann kooperatives Lernen in einer Gruppe („Kohorte“) mit Formen der Gruppenarbeit usw. organisiert werden.
- Die Betreuenden können den Bearbeitungsstand von Lernenden besser verfolgen.

Die Taktung geschieht damit vor allem aus didaktischen Erwägungen: Die Lernenden werden bei der zeitlichen Organisation ihrer Lernaktivitäten unterstützt. Das Durchhaltevermögen der Lernenden (die *Persistenz*) kann durch diese Maßnahme gefördert werden.

Es sind verschiedene Varianten der Taktung möglich, die mit unterschiedlichen Implikationen einhergehen:

- Feste Taktung (Kurse beginnen zu festgelegten Terminen; Lerngruppen können nach bestimmten Kriterien gebildet werden.).
- Bandwaggon (Nach Anmeldung einer bestimmten Anzahl von Teilnehmenden beginnt eine neue Lerngruppe.).
- Pingpong (Der Lerner/die Lerngruppe erhält Zugriff auf die nächsten Materialien erst dann, wenn die vorherigen Aufgaben bearbeitet/eingesendet wurden.).
- Kontrakt-Lernen (Es erfolgt eine individuelle oder gruppenbezogene Vereinbarung über die zeitliche Distribution/Freischaltung.).

– Offener Zugriff (Der Einzelne kann Inhalte wahlfrei abrufen und damit die Bearbeitungs- und Lerngeschwindigkeit selbstständig bestimmen; Lerngruppen können dabei nicht gebildet werden.).

Didaktische Kriterien für die Taktung

Es wurde aufgezeigt, dass die Wahl des Distributionsmediums auch die Taktung des Lernangebots beeinflusst. Die Distribution über Rundfunk oder Fernsehen ist an starre Ausstrahlungstermine gebunden. Bei der Nutzung des Internets besteht ein größerer Gestaltungsspielraum. So können Materialien sowohl wahlfrei (zum Download) als auch zu einem festen Zeitpunkt gesendet (*gestreamt*) bzw. zugänglich gemacht werden.

Die Taktung ist vor allem dann zu erwägen, wenn das Lernangebot über die Informationskomponente hinaus Kommunikation zwischen Lernenden anstrebt und die Lernenden *gemeinsame Lernaktivitäten* ausführen sollen. Dient die Kommunikation lediglich dem informellen Austausch, erscheint die Taktung nicht zwingend. Anders verhält es sich mit Lernarrangements, bei denen die Lernenden *gemeinsam* Lernaufgaben bearbeiten sollen, bei denen Präsenzphasen vorgesehen sind oder bei denen ein Wechsel zu getakteten Lehrangeboten, zum Beispiel in (Hoch-)Schulen, vorgesehen ist. Hier ist es günstig, wenn die Lernenden ihren Lernprozess synchronisieren, was durch eine Taktung der Mediendistribution zumindest in Teilen erreicht wird.

Wenn Lernaufgaben *alleine* zu bearbeiten sind und die Auswertung und Rückmeldung nicht maschinell erfolgt, ist es günstig, ein personales Betreuungssystem zu installieren. Die Taktung der Lernangebote erleichtert die Betreuung. Zu jedem Zeitpunkt ist bekannt, welche Materialien den Lernenden bereits vorliegen, und es lassen sich Verständnisschwierigkeiten genauer zurückverfolgen.

Bei Lernschwierigkeiten mit offenen und hyperstrukturierten Lernangeboten wäre eine betreuende Person nicht in der Lage, den aktuellen Bearbeitungsstand der Lernenden sofort zu erfassen, also welche Kapitel bereits bearbeitet worden sind: Es könnten kaum Bearbeitungshinweise und Unterstützung gegeben werden.

Bei einer computerisierten Auswertung von Lernaufgaben bzw. Lernerfolgskontrollen und Rückmeldungen ist die Taktung schließlich nicht zwingend. Entweder ist die Auswertung und Rückmeldung in das Medium integriert oder die Auswertung der Einsendeaufgaben erfolgt zentral. Dennoch werden die Materialen in der Praxis auch in diesen Fällen vielfach getaktet, und zwar aus motivationalen Gründen. Das Versenden oder der Abruf eines kompletten Lehrgangs in Form eines - dann umfänglichen - Medienpakets ist nicht sonderlich motivierend. Günstiger ist es deswegen, die Materialien in Teilpaketen bereitzustellen.

Festzuhalten bleibt, dass die Taktung der Informationskomponente vor allem davon abhängt, welche *Kommunikation* angestrebt wird. Je mehr interpersonelle Kommunikation angestrebt wird, umso mehr wird es erforderlich, die Distribution zu takten.

12.3 Lernaktivitäten einteilen

Ein Lernangebot besteht in der Regel aus einer Kombination unterschiedlicher didaktisch-methodischer Elemente, wie z. B. die expositorische Darbietung von Lerninhalten und die Fall- oder Projektarbeit. Ob die Konzeption des Angebots als Ganzes stimmig ist, kann anhand der Aufteilung der Zeiten, die für bestimmte Lernaktivitäten vorgesehen sind, geprüft werden. Das Vorgehen, das im Folgenden vorgestellt wird, ordnet Lernzeiten unterschiedlichen Arten von Lernaktivitäten zu. Untersucht wird, ob diese Zuordnung mit den formulierten Lehr-Lern-Zielen korrespondiert.

Lernzeit bestimmen

Wie viel Zeit werden die Lernenden mit dem Angebot insgesamt verbringen? Sprechen wir von 5, 50 oder 500 Stunden Lernzeit, die zu planen sind? Es ist zunächst die Lernzeit zu bestimmen, die Lernende im Durchschnitt mit dem Lernangebot verbringen werden. Bei der Planung eines Studienprogramms an Hochschulen ist die Lernzeit durch eine Punktezahl des ECTS (*European Credit Transfer System*) vorgegeben. Wenn die Lernzeit dagegen nicht bekannt oder nicht benannt ist, kann eine didaktische Planung im Grunde nicht stattfinden.

Im folgenden Beispiel wird eine nicht untypische Situation geschildert. Das Lernangebot ist akribisch geplant und die Inhalte sind sorgsam aufbereitet worden. Übersehen wurde lediglich, die Zeit zu erheben, die die Lernenden mit dem Lernangebot verbringen werden.

Zu viel!

Eine abteilungsübergreifende Projektgruppe hat ein mediengestütztes Lernangebot zu einer neuen Software in der Fertigung entwickelt. Sie hatten sich auf eine Liste mit Inhalten verständigt, die das Lernangebot in jedem Fall beinhalten sollte. Man hatte sich auch auf ein didaktisches Konzept einigen können, wie die Inhalte methodisch aufbereitet werden sollten. Die Liste der Inhalte ist in mehreren Kapiteln organisiert, die von Fachexpertinnen und -experten in einem Feinkonzept ausgearbeitet wurden. Ein Prototyp wurde von Personen der Zielgruppe sehr positiv bewertet. In ersten Feldversuchen mit dem fertigen Lernangebot erhält das Produkt jedoch von den Mitarbeitenden überraschend schlechte Noten. Sie kommen mit dem Lernprogramm nicht zurecht; sie brechen frühzeitig ab und bewerten das Angebot als unübersichtlich, überfrachtet und „zu viel".

Nehmen wir an, in dem Beispiel ist das Lernangebot auf eine Lernzeit von 30 Stunden ausgelegt. Wir stellen jedoch fest, dass maximal fünf Stunden Zeit aufgebracht werden können. Dann ist es zum einen unwahrscheinlich, dass das Lernergebnis erreicht werden kann. Zum anderen haben wir offensichtlich falsch geplant; es wäre besser gewesen, den Aufwand dafür anders zu investieren.

Bei der Planung von Studienangeboten an *Hochschulen* ist die Lernzeit zu der zentralen Planungsgröße avanciert, nachdem erkannt wurde, dass manche Studiengänge in der vorgesehenen Semesteranzahl kaum studierbar sind. Für ein Studienmodul eines Studiengangs wird im Rahmen der europäischen Harmonisierung des Hochschulstudiums (Bologna-Prozess) die Arbeitsbelastung (*Workload*) abgeschätzt, die Studierende für ein bestimmtes Pensum benötigen. Dabei entspricht ein Leistungspunkt nach dem europäischen Standard einem Zeitaufwand von 25 bis 30 Stunden. Auf diese Weise wird die ungefähre Größe von Modulen in Studiengängen europaweit vergleichbar. Eine ähnliche Berechnungsgrundlage liegt für Lernangebote der allgemeinen und beruflichen Weiterbildung vor.

Auch in Rahmenlehrplänen für die staatlich anerkannten Ausbildungsberufe in Deutschland finden sich zeitliche Vorgaben. Für jedes Ausbildungsjahr werden Lerngebiete (thematische Einheiten), Lernziele (angestrebtes Ergebnis: Kenntnisse, Fertigkeiten usw.), Lerninhalte (fachliche Inhalte) und Zeitrichtwerte (Unterrichtsstunden je Lernziel und Leistungsfeststellung) genannt.

Falls die Lernzeit bislang nicht bekannt oder benannt ist, ist sie abzuschätzen. Zu beachten ist, dass es den Beteiligten teilweise schwerfällt, die voraussichtliche Lernzeit zu benennen. Interessant sind die Ergebnisse von SCHULMEISTER & METZGER (2011), wonach Studierende ihre Lernzeiten tatsächlich *überschätzen*: Bei einer exakten Erfassung von Lernzeiten durch eine laufende Aufschreibung von Aktivitäten über den Tag zeigen sich deutlich niedrigere Werte als bei einer groben Selbsteinschätzung der Studierenden.

Die Lerndauer bezieht sich auf die geschätzte Zeit, die die Lernenden *voraussichtlich* mit der Bearbeitung des Lernangebots verbringen werden. Sie ist eine wichtige Größe für die didaktische Planung. Oft klaffen die Zeitansätze, die für das Bearbeiten des Lernangebots vorgesehen sind, und die Zeit, die die Lernenden einbringen können, auseinander. Die Lernenden können oft weniger Zeit investieren als für die erfolgreiche Bearbeitung vorgesehen ist. Auch stimmen die Planungsansätze, die für das Bearbeiten des Lernangebots angesetzt werden, mit der tatsächlichen Bearbeitungszeit nicht überein. Die Lernenden benötigen für die Bearbeitung länger als geplant. Die tatsächlich erforderliche Bearbeitungszeit wird von den Autor/innen eher unterschätzt.

Es macht also wenig Sinn, wenn etwa ein Lernangebot mit einer Laufzeit von z. B. zwölf Wochen mit einer vorgesehenen Bearbeitungszeit von je zehn Wochenstunden entwickelt wird, wenn bekannt sein sollte, dass die Teilnehmenden maximal fünf Stunden Lernzeit pro Woche einbringen können. Dies würde nämlich bedeuten, dass die Hälfte des entwickelten Lernmaterials nicht angemessen bearbeitet werden und die vorgesehene Taktung der Distribution nicht eingehalten werden kann. Die Entwicklungskosten von etwa der Hälfte des Lernmaterials hätten somit sinnvoller investiert werden können. Aus diesem Grund sollte in jedem Fall versucht werden, die Zeit, die der Zielgruppe zur Verfügung stehen wird, zu erfassen oder abzuschätzen.

Darüber hinaus sollte die Bearbeitungszeit für eine Kurseinheit jeweils zu Beginn einer Lerneinheit mitgeteilt werden. Die Lernenden können so abschätzen, wie viel Zeit für die Bearbeitung eines Kapitels notwendig ist, und sie können entscheiden, ob sie diese Zeit aufbringen wollen oder können.

In der Praxis sind zwei Probleme zu beobachten: Zum einen wird die Lernzeit eines Angebots oft nicht rigoros berechnet. Dadurch bleibt unbekannt, wie lange für die Bearbeitung eines Angebots benötigt wird, und es lässt sich nicht prüfen, inwieweit diese Zeiten mit den Möglichkeiten des Lerners übereinstimmen. Zum anderen überschreitet die Lernzeit die Möglichkeiten eines Lerners oft deutlich. Es wird zum Beispiel ein Lernprogramm entwickelt, das durchschnittlich 25 Stunden Bearbeitungszeit erfordern wird, die Lernenden werden aber nur 10 Stunden einbringen können.

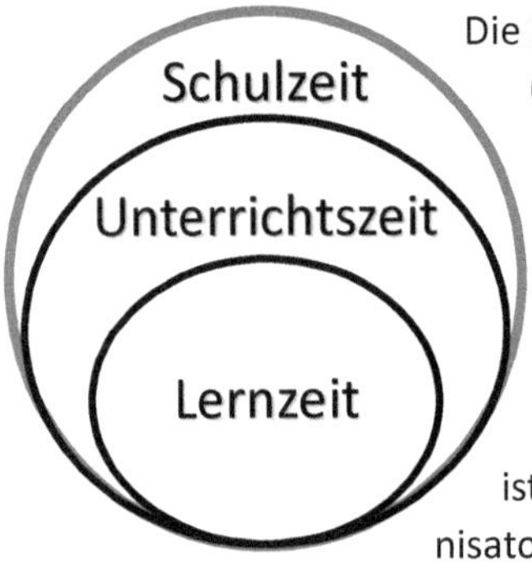

Die Zeit, in der sich die Lernenden in einer Institution aufhalten (*Schulzeit*), und auch die Unterrichtszeit sind nicht gleichzusetzen mit der *Lernzeit*, in der die Lernenden sich tatsächlich mit dem Lerngegenstand (*Time-on-task*) beschäftigen. Untersucht wurde dies insbesondere in Schulen. Es zeigt sich, dass die Lernzeit im engeren Sinne nur einen erstaunlich geringen Teil der Zeit umfasst, die in der Schule verbracht wird. Aus Untersuchungen von Michael Rutter (1979) ist bekannt, dass etwa 15–35 % einer Unterrichtsstunde organisatorischen, disziplinarischen und anderen Aktivitäten zuzuordnen sind.

Mehrfach konnte ein Zusammenhang aufgezeigt werden zwischen der Zeit, die die Lernenden tatsächlich mit dem Lernangebot verbrachten, und dem Lernerfolg. Im Unterricht wird viel Zeit auf organisatorische und disziplinarische Fragen verwendet, die von der *Time-on-task* abgeht und letztlich die Zeit reduziert, in der eine Auseinandersetzung mit Wissen stattfinden kann. Insofern ist die Forderung plausibel, zur Steigerung von Lernerfolgen zunächst die Lernzeit selbst zu optimieren, d. h., den Anteil der Zeit, in dem die Lernenden sich unmittelbar dem Lerngegenstand widmen, zu erhöhen.

Lernaktivitäten: Content – Communication – Construction

Im Folgenden werden wir nun die Lernzeit unterschiedlichen Lernaktivitäten zuordnen. Damit eröffnet sich die Möglichkeit, die Anlage der Konzeption zu prüfen und weitere lernorganisatorische Entscheidungen zu treffen.

Jedes Lernangebot besteht nach Kerres & de Witt (2003) in unterschiedlichen Anteilen aus drei Bestandteilen.

Content. Das Lernangebot präsentiert Informationen. Diese sind im Hinblick auf das Lernziel aufbereitet. Die Informationen können von einer Lehrperson im Vortrag, als Text, Audio- oder Videodatei auf einem physikalischen Datenträger oder über das Netz angeboten werden. Die Lernenden erfassen die Informationen auditiv oder visuell, dabei zeitgleich (synchron) oder zeitversetzt (asynchron).

Eine lernorganisatorische Entscheidung betrifft die Frage, ob die Materialen zeitlich getaktet oder ungetaktet zugänglich gemacht werden. Bei einer Taktung erhält der Lernende, wie bereits beschrieben, die Materialien in einem zeitlichen Abstand, z. B. eine Lerneinheit alle drei Wochen.

Die Entwicklung von Content ist vor allem mit einmaligen Aufwänden verbunden. Weitere, vergleichsweise geringe Kosten entstehen mit der laufenden Korrektur von Fehlern und der Anpassung von Materialien. Je nach Konzeption kann der einmalige Aufwand für die Entwicklung gering sein, etwa wenn vorliegende Textdokumente auf einer vorhandenen Lernplattform eingestellt werden. Der Aufwand für die Entwicklung ist höher, wenn interaktive Programme, auch mit speziell entwickelten Computeranimationen oder -simulationen, produziert werden.

Entscheidungen

- Codierung: als Text, Audio oder Video
- Distribution: getaktet oder ungetaktet

Communication. Das Lernangebot bietet unterschiedliche Formen zur Interaktion der Menschen untereinander. Die Lernenden können sich „unter Gleichen" (peer-*to-peer*) austauschen und/oder sie erhalten Unterstützung von einer Person, die je nach Art der Unterstützung unterschiedlich benannt wird (Tutor/in, Mentor/in, Dozent/in, Coach oder Ähnliches). Die Kommunikation kann zeitgleich oder zeitversetzt erfolgen.

Die Kommunikation dient ...

- der Motivation und sozialen Bindung der Teilnehmenden durch das persönliche Kennenlernen der Anderen,
- der Auseinandersetzung mit komplexen Lerninhalten durch Reflexion und Diskussion, in denen verschiedene Perspektiven sichtbar werden,
- der Entwicklung von Schlüsselkompetenzen, wie Fähigkeiten zur Rollenübernahme, Selbstdarstellung oder Gesprächsführung.

Der Aufwand, der mit der Kommunikationskomponente verbunden ist, kann sehr unterschiedlich sein. Bei den Varianten, die auf der Kommunikation unter den Lernenden basieren, sind die Kosten vergleichsweise gering. Bei den meisten Varianten einer Betreuung durch eine Lehrperson entstehen dagegen zumeist variable Kosten, die abhängig von der Zahl der Lernenden sind. Die Konzeption der Betreuung ist insofern – auch im Hinblick auf die damit entstehenden Kosten – genau zu überlegen.

Entscheidungen

- Kommunikation: zeitgleich (synchron) oder zeitversetzt (asynchron)
- Betreuung: tutoriell betreut oder unbetreut (*peer-to-peer*)

Construction. Das Lernangebot fordert die Lernenden zu Aktivitäten bzw. konstruktiven Tätigkeiten auf. Gemeint sind alle Aktivitäten von Lernenden, in denen sichtbare Ergebnisse („Artefakte“) als Resultat eines Lernprozesses entstehen. Im einfachsten Fall bearbeiten die Lernenden Auswahltests oder sie reichen eine Freitext-Antwort zu einer Lernaufgabe ein. Komplexere Anforderungen stellt die Bearbeitung von Projekten dar, bei denen umfangreiche Ergebnisse erstellt werden können.

Die Bearbeitung der Lernaufgaben kann in unterschiedlicher Sozialform, in Einzel-, Partner- oder Gruppenarbeit, erfolgen. Die Konstruktion dient der Auseinandersetzung mit den Lehrinhalten und der Lernaufgabe. Der wesentliche Nutzen aller konstruktiven Aktivitäten besteht darin, dass sie die Lernenden zu einer mehr oder weniger intensiven Auseinandersetzung mit den Lerninhalten motivieren, und so wesentlich dazu beitragen, dass ein Lernerfolg erzielt wird. Es sind genau solche Lernprozesse zu aktivieren, die zum Lernziel führen. Wichtig ist auch, dass die Lernenden den Zusammenhang selbst erkennen, das bedeutet sie verstehen, warum die Aktivität ihren Lernprozess unterstützt und zielführend für den Lernerfolg ist.

Rein reproduktive Aufgaben und die Abfrage von Fakten ist eine sehr schlichte Art der *konstruktiven Aktivität*, die mit wenig Aufwand geprüft werden kann. Das Bearbeiten komplexerer Aufgaben, wie Fälle, Probleme oder Projekte, erfordert dagegen eine wesentlich intensivere Betreuung und Prüfung, die vom Computer nicht automatisiert erfolgen kann.

Die Kosten, die mit der Konstruktionskomponente verbunden sind, entstehen insbesondere durch die Begleitung und Beratung sowie die Auswertung von Einreichungen und Prüfungsleistungen. Am wenigsten Kosten entstehen, wenn Auswertungen automatisiert vom Computer vorgenommen werden können. Dies trifft auf alle Arten von Auswahltests zu, wie z. B. Tests im Multiple-Choice-Verfahren, aber auch Aufgaben, bei denen vorliegende Objekte zuzuordnen oder in eine Rangfolge zu bringen sind. Günstig ist ebenso, wenn die Lernenden untereinander ihre Einreichungen kommentieren und bewerten.

Entscheidungen

- Bearbeitung: individuell oder mit Anderen
- Auswertung der Lernaufgabe: automatisch, durch andere Lernenden (*Peers*) oder durch Betreuer/innen

Die Komponenten müssen nicht notwendigerweise in allen Lernarrangements in gleichem Maße und in gleicher Form vorkommen. Es hängt vielmehr von Ergebnissen der mediendidaktischen Analysen ab, wie und in welchem Umfang die Komponenten in einem konkreten Angebot einzulösen sind. Für den Lernerfolg kommt es darauf an, den richtigen Mix dieser Komponenten zu finden.

Kostenstruktur und Skaleneffekte

Für jedes Lernangebot kann der Umfang der Komponenten *Content – Communication – Construction* bestimmt werden, das heißt wie viel Lernzeit die Lernenden mit entsprechenden Aktivitäten verbringen. Diese Anteile sollten kongruent sein mit den avisierten Lehrzielen. Dabei ist allerdings auch zu beachten, dass mit den drei Komponenten unterschiedliche Kostenstrukturen verbunden sind.

Mit der Erstellung der Content-Komponente sind zunächst *feste Kosten* verbunden, die *unabhängig* von der Anzahl der Lernenden sind: Die Produktion von Texten und Videos, der Aufbau einer Lernplattform und Ähnliches ist einmalig zu finanzieren. Die laufenden *Betriebskosten* für die Bereitstellung der Contents im Internet sind dagegen vergleichsweise günstig; bei kleinen Budgets kann auf Lösungen zurückgegriffen werden, die für den Anbieter kostenfrei genutzt werden können. Für diese Betriebskosten nahezu unbedeutend ist jedoch, wie viele Personen auf die Contents zugreifen. Je nach Art der Lösung könnte höchstens ein Engpass entstehen, wenn die Materialien von mehreren hundert Personen *gleichzeitig* abgerufen werden.

Anders verhält es sich bei den beiden anderen Komponenten: Kommunikation und Konstruktion erfordern zunächst die Einrichtung bestimmter digitaler Werkzeuge, die entweder einmalig beschafft und auf einem Server installiert werden oder mit monatlichen Mietkosten versehen sind. Der Aufwand entsteht jedoch vor allem im laufenden Betrieb und ist abhängig von der Anzahl der Teilnehmenden. Stehen bei der Content-Komponente damit die fixen Kosten im Vordergrund, sind bei Kommunikation und Konstruktion die variablen Kosten zu beachten, die mit der Zahl der Teilnehmenden korrespondieren.

Damit existieren zwei mögliche Richtungen, wie das Lernangebot angelegt werden kann. Ausgehend von einer – immer erforderlichen – Content-Komponente kann das Schwergewicht auf das *Selbstlernen* gerichtet sein. Damit existiert eine gut skalierbare Lösung, da der Aufwand für den Betrieb relativ unabhängig ist von der Anzahl der Lernenden. Ob 100 oder 1.000 Personen auf das Material zugreifen, spielt für den

Betrieb kaum eine Rolle. Auch mehrere tausend Teilnehmende können so kostengünstig bedient werden. Die Betreuung kann dabei auf das Wesentliche (z. B. technischer Support) reduziert werden. Soll diese Richtung verfolgt werden, wird die Content-Komponente vor allem um solche Elemente bereichert werden, die das Selbstlernen unterstützen, wie Begleitmaterialien mit Hinweisen für das Selbststudium, Tipps für das Erarbeiten von Texten und weiterführende Literatur. Kommunikation und Konstruktion werden einen geringeren Anteil an den Lernaktivitäten haben. Interaktive Übungen und Tests können dem Einzelnen helfen, den eigenen Wissensstand zu erfassen und sich selbst zu prüfen.

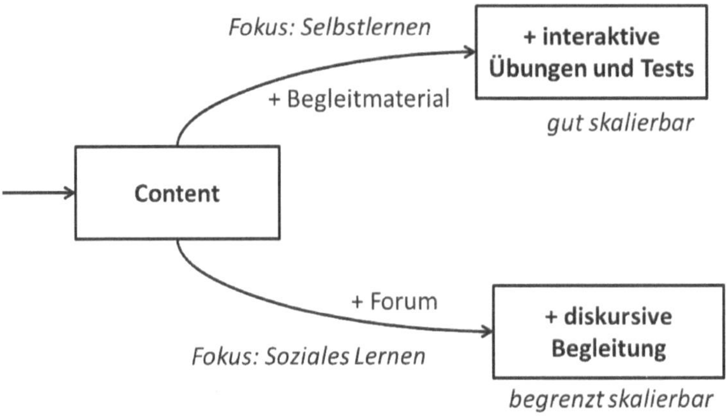

Abbildung 63: Varianten der Anreicherung

Soll stattdessen das Schwergewicht auf *soziales Lernen* gelegt werden, wird die Content-Komponente erweitert um Betreuungselemente, die nur begrenzt skalierbar sind. Die Betriebskosten steigen in Abhängigkeit von der Anzahl der Personen, die zu betreuen sind. Um den sozialen Austausch und die Zusammenarbeit zu fördern, wird man entsprechende Werkzeuge benötigen. Erforderlich ist jedoch Personal für die Online-Begleitung. Wenn wir z. B. für 100 Teilnehmende fünf Tutorinnen oder Tutoren benötigen, dann wird für 200 Teilnehmende etwa doppelt so viel Personal erforderlich werden. Die Betreuungskosten sind also eng an die Zahl der Teilnehmenden gekoppelt. Durch verschiedene Varianten der Organisation von Betreuung lassen sich die Kosten in bestimmten Grenzen optimieren (s. split-role-tutoring bei Nübel & Kerres, 2004).

Eine grundsätzlich andere Kostenstruktur ergibt sich nur, wenn die Betreuung der Kommunikations- und Konstruktionsaktivitäten an die Lernenden selbst übertragen wird: Beim *peer-tutoring* übernehmen die Lernenden selbst die Aufgabe, andere Lernende zu unterstützen; beim *peer-assessment* evaluieren sich die Lernenden untereinander, sie geben Rückmeldung zu den Einreichungen anderer. *Peer-assessment* kann damit geeignet sein, wenn die diskursive Auseinandersetzung zu einem Thema angestrebt wird, bei dem es nicht um richtige oder falsche Lösungen geht, sondern vor allem um die Artikulation einer eigenen Position und die Bezugnahme auf Andere.

Kostenstruktur

- fixe Kosten: Content
- variable Kosten: Communication & Construction

Bei *offenen Kursen*, die kostenfrei im Internet angeboten werden und auf teilweise große Resonanz stoßen (etwa sogenannte MOOC: *Massive Open Online Courses*), stellt sich besonders die Frage, wie die variablen Kosten der Durchführung zu bewältigen sind. Zur Reduktion dieser Kosten kann die Content-Komponente stärker für ein selbstgesteuertes Lernen ausgelegt und Antworten der Teilnehmenden automatisiert ausgewertet werden. Alternativ kann das Feedback, wenn dies sachlich möglich ist, auf *Peers*, die Teilnehmenden selbst, verlagert werden. Dabei bewerten die Lernenden die Lösungen Anderer und geben sich auf diese Weise untereinander Rückmeldung.

Lernzeiten den Lernaktivitäten zuordnen

Die Lernzeit kann den drei Lernaktivitäten zugeteilt werden. Die Verteilung der Anteile sollte in Abhängigkeit von den bereits diskutierten Parametern des didaktischen Feldes erfolgen. Nicht jedes Lernangebot wird zu gleichen Teilen aus allen drei Komponenten bestehen, die Verteilung ist vor allem von den Lernzielen abzuleiten.

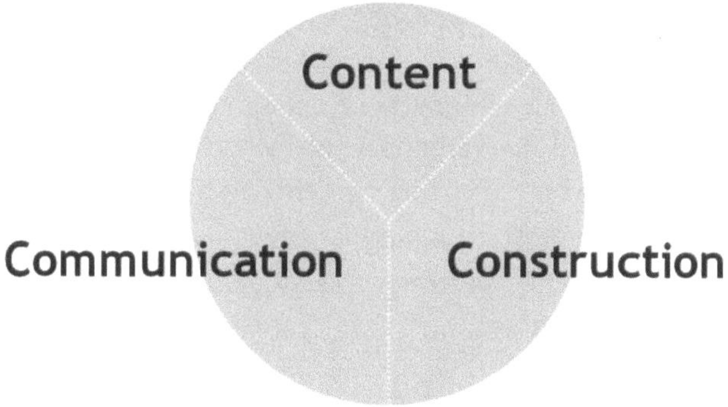

Abbildung 64: Elemente des 3C-Modells (Kerres & de Witt, 2003)

Die *Vermittlung* von deklarativem und prozeduralem Wissen erfolgt zumeist über die Content-Komponente. Wenn das Lehrziel vor allem darin besteht, Fakten wiedergeben zu können, kann der Anteil der Kommunikations- oder Konstruktionskomponente relativ gering ausfallen.

Die Kommunikationskomponente ist insbesondere dann vorzusehen, wenn es um komplexere Konzepte geht,

- die ohne Hilfe schwer nachvollzogen werden können,
- bei denen multiple Perspektiven existieren und diese verstanden werden sollen,
- bei denen keine richtige oder falsche Aufgabenlösung existiert, sondern die Argumentation, Begründung und Einordnung das Lehrziel ausmacht.

Um den Anteil der Kommunikationskomponente festzulegen, sind die Merkmale der Teilnehmenden und die Lernorganisation zu berücksichtigen. Die Kommunikationskomponente kann wesentlich dazu beitragen, einen Abbruch zu verhindern. Sie schafft Verbindlichkeit und soziale Kohäsion. Wenn die Teilnehmenden sich in Präsenzveranstaltungen oder am Arbeitsplatz ohnehin treffen, ist die Onlinekommunikation weniger wichtig. Es gibt aber auch Lernende, gerade auch unter Berufstätigen, die Kommunikation als unnötig und lästig einschätzen und deren Wert zur Erreichung des Lehrziels nicht sofort erkennen. Hinzu kommen teilweise negative Erfahrungen mit Gruppenarbeiten und anderen Formen sozialer Lernaktivitäten etwa aus der Schule, die dazu beitragen, dass diese nicht immer auf Akzeptanz stoßen.

Die Konstruktionskomponente ist besonders dazu geeignet, Lernprozesse anzuregen und den Lerntransfer zu unterstützen. Dies geschieht sicherlich allein mit einfachen Multiple-Choice-Testfragen; Lernaufgaben, die sich auf komplexe Fälle oder Projektarbeiten beziehen, erscheinen dagegen als ein Königsweg zum nachhaltigen Wissenstransfer. Das Internet eignet sich dabei gerade auch für kooperative Ansätze, bei denen die Lernenden auf Plattformen gemeinsam an Lösungen arbeiten.

Die Konstruktionskomponente ist immer dann besonders wichtig, wenn etwa auf eine Prüfung vorbereitet werden soll. Beim autodidaktischen Lernen fehlt diese Komponente regelmäßig. Bei betreuten Varianten ist dieses Element typischerweise vorhanden. Jedoch sind an die Aufgaben und die damit angestrebte Lernaktivität bestimmte Anforderungen zu stellen, da nicht jede „Hausaufgabe“ auf das Lehrziel bezogen ist. Sie sind oft nicht hinreichend auf den Lerntransfer für ein Anwendungsgebiet ausgerichtet und die Lernenden können oft nicht genügend nachvollziehen, wieso diese Aufgabe zur Erreichung des Lehrziels beitragen soll.

Die Lernorganisation jedes mediengestützten und Präsenzangebotes kann anhand des Komponentenmodells beschrieben werden. Dies soll an den folgenden Beispielen veranschaulicht werden.

Vorlesung mit Seminar

Nehmen wir eine Vorlesung mit begleitendem Seminar und Übungsaufgaben. Die Studentin investiert in diesem Fall insgesamt 150 Stunden Lernzeit (15 Wochen à durchschnittlich 10 Stunden). Den größten Teil der gesamten Lernzeit verbringt die Studentin mit der Vorlesung und der Vor- und Nachbereitung der dort präsentierten Informationen, auch als Vorbereitung für eine Klausur (insgesamt 80 Stunden, davon

15 x 1,5 Stunden Kontaktzeit). Dies ordnen wir der Content-Komponente zu. Im Seminar steht die Kommunikation und diskursive Auseinandersetzung mit dem Sachgegenstand im Vordergrund: Es werden Referate gehalten und verschiedene Positionen und Theorien erörtert. Unterschiedliche Sichten und Perspektiven auf Sachverhalte werden ausgetauscht (insgesamt 55 Stunden, davon 15 x 1,5 Stunden Kontaktzeit, der Rest für die Vorbereitung).

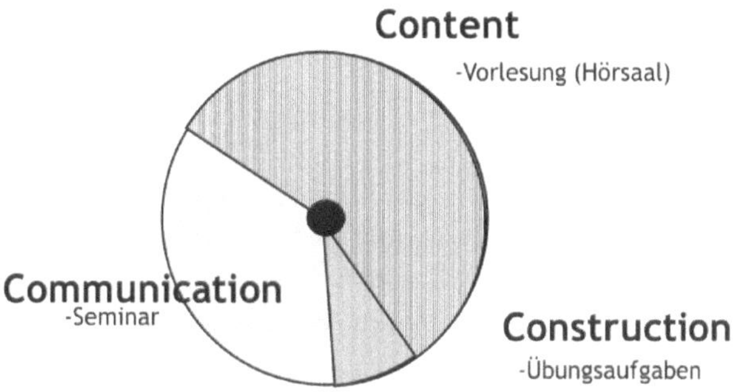

Abbildung 65: Beispielverteilung von Lernaktivitäten und -zeiten

Zusätzlich bearbeitet die Studentin Übungsaufgaben mit anderen Studierenden in einer Lerngruppe, die sie regelmäßig abgeben muss. Für diese, in einem zwei- bis dreiwöchigen Rhythmus stattfindenden ca. zweistündigen Treffen benötigt sie insgesamt etwa 15 Stunden.

Onlineseminar

In einem anderen Fall geht es um ein Onlineseminar in einem Umfang von insgesamt ca. 50 Stunden. Hier steht die Kommunikation der Teilnehmenden im Vordergrund.

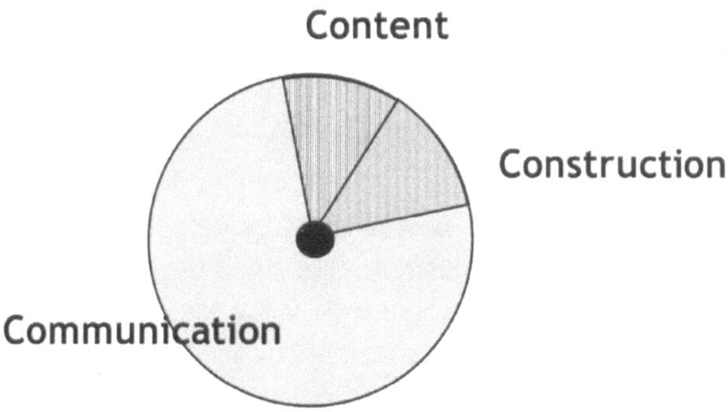

Abbildung 66: Beispielverteilung von Lernaktivitäten und -zeiten

Die Content-Komponente hat in diesem Fall mit ca. fünf Stunden einen geringen zeitlichen Anteil; die Dozentin hat einige Links auf Texte und Internet-Quellen eingestellt, die die Lernenden als Vorbereitung zu den Sitzungen lesen sollen. Die Konstruktionsleistung bezieht sich auf einen kurzen Essay, der zu einem vorgegebenen Thema zu erstellen ist und für den etwa sieben Stunden eingerechnet werden.

In beiden Fällen kann die Frage gestellt werden, ob die Komponenten und damit die Lernzeiten angemessen verteilt sind. Um dies zu entscheiden, wäre näher auf die Lehrziele einzugehen, und es ist die Frage zu stellen, inwieweit die Lernaktivitäten mit den angestrebten Lehrzielen übereinstimmen.

12.4 Soziale Interaktion organisieren

Durch die Nutzung von Netzen erweitert sich das Spektrum möglicher Varianten zu interpersoneller Kommunikation: Die aus der Telefonie bekannte Kommunikation zwischen Einzelpersonen (1:1), der Versand von Informationen an eine Gruppe (1:N) oder die Kommunikation innerhalb von oder über Gruppen hinweg (N:N). Das Onlinelernen kann Hin- und Rückkanal der Kommunikation in *einem* technischen Medium realisieren. Hierdurch vereinfacht sich – im Vergleich zu traditionellen Ansätzen des Fernstudiums – der Austausch zwischen lehrender Institution und Lernenden ganz wesentlich. Ist eine bestimmte Bandbreite des Datendurchsatzes im Netz gewährleistet, kann neben der asynchronen (zeitversetzten) auch die synchrone (zeitgleiche) Kommunikation zwischen Personen realisiert werden.

Beim Onlinelernen werden damit sehr unterschiedliche Varianten zur Distribution von Informationen und zur Gestaltung interpersoneller Kommunikation möglich. Es können alle bisher dargestellten Varianten nachgebildet werden und es lassen sich neue, didaktisch interessante Varianten realisieren, wie etwa das *kooperative Lernen im Netz* und *peer-to-peer Lernen*. Im Folgenden werden einige Varianten näher erläutert. Anschließend geht es um die Frage, wie die Gruppenbildung in solchen Varianten beschrieben und unterstützt wird.

12.4.1 Varianten sozialer Organisation

In einem Online-Lernszenario bearbeiten einzelne oder mehrere Lernende mit mehr oder weniger Unterstützung durch Andere einen Lerngegenstand. Bei einer Systematisierung möglicher Varianten können die Varianten in Tabelle 34 unterschieden werden. Sie greifen bereits in früheren Kapiteln diskutierte Lernszenarien unter dem Aspekt der Lernorganisation auf.

Tabelle 34: Systematik der Online-Lernszenarien

Varianten	**Interaktion**	**kooperativ**	**betreut**	**synchron – asynchron***
offenes Onlinelernen	L	–	–	as
Tandemlernen	L — L	+	–	as
(unbetreute) Lerngemeinschaften	L — L — L	+	–	as
Online-Coaching	L — T	–	+	s
Online-Teaching	T — L, L, L	–	+	s
betreutes Onlinelernen	T — L (L)	–	+	as
verteiltes, kooperatives Lernen	L — L — T	+	+	as
E-Mail-Partnerschaften	T L — L (T)	+	+ (lokal)	as
virtuelles Klassenzimmer	T L L — L L (T)	+ (lokal)	+ (lokal)	s + as

Abkürzungen: L = Lerner, T = Tutor, s = synchron, as = asynchron

Online-Teaching

Beim Online-Teaching steht der Aspekt der Wissensvermittlung durch Dozierende im Vordergrund. Dabei werden in der Regel Vorträge, Präsentationen oder (Studio-)Diskussionen übertragen. Die Lernenden sind räumlich vom Lehrenden getrennt und zunächst vor allem rezipierend beteiligt. Es besteht jedoch die Möglichkeit, sich mit Fragen, Kritik oder Anmerkungen an den Referenten zu wenden. Eine typische Anwendung wäre die *Übertragung* einer Vorlesung, eines Vortrags oder einer Präsentation aus einem Hörsaal oder Studio an eine andere Hochschule, in den Schulungsraum eines Unternehmens oder einer Weiterbildungseinrichtung. Es bleibt didaktisch bei einem eher konventionellen Ansatz, da die Lernenden im Wesentlichen einem Unterricht per Onlinemedien beiwohnen.

Bei Videokonferenzen im Internet müssen teilweise weiterhin Abstriche an der Qualität der Bildübertragung gemacht werden, wenn kein Zugriff auf schnelle und sehr zuverlässige Verbindungen besteht. Bei Gruppenkonferenzen erweist sich weniger die Bild- als die Tonübertragung als problematisch. In Veranstaltungsräumen können aufwendigere Maßnahmen zur Tonerfassung und zum Beispiel zur Unterdrückung von Störgeräuschen und akustischen Rückkopplungen notwendig sein. Hinzu kommt, dass die Teilnehmenden eine weniger hochwertige *Bild*übertragung eher akzeptieren als eine schlechte *Ton*übertragung. Es ist zu bedenken, dass in der Regel der Audiokanal die inhaltlichen Informationen transportiert.

Auch wenn sich die Teilnehmenden durch die Bildzuschaltung visuell nahe fühlen, bleibt eine Distanz im Kommunikationsverhalten bestehen. Die Dozierenden sind in diesem Szenario gefordert, Kommunikation im virtuellen Raum anzuregen. Denn ein Dialog über die Distanz stellt sich nicht automatisch ein.

Das Potenzial *bidirektionaler* Kommunikation reduziert sich teilweise auf eine *einseitige* Kommunikation von einem Vortragenden zu Rezipienten, bei der letztlich nur *gesendet* und nicht *interagiert* wird. Aus didaktischer Sicht stellt sich die Frage, ob der Aufwand für die zeitgleiche Präsenz lohnt, wenn die wechselseitige Interaktion zwischen Referierenden und Zuhörenden in entfernten Lokationen in der Praxis so schwer zustande kommt. Es bleibt bei einer (unidirektionalen) *Ausstrahlung* von einem Sender zu einem Empfänger. Wenn aber kein Dialog zustande kommt, ist der Aufwand, der mit der Einrichtung und Durchführung dieses Szenarios verbunden ist, für alle Beteiligten zu hoch. Als Alternative bietet sich an, eine Aufzeichnung zum Download bereitzustellen. Aus diesem Grund sollten Dozierende auf die Hürden und Herausforderungen der Kommunikation hingewiesen werden, die mit diesem Szenario verbunden sind, und es sollte nach Strategien gesucht werden, wie die entfernt Teilnehmenden aktiv in einen Dialog eingebunden werden können.

Offenes Onlinelernen

Beim offenen Onlinelernen greift eine einzelne Person auf Lernmaterialien im Netz zu; die Bearbeitung der Materialien geschieht ohne Kooperation mit Anderen oder Betreuung durch eine tutorielle Instanz. Diese Variante eignet sich insbesondere für kleinere Lerneinheiten (etwa von wenigen Stunden Bearbeitungsdauer) und für Wissensdefizite, die *ad hoc* behoben werden sollen. Interessant ist dies gerade für Fortgeschrittene, die bereits einen Überblick über ein Fachgebiet besitzen, ihr Wissensdefizit genau benennen und auch wissen, wie sie es beheben können. Der Begriff des *just in time learning* charakterisiert diese Variante besonders gut: Die Person möchte nicht warten, bis ein Kurs beginnt, sie bedarf keiner weiteren Unterstützung, sondern sucht genau zu diesem Zeitpunkt ein didaktisch angemessen aufbereitetes Angebot. Sie geht davon aus, dass eine Anfrage in einem Forum ihr Defizit nicht angemessen beheben wird, sie will zuverlässig eine kompetente, schnelle Lösung und sie ist möglicherweise auch bereit, dafür finanziell aufzukommen.

Dieses Konzept der Offenheit von Zugang und Zugriff auf die Lernangebote erhält durch das Lernen im Internet neue Impulse. Das Lernen im Internet kann in mehrfacher Hinsicht *offen* gestaltet werden: Die *Offenheit* des Lernens kommt in der individuellen Wahl der Inhalte und Ziele, aber auch des Zeitpunkts der Lernaktivitäten und des gewählten Lernwegs zum Ausdruck. Lernende können selbstständig und *ad hoc* auf Lernangebote zugreifen, um aktuelle Informations- oder Wissensdefizite zu beheben (s. a. die Beiträge in Zimmer, 1994).

Online-Coaching

Beim Online-Coaching steht die persönliche Betreuung im Vordergrund, eine entfernte Person betreut die Lernenden per E-Mail oder mithilfe von Audio- und Videokonferenzen. Die synchronen Varianten, bei denen Coach und Lernende zeitgleich an ihrem jeweiligen Computer anwesend sind, sind attraktiv, wenn es um längere, wechselseitige Dialoge geht, bei der auch auf Aspekte eines Einzelfalls intensiver eingegangen werden soll. Beim Coaching besteht damit ein fließender Übergang zur Beratung, z. B. in Fragen von Finanzen, Steuern, Recht usw.

Das Szenario ist bereits u. a. bei der Fernbetreuung von Computeranwendern erprobt worden, die geschult werden sollten, wie typische Büroanwendungen auf dem Computer zu nutzen sind (Geyken, Mandl, & Reiter, 1995; Gräsel, Bruhn, Mandl, & Fischer, 1997). Dabei kommt in der Regel eine Software zur Fernsteuerung des Computers zum Einsatz, die es dem entfernten Coach erlaubt, den Bildschirm des Anwenders einzusehen. Der Coach kann die Aktionen des Lernenden verfolgen und ggf. eingreifen oder eine Lösung demonstrieren. Auf diese Weise lassen sich relativ einfach Fehler diagnostizieren und Lösungsstrategien entwickeln. Hier steht allerdings eher ein kurzfristiger Support bei der Lösung akuter Probleme und nicht die systematische Weiterbildung im Vordergrund. Da das Vorgehen für Anfänger zunächst eher fremd ist, lohnt sich dieses Szenario nur, wenn eine bestimmte Regelmäßigkeit dieser Art der Betreuung vorgesehen ist.

Auf diese Weise können Lernende relativ intensiv und individuell betreut werden. Ohne das zeitliche Gerüst eines Kurses kann die Beratung *ad hoc* angefordert werden. Einfacher zu realisieren wären *a*synchrone Kommunikationsvarianten, bei der sich Lernende an eine entfernte Tutorin z. B. per E-Mail wenden können. Die Anbieterin muss hierbei eine funktionsfähige Infrastruktur (technisch wie personell) aufbauen, die eine schnelle und kompetente Betreuung sicherstellt.

Der Vorteil des Szenarios ist der vergleichsweise schnelle Zugriff auf eine Beratung. Diese Art der individuellen Betreuung wird man vor allem als *ein* Element einer Lernumgebung vorsehen. Nur in der Kombination mit anderen Elementen, wie selbstgesteuertes Lernen mit Medien, Präsenzphasen u. a., stellt sich in der Regel eine didaktisch sinnvolle und effiziente Lernorganisation ein.

Unbetreute Lerngemeinschaften

Lerninteressierte können Angebote im Internet aufsuchen, wo sie Gleichgesinnte mit ähnlichen Anliegen treffen: Hat eine Person z. B. ein technisches Problem, kann in einem Forum nach Lösungen gesucht werden. Dabei lässt sich weder gewährleisten, *dass* die Person eine Antwort erhält noch dass diese Antwort richtig ist. Dennoch funktioniert diese wechselseitige Hilfestellung von Menschen, die sich mit ähnlichen Fragestellungen beschäftigen, in Internetforen in bestimmten Fällen (z. B. zu Fragen der Computertechnik): Der Einzelne hofft auf Unterstützung von Anderen und ist bereit, Andere ebenso an seinem Wissen teilhaben zu lassen.

Die Diskussion über *Communities* erhält auch im Kontext des *Wissensmanagements* in Organisationen Bedeutung. Wissensmanagement zielt darauf, formelles und informelles Wissen in Organisationen besser zu dokumentieren und Anderen zugänglich zu machen. Auf Intra- oder Internetservern sollen die Mitarbeiter/innen einer Organisation Informationen, Erfahrungen usw. eingeben, so dass Kollegen und Kolleginnen – in anderen Abteilungen und an anderen Standorten – hierauf zugreifen können. Voraussetzung dazu ist, dass sich der Einzelne tatsächlich als Mitglied einer Gemeinschaft erlebt, der er bereit ist, sein Wissen zur Verfügung zu stellen.

In der Praxis sind die Grenzen des Austauschs von Lernenden zu beachten: Bei einem offenen Forum findet Informationsaustausch statt, aber in der Regel kann nicht von einem Lernangebot im eigentlichen Sinne gesprochen werden. Ein Forum im Internet ist vielmehr ein mögliches *Element* eines Lernangebotsbeziehungsweise einer Plattform im Rahmen des Wissensaustausches. Es wäre aber naiv anzunehmen, dass es ausreicht, ein Forum oder eine andere Kommunikationsplattform einzurichten, um eine *Community* zu etablieren (vgl. Kapitel 6.2).

Tutoriell betreutes Onlinelernen

Beim Onlinelernen können die Lernenden persönlich betreut werden. Eine hohe Intensität der Lernaktivität wird durch *Lernaufgaben* gefördert bzw. gefordert. Auf diese Weise soll einer oberflächlichen Auseinandersetzung mit Lernmaterialien entgegengewirkt werden. Durch die tutorielle Betreuung entsteht für die Lernenden die Gewissheit, etwa bei Lernschwierigkeiten, Unterstützung zu erhalten. Es besteht andererseits auch die Verpflichtung, die Ergebnisse der Lernaktivitäten – gegenüber einem Menschen – angemessen und termingerecht zu präsentieren und dabei möglichst sinnvolle Antworten vorzulegen.

Die tutorielle Betreuung basiert auf *Lernaufgaben,* die aufbereitet werden müssen. Je nachdem, welche Aktivität beim Lernen angestrebt wird, ist die Lernaufgabe anzulegenzum Beispiel ...

- als Einsendeaufgabe, die an eine Tutorin verschickt und von ihr beantwortet, kommentiert oder bewertet wird,
- als individueller (Diskussions-)Beitrag in einem Plenum (in einem Internetforum o.ä.), der allen Teilnehmenden eines Kurses zugänglich ist, oder
- als (Diskussions-)Beitrag, der zunächst innerhalb einer kleineren Lerngruppe (mit etwa sechs Teilnehmenden) erarbeitet und dann an eine Tutorin weitergeleitet wird.

Die Lernaufgabe ist an die Art der angestrebten Bearbeitung und an die damit verbundenen Lernziele anzupassen: Nichts wirkt in diesem Zusammenhang mehr demotivierend als eine nicht passende Lernaufgabe. In Abhängigkeit von Lehrinhalten und

-zielen ist demnach zu entscheiden, ob bei der Bearbeitung einer Lernaufgabe die Kommunikation eher zwischen Einzelnen (Lerner – Tutor) oder in (Lern-)Gruppen erfolgen soll. Diese Varianten werden im Folgenden genauer erläutert (zur Interaktion zwischen Tutoren und Lernenden vgl. Chi, 1996).

Verteiltes, kooperatives Lernen

Das *verteilte, kooperative Lernen* ist eine Erweiterung des Ansatzes des tutoriell betreuten Onlinelernens. Dabei steht die Gruppenarbeit im Vordergrund, bei der die Lernenden gemeinsam an Lernaufgaben arbeiten. Es werden Lerngruppen gebildet, die beispielsweise Personen mit ähnlichen Voraussetzungen umfassen. Es können aber auch Lerngruppen gebildet werden, in denen die Mitglieder möglichst unterschiedlich sind, um die Vielfalt der verfügbaren Sichten und Kompetenzen in der Gruppe zu erhöhen. Ein solch verteiltes, kooperatives Lernen bedarf einer Betreuung. Die Online-Tutorinnen und Tutoren können sowohl fachliche als auch gruppenbezogene Aufgaben übernehmen. Sie geben fachliche Rückmeldungen zu Ausarbeitungen der Lerngruppe und unterstützen die Gruppe bei der Organisation ihrer Lernaktivitäten.

Die Betreuung der Lernenden geschieht in der Regeln nicht, wie beim *Online-Coaching*, zwischen einzelnen Lernenden und Tutorinnen oder Tutoren auf Basis einer 1:1-Interaktion. Sie werden eher die *Gruppe* bei ihren Lernaktivitäten unterstützen. Dies ist über Distanzen keine triviale Aufgabe: Es gilt, die Gruppe bei der Gruppenfindung und der gemeinsamen Bearbeitung von Lernaufgaben zu unterstützen ohne sich zu sehr einzumischen. Von der Betreuung ist nicht nur eine fachliche Qualifikation zu fordern, sondern sie muss Gruppenprozesse betreuen (können) – eine für Pädagogen und Pädagoginnen bekannte Anforderung. Denn auch über das Netz lassen sich alle – funktionalen wie dysfunktionalen – Gruppenprozesse beobachten. Die mehr oder weniger ausgeprägte Identifikation mit der Gruppe und dem Gruppenergebnis, die Herausbildung von Gruppennormen und -strukturen, die Verstärkung der Lernmotivation des Einzelnen durch die Gruppe, aber auch die *schweigende Mehrheit*, die Profilierung Einzelner, das vorschnelle Aufteilen von Gruppenaufgaben statt des gemeinsamen Erarbeitens und vieles andere mehr. (vgl. Kapitel 6.2).

Schwieriger als in konventionellen Gruppen ist hier allerdings das Eingreifen der Tutorinnen oder Tutoren bei Schwierigkeiten. Es liegen wenige dokumentierte Erfahrungen vor, wie Gruppenprozesse unter den besonderen Bedingungen der Onlinekommunikation positiv beeinflusst werden können. Auch hier stellt sich die Frage, wie die vorliegenden, umfangreichen Erfahrungen aus der traditionellen (Präsenz-)Didaktik z. B. zur Schüler-Schüler-Interaktion, zu gruppendynamischen Prozessen und Sozialformen für die Besonderheiten des Onlinelernens nutzbar gemacht werden können (vgl. Hron, Hesse, Reinhard, & Picard, 1997; McGrath & Hollingshead, 1994).

Tandemlernen

Beim *Tandemlernen* finden sich zwei Lernende zu einer Lernpartnerschaft zusammen. Sie finden sich zumeist über eine Einrichtung, die, auf Basis einer Datenbank mit den Interessen und Voraussetzungen anderer Lerner, solche Lernpartnerschaften vermittelt. Entwickelt und erprobt wurde das Szenario, um Fremdsprachen zu erlernen. Es schließen sich jeweils zwei Lernende zusammen, die die Sprache, die der Andere erlernen möchte, selbst als Erstsprache erworben haben: Eine Deutsche, die Spanisch lernen will, wird auf diese Weise ein Tandem bilden mit einer Spanierin, die ihre Deutschkenntnisse vertiefen möchte. Das so gebildete Tandem erhält eine Folge von Aufgaben als Grundlage für seine Konversation; der Kontakt geschieht vorrangig via E-Mail. Die Häufigkeit und Intensität der Konversation bleibt den beiden Lernpartnern überlassen. Die Lernaktivitäten selbst werden in der Regel nicht direkt betreut; allerdings kann eine Agentur als Anlaufstelle für anstehende Probleme eingerichtet werden.

Der Ansatz erscheint verlockend: Man installiere einen Server oder eine Datenbank im Internet, in der sich Interessenten eintragen bzw. ihren Wunschpartner suchen können. Nach beidseitiger Einwilligung in die Tandembildung erhalten sie – ebenfalls automatisiert – einen Leitfaden für ihre Arbeit und Materialien, die auf ihr Profil zugeschnitten sind. In dieser Weise lassen sich im Tandem Lernthemen Schritt für Schritt bearbeiten.

Das Problem liegt zum einen darin, geeignete Partner zusammenzubringen. Zum anderen müssen didaktisch aufbereitete Materialien und Aufgaben vorliegen, die eine gemeinsame Bearbeitung erforderlich machen und deren Bearbeitung einen Lernfortschritt sicherstellt. Da jede Lernpartnerschaft von anderen Voraussetzungen ausgeht und sicherlich nie völlig gleiche Lernziele vorliegen, muss eine gewisse Bandbreite an Materialien vorhanden sein, um die Lernaktivitäten der Partner angemessen anzuregen.

Wenn man sich diese Anforderungen vor Augen führt, ist es nicht verwunderlich, dass manche Tandems oft schon nach kurzer Zeit ihre gemeinsamen Lernaktivitäten einstellen. Nur eine intensivere Betreuung und Anpassung der Lernaufgaben an die besonderen Bedingungen der Partner kann die Persistenz erhöhen und die *Drop-out-Rate* reduzieren helfen. Damit sieht man, dass eine weitgehende Automatisierung und ein vollständiger Verzicht auf persönliche Betreuung (auch) bei diesem Ansatz nicht ausreichen, um die didaktischen Ziele im Ganzen zu erreichen.

E-Mail-Partnerschaften

Nicht wesentlich anders als das Tandemlernen funktionieren E-Mail-Partnerschaften, etwa zwischen entfernten Schulklassen. Der Unterschied besteht darin, dass die Lernenden von einer Instanz, z. B. einem Lehrer vor Ort, unterstützt werden. Dieser Ansatz kommt vor allem in Schulen zum Einsatz. Den größten Nutzen verspricht er, wenn zwei Lehrkräfte an zwei örtlich entfernten Schulen zusammenarbeiten und ein gemeinsames Vorgehen absprechen. Auf diese Weise kann der Austausch zwischen den Lernenden per E-Mail systematischer auf ein bestimmtes Thema und Ziel ausgerichtet werden. Ein solches Arrangement kann vor allem im Bereich des interkulturellen Lernens von Interesse sein.

Virtuelles Klassenzimmer

Eine Erweiterung des Partnerlernens auf ganze Gruppen ist möglich, wenn zwei oder mehrere Klassen über den Standort hinweg gekoppelt werden. Bei einem solchen *virtuellen Klassenzimmer* arbeiten die Lernenden in Gruppen und werden von einer oder mehreren Lehrkräften betreut. Zum Einsatz kommen synchrone Kommunikationswerkzeuge (wie Videokonferenzen) sowie (asynchrone) Groupware-Lösungen für die gemeinsame Bearbeitung von Arbeitsaufträgen bzw. Dokumenten. Der technische und organisatorische Aufwand ist nicht unerheblich.

Zugleich wird mit dem Begriff „virtuelles Klassenzimmer" auch ein Typ von Software-Anwendung verbunden, bei dem sich die Teilnehmenden in einer Videokonferenz sehen und dabei Dokumente präsentieren und bearbeiten können.

12.4.2 Stadien der Gruppenbildung

Soziale Interaktion baut soziale Beziehungen zwischen Menschen auf, es können soziale Gruppen und das Gefühl von Gruppenzugehörigkeit und Gemeinschaft entstehen. Gleichzeitig fördert genau diese Gruppenzugehörigkeit die Häufigkeit und Intensität persönlicher Kommunikation. Diese Prozesse des sozialen Lernens werden aus verschiedenen Gründen angestrebt (vgl. Kapitel 6.1).

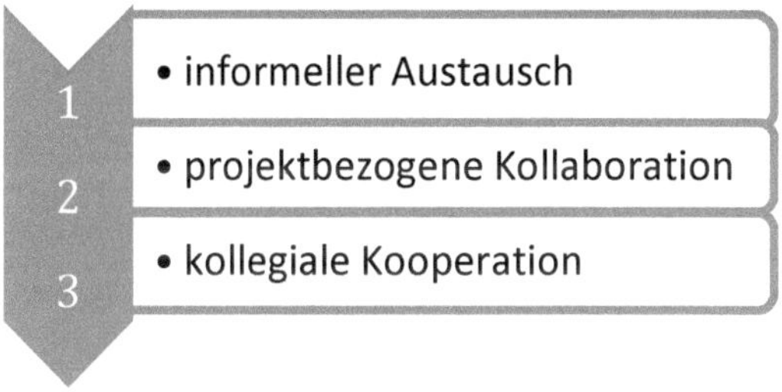

Welche Stadien durchläuft die Gruppenbildung und wie kann sie gefördert werden? Bei der sozialen Interaktion von Lernenden und der Entwicklung von Lerngruppen in internetbasierten Kursen können drei Stadien beobachtet werden. In der Zusammenarbeit verändert sich die Kommunikation und es entwickelt sich zunehmend ein Gefühl von *Gemeinschaft* (vgl. Kapitel 6.2).

Auf der ersten Stufe findet sicher der *informelle Austausch* von Informationen, z. B. in Chat- oder Konferenzräumen, auf Internetplattformen oder in Foren, bei denen sich Menschen in virtuellen Räumen treffen. Sie sind sich einander fremd und haben kein gemeinsames Ziel – außer der Kommunikation selbst. Solche Möglichkeiten des informellen Austausches in netzbasierten Lernumgebungen sind sinnvoll und auch für die Lernmotivation günstig; ihre Nutzung bleibt wenig planbar, und in der Regel existieren für solche rein kommunikativen Bedürfnisse bereits genügend andere Foren, so dass entsprechende Angebote in einer Lernumgebung oftmals ungenutzt bleiben, wenn nicht Anlässe für die Kommunikation geschaffen werden.

Eine tiefergehende Gruppenbildung entsteht, wenn sich Menschen zusammenfinden, um gemeinsam ein definiertes, zumeist vorgegebenes Ziel zu erreichen. Bei einer solchen *projektbezogenen Kollaboration* arbeiten Menschen, auch wenn sie sich nicht oder nur wenig kennen, über das Internet gemeinsam – auch über Distanzen – an bestimmten Aufgaben zusammen. Ihre sachlichen Rollen werden in der Regel zu Beginn festgelegt, die sozialen Rollen in der Gruppe bilden sich in der Interaktion allmählich heraus. Über asynchrone Internetplattformen oder -foren hinaus unterstützen Onlinekonferenzen die synchrone Kommunikation untereinander und *Groupware*-Werkzeuge die gemeinsame Bearbeitung von Dokumenten.

In dem Stadium der *kollegialen Kooperation* schließlich werden nicht nur vorgegebene Themen bearbeitet, sondern es können auch gemeinsam neue Ziele und Arbeitsweisen entwickelt werden. Dieses Stadium der Gruppenbildung zeichnet sich dadurch aus, dass sich die Interaktion der beteiligten Akteure auf eine soziale Rollenstruktur stützt, die sich im Laufe ihrer Interaktion herauskristallisiert hat. Dies wäre etwa der Fall, wenn sich Lernende online treffen, um gemeinsam ein Projekt zu planen und Bearbeitungsschritte für ein neues Vorhaben diskutieren.

Beim mediengestützten Lernen beschränkt sich die Kommunikation oftmals auf den *informellen Austausch* zwischen den Lernenden. Das Stadium der *Kollaboration*, etwa bei der gemeinsamen Bearbeitung von Lernaufgaben, kommt nur unter bestimmten Bedingungen zustande, etwa

- wenn bereits eine persönliche Beziehung zu einzelnen oder mehreren der entfernten Partner besteht,
- wenn die Rahmenbedingungen gegeben sind, dass sich eine soziale Gruppe bilden kann (Größe, Homogenität usw.),
- wenn die beteiligten Personen davon überzeugt sind, dass sich unter den gegebenen Bedingungen (Zeit, Betreuung usw.) so etwas wie eine soziale Gruppe bilden wird,
- wenn in ähnlichen Lernkontexten gute Erfahrungen mit kommunikativen Szenarien gemacht wurden,
- wenn die betreuende Institution genügend überzeugend auftritt (und die Teilnehmenden von der Nützlichkeit des Szenarios überzeugt sind) oder ein externer Druck existiert (Der Dozent fordert die Teilnehmenden explizit auf, die Aufgaben entsprechend zu bearbeiten.),
- wenn der Kontext des Bildungsanbieters für die Teilnehmenden ohnehin attraktiv ist, d. h. die Bindung des Einzelnen geschieht über die Identifikation mit der Einrichtung (z. B. durch frühere positive Erfahrungen) oder
- wenn die Zusammenarbeit gegenüber der Einzelarbeit einen deutlichen Mehrwert erkennen lässt (z. B. weil erfahrene oder bekannte Kollegen mitwirken).

Zu prüfen ist also, ob eine soziale Gruppenstruktur (Verteilung sozialer Rollen, Etablierung sozialer Normen usw.) vorliegt, die für die Kommunikation im Internet und die zu bewältigende Lernaufgabe adäquat ist, beziehungsweise durch welche Maßnahmen die erforderliche Gruppenbildung unterstützt werden kann. Grundsätzlich ist mit Schwierigkeiten zu rechnen, wenn eine Intensität der Zusammenarbeit erwartet wird, die nicht mit dem Stadium der sozialen Gruppe korrespondiert. Dies trifft insbesondere dann zu, wenn sich die Teilnehmenden nicht persönlich kennen. In beruflichen Kontexten arbeiten Menschen zunehmend an gemeinsamen Projekten, die sich persönlich nie *face-to-face* kennengelernt haben. In didaktischen Kontexten bleibt dies in vielen Fällen schwierig: Für das gemeinsame Arbeiten an Lernaufgaben besteht kein „objektiver" Anlass. Es ist durchaus nachzuvollziehen, dass die schlichte Aufforderung „Diskutieren Sie dies bitte in der Gruppe" ohne Echo bleiben kann.

Für ein kommunikatives Lernszenario ist zu klären, welche Stufe der Zusammenarbeit unter den gegebenen Bedingungen angestrebt wird bzw. erreichbar ist. So ist zu bedenken, dass – entgegen der teilweise verbreiteten Euphorie über Community-Ansätze – keineswegs alle Menschen darauf warten, solche „Gemeinschaften" von Gleichgesinnten im Internet zu finden (zur Kritik s.a. Kraut u. a., 1998).

So erscheint die Umsetzung der letzten Stufe einer *gemeinsamen Zielfindung und -erreichung* über das Netz bei Personen, die sich nicht persönlich kennen, weiterhin problematisch, auch wenn sie im Sinne des Community-Gedankens interessante Perspektiven bietet. Auch für die gemeinsame Aufgabenbearbeitung bei der *projektbezogenen Kollaboration* ist eine zum Teil aufwendige Planung und Betreuung notwendig. Förderlich erscheint in vielen Fällen zumindest *eine* Präsenzphase *(Kick-off-*Treffen), die so anzulegen ist, dass die soziale Gruppenbildung im Vordergrund steht.

Kommunikationsanlässe

Das Szenario muss zunächst durch Lernaufgaben Kommunikationsanlässe bieten, die auf das Lehrziel ausgerichtet sind. Je plausibler oder einladender dieser Anlass für Kommunikation ist, desto eher wird die Person motiviert sein, sich mit Beiträgen zu beteiligen. Dies ist die *Anreizseite* des kommunikativen Szenarios, d. h. wie und wodurch werden die Lernenden zur Kommunikation motiviert?

Günstig auf diese Bereitschaft wirkt sich die Größe der Gruppe aus. Man könnte annehmen, dass die Wahrscheinlichkeit für das Einstellen von Beiträgen umso höher ist, je größer die Anzahl der Teilnehmenden ist. Dies ist jedoch nicht automatisch der Fall. Die netzbasierte Kommunikation wird eher begünstigt, wenn eine *soziale Gruppe* entsteht (vgl. Kapitel 6.2), bei der sich die Beteiligten grundsätzlich kennen (können). Berücksichtigt man einen gewissen Anteil von Personen, denen man eine passive Rolle zugesteht, dann ergibt sich ein Korridor von 30 bis maximal 100 Personen.

Das Entstehen einer sozialen Gruppe mit sozialen Rollen und einer Gruppenidentität setzt im Übrigen voraus, dass der Prozess durch externe Rahmenbedingungen einer gewissen Strukturierung unterliegt, etwa durch eine Einstiegsphase und einen Abschluss. Auf die Gruppenbildung kann sich eine gewisse Homogenität der Gruppenzusammensetzung günstig auswirken, das heißt die Teilnehmenden haben ähnliche Anliegen (Lernziele) oder eine ähnliche berufliche Tätigkeit oder Ausbildung. Gleichermaßen kann sich eine gewisse Heterogenität der Lernenden bei der Bearbeitung von Lernaufgaben positiv auswirken: Die Lernenden profitieren von den verschiedenen Hintergründen und Sichtweisen der Anderen und können dadurch neue Perspektiven für sich entdecken.

Gestaltung der Reaktionsseite

Was passiert aber, wenn eine Person auf den Anreiz, den vorgegebenen Kommunikationsanlass (z. B. Lernaufgabe), mit einem Beitrag reagiert? Für die weitere Kommunikation in der Gruppe ist entscheidend, dass die Person erlebt, dass der Beitrag sich gelohnt hat. Dies hängt wesentlich davon ab, wie auf den Beitrag der Person reagiert wird.

Problematisch sind negative Reaktionen auf Beiträge Anderer, also z. B. ablehnende, abwertende oder gar diffamierende Äußerungen. Zu bedenken ist, dass mediengestützte Kommunikation bestimmten systematischen Einflussfaktoren unterliegt. So wird geschriebene Kritik teilweise schärfer erlebt als gesprochene Kritik, bei der immer die Gelegenheit besteht, die Kritik durch nonverbale Hinweise zu modulieren bzw. abzuschwächen. Hier muss überlegt werden, ob und wie eine Tutorin eingreifen kann, um (vom Verfasser oft nicht intendierte) negative Emotionen rechtzeitig abzufangen.

In der Praxis stellt sich jedoch häufiger ein anderes Problem, nämlich dass *keine* Reaktion auf einen Beitrag erfolgt! Die Wahrscheinlichkeit, dass weitere Beiträge vom Autor oder von Anderen geliefert werden, wird hierdurch unmittelbar reduziert. Im Sinne der Verhaltenstheorie findet die Löschung einer Verhaltenstendenz statt. Dies wirkt sich auch aus auf die Teilnehmenden, die (bislang noch) nichts beigetragen haben. Gerade in der Anfangsphase beobachten sie, was passiert, wenn jemand einen Beitrag liefert (Modelllernen). Kritisch ist dabei, dass eine Reihe von Beiträgen gerade in der Anfangsphase Mängel aufweisen. Sie werden beispielsweise falsch eingestellt, nicht richtig verstanden oder entsprechen nicht den inhaltlichen oder formalen Vorgaben. All dies erfordert vonseiten der tutoriellen Betreuung ein umsichtiges darauf Eingehen.

Es ist also zu planen, wie die Reaktionsseite zu gestalten ist. Die Maßnahmen können sehr unterschiedlich sein. So könnten die Betreuenden in der Anfangsphase auf Beiträge zunächst intensiver eingehen und sich im Laufe der Diskussion bzw. in weiteren Lerntakten eher zurückziehen. Grundsätzlich sollten die Teilnehmenden nicht den Eindruck gewinnen, die Kommunikation wird vor allem von den Tutorinnen und Tutoren gesteuert, da ansonsten wenig direkte Bezugnahme der Teilnehmenden untereinander erfolgt.

Die Schwierigkeiten in einem solchen Lernszenario sind nicht grundsätzlich anders als in einem Lernsetting im Präsenzformat. Allerdings ist die Bewältigung von entsprechenden Problem- und Konfliktsituationen beim mediengestützten Lernen über Distanzen in der Regel schwieriger als in der Situation *vis-à-vis*.

12.5 Lerninhalte strukturieren

Wie gehen wir nun vor, um das Lernangebot inhaltlich zu strukturieren? In der Regel liegt ein Korpus an *Wissensinhalten* vor. Er muss nach den beschriebenen Prinzipien und Überlegungen – unter Nutzung einer didaktischen Methode – in ein *Lernangebot* überführt werden. Doch wie ist die Binnenstruktur des Lernangebots zu konzipieren? Wie *groß* oder *klein* sollten Lerneinheiten sein? In welcher Granularität sollten Module angelegt werden?

Im Folgenden wird zunächst der Aufbau des gesamten Lernangebots, z. B. eines *Kurses,* in *Lerneinheiten* beschrieben. Danach wird es um ein wesentliches Element der Lerneinheit gehen: die *Lernaufgabe*.

12.5.1 Binnenstruktur von Lernangeboten

Betrachten wir zunächst den Aufbau des Lernangebots als Ganzes: Es ist zu entscheiden, wie seine Struktur anzulegen ist. Wir haben einen Korpus an Wissen, der in der Regel nicht in einem Stück präsentiert werden kann, sondern in Einheiten zu organisieren ist. Im Folgenden werden drei Beispiele vorgestellt, die typische Ausgangspunkte für entsprechende Vorhaben verdeutlichen.

Der erste Fall ist vergleichsweise klar strukturiert:

Fall 1

Sie planen ein Online-Tutorial zur Erklärung eines neuen internetbasierten Systems für die Abrechnung von Reisekosten, das in allen Behörden des Landes NRW eingeführt werden soll.

In dem Tutorial sind alle Abläufe (z. B. Beantragung einer Reise, Genehmigung von Reisen, Abrechnung von Reisen) getrennt und knapp, aber vollständig darzustellen. Dabei sind auch unterschiedliche Rollen zu beachten, wie Antragsteller, Vorgesetzter, Abteilungsleitung usw.

Sie würden sich mit den Fachleuten treffen, um die zentralen Funktionen zu erfassen und um Ablaufdiagramme zu erstellen, wie die Funktionen im Einzelnen zu bedienen sind: Auf dieser Grundlage könnten Sie den Umfang des Lernangebots abschätzen und eine erste Struktur ausarbeiten.

Im zweiten Fall ist die Thematik zwar systematisch strukturiert; die Zielgruppe erwartet allerdings keine abgeschlossenen Lerneinheiten, die sequenziell durchgearbeitet werden, sondern einen *offenen Zugriff* auf einzelne Lerninhalte:

Fall 2

Sie planen für ein international agierendes Unternehmen eine Onlinefortbildung zum Thema „Programmierung von Internetseiten mit PHP". Die Zielgruppe umfasst Softwareentwickler/innen, die bereits andere Programmiersprachen beherrschen.

Die Zielgruppeanalyse hat ergeben, dass die Mitarbeitenden wenig Interesse an einem systematischen (Online-)Kurs von vielen Stunden Dauer haben. Sie wollen lieber in kurzen Blöcken *just in time* lernen, wenn sie Zeit haben und sich ihnen eine bestimmte Frage stellt. Natürlich sollte das Lernangebot dennoch im Ganzen eine konsistente Struktur aufweisen.

Die Thematik weist eine klar strukturierte, hierarchische Struktur auf: Ich muss bestimmte Grundlagen (z. B. wie werden Variablen definiert?) kennen, bevor ich mich komplexeren Themen (z. B. Ablauf- und Kontrollstrukturen) zuwenden kann. Dennoch wird es erforderlich sein, das Angebot in kleineren Lerneinheiten wahlfrei zugreifbar zu machen: Die Lernenden können ad hoc auf bestimmte Lerneinheiten zugreifen und müssen nicht ganze Kurse belegen.

Im nächsten Fall kann die Struktur des Lernangebots nicht aus der Sachlogik abgeleitet werden. Hier gilt es zu überlegen, wie die Inhalte zielgruppengerecht aufgebaut werden können:

Fall 3

Sie planen für die Landesmedienanstalt ein Internetangebot für Jugendliche und Eltern zum Thema Drogenkonsum. Im Internet sollen diverse Infos rund um das Thema präsentiert werden. Das Thema soll in lockerer Form informativ, aber nicht belehrend vermittelt werden.

Sie haben eine Menge Informationen erhalten bzw. zusammengetragen. Doch wie soll diese Information nun „auf den Server" gebracht werden? Es steht fest, dass es um eine eher expositorische Darbietung gehen wird. Die Auflockerung geschieht über eine persönliche Ansprache und eine anregende Formsprache. Es werden Interviews mit Jugendlichen eingebunden (*Testimonials*), die eigene Erfahrungen einbringen.

Der Thematik liegt keine zwingende Sachlogik zugrunde. Vielmehr ist eine Struktur zu finden, die einladend ist und die Lernenden zur Rezeption motiviert. Dazu ist es notwendig, sinnvolle kleinere Einheiten zu finden.

Umfang und Größe von Kursen

Der Umfang von Lernangeboten von Bildungsinstitutionen ist über die letzten Jahrzehnte tendenziell immer kleiner geworden (vgl. Weiterbildungsstatistik des Deutschen Instituts für Erwachsenenbildung): Lernende binden sich nicht gerne an Lehrgänge mit langen, festen Laufzeiten. Sie suchen nach Angeboten, die sie flexibel ihrer privaten und beruflichen Situation anpassen können.

Mediengestützte Angebote lassen sich modular anlegen: Die Angebote können einzeln belegt werden. Gleichzeitig sind sie eingebunden in umfangreichere Programme: Die Module sind anschlussfähig, sie können kombiniert werden und führen möglicherweise auch zu einem Zertifikat oder anderem Abschluss.

Für alle Beteiligten ist es vorteilhaft, wenn die Lernangebote einer Einrichtung eine möglichst ähnliche Binnenstruktur aufweisen. Die künftigen Teilnehmer/innen und Kunden müssen möglichst schnell eine Idee entwickeln, woraus ein Produkt, wie z. B. *eine Onlinelerneinheit,* besteht: Welcher Umfang an Lernzeit erwartet mich? Welche zeitliche Bindung gehe ich ein? Was ist das Ergebnis und wie kann ich danach fortfahren? Die Binnenstruktur muss einfach sein und sich gut vermitteln lassen.

Es gibt keine *optimale* Größe bzw. Granularität eines Lernangebots. Es kann sinnvoll sein, sich an dem zu orientieren, was für die Lernenden *üblich* ist bzw. welche Begriffe und Größen die Lernenden aus anderen Zusammenhängen kennen. Wenn z. B. von einem *Onlineseminar* gesprochen wird, so hat eine (akademisch vorgebildete) Kundin eine ungefähre Idee vom Umfang, der Länge und dem zeitlichen Aufwand, der sie erwartet.

Im Hochschulsektor wird etwa im *European Credit Transfer System* (ECTS) ein Leistungs- bzw. Kreditpunkt für einen Umfang von 25 bis 30 Stunden Lernzeit angesetzt. Die Studierenden belegen dabei Studienmodule in der Größenordnung von ca. 5 bis 10 Punkten. Der Bezug auf das ECTS-System ist deswegen bei entsprechendem Zielpublikum vorteilhaft.

In der Erwachsenenbildung ist es üblich, von Kursen zu sprechen. Die deutsche Volkshochschulstatistik weist für 2015 als durchschnittliches Volumen eines Kurses etwa 25 Unterrichtsstunden aus, wobei zwischen Fachgruppen und Bundesländern Unterschiede bestehen.

Struktur

Wie kann nun die inhaltliche Struktur des Angebotes aussehen? Es hilft den Lernenden, wenn dabei eine möglichst einfache Struktur zur Anwendung kommt und Begriffe für die Strukturelemente genutzt werden, die der Zielgruppe geläufig sind.

Der *Aufbau* der Produkte eines Anbieters sollte möglichst ähnlich sein, um einen hohen Wiedererkennungseffekt zu erzielen. Die Lernenden finden sich dadurch schneller in dem Lernangebot zurecht. Es wird dafür plädiert, den strukturellen Aufbau der Lernangebote möglichst gleichförmig zu halten. Zu unterscheiden ist jedoch zwischen dieser äußeren Struktur des Angebotes und der didaktischen Umsetzung der einzelnen Bestandteile: Die *didaktische* Ausgestaltung der Lernangebote sollte keineswegs immer gleichförmig sein, sondern sich durch vielfältige Varianten der Umsetzung auszeichnen.

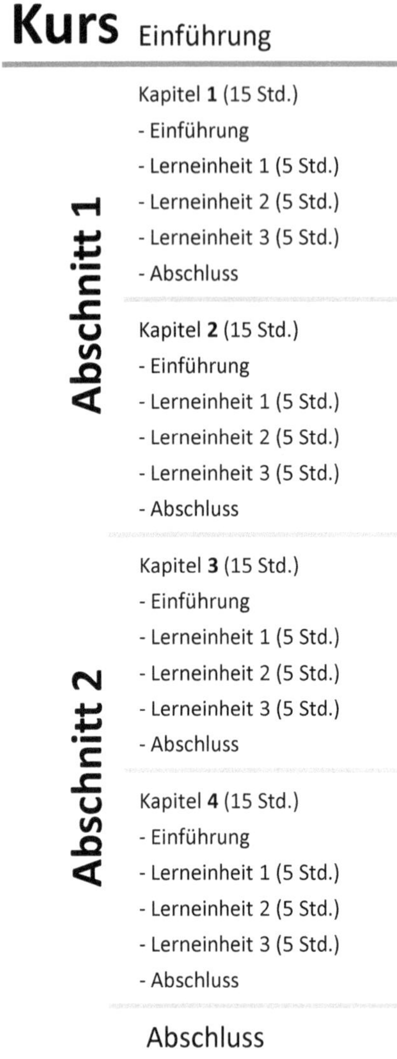

Abbildung 67: Hierarchieebenen

Im Folgenden wird eine mögliche Form einer einheitlichen Strukturierung vorgestellt. Das kleinste Element eines Lernangebots nennen wir *Lerneinheit*. Ihr Umfang und Aufbau sollte möglichst ähnlich sein. Die Lernenden sollten einschätzen können, wie umfangreich eine Lerneinheit üblicherweise ist und wie viel Zeit sie in einer Lerneinheit verbringen werden. Die *Lerneinheiten* werden in der Regel zu größeren Sinneinheiten zusammengefasst: Im Beispiel werden mehrere Lerneinheiten zu *Kapiteln* zusammengefasst. In einer weiteren Ebene können Kapitel zu inhaltlich zusammenhängenden *Abschnitten* zusammengefasst werden. Eine weitere Ebene einzuführen bietet sich selten an, weil dies für die Nutzenden zu komplex wird: Es erschwert die Orientierung und belastet die mentale Rekonstruktion der Kursstruktur. Vorzuziehen wäre es, die Kurse anders zu organisieren, etwa indem die Größe der Lerneinheiten oder die Anzahl der Kapitel erhöht wird.

Der Aufbau des Lernangebots, z. B. in Abschnitte und Kapitel sollte über verschiedene Produkte des Anbieters eine gleichbleibende Struktur aufweisen. Sicherlich kann im Einzelfall von dem – selbst gewählten – Standardmodell abgewichen werden, auch um einer Monotonie zu entgehen. Dennoch bleibt es wichtig, dass die Lernenden eine Vorstellung entwickeln, wie der *Standardaufbau* des Lernangebots aussieht. In konventionellen Kursen, Seminaren oder Lehrgängen – auch durch die zeitlichen Vorgaben von Veranstaltungsterminen – entwickelt sich bei den Lernenden eine relativ klare Vorstellungen darüber, wie diese Veranstaltungen ablaufen und welche zeitlichen Belastungen damit verbunden sind. Beim Onlinelernen fehlen solche Fixpunkte, die das Lernen rahmen, vielfach. Im Übrigen helfen Strukturvorgaben auch den Autor/innen, sich in das Vorhaben hineinzuversetzen und ihre Ausarbeitung an einem solchen Standard auszurichten.

Einstieg

Lernerfolg hängt wesentlich davon ab, dass die Lernenden an die eigentliche Bearbeitung der Lerninhalte herangeführt werden. Deswegen ist es sinnvoll, die Lernenden **vor** der eigentlichen Präsentation der Lerninhalte vorzubereiten, um kognitive Schemata zu aktivieren, die für den Lernprozess relevant sein werden. Hilfreich sind *Metainformationen* über die folgende Lerneinheit, das folgende Kapitel oder den Kurs. Dies sind z. B. das erwartete Vorwissen, die Lerndauer und die Lernziele, die die Lerneinheit vermittelt. Orientierung geben auch einführende Bemerkungen, Bearbeitungshinweise oder die Nennung der zentralen Aussagen. Die Einführung ist jedoch *nicht* als Zusammenfassung zu verstehen, in der alles schon gesagt ist, was im Folgenden ausgeführt wird: In der Einführung soll vielmehr gesagt werden, um was es geht, und warum und wofür das wichtig ist.

Als Einstieg eignen sich *Advance Organizer*, die von David Ausubel eingeführt wurden. Ein solcher Einstieg ordnet den danach folgenden Lerninhalt von einer anderen, übergeordneten Perspektive ein. Er erwähnt zentrale Begriffe, die danach näher erläutert werden. Hilfreich sind auch Visualisierungen, wie z. B. Mindmaps und andere Formen, mit denen sich die Wissensorganisation von Lerninhalten darstellen lässt. Vorteilhaft ist, wenn an bereits Gelerntes angeknüpft wird.

Die Einführung wird auf den unterschiedlichen Ebenen (Lerneinheit, Kapitel, Abschnitt, Kurs) verschieden ausführlich sein. Die Einführung formuliert jeweils, was im Folgenden zu erwarten ist, und benennt die Lehrziele sowie die erforderliche Lernzeit. Auf der Ebene der Kapitel, Abschnitte oder des Kurses sollten darüber hinaus weitere Metainformationen zum Lernangebot mitgeteilt werden. In der Kurseinführung kann sich die Autorin zum Beispiel in einem Video an die Lernenden wenden. Die Autorin kann in der Ich-Form zu Wort kommen, die Teilnehmenden persönlich ansprechen und ermuntern, sie kann auf mögliche Probleme hinweisen usw.

Solche Ein- und Hinführungen werden in allen lerntheoretischen Ansätzen für wichtig erachtet, allerdings aus unterschiedlichen Gründen und mit unterschiedlichen Schwerpunktsetzungen:

- Wird einem behavioristischen Modell gefolgt, sind zu Beginn einer Lerneinheit die Lernergebnisse möglichst präzise mitzuteilen.
- Für kognitivistische Ansätze geht es vor allem darum, Vorwissen zu aktivieren und damit kognitive Schemata für die Verarbeitung der neuen Information vorzubereiten.
- Aus konstruktivistischer Sicht sollte durch die Einführung eine situative Rahmung entstehen, um das folgende Wissen besser einordnen zu können.

Bei einer starken Offenheit des Angebotes und einer explorativen Bearbeitung können die Lerneinheiten wahlfrei ausgewählt werden und es kann zwischen den einzelnen Lerneinheiten gesprungen werden. Gerade dann ist es wichtig, dass die Einführung eine schnelle Orientierung bietet, was in der folgenden Lerneinheit zu erwarten ist.

Zusätzlich zu Informationen zu den Lerninhalten sollten beim Einstieg Informationen über das Lernangebot formuliert werden (Meta-Informationen). Sie helfen den Lernenden bei der Einordnung der folgenden Inhalte:

- Motivation, Erläuterung der Relevanz der Lerninhalte („Warum es wichtig ist, sich mit dem Thema zu beschäftigen ...")
- Lehrziele („Was Sie in diesem Kapitel lernen können ...")
- Lernzeit („Wie viel Zeit Sie etwa benötigen werden ...")
- Autor/in, ggf. mit persönlichem Statement („In diesem Abschnitt ist mir besonders wichtig, dass Sie ...", „Ich habe die Erfahrung gemacht, dass ...")
- Hilfsmittel und Hinweise zur Bearbeitung („Sie benötigen Zugriff auf ..., Für die Auswertung ist erforderlich, dass Sie ...", „Am besten starten Sie zuerst mit ..." Achten Sie in diesem Kapitel besonders auf ...")
- Ansprechperson („An wen wende ich mich bei Fragen?")

Die Verfügbarkeit von Meta-Informationen ist zugleich auch die Voraussetzung für eine konsequente Modularisierung von Lernangeboten und die Kapselung von Lernobjekten. Nur so können die einzelnen Lerneinheiten in unterschiedlicher Reihenfolge miteinander verbunden werden.

Umstritten ist, wie wichtig es ist, die Lernenden über die Lernziele eines Kapitels zu informieren. Auch in diesem Buch finden sich zu Beginn jedes Kapitels solche Informationen. Doch werden sie gelesen? Beeinflussen sie das Lernen? Jiang & Elen (2011) untersuchten diese Frage in einem Experiment. Werden die Lernenden dazu angeleitet, Lernziele zu lesen, erfolgt die Bearbeitung eines Lerntextes tatsächlich stärker zielgerichtet. Lässt man es den Lernenden frei, ob sie die Lernziele zur Kenntnis nehmen, beachten sie diese jedoch kaum und ihr Lernverhalten orientiert sich nicht an ihnen.

Die Untersuchung bestätigt damit andere Befunde - auch im Kontext des computergestützten Lernens -, die zeigen, dass solche unterstützenden Meta-Informationen nicht immer die erhoffte Wirkung bei den Lernenden haben.

Abschluss

Wie endet eine Lerneinheit, ein Kapitel oder Abschnitt? Unabhängig von der gewählten didaktischen Methode ist zu überlegen, wie eine Einheit – analog zur Einführung – enden soll. In der Regel werden z. B. eine Zusammenfassung, eine Übersicht der Inhalte, ein abschließender Kommentar oder aber Abschlussfragen gegeben.

Selbsttests am Ende eines Kapitels oder Abschnitts sind nicht zu verwechseln mit Lernaufgaben, die als Teil der Lerneinheit vorgesehen sind. Selbsttests wären eher komplexere Aufgaben, wie sie auch in Prüfungen vorkommen können. Diese Tests können in einem Auswahlformat realisiert werden, das automatisch vom Computer ausgewertet werden kann. Solche Testverfahren bieten sich allerdings nicht bei allen Lerninhalten an und viele Autor/innen haben Schwierigkeiten in der Formulierung anspruchsvoller Fragen mit Auswahlantworten. Auch sind diese Fragen bei Lernenden nicht immer beliebt.

Damit zeigt sich, dass die Rahmung jeder Sinneinheit durch eine Einführung und einen Abschluss ein wichtiges Element der Didaktisierung ist – ganz unabhängig vom didaktischen Ansatz. Wichtig ist eine eher gleichbleibende Rahmung der Sinneinheiten (Lerneinheit, Kapitel, Abschnitt, Kurs) durch Einführung und Abschluss.

12.5.2 Lernaufgaben

Lernaufgaben regen Lernaktivitäten an und sind wichtiger Bestandteil jeder Lerneinheit. Im Vollzug der Lernaufgabe findet die Auseinandersetzung mit Lerninhalten statt. Sie stellen damit den eigentlichen Lernprozess sicher; sie haben aber nicht die Funktion, zu prüfen, ob ein Lernprozess durchlaufen wurde: Lernaufgaben sind keine Testaufgaben!

Dieser Unterschied zwischen Lern- und Testaufgaben ist essenziell und sollte den Lernenden deutlich werden. Lernaufgaben sind danach zu beurteilen, ob sie die erforderlichen Lernaktivitäten anregen können. Darüber hinaus ist es wünschenswert, wenn Lernaufgaben auch emotional und motivational ansprechen. Dies geschieht insbesondere, wenn die Lernaufgaben einen Bezug zur Lebenswelt der Lernenden aufweisen und die Person erkennen kann, warum die Bearbeitung für sie wichtig ist.

Schließlich können Lernaufgaben zu sozialer Interaktion anregen. Dies ist wichtig, wenn der Lernprozess eine diskursive Auseinandersetzung mit einem Sachverhalt erforderlich macht, z. B. wenn es darum geht, eine eigene Position zu einem Problem zu formulieren.

Mediengestütztes Lernen erfordert grundsätzlich Lernangebote, die in bestimmter Weise aufbereitet sind, um Lernprozesse sicherzustellen. In allen lerntheoretischen Positionen spielen Lernaufgaben eine zentrale Rolle. Die Lernangebote müssen jedoch grundsätzlich solche Lernaktivitäten anregen, die zu den Lehrzielen und Wissenstypen passen. So wird das Memorieren von Faktenwissen mit anderen Lernaufgaben unterstützt als Fertigkeiten der Satzbildung in der englischen Sprache usw.

Auch bei einfachen Lernaufgaben, die automatisiert ausgewertet werden (z. B. Multiple-Choice-Aufgaben oder Lückentexte), kann erreicht werden, dass der Lernprozess aktiviert wird, wenn die Fragen hinreichend komplex und gut konstruiert sind. Eine stärkere Aktivierung wird mit komplexen Lernaufgaben erreicht, die im Rahmen der problembasierten Methoden diskutiert werden.

Einfache Aufgabentypen

Ist das Lernangebot entlang eines sequenziellen Lernpfades aufgebaut, können Fragen eingebunden werden, die die Abfolge steuern: (Nur) Wenn eine Frage richtig beantwortet wird, präsentiert das Programm den nächsten Lerninhalt. Eine rigide Steuerung durch das System, wie es die frühen behavioristischen Lernprogramme nach B. F. SKINNER vorsahen, wird von Lernenden zumeist als einengend erlebt und – nach kurzer Zeit – abgelehnt. Um den Lernprozess flexibler zu gestalten, kann statt einer solch starren Abfolge von Lernschritten ein Vorschlag erfolgen (z. B. „Sie haben alle Aufgaben richtig gelöst. Möchten Sie nun Kapitel 2 bearbeiten?"). Die Wahl, welcher Inhalt als Nächstes bearbeitet wird, trifft der Lernende hier jedoch selbst. Zudem kann ein Pool von Lernaufgaben bereitgestellt werden, die gelöst werden *können*, aber nicht gelöst werden *müssen*, um weitere Teile bearbeiten zu können.

In offenen Lernangeboten, die im Sinne eines *Hypertextes* strukturiert sind, ist es wenig sinnvoll, regelmäßig Lernaufgaben in den Ablauf einzustreuen, da sie dem Grundgedanken der freien Exploration widersprechen. Aber auch hier können Testaufgaben zur Selbstkontrolle angeboten werden; sie dienen jedoch nicht dazu, den Ablauf der Abfolge der Präsentation der Lerninhalte zu steuern.

Zu den einfachen Aufgabentypen zählen unter anderem *Multiple-Choice*- und Lückentextaufgaben (auch *Short-Answer*-Aufgaben genannt), die im Folgenden erläutert werden. Da die Antworten vom Computer leicht auszuwerten sind, werden sie gerade dann eingesetzt, wenn die Abfolge des Lernangebots – in Abhängigkeit von der Richtigkeit der Antwort – vom Computer gesteuert werden soll.

Multiple-Choice-Fragen

In Lernprogrammen finden sich häufig *Multiple-Choice-Frag*en, da sie einfach zu implementieren sind und automatisch ausgewertet werden können. Je nachdem, ob die Lernenden eine Testfrage richtig oder falsch beantwortet haben, kann der Computer auf verschiedene Seiten verweisen und so den Schwierigkeitsgrad und Ablauf an den Kenntnisstand anpassen.

Zu den *Multiple-Choice-Frag*en gehören die *Einfachauswahl-Fragen*, die nur Ja/Nein- bzw. Richtig/Falsch-Antworten erlauben, und die *Mehrfachauswahl-Fragen*, bei der eine oder mehrere Antworten ausgewählt werden. Bei einer einfachen Konstruktion des Antwortformates kann die Aufgabe durch Raten gelöst werden. Bei komplexen Formaten kann die Anforderung jedoch deutlich gesteigert werden, um auch komplexe kognitive Fertigkeiten prüfen zu können. Die Schwierigkeit lässt sich etwa dadurch erhöhen, wenn aus *n*-Alternativen nicht nur *eine* richtige Antwort zu identifizieren ist (1 aus *n*-Format), sondern wenn aus mehreren Alternativen die richtigen Antworten exakt benannt werden müssen (*m* aus *n*-Format).

Dieses Prinzip ist nicht auf textliche Antwortalternativen beschränkt. Man kann z. B. auf einer Grafik einen bestimmten Ort durch Anklicken lokalisieren, einen Schieberegler auf den richtigen Stand einstellen oder Objekte durch *Drag & Drop* zuordnen lassen. Bei allen Varianten werden die Möglichkeiten grafischer Benutzeroberflächen genutzt, um das *Multiple-Choice*-Format anzuwenden. Immer geht es darum, eine Menge an Antwortalternativen zu präsentieren, die richtige Antwort stellt eine Teilmenge der präsentierten Antworten dar und kann somit identifiziert werden.

Solche Auswahl-Fragetypen werden vielfach als didaktisch minderwertig eingeschätzt. Regelmäßig bemängelt wird an diesem Aufgabentyp, dass die Interaktivität gering sei und die Art der Aufgabenstellung zum Raten verleite. Dies hängt jedoch stark davon ab, welche Aufgabenstellung vorliegt und wie diese umgesetzt ist. Anspruchsvolle Aufgaben und Antwortformate mit *Multiple-Choice* erfordern von den Lernenden, sich intensiv mit den gestellten Fragen zu beschäftigen. Insofern erscheint eine grundsätzliche Ablehnung dieses Fragetyps – aus diesen Gründen – sachlich nicht angemessen.

Das Problem besteht vielmehr darin, dass in der Praxis oft kaum mehr als die Erinnerung von Fakten überprüft wird. Zwar sind Mehrfachwahlaufgaben einfach auszuwerten. Doch Aufgaben, die auch komplexere kognitive Leistungen erfassen, sind nicht einfach zu erstellen! So lassen sich durchaus entsprechende Items konstruieren, die prüfen, ob Fertigkeiten beherrscht oder komplexe Zusammenhänge verstanden werden. Der Aufwand zu ihrer Konstruktion ist allerdings deutlich höher als bei Aufgaben, die sich auf die Prüfung von Faktenwissen beziehen.

Lückentextaufgaben

Lückentextaufgaben sind auf kurze Antworten beschränkt, z. B. die Eingabe einer Zahl oder eines einzelnen Wortes. Der Vorteil gegenüber einer Mehrfachwahlaufgabe liegt darin, dass eine Antwort in der Regel nicht geraten werden kann und auch anspruchsvollere Wissensfragen gestellt werden können. Lückentextaufgaben können eingesetzt werden z. B. beim Lernen von Vokabeln (Faktenwissen), beim Üben von Rechenaufgaben (Anwendung) oder bei der Überprüfung von Wissensfragen (Verständnis). Die Aufgabe ist so zu konstruieren, dass nur *eine* oder wenige Antworten zutreffend sind. Häufig gibt es mehrere zutreffende Synonyme und Schreibungen, die dann alle als erlaubte Antwortalternativen einzutragen sind.

Der Aufwand, *Freitext*-Antworten computergestützt und automatisch auszuwerten, ist weiterhin recht hoch, wenn es nicht lediglich um die Identifikation von z. B. einzelnen Wörtern oder Zahlen geht. Schwierig ist es weiterhin, richtige und falsche Antworten bei Freitext-Antworten zu unterscheiden und insbesondere Tippfehler sowie Ausschmückungen auszuschließen. Auch bei Nutzung spezieller Entwicklungswerkzeuge bleibt der Entwicklungsaufwand hoch.

Sozialformen

Bei Lernaufgaben lassen sich Einzel-, Partner- und Gruppenaufgaben voneinander unterscheiden. Bei einer *Einzelaufgabe* bearbeiten die Lernenden die Lernaufgabe selbstgesteuert sowie zeit- und ortsunabhängig. Bei der Gestaltung einer Einzelaufgabe können die individuellen Bedürfnisse, Interessen und Lernvoraussetzung der Lernenden berücksichtigt werden. Jedoch entfällt bei der individuellen Bearbeitung einer Lernaufgabe die Gelegenheit zum Austausch zwischen den Lernenden und dadurch die Auseinandersetzung mit anderen Meinungen und Perspektiven. Einzelaufgaben eignen sich vor allem zur Aktivierung und zur intensiven Auseinandersetzung mit Lerninhalten, die nicht zwingend einen Austausch mit anderen Lernenden erfordern, und zur individuellen Lernkontrolle.

Eine kooperative Bearbeitung einer Lernaufgabe kann entweder in einer *Kleingruppe* oder im Rahmen eines *Lerntandems* bzw. einer *Partnerarbeit* erfolgen. Eine *Gruppen-* oder *Partneraufgabe* ist so zu konstruieren, dass ein Mehrwert durch das gemeinsame Arbeiten entsteht. Ein bloßes Aufteilen von Teilaufgaben auf verschiedene Lernende sollte vermieden werden, denn ein wesentliches Ziel der Bearbeitung von Gruppen- und Partneraufgaben besteht in den kommunikativen Aktivitäten und dem intensiven Austausch zwischen den Lernenden, um die Positionen anderer wahrzunehmen, auf diese einzugehen, alternative Positionen zu vertreten, Meinungen Anderer aufzugreifen und zu einem Ganzen zusammenzuführen. Gerade netzbasierte Gruppenarbeit ermöglicht kooperatives Lernen über große Distanzen hinweg, wodurch ein Austausch zwischen Gruppenmitgliedern aus unterschiedlichen Ländern und dadurch verschiedenen Kulturen, Sprachen und Einstellungen ermöglicht werden kann. Bei der Bearbeitung von Lernaufgaben in *Partnerarbeit* ist der Koordinationsaufwand, aber auch die Möglichkeit, sich untereinander auszutauschen, geringer.

Fallbeispiel 1

Sie sind zur Mitwirkung in der Arbeitsgruppe einer Hochschule eingeladen worden. Die naturwissenschaftliche Fakultät möchte ein internetgestütztes Lernangebot für ihre Studierenden entwickeln. Für (künftige) Erstsemestrige soll der Einstieg in das Studium vereinfacht werden, weil entsprechende Vorkenntnisse in den mathematischen Grundlagen oft fehlen. Die Arbeitsgruppe erstellt eine Übersicht mit Inhalten, die als Eingangsvoraussetzungen im Studium als bekannt erwartet werden.

Mitglieder der Arbeitsgruppe schlagen vor, zu den Themen kurze Vorlesungen aufzuzeichnen und diese ins Internet zu stellen, damit künftige Studierende sich die Inhalte bereits vor dem Einstieg in das erste Semester aneignen können. Die Inhalte sollen so umgesetzt werden, dass sie auch auf mobilen Geräten (Smartphones, Tablets usw.) jederzeit und überall abgerufen werden können. Sie werden mit der Umsetzung dieser Idee beauftragt.

Wie würden Sie dieses Konzept einschätzen? Löst der vorgeschlagene Weg das zugrunde liegende Bildungsproblem? Welche Lehrziele sollen vermittelt werden und welche didaktischen Methoden erscheinen geeignet?

Das **Bildungsproblem** besteht darin, dass die Studienanfänger nicht über hinreichende Kenntnisse und Fertigkeiten in der Mathematik verfügen, wie sie im ersten Semester an der Universität gefordert werden. Auch kann davon ausgegangen werden, dass die **Zielgruppe** über die technischen Voraussetzungen für mobiles Lernen verfügt und eine mobile Lösung Akzeptanz findet.

Die **Lehrziele** beziehen sich auf Kenntnisse, aber in der Mathematik auch vielfach auf Fertigkeiten, die ein übendes Umgehen mit Lernaufgaben und regelmäßige Rückmeldungen erfordern.

Die didaktische **Methode** muss also hierauf angepasst sein und lässt sich mit darstellenden Unterrichtsformen (Videoaufzeichnungen) alleine schwerlich erreichen. Erforderlich sind übende Elemente mit regelmäßigen Rückmeldungen, um Fertigkeiten zu erwerben.

Die soziale **Organisation** des Lernens und der Lernunterstützung wäre schließlich noch zu klären: Neben einer tutoriellen Begleitung ist zu überlegen, wie der Austausch unter den Lernenden – zumal vor bzw. zu Beginn des Studiums – gefördert werden kann. Es kann davon ausgegangen werden, dass ein hohes Interesse an sozialen Kontakten zu anderen Lernenden, die sich in der gleichen Situation befinden, besteht und deswegen eine soziale Anlage des Lernens zielführend sein kann.

Fallbeispiel 2

Im Rahmen der Einführung einer neuen Softwarelösung für die Logistik eines Unternehmens sollen internetbasierte Kursangebote für die Mitarbeitenden eingerichtet werden. Es geht darum, die grundlegend veränderten Betriebsabläufe zu erklären und die Bedienung einer neuen Softwareanwendung zu vermitteln. Bisher wurden solche Schulungen typischerweise als Trainingskurse im Sinne von Blockseminaren durch die hauseigene Schulungsabteilung durchgeführt. Wenngleich die Schulungen von den Teilnehmenden durchweg positive Bewertungen erhielten, erbrachte eine Evaluation ähnlicher Schulungen folgende Ergebnisse:

- Der Lerntransfer in die Anwendungssituation (Umsetzung am Arbeitsplatz-PC) ist nicht hinreichend, es werden immer wieder Nachschulungen erforderlich und durchgeführt.
- Individuellen Kenntnisständen und Problemstellungen lässt sich in den Schulungen kaum angemessen begegnen.
- Kurse werden oft „schubweise" nachgefragt, so dass teilweise unakzeptable Wartezeiten für die Zulassung zu Kursen eintreten.

- Der direkte Austausch zwischen Kollegen (auch über Abteilungen hinweg) wird als wichtige Komponente für den eigenen Lernprozess genannt.
- (Wertvolle) Erkenntnisse über Mängel am Softwareprodukt (z. B. unlogische Masken, fehlerhafte Beschriftungen usw.) aus dem Schulungsalltag werden nicht an das Entwicklungsteam weitergeleitet, sie finden damit keinen Eingang in die Qualitätsverbesserung des Software-Produktes.

Es wurden Überlegungen angestellt, ob bzw. wie die Bildungsangebote mit dem Einsatz von Medien verbessert werden können. Die Analyse der Rahmenbedingungen erbrachte folgende Ergebnisse für die Entwicklung eines neuen (mediengestützten) Lernangebots:

(1) Projektziele. Im Vordergrund stehen die Verbesserung der Lernergebnisse, die Steigerung der zeitlichen Flexibilität und der Skalierbarkeit des Angebotes an die Nachfrage bei Teilnehmenden sowie die stärkere Koppelung von Schulung und Wissenskommunikation *on the job*.

(2) Zielgruppe. Es geht um die Schulung von ca. 500 Personen an fünf Standorten in Deutschland innerhalb von ca. zwölf Monaten. In zwei weiteren Folgejahren besteht ein Schulungsbedarf von mindestens 30 Personen pro Jahr. Die Zielgruppe ist als relativ homogen einzuschätzen: Die thematischen Vorkenntnisse sind ähnlich, es überwiegt extrinsische Motivation. Erfahrungen mit der PC-Nutzung liegen vor. Zeitlich kann die Zielgruppe ca. 40 Stunden Lernzeit einbringen.

(3) Lehrinhalte und -ziele. Die Inhalte beziehen sich auf deklaratives Wissen (Betriebsabläufe kennen und verstehen), prozedurales Wissen (Fertigkeiten bei der Nutzung der Software) und kontextuelles Wissen (Wie sieht das konkret bei *uns* im Unternehmen aus?).

(4) Didaktische Methode. Gewählt wird eine sequenzielle Organisation der Lehrinhalte. Im ersten Teil werden die neu organisierten Betriebsabläufe grafisch visualisiert, einzelne Teilprozesse werden darüber hinaus durch Aufnahmen veranschaulicht.

(5) Lernorganisation. Online- und Präsenzelemente wechseln sich ab. Betreuung erfolgt online durch 1:1-Kommunikation zwischen Lerner und Tutor. Pro Durchgang können jeweils Gruppen von ca. 100 Personen betreut werden.

- Die Materialien zum Wissen über die neuen Betriebsabläufe im ersten Teil werden getaktet distribuiert. Es handelt sich um 5 Lerneinheiten à 1 Stunde Bearbeitungsdauer.
- Die Lernmaterialien zum Erwerb der Fertigkeiten in der Softwarenutzung werden im zweiten Teil des Kurses *nicht getaktet* – zum wahlfreien Abruf – freigeschaltet. Es handelt sich um 10 Lerneinheiten à 1 Stunde Bearbeitungsdauer.
- Der Wissensaustausch soll über eine Kommunikationsplattform realisiert werden.

Lösung

Die Schulungsabteilung entscheidet sich für folgende Organisation des Angebotes:

	Aktivität		Zeitdauer	Lernzeit	Medium
1	Kick-off an fünf Standorten		0,5 Tage	4h	Präsenz
2	Einführung und Technik-Testphase		2 Wochen	6h	Online
3	Kurs 1 „Logistik-Organisation" 5 Lerneinheiten mit Multiple-Choice-Tests (getaktet)	Kommunikation 1:1 mit Tutor/in	5 Wochen	5 x 1h +2h (Komm)	Online
4	Zwischenworkshop		1 Tag	8h	Präsenz
5	Kurs 2 „Logistik-Software" 10 Lerneinheiten mit Multiple-Choice-Tests (ungetaktet)	Kommunikation über Community-Plattform	5 Wochen	10 x 1h +5h (Komm)	Online
6	Abschluss-Workshop		0,5 Tage	4h	Präsenz
			Lernzeit:	44h	

Anmerkungen

Durch die gewählte Kombination von Online- und Präsenzelementen sollte sich die Effizienz des Bildungsangebotes verbessern. Es ist unwahrscheinlich, dass sich dies mit der ersten Maßnahme einstellt, vor allem, weil sich nicht nur die Lernenden, sondern auch die Lehrenden an die veränderten Anforderungen anpassen müssen. Der Break-even-Punkt wird jedoch erst ab einer bestimmten, vorher zu kalkulierenden Anzahl durchgeführter Kurse zu erreichen sein.

In dem Beispiel wird mit der Kopplung von klassischen Schulungen und neuen Formen des Wissensaustauschs von Organisationsmitgliedern auf einer Wissensplattform eine Perspektive für den informellen Austausch von Wissen im Unternehmen aufgebaut. Eine solche Kopplung von Trainingsmaßnamen mit einem Community- oder Wissensportal kann als innovativ und zukunftsweisend bewertet werden, mit der Lernprozesse in Organisationen nachhaltig verankert werden können. Zugleich ist die Einführung und Verankerung einer solchen Lösung im Alltag der Organisation nicht trivial. Zu bedenken ist, dass die Einrichtung einer technischen Plattform für die Wissenskommunikation nur funktionieren wird, wenn die Menschen, die angesprochen werden sollen, eine Beziehung hierzu haben bzw. einen wirklichen Mehrwert wahrnehmen: Warum sonst sollten sie diese Plattform aufsuchen oder sich gar aktiv beteiligen und ihr Wissen preisgeben? Dies ist immer eine individuelle Investition, die die Hoffnung auf einen individuell erfahrbaren Nutzen impliziert und damit Vertrauen voraussetzt. Dies entsteht durch Erfahrungen in der gemeinsamen Arbeit und zumeist durch Kontakte *face-to-face*. Ob das Community-Building in der hier gewählten Form gelingen wird, kann kritisch hinterfragt werden. Die Plattform wird relativ spät in dem Kurs eingeführt, und es bleibt wenig Zeit für konkrete Erfahrungen auf der Plattform. Auch sind die Lernaufgaben auf eine individuelle Bearbeitung ausgerichtet, so dass Aktivitäten in der Gruppe durch das Setting nicht hinreichend angeregt werden.

Übung 1

Ein Weiterbildungsanbieter hat ein neuartiges Onlineangebot für das mittlere Management in Unternehmen zu Themen des Personalmanagements und der Organisationsentwicklung entwickelt. Es setzt stark auf Community-Ansätze und möchte die Teilnehmenden darin unterstützen, sich über die Plattform auszutauschen und Wissenskommunikation *peer-to-peer* zu betreiben.

Die Teilnehmenden zahlen eine monatliche Mitgliedschaftsgebühr. Einige Lern-Contents werden den Lernenden nach Anmeldung und Freischaltung verfügbar gemacht. Sie werden laufend ergänzt durch neue Bausteine, die redaktionell vonseiten des Anbieters erstellt werden. Die Teilnehmenden können sich darüber hinaus auf der Plattform vernetzen und sich über aktuelle Fragen ihres Arbeitsgebietes austauschen.

Die aufbereiteten Lernangebote werden in diesem Beispiel den Lernenden zum wahlfreien Abruf eingestellt und nicht getaktet distribuiert. Welche Implikationen hat diese Entscheidung des Anbieters auf das Lernen?

Wie könnte eine getaktete Variante aussehen? Für welche Variante würden Sie sich – unter Berücksichtigung der Zielgruppe – letztlich entscheiden?

Übung 2

Planen Sie die Lernorganisation für die folgenden Beispiele aus dem Hochschulbereich. Gehen Sie folgendermaßen vor:

- Skizzieren Sie drei Lehrziele und ordnen Sie diese den Kompetenzbereichen mit angestrebten Leistungsniveaus zu.
- Skizzieren Sie die zeitliche Struktur des Angebotes und ordnen Sie die zeitlichen Anteile der Lernaktivitäten den Komponenten (Content, Communication und Construction) zu.
- Überlegen Sie schließlich, ob die personellen Ressourcen zur Umsetzung bzw. Betreuung realistisch erscheinen.

a) Fachbereich Elektrotechnik

Sie planen die Einführung eines mediengestützten Praktikums zu elektronischen Bauteilen. Die Studierenden sollen die Funktionsweise von Bauteilen verstehen und ihren Aufbau in komplexen Schaltungen vornehmen können.

Zu betreuen sind pro Semester 60 Studierende, die bislang in fünf Parallelgruppen zu je zwölf Personen eingeteilt werden und von wissenschaftlichen Mitarbeitern und Mitarbeiterinnen betreut werden. Der Inhalt umfasst ca. 2 Wochenstunden über das Semester (SWS).

b) Fachgebiet Sprachen

Sie implementieren die Kurse „Business-Englisch" (Teil 1 und 2) für Studierende des Bachelor-Studiengangs Betriebswirtschaft. Sie ersetzen eine bisherige zweisemestrige Lehrveranstaltung (LV). Für den Bereich gibt es eine hauptamtliche Lektorin. Das Lehrdeputat beträgt zwölf Semesterwochenstunden (SWS), zusätzlich wird die Lehre abgedeckt von Lehrbeauftragen mit vier SWS, insgesamt sind pro Semester je 100 Studierende in beiden LVs zu betreuen. Bislang werden sie in vier Gruppen in die Kurse 1 und 2 eingeteilt, dies entspricht einem Deputat von 16 SWS.

c) Fachgebiet Maschinenbau

Der Bereich Robotertechnik verfügt über hochwertige, anfällige Geräte, die nur schwer im Praktikum zugänglich gemacht werden können. Die ständige Betreuung im Labor ist zu aufwändig. Es soll deswegen das Praktikum auf Computerbasis implementiert werden. Pro Semester sind ca. 25 Studierende in dem Laborpraktikum zu betreuen, das sich über ein Semester erstreckt und typischerweise 2 SWS umfasst. Es steht ein Laboringenieur zur Verfügung, der die Anlage betreut und die Studierenden bislang in die Nutzung eingewiesen hat.

d) Fachgebiet Medizin

In der klinischen Ausbildung sollen Studierende lernen, Symptome systematisch abzuklären und Diagnosen entscheidungsorientiert zu entwickeln. Die bisherige Ausbildung am Krankenbett ist hierbei nicht hinreichend. Ein multimediales, fallbasiertes System soll die Diagnosefähigkeit von Studierenden eintrainieren.

Es sind ca. 35 Studierende pro Semester zu bewältigen, die bislang lediglich im Ausbildungskrankenhaus betreut werden. Spezielles Personal steht nicht zur Verfügung, das die Studierenden bei der Nutzung des Übungssystems wesentlich betreuen könnte.

e) Fachgebiet Erziehungswissenschaft

Studierende des Lehramts sollen im Rahmen des Grundstudiums die Grundlagen aus den Bereichen Lerntheorie und Didaktik kennenlernen. Im Rahmen der Entwicklung eines Kerncurriculums Erziehungswissenschaft soll für alle Studierende ein verbindlicher Kanon festgelegt werden.

Es sind ca. 350 Studierende pro Semester zu betreuen. Das Kerncurriculum umfasst Inhalte von 4 bis 8 SWS. Es bleibt offen, wie viel davon per Internet vermittelt werden soll bzw. wie die Angebote zu organisieren und zu betreuen sind. Bislang werden 20 LVs pro Semester im Umfang von 40 SWS angeboten. Es liegen nur geringe Mittel für tutorielle Betreuung im Umfang von etwa 10 SWS vor.

f) Fachgebiet Mathematik für Naturwissenschaften

Abiturient/innen verfügen oftmals nicht über hinreichende Grundkenntnisse der Mathematik, um ein naturwissenschaftliches Studium erfolgreich beginnen zu können. Abhilfe schaffen soll ein Vorbereitungskurs für Mathematik, der die erforderlichen Grundlagen der Analysis und Algebra vermitteln soll (4 SWS). Über alle Fachbereiche sind ca. 250 Studierende pro Semester zu betreuen. Dazu stehen neben den Dozierenden bislang zehn studentische Tutoren und Tutorinnen zur Verfügung, die in Kursen teilweise in den Semesterferien eingesetzt werden.

13 Technische Implementation

Das folgende Kapitel beschäftigt sich mit der Implementation von digitalen Lernangeboten. Dazu werden zwei zentrale Themen aufgegriffen: Wie kann sichergestellt werden, dass ein Lerncontent, der einmal entwickelt worden ist, auch an anderer Stelle wieder verwendet werden kann? Das zweite Thema bezieht sich auf Lernplattformen, mit denen Lerncontents im Internet bereitgestellt werden, und wie sich diese angesichts der Möglichkeiten sozialer Medien verändern.

Einstieg

Für das Lernen im Internet brauchen wir Lerninhalte und Plattformen, um sie bereitzustellen. Weltweit werden Contents entwickelt. Zugleich suchen Lehrende nach geeigneten Materialien für ihren Unterricht. Wie können Lernmaterialien, die mit teilweise hohem Aufwand entwickelt wurden, in anderen Zusammenhängen weiter verwendet werden, sei es kostenfrei oder gegen eine Gebühr?

Die Frage der Wiederverwendung und -verwertung von Bildungsressourcen – in anderen Kursen, in anderen Lernangeboten oder auf anderen Lernplattformen – beschäftigt die Mediendidaktik seit Langem. Aber können Materialien, die für einen Kontext entwickelt worden sind, tatsächlich auch in anderen Zusammenhängen verwendet werden? Können technische Standards diese Herausforderung lösen? Welche Bedeutung haben soziale Plattformen, in denen Lernmaterialien, Texte, Folien oder Erklärvideos frei verfügbar bereitgestellt werden?

Überblick

Das Kapitel geht auf folgende Fragenkomplexe ein:

- Wie werden Lernangebote für das Internet technisch realisiert?
- Welche Funktionen weisen Lernplattformen für das Lernen im Internet auf?
- Wie kann die *Wiederverwendung* von Contents durch Lernobjekte technisch unterstützt werden?
- Wie verändern sich Lernplattformen im Internet im Zusammenhang mit der Diskussion über soziale Medien und Web 2.0?

https://doi.org/10.1515/9783110456837-479

Lernziele

- Sie verstehen, wie Lernangebote für das Internet grundsätzlich erstellt werden.
- Sie können die Merkmale und Anforderungen an Lernplattformen im Internet beschreiben.
- Sie kennen Ansätze zur technischen Umsetzung der Wiederverwendung von digitalen Lerncontents.
- Sie kennen Aufbau und Funktionen von Lernobjekten und ihre Standardisierung.
- Sie können die Veränderungen in der Wahrnehmung und Nutzung des Internets im Zusammenhang mit der Diskussion über soziale Medien und Web 2.0 erläutern.
- Sie können die Implikationen dieser Diskussion auf soziale Lernplattformen erläutern.

13.1 Lernplattformen

Die Entwicklung digitaler Lernangebote hat sich im letzten Jahrzehnt deutlich verändert. Lange Zeit wurden sie über physische Datenträger (wie die DVD) für eine Nutzung am Computer ausgeliefert. Zunehmend werden sie über das Internet verfügbar gemacht. Dies hat eine Reihe von Vorteilen: Lernangebote können schneller bereitgestellt und aktualisiert werden. Lernende und Lehrende können über das Internet kommunizieren und schließlich können Verhaltensspuren großer Nutzergruppen über das Internet vom Anbieter erfasst und auswertet werden.

In den meisten Fällen wird ein digitales Lernangebot über eine Lernplattform (*Learning Management System*, LMS) im Internet bereitgestellt. Vor einigen Jahren existierten verschiedene konkurrierende Lösungen, die die Auswahl einer Lernplattform erschwerte. Mittlerweile hat sich dies auf einige wenige Produkte mit einer hohen Verbreitung und ähnlicher Funktionalität reduziert. Neben kommerziellen Angeboten sind insbesondere *Open-Source*-Lösungen, bei deren Nutzung keine Lizenzkosten entstehen, von Bedeutung. Ihre (Weiter-)Entwicklung basiert auf dem Rückhalt von mehr oder weniger aktiven Communities, die das Produkt gemeinsam weiterbringen.

LMS werden in den überwiegenden Fällen zunächst dazu genutzt, um digitale Ressourcen zur Verfügung zu stellen. Für Lernaktivitäten, die alleine oder gemeinsam auszuführen sind, bieten die Plattformen Werkzeuge an, wie z. B. Foren, Weblogs, Wikis oder Konferenzräume. Genau betrachtet sind LMS jedoch *Lehrplattformen*, auf denen *Lehrende* die Aktivitäten von *Lernenden* organisieren. Es bleibt durchaus die Frage, wo und wie die Lernenden *ihre* Aktivitäten organisieren: auf der Plattform der Einrichtung oder mithilfe anderer Werkzeuge und Plattformen, auf dem eigenen Rechner oder in der *Cloud*.

Im Folgenden werden fünf zentrale Funktionen einer *Lehr- bzw. Lernplattform* beschrieben.

Rollen einer sozialen Inszenierung zuweisen

Eine Lehrveranstaltung kann als eine soziale Inszenierung verstanden werden, bei der Personen bestimmte Rollen einnehmen. Soziale Rollen definieren Erwartungen, die an das Verhalten einer Person in einer bestimmten sozialen Situation gestellt werden, wobei die Person diese Erwartungen mehr oder weniger gut erfüllen kann. Die technische Umsetzung des Rollenbegriffs in LMS weist einer Rolle bestimmte Rechte im System zu, die sich auf Aktionen beziehen, die mit Dokumenten(-typen) in Verzeichnissen verbunden sind: Lehrende dürfen etwa Dateien für Kurse einstellen, bearbeiten und löschen. Die Lernenden dürfen diese nur lesen. Sie dürfen Dokumente für ihre Arbeitsgruppe hochladen, aber nicht öffentlich machen und so weiter. Insofern ist die Zuweisung von Rollen zu Personen in einem LMS eine zentrale Funktion. Durch die Zuweisung solcher *Rechte* wird der mögliche Rahmen für die *soziale Inszenierung* des Lehr-Lern-Geschehens abgesteckt.

Aktivitäten von Akteuren organisieren

Bildungseinrichtungen strukturieren ihr Angebot an die Lernenden als eine bestimmte *zeitliche Folge* von Lernaktivitäten, die vorgeschlagen oder auch vorgeschrieben werden. Die pädagogische Expertise einer Einrichtung zeigt sich letztlich (auch) darin, dass – auf der Grundlage der Erfahrung mit dem Sachgegenstand und den Lernprozessen einer bestimmten Zielgruppe – ein Wissen darüber vorliegt, welche Lernprozesse notwendig sind, um ein bestimmtes Lehrziel zu erreichen. Dabei spielt die richtige Folge von Lernaktivitäten (Taktung) eine Rolle.

Das LMS ist ein solches Mittel, um (die Folge von) Lernaktivitäten mit unterschiedlichen Graden der Verbindlichkeit zu benennen, sei es als Vorschläge oder als Vorgaben. Zugleich ist das LMS ein guter Ort, um diese Folge der Lernaktivitäten und auch den individuellen Status bzw. Fortschritt auf der Zeitachse nachvollziehbar und sichtbar zu machen: Eine Studentin kann erkennen, was zu tun ist bzw. welche Lernaktivitäten vorgeschlagen werden, wie weit sie im Ablauf fortgeschritten ist, wo möglicherweise Defizite bestehen und welche weiteren Schritte folgen werden.

Bei traditionellen didaktischen Ansätzen definiert die Lernplattform einen zeitlichen Rahmen, in dem Termine vorgegeben sind, zu denen bestimmte Lernaktivitäten ausgeführt sein sollen, und definierte Termine, zu denen Lernaufgaben (*Assignments*) einzureichen sind. Bei anderen didaktischen Ansätzen, wie dem problemorientierten oder kooperativen Lernen, organisieren die Lernenden ihre Lernaktivitäten in stärkerem Ausmaß selbst und müssen sich untereinander über den Fortgang der Arbeitsschritte austauschen. Die Lehrperson steht hierbei als betreuende Person zur Seite. Sie begleitet den Planungsprozess und nimmt Meilensteine ab.

Lernmaterialien managen

Eine zentrale Funktion von LMS besteht darin, Lehr- und Arbeitsmaterialien (*Contents*) zugänglich zu machen. Bei einer Veranstaltung, die wiederholt stattfindet, stehen Lehrende vor der Entscheidung, ob sie *einen* Kursraum mehrfach nutzen wollen, oder ob sie für jede Veranstaltung einen neuen Kursraum einrichten. Beide Varianten haben Vor- und Nachteile: Bei Nutzung des LMS für diskursive Lernaufgaben in Foren usw. wird die Lehrperson letztere Variante wählen, nicht zuletzt, um den Lernenden auch nach Ablauf der Veranstaltung *ihren* Kursraum zu überlassen.

Wird mit jedem Durchgang ein neuer Kursraum eingerichtet, besteht das Problem, dass Erweiterungen und Veränderungen der Dokumente bzw. des Dokumentenpools nicht in den *alten* Kursräumen verfügbar sind. Die softwaretechnisch naheliegende Lösung, um auf solche Dokumente zuzugreifen, ist die Nutzung einer Datenbank, in der die Dokumente – unabhängig von der Lernplattform – eingestellt werden (*Repository):* Die Inhalte werden nicht in der Lernplattform selbst vorgehalten, sondern im Kursraum stehen Verweise auf Dokumente in einer Datenbank, in der die Ressourcen abgelegt sind. Auf diese Weise lassen sich insbesondere Contents, die mehrfach eingesetzt werden, leichter verwalten.

Die Frage der Mehrfachnutzung von Lerninhalten in weiteren Kursen betreffen nicht nur einzelne Dokumente, sondern auch die Zusammenstellung und Sequenzierung von Lerninhalten. Wenn ich eine neue Lehrveranstaltung zu einem Thema aufsetze, zu dem ich früher bereits einen Onlinekurs erstellt habe, möchte ich auf die bereits erstellte Struktur zurückgreifen. Ein solcher *Metakurs* beinhaltet die Zusammenstellung von Materialien, die für die Erzeugung konkreter Kurse übernommen werden kann. Das Arbeiten mit solchen *Metakursen*, die die weitere Verwendung von Kursteilen unterstützen, ist in verfügbaren LMS eher wenig ausgearbeitet. Sollen die Materialien bzw. die Zusammenstellung von Materialien auf *anderen* Plattformen wiederverwertet werden, kann auf entsprechende Standards für den Austausch von Lernobjekten zurückgegriffen werden (vgl. Kapitel 13.3).

Metainformationen für das Lernen bereitstellen

Die Lernplattform stellt Metainformationen zu einem Lernangebot bzw. einer bestimmten Lehrveranstaltung oder einem Kurs bereit. Dies betrifft ...

- organisatorische Informationen zu der spezifischen Veranstaltung (Zeit, Raum, beteiligte Personen, Bezug zu einem Verzeichnis „konkreter“ Veranstaltungen),
- didaktische Informationen zu Lehrzielen, Zielgruppen und Voraussetzungen einschließlich der Zuordnung zu Curricula, d. h. in welchen Studiengängen können Lernleistungen in welchem Umfang zugeordnet werden? (Bezug zu einem Modulhandbuch mit Beschreibung eines Lehrgangs oder Studiengangs einschließlich des Aufbaus und den Inhalten von „abstrakten“ Veranstaltungen.)

In traditionellen LMS werden derartige Informationen in der Lernplattform selbst gespeichert mit der Folge, dass sie oftmals nicht konsistent und identisch sind mit den Informationen, wie sie in anderen Verzeichnissen, etwa dem Vorlesungsverzeichnis einer Hochschule, vorgehalten werden. Die Metainformationen sollten aus anderen Informationssystemen einer Einrichtung bezogen werden, wenn sie dort bereits gespeichert werden. Nur so lassen sich entsprechende Datenbestände konsistent halten.

In der Praxis besteht weiterhin das Problem, zwischen den Daten eines *abstrakten* Kurses und denen einer *konkreten* Instanz dieses Kurses zu unterscheiden bzw. diese Daten angemessen zu verwalten. Es gibt z. B. beschreibende Informationen zu der Vorlesung *Grundlagen der Mediendidaktik*, die relativ überdauernd sind, wie etwa die Lehrziele und Lehrinhalte, die in der Beschreibung eines Studiengangs hinterlegt sind. Hieraus lässt sich für die Zielgruppe entnehmen, ob eine entsprechende Veranstaltung geeignet ist, d. h. ob sie überhaupt belegt werden sollte. Davon zu unterscheiden sind beschreibende Informationen über eine konkrete Veranstaltung *Grundlagen der Mediendidaktik*, wie sie im Sommersemester 2012 montags um 14.15 Uhr in einem bestimmten (physikalischen oder virtuellen) Raum stattfindet.

Aus datentechnischer Sicht wäre es naheliegend, diese Informationen getrennt vorzuhalten und bei Anlage (Instanziierung) einer konkreten Veranstaltung für ein bestimmtes Semester einen Verweis auf die getrennt abgelegten, überdauernden Informationen vorzunehmen. In der Praxis werden allerdings oftmals mit jeder Durchführung (etwa Semester für Semester) bestimmte überdauernde Informationen zu Lehrveranstaltungen in eine neue Instanz kopiert und es werden regelmäßig Anpassungen vorgenommen, weil ein Semester weniger Veranstaltungstage hat oder inhaltliche Anpassungen notwendig sind, etwa durch längere Abwesenheit des Dozierenden.

Die Sache wird unübersichtlich, wenn Informationen, die für einen bestimmten Durchgang vorliegen, auch zu einem späteren Zeitpunkt abrufbar bleiben sollen oder ggf. – aus rechtlichen Gründen – sogar müssen, zum Beispiel um nachträglich festzustellen, welche Inhalte eine konkrete Veranstaltung in einem bestimmten Semester hatte. Diese Veranstaltung hat sich möglicherweise noch auf eine ältere Prüfungsordnung bezogen und verweist auf eine Lehrgangsbeschreibung oder ein Modulhandbuch, das zum heutigen Zeitpunkt längst aktualisiert worden ist. Es reicht also nicht aus, wenn Dozierende Informationen zu ihren Lehrveranstaltungen in ein LMS einstellen und diese regelmäßig pflegen. Es ist eine Ankoppelung mit anderen, zentral gehaltenen Informationssystemen zu realisieren und die Frage zu klären, ob und wie die Persistenz von Informationen sichergestellt werden kann.

Lernprozesse und -ergebnisse dokumentieren

Lernaktivitäten führen zu bestimmten Ergebnissen, die auf einer Lernplattform in der Regel in Form von digitalen Artefakten sichtbar werden. Dies können Dokumente sein, die Einzelne oder Gruppen angefertigt haben, wie z. B. ein Textdokument oder eine Präsentation. Dies können auch Weblog- oder Foreneinträge sein oder Leistungen, die aus der Teilnahme an (Online-) Prüfungen resultieren. Das Lernen hinterlässt eine *Spur*, die in einer geeigneten Form registriert, dokumentiert und angerechnet werden sollte.

Als Antwort auf Forderungen des Datenschutzes findet vielfach eine softwaretechnische Trennung zwischen Lernplattform und Systemen für die Prüfungsverwaltung statt, in denen Prüfungsleistungen gespeichert werden. Ergebnisse von Prüfungen werden in einem von dem LMS unabhängigen Softwaresystem gespeichert. Um die Datenbestände zu koppeln, werden LMS und Prüfungsverwaltung dann über ein weiteres System, das *Identity Management*, verbunden, in dem alle Informationen zu einer Person, einschließlich ihrer Funktionen, Rollen und Rechte gespeichert sind.

Auf der Lernplattform kann der Lernprozess selbst sichtbar gemacht werden. Der Lernprozess kann damit auch als Leistung dokumentiert und honoriert werden. Schließlich sollten Artefakte, die im Zuge des Lernprozesses entstehen, auch in ein digitales Portfolio der Studierenden eingehen, das sie nach Abschluss ihres Studiums, etwa für Bewerbungen, nutzen können.

Damit wird deutlich, wie Lernplattformen bestimmte Funktionen des Bildungsbetriebs abbilden: die Entwicklung von Kursen, ihre termingenaue Freischaltung, die Anmeldung und Verwaltung von Teilnehmenden, die Rechnungsstellung und Zuweisung der Teilnehmenden zu Kursen, alle Kommunikations- und Betreuungsfunktionen bis hin zur Prüfung und Zertifizierung.

Wirkungen auf Lehren und Lernen?

Die Auswahl eines LMS definiert den Rahmen für die Lehr- und Lernaktivitäten des Bildungsanbieters. Mit James Greeno können wir davon sprechen, dass LMS *affordances* und *constraints* der Umwelt definieren: Sie fordern zu einem bestimmten Verhalten auf und wirken durch ihre Beschaffenheit einschränkend auf Andere (Greeno, 1994; s.a. Kennewell, 2001). Einem LMS ist immer eine bestimmte implizite Theorie des Lernens *eingeschrieben* und fordert somit zu einer bestimmten Art des Lehrens und Lernens auf. Unterrichtsräume etwa fordern Menschen – alleine durch ihre physische Gestalt und Möblierung – zu einer bestimmten Nutzung auf. Bereits die Anordnung von Stuhlreihen beeinflusst beispielsweise, wie in einer Lehrveranstaltung interagiert wird.

Es bleibt die Frage, wie stark sich LMS, die sich in ihren Funktionalitäten im Übrigen zunehmend annähern, prägend auf das Handeln der Lehrenden und Lernenden auswirken. Wie stark beeinflusst es das Handeln der Lehrenden und Lernenden tatsächlich oder wird – umgekehrt – das LMS doch eher in der Weise genutzt, wie es seiner impliziten Theorie entspricht? So lässt sich etwa beobachten, dass Lehrende auch ein didaktisch anspruchsvolles LMS, das vielseitige Möglichkeiten für z. B. kooperative

Lernaktivitäten vorsieht, etwa (nur) dazu nutzen, um Dokumente zum Download bereitzustellen. Lehrpersonen werden Funktionen eines LMS, die nicht zu ihrer Lehrpraxis passen, nämlich eher ignorieren.

Insofern ist die These, dass LMS das Lehr-Lern-Geschehen in eine bestimmte Richtung lenken, skeptisch zu beurteilen. Die bloße Verfügbarkeit von technischen Optionen, etwa für kooperatives Lernen, verändert pädagogische Handlungspraxen kaum. Es erscheint sogar wahrscheinlicher, dass bisherige Verhaltensmuster auf neue Techniken angewendet werden, und die neue Technik dazu genutzt wird, bisherige Praxen zu optimieren. An vielen Hochschulen lässt sich beobachten, dass sich die überwiegende Nutzung von E-Learning-Plattformen weiterhin auf die Verteilung von Dokumenten bezieht. Lehrende, die problembasierte oder kooperative Lernmethoden anstreben, nutzen dagegen Werkzeuge, wie Foren, Wikis oder Blogs, für Online-Diskussionen und das gemeinsame Arbeiten an Artefakten.

Diese Beobachtung ist nicht zuletzt der Grund, warum die Diskussion über *Change Management* bei der Einführung von E-Learning eine zentrale Bedeutung erhalten hat: Die angestrebte didaktische Innovation ist ganz unabhängig von den Konzepten und Werkzeugen des E-Learnings zu benennen. Es ist der Beitrag der Digitalisierung herauszuarbeiten und es sind die Maßnahmen zu erläutern, die erforderlich sind, um die neuen Lernformen einzuführen. Die Hoffnung, dass sich neue didaktische Ansätze etablieren würden, allein durch Einführung von E-Learning und/oder durch entsprechende digitale Werkzeuge, erweist sich als wenig begründet. Eine solche Veränderung muss an grundsätzlichen Überlegungen zur Lehrpraxis des Bildungsanbieters ansetzen: Innerhalb eines solch explizit formulierten Zielrahmens können digitale Lernwelten dann eine wichtige Rolle spielen, um Lerninnovationen mit einem höheren Wirkungsgrad einzuführen.

13.2 Wiederverwendung von Contents

Die Entwicklung hochwertiger Lernressourcen ist in der Regel aufwendig und lohnt zumeist nur bei mehrfachem Einsatz – auch über die eigene Veranstaltung und Einrichtung hinaus. Die Übertragbarkeit und Verwertung in anderen Kontexten sind damit zentrale Hürden, sie verweisen aber auch auf die wesentlichen Chancen, um digitale Lernangebote nachhaltig zu entwickeln und auf mehr Contents zugreifen zu können.

Manche Lehrkräfte übernehmen ungern Materialien Anderer. Lieber entwickeln sie eigene Materialien, als dass sie vorliegende Angebote von Anderen übernehmen. Darüber hinaus existieren technische Hürden: Die Lernmaterialien sind vielfach technisch eng mit der Plattform verbunden und lassen sich nur schwer in andere Systeme übertragen. Zudem sind viele Inhalte fachlich an bestimmte Anwendungskontexte und institutionelle Rahmenbedingungen gebunden. Dadurch lassen sie sich tatsächlich nicht ohne weiteres in anderen Zusammenhängen nutzen, obwohl sie auf den ersten Blick geeignet erscheinen. So wird ein Kurs zum Thema *Kundenfreundliches Verhalten* bei einem Telekommunikationsunternehmen ganz andere Beispiele beinhalten als ein gleichlautender Kurs, der für eine Bank entwickelt wurde.

Herausforderungen der Mehrfachnutzung

Die Bildungsabteilung eines international tätigen Elektronikkonzerns entwickelt im Auftrag der Einkaufsabteilung E-Learning-Contents zu *Compliance* und *Korruptionsbekämpfung*. Das Lernprogramm war in der Entwicklung aufwändig. Es wurden Videos mit professionellen Darstellern produziert, in denen Beispiele für Korruptionsprävention in der betrieblichen Praxis dargestellt sind.

Es wird überlegt, ob das E-Learning-Produkt nicht auch für andere Abteilungen des Unternehmens interessant sein könnte. Ein kurzer Rundruf bringt zutage, dass sich das Produkt auf die Anforderungen anderer Einheiten des Konzerns nicht ohne weiteres übertragen lässt. Die Videos passen nicht genau zu dem Umfeld, wie es sich in anderen Tätigkeitsfeldern und Unternehmen des Konzerns darstellt. Auch zeigt sich, dass in den Unternehmen sehr unterschiedliche technische Internetplattformen vorliegen, mit denen sich das E-Learning-Produkt nicht ohne zusätzlichen Aufwand integrieren lässt.

Aus ökonomischer Sicht werden technische Lösungen gefordert, um Contents wiederzuverwerten: Es geht zum einen um die Mehrfachnutzung selbst entwickelter Lerneinheiten innerhalb einer Organisation. Nur eine konsequente Mehrfachnutzung rechtfertigt es, hohe Mittel in die Entwicklung von digitalen Lernangeboten zu investieren. Zum anderen besteht der Bedarf, fertige Contents am Markt einzukaufen bzw. zu lizenzieren und sie für die eigene Bildungsarbeit einzusetzen.

Dateiformat und Zugänglichkeit

Bei jedem Lernangebot stehen wir vor der Entscheidung, in welchem Dateiformat den Lernenden Informationen zugänglich gemacht werden. Diese Entscheidung trägt wesentlich dazu bei, auf welchen Geräten das Wissen zugänglich sein wird. Es stellt sich die Frage, welche Dateiformate einen möglichst breiten Zugang zu Wissensressourcen und Bildung sicherstellen, den Zugang also nicht unnötig einschränken. Denn eine Reihe von Lösungen zwingt die Lernenden zur Nutzung bestimmter Geräte oder Betriebssysteme, Browser oder Anwendungen.

Das HTML-Format beruht beispielsweise auf einem internationalen Standard, der mit allen Internet-Browsern angezeigt werden kann. Was ist aber mit einem Dokument, das mit einem Office-Programm erstellt wurde, einem PDF-Dokument, einer Flash-, AAC- oder MP3-Datei? Auch wenn das Dateiformat offenliegt, kann es möglicherweise nicht vollständig – und ohne weitere Lizenzgebühren – auf allen Computern erzeugt und dargestellt werden.

Die Auswahl eines Dateiformats für Lernmaterialien entscheidet damit wesentlich, wie *zugänglich* das Lernangebot sein wird, ob es die Lernenden in ein „geschlossenes Ökosystem" zwingt oder verschiedenartige Plattformen bedienen kann. Hier entscheidet sich auch, inwiefern ein Lernangebot als *offene Ressource* (vgl. Kaptitel 1.4) bereit gestellt werden kann.

Es bleibt zu konstatieren, dass die Ressourcen, die das Internet bietet, tausendfach von anderen Lehrpersonen und Autorinnen oder Autoren digitaler Contents verwendet werden: Texte und Dokumente sowie Grafiken und Videos stehen fast unbegrenzt zur Verfügung. Wenn die Restriktionen berücksichtigt werden, die sich durch Rechte an den Dokumenten ergeben, lassen sich solche Vorlagen in Lernanwendungen einfach nutzen.

Die Diskussion über die Wiederverwendung (Re-Usability) von Lernmaterialien in der Informatik geht jedoch einen Schritt weiter: Sie fragt nach technischen Mechanismen, wie interaktive Lerncontents auf verschiedenen Lernplattformen eingebunden und verwendet werden können, um die Mehrfachnutzung zu unterstützen.

13.3 Lernobjekte mit SCORM

Die Entwicklung von Onlinelerneinheiten und -kursen ist oft mit erheblichen Aufwänden verbunden. Lehrende nutzen ihre dazu entwickelten Materialien und Werkzeuge deswegen regelmäßig in mehreren Durchgängen. Die Herausforderung besteht darin, solche Ressourcen auch für den Einsatz in *anderen* Veranstaltungen mit gleichen oder ähnlichen Inhalten, sei es innerhalb der eigenen Institution oder andernorts, nutzbar zu machen.

Standards

Die ersten Bemühungen zur technischen Unterstützung einer Wiederverwertbarkeit (Re-Usability) liegen bereits über 40 Jahre zurück (vgl. Frank & Graf, 1967). Mittlerweile liegen praktikable Ansätze vor, die Lerneinheiten zwischen Lernplattformen auch unterschiedlicher Hersteller austauschbar machen. Die Herausforderung besteht darin, dass eine Lerneinheit beliebig komplex sein und aus beliebig vielen einzelnen Elementen und Datentypen bestehen kann. Die Lerneinheit wird deswegen als ein *Lernobjekt* realisiert, das alle Dokumente, Werkzeuge und Abläufe auf eine definierte Weise zusammenfügt. Dadurch werden die Inhalte „gekapselt", so dass diese in einer Lernplattform lauffähig gemacht werden können. Das Lernobjekt beinhaltet *Metadaten*, die die Inhalte beschreiben, z. B. welches Thema wird in dem Lernobjekt behandelt, in welchem Schwierigkeitsgrad, für welche Zielgruppe, mit welcher Lernzeit? Auf der Grundlage solcher Informationen könnte eine Lernplattform z. B. die Reihenfolge der Inhalte, auch abhängig von Parametern des Lernenden, festlegen:

> *„Lernobjekte kapseln Lerninhalte aller Art, um sie effizient zu speichern, wiederzuverwenden und um sie zwischen verschiedenen Lernplattformen leichter austauschen zu können."* (Pankratius, Oberweis, & Stucky, 2005)

Herausgebildet haben sich Standards, die von internationalen Standardisierungsgremien festgelegt worden sind. Der SCORM-Standard wurde erstmals 2000 veröffentlicht und 2004 in einer überarbeiteten Version vorgelegt. Er basiert auf dem bereits länger existierenden Metadaten-Standard für *Learning Objects,* der Inhalte von Lernmaterialien in neun Hauptkategorien beschreibt.

Learning Object Metadata (LOM)

- *General* – allgemeine Informationen (Titel, Sprache, Schlagworte, Themen, Struktur, Niveau)
- *Lifecycle* – enthält die Versionsgeschichte und die aktuelle Fassung (Version, Status, Mitarbeitende)
- *Meta-Metadata* – Informationen über die Metadaten selbst (Schema, Sprache)
- *Technical* – technische Merkmale (Format, Größe, Ort, Voraussetzungen, Installationshinweise, andere Voraussetzungen)
- *Educational* – didaktische Merkmale (Typ der Interaktivität, Typ der Lernressource, Level der Interaktivität, semantische Dichte, vorgesehene User-Rolle, Kontext, vorgesehenes Alter der Zielgruppe, Schwierigkeitsgrad, Lernzeit, Beschreibung, Sprache)
- *Rights* – Copyright und Nutzungsbedingungen (Lizenzbedingungen und -kosten, andere rechtliche Hinweise)
- *Relation* – Beziehung zwischen Lernobjekt und anderen Lernobjekten (Verweise auf Elemente und Dateien, die zum Lernobjekt gehören)
- *Annotation* – Anmerkungen zur Nutzung
- *Classification* – Einordnung in andere Klassifikationssysteme

Wiederverwertbare Lernobjekte bestehen damit aus einer Kollektion von Dokumenten (Text, Grafik, Animation usw.) **plus** Metadaten, die diese beschreiben. Schwierig ist gerade die Standardisierung der Metadaten, die den pädagogischen Bereich betreffen, wie z. B. die Felder „Schwierigkeitsgrad", „Alter der Zielgruppe", „Typ der

Zielgruppe", „Lerndauer", „semantische Dichte" oder „Interaktivitätsniveau" (vgl. Baumgartner & Kalz, 2005). Genau solche Informationen, die für die Verwendung der Lernobjekte in verschiedenen Kontexten wichtig wären, sind kaum zuverlässig zu benennen: Wie lässt sich die *Schwierigkeit einer Lerneinheit* bestimmen – ohne Angabe eines bestimmten Kontextes? Wie würden wir den *Level der Interaktivität* bestimmen wollen? Für die Spezifikation dieser Angaben gibt es keine hinreichend etablierten Kriterien, und es bleibt die Frage, ob solche Standards vereinbart werden könnten. Wir müssten weltweit festlegen, was als „einfache" und „schwierige" Informationen, was als „niedriges" oder „hohes" Interaktionsniveau aufzufassen sei, wie „Lernziele" und „Lerninhalte" zu klassifizieren seien und Anderes mehr.

Austausch

Um Lerneinheiten in verschiedenen Plattformen nutzbar zu machen, werden die Inhalte als ein Lernobjekt *gekapselt*, das sich zwischen Plattformen austauschen lässt. Technisch bedeutet dies, dass alle Dateien einer Lerneinheit in einer genau definierten Weise in eine Datei zusammengeführt werden. Das ZIP-Format ist ein allgemeiner Standard, um solche Dateien komprimiert und ohne Informationsverlust zu speichern.

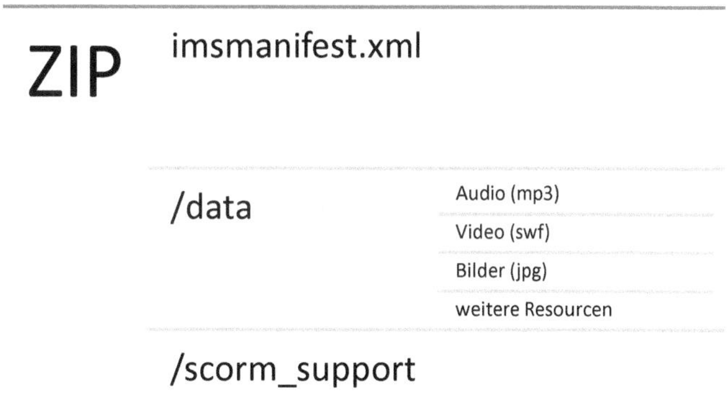

Abbildung 68: Struktur eines SCORM - Lernobjekts

Eine ZIP-Datei, die ein Lernobjekt nach dem SCORM-Standard umfasst, hat eine gegenau festgelegte Struktur von Unterverzeichnissen. Im Hauptverzeichnis findet sich ei- eine Datei mit der Bezeichnung *imsmanifest.xml*. In dieser Datei stehen Verweise auf die Bestandteile der Lerneinheit und die inkludierten Dateien, wie z. B. Audio-, Video-, Grafik- oder HTML-Dateien.

Der SCORM-Standard nutzt die Beschreibungssprache XML. In der XML-Datei sind nur die Inhalte der Lerneinheit und die dazu gehörenden Metadaten enthalten. Wie die Lerneinheit dem Lernenden *präsentiert* wird, hängt von der Laufzeitumgebung der Plattform ab, die diese Objekte wiedergibt. Dieses Lernobjekt kann damit auf jedem Gerät präsentiert werden, für das ein Player zur Verfügung steht, mit dem sich entsprechende Objekte wiedergeben lassen.

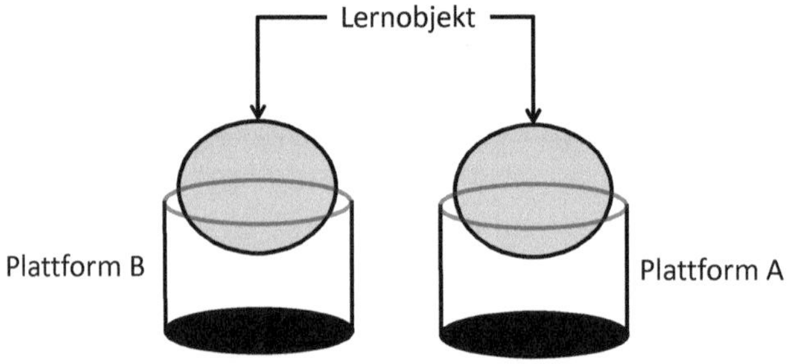

Abbildung 69: Austausch von Lernobjekten

Verschiedene Anwendungen, mit denen sich Lerneinheiten oder z. B. Videosequenzen entwickeln lassen, erlauben das Abspeichern der Elemente einer Einheit in ein solches Lernobjekt. Diese Datei kann dann von anderen Anwendungen oder Plattformen ausgeführt werden, die diesen Standard interpretieren können. Eine SCORM-fähige Plattform sollte jedes Lernobjekt, das dem Standard folgt, präsentieren können.

In der Praxis funktioniert dies nicht immer vollständig, das heißt je nach Entwicklungs- und Zielplattform werden nicht immer alle Elemente richtig wiedergegeben. Einige Dateiformate können auf manchen Rechnern nicht dargestellt werden; manche Funktionen werden nicht wie gewünscht ausgeführt. Deswegen kann die vollständige Lauffähigkeit eines Lernobjektes auf einer bestimmten Zielplattform nie garantiert werden, da dies auch von der Konfiguration des jeweiligen Rechners abhängt. In jedem Fall sind ausführliche Tests durchzuführen, um die Funktionalität sicherzustellen.

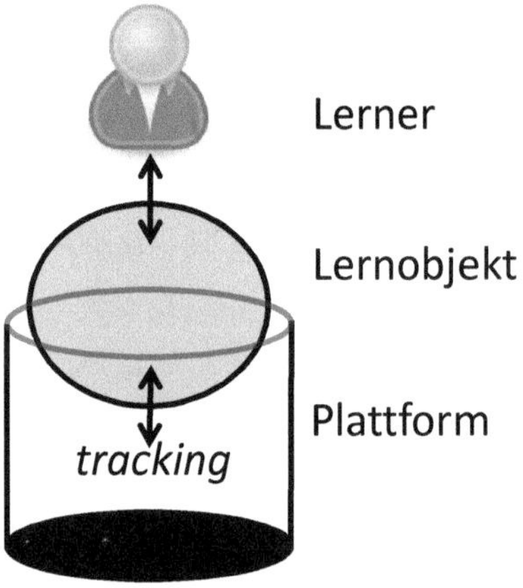

Abbildung 70: User-Tracking bei Lernobjekten

Tracking

Lernobjekte können als ZIP-Datei im SCORM-Standard ausgetauscht und auf verschiedenen Lernplattformen genutzt werden. Als Nächstes stellt sich die Frage, wie die Plattform, auf der das Objekt bereitgestellt wird, über die Interaktionen der Lernenden mit dem Lernobjekt informiert wird.

Die Person interagiert mit dem Lernobjekt, das innerhalb einer Lernplattform ausgeführt wird, nicht aber mit der Lernplattform selbst. Durch diese Kapselung entsteht das Problem, dass die Lernplattform die Aktionen der Lernenden nicht unmittelbar auswerten kann: Die Lernplattform *weiß* nicht, wie weit die Person das Lernobjekt bearbeitet hat und ob eine Lernaufgabe z. B. erfolgreich abgeschlossen wurde.

Das schränkt Möglichkeiten der Wiederverwendung von Lernobjekten ein. Deswegen definiert der SCORM-Standard eine Logik, wie Daten zur Interaktion des Lernenden mit dem Lernobjekt an die Lernplattform weitergegeben werden. Wenn die Lernplattform dieser Logik folgt, erhält sie Informationen aus der Interaktion des Lernenden mit dem Lernobjekt. Dies ist vor allem wichtig, wenn das Lernobjekt Testitems beinhaltet. Die Lernplattform kann dann z. B. die Resultate eines Tests im Lernstatus abspeichern. Aber auch der Bearbeitungsstand des Lernobjekts kann auf der Lernplattform zwischengespeichert werden. Wenn die Person das Lernobjekt das nächste Mal aufruft, kann dann genau an dieser Stelle weitergearbeitet werden.

Sequenzierung

Im nächsten Schritt stellt sich nun ein nochmals deutlich komplexeres Problem: Wie kann eine (richtige) Sequenz von Lernobjekten erzeugt werden?

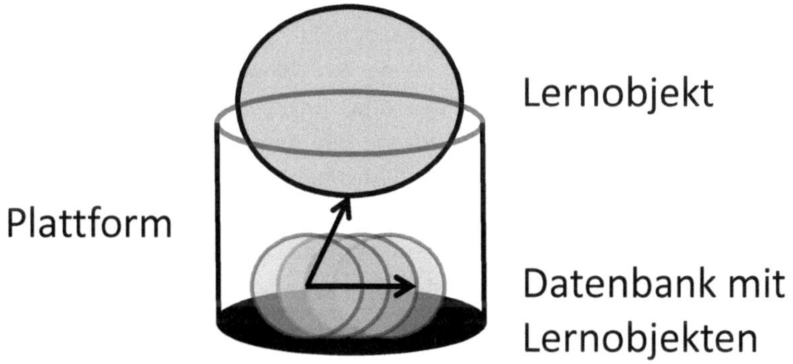

Abbildung 71: Sequenzierung von Lernobjekten

Dazu muss die Plattform auf Metadaten zugreifen, die im Lernobjekt gespeichert sind, und sie muss über einen Algorithmus verfügen, der beschreibt, wie didaktisch sinnvolle Sequenzen von Lernobjekten zu erzeugen sind. Nehmen wir an, die Plattform verfügt über eine Datenbank mit vielen Lernobjekten zu verschiedenen Themen in unterschiedlichen Schwierigkeitsgraden. Sie muss aus dieser Datenbank die thematisch zugehörigen Objekte finden und diese den Lernenden in einer sinnvollen Abfolge präsentieren. Dies ist insofern nicht einfach, als die Lernobjekte voneinander „nichts wissen“ und die Abfolge nicht unmittelbar aus den Lernobjekten ausgelesen werden kann.

Verwertung von Lernobjekten

Austausch: Lerneinheiten können als Lernobjekte zwischen Plattformen ausgetauscht werden und damit über Plattformen hinweg genutzt werden. Der Austausch von Lernobjekten nach dem SCORM-Standard ist weitgehend etabliert und erweist sich in der Anwendung als funktional, solange die systembedingten Einschränkungen bedacht werden.

Tracking: Interaktionen der Lernenden mit einem Lernobjekt werden erfasst und der Lernplattform übergeben. Dieses Tracking von Userdaten ist eine Anforderung an eine SCORM-kompatible Plattform, die je nach Zusammenspiel von Entwicklungs- und Laufzeitumgebung nicht immer funktioniert.

Sequenzierung: Eine SCORM-kompatible Plattform kann eine Reihenfolge, mit der Lernobjekte dem Lernenden präsentiert werden, auf der Basis von Metainformationen der Lernobjekte erzeugen, z. B. von leichten zu schweren Lernobjekten des gleichen Inhalts. Diese Sequenzierung der Lernobjekte in der Zielplattform erweist sich als kompliziert und findet in der Praxis wenig Nutzung.

In der Wirtschaft haben sich diese Standards stärker durchgesetzt als in der Hochschule oder Erwachsenenbildung. In der Wirtschaft können Standards in Projekten leichter vorgegeben werden und ökonomische Überlegungen haben hier einen anderen Stellenwert. Im Hochschulsektor werden dagegen eher organisatorische Lösungen zum einrichtungsübergreifenden Austausch von Lerninhalten verfolgt (Claudia Bremer, Göcks, Rühl, & Stratmann, 2010; Wannemacher, 2016). Sie belassen die Contents in der Regel auf den „Heimatservern" und schaffen eine technische Lösung zum Zugang für die „entfernten" Lernenden der verschiedenen Einrichtungen, die über Kooperationsvereinbarungen verbunden sind.

13.4 Lernobjekte mit H5P

Der Workflow für Lernobjekte nach dem SCORM-Standard trennt zwischen Autoren- und Nutzersicht. Das Lernobjekt wird lokal auf einem Computer mit einem Autorenwerkzeug erstellt und dann in die Lernumgebung (z. B. eine Lernplattform mit moodle) eingebracht, in der die Lernenden mit dem Lernobjekt arbeiten (vgl. Abbildung 72).

Neuere Ansätze für Lernobjekte nutzen konsequent Internet-Technologien für die Autoren- und Nutzersicht. Ein Beispiel hierfür ist H5P, das von der norwegischen Regierung 2012 initiiert wurde und von einer Reihe vor allem europäischer Einrichtungen sowie einer wachsenden Community getragen wird: H5P basiert auf neuen Funktionen der Seitenbeschreibungssprache HTML des World Wide Web im Internet. Mit HTML5 können interaktive und dynamische Inhalte auf Webseiten dargestellt werden. Es liegt eine sich ständig erweiternde Bibliothek an Interaktionstypen vor, um Lerninhalte und Lernaufgaben für Kurse zu erstellen. Die H5P-Objekte können exportiert werden, in Repositorien abgelegt werden und in andere Kurse – auch auf anderen Plattformen – übernommen werden. Ein typisches H5P-Objekt umfasst z. B. ein Quizz oder ein interaktives Video.

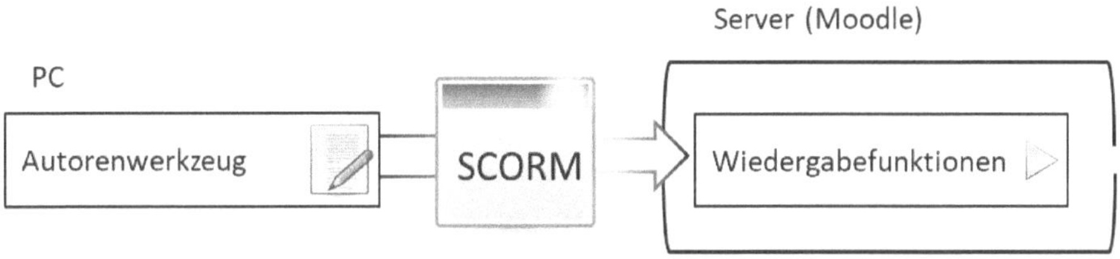

Abbildung 72: Workflow bei Lernobjekten nach SCORM-Standard

Durch die internetbasierte Anlage der Laufzeitumgebung lassen sich H5P-Objekte an einem Ort sowohl erstellen und bearbeiten als auch nutzen. Dies hebt die strikte Rollentrennung zwischen Autoren als Erstellenden und Lernenden als Anwendern auf. Mit den entsprechenden Rollen und Rechten versehen kann jeder User auf der Plattform Lernobjekte erzeugen, überarbeiten und nutzen, sie in eigene Kurse übernehmen, exportieren und weiternutzen (vgl. Abbildung 73).

H5P

- basiert auf der Seitenbeschreibungssprache HTML5, mit der interaktive und dynamische Objekte für das Internet erzeugt werden können;
- beinhaltet eine Funktionsbibliothek, die Autorenwerkzeuge und Laufzeitumgebung für die internetbasierte Erstellung und Nutzung von Lernobjekten integriert;
- erzeugt Lernobjekte, die auf verschiedenen Plattformen genutzt und ausgetauscht werden können (z. B. Drupal, moodle, Wordpress).

Die technische Implementation macht H5P besonders attraktiv für didaktische Ansätze des kooperativen Lernens, bei denen die Lernenden Material erzeugen und anderen bereitstellen: Die Lernenden „konsumieren" nicht nur Contents, sondern können diesen auch bearbeiten und erschaffen. Zugleich eröffnet die Technologie einen Weg, um *Open Educational Ressources* über Repositorien (mit Metadaten versehen) zu disseminieren (vgl. Kapitel 1.4.4). Die Granularität der H5P-Objekte ist in der Regel relativ klein. Das macht es eher wahrscheinlich, dass sich diese – ggf. nach einer Bearbeitung – in anderen Kontexten weiternutzen lassen.

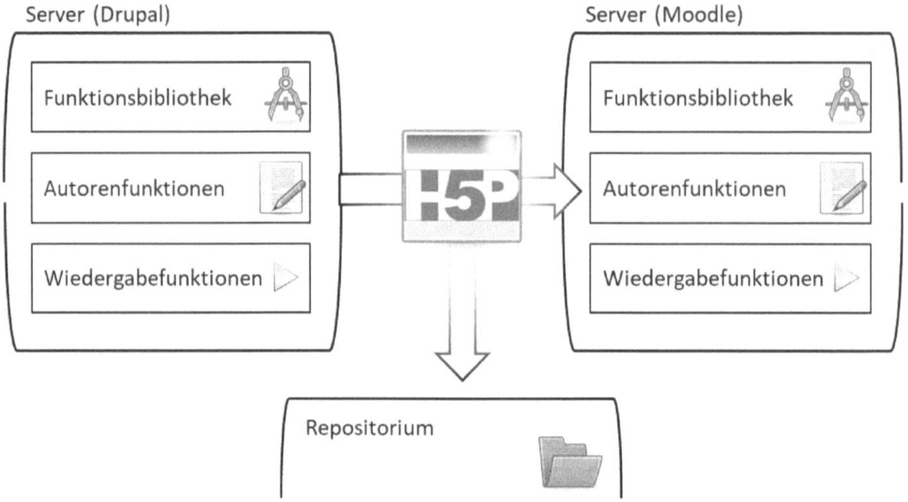

Abbildung 73: Workflow bei H5P-Objekten

Mit H5P steht damit ein „leichtgewichtiger“ Ansatz zur Wiederverwertbarkeit von Lernmaterialien zur Verfügung. Gleichzeitig gibt es eine Reihe weiterführender Bestrebungen für die Entwicklung von Standards für Lernobjekte. Sie berücksichtigen u. a. die Rollen von Akteuren (wie in EML, vgl. Koper & Manderveld, 2004), das verteilte Lernen im Internet mit der xAPI und deren Zusammenführung in einem *Learning Record Store*, bei denen Mechanismen des *Learning Analytics* (zur Optimierung des Lehr-Lern-Prozesses) und des *Educational Data Mining* (zur Optimierung des Bildungsangebotes) zum Tragen kommen können (vgl. Siemens, 2013; vgl. Baker & Inventado, 2014; Ferguson, Brasher, Clow, Griffiths, & Drachsler, 2016; Greller & Drachsler, 2012b).

13.5 Soziale Lernplattformen

Bei traditionellen Lernplattformen steht die Distribution von Materialien im Vordergrund. Sie definieren Kursräume mit Grenzen, in denen Lernmaterialien bereitgestellt werden. Lehrende und Lernende können diese Logik gut nachvollziehen. Sie erinnert an das Klassenzimmer, das von Wänden umgrenzt ist. Bei sozialen Lernplattformen stehen dagegen die *Aktivitäten* der Lehrenden und vor allem der Lernenden im Vordergrund.

Theorien des sozialen und kooperativen Lernens verweisen auf die Potenziale des gemeinsamen Lernens und der sozialen Kommunikation, wenn bestimmte Lehrziele erreicht werden sollen. Wenn es um Lernziele geht, die über ein Fakten- und Regelwissen hinausgehen, erweisen sich entsprechende didaktische Ansätze als zielführend (vgl. Kapitel 6.1). Die Gruppenmitglieder bringen auf dem Hintergrund ihrer Biografie verschiedene Sichten und Erfahrungen in die Gruppe ein. Ihre Perspektiven und Fähigkeiten helfen bei der Bearbeitung von Lernaufgaben unterschiedlicher Komplexität und sind damit Mittel zur Erreichung des Lernziels.

Der Erfolg dieser Ansätze ist von bestimmten Faktoren abhängig. So benötigen die Teilnehmenden eine Zeit des Kennenlernens, über die sich wechselseitige Erwartungen und Vertrauen entwickeln. Dies trägt dazu bei, dass „Kontingenz" reduziert wird: Ich möchte wissen, mit wem ich es zu tun habe, wie die Anderen sich verhalten, und dass sich die Anderen so verhalten, wie es meiner Erwartung an soziale Interaktionen entspricht (s.a. Zhan & Fang, 2011).

Gemeinsames Lernen im sozialen Austausch funktioniert nicht, wenn die Personen vollständig anonym bleiben und sich nicht sicher sind, ob die anderen Personen gleich bleiben (da man sie nicht sieht). Ein Kennenlernen kann in einer vorgelagerten Präsenzphase, es kann aber auch vollständig im Internet stattfinden. Es ist nicht wesentlich, ob die Lernenden mit ihrem Namen erscheinen, es reicht auch eine pseudonyme Identität mit einem *Nickname* aus, um entsprechende Gruppenprozesse in Gang zu bringen. Ein Bild macht die Person transparenter, es ist jedoch ebenfalls nicht zwingend. Für die Kommunikation ist es hinreichend, wenn irgendein Bild oder ein Avatar vorliegen, das die Person einstellen kann. Auf diese Weise erzeugt die Person eine Identität, die für die Anderen zur Wiedererkennung beiträgt. Effekte der Eindrucksbildung, wie sie in der Sozialpsychologie untersucht werden, entstehen bei virtuellen Identitäten in ähnlicher Weise: Man entwickelt einen Eindruck von einer *Person*, auch ohne „wahre Daten" über diese Person zu erfahren (s. das Themenheft von Rummel & Krämer, 2010).

Die Lernenden müssen motiviert sein, sich mit Anderen austauschen zu wollen. Diese Motivation kann angeregt werden, wenn die Lernenden eine Aufgabe in einer Gruppe bearbeiten. Sie kann bestärkt werden, wenn sich in der Interaktion Interesse entwickelt, mit bestimmten Personen zusammenzuarbeiten bzw. zusammen zu sein. Die Interaktion mit Anderen wird dann selbst zu einem Anreiz für die Lerntätigkeit bzw. für die Persistenz des Lernhandelns.

Merkmale sozialer Lernplattformen

Betrachten wir im folgenden Merkmale, die soziale Lernplattformen auszeichnen. Sie beziehen sich vor allem auf die Durchlässigkeit zwischen Kursraum und Umwelt sowie die Abbildung und Unterstützung sozialer Beziehungen.

Permeabilität. Die Lernplattform soll zunächst einen geschützten Raum bieten, in dem Lernende Fehler machen, etwas ausprobieren und Positionen entwickeln können, die nicht dauerhaft und für alle sichtbar im Internet verbleiben. Dennoch kann überlegt werden, ob und an welchen Stellen es förderlich ist, Informationen aus der Lernplattform *nach außen* verfügbar zu machen.

Die traditionelle Lernplattform definiert eine klare Grenze um den Kursraum. Dies hat, wie beschrieben, für Lehrende und Lernende Vorteile: Mir ist stets klar, ob ich mich innerhalb oder außerhalb eines Kursraums befinde, wo ein Dokument steht, das ich in den Kursraum geladen habe, und was die Teilnehmenden eines Kurses sehen und was nicht. Die Möglichkeit, solche geschützten Umgebungen einzurichten, kann als Bedingung für eine pädagogisch sinnvolle Plattform gelten: Lernen bedeutet immer auch, Fehler zu machen, und es sollte möglich sein, diese Fehler nicht dauerhaft im Internet und für alle öffentlich sichtbar zu machen. Doch es kann auch Gründe geben, die Durchlässigkeit der Lernplattform flexibler anzulegen. Dies kann in beide Richtungen erfolgen: die Durchlässigkeit aus dem Internet in die Lernplattform hinein und aus der Lernplattform in das Internet hinaus.

Erzeugen der Gruppengrenze. Wir sind Mitglieder in verschiedenen sozialen Gruppen mit verschiedenen Rollen. In jeder Gruppe sind Menschen, die mir näher stehen und mit denen ich mich mehr austausche. Das grundlegende menschliche Bedürfnis der Zugehörigkeit zu sozialen Gruppen kann zumindest in Teilen durch soziale Plattformen im Internet befriedigt werden (s. a. Hölterhof & Kerres, 2011).

Die Plattform muss dazu Bereiche besitzen, in denen sich Personen zu Gruppen zusammenschließen können bzw. zusammengeschlossen werden. Der „Raum" der Gruppe erzeugt eine Grenze zwischen Mitgliedern und Nicht-Mitgliedern. Die Plattform muss die Zusammenarbeit und den Austausch der Mitglieder der Gruppe unterstützen. Innerhalb der Gruppe können weitere Rollen abgebildet werden, die mit unterschiedlichen Rechten in dem Gruppenraum verbunden sind.

Einbinden externer Ressourcen. Im Internet stehen zunehmend Materialien zur Verfügung, die für das Lernen nutzbar gemacht werden (können), zum Teil in den bereits erwähnten, in der Regel für den Nutzenden kostenfreien Diensten für das Einstellen von Dokumenten oder in speziellen Datenbanken für Lernressourcen, wie z. B. Open Educational Ressources (OER).

Förderung der sozialen Kommunikation

In Lernplattformen werden Gruppen üblicherweise mit Kursräumen gleichgesetzt. Auf den ersten Blick bilden die Mitglieder einer Lehrveranstaltung eine soziale Gruppe und insofern erscheint es naheliegend, die soziale Kommunikation *innerhalb* einer solchen Lehrveranstaltung anzulegen. In dieser Weise werden beispielsweise Foren innerhalb eines Kursraumes eingerichtet und die Kommunikation der Lernenden innerhalb dieses Kursraumes angeregt und unterstützt. Damit bietet der Kursraum eine übersichtliche Umgebung für soziale Kommunikation mit einer in der Regel definierten Zahl von Teilnehmenden, die ich zumeist überschauen kann, möglicherweise (aus Präsenzterminen) auch bereits persönlich kenne und die ein gleiches Ziel verfolgen.

Eine solche Ausgestaltung sozialer Kommunikation in Foren innerhalb eines einzelnen Kursraumes erweist sich jedoch im Hinblick auf die Entwicklung einer Lerngemeinschaft als ungünstig. Denn die Entwicklung einer Gemeinschaft beinhaltet mehr als den fachlichen Austausch zwischen Kursteilnehmenden. Es geht auch um die persönliche und emotionale Ebene, die Anteilnahme und Wertschätzung, die etwa durch einfache Formen der Bezugnahme („Danke für den Hinweis!") ausgedrückt wird.

Für die Entwicklung einer Community sind auch *Überraschungseffekte* von Bedeutung, die die Plattform interessant machen: Reaktionen von Menschen, die man nicht kennt oder von denen man dies nicht erwartet hätte. In der eng umrissenen Umgebung des Kursraumes sind solche Effekte weniger wahrscheinlich. In der Forschung zu Hypertext wird von Effekten der *Serendipität* gesprochen (vgl. Schulmeister, 1997), womit Zufallsfunde gemeint sind, die sich beim Browsen durch das Internet beiläufig ergeben und die für das (speziell informelle) Lernen besonders fruchtbar sein können. *Social Serendipity* ist ein Effekt, der sich in sozialen Netzwerken ergibt, bei denen Personen zufällig auf andere Menschen mit ähnlichen Interessen stoßen und sich mit diesen austauschen. Dies erfordert eine hinreichend große Anzahl von Personen, auch solcher, die nicht persönlich bekannt sind, weil sonst ein Überraschungseffekt fehlt. Im folgenden Block finden sich einige weitere Hinweise und Maßnahmen, wie die soziale Kommunikation und der Austausch in solchen Umgebungen gefördert werden können.

Sozialen Austausch fördern

- Lernende ermutigen, selbst Medien (Texte und Bilder, Audio und Video) einzustellen und dazu eine einfache Editierumgebung bereitstellen, etwa in einem Wiki.
- Sichtbar machen, wer sich mit Beiträgen anderer Lernenden beschäftigt (entwickelt Anerkennung in der Community).
- Inhalte können kommentiert werden.
- Oberfläche einfach und konfigurierbar machen (z. B. Lernende können Inhalte und Werkzeuge aus-/einblenden).
- Mitglieder der Community bekannt machen: Wer gehört dazu? (Verweis auf eine persönliche Homepage mit Bild oder Avatar)
- Sichtbar machen, wer gerade online ist. Möglichkeit geben, Personen direkt anzusprechen.
- Mitglieder motivieren, persönliche Informationen über sich Anderen preiszugeben (z. B. den Wohnort).
- Registrierung attraktiv machen: Mitglieder erhalten mehr Informationen und Rechte als Nicht-Mitglieder.
- Mitgliederbereiche werden geschützt. Mitglieder erhalten einen Raum, der z. B. nicht von Suchmaschinen erreicht wird.

- Lernumgebung durch die Menge (und auch die Qualität) der für die Zielgruppe relevanten Wissens- und Informationsquellen attraktiv machen.
- Nicht in *Kursen* denken. Kleine Wissensressourcen vorhalten (*Micro Content*).
- Externe Informations- und Datenquellen einbeziehen und in der Lernumgebung zusammenführen. Externe Feeds für die Zielgruppe auswählen und in das Portal einbinden.
- Informationen aus der Umgebung für externe Anwendungen verfügbar machen.
- Werkzeuge anbieten; zugleich aber: Die Nutzung von Werkzeugen freistellen.

Optionen für Privatheit

Wenn eine soziale Lernplattform *permeabel* zu ihrer Umwelt angelegt ist, dann ist für die verschiedenen Arten von Lernaktivitäten zu entscheiden, wie diese für Andere innerhalb oder außerhalb der Plattform sichtbar wird. WERNER SESINK (2005) beschreibt die Gestaltung von *Raumgrenzen* als wesentliche pädagogische Frage *virtueller Bildungsräume*:

> *„Räume sind nicht denkbar ohne ihre Grenzen. Jede Grenze schränkt ein. Sie scheint insofern der Freiheit zu widersprechen, der doch Raum gegeben werden soll. Doch bedeutet Raum geben immer auch, Grenzen zu ziehen. Jede Ermöglichung ist verbunden mit dem Setzen von Bedingungen. Die Beseitigung aller Bedingungen führte nicht zu unbedingter Freiheit, sondern zur Leere eines unendlichen Raums, in dem nichts mehr möglich ist ...*
> *Jeder Raum benötigt Grenzen, die ihn schützen, aber auch einschränken. Mit Medium als Raum verbindet sich ein Verständnis von Freiheit, welche nur durch ihre Bedingung wirklich werden kann, gegen die sie zugleich sich richten muss. So werden mediale Räume dynamisch: Sie weiten und verengen sich je nachdem, wie in praktischer didaktischer Wahrnehmung ihrer Möglichkeiten ihre Grenzen ausgelotet und verschoben werden."*

Es lassen sich drei Grade der Öffnung unterscheiden: *Private* Lernaktivitäten sind nur dem Lernenden und möglicherweise einer Lehrperson zugänglich. *Teilweise private* Lernaktivitäten sind beschränkt sichtbar für die Mitglieder einer sozialen Gruppe, die sich untereinander bekannt sind, etwa die Schüler/innen einer Schulklasse oder die Teilnehmenden eines Seminars. Die Jahrgangsstufe oder das Matrikel von Studierenden, die sich in einem Semester in ein Studienfach eingeschrieben haben, könnten auch eine solche Gruppe bilden. In der Regel wird man diese Gruppe jedoch nicht für *semi-private Lernaktivitäten* heranziehen, wenn die Personen – wegen der Größe der Gruppe – sich nicht mehr persönlich kennen und ihre Kommunikation im Rahmen der unterrichtlichen Aktivitäten nicht wesentlich ist. *Öffentliche* Lernaktivitäten sind schließlich *für alle* sichtbar.

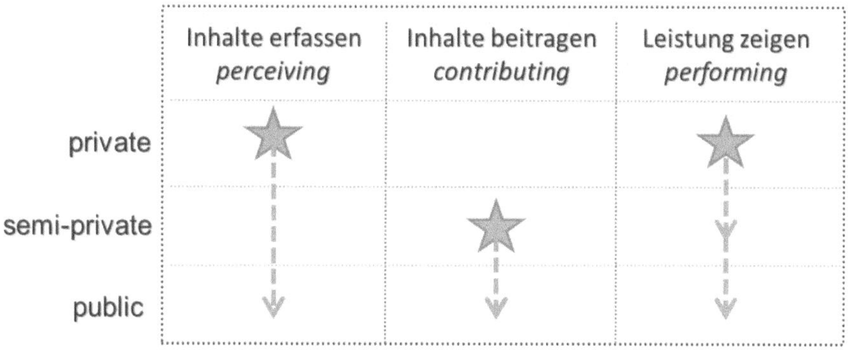

Abbildung 74: Optionen für Privatheit von Lernaktivitäten

Betrachten wir die Optionen für Privatheit für unterschiedliche Lernaktivitäten: die Rezeption von Medien und das Erfassen von Inhalten, das eigene Beitragen von Inhalten und das Zeigen von Leistungen.

Medien rezipieren. Das Lesen von Texten und Durcharbeiten von Materialien ist im traditionellen Unterrichtskontext eine Lernaktivität, die der Einzelne üblicherweise *privat* ausführt. Welches Buch eine Person aus der Schulbibliothek ausleiht und welche Seiten sie daraus liest, wird auch der Lehrperson in der Regel nicht bekannt sein. Beim Lernen auf der Lernplattform können diese konkreten Lernaktivitäten auch *privat* verbleiben. Technisch ist es jedoch grundsätzlich nicht schwierig, diese Lernaktivitäten für Andere sichtbar zu machen. Sie können z. B. sehen, wie oft ein Dokument heruntergeladen wurde, wie oft bestimmte Seiten aufgerufen wurden und auch wann und wo sich Personen auf der Lernplattform bewegen und aufhalten. Bei sozialen Lernplattformen können diese Aktivitäten für Andere sichtbar gemacht werden. Solche Verhaltensspuren können auch von einem *Empfehlungssystem* im Hintergrund ausgewertet werden, um Hinweise zu geben, wie etwa: *Wer diese Seite gelesen hat, hat oft auch jene Seite aufgerufen....* E-Book-Reader verfügen zudem über die Funktion, den Lesefortschritt öffentlich (z. B. über Microblogs wie Twitter) zugänglich zu machen, so dass diese Information von Anderen auch öffentlich nachvollzogen werden kann.

Dabei ist zu beachten, dass für die Observation von Verhaltensdaten anderer Menschen im Alltag klare Grenzen existieren, die durch rechtliche Rahmenbedingungen vorgegeben sind. Es wird der Entscheidung der Person zu überlassen sein, ob sie Informationen über sich auf einer Plattform für Andere sichtbar machen will. Im Wesentlichen ist davon auszugehen, dass die Erfassung von Bewegungsprofilen, die einzelnen Personen zuordenbar sind, auch auf Lernplattformen grundsätzlich nicht zulässig ist. Wenn Zugriffe ausgewertet werden sollen, etwa für Empfehlungssysteme, so sind die zu verarbeitenden Informationen zunächst von einer zuordenbaren Person zu trennen und zu anonymisieren. Dazu ist insbesondere die zugehörige IP-Adresse zu entfernen, mit der der Rechner weltweit eindeutig identifiziert werden kann, von der aus die Information abgerufen wurde. Hierfür sind einige zusätzliche Verarbeitungsschritte erforderlich; für die inhaltliche Auswertung und auch für Empfehlungssysteme sind jedoch in der Regel ohnehin lediglich anonymisierte und aggregierte Informationen von Interesse (z. B. Wie oft wurde die Seite angeklickt?).

Inhalte beitragen. Im nächsten Schritt geht es darum, dass der Einzelne sich in einer Gruppen- oder Projektarbeit aktiv durch Beiträge einbringt, etwa in einem Forum, einem Chat oder in einer Onlinekonferenz: Beiträge werden in einem Wiki, als Podcast oder in einer Fotogalerie auf der Lernplattform eingestellt. Diese Beiträge sind für die Teilnehmenden einer oder mehrerer Gruppen auf der Lernplattform sichtbar. Technisch ist es wiederum grundsätzlich möglich, diese auch öffentlich und weltweit zugänglich zu machen: Die erzeugten Artefakte können so von Anderen nachgelesen und weitergenutzt werden. Hier ist zu überlegen (auch mit den Lernenden), inwiefern es wünschenswert ist, die Beiträge tatsächlich öffentlich zu machen. Um Beiträge auch außerhalb der Lernplattform zu verbreiten, können sie über Feeds bereitgestellt werden.

Leistung zeigen. Prüfungen, wie Klausuren oder mündliche Prüfungen, sind bislang zumeist private Ereignisse, an denen in der Regel nur ein Kandidat oder eine Kandidatin und ein Prüfer oder eine Prüferin teilnehmen. Werden dagegen Prüfungsleistungen auf der Plattform erbracht bzw. eingestellt, können diese auch Anderen zugänglich gemacht werden. So wie z. B. ein Referat in einem Präsenzseminar, dem andere Teilnehmende – etwa die Mitglieder einer Lerngruppe – zuhören, kann in einem Onlinekurs ein Blogbeitrag gefordert sein. Er kann im Blogsystem der Plattform eingestellt werden und ist möglicherweise von anderen Teilnehmenden des Kurses zu kommentieren. Bei komplexen Aufgaben, wie etwa in Projektarbeiten, kann es für die Lernenden durchaus motivierend und wünschenswert sein, dass das Ergebnis (semi-)öffentlich gemacht wird, zumal oftmals viel Zeit in die Erstellung investiert wurde. Gleichwohl ist auch hier zu überlegen, wie viel Öffentlichkeit oder Privatheit sinnvoll ist.

13.6 Lernarchitekturen

Im Mittelpunkt der mediendidaktischen Diskussion standen lange Zeit Lernplattformen mit ihren Möglichkeiten, Materialien bereitzustellen und Lernaktivitäten zu organisieren. Doch das digitale Lehren und Lernen umfasst viel mehr Informationssysteme, Orte und Werkzeuge, die in einer Lernarchitektur zu

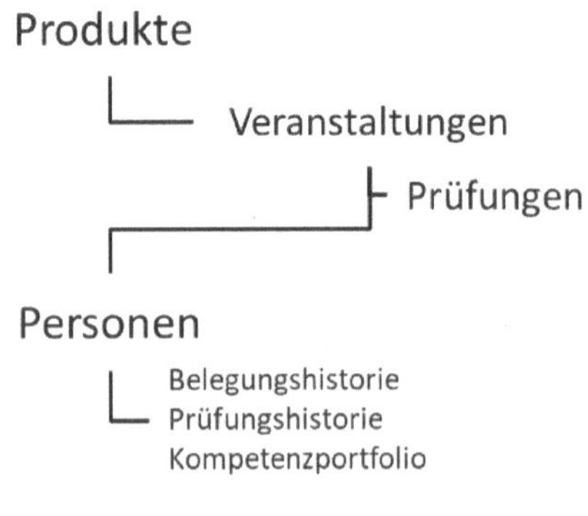

Abbildung 75: Informationssysteme

berücksichtigen sind. Zu den Bestandteilen der Lernarchitektur einer Organisation können gehören:

- Informationen zu angebotenen Bildungsprodukten und -programmen (die in der Regel mehrfach angeboten werden),
- Informationen zu (konkreten) Veranstaltungen, die gebucht werden können,
- Informationen über Teilnehmende (mit Belegungs- und Prüfungshistorie, Kompetenzportfolio) und
- Informationen über Lehrende und andere Akteure (mit Erfahrungen und Kompetenzportfolio) sowie
- Buchungssystem zur Erstellung von Rechnungen,
- Prüfungsmanagement mit Funktionen für die An- und Abmeldung von Teilnehmenden und
- Raumverwaltung zur Buchung von Räumen.

Hinzu kommen Werkzeuge, mit denen spezifische Funktionen des Lehr-Lern-Prozesses abgedeckt werden ...

- zur Diagnose von Kompetenzen und Lerninteressen,
- zur Beratung von Lernenden,
- zur zeitlichen und sozialen Organisation von Lernaktivitäten (etwa auf einer Lernplattform),
- zur Vorbereitung, Durchführung und Auswertung von (rechtssicheren) schriftlichen Prüfungen am Computer,
- zur Bereitstellung von digitalen Artefakten in einem Portfolio (Kompetenzen sichtbar machen) und
- zur Vernetzung von Absolventen und Absolventinnen.

Genutzt werden dabei schließlich auch *generische Werkzeuge*, die in die Lernumgebung eingebunden werden. Gemeint sind Tools ...

- für die (gemeinsame) Bearbeitung von Dokumenten und Werkzeugen,
- für die Kommunikation und den sozialen Austausch und
- für die Organisation und das Management von Projektarbeiten.

In der betrieblichen Bildungsarbeit steigt die Komplexität des Informationsmanagements, wenn Systeme der Personalentwicklung für ein *Talent Management* angebunden werden, in denen beispielsweise Kompetenzbedarfe von Abteilungen, Kompetenzprofile von Mitarbeitenden, Kompetenzentwicklungsziele und -maßnahmen sowie verfügbare Budgets hinterlegt sind. Hinzu kommt die Forderung, nicht nur das formelle Lernen in (digitalen) Kursen zu managen, sondern auch das informelle Lernen in der Organisation zu fördern. Hier ist die Brücke zum betrieblichen Wissensmanagement zu schlagen, mit den entsprechenden Werkzeugen für die Wissensgenerierung, -speicherung und -bereitstellung.

Die Herausforderung für Bildungsanbieter besteht darin, eine Lernarchitektur zu entwickeln, in der solche Funktionen zusammengeführt werden. Eine einzelne Software, etwa eine Lernplattform, kann die skizzierte Breite an Anforderungen nicht bereitstellen. Es ist eine Architektur zu planen, die offen ist für die Dynamik in dem Feld und in die sich neue Anwendungen integrieren lassen. In jedem Fall wird deutlich, dass die Anforderungen an das Informationsmanagement in einem Bildungsbetrieb hoch sind.

Übungsfragen

Erläutern Sie verschiedene Werkzeuge und die damit verbundenen Vorgehensweisen bei der Entwicklung von Internetanwendungen.

Erläutern Sie die Problematik der Wiederverwertbarkeit von Contents und mögliche Lösungsansätze.

Beschreiben Sie die Struktur von Lernobjekten im Rahmen des SCORM-Standards.

Beschreiben Sie die Veränderungen in der Wahrnehmung und Nutzung des Internets, die mit dem Label Web 2.0 einhergehen.

Beschreiben Sie Merkmale von sozialen Lernplattformen und wie diese traditionelle Lernplattformen herausfordern.

Skizzieren Sie mögliche Perspektiven von Plattformen für das Lehren und Lernen, auch unter Berücksichtigung der Frage, wie Plattformen eines Bildungsanbieters und Lernwerkzeuge der persönlichen Lernumgebung zusammenwirken können.

Beschreiben Sie die Optionen für Privatheit auf sozialen Plattformen und die pädagogischen Implikationen.

14 Einführung von Lerninnovationen

Die Digitalisierung bringt neue Medien in die Bildungsarbeit und verändert damit das Lehren und Lernen. Es verändert sich jedoch auch, wie Bildung organisiert und betrieben wird. Wie können wir damit umgehen? Das folgende Kapitel betrachtet Digitalisierung als Innovationsprozess in Organisationen, speziell im Kontext von Hochschulen, und erörtert Möglichkeiten, wie dieser Prozess gestaltet werden kann.

Einstieg

Sie haben eine lange Zeit an der Konzeption und Entwicklung eines E-Learning-Angebots gearbeitet. Sie haben mit Lernenden wie auch Lehrenden gesprochen. Sie haben die Kosten stets im Blick behalten und freuen sich darauf, das Ergebnis ihrer Bemühungen nun endlich ausliefern zu können. Sie starten mit Schulungen und Werbemaßnahmen. Die ersten Teilnehmenden melden sich an.

Dann stellen sie fest: Nach einer kurzen Phase der Neugier lässt das Interesse nach. Die Analysen zeigen ganz deutlich: Ihr E-Learning-Angebot findet keine nachhaltige Nutzung. Nach wenigen Monaten müssen Sie feststellen, dass das Angebot keine hinreichende Akzeptanz findet.

Was ist falsch gelaufen, werden Sie sich fragen. Zwar gibt es keine Garantie, dass sich mit bestimmten Strategien die Akzeptanz der Lernenden zuverlässig herstellen lässt. Aber es kann festgestellt werden, dass die Vermarktung und Verankerung eines neuartigen Lernangebots oftmals nicht hinreichend ins Auge gefasst wird. Der Fokus der Anstrengungen liegt vielfach auf der Entwicklung und der technischen Umsetzung des Produktes. Die Einführung des Angebotes scheint sich *von selbst* zu ergeben, wenn nur das Produkt selbst hinreichend *gut* und überzeugend ist.

Durch die Anlage von E-Learning-Vorhaben als zeitlich abgeschlossene *Projekte* richtet sich die Aufmerksamkeit auf die Produktentwicklung: Das Projekt wird als beendet wahrgenommen, sobald das E-Learning-Produkt vorliegt und an die Lernenden ausgeliefert wird. Diese Engführung hat in der Vergangenheit einige E-Learning-Projekte scheitern lassen und ist mit dafür verantwortlich, dass Fehlinvestitionen getätigt worden sind.

Die Entwicklung und Einführung von mediengestützten Lernformen ist als eine teilweise weitreichende Innovation zu betrachten, die die Bildungsarbeit als Ganzes be-

https://doi.org/10.1515/9783110456837-503

trifft. Sie umfasst nicht nur Informations- und Schulungsmaßnahmen für Lehrende und Lernende. Im Rahmen eines *Veränderungsmanagements* sind weitere Maßnahmen zu bedenken.

Übersicht

Das Kapitel erläutert die Besonderheit von *Lerninnovationen* beim Lernen mit digitalen Medien, und wie mediengestützte Lernformen nachhaltig verankert werden können. Es wird dabei insbesondere auf den *Hochschulsektor* eingehen.

Lernziele

- Sie kennen den Unterschied zwischen Invention und Innovation und können die Problematik der nachhaltigen Verankerung von Lerninnovationen erklären.
- Sie können erklären, warum digitale Bildungsprojekte scheitern, wenn sie die Einführung von Lerninnovationen nicht systematisch mit bedenken.
- Sie verstehen die Bedeutung einer digitalen Strategie für die Bildungsarbeit.
- Sie kennen mögliche Maßnahmen zur Einführung von Lerninnovationen.

14.1 Digitalisierung als Innovation

Die Einführung von mediengestützten Lernverfahren bedeutet mehr als die Produktion oder die Auswahl eines Mediums und dessen Bereitstellung. Lange Zeit hat sich die Mediendidaktik auf die didaktische Konzeption von Lernmedien konzentriert. Doch die erfolgreiche Einführung von mediengestützten Lernangeboten in der Bildung erfordert eine breitere Sichtweise. Lernen mit digitalen Medien ist nicht nur eine Produktinnovation, sondern eine weiterreichende Veränderung von Prozessen für alle Beteiligten und die Organisation als Ganzes. Wenn neuartige Lernangebote eingeführt werden, ändern sich die Anforderungen an die Bildungsarbeit für alle damit betrauten Personen.

Hintergrund ist die Beobachtung, dass manche Vorhaben zu Online-Angeboten in der Vergangenheit versandet sind oder in der Praxis scheitern: Seltener als vielfach vermutet sind dafür technische Hürden verantwortlich. Häufiger bestehen Mängel bei den Einführungsmaßnahmen und der organisatorischen Verankerung. Immer stärker wird erkannt, dass der gesamte Prozess der Planung bis hin zur Einführung von neuen Lehr-Lern-Verfahren betrachtet werden muss, um solche Innovationen nachhaltig zu etablieren.

Dabei ist von der Annahme auszugehen, dass weder die Lernenden noch die Lehrenden von sich aus grundsätzlich an *neuen* Lernformen interessiert sind – jenseits einer allgemeinen Neugier an technischen Neuerungen. *Lernen* ist eine sehr elementare und natürliche Eigenschaft eines Organismus. *Lerngewohnheiten* bilden sich früh in der menschlichen Entwicklung heraus und es gibt für den Einzelnen keine grundsätzliche Motivation, diese Gewohnheiten infrage zu stellen und zu verändern. In der Sozialpsychologie wird vielmehr von *Widerstand gegen Veränderung* gesprochen. Dies gilt gleichermaßen für einzelne Personen wie für Organisationen.

Es erscheint damit sogar *eher* wahrscheinlich, dass E-Learning und die damit einhergehenden Veränderungen von Individuen und Organisationen abgelehnt werden, wenn damit ein Umlernen von grundlegenden und über teilweise Jahrzehnte aufgebauten Gewohnheiten einhergeht. Dies bedeutet gleichzeitig, dass die nachhaltige Verankerung von neuartigen Lernformen als eine weitere Aufgabe der Bildungsarbeit zu betrachten und näher zu erörtern ist.

Im Folgenden werden verschiedene Arten von Innovationen betrachtet und *Lerninnovation* als ein bestimmter Typ von Innovation eingeordnet. Danach wird es um E-Learning als Innovation gehen und um Strategien zur Einführung und Verankerung von E-Learning in Bildungsorganisationen.

Invention und Innovation

Zunächst ist zwischen *Invention* und *Innovation* zu unterscheiden. Eine Erfindung (Invention) ist eine Neuerung, die im Labor entstanden ist. Nicht jede Erfindung, auch wenn sie bahnbrechend sein mag, findet ihren Weg auf den Markt und zur Nutzung: Gerade in der Computertechnik finden sich mehrere Beispiele für Erfindungen, die sich (zunächst) nicht in marktfähige Produkte umsetzen ließen.

Die Idee eines Telefaxdienstes wurde bereits 1929 von einem deutschen Ingenieur zum Patent angemeldet. Jedoch fehlten die Vision und vermutlich der richtige Zeitpunkt, um aus der Idee ein marktfähiges Produkt zu entwickeln, das Akzeptanz bei Kunden finden konnte. So folgte der Siegeszug des Telefaxgerätes erst viele Jahre später über den Umweg aus Japan, wo die Idee zu einem massentauglichen Produkt umgesetzt wurde.

Gute Erfindungen garantieren nicht automatisch den Erfolg eines Produktes. Die Forschung zum Innovationsmanagement beschäftigt sich mit der Lücke zwischen *Forschung und Entwicklung* einerseits und der Vermarktung von Produkten und Dienstleistungen andererseits. Schwerpunkt der Forschung zum Innovationsmanagement sind *technische Innovationen*, nicht zuletzt, weil Unternehmen hohe Summen in *Forschung und Entwicklung* investieren und sichergehen wollen, dass die Erkenntnisse und Prototypen auch zielsicher in marktfähige Produkte überführt werden.

Arten von Innovation

Die OECD unterscheidet im sog. Oslo-Manual folgende vier Typen von Innovationen:

1. **Produktinnovationen** beziehen sich auf Neuerungen bei Produkten, die entweder grundsätzlich neuartig sind oder merklich verbessert wurden,

2. **Prozessinnovationen** beziehen sich auf neue *Verfahren*, mit denen Produkte oder Dienstleistungen erstellt oder vertrieben werden,
3. **organisatonale Innovationen** beziehen sich auf Neuerungen in der Unternehmensorganisation oder der Zusammenarbeit mit Externen und
4. **Marketinginnovationen** beziehen sich auf neue Ansätze der *Vermarktung* von Produkten und Dienstleistungen (z. B. neue Zielgruppen oder Vertriebswege).

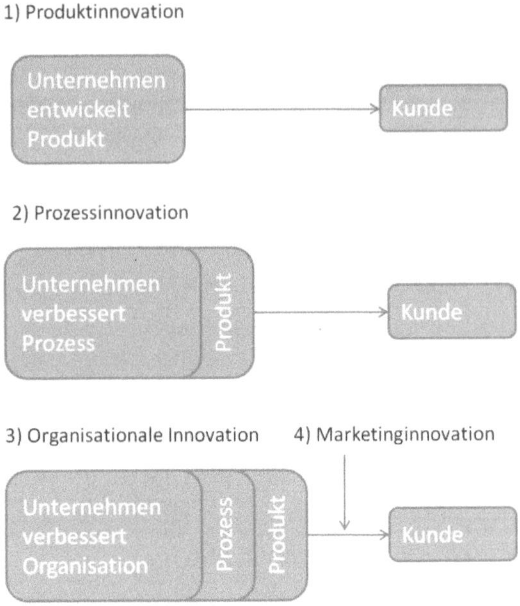

Viele Innovationen, die in Unternehmen eingeführt werden, sind organisationale Innovationen. Diese umfassen z. B. eine neue strategische Ausrichtung der Organisation (neues Leitbild, Ziele), eine neue Aufbau- und Ablauforganisation sowie neue Verfahren des Qualitätsmanagements. Dabei werden *neue* Ziele, Abläufe, Strukturen und Verfahren in die Organisation eingeführt. Sie sind als solche jedoch zumeist bekannt, (andernorts) erprobt und dokumentiert. Daher wird in der Literatur diskutiert, inwiefern es sich hierbei um *Innovationen* handelt oder um *Organisationsentwicklung*.

Lerninnovation

Lerninnovationen können sich auf mehrere Aspekte beziehen, die sich je nach Perspektive des Betrachters unterscheiden. Aus Sicht von E-Learning-Produzenten steht zunächst die Produktinnovation im Vordergrund: Man möchte neuartige Produkte realisieren, um auf dem Markt sichtbar zu werden. Aus Sicht eines Bildungsanbieters sind neue Möglichkeiten des Marketings von Lernangeboten wichtig, um Kunden und Zielgruppen zu erreichen. Aus Sicht der Bildungsarbeit eines Unternehmens impliziert E-Learning weniger eine Produktinnovation als eine organisatorische Innovation: Es gilt, neue Formen von Lernen im Betrieb zu etablieren, um z. B. flexiblere Formen des Lernens einzuführen. Dies impliziert insbesondere die Frage, wie Bildungsarbeit organisiert und betrieben wird. Im Rahmen einer mediendidaktischen Konzeption wurden bereits folgende Ansatzpunkte für Innovationen identifiziert (zum Mehrwert digitaler Medien siehe Kapitel 3.4):

- **Neue Lerninhalte und -ziele**: Lernangebote, die neue Themen aufgreifen und Kompetenzen vermitteln, die bislang mit traditionellen Verfahren nicht umgesetzt wurden.
- **Neue Zielgruppen und Märkte**: Neue Angebote für andere Zielgruppen und Märkte (z. B. überregional, weltweit), die bislang nicht erreicht werden konnten.
- **Neue Lehr-Lern-Methoden**: Mediengestützte Lernangebote, die neue Lehr-Lern-Methoden ansprechen, die bisher nicht umgesetzt wurden bzw. werden konnten.
- **Neue Lernorganisation**: Lernangebote, die neue Formen der zeitlichen, räumlichen oder sozialen Organisation umsetzen, um den Teilnehmenden flexiblere Formen des Lernens zu eröffnen.

Die Einführung dieser Neuerungen geschieht keineswegs von allein oder durch die Überzeugungskraft, die in dem Lernangebot oder E-Learning-Produkt selbst liegt, das bedeutet, auch ein gutes Angebot findet nicht immer Akzeptanz bei Lernenden. Deswegen wird ein systematisches Vorgehen im Sinne eines *Veränderungsmanagements* notwendig.

Lerninnovationen sind von *Bildungsinnovationen* abzugrenzen, die sich auf die *systemische* Ebene beziehen, wie z. B. die Reorganisation von Schulformen, die Einführung von Ganztagsschulen oder neue gesetzliche Regelungen für z. B. den Schulzugang. Ebenso abzugrenzen von Lerninnovationen sind *fachdidaktische Innovationen*, bei denen es um neue Wege geht, Fachinhalte zu vermitteln.

Strategien entwickeln

Es stellt die Frage, welche Ziele eine Einrichtung für das digitale Lernangebot anstrebt? Welche Strategien können aus Sicht eines Bildungsanbieters verfolgt werden? In Anlehnung an Collis & van der Wende (2002; s.a. D. Euler & Seufert, 2005a) lassen sich vier Fälle unterscheiden, je nachdem ob es um ein neues Lernangebot geht oder um ein vorhandenes Produkt, das anders distribuiert werden soll:

1. Wollen wir bestehende Lernangebote für existierende Zielgruppen verbessern?
2. Wollen wir bestehende Lernangebote durch E-Learning neu ausrichten?
3. Wollen wir neue Zielgruppen ansprechen, indem wir bestehende Angebote räumlich/zeitlich flexibilisieren?
4. Wollen wir uns grundsätzlich neu orientieren und uns global mit neuen Lernangeboten aufstellen?

Tabelle 35: Innovationsstrategien für mediengestützte Lernangebote

	Innovation der Distribution: niedrig	Innovation der Distribution: hoch
Produktinnovation: niedrig	❶ Innenorientierung, Stabilitätsorientierung bestehende Zielgruppen und Bildungsangebote, Qualitätsverbesserung	❸ Außenorientierung (partiell) Flexibilitätsorientierung neue Zielgruppen und Bildungsangebote durch räumliche / zeitliche Flexibilisierung
Produktinnovation: hoch	❷ Außenorientierung (partiell) Flexibilitätsorientierung neue Zielgruppen und Bildungsangebote durch Flexibilisierung und Individualisierung	❹ Außenorientierung, Innovationsorientierung neue Zielgruppen und Bildungsangebote durch Globalisierung und Individualisierung

Alle Varianten sind gleichermaßen denkbar: Der erste Fall erscheint – aus strategischer Sicht – weniger ambitioniert als andere Optionen. Er beinhaltet weniger Chancen für die strategische Positionierung des Bildungsanbieters. Dabei ist zu bedenken, dass ein Großteil von öffentlich geförderten E-Learning-Projekten in der Vergangenheit hier ansetzen: Für bestehende Angebote, für bestehende Zielgruppen und Märkte sollen Verbesserungen erreicht werden. Das vierte Feld kann am ehesten durch Neu- oder Ausgründungen bzw. neue Plattformen charakterisiert werden. Besonders attraktiv bleiben damit die Felder (2) und (3): Bestehende Angebote online anbieten oder mit innovativen digitalen Lernangeboten die eigene Marktposition stärken.

14.2 Change Management in der Hochschule

Im Hochschulbereich ist die Digitalisierung ein Motor für die Reform von Studium & Lehre. So verweist SCHULMEISTER (2001, 2006) auf die Chancen von E-Learning für ein *besseres* Studium: Durch eine Lehre, die stärker auf *Aktivitäten der Lernenden* setzt, die selbstgesteuertes wie auch kooperatives Lernen anstrebt, das sich auf Fallmaterialien, komplexe Probleme oder Projektarbeiten stützt und hochschulübergreifende Zusammenarbeit in der Lehre – auch international – fördert. Durch verschiedene Förderprogramme, seit etwa 1995 auf regionaler, nationaler und europäischer Ebene, sind vielfältige Varianten des innovativen Computereinsatzes sichtbar geworden

(M. Kerres & Nübel, 2005). Doch auch hohe Mittelzuwendungen haben den erhofften Durchbruch nicht geschafft. Vielerorts ist die Digitalisierung ein Randthema geblieben, das die Aufmerksamkeit nur Weniger auf sich zieht: Die initiierten Projekte konnten oftmals nicht genügend Nachhaltigkeit erzielen. KERRES (2001) weist auf die *Inkompatibilität* von Erfordernissen mediengestützter Lehre (etwa der arbeitsteiligen Umsetzung) und den Rahmenbedingungen an Hochschulen hin und benennt Erfolgsfaktoren für die dauerhafte Implementation digitaler Lernangebote.

EULER & SEUFERT (2005b) beschreiben Faktoren, die den Erfolg von Lerninnovationen in Organisationen auf Dauer beeinflussen. Ein wesentlicher Faktor sind dabei die Lehrenden: Sie können als *Gate Keeper* betrachtet werden, von denen es abhängt, ob digitale Lernangebote an einer Hochschule langfristig erfolgreich genutzt werden: Den Lehrenden, ihrer Kompetenz und Motivation kommt eine Schlüsselrolle zu, um die Digitalisierung zu verankern und eine innovative Lehr-Lern-Kultur zu etablieren. Die Gewinnung einer größeren Menge von Lehrenden für Innovationen macht ein *Faculty Engagement* (Hagner & Schneebeck, 2001) notwendig und Maßnahmen, die an den Bedingungen dieser Zielgruppe ansetzen.

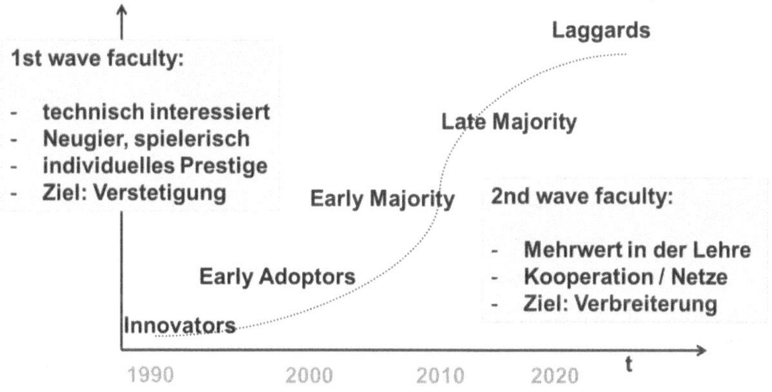

Abbildung 76: Phasen der Diffusion von E-Learning an Hochschulen (nach Hagner)

HAGNER & SCHNEEBECK greifen auf das Modell der Diffusion von Innovationen von EVERETT M. ROGERS (2003) zurück, um zu beschreiben, in welchen Phasen die Nutzung von E-Learning in Bildungseinrichtungen stattfindet. Das Modell beschreibt, wie sich Menschen einer technischen Neuerung, wie z. B. Smartphones oder Tablets, gegenüber verhalten: Manche springen sehr früh auf einen neuen Trend auf, andere später und manche gar nicht. Nach dem Modell von ROGERS geschieht die Diffusion von Innovationen in typischen Verläufen, bei denen sich unterschiedliche Personengruppen aus verschiedenen Motiven heraus für die technische Neuerung interessieren. Zunächst wendet sich der Neuerung eine kleine Gruppe von Innovatoren zu, die grundsätzlich offen sind für Neues. Danach wenden sich Personen aus anderen Motiven der Innovation zu, bis letztlich eine Gruppe verbleibt, die sich dieser Neuerung nicht anschließen wird.

Die erste Welle der Lehrpersonen, die die Möglichkeiten der Digitalisierung frühzeitig nutzten, unterscheidet sich nach HAGNER & SCHNEEBECK von den Lehrenden, die sich erst später dem Thema zuwenden. Die *First Wave* ist vor allem motiviert durch Neugier; die Lehrenden haben einen eher spielerischen Zugang zu Neuerungen. Die Aktivitäten, die in Projekten von diesen Personen initiiert werden, sind oft Leuchttürme, die andere Lehrpersonen zum Mit- oder Nachmachen motivieren können; gleichwohl sind die Lehrpersonen der ersten Welle nicht unbedingt motiviert, ihr Wissen und ihre Kompetenz Anderen zur Verfügung zu stellen. Es stellt sich das Problem, inwieweit die Projektansätze der *First Wave* nachhaltig verstetigt werden; oftmals wenden sich die Personen schnell wieder anderen Themen zu.

Die Lehrpersonen der zweiten Welle, die sich erst später für digitale Lernangebote interessieren, sind dagegen stärker an dem Nutzen der Digitalisierung in ihrem Arbeitsfeld interessiert. Sie wollen sich eher mit Anderen vernetzen und austauschen.

Damit wird deutlich, dass verschiedene Gruppen von Lehrenden unterschiedlich motiviert sind, sich mit digitalen Lerninnovationen auseinanderzusetzen. In den Phasen der Diffusion sind unterschiedliche Adressaten mit unterschiedlichen Motivlagen zu erwarten; Sie wären deswegen unterschiedlich anzusprechen und durch andere Maßnahmen zu gewinnen.

Verschiedene Vorhaben zum mediengestützten Lernen in verschiedenen Bildungssektoren sind in der Vergangenheit durch öffentliche Förderprogramme initiiert worden. In diesem Rahmen wurden manche, auch hochwertige Lernmedien produziert. Zugleich wurde deutlich, dass eine nachhaltige Verankerung mediengestützten Lernens im Alltag der Einrichtungen durch *Projekte* allein nicht erzielt werden kann. Als Ergebnis vieler Einzelprojekte führt KERRES (2005) aus:

- Der Projektcharakter vieler Vorhaben ist fraglich, da es, neben der Medienproduktion, im Wesentlichen um den Einsatz von Medien in der Bildungsarbeit – als Daueraufgabe – geht.
- Viele Projekte beinhalten keine Mechanismen, um die Qualität und Nachhaltigkeit zu sichern, da Maßnahmen zur Organisations- und Personalentwicklung ausblendet werden.
- Es liegt vielfach wenig Expertise *im* Projekt vor, um Medienkonzeption, -produktion und -distribution professionell abzuwickeln.

Um mediengestütztes Lernen dauerhaft zu verankern, wären die Projekte weniger zufällig, sondern aus der Strategie einer Einrichtung abzuleiten.

14.2.1 Digitale Strategien: Modernisierung versus Profilbildung

Lernen mit digitalen Medien lässt sich dauerhaft nicht allein über Projekte implementieren. Wie aber sieht eine Strategie aus, um solche Veränderungen der Bildungspraxis nachhaltig wirksam werden zu lassen? Zunächst steht die grundsätzliche Frage im Raum, ob Hochschulen im Kontext der Digitalisierung überhaupt Strategien brauchen. Die Begriffe Strategie und Taktik verweisen auf das Militär und Auseinandersetzungen, in denen sich Parteien im Konflikt oder in Konkurrenz gegenüberstehen, so auch Wirtschaftsunternehmen, die sich auf einem Markt behaupten müssen. Dazu bilden sie *Organisationen*, die Produkte oder Dienstleistungen entwickeln, um in einem Wettbewerb zu bestehen. Anders dagegen *Institutionen*: Dies sind normative Regelsysteme, die sich in Gesellschaften herausbilden, um das Zusammenleben von Menschen zu strukturieren. Gesellschaften bilden Institutionen, um Kernaufgaben dauerhaft für ihre Mitglieder zu bewältigen.

Schulen und Hochschulen haben das Ziel, Bildung zu vermitteln. Zugleich haben sie u. a. die gesellschaftliche Funktion, Chancen zu verteilen und kulturelle Identität zu erzeugen (vgl. Fend, 2008). Als Institution wird von Hochschulen zum Beispiel erwartet, dass die gleichen Abschlüsse mit grundsätzlich ähnlichen gesellschaftlichen Chancen, etwa beim Eintritt in den Arbeitsmarkt, verbunden sind. Dazu gehört auch, dass Ausstattungen und andere Rahmenbedingungen an Hochschulen eines Landes vergleichbar ausgestaltet sind und Forschung und Lehre bestimmten Standards der Wissenschaft folgen (vgl. von Wissel, 2007). Traditionell werden Hochschulen in Deutschland durch staatliche Instanzen kontrolliert und gesteuert, sie sind dabei - als korporative Akteure – jedoch nur teilweise eigenständig handlungsfähig (vgl. Schimank, 2008).

In den 1990er-Jahren wurden Hochschulen zusehends (auch) als Organisationen betrachtet, die in einem Wettbewerb zueinander stehen, in dem sie sich ihr eigenes Profil geben und dazu Strategien entwickeln, um sich mit diesem Profil im Wettbewerb zu positionieren (vgl. Gibb, Haskins, & Robertson, 2012). Das Verständnis von Hochschule ändert sich unter anderem durch ihre Verfassung als Stiftung oder Körperschaft, neue Governance-Strukturen, die Einrichtung von Aufsichtsgremien und Präsidien mit erweiterten Befugnissen, die Etablierung von Qualitätsmanagement, Controlling und anderen Management-Instrumenten (Amaral, Jones, & Karseth, 2013; Kezar, Chambers, & Burkhardt, 2005; Mitterauer, 2013; Pechar, 2015; Pellert, 2000). Barbara Kehm (2012) beschreibt Hochschulen als „besondere und unvollständige Organisationen", weil ihnen viele Möglichkeiten der Steuerung, wie sie für eine konsequente Strategieumsetzung erforderlich sind, fehlen (Dobbins & Knill, 2015; P. D. W. Müller, 2016). Diese hier kurz skizzierten Sichten auf Hochschulen haben wesentliche Implikationen für die Frage, wie mit der Herausforderung der Digitalisierung umgegangen werden soll.

Bei der Einführung digitaler Technik folgen Akteure – zumeist implizit – einer Vorstellung ihrer Einrichtung als *Institution* oder als *Organisation*. Ein institutionelles Verständnis würde die Digitalisierung eher als einen allgemeinen Modernisierungstrend auffassen, der weitgehend gleichförmig in der Hochschullandschaft einzuführen ist. Ein organisationales Verständnis würde die Digitalisierung dagegen eher als Chance zur Profilierung einer Einrichtung im Wettbewerb mit anderen auffassen; in diesem Zusammenhang kann von einer Strategie gesprochen werden, die benennt, worauf diese Profilierung im Wettbewerb abzielt und wie diese Profilierung erreicht werden soll.

Für Modernisierung wie für Profilierung lassen sich im Kontext von Hochschule Beispiele finden: Die Einführung computergestützter Textverarbeitung in der Verwaltung und der Wissenschaft (etwa in den 1980er-Jahren) ist kaum dazu geeignet gewesen, zur Profilierung einer Hochschule beizutragen. Auch eine Hochschule, die heute ein webbasiertes Campus Management einführt, um Lehrveranstaltungen digital zu organisieren, folgt schlicht einem allgemeinen Trend, dem sich alle Hochschulen anschließen werden.

Diese Prozesse der Modernisierung und Profilierung passieren auf den verschiedenen Ebenen im Hochschulsystem (vgl. Fraenkel-Haeberle, 2014). Wissenschaftlerinnen und Wissenschaftler, die erstmals eine Lernplattform einrichteten, um ihre Lernmaterialien bereitzustellen, konnten sich gegebenenfalls hiermit profilieren und in ihrer Fach-Community Aufmerksamkeit erzielen. Wenn eine Hochschule erstmals eine Lernplattform für *alle* ihre Lehrenden anbietet, kann die Hochschule sich gegenüber anderen Hochschulen profilieren. Für die einzelne Lehrkraft der Hochschule schwindet damit die Möglichkeit, sich mit dem Thema in ihrer Hochschule zu profilieren. Wenn nun aber alle Hochschulen die Notwendigkeit sehen, das digitale Angebot einzuführen, und damit einem allgemeinen Trend folgen, reduziert sich die Chance für die Hochschule, sich mit diesem Angebot im Wettbewerb zu profilieren. Auch die Bundesländer versuchen, sich mit gezielten Förderprogrammen und -maßnahmen in der föderalen Struktur hervorzutun.

Somit lässt sich erkennen, dass es auf die Konstellation und das Zeitfenster ankommt, ob (und wer) sich mit einem bestimmten Thema wann profilieren kann, und welche Konflikte die jeweilige Konstellation erwarten lässt. Die verschiedenen Akteure stehen damit (zu verschiedenen Zeitpunkten) vor der Herausforderung zu erkennen, welche Themen nach einer *Modernisierung* verlangen, und bei welchen Themen Chancen der *Profilierung* bestehen (zu weiteren Implikationen s. Getto & Kerres, 2017).

Strategischer Nutzen der Digitalisierung

Betrachten wir im Folgenden die strategischen Optionen einer Profilierung für *Hochschulen*: Mit welchen Chancen sind die verschiedenen Optionen verbunden? Je nach

Perspektive, sei es auf die individuelle Lehrperson oder die Bildungseinrichtung als Ganzes, kann die Antwort unterschiedlich ausfallen.

In Kerres et al. (2007) sind mögliche Effekte beschrieben, die mit der Einführung eines digitalen Angebotes für eine Hochschule verbunden sein können:

Reputationsgewinn. Digitale Angebote können mit einem Reputationsgewinn einhergehen. So erreichen z. B. Text- und Lernmaterialien, die auf Internetseiten frei angeboten werden, oft ein größeres Publikum als traditionelle Publikationen, die nur über Printmedien distribuiert werden. Durch die weite Bekanntheit der Materialien und Werkzeuge kann die Sichtbarkeit der Einrichtung erhöht werden. Dieser Gewinn an Aufmerksamkeit trägt zur Profilierung in der *Scientific Community* bei und kann z.B. dazu führen, Teilnehmende für Weiterbildungsangebote zu gewinnen.

Tauschgewinne. Ein weiterer, nicht-monetärer Gewinn kann durch *Tausch* entstehen. Eine Einrichtung bietet etwa einen Kurs an, an dem Personen anderer Einrichtungen teilnehmen können. Sie können dabei auch Leistungsnachweise erwerben, die an ihrer Einrichtung Anerkennung finden. Auf diese Weise kann eine *win-win*-Situation entstehen, die für beide Einrichtungen interessant ist. Jeder Partner kann auf diese Weise seine Stärken einbringen und von dem spezifischen Profil des Anderen profitieren: Beide Bildungsangebote gewinnen durch die Zusammenarbeit in ihrer Qualität.

Auf dieser Basis können neue Modelle der Kooperation von Bildungsanbietern realisiert werden. An Hochschulen können etwa interdisziplinäre Studienprogramme oder Studienangebote der sogenannten kleinen Fächer von solchen kooperativen Modellen profitieren. Wenn eine Hochschule nicht allein in der Lage ist, ein vollständiges Studienangebot für einen speziellen Studiengang aufzustellen, bietet es sich an, gemeinsam ein hinreichend breit angelegtes Studienangebot mit E-Learning-Elementen aufzubauen. Es werden dabei lokale Stärken in die Kooperation eingebracht, etwa auf der Basis einer Vereinbarung, mit der sichergestellt ist, dass eine für beide Seiten profitable Situation entsteht.

Einnahmen. Schließlich können mit der Vermarktung von digitalen Angeboten auch monetäre Erlöse auf der Basis unterschiedlich angelegter Geschäftsmodelle erzielt werden (vgl. Dohmen & Michel, 2003). Im Hochschulbereich ist die kostendeckende bzw. gewinnbringende Vermarktung von digitalen Angeboten bislang schwierig einzulösen. Die Vermarktung von Onlinekursen und Fernstudiengängen wird vor allem in der wissenschaftlichen Weiterbildung diskutiert. Es ist damit zu rechnen, dass – unter anderem infolge des demografischen Wandels – die Hochschulen künftig diese Aufgabe vermehrt angehen werden (vgl. M. Kerres, Hanft, Wilkesmann, & Wolff-Bendik, 2012).

Bottom-up- versus Top-down-Strategien

Bei der Entwicklung einer Strategie lassen sich *Bottom-up-* und *Top-down*-Elemente unterscheiden. Bei einer *Top-Down*-Strategie wird *von der Leitungsebene* ein Konzept entwickelt, das in der Lehre umgesetzt werden soll. Eine *Bottom-up*-Strategie unterstützt dagegen Initiativen der Lehrenden, um diesen Aktivitäten in der Bildungseinrichtung Raum zu verschaffen.

Es ist umstritten, welches die geeignete Vorgehensweise für Bildungseinrichtungen ist. Gegen *Top-down-St*rategien wird eingewendet, dass diese verpuffen, wenn sie nicht mit den Interessen wesentlicher Akteure zusammenfallen. Die Kritik an *Bottom-up*-Strategien moniert die Beliebigkeit und die Divergenz der Interessen von Akteuren: Sie entfalten nicht genügend Wirkungsgrad und Nachhaltigkeit für die Einrichtung als Ganzes. Eine pragmatische Position versucht, *Top-down-* und *Bottom-up*-Elemente zusammenzuführen.

Perspektiven

Die Digitalisierung hat Implikationen für die Organisation von Hochschulbildung und die Hochschulgovernance (s. das Sonderheft des European Educational Research Journal, das dieser Thematik gewidmet ist: Williamson, 2016): Lehrende handeln zunehmend weniger autonom in der Gestaltung der Studienangebote. Studienstrukturen werden von der eigenen Hochschule zunehmend weniger ganzheitlich verantwortet (s. Kapitel 8.2).

Kooperationen mit Externen nehmen an Bedeutung zu. Es sind weitere Dienstleister einzubeziehen, um Hochschulbildung mit digitalen Werkzeugen realisieren zu können. Aufgrund dieser Entwicklungen sehen PUCCIARELLI & KAPLAN (2016) – aus betriebswirtschaftlicher Sicht – für Hochschulen die Forderung, strategisches Handeln zu stärken und sich über Kooperationen mit externen Partnern neu zu positionieren (s.a. Kaplan & Haenlein, 2016).

Es besteht die Chance, aber auch die Herausforderung, neu zu bestimmen, welche Leistungen eine Hochschule in der Lehre erbringen möchte und welche Leistungen sie hinzuzieht. Die Vielfalt der Optionen ist groß: Welche Dienstleistungen benötigen wir, mit wem möchten wir kooperieren, wo wollen wir Kompetenzen selbst aufbauen? Auch wenn ein Studienangebot für künftige Studierende auf den ersten Blick gar nicht so grundlegend anders aussehen wird, steckt möglicherweise in einigen Jahren ein ganz anderer Leistungserstellungsprozess dahinter.

Externe Akteure erhalten damit ein größeres Gewicht bei der Bewältigung der Aufgaben von Hochschulen. Sie stellen als Dienstleister nicht nur Services bereit, sondern haben an unterschiedlichen Stellen deutlich Einfluss darauf, wie Bildung betrieben wird. Ob dies auch Auswirkungen auf die Programmstrukturen hat, ist bislang schwer absehbar und hängt auch davon ab, welche Varianten einer Organisation gefunden werden. Die Akteure der künftigen Bildungsarbeit können als private Unternehmen im Wettbewerb agieren oder in staatlicher Trägerschaft betrieben werden. Hier wird man politisch unterschiedliche Akzente setzen, vermutlich wird man ein Zusammenspiel von öffentlich organisierten Dienstleistern und privaten Unternehmen anstreben. Dabei bedarf es einer weiteren bildungspolitischen Diskussion, wie wir uns die Zukunft von Bildung im Zeitalter der Digitalisierung vorstellen.

14.2.2 Bestandteile einer digitalen Strategie

Was beinhaltet die digitale Strategie eines Bildungsanbieters? Wie ist diese zu formulieren? Grundsätzlich kann die Strategie zumindest zu den folgenden vier Feldern Stellung nehmen:

- **Entwicklung des Lehrangebotes**: Welche (neuen) Lehrinhalte wollen wir vermitteln? Welche (neuen) Methoden des Lehrens und Lernens streben wir an?
- **Produktion und Bereitstellung digitaler Lernangebote**, einschließlich Erstellung einer mediendidaktischen Konzeption, Entwicklung von Medien.
- **Schaffung der personellen und strukturellen Voraussetzungen:** Personal- und Organisationsentwicklung, u. a. durch Qualifizierungsmaßnahmen und Anpassung der organisationalen Rahmenbedingungen.
- **Aufbau und Sicherung von Infrastruktur**: Ausstattung in Hard- und Software ebenso wie die Verfügbarkeit von Dienstleistungen für deren Einrichtung, Wartung und Pflege.

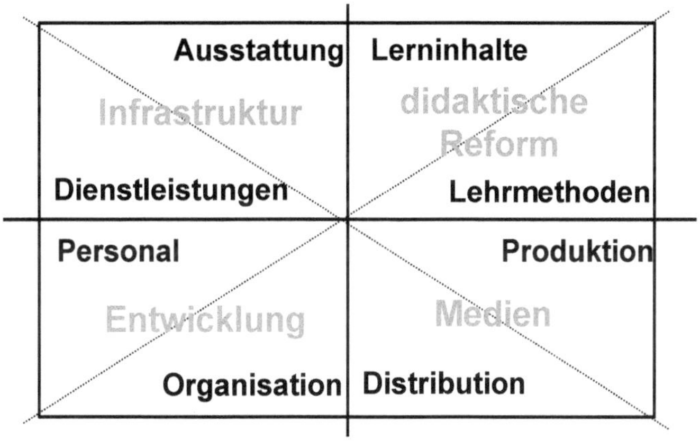

Abbildung 77: Viereck mediendidaktischer Innovation

Diese vier Felder sind aufeinander bezogen und bedingen sich wechselseitig. Deswegen ist es sinnvoll, sie ausgewogen zu verfolgen: Eine didaktische Reform wird nicht erfolgreich umzusetzen sein ohne Maßnahmen der Personal- und Organisationsentwicklung. Die Infrastruktur muss den Reformüberlegungen folgen und Anderes mehr.

Die Maßnahmen, die hieraus entwickelt werden, können sich auf unterschiedliche Ebenen beziehen: auf Lehrende, auf Abteilungen oder die Einrichtung als Ganzes. Im Rahmen einer strategischen Ausrichtung ist es wichtig, mehrere Ebenen durch Maßnahmen anzusprechen. Zugleich ist zu überlegen, wie die Maßnahmen der verschiedenen Ebenen verknüpft sind und wie sie in ein Maßnahmenportfolio zusammengeführt werden können.

Kerres etal. (2004) beschreiben die Strategie an der Universität Duisburg-Essen, die von einer niedrigschwelligen Initialberatung auf den unterschiedlichen Ebenen bis hin zur Hochschulentwicklung Maßnahmen zusammenführt (Liebscher u. a., 2015).

Leitfragen zur digitalen Strategie

Im Folgenden sind Fragen formuliert, die Kerres (2005) zu einem Leitfaden für die Entwicklung einer Strategie für die Digitalisierung in der Lehre zusammengestellt hat.

1. *Welche Reformen im Bereich des Lehrens und Lernens streben wir an?*

Digitale Medien ermöglichen andere Formen des Lehrens und Lernens. Die Effekte treten jedoch nicht durch die Medien als solche ein, sondern nur durch gezielte Gestaltung und Umsetzung entsprechender Arrangements für das Lehren und Lernen.

Beispiele für Zielformulierungen

- Wir leiten Studierende zum selbstgesteuerten Lernen an.
- Unsere Studienangebote sind anwendungsnah | praxisorientiert | arbeiten mit Fällen aus der Praxis.
- Unsere Angebote in der Lehre unterstützen Studierende bei der Übung und Anwendung von Gelerntem.
- Uns ist die intensive und individuelle Betreuung von Studierenden wichtig. Wir unterstützen den Austausch zwischen Studierenden beim Lernen.
- Wir unterstützen Studierende bei der flexiblen Einteilung ihrer Lernzeit durch Kombination von Präsenzelementen und mediengestützten Selbstlern- und Gruppenphasen.
- Unsere Studienangebote betonen kooperatives Lernen in (tutoriell betreuten) Lerngruppen.
- Unsere Studienangebote richten sich an ein internationales Publikum. Wir nutzen mediengestützte Lernangebote, um uns an ein internationales Publikum zu wenden.
- Wir vernetzen unsere Studienangebote mit Partnern weltweit/europaweit.

Mögliche Fehler:

- Die Einführung von digitalen Medien bzw. Services als solches wird als Ziel formuliert.
  Lösung: Benennen Sie, welchen Nutzen Sie sich von der Maßnahme erwarten.
- Mit der Einführung von Medien bzw. Services werden bestimmte pädagogische oder betriebswirtschaftliche Erwartungen verknüpft, ohne dass benannt ist, durch welche konkreten Maßnahmen diese eintreten sollen.
  Lösung: Benennen Sie konkrete Maßnahmen, wie diese Reformen wahrscheinlich werden können.
- Es werden digitale Services eingerichtet sowie Produkte entwickelt, ohne dass festgelegt ist, wo (in welchen Veranstaltungen, Kursen, Lehr- oder Studiengängen usw.) diese tatsächlich Nachfrage finden werden.
  Lösung: Benennen Sie möglichst konkret, für welche Veranstaltungen oder Studienangebote diese Produkte und Dienstleistungen gefordert sind. Definieren Sie quantitative Kriterien, mit der sich der Stand der Umsetzung und der Erfolg der Maßnahme erfassen lässt (Anzahl der jeweils betreuten Lernenden, Anzahl der Veranstaltungen, Namen der Lehrkräfte).

2. *Welche Ziele für Medienproduktion und -distribution streben wir an?*

Die Konzeption, Produktion, Distribution und Einführung von digitalen Angeboten ist immer mit Aufwänden verbunden. Die digitale Strategie benennt, in welchen Bereichen (mediendidaktische Konzeption und Beratung, Content-Erstellung, Content-Distribution, Qualitätssicherung, Betrieb, Vermarktung, Evaluation) die Bildungseinrichtung Kompetenzen und Ressourcen hat bzw. aufbauen will, in welchen Bereichen sie mit Anderen kooperieren bzw. auf Externe zugreifen will.

Beispiele für Zielformulierungen

- Wir sehen unsere Kernkompetenz in den Bereichen ...
- Wir bieten Medienservices in folgenden Teilen der Medienproduktion und –verwertung ...
- In der Konzeption, Produktion und Distribution kooperieren wir mit anderen Einrichtungen in den Bereichen ... , um ...
- Wir bieten unseren Wissenschaftler/innen mediendidaktische Beratung zum Einsatz von Medien in der Lehre.

Mögliche Fehler:

- Medien- oder E-Learning-Produktion werden *inhouse* betrieben, ohne dass eine klare *make-or-buy*-Entscheidung stattgefunden hat.
  Lösung: Gehen Sie alle Elemente der Wertschöpfung durch und prüfen Sie jeweils mögliche alternative Lösungen.

- Bestehende Kompetenzen und Ressourcen im Haus werden falsch eingeschätzt oder nicht angemessen genutzt.
  Lösung: Hochschulen sind oft unübersichtlich! Prüfen Sie kritisch, wie die Kompetenzen von Lehrstühlen und zentralen Einrichtungen, von An-Instituten und weiteren Einrichtungen, die mit der Hochschule assoziiert sind, klug eingebunden werden können.
- Strategien der Mediendistribution bzw. Maßnahmen der Einführung werden zu spät geplant und aufgebaut.
  Lösung: Planen Sie bereits bei der Konzeption entlang der gesamten Wertschöpfungskette des Bildungsangebotes.

3. *Welche Maßnahmen der Personal- und Organisationsentwicklung sind vorgesehen?*

Die Einführung neuer Lernangebote kann weitreichende Implikationen für die Organisation der Bildungsarbeit haben. Dies macht Überlegungen zu Maßnahmen im Bereich der Personal- und Organisationsentwicklung notwendig.

Beispiele für Zielformulierungen

- Die angestrebten Entwicklungen machen einen Wandel der Organisationskultur erforderlich. Unsere Hochschule wird ...
- Der angestrebte Wandel wird durch die Bereitstellung von Ressourcen, durch Zielvereinbarungen mit Hochschullehrenden, durch Marketingaktivitäten ... unterstützt.
- Wir unterstützen unsere Mitarbeitenden (auf allen Ebenen) bei der frühzeitigen Entwicklung der erforderlichen Qualifikationen.
- Wir unterstützen den erforderlichen Wandel durch gezielte – vorausschauende – Personalentwicklung und umfangreiche Weiterbildungsmaßnahmen, vor allem in den Bereichen ....
- Wir streben eine Reorganisation/eine Vernetzung von Prozessen der Informationsverarbeitung in zentralen Dienstleistungseinrichtungen, der Verwaltung und wissenschaftlichen Einrichtungen an, um eine bessere Servicequalität bei der Betreuung von Wissenschaftler/innen und Studierenden erzielen zu können.

Mögliche Fehler:

- Die notwendigen Dienstleistungen zum Support bei Planung, Durchführung und Betrieb von digitalen Angeboten sind nicht vorhanden.
  Lösung: Die Services müssen nicht zwingend in der eigenen Bildungseinrichtung aufgebaut werden. Da es sich bei entsprechenden Dienstleistungen in der Regel nicht um eine Kernkompetenz des Bildungsanbieters handelt, kann das Einkaufen ebenso wie das Auslagern entsprechender Expertise geprüft werden.

– Die Support-Angebote sind zu „weit weg“ und werden von den Lehrkräften als nicht genügend unterstützend vor Ort wahrgenommen.
  Lösung: Es sind Ansprechpartner/innen für die Lehrpersonen zu benennen. Die Dienstleistungseinheiten entwickeln ein Konzept, mit dem sie ihre Angebote aktiv vermarkten statt auf Nachfrage zu warten.
– Die beteiligten Dienstleistungseinrichtungen arbeiten nicht koordiniert.
  Lösung: Sind mehrere Dienstleistungseinrichtungen betroffen, kann eine Reorganisation der Ablauf- oder Aufbauorganisation erforderlich werden.

4. *Welche Elemente der Infrastruktur benötigen wir?*

Die intensive Nutzung digitaler Medien im Lehrbetrieb erfordert sowohl technische Infrastruktur als auch personale Dienstleistungen und Unterstützung. Es sind grundlegende Eckpunkte zu definieren, die für den Bildungsanbieter besonders wichtig sind.

Beispiele für Zielformulierungen

– Wir bieten Zugang zum Internet für Lehrende und Studierende auf dem gesamten Campus.
– Wir bieten Verwaltungsprozesse über einen Onlinezugang im Internet an. Dies umfasst insbesondere die Bereiche: Studierendenverwaltung, Prüfungsmanagement, netzgestütztes Lernen, interne und externe Kommunikation, Qualitätsmanagement, Literaturbeschaffung, digitale Bibliothek ...
– Wir bauen eine integrierte Plattform im Internet auf, die digitale Dienste der Hochschule integriert.
– Wir bieten Unterstützung der Mitglieder unserer Einrichtung bei dem Betrieb und der Wartung von IT-Systemen, bei der Erstellung von Lehrmaterialien, bei der medien- und hochschuldidaktischen Konzeption, bei der Evaluation und Qualitätssicherung ....
– Wir verstehen uns als eine kundenorientierte Dienstleistungseinrichtung, deswegen verpflichten wir uns zu einem Qualitätsmanagement. Dies bedeutet auch, dass wir mit den Einrichtungen Vereinbarungen über unsere Dienstleistungen und die zugesicherte Qualität der Dienste schließen.

Mögliche Fehler:

– Infrastruktur wird zu früh aufgebaut.
  Lösung: Da digitale Technologie schnell veraltet, sollte (teure) Infrastruktur für den Produktionsbetrieb immer möglichst punktgenau installiert werden. Davon zu trennen ist der Aufbau von Referenzinstallationen in einer Laborumgebung, die frühzeitig erfolgen kann.
– Infrastruktur wird als rein technisches Problem wahrgenommen.

Lösung: Bei jeder technischen IT-Investition ist anzugeben, wer welche Betreuungs-, Schulungs- und Support-Dienstleistungen übernimmt.

- Das Hinzukaufen externer Dienstleistungen wird nicht in Erwägung gezogen.
  Lösung: Für jede IT-Investition muss ggf. begründet werden, warum diese im Hause betrieben werden soll, und es ist ein alternatives Finanzierungsmodell in Kooperation mit einem externen Dienstleister vorzulegen (Beispiel: Mailserver, Betreiben von Webhosting usw.).
- Einrichtungsübergreifende und kooperative Lösungen von Bildungseinrichtungen (am gleichen Ort) werden nicht systematisch geprüft.
  Lösung: Es werden regelmäßige Treffen zu IT-Themen vereinbart, um sich über aktuelle Entwicklungen und Erfahrungen auszutauschen. Anhand „einfacher" Aufgaben werden Modelle für den gemeinsamen Betrieb von Dienstleistungen erprobt (Beispiel: Schulungsangebote für Mitarbeiter/innen).

5. Weitere Aspekte des Vorgehens

Die einzelnen Elemente einer digitalen Strategie lassen sich nicht isoliert verfolgen, sie bedingen sich wechselseitig. Aus den strategischen Eckpunkten können Aktivitäten abgeleitet werden, die in ein Gleichgewicht zu bringen sind. Je nach den Rahmenbedingungen sind die Aktivitäten unterschiedlich zu gewichten. Es macht zum Beispiel wenig Sinn, in umfangreiche Infrastruktur zu investieren, wenn nicht die personellen und strukturellen Voraussetzungen zu deren Nutzung gegeben sind. Auch die Produktion neuer Lernangebote ist nicht zielführend, wenn nicht geklärt ist, wo, wie und von wem diese Medien genutzt werden sollen.

Eine zentrale Frage ist, welche Art von didaktischer Innovation angestrebt wird: Welche (ggf. neuen) Inhalte sollen mithilfe welcher (ggf. neuen) didaktischen Methoden vermittelt werden? Mit den Medien ist die Erwartung verknüpft, ein *anderes* Lernen einzuführen. Die Einführung alternativer Lernformen hat Implikationen für die beteiligten Individuen. Deswegen gilt es, sich über Ziele zu verständigen, die mit der didaktischen Innovation verbunden werden sollen: Welche neuen Wege des Umgangs mit Wissen und Lernen wollen wir beschreiten? Gleichzeitig ist der Widerstand vor solchen Veränderungen zu antizipieren: Mit welchen Schwierigkeiten müssen wir rechnen und wie können wir mit diesen umgehen?

Beispiele für Kennzahlen

- Anzahl der Lehrveranstaltungen mit Medienunterstützung (genauer zu beschreiben, was das meint)
- Anzahl der Lehrpersonen, die Medien in Lehrveranstaltungen einsetzen, getrennt nach Fachgebieten
- Anzahl der produzierten Medien

- Häufigkeit der Nachfrage nach mediendidaktischer Beratung | Anzahl der Teilnehmenden an Schulungsangeboten

14.2.3 Maßnahmen der Kompetenzentwicklung

Mit welchen Maßnahmen kann nun die nachhaltige Verankerung der angestrebten Veränderungen unterstützt werden? In der Kompetenzforschung (Erpenbeck & Sauer, 2001) und der betrieblichen Bildungsarbeit (Staudt & Kriegesmann, 2002) werden traditionelle Schulungskonzepte kritisch hinterfragt, da sie oftmals nicht hinreichend Transfer auf den Anwendungskontext und die Nachhaltigkeit entfalten. Gefordert werden immer häufiger arbeitsplatznahe oder -integrierte Formen des Lernens sowie Lernangebote, die stärker auf informeller Kommunikation und dem Austausch in sozialen Netzen basieren.

Kerres et al. (2005) führten teilstandardisierte Experteninterviews mit E-Learning-Verantwortlichen bzw. Experten und Expertinnen an Hochschulen im deutschsprachigen Raum durch, um festzustellen, welche Maßnahmen vor Ort Einsatz finden, um digitale Lernszenarien einzuführen. Die erfassten Maßnahmen konnten acht Bereichen zugeordnet werden (zu den Maßnahmen im Einzelnen s. Dieter Euler, Hasanbegovic, Kerres, & Seufert, 2006).

Maßnahmen zur nachhaltigen Verankerung von mediengestütztem Lernen

1 Information bereitstellen

Alle Maßnahmen, die dazu beitragen, dass relevante Informationen über E-Learning in der Breite bekannt werden (Infos über Printmedien oder Internet, Newsletter, Broschüren).

2 Einstellungen vermitteln

Maßnahmen, die die Einstellungsebene betreffen und dazu führen, dass Lehrende mehr Interesse, Neugier, Aufgeschlossenheit dem Thema E-Learning entgegenbringen (im Rahmen einer Kommunikationsstrategie: z. B. Werbung, Events, Gewinnspiele ...).

3 Handlungsbereitschaft erhöhen

Dies betrifft vor allem Anreize, die dazu beitragen, dass Lehrende sich verstärkt im E-Learning-Bereich engagieren (E-Learning-Projekte ausschreiben, Prämien ausloben für gute Projekte oder Projekteinwerbungen...).

4 Bildungsangebote organisieren

Hierunter fallen alle Formen von organisierten Maßnahmen, die Kenntnisse und Fertigkeiten in unterschiedlichen Formaten und Intensitäten vermitteln (wie z. B. Kurse, Workshops, Präsentationen ...).

5 Qualitätsentwicklung lernförderlich gestalten

Den Kompetenzerwerb im Rahmen von Zertifizierung, Akkreditierung u. a. Maßnahmen der Qualitätsprüfung, -sicherung und -entwicklung unterstützen.

6 Beratende Unterstützung anbieten

Maßnahmen, die den Aufbau von Kompetenz bei Lehrenden zu Planung, Entwicklung und Einsatz von E-Learning unterstützen.

7 Austausch fördern

Alle Maßnahmen, die die Kommunikation unter Lehrenden zu neuen Formen des Medieneinsatzes in der Lehre unterstützen, also Treffen zwischen Kollegen und Kolleginnen anregen, Arbeitsgruppen arrangieren ...

8 Innovationen verbindlich machen

Maßnahmen, die dazu beitragen, dass Beteiligte eingebunden werden und Verantwortung übernehmen (Ownership).

Das Raster kann als eine Grundlage dienen, um Maßnahmen einer Einrichtung zu analysieren, einzuordnen und zu planen. Es lässt sich auch feststellen, wo das Maßnahmenportfolio einer Einrichtung Schwächen und Stärken beinhaltet. Einzelne Maßnahmen lassen sich dabei den Bereichen nicht immer trennscharf zuordnen. Eine Weiterbildungsveranstaltung zu Lernplattformen ließe sich z. B. sowohl dem Bereich *Information* wie auch der *Werbung*, *Netzwerkbildung* oder *Qualifizierung* zuordnen.

In den Interviews von Kerres et al. (2005) wurde auch nach der Relevanz der Maßnahmen gefragt. Als *sehr wichtig* wurde insbesondere die *beratende Unterstützung* bewertet. Sie ist allerdings vergleichsweise aufwendig, um das Ziel zu erreichen, digitale Lerninnovationen nachhaltig zu verankern. Denn der Aufwand, eine große Menge von Lehrenden mit dieser Maßnahme zu erreichen, ist hoch und es bleibt unsicher, ob sich das Handeln in der Lehre tatsächlich – wie gewünscht – ändert.

Lehrkompetenz umfasst neben Wissen, das sich die Lehrpersonen vielfach selbst aneignen, auch Fertigkeiten und Einstellungen. Veranstaltungen und Beratungen sind deswegen wichtig, aber alleine nicht hinreichend. Hasanbegovich & Kerres (2006) beschreiben das Konzept eines Maßnahmenportfolios zur nachhaltigen Verankerung von Lerninnovationen. Es basiert auf der Idee, dass die erforderlichen Kompetenzen der Individuen und der Organisation nicht über *einen* einzelnen Maßnahmenbereich aufgebaut werden können. Erforderlich ist vielmehr ein Bündel von Maßnahmen, die aufeinander abgestimmt sind. Das Maßnahmenportfolio macht eine Koordination der Bereiche notwendig, die in einem weiteren Sinne mit *Kompetenzentwicklung* beschäftigt sind. Gerade für große Einrichtungen bedeutet dies, die Maßnahmen mehrerer Anbieter zusammenzuführen und eng zu koordinieren.

Übung

Die Bildungsabteilung eines großen Unternehmens der Energiebranche mit mehr als 50.000 Mitarbeitenden an mehreren Standorten in Deutschland möchte mediengestützte Lernformen in ihrer Weiterbildungsarbeit verankern. Sie hat mit dem Vorstand das Ziel vereinbart, ein Drittel aller bisherigen Bildungsangebote im Präsenzformat durch E-Learning zu ersetzen.

Es wurde eine Liste mit Veranstaltungen erstellt, die für einen Wechsel zum E-Learning besonders geeignet erscheinen. Innerhalb von neun Monaten soll die erste Hälfte in das neue Format umgesetzt und in den Regelbetrieb eingeführt werden. Es sind Schulungen für die Dozenten eingeplant, die diese neuen Angebote betreuen und teilweise auch entwickeln sollen. Sobald die ersten Produkte vorliegen, sollen die Mitarbeitenden der Fachabteilungen über die neuen Angebote informiert werden. Dazu sollen auch Schnupperkurse für die Mitarbeitenden eingerichtet werden, damit sich diese informieren können. Für einen bestimmten Zeitraum sollen die Kurse den Fachabteilungen nicht in Rechnung gestellt werden. Mit diesem Anreiz erhofft man sich einen leichteren Umstieg auf die neuen Angebote.

Aufgabe: Nehmen Sie Stellung zu dem Vorgehen. Erscheinen Ihnen die Ziele und Umsetzungsmaßnahmen angemessen? An welchen Stellen könnten Probleme entstehen? Welche Alternativen könnten Sie vorschlagen?

15 Leitfaden

Im Folgenden sind die wesentlichen Arbeitsschritte, die in den vorigen Kapiteln erläutert wurden, zusammengeführt. In der Entwicklung eines eigenen mediendidaktischen Konzeptes unterstützt das Online-System **www.didaktikcheck.de**.

1 Rahmen

Zunächst werden Rahmendaten des Projekts erfasst: Worum geht es? Welche Ressourcen und welche Expertise stehen dem Projekt zur Verfügung?

- Projekttitel (einschließlich Kurztitel)
- Projektidee (Kurzfassung des Bildungsanliegens)
- Ressourcen (verfügbare Mittel / andere Contents)
- Expertise (im Projektteam, beim Auftraggeber, bei externen Partnern: Sachexpertise, didaktische Expertise, Management, Softwareentwicklung, Technik, Medienproduktion, Grafikdesign)

2 Akteure

Beschrieben werden die Personen und Institutionen, die an dem Vorhaben beteiligt sind, in ihren jeweiligen Funktionen und Rollen (z. B. Auftraggeber, Stakeholder, Promotoren). Zunächst geht es um die grundlegende *Konstellation* der Akteure, in der das Angebot entwickelt wird: ein Medium für den eigenen Unterricht, Lernangebot für autodidaktisches Lernen, Lernangebot für eine Bildungseinrichtung oder Lernangebot für die betriebliche Bildungsarbeit.

Die *Zielgruppe* der Lernenden wird entweder auf der Basis vorliegender Daten, auf der Basis von durchzuführenden Befragungen oder durch Schätzung bzw. Setzung beschrieben:

- Gesamtzahl der Lernenden
- Lernende pro Durchgang
- Geografische Verteilung (vor Ort, regional, national, international)
- Altersspanne und Mittelwert
- Heterogenität – Diversität der Zielgruppe (u. a. Alter, Geschlecht, Ethnie)
- Lernmotivation (intrinsisch/extrinsisch)
- Höchster schulischer Abschluss und Beruf (Niveaus 1–8 im Qualifikationsrahmen)

https://doi.org/10.1515/9783110456837-525

- Vorwissen (hoch/niedrig)
- Einstellungen und Erfahrungen (zum Lerngegenstand / zu Computern / zum selbstgesteuerten Lernen mit Computern)
- Lernorte, Internetzugang und technische Ausstattung
- Zeitliche Ressourcen
- Weitere Merkmale der Zielgruppe (z. B. zur Sicherung von Inklusion)

Das Lernangebot wird auf *eine primäre Zielgruppe* ausgerichtet. Darüber hinaus kann an die Verwertung für weitere Zielgruppen gedacht werden.

3 Lehrinhalte und -ziele

Die Ziele des Vorhabens sind zu benennen oder im Laufe des Vorhabens herauszuarbeiten. Das Projektziel bezieht sich immer auf ein *Bildungsproblem* oder -anliegen. Die Lehrziele beschreiben Ergebnisse des Lernprozesses.

- Bildungsproblem und Projektziele
- Lehrinhalte
- Lernziele (Wissen, Fertigkeiten, Einstellungen)

4 Didaktische Methode

Die Konzeption benennt didaktische Methoden, mit denen sich die Lehrziele bei der Zielgruppe erreichen lassen. Bei verschiedenartigen Lehrzielen werden mehrere didaktische Methoden relevant. Die Aufbereitung der Lehrinhalte bzw. Gestaltung des Lernangebots kann darstellenden Methoden folgen oder exploratives Lernen fördern. Sie kann stärker auf problemorientierte und/oder kooperative Methoden setzen.

- Art des Lernangebots (Präsenztraining, Lernprogramm, Kognitive Werkzeug, Informations- und Hilfesystem, Performance-Support, Simulation, Spiel, Kommunikation und Kooperation, Lernen in Gemeinschaften, Lernmodule, Online-Kurs, Hybride Lernarrangements)
- Art der Methode (Exposition, Exploration, Problemorientierung, Kooperation)
- Art der Lernaufgaben (Auswahlfragen, Textaufgaben, Essay, Übung, Fall, Projekt)

5 Lernorganisation

Die Lernorganisation bezieht sich auf alle Fragen der zeitlichen, räumlichen und sozialen Organisation, einschließlich der Relation von mediengestützten Elementen, Präsenzelementen, synchroner und asynchroner Kommunikation. Sie beschreibt, wie die Durchführung des Angebotes organisiert ist und spezifiziert die Elemente des Lernarrangements. Beschrieben wird dabei auch, ob und wie Betreuung stattfindet und welche kommunikativen sowie konstruktiven/kooperativen Aktivitäten vorgesehen sind.

Zeitliche Organisation

- Zeitraum (typische Dauer der Nutzung in Monaten)
- Gesamte Lernzeit des Angebotes in Stunden (z. B. 16 Stunden Lernzeit insgesamt)
- Start (feste Termine, flexibler Einstieg ...)
- Geplante Anzahl der Durchgänge
- Taktung

Räumliche Organisation

- Präsenz- und Onlinephasen
- Durchführung von rechtssicheren Prüfungen

Soziale Organisation

- Individuelles Lernen, mit Anderen lernen, in einer Gruppe oder Gemeinschaft lernen
- Betreuung (Lernberatung, fachliche Beratung, tutorielle Betreuung, organisatorische Betreuung, technischer Support)

6 Medien

Die eingesetzten Medien und die Technik für den Betrieb bzw. die Distribution des Lernangebots werden benannt. Dies betrifft Software und Medien, die einzubinden sind, die Werkzeuge für die Kommunikation und Kollaboration der Lernenden sowie die Plattform für die Distribution des Lernangebots.

- Distribution (als physisches Medium / Onlinedistribution, z. B. zum Download oder Streaming im Internet, E-Book oder mobile Plattformen usw.)
- Internet-Plattform für die Inhalte
- Internet-Plattform für Kommunikation und Kollaboration

7 Vorgehen

Wie soll bei der Entwicklung des Lernangebots vorgegangen werden (agiles, iteratives oder phasenbasiertes Vorgehen)? Welche Maßnahmen tragen dazu bei, Beteiligte angemessen in die Planung und Umsetzung einzubeziehen? Welche Folgemaßnahmen werden nötig? Wie kann durch Evaluation und qualitätssichernde Maßnahmen der Projekterfolg – auch über die Projektlaufzeit hinaus – sichergestellt werden?

- Dauer für Konzeption und Entwicklung, Projektbeginn / geplante Fertigstellung
- Art des Vorgehens (phasenbasiertes Vorgehen oder agile Entwicklung)
- Beteiligung von Lernenden und anderen Akteuren (reaktiv / partizipativ) Begleitmaßnahmen zur Einführung (Werbung, Anreize für die Nutzung, beratende Unterstützung, Schulungen, kollegialer Austausch)
- Evaluation von Erfolgsparametern (z. B. Akzeptanz bei Akteuren, Zufriedenheit der Lernenden, Lernergebnisse/-zuwachs, Lerntransfer, Projekterfolg) während oder am Ende der Projektlaufzeit

16 Glossar

In der folgenden Übersicht finden sich Erläuterungen zu einigen technischen Fachbegriffen, die in den Kapiteln erscheinen.

Campus Management-/ Veranstaltungs-management-Systeme	Software-Anwendung (im Internet), über die Bildungsanbieter Informationen zu Angeboten und Veranstaltungen, zu Räumen oder Zeiten bereitstellen. Hierzu gehören auch die Verwaltungsvorgänge, wie z. B. die Anmeldung zu Veranstaltungen, zu Prüfungen etc..
Content Management System (CMS)	Mit einem Content Management System (CMS) werden Internetseiten verwaltet und gemeinsam bearbeitet (z. B. Wordpress oder Drupal). Bildungseinrichtungen nutzen CMS, um über ihr Lernangebot oder die Institution zu informieren und mit Interessierten in Kontakt zu kommen.
Community-Plattform	Community Plattformen (bzw. soziale Netzwerke) unterstützen die Kommunikation und den Austausch von Menschen durch das Teilen von Informationen und Dokumenten (z. B. Videos oder Bilder).
Creative Commons	*Creative-commons*-(CC)-Lizenzen geben (Lern-)Inhalte im Netz frei und definieren die erlaubte Nutzung.
CSCL	*Computer Supported Cooperative Learning* (CSCL) bezieht sich auf das gemeinsame Lernen und Arbeiten an Dokumenten in digitalen Lernumgebungen.
Feed	Websites können als *Feed* abonniert werden. Mit einem Feed-Reader werden sie ausgelesen und zusammengeführt (aggregiert), ohne dass die Websites einzeln besucht werden müssen.
Foren	In Internetforen kann über bestimmte Themen diskutiert werden. *Foren* sind zumeist entlang von Diskussionsfäden

https://doi.org/10.1515/9783110456837-529

	organisiert, um Diskussionen nachvollziehen zu können. In Kursen werden Foren häufig genutzt, um den Austausch zu vorgegebenen Themen oder Lernaufgaben zu organisieren.
Groupware	Mit *Groupware* kann gemeinsam an Dokumenten gearbeitet und Gruppenarbeit koordiniert werden, z. B. um Termine zu verwalten (etwa die Plattform BSCW).
HTML	*Hypertext Markup Language* ist die Seitenbeschreibungssprache für Internetseiten. Der Internetbrowser kann diese Sprache interpretieren und sorgt für die Darstellung der Inhalte am Bildschirm. Sie existiert in verschiedenen Versionen: HTML 5 etwa kann dynamische Inhalte auf Webseiten anzeigen.
H5P	ein Standard für interaktive Lernobjekte im Internet auf der Basis von HTML5
Identity Management	*Identity Management* verwaltet Informationen über Personen, die einer Organisation mit ihren Rollen und Rechten angehören, und stellt Mechanismen für die Authentifizierung von Personen bei der Anmeldung an Systemen der Organisation bereit.
Instant Messenger	*Instant Messenger* erlauben den Versand von Nachrichten – direkt auf den Bildschirm des Anderen. Es wird dabei auch angezeigt, ob eine Person zurzeit im Netz online ist.
Konferenz-Software	In *Audio- und Videokonferenzen* können zwei oder mehr Personen zeitgleich über das Internet miteinander kommunizieren (z. B. Skype).
Learning Management System (LMS)	*Lernplattformen* bieten eine Umgebung für das Lernen im Internet. Sie beinhalten unterschiedliche Werkzeuge für Lehr- und Lernaktivitäten: Es lassen sich Dokumente einstellen und (gemeinsam) bearbeiten, Lernaufgaben verteilen und einreichen sowie Diskussionen führen und in Lerngruppen austauschen (z. B. moodle oder ILIAS).
MOOC	Abkürzung für M*assive Open Online Course:* Ein Lernangebot im Internet, das kostenfrei zur Verfügung steht.
moodle	Moodle ist eine *Open Source* Lernplattform mit einer weltweit hohen Verbreitung, insbesondere im Schul- und Hochschulbereich (ähnlich die in Deutschland entwickelte *Open Source* Lernplattform ILIAS).

Open Educational Resources	*Open Educational Resources* sind Lerninhalte (*Contents*), die frei verfügbar im Internet angeboten und kostenlos genutzt werden können.
Open Source	Software, die als *Open Source* verfügbar ist, darf kostenlos genutzt, verändert und erweitert werden. Je nach Art der *Open-Source*-Lizenz bestehen bestimmte Einschränkungen.
Podcast	Podcasts sind Serien von Audio- oder Videobeiträgen, die – wie die Ausstrahlung von Rundfunksendungen – im Internet mehr oder weniger regelmäßig zum Abruf bereitgestellt werden.
Screencast	Bei einem Screencast wird der Inhalt des Computerbildschirms mit dem Kommentar eines Sprechers aufgezeichnet, z. B. um die Funktion einer Software zu erklären.
virtuelles Klassenzimmer	Das virtuelle Klassenzimmer bietet – über normale Konferenzwerkzeuge hinaus – spezielle Funktionen für das Lehren und Lernen, z. B. um einen Vortrag mit Präsentation zu halten, um gemeinsam über Themen zu diskutieren oder an Dokumenten zu arbeiten.
Weblog (auch: Blog)	Ein Weblog ist ein persönliches Tagebuch im Internet, auch um z. B. eigene Lernerfahrungen zu dokumentieren und zu reflektieren.
Wiki	Mit Wikis können Informationen gemeinsam im Internet bearbeitet werden. Die Enzyklopädie *Wikipedia* basiert auf einem Wiki. In didaktischen Kontexten werden Wikis genutzt, um gemeinsam an Dokumenten und Lernaufgaben zu arbeiten.
Interaktives Whiteboard	Eine Wandtafel, auf die mit einem Projektor ein Computerbild projiziert wird. Sie erkennt Eingaben, etwa per Stift, und leitet diese an den Computer weiter.
Learning Analytics	Software, die das Verhalten von Lernenden auswertet, um Rückschlüsse über deren Lernprozess zu erhalten.
Recommender	Ein Empfehlungssystem wertet das Verhalten von Lernenden aus und gibt Hinweise zu weiterführenden Informationen und Tipps zum Lernverhalten.
Virtual Reality, Augumented Reality	Virtual-Reality-(VR)-Anwendungen präsentieren den Lernenden dreidimensionale Welten, etwa über eine 3D-Brille. Bei Augumented-Reality-(AR)-Anwendungen werden dagegen Informationen zur Umwelt über eine Brille eingeblendet.

Student-Response-System	Student-Response-Systeme werden in Hörsälen eingesetzt, um von einem größeren Publikum Antworten auf Fragen zu erfassen.
Erklärvideo	Im Internet finden sich viele *Erklärvideos*, in denen Dinge kurz und knapp erläutert werden.
Talent-Management-System	In Organisationen werden *Talent-Management-Systeme* in der Personalentwicklung genutzt, um Personal zu verwalten und zu entwickeln. Es können z. B. Personalakten mit Qualifikationsprofilen geführt, Qualifikationsbedarfe identifiziert und die Personalsuche organisiert werden.
E-Assessment	Alle Varianten von Prüfungen mit Computern, entweder als Self-Assessment oder, etwa in einem Testcenter, als digitale Klausur
E-Portfolio	Ein digitales Portfolio umfasst digitale Dokumente, die eine Person beim Lernen angefertigt hat. Es dient etwa zum Nachweis von Lernprozessen oder ggf. auch als Grundlage für Bewerbungen.
mobiles Lernen	Lernen mit Smartphones, Tablets, E-Readern und allen Geräten, mit denen ortsungebunden gelernt werden kann.
Personal Learning Environment (PLE)	Die persönliche Umgebung, die sich Lernende zusammenstellen, um für sich optimal lernen zu können. Sie beinhaltet in der Regel eine Reihe von Arbeitswerkzeugen, Informationsquellen oder Datenbanken.
face-to-face Meeting	Präsenztreffen, etwa in einem Kurs mit Blended Learning
Distance Education	Fernlehre umfasst alle Formen des Lehrens und Lernens, bei denen eine Betreuung durch Lehrende regelmäßig über Distanzen erfolgt. Früher: bei „Korrespondenzkursen“ durch postalischen Versand von Lernmaterialien.
SCORM	Standard für komplexere Lerncontents, die aus mehreren Einheiten in einer Sequenz mit multimedialen Inhalten bestehen und zwischen Lernplattformen (LMS) ausgetauscht werden können.
Repository	Eine Datenbank zur Ablage und Verwaltung von Lernmaterialien, einschließlich ihrer Metadaten, die die Inhalte beschreiben und leichter auffindbar machen.

17 Literatur

Abu-aisheh, A., & Farahmand, F. (2010). Lab VIEW-Based Integrated Virtual Learning Platform. In *Advanced Learning Technologies, IEEE International Conference on* (S. 403–405). Los Alamitos, CA, USA: IEEE Computer Society.

Achtenhagen, F. (2000). Kriterien für die Entwicklung komplexer Lehr-Lern-Arrangements. In *Was ist Erziehungswissenschaft? Festschrift für Peter Menck* (S. 165–188). Donauwörth: Auer.

Achtenhagen, F., Bendorf, M., Getsch, U., & Reinkensmeier, S. (2000). Mastery learning in der Ausbildung von Industriekaufleuten. *Zeitschrift für Pädagogik, 46*, 373–394.

Aggarwal, C. C., & Zhai, C. (2012). *Mining Text Data*. Springer Science & Business Media.

Allmendinger, K. (2004). *Passung von Medium und Aufgabentyp: Der Einfluss nonverbaler Signale in desktop-basierten kollaborativen virtuellen Umgebungen*. Dissertation, Universität Tübingen.

Allmendinger, K. (2010). Social Presence in Synchronous Virtual Learning Situations: The Role of Nonverbal Signals Displayed by Avatars. *Educational Psychology Review, 22*, 41–56.

Allmendinger, K., Kempf, F., & Hamann, K. (2009). Collaborative Learning in Virtual Classroom Scenarios. In U. Creß, V. Dimitrova, & M. Specht (Hrsg.), *Learning in the Synergy of Multiple Disciplines* (Bd. 5794, S. 344–349). Berlin, Heidelberg: Springer.

Amaral, A., Jones, G. A., & Karseth, B. (Hrsg.). (2013). *Governing higher education: National perspectives on institutional governance*. Dordrecht: Springer Scince+Business Media.

Anderson, J. R., Boyle, C. F., & Reiser, B. J. (1985). Intelligent tutoring systems. *Science, 228*, 456–462.

Anderson, J. R., Reder, L. M., & Simon, H. A. (1996). Situated Learning and Education. *Educational Researcher, 25*, 5–11.

Anderson, L. W., & Krathwohl, D. R. (2001). *A Taxonomy for learning, teaching, and assessing. A revision of Bloom's taxonomy of educational objectives*. New York: Longman.

Andreas, K., Tsiatsos, T., Terzidou, T., & Pomportsis, A. (2010). Fostering collaborative learning in Second Life: Metaphors and affordances. *Computers & Education, 55*, 603–615.

Antil, L. R., Jenkins, J. R., Wayne, S. K., & Vadasy, P. F. (1998). Cooperative Learning: Prevalence, conceptualizations, and the relation between research and practice. *American Educational Reserach Journal, 35*.

Arend, C. (2010). *Lernkompetenz und Pädagogisches Handeln: Lerneraktivitäten und pädagogische handlungsformen beim Einsatz verschiedener Unterrichtsmethoden*. Julius Klinkhardt.

Arnold, R. (2007). *Ich lerne, also bin ich: Eine systemisch-konstruktivistische Didaktik*. Heidelberg: Carl-Auer.

Asadzandi, S., Rakhshani, T., & Mohammadi, A. (2017). Content analyzes study of E-learning literature based on Scopus record through 2013: by considering the place of Iran's productions. *International Journal on E-Learning, 16*, 213–229.

Attwell, G. (2007). The Personal Learning Environments – the future of eLearning? *eLearning*

https://doi.org/10.1515/9783110456837-533

Papers, 2. Abgerufen von http://www.elearningeuropa.info/files/media/media11561.pdf

Aufenanger, S. (1997). Medienpädagogik und Medienkompetenz. Eine Bestandsaufnahme. In Deutscher Bundestag (Hrsg.), *Deutschlands Weg in die Informationsgesellschaft (Enquete-Kommission Zukunft der Medien in Wirtschaft und Gesellschaft)* (S. 15–22). Bonn.

Aufenanger, S. (2000). Medien-Visionen und die Zukunft der Medienpädagogik. Plädoyer für Medienbildung in der Wissensgesellschaft. *medien praktisch. Zeitschrift für Medienpädagogik*, 4–8.

Baacke, D. (1997). *Medienpädagogik*. Tübingen: Niemeyer.

Baacke, D. (1998). *Medienkompetenz im Spannungsfeld von Handlungskompetenz und Wahrnehmungskompetenz*. Vortrag an der Pädagogischen Hochschule Ludwigsburg am 8. 12. 1998, PH Ludwigsburg, Hörsaal 301. Abgerufen von http://www.ph-ludwigsburg.de/fileadmin/subsites/1b-mpxx-t-01/user_files/Baacke.pdf

Back, A. (2005). Der rechte Umgang mit Stakeholdern. In K. Wilbers (Hrsg.), *Stolpersteine beim Corporate E-Learning* (S. 19–32). München: Oldenbourg Wissenschaftsverlag.

Baddeley, A. (1999). *Essentials of human memory*. Hove England: Psychology Press.

Baecker, D. (2017). Wie verändert die Digitalisierung unser Denken und unseren Umgang mit der Welt? In *Handel 4.0* (S. 3–24). Springer Gabler, Berlin, Heidelberg.

Baker, R. S., & Inventado, P. S. (2014). Educational Data Mining and Learning Analytics. In J. A. Larusson & B. White (Hrsg.), *Learning Analytics* (S. 61–75). Springer New York.

Balzert, H. (2009). *Lehrbuch der Softwaretechnik: Basiskonzepte und Requirements Engineering* (3. Aufl.). Heidelberg: Spektrum.

Bandura, A. (1971). *Social learning theory*. Morristown N.J.: General Learning Press.

Bandura, A. (1978). Social Learning Theory of Aggression. *Journal of Communication, 28*, 12–29.

Bandura, A. (1997). *Self Efficacy: The Exercise of Control*. New York: Palgrave Macmillan.

Bangert, A. W. (2009). Building a validity argument for the community of inquiry survey instrument. *The Internet and Higher Education, 12*, 104–111.

Bartley, S. J., & Golek, J. H. (2004). Evaluating the Cost Effectiveness of Online and Face-to-Face Instruction. *Journal of Educational Technology & Society, 7*, 167–175.

Bates, A. W. (1995). *Technology, open learning and distance education*. London: Routledge.

Bauer, P., Fedak, V., Hajek, V., & Lampropoulos, I. (2008). Survey of distance laboratories in power electronics. In *IEEE Power Electronics Specialists Conference, 2008. PESC 2008* (S. 430–436). IEEE.

Baumgartner, P. (2011). *Taxonomie von Unterrichtsmethoden. Ein Plädoyer für didaktische Vielfalt*. Münster: Waxmann.

Baumgartner, P., & Kalz, M. (2005). Wiederverwendung von Lernobjekten aus didaktischer Sicht. In D. Tavangarian & K. Nölting (Hrsg.), *Auf zu neuen Ufern! E-Learning heute und morgen* (Bd. 34, S. 97–106). Münster: Waxmann.

Beck, K., & Andres, C. (2004). *Extreme Programming Explained: Embrace Change* (2. Aufl.). Amsterdam: Addison-Wesley Longman,.

Beentjes, J. W. J. (1989). Learning from Television and Books: A Dutch Replication Study Based on Salomon's Model. *Educational Technology Research and Development, 37*, 47–58.

Behr, K.-M., Klimmt, C., & Vorderer, P. (2008). Leistungshandeln und Unterhaltungserleben im Computerspiel. In T. Quandt, J. Wimmer, & Wolling (Hrsg.), *Die Computerspieler. Studien zur Nutzung von Computergames* (S. 225–240). Wiesbaden: VS Verlag für Sozialwissenschaften.

Bennett, S., & Armstrong, D. (2011). Putting the Focus on Learning: Shifting Classroom Assessment Practices. In C. F. Webber & J. L. Lupart (Hrsg.), *Leading Student Assessment* (S. 263–282). Dordrecht: Springer Netherlands.

Bente, G., Rüggenberg, S., Krämer, N., & Eschenburg, F. (2008). Avatar-Mediated Networking: Increasing Social Presence and Interpersonal Trust in Net-Based Collaborations. *Human Communication Research, 34*, 287–318.

Bernard, R. M., Abrami, P. C., Borokhovski, E., Wade, C. A., Tamim, R. M., Surkes, M. A., & Bethel, E. C. (2009). A Meta-Analysis of Three

Types of Interaction Treatments in Distance Education. *Review of Educational Research, 79*, 1243–1289.

Bernard, R. M., Abrami, P. C., Lou, Y., Borokhovski, E., Wade, A., Wozney, L., ... Huang, B. (2004). How Does Distance Education Compare With Classroom Instruction? A Meta-Analysis of the Empirical Literature. *Review of Educational Research, 74*, 379–439.

Bernard, R. M., Borokhovski, E., Schmid, R. F., & Tamim, R. M. (2014). An Exploration of Bias in Meta-Analysis: The Case of Technology Integration Research in Higher Education. *Journal of Computing in Higher Education, 26*, 183–209.

Bernard, R. M., Borokhovski, E., Schmid, R. F., Tamim, R. M., & Abrami, P. C. (2014). A meta-analysis of blended learning and technology use in higher education: from the general to the applied. *Journal of Computing in Higher Education, 26*, 87–122.

Birch, J. (2012). Worldwide prevalence of red-green color deficiency. *JOSA A, 29*, 313–320.

Bischof, L., Bremer, C., Ebert-Steinhübel, A., Kerres, M., Knutzen, S., Krzywinski, N., ... Seufert, S. (2016). *Zur nachhaltigen Implementierung von Lerninnovationen mit digitalen Medien* (Arbeitsberichte des Hochschulforum Digitalisierung No. 16). Berlin: Hochschulforum Digitalisierung. Abgerufen von https://hochschulforumdigitalisierung.de/sites/default/files/dateien/HFD_AP_Nr%2016_Grundlagentext_Change_Management_0.pdf

Bishop, R. H. (2009). *Learning with LabVIEW 2009* (1. Aufl.). Upper Saddle River, NJ: Prentice Hall.

Blomhøj, M., & Kjeldsen, T. H. (2008). Project organised science studies at university level: exemplarity and interdisciplinarity. *ZDM, 41*, 183–198.

Bloom, B. S., Engelhart, M. B., Furst, E. J., Hill, W. H., & Krathwohl, D. R. (1956). *Taxonomy of educational objectives. The classification of educational goals (Handbook I. Cognitive Domain)*. New York: Longman.

Blötz, U. (2008). *Planspiele in der beruflichen Bildung: Auswahl, Konzepte, Lernarrangements, Erfahrungen - Aktueller Planspielkatalog 2008* (4. Aufl.). Bielefeld: Bertelsmann.

BMBF. (2009). *Kompetenzen in einer digital geprägten Kultur. Medienbildung für die Persönlichkeitsentwicklung, für die gesellschaftliche Teilhabe und für die Entwicklung von Ausbildungs- und Erwerbsfähigkeit. Bericht der Expertenkommission des BMBF zur Medienbildung*. Bonn. Abgerufen von http://www.dlr.de/pt/Portaldata/45/Resources/a_dokumente/bildungsforschung/Medienbildung_Broschuere_2010.pdf

BMBF. (2017). Weiterbildungsverhalten in Deutschland 2016. Ergebnisse des Adult Education Survey AES-Trendbericht. Abgerufen von https://www.bmbf.de/pub/Weiterbildungsverhalten_in_Deutschland_2016.pdf

Bodendorf, F., & Hofmann, J. (1993). Computer in der betrieblichen Weiterbildung. In *Handbuch der Informatik*. München: Oldenbourg.

Boehm, B. W. (1988). A spiral model of software development and enhancement. *IEEE Computer, 21*, 61–72.

Boehm, B. W., & Turner, R. (2003). *Balancing agility and discipline: a guide for the perplexed*. München: Addison-Wesley.

Bolz, N. (2001). *Weltkommunikation*. München: Fink.

Bopp, M. (2005). Immersive Didaktik: Verdeckte Lernhilfen und Framingprozesse in Computerspielen. *kommunikation@gesellschaft, 6*, 2–12.

Bopp, M. (2008). Storytelling und parasoziales Design als Motivationshilfen in Computerlernspielen. *MedienPädagogik, Themenheft 15/16.*

Borst, E. (2016). *Theorie der Bildung: Eine Einführung* (4. Aufl.). Baltmannsweiler: Schneider Hohengehren.

Branch, R. M. (2009). *Instructional Design: The ADDIE Approach* (2. Aufl.). Heidelberg: Springer.

Bransford, J. D., Sherwood, R. D., Hasselbring, T. S., Kinzer, C. K., & Williams, S. M. (1990). Anchored Instruction: Why we need it and how technology can help. In *Cognition, education, and multimedia: Exploring ideas in high technology* (S. 115–141). Hillsdale, NJ: Lawrence Erlbaum Associates.

Bremer, C., Göcks, M., Rühl, P., & Stratmann, J. (2010). *Landesinitiativen für E-Learning an deutschen Hochschulen*. Waxmann.

Briggs, L. J., Gagné, R., & Wager, W. W. (1992). *Principles of instructional design*. Orlando: Harcourt, Brace & Javanovich.

Brown, A. (1992). Design experiments: Theoretical and methodological challenges in creating complex interventions in classroom settings. *Journal of the Learning Sciences, 2*, 141–178.

Bürg, O., & Mandl, H. (2004). *Akzeptanz von E-Learning in Unternehmen*. München.

Carliner, B. S., & Driscoll, M. (2009). Who's creating E-Learning? In M. W. Allen, D. Brown, & S. Carliner (Hrsg.), *Michael Allen's 2009 E-Learning Annual* (S. 43–56). New York: John Wiley and Sons.

Cavanaugh, C., Gillan, K. J., Kromrey, J., Hess, M., & Blomeyer, R. (2004). *The Effects of Distance Education on K-12 Student Outcomes: A Meta-Analysis*. (North Central Regional Educational Lab., Naperville, IL., Hrsg.). Naperville: Learning Point Associates.

Chi, M. T. H. (1996). Constructing self-explanations and scaffolded explanations in tutoring. *Applied cognitive psychology, 10*, S33–S49.

Christensen, C. M. (2016). *The Innovator's Dilemma: When New Technologies Cause Great Firms to Fail* (Reprint). Harvard Business Review Press.

Chu, K.-K., Lee, C.-I., & Lu, P.-C. (2009). A Study of the Effect of Pupils' Learning Achievement on Project-based Learning with Context Awareness Technology. In E. Damiani, J. Jeong, R. J. Howlett, & L. C. Jain (Hrsg.), *New Directions in Intelligent Interactive Multimedia Systems and Services* (Bd. 226, S. 211–221). Berlin, Heidelberg: Springer.

Clark, R. C., & Mayer, R. E. (2016). *E-Learning and the Science of Instruction: Proven Guidelines for Consumers and Designers of Multimedia Learning*. John Wiley & Sons.

Clark, R. E. (1983). Reconsidering Research on Learning from Media. *Review of Educational Research, 53*, 445–459.

Clark, R. E. (1994). Media will never influence learning. *Educational Technology: Research & Development, 42*, 21–29.

Clark, R. E. (2001). *Learning from media: arguments, analysis, and evidence*. Charlotte, NC: IAP.

Clark, R. E., & Salomon, G. (1986). Media in teaching. In *Handbook of research on teaching* (S. 464–478). New York: Macmillan.

Clinton, G., & Hokanson, B. (2012). Creativity in the training and practice of instructional designers: the Design/Creativity Loops model. *Educational Technology Research and Development, 60*, 111–130.

Cohn, M. (2010). *User Stories für die agile Software-Entwicklung*. Heidelberg: Hüthig Jehle Rehm.

Collins, A., Brown, J. S., & Newman, S. E. (1989). Cognitive apprenticeship: Teaching the crafts of reading, writing, and mathematics. In *Knowing, learning, and instruction* (S. 453–494). Hillsdale, NJ: Lawrence Erlbaum Associates.

Collins, A., Joseph, D., & Bielaczyc, K. (2004). Design Research: Theoretical and Methodological Issues. *The Journal of the Learning Sciences, 13*, 15–42.

Collis, B. A., & van der Wende, V. (2002). *Models of Technology and Change in Higher Education* (Report of the Center for Higher Education Policy Studies). Twente: University of Twente.

Cooper, A. (2004). *The Inmates Are Running the Asylum: Why High-tech Products Drive Us Crazy and How to Restore the Sanity* (2nd ed.). Upper Saddle River, NJ: Pearson.

Cooper, H. (2016). *Research synthesis and meta-analysis: A step-by-step approach* (Bd. 2). Sage publications.

Creß, U., & Hesse, F. W. (2003). Wissen teilen im Netz - ein Dilemma? In R. Keill-Slawik & M. Kerres (Hrsg.), *Education quality forum 2003 - Wirkungen und Wirksamkeit Neuer Medien in der Bildung*. Münster: Waxmann.

Cross, T. R., & Cross, V. E. (2004). Scalpel or Mouse? A Statistical Comparison of Real & Virtual Frog Dissections. *The American Biology Teacher, 66*, 409–411.

Cyr, D., Hassanein, K., Head, M., & Ivanov, A. (2007). The role of social presence in establishing loyalty in e-Service environments. *Interacting with Computers, 19*, 43–56.

Dascalu, M.-I., Bodea, C.-N., Lytras, M., de Pablos, P. O., & Burlacu, A. (2013). Improving e-learning communities through optimal composition of multidisciplinary learning groups. *Computers in Human Behavior*.

Daud, A., Aljohani, N. R., Abbasi, R. A., Lytras, M. D., Abbas, F., & Alowibdi, J. S. (2017). Predicting Student Performance Using Advanced Learning Analytics. In *Proceedings of the 26th International Conference on World Wide Web Companion* (S. 415–421). Republic and Canton of Geneva, Switzerland: International World Wide Web Conferences Steering Committee.

de Jong, T., & Alexander, P. A. (2011). Instruction based on computer simulations. In R. E. Mayer (Hrsg.), *Handbook of Research on Learning and Instruction* (S. 446–465). Taylor & Francis.

Dennis, A., Fuller, R. F., & Valcich, J. S. (2008). Media, tasks, and communication processes: A theory of media synchronicity. *MIS Quarterly: Management Information Systems, 32*, 575–600.

Dennis, A., & Valacich, J. (1999). Rethinking media richness: Towards a theory of media synchronicity. In *32th Hawaii International Conference of Systems Sciences (HICSS-32)*. IEEE.

design based research collectice. (2003). Design-Based Research: An Emerging Paradigm for Educational Inquiry. *Educational Researcher*, 5–11.

Di Vesta, F. J., & Rieber, L. P. (1988). Characteristics of cognitive engineering: The next generation of instructional systems. *Educational Technology Research and Development, 35*, 213–230.

Díaz, S. R., Swan, K., Ice, P., & Kupczynski, L. (2010). Student ratings of the importance of survey items, multiplicative factor analysis, and the validity of the community of inquiry survey. *The Internet and Higher Education, 13*, 22–30.

Dick, W. (1987). A history of instructional design and its impact on educational psychology. In *Historical foundations of educational psychology* (S. 183–202). New York: Plenum Press.

Dick, W. (1996). The dick and carey model: Will it survive the decade? *Educational Technology Research and Development, 44*, 55–63.

Dick, W., Carey, L., & Carey, J. O. (2008). *The Systematic Design of Instruction* (7. Aufl.). Boston, MA: Allyn & Bacon.

Dobbins, P. D. M., & Knill, P. D. C. (2015). Reformen der Hochschulsteuerung in Deutschland: Vom Humboldtismus zum „gezähmten Markt"? In J. Schrader, J. Schmid, K. Amos, & A. Thiel (Hrsg.), *Governance von Bildung im Wandel* (S. 175–201). Springer Fachmedien Wiesbaden.

Döbeli Honegger, B. (2016). *Mehr als 0 und 1: Schule in einer digitalisierten Welt*. Bern: hep.

Döbeli Honegger, B., & Merz, T. (2015). Fachdidaktik Medien und Informatik–Ein Beitrag zur Standortbestimmung. *Beiträge zur Lehrerbildung, 33*, 256–263.

Dobischat, R., & Düsseldorff, K. (2010). Berufliche Bildung und Berufsbildungsforschung. In R. Tippelt & B. Schmidt (Hrsg.), *Handbuch Bildungsforschung* (S. 383–404). Wiesbaden: VS Verlag für Sozialwissenschaften.

Dochy, F., Segers, M., Van den Bossche, P., & Gijbels, D. (2003). Effects of problem-based learning: a meta-analysis. *Learning and Instruction, 13*, 533–568.

Dohmen, D., & Michel, L. P. (2003). *Marktpotenziale und Geschäftsmodelle für eLearning-Angebote deutscher Hochschulen*. Bielefeld: W. Bertelsmann.

Dolmans, D. H. J. M., Loyens, S. M. M., Marcq, H., & Gijbels, D. (2016). Deep and surface learning in problem-based learning: a review of the literature. *Advances in Health Sciences Education, 21*, 1087–1112.

Dörner, D. (1979). *Problemlösen als Informationsverarbeitung* (2. Aufl.). Stuttgart: Kohlhammer.

Dörner, K., Kreuzig, H., Reither, F., Stäudel, T., Kreuzig, H., Reither, F., & Stäudel, T. (1983). *Lohausen: Vom Umgang mit Unbestimmtheit und Komplexität*. Bern: Huber.

Downes, S. (2006). Learning Networks and Connective Knowledge. Abgerufen von it.coe.uga.edu/itforum/paper92/paper92.html

Drachsler, H., Verbert, K., Santos, O. C., & Manouselis, N. (2015). Panorama of Recommender Systems to Support Learning. In F. Ricci, L. Rokach, & B. Shapira (Hrsg.), *Recommender Systems Handbook* (S. 421–451). Springer, Boston, MA.

Dubs, R. (1999). Lehren und Lernen – ein Wechselspiel. In S. Dietrich & E. Fuchs-Brüninghoff (Hrsg.), *Selbstgesteuertes Lernen Auf dem Weg zu einer neuen Lernkultur* (Bd. 18, S. 57–70). Frankfurt: DIE.

Dubs, R. (2001). Der Versuch einer zusammenfassenden Betrachtung. In H. Heid, G. Minnameier, & E. Wuttke (Hrsg.), *Fortschritte in der Berufsbildung?* Franz Steiner Verlag.

Dunleavy, M., & Dede, C. (2014). Augmented Reality Teaching and Learning. In *Handbook of Research on Educational Communications and Technology* (S. 735–745). Springer, New York, NY.

Dwyer, F. M. (1981). Research on illustrations in text: Issues and perspectives. *Educational Communication and Technology, 43*, 283–287.

Ebner, M. (2005). e-Learning im konstruktivem Stahlbetonbau. *Beton- Und Stahlbetonbau, 100*, 45–48.

Ebner, M., Zechner, J., & Holzinger, A. (2003). Die Anwendung des 3-2-1 Modells didaktischer Elemente in der Hochschulpraxis. In M. Kerres & B. Voß (Hrsg.), *Digitaler Campus - Vom Medienprojekt zum nachhaltigen Medieneinsatz in der Hochschule* (Bd. 24, S. 115–126). Münster: Waxmann.

Edmonds, G. S., Branch, R. C., & Mukherjee, P. (1994). A conceptual framework for comparing instructional design models. *Educational Technology Research and Development, 42*, 55–72.

Ehlers, U.-D., & Pawlowski, J. M. (Hrsg.). (2006). *Handbook on Quality and Standardization in E-Learning*. Berlin: Springer. Abgerufen von http://www.springerlink.com/content/q2h520q041202v44/

Elen, J. (1998). Automating I.D.: The impact of theoretical knowledge bases and referent systems. *Instructional Science, 26*, 281–297.

Ericsson, K. A., Krampe, R. T., & Tesch-Römer, C. (1993). The role of deliberate practice in the acquisition of expert performance. *Psychological review, 100*, 363–406.

Erpenbeck, J., & Sauer, J. (2001). Das Forschungs- und Entwicklungsprogramm „Lernkultur Kompetenzentwicklung". In *Kompetenzentwicklung 2000. Lernen im Wandel – Wandel durch Lernen* (S. 289–335). Münster: Waxmann.

Euler, D., & Hahn, A. (2007). *Wirtschaftsdidaktik*. Bern: Haupt.

Euler, D., Hasanbegovic, J., Kerres, M., & Seufert, S. (2006). *Handbuch der Kompetenzentwicklung für eLearning Innovationen: Eine Handlungsorientierung für innovative Bildungsarbeit in der Hochschule*. Bern: Huber.

Euler, D., & Seufert, S. (2005a). Change Management in der Hochschullehre. *Zeitschrift für Hochschuldidaktik, 3*. Abgerufen von http://zfhe.at/index.php/zfhe/article/view/187

Euler, D., & Seufert, S. (2005b). *Nachhaltigkeit von eLearning-Innovationen: Fallstudien zu Implementierungsstrategien von eLearning als Innovationen an Hochschulen* (SCIL-Arbeitsberichte). Universität St. Gallen.

Euler, D., & Sloane, P. F. E. (Hrsg.). (2014). *Design-Based Research*. Stuttgart: Franz Steiner.

Fandel, G., Bartz, R., Nickolmann, F., Bartz, R., & Nickolmann, F. (1996). *University level distance education in Europe. Assessment and perspectives*. Weinheim: Deutscher Studienverlag.

Faulstich, P. (1999). Einige Grundfragen zur Diskussion um „selbstgesteuertes Lernen". In S. Dietrich & E. Fuchs-Brüninghoff (Hrsg.), *Selbstgesteuertes Lernen Auf dem Weg zu einer neuen Lernkultur* (Bd. 18). Frankfurt: DIE.

Fend, H. (2008). *Neue Theorie der Schule: Einführung in das Verstehen von Bildungssystemen* (2. Aufl.). Wiesbaden: VS Verlag für Sozialwissenschaften.

Ferguson, R., Brasher, A., Clow, D., Griffiths, D., & Drachsler, H. (2016). Learning Analytics: Visions of the Future. Gehalten auf der 6th International Learning Analytics and Knowledge (LAK) Conference, Edinburgh, Scotland. Abgerufen von http://oro.open.ac.uk/45312/

Field, J., Künzel, K., & Schemann, M. (2016). International Comparative Adult Education Research. Reflections on theory, methodology and future developments. *Internationales Jahrbuch der Erwachsenenbildung, 39*, 109–134.

Filsecker, M., & Kerres, M. (2014). Engagement as a Volitional Construct A Framework for Evidence-Based Research on Educational Games. *Simulation & Gaming, 45*, 450–470.

Filsecker, M., Kerres, M., & Bormann, M. (2011). Avoiding learning in game-based learning environments: Gaze patterns at tasks' vs. play elements. Gehalten auf der AERA, New Orleans, Louisana.

Fischer, F., Waibel, M., & Wecker, C. (2005). Nutzenorientierte Grundlagenforschung im Bildungsbereich. Argumente einer internationalen Diskussion. *Zeitschrift für Erziehungswissenschaft, 8*, 427–442.

Fitts, P. M., & Posner, M. I. (1967). *Human performance*. Belmont, CA.: Brooks ColePhasenmodell des Wissenserwerbs (s. Anderson).

Flechsig, K. (1987). *Didaktisches Design: Neue Mode oder neues Entwicklungsstadium der Didaktik? Internes Arbeitspapier: Universität Göttingen*.

Flechsig, K.-H. (1996). *Kleines Handbuch didaktischer Modelle*. Eichenzell: Neuland Verlag.

Flechsig, K.-H. (2009). Antizipatorisches Lernen mit Planspielen. In D. Bosse & P. Posch (Hrsg.), *Schule 2020 aus Expertensicht* (S. 155–161). Wiesbaden: VS Verlag für Sozialwissenschaften.

Forneck, H. (2002). Selbstgesteuertes Lernen und Modernisierungsimperative in der Erwachsenen- und Weiterbildung. *Zeitschrift für Pädagogik, 48*, 242–261.

Fraenkel-Haeberle, C. (2014). *Die Universität im Mehrebenensystem: Modernisierungsansätze in Deutschland, Italien und Österreich* (Bd. 226). Tübingen: Mohr Siebeck.

Frank, H., & Graf, K. D. (1967). ALZUDI - Beispiel einer formalisierten Didaktik. *Grundlagenstudien aus Kybernetik und Geisteswissenschaft, 8*, 27–34.

Frey-Eiling, A., & Frey, K. (2006). 12 Unterrichtsmethoden. In J. Wiechmann (Hrsg.), *Zwölf Unterrichtsmethoden: Vielfalt für die Praxis* (S. 50–57). Weinheim: Beltz.

Fricke, R., & Treinies, G. (1985). *Einführung in die Metaanalyse*. Bern: Huber.

Fussell, S. R., & Benimhiff, I. (1995). Social and cognitive processes in interpersonal communication: Implications for advanced telecommunications technologies. *Human factors, 37*, 228–250.

Gabele, E., & Zürn, B. (1993). *Entwicklung Interaktiver Lernprogramme. Band 1: Grundlagen und Leitfaden*. Stuttgart: Schäffer-Poeschel.

Gagné, R. M. (1965). *The conditions of learning*. New York: Holt, Rinehart & Winston.

Gagné, R. M. (1985). *The conditions of learning and theory of instruction*. New York: CBS College Publishing.

Gagné, R. M., & Briggs, L. J. (1974). *Principles of instructional design*. New York: Holt, Rinehart & Winston.

Ganguin, S. (2008). Medienökologie. In U. Sander, F. Gross, & K.-U. Hugger (Hrsg.), *Handbuch Medienpädagogik* (S. 136–141). Wiesbaden: VS Verlag für Sozialwissenschaften.

Garau, M., Slater, M., Bee, S., & Sasse, M. A. (2001). The impact of eye gaze on communication using humanoid avatars. In *Proceedings of the SIGCHI conference on Human factors in computing systems* (S. 309–316). Seattle, WA: ACM.

Garris, R., Ahlers, R., & Driskell, J. E. (2002). Games, Motivation, and Learning: A Research and Practice Model. *Simulation Gaming, 33*, 441–467.

Garrison, D. R., Anderson, T., & Archer, W. (1999). Critical Inquiry in a Text-Based Environment: Computer Conferencing in Higher Education. *The Internet and Higher Education, 2*, 87–105.

Garrison, D. R., & Arbaugh, J. B. (2007). Researching the community of inquiry framework: Review, issues, and future directions. *The Internet and Higher Education, 10*, 157–172.

Gerstenmaier, J. (2002). Philosophische Bildungsforschung: Handlungstheorien. In R. Tippelt (Hrsg.), *Handbuch Bildungsforschung* (S. 155–168). Wiesbaden: VS Verlag.

Getto, B., & Kerres, M. (2017). Akteure der Digitalisierung im Hochschulsystem: Modernisierung oder Profilierung? *Zeitschrift für Hochschulentwicklung, 12*, 123–142.

Geyken, A., Mandl, H., & Reiter, W. (1995). *Erfolgreiche Unterstützung von Selbstlernen durch Tele-Tutoring: Orientierungshilfen für Trainer/innen und Tutor/innen*. München.

Gibb, A., Haskins, G., & Robertson, I. (2012). Leading the Entrepreneurial University: Meeting the Entrepreneurial Development Needs of Higher Education Institutions. In A. Altmann & B. Ebersberger (Hrsg.), *Universities in Change* (S. 9–45). Springer New York.

Gijbels, D., Dochy, F., Van den Bossche, P., & Segers, M. (2005). Effects of Problem-Based Learning: A Meta-Analysis From the Angle of Assessment. *Review of Educational Research, 75*, 27–61.

Glaser, R. (1966). The design of instruction. In J. S. Gododlad (Hrsg.), *The changing american school* (S. 215–242). Chicago: University of Chicago Press.

Gog, T., Paas, F., & Sweller, J. (2010). Cognitive Load Theory: Advances in Research on Worked Examples, Animations, and Cognitive Load Measurement. *Educational Psychology Review, 22*, 375–378.

Goodyear, P. (1994). Foundations for courseware engineering. In R. D. Tennyson (Hrsg.), *Automating Instructional Design, Development, and Delivery. (NATO ASI Serie F. 119)*. Berlin: Springer.

Götz, K., & Häfner, P. (1992). *Computerunterstütztes Lernen in der Aus- und Weiterbildung*. Weinheim: Beltz.

Grabensteiner, C. (2017). Medienbildung – Konstitutionsversuche in der allgemeinen Erziehungswissenschaft. Begriffliche Auslotungen eines zeitgenössischen Phänomens. *MedienPädagogik: Zeitschrift für Theorie und Praxis der Medienbildung, 29*. doi:10.21240/mpaed/29/2017.09.03.X

Gräsel, C., Bruhn, J., Mandl, H., & Fischer, F. (1997). Lernen mit Computernetzwerken aus konstruktivistischer Perspektive. *Unterrichtswissenschaft, 25*, 4–18.

Graumann, C. F. (1979). Die Scheu des Psychologen vor der Interaktion. *Zeitschrift für Sozialpsychologie, 10*, 284–304.

Greeno, J. G. (1994). Gibsons's Affordances. *Psychological Review, 101*, 336–342.

Grell, P., & Rau, F. (2011). Partizipationslücken – Social Software in der Hochschullehre. *MedienPädagogik. Zeitschrift für Theorie und Praxis der Medienbildung, 21*, 1–23.

Greller, W., & Drachsler, H. (2012a). Translating Learning into Numbers: A Generic Framework for Learning Analytics. *Journal of Educational Technology & Society, 15*, 42–57.

Greller, W., & Drachsler, H. (2012b). Translating Learning into Numbers: A Generic Framework for Learning Analytics. *Journal of Educational Technology & Society, 15*, 42–57.

Groeben, N., & Hurrelmann, B. (2002). *Medienkompetenz. Voraussetzungen, Dimensionen, Funktionen*. Weinheim: Juventa.

Großkurth, E.-M., & Handke, J. (2014). *The Inverted Classroom Model: The 3rd German ICM-Conference – Proceedings*. Walter de Gruyter GmbH & Co KG.

Grusec, J. E. (1992). Social Learning Theory and Developmental Psychology: The Legacies of Robert Sears and Albert Bandura. *Developmental Psychology, 28*, 776–786.

Gunawardena, C. N., & Zittle, F. J. (1997). Social Presence as a Predictor of Satisfaction within a Computer-Mediated Conferencing Environment. *American Journal of Distance Education, 11*, 8–26.

Gustafson, K. L., & Branch, R. M. (1997). Revisioning models of instructional development. *Educational Technology Research and Development, 45*, 73–89.

Haake, J., Schwabe, G., & Wessner, M. (Hrsg.). (2011). *CSCL-Kompendium 2.0: Lehr- und Handbuch zum computerunterstützten kooperativen Lernen* (2. Aufl.). München: Oldenbourg.

Habermas, J. (1981). *Theorie des kommunikativen Handelns*. Frankfurt: Suhrkamp.

Häfele, H., & Maier-Häfele, K. (2010). *101 e-Learning Seminarmethoden: Methoden und Strategien für die Online-und Blended Learning Seminarpraxis*. Bonn: managerSeminare.

Hage, K., Bischoff, H., Dichanz, H., Eubel, K.-D., Oehlschläger, H.-J., & Schwittmann, D. (1985). *Das Methoden - Repertoire von Lehrern. Eine Untersuchung zum Unterrichtsalltag in der Sekundarstufe I*. Opladen: Leske + Budrich.

Hagel, J., & Armstrong, A. G. (1997). *Net Gain - Profit im Netz. Märkte erobern mit virtuellen Communities*. Wiesbaden: Gabler.

Hagner, P. R., & Schneebeck, C. A. (2001). Engaging the Faculty. In J. C. Hitt, C. Barone, & P. R. Hagner (Hrsg.), *Technology Enhanced Teaching and Learning: Leading and Supporting the Transformation on Your Campus*. Jossey-Bass.

Hannay, J. E., Dybo, T., Arisholm, E., & Sjoberg, D. I. K. (2009). The effectiveness of pair programming: A meta-analysis. *Information and Software Technology, 51*, 1110–1122.

Hasanbegovich, J., & Kerres, M. (2006). Entwicklung von Maßnahmenportfolios zur Vermittlung von eLehrkompetenz. In E. Seiler Schiedt, S. Kälin, & C. Sengstag (Hrsg.), *E-Learning - Alltagstaugliche Innovation?* Münster: Waxmann.

Hattie, J. (2009). *Visible learning: a synthesis of over 800 meta-analyses relating to achievement*. London: Taylor & Francis.

Heckhausen, J., & Heckhausen, H. (2010). *Motivation und Handeln* (4. Aufl.). Berlin: Springer.

Heeter, C. (1992). Being there: the subjective experience of presence. *Presence, 1*, 262–271.

Heinen, R., & Kerres, M. (2017). „Bildung in der digitalen Welt" als Herausforderung für Schule. *DDS - Zeitschrift für Erziehungswissenschaft, Bildungspolitik und pädagogische Praxis, 109*.

Heinen, R., Kerres, M., Scharnberg, G., Blees, I., & Rittberger, M. (2016). A federated reference structure for open informational ecosystems. *Journal of Interactive Media in Education*, 1–6.

Helmke, A. (2010). *Unterrichtsqualität und Lehrerprofessionalität. Diagnose, Evaluation und Verbesserung des Unterrichts* (3. Aufl.). Stuttgart: Klett-Kallmeyer.

Hesse, W., Merbeth, G., & Fröhlich, R. (1992). *Software-Entwicklung: Vorgehensmodelle, Projektführung, Produktverwaltung*. München: Oldenbourg.

Hew, K. F., Cheung, W. S., & Ng, C. S. L. (2010). Student contribution in asynchronous online discussion: a review of the research and empirical exploration. *Instructional Science, 38*, 571–606.

Hickman, L. A. (2004). John Dewey zwischen Pragmatismus und Konstruktivismus - eine Einführung. In L. A. Hickman, S. Neubert, & K. Reich (Hrsg.), *John Dewey: zwischen Pragmatismus und Konstruktivismus* (S. 1–12). Münster: Waxmann.

Hightower, R., & Sayeed, L. (1995). The impact of computer-mediated communication systems on biased group discussion. *Computers in Human Behavior, 11*, 33–44.

Hilgard, E. R., & Bower, G. H. (1966). *Theories of learning*. New York: Appleton-Century-Crofts.

Hölterhof, T. (2008). Was bedeutet «virtuelles Lernen»? Philosophische Überlegungen zum Begriff «virtuell» im Kontext «virtuellen Lernens». *MedienPädagogik. Zeitschrift für Theorie und Praxis der Medienbildung*, 1–12.

Hölterhof, T., & Kerres, M. (2011). Modellierung sozialer Kommunikation als Communities in Social Software am Beispiel von Lernplattformen. In H.-U. Heiß, P. Pepper, H. Schlingloff, & J. Schneider (Hrsg.), *Informatik 2011. Informatik schafft Communites*. (Bd. P-192, S. 433–434). Berlin: Springer LNI.

Holzkamp, K. (1995). *Lernen: Subjektwissenschaftliche Grundlegung*. Fankfurt: Campus.

Hörmann, H. (1975). *Meinen und Verstehen*. Frankfurt: Suhrkamp.

Horton, W. (2011). *E-Learning by Design* (2. Aufl.). San Francisco, CA: Pfeiffer (Wiley).

Hron, A., Hesse, F. W., Reinhard, P., & Picard, E. (1997). Strukturierte Kooperation beim computer-unterstützten kollaborativen Lernen. *Unterrichtswissenschaft, 25*, 56–69.

Hsu, Y.-C., Hung, J.-L., & Ching, Y.-H. (2013). Trends of educational technology research: more than a decade of international research in six SSCI-indexed refereed journals. *Educational Technology Research and Development*, 1–21.

Hug, T., Lindner, M., & Bruck, P. A. (2005). Microlearning: Emerging Concepts, Practices and Technologies after e-Learning. In *Proceedings of Microlearning 2005. Learning & Working in New Media*. Innsbruck: Innsbruck University Press.

Hung, W. (2011). Theory to reality: a few issues in implementing problem-based learning. *Educational Technology Research and Development, 59*, 529–552.

Hung, W., Jonassen, D. H., & Liu, R. (2007). Problem-Based Learning. In J. M. Spector, D. Merrill, J. J. G. Merrienboer, & M. Driscoll (Hrsg.), *Handbook of Research on Educational Communications and Technology* (3. Aufl., S. 485–505). Mahwah, NJ: Lawrence Erlbaum Assoc Inc.

Ifenthaler, D., & Widanapathirana, C. (2014). Development and Validation of a Learning Analytics Framework: Two Case Studies Using Support Vector Machines. *Technology, Knowledge and Learning, 19*, 221–240.

Jiang, L., & Elen, J. (2011). Why do learning goals (not) work: a reexamination of the hypothesized effectiveness of learning goals based on students' behaviour and cognitive processes. *Educational Technology Research and Development, 59*, 553–573.

Jonassen, D. H. (1992). What are cognitive tools? In *Cognitive Tools for Learning (NATO ASI Series Vol. F.81)* (S. 1–7). Berlin: Springer.

Jörissen, B., & Marotzki, W. (2009). *Medienbildung- eine Einführung*. Stuttgart: UTB.

Kahlert, J., & Reinmann, G. (Hrsg.). (2008). *Der Nutzen wird vertagt ... Bildungswissenschaften im Spannungsfeld zwischen wissenschaftlicher Profilbildung und praktischem Mehrwert*. Lengerich: Pabst.

Kahu, E. R. (2013). Framing student engagement in higher education. *Studies in Higher Education, 38*, 758–773.

Kahu, E. R., & Nelson, K. (2017). Student engagement in the educational interface: understanding the mechanisms of student success. *Higher Education Research & Development, 0*, 1–14.

Kaiser, F.-J., & Kaminski, H. (2011). *Methodik des Ökonomieunterrichts* (4. Auflage.). UTB, Stuttgart.

Kalyuga, S. (2007a). Enhancing Instructional Efficiency of Interactive E-learning Environments: A Cognitive Load Perspective. *Educational Psychology Review, 19*, 387–399.

Kalyuga, S. (2007b). Expertise Reversal Effect and Its Implications for Learner-Tailored Instruction. *Educational Psychology Review, 19*, 509–539.

Kalyuga, S., Ayres, P., Chandler, P., & Sweller, J. (2003). The Expertise Reversal Effect. *Educational Psychologist, 38*, 23–31.

Kalyuga, S., Chandler, P., Tuovinen, J., & Sweller, J. (2001). When problem solving is superior to studying worked examples. *Journal of Educational Psychology, 93*, 579–588.

Kampmann, E., & Schwering, G. (2017). *Teaching Media: Medientheorie für die Schulpraxis - Grundlagen, Beispiele, Perspektiven (unter Mitarbeit von Linda Leskau, Kathrin Lohse, Arne Malmsheimer und Jens Schröter)*. Bielefeld: transcript Verlag.

Kaplan, A. M., & Haenlein, M. (2016). Higher education and the digital revolution: About MOOCs, SPOCs, social media, and the Cookie Monster. *Business Horizons, 59*, 441–450.

Karaman, S., & Celik, S. (2007). An exploratory study on the perspectives of prospective computer teachers following project-based learning. *International Journal of Technology and Design Education, 18*, 203–215.

Karau, S. J., & Williams, K. D. (1993). Social loafing: A meta-analytic review and theoretical integration. *Journal of Personality and Social Psychology, 65*, 681–706.

Karich, A. C., Burns, M. K., & Maki, K. E. (2014). Updated Meta-Analysis of Learner Control Within Educational Technology. *Review of Educational Research, 84*, 392–410.

Kearsley, G. (1987). The CBT Advisor: An expert system program for making decisions about CBT. *Performance and instruction journal, 24 (9)*, 15–17.

Keegan, D. (1996). *Foundations of distance education*. London; New York: Routledge.

Kennewell, S. (2001). Using affordances and constraints to evaluate the use of information and communications technology in teaching and learning. *Technology, Pedagogy and Education, 10*, 101–116.

Kenny, R. F., Zhang, Z., Schwier, R. A., & Campell, K. (2005). A Review of What Instructional Designers Do: Questions Answered and Questions Not Asked. *Canadian Journal of Learning and Technology, 31*.

Kern, M. (2003). *Planspiele im Internet: Netzbasierte Lernarrangements zur Vermittlung betriebswirtschaftlicher Kompetenz*. Wiesbaden: DUV.

Kerres, M. (1995). Integrating „computer assisted learning" into the organisational context as an instructional design task. *Journal of computer assisted learning, 11*, 45–62.

Kerres, M. (1996). Varianten computergestützten Instruktionsdesigns: Autorensysteme, Lehrprogrammgeneratoren, Ratgeber- und Konsultationssysteme. *Unterrichtswissenschaft, 24*, 68–92.

Kerres, M. (2001). Online- und Präsenzelemente in hybriden Lernarrangements kombinieren. In A. Hohenstein & K. Wilbers (Hrsg.), *Handbuch E-Learning*. Köln: Fachverlag Deutscher Wirtschaftsdienst.

Kerres, M. (2001). Zur (In-) Kompatibilität von mediengestützter Lehre und Hochschulstrukturen. In E. Wagner & M. Kindt (Hrsg.), *Virtueller*

Campus. Szenarien - Strategien - Studium (Bd. 13, S. 293–302). Münster: Waxmann.

Kerres, M. (2005). Strategieentwicklung für die nachhaltige Implementation neuer Medien in der Hochschule. In T. Pfeffer, A. Sindler, A. Pellert, & M. Kopp (Hrsg.), *Handbuch Organisationsentwicklung: Neue Medien in der Lehre: Dimensionen, Instrumente, Positionen*. Waxmann.

Kerres, M. (2006). Potenziale von Web 2.0 nutzen. In K. Wilbers & A. Hohenstein (Hrsg.), *Handbuch E-Learning*. München: DWD-Verlag. Abgerufen von http://mediendidaktik.uni-duisburg-essen.de/system/files/web20-a.pdf

Kerres, M. (2017a). Digitalisierung als Herausforderung für die Medienpädagogik: „Bildung in einer digital geprägten Welt". In C. Fischer (Hrsg.), *Pädagogischer Mehrwert? Digitale Medien in Schule und Unterricht* (S. 85–104). Waxmann Verlag.

Kerres, M. (2017b). Lernprogramm, Lernraum oder Ökosystem? Metaphern in der Mediendidaktik. In K. Mayrberger, J. Fromme, & P. Grell (Hrsg.), *Jahrbuch Medienpädagogik 13* (S. 15–28). Berlin: Springer.

Kerres, M., & de Witt, C. (2003). A didactical framework for the design of blended learning arrangements. *Journal for Educational Media, 28*, 101–114.

Kerres, M., & de Witt, C. (2004). Pragmatismus als theoretische Grundlage zur Konzeption von eLearning. In D. Treichel & H. O. Meyer (Hrsg.), *Handlungsorientiertes Lernen und eLearning. Grundlagen und Beispiele*. München: Oldenbourg.

Kerres, M., Engert, S., & Weckmann, H.-D. (2004). Das Duisburger eCompetence-Modell für Faculty Engagement. Gewinnung einer zweiten Welle von Lehrenden für einen innovativen Medieneinsatz in der Lehre. In C. Bremer & K. Kohl (Hrsg.), *eLearning Kompetenz und eLearning Strategien an Hochschulen*. Münster: LIT.

Kerres, M., Euler, D., Seufert, S., Hasanbegovic, J., & Voß, B. (2005). *Lehrkompetenz für eLearning-Innovationen in der Hochschule. Ergebnisse einer explorativen Studie zu Massnahmen der Entwicklung von eLehrkompetenz* (SCIL-Arbeitsberichte No. 6). St. Gallen: Swiss Centre for Innovations in Learning.

Kerres, M., Hanft, A., Wilkesmann, U., & Wolff-Bendik, K. (Hrsg.). (2012). *Studium 2020. Positionen und Perspektiven von lifeling learning an Hochschulen*. Münster: Waxmann.

Kerres, M., & Heinen, R. (2015). Open informational ecosystems: The missing link for sharing resources for education. *International Review of Research in Open and Distributed Learning, 16*. Abgerufen von http://www.irrodl.org/index.php/irrodl/article/view/2008

Kerres, M., & Jechle, T. (1999). Hybride Lernarrangements: Personale Dienstleistungen in multi- und telemedialen Lernumgebungen. *Jahrbuch Arbeit - Bildung - Kultur, 17*, 21–39.

Kerres, M., & Nübel, I. (2005). The Status of E-Learning at German Higher Education Institutions. In U. Dittler, H. Kahler, M. Kindt, & C. Schwarz (Hrsg.), *E-Learning in Europe – Learning Europe. How have new media contributed to the development of higher education?* (Bd. 36, S. 29–50). Münster: Waxmann.

Kerres, M., Ojstersek, N., & Voß, B. (2007). Vermarktung von E-Learning an Hochschulen. In A. Hanft & A. Simmel (Hrsg.), *Vermarktung von Hochschulweiterbildung: Theorie und Praxis*. Münster: Waxmann.

Kerres, M., & Preussler, A. (2013). Soziale Medien und Web 2.0: Neue Möglichkeiten für die Erwachsenenbildung. *DIE Zeitschrift für Erwachsenenbildung*.

Kerres, M., & Rehm, M. (2014). Soziales Lernen im Internet – Plattformen für das Teilen von Wissen in informellen und formellen Lernkontexten. *HMD Praxis der Wirtschaftsinformatik*, 1–13.

Kerres, M., & Schmidt, A. (2011). Zur Anatomie von Bologna-Studiengängen: Eine empirische Analyse von Modulhandbüchern. *Die Hochschule*, 173–191.

Kezar, A. J., Chambers, A. C., & Burkhardt, J. C. (Hrsg.). (2005). *Higher education for the public good: Emerging voices from a national movement*. San Francisco: Wiley & Sons.

Kim, J., Kwon, Y., & Cho, D. (2011). Investigating factors that influence social presence and learning outcomes in distance higher education. *Computers & Education, 57*, 1512–1520.

Kirschner, P. A., Sweller, J., & Clark, R. E. (2006). Why minimal guidance during instruction does not work: An analysis of the failure of constructivist, discovery, problem-based, experiential, and inquiry based teaching. *Educational Psychologist, 41*, 75–86.

Kirschner, P. A., Sweller, J., & Clark, R. E. (2007). Why Minimally Guided Teaching Techniques Do Not Work: A Reply to Commentaries. *Educational Psychologist, 42*, 115–121.

Klauer, K. J. (1985). Framework for a theory of teaching. *Teaching and teacher education, 1*, 5–17.

Kleimann, B., Özkilic, M., & Göcks, M. (2008). *Studieren im Web 2.0. Studienbezogene Web- und E-Learning-Dienste* (HISBUS-Kurzinformation Nr. 21). Hannover: HIS. Abgerufen von https://hisbus.his.de/hisbus/docs/hisbus21.pdf

Klieme, E., Avenarius, H., Blum, W., Dübrich, P., Gruber, H., Prenzel, M., ... Vollmer, H. J. (2003). *Zur Entwicklung nationaler Bildungsstandards (Expertise)*. Bonn: BMBF. Abgerufen von http://www.bmbf.de/pub/zur_entwicklung_nationaler_bildungsstandards.pdf

Klimmt, C. (2006). *Computerspielen als Handlung. Dimensionen und Determinanten des Erlebens interaktiver Unterhaltungsangebote* (Bd. 2). Köln: Halem.

Koller, H.-C. (2002). Bildung und kulturelle Differenz. Zur Erforschung biographischer Bildungsprozesse von MigrantInnen. In M. Kraul & W. Marotzki (Hrsg.), *Biographische Arbeit* (S. 92–116). Opladen.

Koller, H.-C. (2007). Bildung als Entstehung neuen Wissens? Zur Genese des Neuen in transformatorischen Bildungsprozessen. In H.-R. Müller & W. Stravoravdis (Hrsg.), *Bildung im Horizont der Wissensgesellschaft* (S. 49–66). VS Verlag für Sozialwissenschaften.

Koller, H.-C. (2011). *Bildung anders denken - Einführung in die Theorie transformatorischer Bildungsprozesse*. Stuttgart: Kohlhammer.

Kolodner, J., Owensby, J., & Guzdial, M. (2004). Case-based learning aids. In D. H. Jonassen (Hrsg.), *Handbook of research on educational communications and technology* (2. Aufl., S. 829–861). Mahwah N.J.: Lawrence Erlbaum Associates.

Könings, K. D., Brand-Gruwel, S., & Merriënboer, J. J. G. (2010). Participatory instructional redesign by students and teachers in secondary education: effects on perceptions of instruction. *Instructional Science, 39*, 737–762.

Koper, R., & Manderveld, J. (2004). Educational modelling language: modelling reusable, interoperable, rich and personalised units of learning. *British Journal of Educational Technology, 35*, 537–551.

Kozma, R. B. (1994). Will media influence learning? Reframing the debate. *Educational Technology: Research & Development, 42*, 7–19.

Kraemer, W. (2005). Der rechte Umgang mit Stakeholdern. In K. Wilbers (Hrsg.), *Stakeholdermanagement beim E-Learning* (S. 5–18). München: Oldenbourg.

Krathwohl, D. R., Bloom, B. S., & Masia, B. B. (1975). *Taxonomie von Lernzielen im affektiven Bereich*. Weinheim: Beltz.

Kraut, R., Patterson, M., Lundmark, V., Kiesler, S., Mukopadhyay, T., & Scherlis, W. (1998). Internet Paradox. A social technology that reduces social involvement and psychological well-being? *American psychologist, 53*, 1017–1031.

Kravitz, D. A., & Martin, B. (1986). Ringelmann rediscovered: The original article. *Journal of Personality and Social Psychology, 50*, 936–941.

Kriz, W. (2009). Planspiel. In S. Kühl, P. Strodtholz, & A. Taffertshofer (Hrsg.), *Handbuch Methoden der Organisationsforschung* (S. 558–578). Wiesbaden: VS Verlag für Sozialwissenschaften.

Kucklick, P. (1995). *Funkkolleg-Synopse. Eine Längsschnittstudie vergleichbarer Evaluationsbefunde zum Lehr-Lernmodell Funkkolleg* (DIFF). Tübingen: Deutsches Institut für Fernstudien.

Kulik, C. C., & Kulik, J. A. (1991). Effectiveness of computer-based instruction: An updated analysis. *Computers in Human Behavior, 7*, 75–94.

Kulik, C. C., Kulik, J. A., & Shwalb, B. (1986). The effectiveness of computer-based adult education: a meta-analysis. *Journal of educational computing research, 2*, 235–252.

Kulik, J. A. (1994). Meta-analytic studies of findings on computer-based instruction. In *Technology assessment in education and training* (S. 9–34). Hillsdale, NJ: Lawrence Erlbaum Associates.

Kulik, J. A., & Fletcher, J. D. (2016). Effectiveness of Intelligent Tutoring Systems: A Meta-Analytic Review. *Review of Educational Research*, *86*, 42–78.

Kulik, J. A., & Kulik, C. C. (1989). Meta-analysis in education. *International Journal of Educational Research*, *13*, 221–340.

Kyndt, E., & Baert, H. (2013). Antecedents of Employees' Involvement in Work-Related Learning: A Systematic Review. *Review of Educational Research*, *83*, 273–313.

Laffey, J., Tupper, T., Musser, D., & Wedman, J. (1998). A computer-mediated support system for project-based learning. *Educational Technology Research and Development*, *46*, 73–86.

Lave, J., & Wenger, F. (1991). *Situated learning: Legitimate peripheral participation*. New York: Cambridge University Press.

LeCun, Y., Bengio, Y., & Hinton, G. (2015). Deep learning. *Nature*, *521*, 436–444.

Lee, Y., & Choi, J. (2011). A review of online course dropout research: implications for practice and future research. *Educational Technology Research and Development*, *59*, 593–618.

Leschke, R. (2007). *Einführung in die Medientheorie*. Stutgart: UTB.

Leslie, K. C., Low, R., Jin, P., & Sweller, J. (2012). Redundancy and expertise reversal effects when using educational technology to learn primary school science. *Educational Technology Research and Development*, *60*, 1–13.

Leutner, D. (1992). *Adaptive Lehrsysteme. Instruktionspsychologische Grundlagen und experimentelle Analysen*. Weinheim: Beltz.

Li, Z., & Merrill, D. (1991a). ID Expert 2.0: Design Theory and Process. *Educational Technology: Research & Development*, *39*, 53–69.

Li, Z., & Merrill, D. (1991b). ID Expert 2.0: Design Theory and Process. *Educational Technology: Research & Development*, *39nicht lieferbar per fernleihe!*, 53–69.

Liaw, S.-S., & Huang, H.-M. (2013). Perceived satisfaction, perceived usefulness and interactive learning environments as predictors to self-regulation in e-learning environments. *Computers & Education*, *60*, 14–24.

Liebscher, J., Petschenka, A., Gollan, H., Heinrich, S., Ackeren, I. van, & Ganseuer, C. (2015). E-Learning-Strategie an der Universität Duisburg-Essen - mehr als ein Artefakt? *Zeitschrift für Hochschulentwicklung*. Abgerufen von http://www.zfhe.at/index.php/zfhe/article/view/817

Lombard, M., & Ditton, T. (1997). At the Heart of It All: The Concept of Presence. *Journal of Computer-Mediated Communication*, *3*.

Looi, C.-K., Seow, P., Zhang, B., So, H.-J., Chen, W., & Wong, L.-H. (2010). Leveraging mobile technology for sustainable seamless learning: a research agenda. *British Journal of Educational Technology*, *41*, 154–169.

Lou, Y., Abrami, P. C., & Apollonia, S. (2001). Small group and individual learning with technology: a meta analysis. *Review of Educational Research*, *71*, 449–521.

Ma, W., Adesope, O. O., Nesbit, J. C., & Liu, Q. (2014). Intelligent tutoring systems and learning outcomes: A meta-analysis. *Journal of Educational Psychology*, *106*, 901–918.

Maertens, H., Madani, A., Landry, T., Vermassen, F., Van Herzeele, I., & Aggarwal, R. (2016). Systematic review of e-learning for surgical training. *British Journal of Surgery*, *103*, 1428–1437.

Mähler, C., & Stern, E. (2006). Transfer. In D. Rost (Hrsg.), *Handwörterbuch Pädagogische Psychologie* (3. Aufl., S. 782–793). Weinheim: Beltz.

Mandl, H., & Gräsel, C. (2000). Instruktionale Ansätze zum problemorientierten multimedialen Lernen in der Medizin. In K. H. Bichler & W. Mattauch (Hrsg.), *Multimediales Lernen in der Medizinischen Ausbildung. Innovationen und Trends des Medizinstudiums im klinischen Teil* (S. 19–28). Berlin: Springer.

Mandl, H., & Lesgold, A. (1988). *Learning issues for intelligent tutoring systems*. Berlin: Springer.

Mandl, H., & Reinmann-Rothmeier, G. (1997). *Wenn Neue Medien neue Fragen aufwerfen: Ernüchterung und Ermutigung aus der Multimedia-Forschung*. München: LMU, Lehrstuhl für Empirische Pädagogik und Pädagogische Psychologie.

Mandl, H., & Reinmann-Rothmeier, G. (1998). *Wenn kreative Ansätze versanden: Implementation als verkannte Aufgabe*. München: LMU, Lehrstuhl für Empirische Pädagogik und Pädagogische Psychologie.

Marotzki, W. (1990). *Entwurf einer strukturalen Bildungstheorie : biographietheoretische Auslegung von Bildungsprozessen in hochkomplexen Gesellschaften*. Weinheim: Deutscher Studien Verlag.

Marton, F., & Säljö, R. (1976). On qualitative differences in learning. I - outcome and process. *British journal of educational psychology, 46*, 4–11.

Massy, J. (2016). The Investment in Learning Technologies: Evidencing Value for Money? In N. Rushby & D. Surry (Hrsg.), *The Wiley Handbook of Learning Technology* (S. 436–454). John Wiley & Sons.

Mayer, R. E. (2009). *Multimedia Learning* (2. Aufl.). Cambridge University Press.

Mayer, R. E. (2017). Using multimedia for e-learning. *Journal of Computer Assisted Learning, 33*, 403–423.

McGrath, J. E., & Hollingshead, A. B. (1994). *Groups interacting with technology*. Sage: Newbury Park.

McKenney, S., & Reeves, T. C. (2013). *Conducting Educational Design Research*. Routledge.

McKeough, A., Lupart, J. L., & Marini, A. (2013). *Teaching for Transfer: Fostering Generalization in Learning*. Routledge.

Means, B., Toama, Y., Murphy, R., Bakia, M., & Jones, K. (2009). Evaluation of evidence-based practices in online learning. A meta-analysis and review of online learning studies. (SRI International, Hrsg.). U.S. Dept. of Education.

Meder, N. (2006). *Web-Didaktik : eine neue Didaktik webbasierten, vernetzten Lernens*. Bielefeld: wbv.

Meder, N. (2007). Theorie der Medienbildung. Selbstverständnis und Standortbestimmung der Medienpädagogik. In W. Sesink, M. Kerres, & H. Moser (Hrsg.), *Jahrbuch Medienpädagogik 6* (S. 55–73). Wiesbaden: VS Verlag.

Merriënboer, J. J. G., & Sweller, J. (2005). Cognitive Load Theory and Complex Learning: Recent Developments and Future Directions. *Educational Psychology Review, 17*, 147–177.

Merriënboer, J. J. G. van, & Kirschner, P. A. (2007). *Ten steps to complex learning: a systematic approach to four-component instructional design*. London: Routledge.

Merrill, D. (1983). Applying component display theory to the design of courseware. In C. M. Reigeluth (Hrsg.), *Instructional Design Theories* (S. 61–95). Hillsdale, NJ: Lawrence Erlbaum Associates.

Merrill, D. (1987). An expert system for instructional design. *IEEE Expert, 2*, 25–37.

Merrill, D. (2002). A pebble-in-the-pond model for instructional design. *Performance Improvement, 41*, 41–46.

Merrill, D., Li, Z., & Jones, M. K. (1992). An introduction to instructional transaction theory. In *Instructional models in computer-based learning environments (NATO ASI Serie F, Vol. 104)*. Berlin: Springer.

Merrill, M. D. (2017). If Content Is King then e3 Instruction Is Queen. In *Learning and Knowledge Analytics in Open Education* (S. 179–192). Springer, Cham.

Merten, K. (1999). *Einführung in die Kommunikationswissenschaft, Bd.1: Grundlagen der Kommunikationswissenschaft* (3. Aufl.). Münster: Lit.

Meyer, P., Sporer, T., & Metscher, J. (2009). e3-Portfolio – Supporting and Assessing Project-Based Learning in Higher Education via E-Portfolios. In U. Creß, V. Dimitrova, & M. Specht (Hrsg.), *Learning in the Synergy of Multiple Disciplines* (Bd. 5794, S. 806–810). Berlin: Springer.

Meyer-Drawe, K. (2007). *Menschen im Spiegel ihrer Maschinen* (2. Aufl.). München: Fink.

Michel, C., & Lavoué, É. (2011). KM and WEB 2.0 Methods for Project-Based Learning. In Kinshuk, D. Ifenthaler, J. M. Spector, P. Isaias, & D. Sampson (Hrsg.), *Multiple Perspectives on Problem Solving and Learning in the Digital Age* (S. 49–63). New York, NY: Springer.

Miller, R. (1998). *Beziehungsdidaktk*. Weinheim: Beltz.

Mitterauer, L. (2013). Qualitätssicherung und universitäres Steuerungssystem. *Zeitschrift für Hochschulentwicklung*. Abgerufen von http://www.zfhe.at/index.php/zfhe/article/view/564

Molenda, M. (2003). In search of the elusive ADDIE model. *Performance Improvement, 42*, 34–36.

Moore, M. (1993). Theory of transactional distance. In *Theoretical principles of distance education* (S. 22–38). London: Routledge.

Moore, M. (2003). *Handbook of distance education*. Mahwah N.J.: Lawrence Erlbaum Associates.

Morrison, G. R., Ross, S. M., Kemp, J. E., & Kalman, H. (2010). *Designing Effective Instruction*. John Wiley and Sons.

Moser, H. (2010). *Einführung in die Medienpädagogik: Aufwachsen im Medienzeitalter*. Wiesbaden: VS Verlag.

Moser, H. (2017). Forschungswenden in der Erziehungswissenschaft. Von der Handlungs- und Aktionsforschung zu Design-Based Research. In *Wenden* (S. 37–50). Springer VS, Wiesbaden.

Moser, H., Grell, P., & Niesyto, H. (2011). *Medienbildung und Medienkompetenz: Beiträge zu Schlüsselbegriffen der Medienpädagogik*. München: Kopäd.

Müller, P. D. W. (2016). Vom „Durchwurschteln" zur kontinuierlichen Verbesserung? – Akteurskonstellationen deutscher Universitäten bei Innovationsprozessen von Lehre und Studium. In T. Brahm, T. Jenert, & D. Euler (Hrsg.), *Pädagogische Hochschulentwicklung* (S. 189–202). Springer Fachmedien Wiesbaden.

Mureida, D. J., & Spector, M. (1993). The advanced instructional design advisor. *Instructional Science*, *21*, 239–253.

Muth, J. (1976). Beurteilungs- und Auswahlkriterien für Unterrichtsmedien. In *Medienpädagogik*. München: Nymphenburger Verlagshandlung.

Nandi, P. L., Chan, J. N., Chan, C. P., Chan, P., & Chan, L. P. (2000). Undergraduate medical education: comparison of problem-based learning and conventional teaching. *Hong Kong Medical Journal*, *6*, 301–306.

Nash, E., Edwards, G., Thompson, J., & Barfield, W. (2000). A Review of Presence and Performance in Virtual Environments. *International Journal of Human-Computer Interaction*, *12*, 1–41.

Neber, H. (1978). *Selbstgesteuertes Lernen : psychologische und pädagogische Aspekte eines handlungsorientierten Lernens*. Weinheim: Beltz.

Nickolaus, R., Gönnenwein, A., & Petsch, C. (2010). Die Transferproblematik im Kontext von Modellversuchen und Modellversuchsprogrammen. *Zeitschrift für Erziehungswissenschaft*, *13*, 39–58.

Niemiec, R. P., Sikorski, M. F., & Walberg, H. J. (1989). Comparing the cost effectiveness of tutoring and computer based instruction. *Journal of educational computing research*, *5 (4)*, 395–407.

Nübel, I., & Kerres, M. (2004). Splitting tutor roles: Supporting online learners with group tutors and subject tutors. In *EDEN 3rd Research Workshop: Supporting the Learner in Distance Education and E-Learning* (Bd. 1, S. 324–329). Oldenburg: bis.

O'Conail, B., Whittaker, S., & Wilbar, S. (1993). Conversation over video conferences: An evaluation of the spoken aspects of video-mediated communication. *Human Computer Interaction*, *8 (4)*, 389–428.

Oztok, M., Zingaro, D., Brett, C., & Hewitt, J. (2013). Exploring asynchronous and synchronous tool use in online courses. *Computers & Education*, *60*, 87–94.

Paas, F., van Gog, T., & Sweller, J. (2010). Cognitive Load Theory: New Conceptualizations, Specifications, and Integrated Research Perspectives. *Educational Psychology Review*, *22*, 115–121.

Paas, F., & van Merriënboer, J. J. G. (1993). The Efficiency of Instructional Conditions: An Approach to Combine Mental Effort and Performance Measures. *Human Factors*, *35*, 737.

Paivio, A. (1986). *Mental representations: A dual coding approach*. New York: Oxford University Press.

Pankratius, V., Oberweis, A., & Stucky, W. (2005). Lernobjekte im E-Learning - Eine kritische Beurteilung zugrunde liegender Konzepte anhand eines Vergleichs mit komponentenbasierter Software-Entwicklung. Gehalten auf der 9. Workshop Multimedia in Bildung und Wirtschaft 22.09.05-23.09.05, TU Ilmenau, Karlsruhe: AIFB.

Papamitsiou, Z., & Economides, A. A. (2014). Learning Analytics and Educational Data Mining in Practice: A Systematic Literature Review of Empirical Evidence. *Journal of Educational Technology & Society*, *17*, 49–64.

Pardo, A., & Siemens, G. (2014). Ethical and privacy principles for learning analytics. *British Journal of Educational Technology, 45*, 438–450.

Pashler, H., McDaniel, M., Rohrer, D., & Bjork, R. (2008). Learning Styles: Concepts and Evidence. *Psychological Science in the Public Interest, 9*, 105–119.

Patry, J.-L. (2013). Rivalisierende Paradigmen in der Erziehungswissenschaft: das Beispiel der Situationsspezifik. In S. Kornmesser & G. Schurz (Hrsg.), *Die multiparadigmatische Struktur der Wissenschaften* (S. 103–144). Springer-Verlag.

Paus-Haase, I., Lampert, C., & Süss, D. (2013). *Medienpädagogik in der Kommunikationswissenschaft: Positionen, Perspektiven, Potenziale*. Springer-Verlag.

Pawlowski, J. (2007). The Quality Adaptation Model: Adaptation and Adoption of the Quality Standard ISO IEC 19796-1 for Learning, Education, and Training. *Educational Technology & Society, 10*, 3–16.

Pechar, H. (2015). Austria: From legacy to reform. In T. Corner (Hrsg.), *Education in the european union. Pre-2003 member states*. London: Bloomsbury.

Pellert, A. (2000). *Die Universität als Organisation*. Wien: Böhlau.

Peters, O. (1973). *Die didaktische Struktur des Fernunterrichts. Untersuchungen zu einer industrialisierten Form des Lehrens und Lernens*. Weinheim: Beltz.

Peters, O. (1997). *Didaktik des Fernstudiums. Erfahrungen und Diskussionsstand in nationaler und internationaler Sicht*. Neuwied: Luchterhand.

Petersen, P. (1963). *Führungslehre des Unterrichts*. Braunschweig: Westermann.

Peterßen, W. H. (2000). *Handbuch Unterrichtsplanung: Grundfragen, Modelle, Stufen, Dimensionen* (9. Aufl.). München: Oldenbourg.

Peterßen, W. H. (2009). *Kleines Methoden-Lexikon* (3. Aufl.). München: Oldenbourg Schulbuchverlag.

Petschenka, A., Ojstersek, N., & Kerres, M. (2004). Lernaufgaben beim E-Learning. In A. Hohenstein & K. Wilbers (Hrsg.), *Handbuch E-Learning*. Köln: dwd.

Pollock, E., Chandler, P., & Sweller, J. (2002). Assimilating complex information. *Learning and Instruction*, 61–86.

Postman, N. (1970). Illiteracy in America: position papers: the politics of reading. *Harvard Educational Review, 40*, 244–252.

Postman, N. (2000). The Humanism of Media Ecology. In *Proceedings of the Media Ecology Association*. New York. Abgerufen von http://www.media-ecology.org/publications/MEA_proceedings/v1/humanism_of_media_ecology.html

Prensky, M. (2007). *Digital Game-Based Learning*. Paragon House Publishers.

Preussler, A., Schiefner-Rohs, M., & Kerres, M. (2014). Gestaltungsorientierung in der Mediendidaktik: Methodologische Implikationen und Perspektiven. In B. Schorb, A. Hartung, H. Niesyto, P. Grell, & H. Moser (Hrsg.), *Methodologie und Methoden medienpädagogischer Forschung. Jahrbuch Medienpädagogik 10*. Wiesbaden: VS Verlag für Sozialwissenschaften | Springer.

Pucciarelli, F., & Kaplan, A. (2016). Competition and strategy in higher education: Managing complexity and uncertainty. *Business Horizons, 59*, 311–320.

Rammert, W. (2007). *Technik - Handeln - Wissen: Zu einer pragmatistischen Technik- und Sozialtheorie*. Wiesbaden: VS Verlag.

Reich, K. (2006). *Konstruktivistische Didaktik: Lehr- und Studienbuch mit Methodenpool*. Weinheim: Beltz.

Reigeluth, C. M. (Hrsg.). (1983). *Instructional Design Theories*. Hillsdale, NJ: LEA.

Reigeluth, C. M. (Hrsg.). (1987). *Instructional theories into action: Lessons illustrating selected theories and models*. Hillsdale, NJ: LEA.

Reigeluth, C. M. (Hrsg.). (1999). *Instructional-design theories and models* (Bd. 2). Hillsdale, NJ: LEA.

Reimann, P., & Schult, T. (1992). Transforming examples into cases. In *Contemporary Knowledge Engineering and Cognition*. Berlin: Springer.

Reinmann, G. (2005). Innovation ohne Forschung? Ein Plädoyer für den Design-Based Research-

Ansatz in der Lehr-Lernforschung. *Unterrichtswissenschaft, 1*, 52–69.

Reinmann, G., & Sesink, W. (2014). Begründungslinien für eine entwicklungsorientierte Bildungsforschung. In A. Hartung (Hrsg.), *Methodologie und Methoden medienpädagogischer Forschng* (Bd. 10, S. 75–89).

Reinmann-Rothmeier, G., & Mandl, H. (2006). Unterrichten und Lernumgebungen gestalten. In B. Weidenmann & A. Krapp (Hrsg.), *Pädagogische Psychologie. Ein Lehrbuch* (Bd. 60, S. 613–658). Weinheim: Beltz.

Reiser, R. A. (1987). Instructional Technology: A History. In R. M. Gagné (Hrsg.), *Instructional technology: Foundations* (S. 11–48). Hillsdale, NJ: Lawrence Erlbaum Associates.

Renkl, A. (2002). Worked-out examples: instructional explanations support learning by self-explanations. *Learning and Instruction, 12*, 529–556.

Renkl, A., Gruber, H., Weber, S., Lerche, T., & Schweizer, K. (2003). Cognitive Load beim Lernen aus Lösungsbeispielen. *Zeitschrift für Pädagogische Psychologie, 17*, 93–101.

Reusser, K. (2005). Problemorientiertes Lernen – Tiefenstruktur, Gestaltungsformen, Wirkung. *Beiträge zur Lehrerbildung, 23*, 159–182.

Reusser, K. (2009). Empirisch fundierte Didaktik — didaktisch fundierte Unterrichtsforschung. In M. A. Meyer, M. Prenzel, & S. Hellekamps (Hrsg.), *Perspektiven der Didaktik* (S. 219–237). Wiesbaden: VS Verlag für Sozialwissenschaften.

Rheingold, H. (1993). *The virtual community : homesteading on the electronic frontier*. Reading, MA: Addison-Wesley.

Rich, M. (1995). *Untersuchung von Interaktionsstrukturen bei interaktiven Kunst- und Reiseführer*. FH Furtwangen.

Richardson, J. C., & Swan, K. (2003). Examining Social Presence in Online Courses in Relation to Students' Perceived Learning and Satisfaction. *Journal of asynchronous learning networks, 7*, 68–88.

Rogers, E. M. (2003). *Diffusion of Innovations*. New York: Free Press.

Rogers, M. A. P., Cross, D. I., Gresalfi, M. S., Trauth-Nare, A. E., & Buck, G. A. (2010). First year implementation of a project based learning approach: The need for addressing teachers' orientations in the era of reform. *International Journal of Science and Mathematics Education, 9*, 893–917.

Rogoff, B., Callanan, M., Gutiérrez, K. D., & Erickson, F. (2016). The Organization of Informal Learning. *Review of Research in Education, 40*, 356–401.

Rosenshine, B. (1995). Advances in Research on Instruction. *The Journal of Educational Research, 88*, 262–268.

Rosenshine, B., & Stevens, R. (1986). Teaching functions. In *Handbook of research on teaching* (S. 376–391). New York: Macmillan.

Roth, H. (1971). *Pädagogische Psychologie des Lehrens und Lernens* (13. Aufl.). Hannover: Schroedel.

Rottmann, J., Stratmann, J., & Kerres, M. (2007). Handlungsorientiertes Prüfen in der beruflichen Aus- und Weiterbildung: Eine Herausforderung für computergestützte Testverfahren. *MedienPädagogik*.

Rummel, N., & Krämer, N. (2010). Computer-Supported Instructional Communication: A Multidisciplinary Account of Relevant Factors. *Educational Psychology Review, 22*, 1–7.

Russo, T., & Benson, S. (2005). Learning with Invisible Others: Perceptions of Online Presence and their Relationship to Cognitive and Affective Learning. *Journal of Educational Technolty & Society, 8*, 54–62.

Rutter, M. (1979). *Fifteen thousand hours: secondary schools and their effects on children*. Harvard University Press.

Ryan, R. M., & Deci, E. L. (2017). *Self-Determination Theory: Basic Psychological Needs in Motivation, Development, and Wellness*. Guilford Publications.

Saettler, L. (1990). *The evolution of American educational technology*. Englewood Cliffs, NJ: Libraries Unlimited.

Salden, R. J. C. M., Koedinger, K. R., Renkl, A., Aleven, V., & McLaren, B. M. (2010). Accounting for Beneficial Effects of Worked Examples in Tutored Problem Solving. *Educational Psychology Review, 22*, 379–392.

Salmon, G. (2000). *E-moderating: the key to teaching and learning online*. London: Routledge Farmer.

Salomon, G. (1984). Television Is Easy and Print Is Tough: The Differences Investment of Mental Effort in Learning as a Function of Perceptions and Attributions. *Journal of Educational Psychology, 76*, 647–58.

Salomon, G. (1984). Television is easy and print is „tough“: The differential investment of mental effort in learning as a function of perceptions and attributions. *Journal of educational psychology, 76*, 647–658.

Salomon, G. (1993). *Distributed cognitions*. Cambridge: Cambridge University Press.

Salomon, G. (1994). *Interaction of media, cognition, and learning*. Englewood Cliffs, NJ: LEA.

Salomon, G., & Perkins, D. N. (1998). Individual and Social Aspects of Learning. *Review of Research in Education, 23*, 1–24.

Sammet, J. (2004). *Kommunikationstheorie und Pädagogik: Studien zur Systematik „Kommunikativer Pädagogik“*. Würzburg: Königshausen & Neumann.

Sarfo, F. K., & Elen, J. (2007). The moderating effect of instructional conceptions on the effect of powerful learning environments. *Instructional Science, 36*, 137–153.

Scardamalia, M., & Bereiter, C. (1994). Computer Support for Knowledge-Building Communities. *The Journal of the Learning Sciences, 3*, 265–283.

Schäfer, K.-H. (2005). *Kommunikation und Interaktion: Grundbegriffe einer Pädagogik des Pragmatismus*. Wiesbaden: VS Verlag.

Schaller, K. (1978). *Einführung in die Kommunikative Pädagogik : ein Studienbuch*. Freiburg: Herder.

Schaller, K. (1979). Pädagogik der Kommunikation. In K. Schaller (Hrsg.), *Erziehungswissenschaft der Gegenwart. Prinzipien und Perspektiven moderner Pädagogik* (S. 155–181). Bochum: Kamp.

Schaller, K. (1987). *Pädagogik der Kommunikation. Annäherungen · Erprobungen*. St. Augustin: Richarz.

Schank, R. C., & Abelson, R. P. (1977). *Scripts, plans, goals, and understanding*. Hillsdale, NJ: Lawrence Erlbaum Associates.

Schelhowe, H. (1997). Das Medium aus der Maschine. Zur Metamorphose des Computers. Frankfurt: Campus.

Schelhowe, H. (2007). *Technologie, Imagination und Lernen*. Münster: Waxmann.

Schelten, A. (1987). *Grundlagen der Arbeitspädagogik*. Stuttgart: Steiner.

Schimank, P. D. U. (2008). Hochschule als Institution: Gussform, Arena und Akteur. In K. Zimmermann, M. Kamphans, & S. Metz-Göckel (Hrsg.), *Perspektiven der Hochschulforschung* (S. 157–163). VS Verlag für Sozialwissenschaften.

Schmidt, H. G., Rotgans, J. I., & Yew, E. H. (2011). The process of problem-based learning: what works and why. *Medical Education, 45*, 792–806.

Schnotz, W. (2005). An integrated model of text and picture comprehension. In R. Mayer (Hrsg.), *The Cambridge Handbook of Multimedia Learning* (S. 49–69). Cambridge University Press.

Schnotz, W. (2007). A Reconsideration of Cognitive Load Theory. *Educational Psychology Review, 19*, 469–508.

Schnotz, W., & Rasch, T. (2005). Enabling, Facilitating, and Inhibiting Effects of Animations in Multimedia Learning: Why Reduction of Cognitive Load Can Have Negative Results on Learning. *Educational Technology Research and Development, 53*, 47–58.

Schott, F. (1994). Efficiency as lodestar for the modelling I.D.-research adventure. In *Modelling I.D.research. Proceedings of the first Workshop of the Special Interest Group on Instructional Design of EARLI, Leuven* (S. 21–34).

Schulmeister, R. (1997). *Grundlagen hypermedialer Lernsysteme*. München: Oldenbourg.

Schulmeister, R. (2001). *Virtuelle Universität. Virtuelles Lernen*. München: Oldenbourg.

Schulmeister, R. (2006). *eLearning: Einsichten und Aussichten*. München: Oldenbourg.

Schulmeister, R. (2008). *Gibt es eine „Net Generation“?* (Zentrum für Hochschul- und Weiterbildung). Universität Hamburg. Abgerufen von http://www.zhw.uni-hamburg.de/uploads/schulmeister-net-generation_v2.pdf

Schulmeister, R., & Metzger, C. (Hrsg.). (2011). *Die Workload im Bachelor: Zeitbudget und Studierverhalten: Eine empirische Studie*. Münster: Waxmann.

Schwabe, G. (2001). „Mediensynchronizität" - Theorie und Anwendung bei Gruppenarbeit und Lernen. In F. W. Hesse & H. F. Friedrich (Hrsg.), *Partizipation und Interaktion im virtuellen Seminar* (S. 111–134). Münster: Waxmann.

Seel, N. (1999). Instruktionsdesign: Modelle und Anwendungsgebiete. *Unterrichtswissenschaft, 27*, 2–11.

Seel, N. M., & Ifenthaler, D. (2009). *Online lernen und lehren* (1. Aufl.). UTB, Stuttgart.

Seels, B., & Glasgow, Z. (1998). *Making instructional design decisions*. Upper Saddle River, NJ: Merrill/Prentice Hall.

Sesink, W. (2004). *In-formatio: Die Einbildung des Computers. Beiträge zur Theorie der Bildung in der Informationsgesellschaft*. Berlin: Lit-Verlag.

Sesink, W. (2005). Verhältnis von Allgemeiner Didaktik zur Mediendidaktik. FernUniversität in Hagen.

Sesink, W. (2007). Raum und Lernen. *Education Permanente. Schweizerische Zeitschrift für Weiterbildung*, 16–18.

Sesink, W. (2008). Bildungstheorie und Medienpädagogik. Versuch eines Brückenschlags. In J. Fromme & W. Sesink (Hrsg.), *Pädagogische Medientheorie* (S. 13–35). Wiesbaden: VS Verlag für Sozialwissenschaften.

Severing, E. (1994). *Arbeitsplatznahe Weiterbildung: betriebspädagogische Konzepte und betriebliche Umsetzungsstrategien*. Neuwied: Luchterhand.

Shannon, C. (1949). *The mathematical theory of communication*. Urbana: University of Illinois Press.

Shelton, B. E., & Scoresby, J. (2011). Aligning game activity with educational goals: following a constrained design approach to instructional computer games. *Educational Technology Research and Development, 59*, 113–138.

Siebert, H. (1999). *Pädagogischer Konstruktivismus. Eine Bilanz der Konstruktivismusdiskussion für die Bildungspraxis*. Neuwied: Luchterhand.

Siemens, G. (2013). Learning Analytics: The Emergence of a Discipline. *American Behavioral Scientist, 57*, 1380–1400.

Simons, P. R. J. (1992). Lernen, selbständig zu lernen - ein Rahmenmodell. In *Lern- und Denkstrategien. Analyse und Intervention* (S. 251–264). Göttingen: Hogrefe.

Simons, P. R. J., & de Jong, F. P. C. M. (1991). Metacognitive skills and computer aided instruction. *Applied psychology: An international review*.

Singh, V., & Holt, L. (2013). Learning and best practices for learning in open-source software communities. *Computers & Education, 63*, 98–108.

Skinner, B. F. (1958). Teaching machines. *Science, 128*, 969–977.

Slade, S., & Prinsloo, P. (2013). Learning Analytics: Ethical Issues and Dilemmas. *American Behavioral Scientist, 57*, 1510–1529.

Slater, N., Peasgood, A., & Mullan, J. (2016). Learning Analytics in Higher Education. A review of UK and international practice. JISC. Abgerufen von https://www.jisc.ac.uk/sites/default/files/learning-analytics-in-he-v3.pdf

Sleeman, D., & Brown, J. S. (1982). *Intelligent tutoring systems*. London: Academic Press.

Smith, P. L., & Ragan, T. J. (2012). *Instructional Design* (4. Aufl.). John Wiley & Sons Ltd.

So, H.-J., & Brush, T. A. (2008). Student perceptions of collaborative learning, social presence and satisfaction in a blended learning environment: Relationships and critical factors. *Computers & Education, 51*, 318–336.

Spanhel, D. (2002). Medienkompetenz als Schlüsselbegriff der Medienpädagogik? *forum medienethik, Medienkompetenz – Kritik einer populären Universalkonzeption*, 48–53.

Spanhel, D. (2010). Bildung in der Mediengesellschaft. Medienbildung als Grundbegriff der Medienpädagogik. In B. Bachmair (Hrsg.), *Medienbildung in neuen Kulturräumen*. Wiesbaden: VS Verlag für Sozialwissenschaften.

Spector, J. M., Ohrazda, C., Schaack, A. V., & Wiley, D. A. (2005). *Innovations in Instructional Technology*. New York: Routledge.

Spector, M. (2012). *Foundations of Educational Technology Integrative Approaches and Interdisciplinary Perspectives*. London: Routledge.

Spector, M., & Ohrazda, C. (2004). Automating instructional design: approaches and limitations. In D. H. Jonassen (Hrsg.), *Handbook of research on educational communications and technology* (2. Aufl., S. 685–699). Mahwah, NJ: Lawrence Erlbaum Associates.

Stark, R., Gruber, H., Renkl, A., & Mandl, H. (2000). Instruktionale Effekte einer kombinierten Lernmethode. *Zeitschrift für Pädagogische Psychologie, 14*, 206–218.

Staudt, E., & Kriegesmann, B. (2002). Weiterbildung: Ein Mythos zerbricht (nicht so leicht!). Der Widerspruch zwischen überzogenen Erwartungen und Mißerfolgen der Weiterbildung. In *Kompetenzentwicklung und Innovation. Die Rolle der Kompetenz bei Organisations-, Unternehmens- und Regionalentwicklung* (Bd. 14, S. 36–69). Münster: Waxmann.

Steenbergen-Hu, S., & Cooper, H. (2014). A meta-analysis of the effectiveness of intelligent tutoring systems on college students' academic learning. *Journal of Educational Psychology, 106*, 331–347.

Steiner, I. D. (1972). *Group process and productivity*. New York: Academic Press.

Steppi, H. (1990). *CBT Computer Based Training. Planung, Design und Entwicklung interaktiver Lernprogramme*. Stuttgart: Klett.

Stokes, D. E. (1997). *Pasteur's Quadrant: Basic Science and Technological Innovation*. Washington, DC: Brookings Institution.

Strobel, J., Wang, J., Weber, N. R., & Dyehouse, M. (2013). The role of authenticity in design-based learning environments: The case of engineering education. *Computers & Education, 64*, 143–152.

Suchman, L. (1987). *Plans and situated action: The problem of human/machine communication*. New York: Cambridge University Press.

Suppa, P. (1999). Entwicklungen im deutschen Bildstellensystem. *Educational Media International, 36*, 230–238.

Sweller, J. (2004). Instructional Design Consequences of an Analogy between Evolution by Natural Selection and Human Cognitive Architecture. *Instructional Science, 32*, 9–31.

Sweller, J. (2010). Element Interactivity and Intrinsic, Extraneous, and Germane Cognitive Load. *Educational Psychology Review, 22*, 123–138.

Taiseer Abdalla Elfadil Eisa, Naomie Salim, & Salha Alzahrani. (2015). Existing plagiarism detection techniques: A systematic mapping of the scholarly literature. *Online Information Review, 39*, 383–400.

Tajfel, H. (1982). Social Psychology of Intergroup Relations. *Annual Review of Psychology, 33*, 1–39.

Tamim, R. M., Bernard, R. M., Borokhovski, E., Abrami, P. C., & Schmid, R. F. (2011). What Forty Years of Research Says About the Impact of Technology on Learning. *Review of Educational Research, 81*, 4–28.

Tenney, Y. J., & Kurland, L. C. (1988). The development of troubleshooting expertise in radar mechanics. In *Intelligent tutoring systems: Lessons learned* (S. 59–83). Hillsdale, NJ: Lawrence Erlbaum Associates.

Tennyson, R. D. (1994). Knowledge base for automated instructional system development. In R. D. Tennyson (Hrsg.), *Automating Instructional Design, Development, and Delivery. (NATO ASI Serie F. 119)*. Berlin: Springer.

Tennyson, R. D., Barron, A. E., & Barron, A. E. (1995). *Automating instructional design: Computer-based development and delivery tools (NATO ASI Serie F. 140)*. New York: SpringerTennyson, R.D.

Terhart, E. (1997). *Lehr-Lern-Methoden. Eine Einführung in Probleme der methodischen Organisation von Lehren und Lernen*. Weinheim: Juventa.

Terhart, E. (1999). Konstruktivismus und Unterricht. *Zeitschrift für Pädagogik, 45*, 629–647.

Terhart, E. (2005). *Lehr-Lern-Methoden: Eine Einführung in Probleme der methodischen Organisation von Lehren und Lernen* (4. Aufl.). Weinheim: Juventa.

Tillmann, K.-J. (1976). *Unterricht als soziales Erfahrungsfeld : soziales Lernen in der Institution Schule*. Frankfurt: Fischer.

Tobias, S., & Duffy, T. M. (2009). *Constructivist Instruction: Success or Failure?* London: Routledge Chapman & Hall.

Trilling, B., & Fadel, C. (2009). *21st Century Skills: Learning for Life in Our Times*. John Wiley & Sons.

Tripp, S. D., & Bichelmeyer, B. (1990). Rapid prototyping: An alternative instructional design strategy. *Educational technolgy: Research and development, 38*, 31–44.

Tulodziecki, G. (2010). Medienkompetenz und/oder Medienbildung? Ein Diskussionsbeitrag. *merz. medien + erziehung*, 48–53.

Tulodziecki, G., Grafe, S., & Herzig, B. (2013). *Gestaltungsorientierte Bildungsforschung und Didaktik. Theorie – Empirie – Praxis*. Bad Heilbrunn: Klinkhardt.

van Gog, T., & Paas, F. (2008). Instructional Efficiency: Revisiting the Original Construct in Educational Research. *Educational Psychologist, 43*, 16–26.

van Merriënboer, J. (2016). How People Learn. In N. Rushby & D. W. Surry (Hrsg.), *The Wiley Handbook of Learning Technology* (S. 15–34). John Wiley & Sons, Inc.

Venkatesh, V., & Davis, F. D. (2000). A Theoretical Extension of the Technology Acceptance Model: Four Longitudinal Field Studies. *Management Science, 46*, 186–204.

Vermunt, J. D. H. M., & van Rijswijk, F. A. W. M. (1988). Analysis and development of students' skills in self-regulated learning. *Higher Education, 17*, 647–682.

von Ameln, F., & Kramer, J. (2007). Planspiel. In *Organisationen in Bewegung bringen* (S. 149–179). Berlin: Springer.

von Wissel, C. (2007). *Hochschule als Organisationsproblem: neue Modi universitärer Selbstbeschreibung in Deutschland*. Bielefeld: transcript.

Waks, S., & Sabag, N. (2004). Technology Project Learning Versus Lab Experimentation. *Journal of Science Education and Technology, 13*, 333–342.

Walker, A., & Leary, H. (2009). A Problem Based Learning Meta Analysis: Differences Across Problem Types, Implementation Types, Disciplines, and Assessment Levels. *Interdisciplinary Journal of Problem-based Learning, 3*, 6–28.

Walsh, K., Levin, H., Jaye, P., & Gazzard, J. (2013). Cost analyses approaches in medical education: there are no simple solutions. *Medical Education, 47*, 962–968.

Wannemacher, K. (2016). Organisation digitaler Lehre in den deutschen Hochschulen. Hochschulforum Digitalisierung. Abgerufen von https://hochschulforumdigitalisierung.de/sites/default/files/dateien/HFD_AP_Nr21_Organisation_digitaler_Lehre_web.pdf

Webb, N. E., & Palinscar, A. S. (1996). Group processes in classroom. In D. C. Berliner & R. C. Calfee (Hrsg.), *Handbook of educational psychology* (S. 841–873). New York: Mac Millian.

Wei, C.-W., Chen, N.-S., & Kinshuk. (2012). A model for social presence in online classrooms. *Educational Technology Research and Development, 60*, 529–545.

Weidenmann, B. (1997a). Multicodierung und Multimodalität im Lernprozeß. In *Information und Lernen mit Multimedia* (S. 65–84). Weinheim: Beltz.

Weidenmann, B. (1997b). Multimedia: Mehrere Medien, mehrere Codes, mehrere Sinneskanäle? *Unterrichtswissenschaft, 25*, 197–206.

Weidenmann, B. (2008). *Handbuch Active Training: Die besten Methoden für lebendige Seminare* (2. Aufl.). Weinheim: Beltz.

Weinert, F. E. (2001). Vergleichende Leistungsmessing in Schulen - eine umstrittene Selbstverständlichkeit. In F. E. Weinert (Hrsg.), *Leistungsmessung in Schulen* (S. 17–31). Weinheim: Beltz.

Wellman, B. (1988). *Social structures : a network approach*. Cambridge: Cambridge University Press.

Wenger, E. (2009). A social theory of learning. In K. Illeris (Hrsg.), *Contemporary theories of learning: learning theorists ... in their own words*. Oxon: Taylor & Francis.

West, R. E., Thomas, R. A., Bodily, R., Wright, C., & Borup, J. (2016). An analysis of instructional design and technology departments. *Educational Technology Research and Development*. doi:10.1007/s11423-016-9490-1

Weyer, J. (2008). *Techniksoziologie: Genese, Gestaltung und Steuerung sozio-technischer Systeme*. Weinheim: Juventa.

Whitten, J. L., Bentley, L. D., & Jeffrey, W. (2006). *Systems Analysis and Design Methods* (7. Aufl.). New York: Mcgraw Hill.

Wiechmann, J. (2004). Das Methodenrepertoire von Lehrern-ein aktualisiertes Bild. In M. Wosnitza, A. Frey, & R. S. Jäger (Hrsg.), *Lernprozess, Lerunmgebung und Lerndiagnostik* (S. 320–335). Landau: Verlag Empirische Pädagogik.

Wierz, C. (1994). *Modelle der Produktion multimedialer Anwendungen* (Diplomarbeit). FH Furtwangen.

Wiesner, H., Kamphans, M., Schelhowe, H., Metz-Göckel, S., Zorn, I., Drag, A., ... Schottmüller, H. (2003). *Gender Mainstreaming Leitfaden*. Dortmund, Bremen.

Wilkesmann, U. (2013). Effects of Transactional and Transformational Governance on Academic Teaching: Empirical evidence from two types of higher education institutions. *Tertiary Education and Management, 19*, 281–300.

Williamson, B. (2016). Digital education governance: An introduction. *European Educational Research Journal, 15*, 3–13.

Willis, J. (1995). A recursive, reflective instructional design model based on constructivistinterpretivist theory. *Educational Technology, 35*, 5–23.

Willis, J. (2009). Three trends in Instructional Design. In *Constructivist instructional design (C-ID): foundations, models, and examples*. Charlotte, NC: IAP.

Windham, D. M., & Chapman, D. W. (1990). *The evaluation of educational efficiency: constraints, issues, and policies* (Bd. 1). London: JAI.

Winkel, R. (1980). Die kritisch-kommunikative Didaktik (Didaktisches Forum V). *Westermanns Pädagogische Beiträge*, 200–204.

Witte, E. H. (1989). Köhler rediscovered: The anti-ringelmann effect. *European Journal of Social Psychology, 19*, 147–154.

Wolf, H., & Bleek, W.-G. (2010). *Agile Softwareentwicklung* (2. Aufl.). Heidelberg: Dpunkt.

Wolling, J., Quandt, T., & Wimmer, J. (2008). Warum Computerspieler mit dem Computer spielen. In T. Quandt, J. Wimmer, & Wolling (Hrsg.), *Die Computerspieler. Studien zur Nutzung von Computergames* (S. 13–21). Wiesbaden: VS Verlag für Sozialwissenschaften.

Wong, L.-H. (2015). A Brief History of Mobile Seamless Learning. In *Seamless Learning in the Age of Mobile Connectivity* (S. 3–40). Springer, Singapore.

Yang, H. (2010). *Collective intelligence and e-learning 2.0 : implications of web-based communities and networking*. Hershey PA: Information Science Reference.

York, C. S., & Ertmer, P. A. (2011). Towards an understanding of instructional design heuristics: an exploratory Delphi study. *Educational Technology Research and Development, 59*, 841–863.

Zawacki-Richter, O., Bäcker, E.-M., & Vogt, S. (2009). Review of Distance Education Research (2000 to 2008): Analysis of Research Areas, Methods, and Authorship Patterns. *IRODL*. doi:10.19173/irrodl.v10i6.741

Zhan, J., & Fang, X. (2011). Trust Maximization in Social Networks. In J. Salerno, S. J. Yang, D. Nau, & S.-K. Chai (Hrsg.), *Social Computing, Behavioral-Cultural Modeling and Prediction* (Bd. 6589, S. 205–211). Berlin, Heidelberg: Springer.

Zhao, X., & Bishop, M. J. (2011). Understanding and supporting online communities of practice: lessons learned from Wikipedia. *Educational Technology Research and Development, 59*, 711–735.

Zhao, Y. (2005). What Makes the Difference? A Practical Analysis of Research on the Effectiveness of Distance Education. *Teachers College Record, 107*, 1836–1884.

Zierer, K., & Seel, N. M. (2012). General Didactics and Instructional Design: eyes like twins A transatlantic dialogue about similarities and differences, about the past and the future of two sciences of learning and teaching. *SpringerPlus, 1*, 15.

Zimmer, G. (1994). *Vom Fernunterricht zum open distance learning: eine europäische Initiative*. Berlin: Bundesinstitut für Berufsbildung.

18 Index

https://doi.org/10.1515/9783110456837-555